Susanne Satzer

USA

Der Nordwesten

REISE-HANDBUCH

Inhalt

Wissenswertes über den Nordwesten der USA

Wissenswertes für die Reise

Unterwegs im Nordwesten der USA

Kapitel 1 – Washington

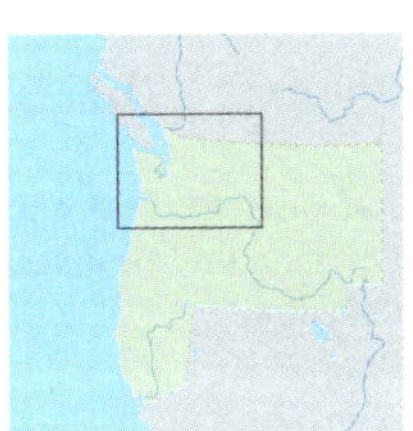

Kapitel 2 – Oregon und Nordkalifornien

Kapitel 3 – Idaho

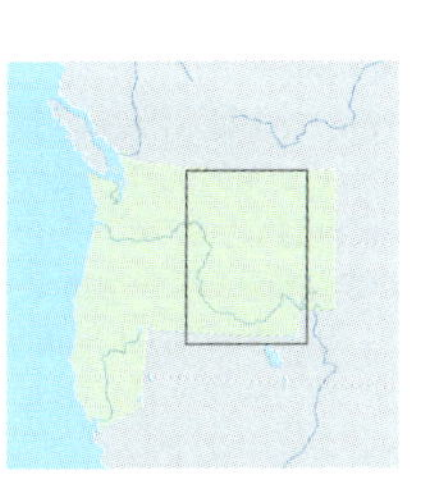

Kapitel 4 – Montanas Westen

Kapitel 5 – Wyomings Nordwesten

Themen

Alle Karten auf einen Blick

Zweimal Architektur des 20. Jh. in San Francisco: rechts der Columbus Tower von 1907, links die Transamerica Pyramid von 1972

ONE WAY

Jeden Tag aufs Neue staunen – Natur im Urzustand

Der Nordwesten der USA umfasst eine Region von beeindruckender Vielfalt mit zahlreichen Gegensätzen: pulsierende Metropolen mit hohem kulturellem Standard an der Küste und riesige, nahezu menschenleere Hochebenen mit dem berühmten Big Sky zwischen den Gebirgszügen der Rocky Mountains und der Coastal Range. Als Dorado für alle sportlichen Outdoor-Aktivitäten ist der Nordwesten immer noch das Land der Native Americans und der Cowboys.

Der legendäre Highway 101, die längste Straße Amerikas von Kanada nach Chile, durchzieht den Nordwesten. Meist in Küstennähe verläuft die Nord-Süd-Achse und ermöglicht wunderbare Erlebnisse beim Beobachten der mächtigen Grauwale, der Seeadler oder der verspielten Seelöwen. Auf der anderen Seite begrenzen die schneebedeckten Kegel der noch längst nicht erloschenen Vulkane des Ring of Fire die Küste, der 1980 eruptierte Mount St. Helens rumort weiter. Auch die weiten Hochebenen des Columbia und des Snake River und die Prärielandschaften in Montana bieten spektakuläre Naturerlebnisse. Einst Stammland vieler Indianer, die sich von den Büffelherden ernährten, wird dort heute noch die Tradition der Cowboys und des Pionierlebens hochgehalten.

Vor gar nicht so langer Zeit interessierte sich kaum jemand für die Gebiete hinter dem gewaltigen Bergmassiv der Rocky Mountains, die zivilisierte Welt war dort zu Ende. Erst die politischen Konflikte um die Grenzen der Neuen Welt zwischen Briten, Russen, Spaniern und Amerikanern trieb die Erkundung des unbekannten Landes voran und kurz danach die Besiedlung. Der Wilde Westen wurde urbar gemacht, die Ureinwohner dezimiert und vertrieben. Zahlreiche Goldfunde trugen zum Reichtum in der kargen Bergregion bei und am Pazifik entstanden Städte für die Handelsbeziehungen nach Asien. Noch heute ist manches anders im Nordwesten, ein Lebensgefühl von Pioniergeist wird kultiviert und mit Traditionen wie dem Rodeo hochgehalten. Viele Beschlüsse aus dem fernen Washington D. C. erreichen die jungen Bundesstaaten erst spät, oft dauern den Verantwortlichen die komplexen verwaltungstechnischen Prozesse auch zu lange, sodass sie ihre eigenen Initiativen entwickeln. Der Umweltschutz ist ein prägnantes Beispiel dafür: Nicht nur Kalifornien ist ein Vorreiter im Emissionsschutz, auch in Oregon und Washington haben sich schon lange vor den Entscheidungen der neuen US-Regierung Städte zu Klimaschutzbündnissen zusammengetan.

Der Nordwesten ist Indianerland. Zwar wurden die Stammesgebiete der Nez Percé, der Flathead, der Kootenai oder anderer Stämme erheblich reduziert, aber sie haben neue Wege beschritten, um aus der Abhängigkeit vom Staat zu entkommen und die Lebensgrundlagen ihrer Mitglieder zu sichern. Casinobetriebe mit Hotels bilden eine wirtschaftliche Basis in einigen Reservationen. Aber auch das wachsende Interesse weißer Amerikaner und auch Europäer an der naturnahen Kultur und Tradition der *Native Americans* trägt dazu bei, die Schranken abzubauen. Indianische Künstler bereichern die kulturelle Vielfalt Nordamerikas mit ihren Bildern, ihrer Musik und ihrem Kunsthandwerk. Pow Wows, die Feste der Indianer, sind heutzutage ein unterhaltsames Treffen der Stämme, ihrer Freunde und Förderer geworden, sie ziehen zunehmend Gäste aus anderen kulturellen Kreisen in ihren Bann.

Die größte Faszination üben die zahlreichen Nationalparks des Nordwestens aus. Yellowstone als der älteste und berühmteste unter ihnen lockt natürlich ganzjährig die Fans von heißen Quellen und brodelnden Geysiren an, aber auch die Gletscherlandschaft im Glacier Park in Montana und die uralten Regenwälder im Olympic National Park an Washingtons Küste oder die Mammutbäume im Redwood National Park in Nordkalifornien vermögen Naturliebhaber zu faszinieren. In diesen Schutzgebieten ist es möglich, die vielen unterschiedlichen Pflanzen und Tiere der nördlichen Hemisphäre in ihrem natürlichen Umfeld zu erleben, zu beobachten und respektieren zu lernen. Dabei helfen die ausgezeichnete Infrastruktur an Wegen und die Informationen der Parkranger, sich selbst als Stadtmensch in der Wildnis zurechtzufinden und sich einen Zugang zu den Geheimnissen nicht kultivierter Natur zu erschließen. Dazu kann auch die Begegnung mit Bären gehören. Der Nordwesten ist Bärenland, Schwarz- und Braunbären leben in den dichten Wäldern am Fuß der Gebirge, es sind ihre Reviere, die die Wanderer, Mountainbiker oder Kajakfahrer durchstreifen. Aber mit der richtigen Ausrüstung und Vorsorge kommen sportlich Aktive im Reisegebiet voll auf ihre Kosten, die Möglichkeiten an Outdoor-Aktivitäten sind schier unbegrenzt. Besonders beliebt ist das *fly-fishing* in den zahllosen Flüssen in Idaho und West-Montana, ein Nationalsport, den die meisten schon als Kind lernen. Wildwasser-Rafting und Kajaken sind andere Sommervergnügungen, denen die Amerikaner mit Leidenschaft nachgehen. Im Winter aber sind sie alle auf den Skipisten, fahren Snowboard, Nordic Ski oder düsen auf Skidos durch menschenleere Märchenlandschaften.

Die Autorin

Susanne Satzer
www.dumontreise.de/magazin/autoren

Als Kulturamtsleiterin, Journalistin und Pressesprecherin war Susanne Satzer am Bodensee, in München und Düsseldorf tätig, bevor es sie 2006 nach Vancouver zog. Der Blick auf die USA veränderte sich während ihrer vielen Reisen: Nur scheinbar sind die USA vertraut – bei genauem Hinsehen stellt sich immer wieder heraus, dass die kulturellen Gepflogenheiten und Lebensweisen sich doch erheblich unterscheiden, sogar innerhalb des riesigen Landes. Für die Historikerin hat der Nordwesten sein ganz eigenes Flair. Die Region wurde zuletzt von Einwanderern besiedelt, und immer noch geistert der Mythos vom ›Wilden Westen‹ in den Köpfen herum.

Der Nordwesten der USA als Reiseland

Es sind die Gegensätze, die die Landschaften des Nordwestens so interessant machen. Von kilometerlangen Stränden, schneebedeckten Vulkan- und anderen Berggipfeln, auf denen ganzjährig Skifahren möglich ist, über tiefblaue, kristallklare Seen und Flüsse sowie endlose Weiten von Halbwüsten mit markanten Felsformationen bis hin zu großen und kleinsten Inseln ist in diesem Gebiet eigentlich alles zu finden, was sich unter unberührter Natur vorstellen lässt. Auch wenn viele Gegenden ziemlich menschenleer sind, so haben sich an anderen Stellen doch lebendige und pulsierende Städte entwickelt, jede anders, jede mit eigenem Flair.

Man kann tagelang auf den zahllosen Wanderwegen der National oder State Parks unterwegs sein und nur wenigen Menschen begegnen, ebenso gut aber auch in die quirlige Kultur von Weltstädten wie Seattle, Portland oder Vancouver und San Francisco eintauchen. Und wer nicht nur die ›offiziellen‹ Highlights abhaken, sondern auch ein wenig Lebensgefühl und Atmosphäre erleben möchte, sollte sich dort jeweils 2–3 Tage gönnen und auch einmal Downtown verlassen.

Selbst wenn die Verbindungen über zahlreiche kleine Flughäfen sehr gut ausgebaut sind, eine Reise durch die abwechslungsreichen Landschaften mit dem Auto, dem Bus oder sogar mit der Eisenbahn verschafft doch einen besseren Zugang zu Land und Menschen. In den ländlichen Regionen, wo noch nicht die großen Touristenströme anzutreffen sind, wirkt die typisch amerikanische Dienstleistungsfreundlichkeit bis heute ein wenig echter, unmittelbarer. Auch wenn manches nicht so perfekt ist wie bei den routinierten Gastgebern im Sonnenstaat Kalifornien, gibt es unterwegs doch einen großen Spielraum für Begegnungen, Geschichten und Interesse am ferngereisten Touristen.

Dorado für Naturliebhaber

Der **Yellowstone National Park** als ältester Nationalpark Amerikas mit spektakulären Geysiren, heißen Quellen und einem unvergleichlichen Tierbestand liegt am Ostrand des Reisegebiets. Zusammen mit dem angrenzenden **Grand Teton National Park** ist dieses Gebiet etwa viermal so groß wie das Saarland, genug Zeit für die Naturschönheiten sollte man also mitbringen. Das gilt für alle Parks, denn ihre Eigenheiten offenbaren sie erst beim Wandern auf den Trails, beim Verweilen an den Seen oder Flüssen und beim Campen oder Picknicken auf den vielen ausgewiesenen Plätzen. Eine Fahrt hinauf zum Infozentrum am Krater des 1980 ausgebrochenen Vulkans **Mount St. Helens** in Washington lässt erahnen, wie Naturgewalten, einmal freigesetzt, die Grenzen des Vorstellbaren sprengen. Ehrfurcht kommt auf angesichts der uralten Baumriesen im **Redwood Empire** in Nordkalifornien oder den moosbewachsenen Sitka-Fichten der letzten Regenwälder im **Olympic National Park** im äußersten Nordwesten Washingtons. Wie auf dem Mond kann man sich im Gebiet der **Craters of the Moon** in Idaho fühlen: Nur Flechten und vereinzelt kleine Bäume schaffen es, hier zu überleben.

Die Eintrittsgebühren für die Nationalparks (10–35 $/Pkw) können sich rasch summieren. Wer den Besuch mehrerer Parks plant, kauft am besten den **America the Beautiful Pass** (1 Jahr gültig, 80 $). Er gilt für Nationalparks, National Forests und Monuments (http://store.usgs.gov/pass). Private Campgrounds in Parks und viele State Parks erheben eigene Gebühren. Für die Oregonküste z. B. gibt es einen 5-Tage-Pass, der die Gebühr für einige Leuchttürme, Wanderwege etc. abdeckt (www.fs.fed.us/r6/siuslaw/passes/oregoncoast).

Stadtleben und Kultur

Die bevölkerungsreichen Metropolen des Westens wie **San Francisco** in Kalifornien, **Seattle** in Washington, **Portland** in Oregon oder **Vancouver** in British Columbia (Kanada) bestechen durch ihre fantastische Lage, das durchaus mit den Städten des Ostens vergleichbare Kulturangebot, eine vielseitige Gastroszene und überhaupt ihre Lebensqualität. Gemeinsam ist ihnen ihre Jugend und das stetig steigende Umweltbewusstsein ihrer Bewohner; Seattle hat z. B. schon 2007 eine Initiative von Bürgermeistern zur Verbesserung der Umweltstandards ins Leben gerufen, und Portland ist amerikanisches Vorbild für den Ausbau von Bus- und Straßenbahnlinien bis in die Vororte. Bedeutende Architekten aus aller Welt haben moderne Marksteine in diesen Städten gesetzt, aber gleichzeitig wird die relativ kurze Vergangenheit in Ehren gehalten und das Geschichtsbewusstsein gefördert.

Auch im Landesinneren sind lebendige und abwechslungsreiche Städte wie **Boise** oder **Coeur d'Alene** in Idaho oder **Missoula** und **Bozeman** in Montana einen Besuch wert. Dort verläuft das Leben noch etwas gemächlicher und ursprünglicher als in den Küstenmetropolen, auch kulturell mag der Mainstream ein wenig später aktuell sein, aber dafür fühlt sich der Alltag weniger hektisch an.

Begegnungen mit Indianern

Native Americans und *First Nations* in Kanada reagieren mit touristischen Angeboten auf das wachsende Interesse an ihrer Kultur und Geschichte (http://500nations.com). Das erweitert auch das bisher sehr kleine Repertoire der Reiseanbieter im deutschsprachigen Raum: Aus der Zusammenarbeit mit Indianerstämmen in Montana, Wyoming oder British Columbia und Kalifornien werden neue Reiseangebote entwickelt.

Mietwagen, Bahn oder Bus?

Der öffentliche Fernverkehr ist im Nordwesten der USA unterschiedlich stark ausgebaut.

Portland in Oregon hat sich zu einer blühenden Metropole entwickelt

Mit dem **Zug** kommt man bequem von Vancouver über Seattle und Portland bis nach San Francisco (www.amtrak.com). Andere Ziele lassen sich mit dem recht dichten Netz der **Greyhoundbusse** erreichen: Rund 150 Stationen gibt es in Washington, Oregon, Idaho und Montana (www.greyhound.com; die Tickets lassen sich bequem online oder per Telefon buchen).

Beinahe jede Kleinstadt hat einen **Flughafen** für den Inlandverkehr. Am unabhängigsten ist man natürlich mit dem eigenen **Mietwagen** oder **Wohnmobil,** Autovermietungen gibt es in jeder größeren Stadt.

Wann buchen?

In der Regel empfiehlt es sich, den **Mietwagen** vorab zu buchen, dann kann man sicher sein, das Gewünschte zu erhalten, und bei einem Anbieter in Deutschland ist die Versicherung bereits im Preis enthalten. Gerade das Kleingedruckte enthält zuweilen Überraschendes, daher sollte man sich vorab Zeit nehmen und den Mietvertrag genau lesen.

Nach dem mindestens 10-stündigen Flug und den Zeit beanspruchenden Einreise- und Zollformalitäten ist es gut, wenn man zumindest für die erste Nacht ein **Hotelzimmer** reserviert hat. Zudem wird bei der Einreise in die USA eine Zieladresse erfragt, eine Hotelanschrift mit ZIP-Code (eine Art Postleitzahl) ist dann hilfreich. Ob weitere Unterkünfte im Voraus gebucht werden sollten, hängt von den Zielorten ab. In den Metropolen ist das Bettenangebot so groß, dass man auch ›last minute‹ noch etwas findet, allerdings kann das gewünschte Hotel im Frühjahr und Herbst wegen Kongressen, Messen etc. ausgebucht sein. Für die Feiertagswochenenden um den 4. Juli oder den Memorial Day (letzter Mo im Mai) sind Vorausbuchungen unbedingt zu empfehlen, vor allem an der Küste, in den Nationalparks oder in anderen attraktiven Feriengebieten. Im Voraus reservieren sollte man auch die schönen Lodges und die rustikalen Hütten *(cabins)* in den Nationalparks (besonders im Yellowstone, Grand Teton und Glacier).

Pauschal oder individuell?

Alle großen Reiseveranstalter führen den Westen der USA und Kanadas im Programm. Nicht immer ist damit auch der Nordwesten abgedeckt, die Ziele beschränken sich oft auf Kalifornien und Nevada. Der Nordwesten ist nach wie vor ein Reisegebiet für Individualreisen, nur wenige kleinere Spezialveranstalter bieten Touren in diesem Gebiet an.

WICHTIGE FRAGEN VOR DER REISE

Welche **Ausweise** braucht man für die Reise? **s. S. 68**

Sollte man zu Hause **Geld** tauschen oder erst in den USA? **s. S. 96**

Was muss ich bei den **Datumsangaben in Reservierungen** beachten? **s. S. 107**

Was ist zu bedenken, wenn man **Medikamente** mitnimmt? **s. S. 96**

Welche **Kleidung** sollte man in den Koffer packen? **s. S. 98**

Welches ist die beste **Reisezeit**? **s. S. 99**

Worauf sollte man bei der **Auto- und Wohnmobilanmietung** achten? **s. S. 70**

Kann ich mein **Handy** nutzen und günstig telefonieren? **s. S. 106**

Planungshilfe für Ihre Reise

Angaben zur Zeitplanung

Bei den folgenden Zeitangaben für die Reise handelt es sich um Empfehlungswerte für Reisende, die ihr Zeitbudget eher knapp kalkulieren.

1. Washington mit Vancouver

Washington nennt sich selbst der »grüne Bundesstaat«, seine schier unendlichen Wälder im Norden standen hier Pate. Im Regenwald des Olympic National Park im äußersten Nordwesten und im gebirgigen Schutzgebiet North

Die Kapitel in diesem Buch

Cascades kann man tagelang unter Bäumen wandern. Dank intensiver Bewässerung ist auch die Ebene des Columbia Plateau bis nach Spokane relativ grün. Die zerklüftete, windumtoste Pazifikküste ist nur an wenigen Orten zugänglich, einige Indianerstämme bewahren hier ihre ursprüngliche Kultur. Erst im Südwesten bietet Long Beach kilometerlange helle Sandstrände. An den Vulkanen Mount Rainier und Mount St. Helens lässt sich die Urgewalt des Ring of Fire erahnen. Seattle, Tacoma und Vancouver in Kanada als boomende Großstädte geben sich international und weltoffen.

- *Seattle*
- *Leavenworth*
- *Vancouver (Kanada)*

Mount St. Helens

Gut zu wissen: Der Highway 101 ist die einzige im Westen gelegene Nord-Süd-Verbindung der Olympic-Halbinsel. Nur über den Highway 112 von Port Angeles zu erreichen sind die ganz im Nordwesten gelegene Neah Bay und die dort lebenden Makah-Indianer. Kurz vor Forks führt eine Stichstraße nach La Push ins Reservat der Quileute-Indianer.

Die North Cascades können noch im Mai schneebedeckt sein, die einzige Straße durch den Nationalpark, der Highway 20, ist normalerweise auf einem Teilstück zwischen Newhalem und Mazama von Mitte November bis Mitte April geschlossen. An der Bergstation des Mount Rainier kann sogar bis in den Juni hinein noch Schnee liegen.

Zeitplanung

Cascade Loop ab Seattle:	2–3 Tage
Olympic Mountains National Park ab Seattle via Puget Sound:	1–2 Tage

2. Oregon und Nordkalifornien

Ein Blick auf die Karte genügt: Die Pazifikküste ist die Hauptattraktion des kontrastreichen Bundesstaates. Highway 101 bis San Francisco ist beliebt als Radwanderweg und als Reiseroute für diejenigen, die gern immer wieder anhalten und die Aussicht genießen. Zwischen dem Coastal-Range-Höhenzug und dem Cascade-Range-Gebirge werden im fruchtbaren Willamette-Tal gute Weine angebaut und Bierfreunde kommen in den zahlreichen Kleinbrauereien in Portland auf ihre Kosten. Der einzige Nationalpark Oregons, Crater Lake, liegt im Süden. Richtung Osten erstreckt sich das trockene und extrem dünn besiedelte Columbia Plateau. In Nordkalifornien sind die uralten Riesenbäume im Redwood Empire zu bestaunen. An San Francisco kommt keiner vorbei, der die Westküste bereist, ›The City‹ ist immer noch Trendsetter für urbanen Lifestyle.

- *Portland*
- *San Francisco*

- *Oregon Dunes National Recreation Area*
- *Redwood Empire*
- *Crater Lake National Park*

Gut zu wissen: Oregon ist etwa so groß wie Großbritannien; die zurückzulegenden Strecken können sich hinziehen, wenn man nicht nur auf Interstates fährt. Besonders für die ausgewiesenen Scenic Byways muss man viel Zeit veranschlagen, denn sie sind oft kurvig und nur zweispurig. Die ca. 600 km lange Küste ist im Sommer naturgemäß gut besucht; die Ferienorte im nördlichen Teil sind schnell ausgebucht. Auf gut Glück findet man in der Zeit von Juli bis Anfang September selten eine Übernachtungsmöglichkeit, auch die Campingplätze sind in dieser Zeit meist belegt.

Im Sommer steigen die Temperaturen im trockenen Osten gern auf über 30 °C, es regnet so gut wie nie; Staub und sengende Hitze sollten bei der Planung einer Tour berücksichtigt werden.

Zeitplanung

Entlang der Küste:	ca. 2–3 Tage

Wildromantische Küsten für Wanderer und Entdecker jeden Alters – hier bei Lincoln Beach im Norden Oregons

3. Idaho

Auf dem Weg zum Yellowstone National Park wird Idaho oft nur mal schnell entweder auf der Nord- oder Südachse durchquert. Zu Unrecht, der ›Pfannenstiel-Staat‹ hat mehr zu bieten als nur Kartoffeln und verrottete Atommeiler. Salmon, Snake und Payette River haben Täler und glasklare Bergseen in die Ausläufer der Rocky Mountains gegraben, Wildwasser-Rafting, Jagen und Fliegenfischen sind beliebte Outdoor-Aktivitäten. Coeur d'Alene im bewaldeten Norden ist eine lebendige Stadt, beliebt bei Seglern. Eher gemächlich geht es in der Hauptstadt Boise zu, inzwischen Zentrum eines prosperierenden Großraums an der Interstate 84. Pocatello und Idaho Falls, wachsende Zentren mit Universitäten, bieten sich zum Übernachten an..

- *Hells Canyon*
- *Craters of the Moon National Monument*

Gut zu wissen: Idaho hat nur wenige Straßen, deshalb sind die meisten auch als Scenic Byway ausgewiesen, um Touristen die wenig bewohnten Regionen nahezubringen. Die meisten Gäste kommen aus den Nachbarstaaten, sie kennen die schönen Stellen zum Fliegenfischen. Es ist empfehlenswert, vor jeder Tour in die Berge zu tanken. Auch für Getränke und Nahrung sollte gesorgt sein, Raststätten sind unterwegs Mangelware. Die Shoshone-Wasserfälle im Südwesten bei Twin Falls können im Spätsommer und Herbst nahezu ausgetrocknet sein, ihre eindrucksvolle Höhe von 65 m kommt eher nach der Schneeschmelze zur Geltung.

Zeitplanung

Von Coeur d'Alene nach Boise auf dem Hwy 95: 1–2 Tage
Boise – Ketchum – Redfish Lodge – Idaho City – Boise: 2–3 Tage

4. Montanas Westen

Über weite Strecken begegnet man in Montanas Westen keinem anderen Fahrzeug, selbst im Sommer ist es östlich des Glacier National Park oder abseits der Hauptroute Interstate 90 ziemlich leer. Die im Verhältnis zur Größe des nördlichen Bundesstaates wenigen Bewohner konzentrieren sich auf den Großraum Billings. Anderswo ist überall viel Platz und Abstand selbstverständlich, der berühmte Big Sky über der Ebene von Great Falls verstärkt diesen Eindruck noch. In den Ausläufern der Rocky Mountains finden sich kleine Städte, noch bewohnt oder schon verlassen, die ihre Existenz Gold-, Silber- oder Kupferminen verdanken. Das Ranchleben auf der Grant-Kohrs Ranch zu beobachten, kann auf dem Weg von Westen zum Yellowstone Park ein unterhaltsames Erlebnis sein.

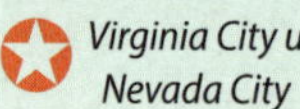
Virginia City und Nevada City *Glacier National Park*

Gut zu wissen: Eine Fahrt auf der Going-to-the-Sun Road (s. S. 405) durch den Glacier National Park ist nicht das ganze Jahr über möglich, denn bei Schneefall wird die Straße geschlossen. Und schneien kann es in den 3000ern noch bis Ende Mai und bereits Mitte September. Angesichts der eher wenigen Übernachtungsmöglichkeiten in den wenigen Orten des Bundesstaates empfehlen sich Reservierungen für Hotels und B & Bs, besonders im Sommer sind die guten Häuser schnell belegt. Für plötzliche Schneefälle und Blizzards im Frühjahr und Herbst sollte man mit Nahrung, Getränken und Decken gerüstet sein und gegebenenfalls eine geplante Tour durch die Berge lieber verschieben.

Zeitplanung

Missoula über Deer Lodge,
Butte und Bozeman nach Gardiner
zum Nordeingang des Yellowstone: 1 Tag

---

5. Wyomings Nordwesten

Wyoming ist das Land der Cowboys und ebenso menschenleer wie Montana, aber im Sommer schwillt die Bevölkerung im Nordwesten um ein Vielfaches an. Der Yellowstone National Park an den Grenzen zu Montana und Idaho lockt jeden Sommer ca. 2 Mio. Besucher an. Die meisten bleiben nur wenige Tage und durchfahren den Park sowie den angrenzenden Grand Teton National Park auf der Suche nach den Highlights unter den Geysiren. Über 4300 Mitarbeiter des Nationalpark-Service und der in den Parks tätigen Konzessionsbetriebe wie Hotels, Campingplätze, Bootsverleih, Touranbieter u. v. m. sind in den Spitzenzeiten von Juni bis August dort tätig. Beliebte Aussichtspunkte, z. B. am Grand Canyon des Yellowstone River oder an den weißen Terrassen in Mammoth Hot Springs, sind immer dicht belagert, besonders morgens sind die versierten Fotografen dort unterwegs. Auf Bärenbegegnungen hoffen viele, gleichzeitig schauert es einen doch, wenn man über die Größe und Kraft eines Grizzlys nachdenkt. Bisons dagegen laufen einem recht häufig über den Weg, die mächtigen Huftiere bevölkern das Grasland des Hayden Valley. Der südliche Grand Teton National Park besticht durch seine Viertausender, die majestätisch über dem Snake River thronen und die Grenze zu Idaho bilden.

- *Grand Canyon of the Yellowstone*
- *Jenny Lake*

Gut zu wissen: Die fünf Eingänge zum Yellowstone sind nicht ganzjährig für Autos geöffnet. Abgesehen vom nördlichen Eingang bei Gardiner werden sie meist erst im Mai für den Verkehr freigegeben; man sollte unbedingt die Straßenberichte der Nationalparkbehörde zurate ziehen. Die Teton Park Road ist normalerweise von November bis Mai geschlossen, auch hier spielen die Wetterverhältnisse für den Tag der Öffnung die entscheidende Rolle. Die Temperaturschwankungen in beiden Parks können enorm sein, im Sommer wurden schon über 35 °C gemessen, 27 °C sind im Juli eher die Regel. Im Winter sinkt das Thermometer dann auf etwa –13 °C ab, aber auch sonst kann es nachts in Höhenlagen von 2000 m durchaus empfindlich kalt werden.

Zeitplanung

Beide Loops im Yellowstone Park: 2–3 Tage

Vorschläge für Rundreisen

Durch Berge und Prärie zum Yellowstone National Park (3 Wochen)

Von Vancouver oder von Seattle führt die rund 4500 km lange Rundtour durch vier oder fünf Nationalparks, zwei National Monuments, die Rocky Mountains, die trockene Prärie des Columbia Plateau und berührt die lebendigsten Städte des Nordwestens.

1.–3. Tag: Ankunft in Vancouver oder Seattle. Etwa zwei Tage Zeit sollte man sich für die Stadterkundung und die klimatische Anpassung gönnen.

4. Tag: Fahrt auf dem Hwy 20 durch den North Cascades National Park, Besichtigung des Wildweststädtchens Winthorp, Übernachtung in Chelan am gleichnamigen See.

5. Tag: Am Lake Roosevelt vorbei und über das Columbia Plateau geht es nach Spokane, Besichtigung der dortigen Wasserfälle im Zentrum. Weiterfahrt nach Coeur d'Alene.

6. Tag: Auf der Interstate 90 verläuft die Route durch das Silver Valley mit alten Minenstädten nach Missoula, Montana.

7. Tag: Fortsetzung über Kalispell, Whitefish und durch den Glacier National Park, Übernachtung in einer der historischen Lodges.

8. Tag: Besichtigung von Great Falls, insbesondere des Charles M. Russell Museum. Besuch von Montanas Hauptstadt Helena, danach Abstecher zu Deer Lodge und Grant-Kohrs Ranch. Über Butte wird Virginia City erreicht, Übernachtung in Bozeman.

9.–11. Tag: Yellowstone National Park, Übernachtungen im Park.

12. Tag: Besichtigung des Grand Teton National Park, Übernachtung in Jackson.

13. Tag: Fahrt über Idaho Falls zum Craters of the Moon National Monument und ins Sun Valley nach Ketchum, Idaho.
14. Tag: Für die Fortsetzung der Reise gibt es zwei Alternativen: entweder durch die Berge zur Redfish Lake Lodge und den Ponderosa Pine Scenic Byway entlang nach Boise oder nach Twin Falls und auf dem Thousand Springs Scenic Byway nach Boise.
15.–16. Tag: Fahrt über McCall zum Hells Canyon Dam, Übernachtung in Lewiston.
18. Tag: Über Walla Walla, Yakima und Ellensburg verläuft die Route nach Leavenworth, wo alpine Romantik auf Amerikanisch lockt.
19. Tag: Abstecher zum Mount Rainier National Park.
20. Tag: Rückkehr nach Seattle oder Vancouver.

Metropolen, Meer und Mount St. Helens (10 Tage)

Seattle und Portland als anregende Großstädte, der Olympic National Park mit seinen moosigen Regenwäldern, die endlosen Strände an Oregons Küste und der immer noch aktive Vulkan Mount St. Helens sind Höhepunkte dieser ca. 1500 km langen Strecke.

1. Tag: Ankunft in Seattle, Stadterkundung und Überwindung des Jetlag.
2. Tag: Per Fähre nach Bainbridge Island, dann in das viktorianische Städtchen Port Townsend und anschließend an Sequim vorbei auf dem Hwy 101 nach Port Angeles.
3. Tag: Wanderung im Olympic National Park.
4. Tag: Abstecher zu den Makah-Indianern über den Hwy 112, Besichtigung der Twilight-Drehorte in Forks, Übernachtung in Kalaloch oder am Lake Quinault.
5. Tag: Abstecher an die Strände von Long Beach, Besichtigung von Astoria, der ältesten Stadtgründung Oregons; Fahrt entlang der Küste bis nach Cannon Beach.
6. Tag: Auf dem Hwy 101 bis Florence, dort die Sanddünenlandschaft erleben, Weiterfahrt auf dem extrem kurvigen Hwy 126 nach Eugene, der lebendigen Universitätsstadt.
7. Tag: Fahrt im Willamette Valley bis Portland, unterwegs Besichtigung von Weingütern wie King Estate südlich von Eugene, Tyee Wine bei Corvallis oder Torii Mor bei Dundee.
8. Tag: Portland erleben.
9. Tag: Fahrt zum Infocenter des Mount St. Helens, Übernachtung in Olympia, Washingtons kleiner Hauptstadt.
10. Tag: Rückkehr über Tacoma nach Seattle.

Pazifikküste, Geisterstädte und Vulkane (14 Tage)

Nach der Fahrt von San Francisco entlang der Küste bis Portland geht es durch Ost-Oregon mit den Geisterstädten, den berühmten Painted Hills und der schier endlosen Hochlandwüste. Besichtigung des Crater-Lake- und des Lassen-Volcanic-Nationalparks, ca. 3500 km.

1.–3. Tag: Ankunft in San Francisco, Akklimatisierung und Stadtbesichtigung.
4. Tag: Fahrt auf dem Hwy 101 nach Eureka im Norden, mit Abstecher zur Küste auf dem Hwy 1.
5. Tag: Wandern unter Riesenbäumen in den Redwood National and State Parks, Weiterfahrt entlang der Küste bis nach Bandon.
6. Tag: Abstecher in die Oregon Dunes National Recreation Area bis nach Lincoln City, dann Weiterfahrt nach Portland.
7. Tag: Besichtigung von Portland.
8. Tag: Am Columbia River entlang geht es zu den Multnomah Falls, anschließend kann man die Windsurfer in Hood River bewundern, Übernachtung in The Dalles.
9. Tag: Fahrt auf dem Journey Through Time Scenic Byway über Shaniko, Fossil, Kimberly zum John Day Fossil Beds National Monument – eine spannende Tour durch menschenleeres, trockenes Land mit einigen kleinen Geisterstädtchen, auch die Painted Hills lohnen den Aufwand. Übernachtung in Baker City, einer historischen Kleinstadt am Oregon Trail.
10. Tag: Auf dem Central Oregon Hwy 20 geht es nach Bend – knochentrocken und heiß im Sommer; das Frühjahr und der Herbst sind für einen Aufenthalt daher eher zu empfehlen.
11. Tag: Die Route führt zum Crater Lake National Park – den kreisrunden See sollte man einmal umrunden, Übernachtung in Klamath Falls.
12. Tag: Wandern im Lassen Volcanic National Park, Übernachtung in Redding.
13. Tag: Rückkehr nach San Francisco auf der Interstate 5.

Wissenswertes über den Nordwesten der USA

»Erklimme die Berge und spüre die gute Energie. Der Friede in der Natur wird in dich fließen wie der Sonnenschein, der die Bäume nährt. Der Wind wird dich erfrischen, der Sturm dich mit Kraft erfüllen und alle deine Sorgen werden abfallen von dir wie Herbstblätter.«
John Muir (1838–1914), schottisch-US-amerikanischer Universalgelehrter, Naturforscher und Umweltschützer

Der legendäre Highway 101 entlang der Pazifikküste bietet immer wieder spektakuläre Ausblicke

Steckbrief Nordwesten der USA

Daten und Fakten

Name: USA Nordwesten

Fläche: ca. 1,3 Mio. km² (Idaho 214 315 km², Washington 172 349 km², Oregon 248 332 km², Nordkalifornien 68 197 km², Montana insgesamt 376 981 km², Wyoming insgesamt 251 490 km²)
Hauptstädte: Idaho: Boise; Kalifornien: Sacramento; Montana: Helena; Oregon: Salem; Washington: Olympia; Wyoming: Cheyenne
Amtssprache: amerikanisches Englisch
Einwohner: ca. 17 Mio.; Idaho 1,8 Mio., Montana 1,1 Mio., Nordkalifornien (7 Counties) ca. 750 000, San Francisco 874 784, Oregon 4,2 Mio., Washington 7,7 Mio., Wyoming 576 851 (Daten von 2020)
Bevölkerungswachstum: Zunahme zwischen 2010 und 2020 in Prozent: Idaho 17,3 %, Kalifornien 5,4 %, Montana 9,6 %, Oregon 10,6 %, Washington 14,6 %, Wyoming 2,3 %
Lebenserwartung: Frauen 80,82, Männer 75,02 Jahre

Währung: US-Dollar ($). 1 Dollar sind 100 Cents. Banknoten gibt es über die Beträge von 1 $, 2 $, 5 $, 10 $, 20 $, 50 $ und 100 $.
Zeitzonen: Pacific Time (alle Küstenstaaten –9 Stunden hinter MEZ) und Mountain Time (–8 Stunden)
Landesvorwahl: 001
Internetkennung: .us

Landesflagge: USA: Sternenbanner (Stars & Stripes). Weiße und rote Streifen stehen für die 13 Gründungsstaaten. Die 50 Sterne im blauen Feld symbolisieren die 50 Bundesstaaten.

Geografie

Die Bezeichnung Nordwesten der USA kann sich auf die beiden am Pazifik gelegenen Bundesstaaten Washington und Oregon beziehen oder auch eine Region kennzeichnen, die im Westen vom Pazifischen Gebirgssystem, in der Mitte vom Columbia-Plateau und im Osten von den Rocky Mountains begrenzt wird. Die Berge der Coastal Range erheben sich an vielen Stellen steil aus dem Meer bis auf Höhen von 1500 m. Das Wachstum der Cascade Range, die sich wie eine zweite Wand vor der Küste von Norden nach Süden zieht, ist noch nicht abgeschlossen. Die zum Ring of Fire gehörenden Vulkanberge Mount St. Helens und Mount Rainier sind immer noch aktiv, die Plattentektonik der pazifischen und der nordamerikanischen Erdplatte sorgt für ständige Verschiebungen.
Als Columbia-Plateau wird die Hochebene vom Westen Washingtons und Oregons bis in den Süden Idahos bezeichnet; dieses relativ flache, aber hoch liegende Gebiet wird vom Columbia River und vom Snake River begrenzt. Die Rocky Mountains ziehen sich in den USA auf einer Länge von etwa 2250 km von Nordnordwesten nach Südsüdosten. Hier liegen an der kanadischen Grenze der Glacier National Park in Montana und der Yellowstone Park im Nordwesten von Wyoming.

Geschichte

Schon vor mehr als 14 000 Jahren sind Menschen in diese Region gewandert, haben sie durchstreift oder sind hier sesshaft geworden. Mit den beginnenden Siedlertrecks Anfang des 19. Jh. wurden die Ureinwohner verdrängt. Auf dem sogenannten Oregon Trail zogen zwischen 1830 und 1870 ca. 350 000 Siedler in den Nordwesten. Weitere große Siedlerbewegungen waren der Mormon Trail 1847 nach Utah und der California Trail der 1850er-Jahre. Gemeinsam ist den Staaten des Nordwestens ihre Jugend. 1776 hatten die ersten dreizehn Staaten die USA gegründet. Die westlichen Regionen wurden erst spät aufgenommen, da ein Gesetz vorschrieb, dass ein Bundesstaat mindestens 60 000 Einwohner nachweisen musste: Kalifornien 1850 (31.), Oregon 1859 (33.), Montana 1889 (41.), Washington 1889 (42.), Idaho 1890 (43.) und Wyoming 1890 (44. Staat).

Staat und Politik

Die USA umfassen 50 gleichberechtigte Bundesstaaten, jeweils mit einer eigenen Verfassung. An der Spitze steht ein für vier Jahre gewählter Gouverneur, dessen Amtszeit auf zwei Legislaturperioden beschränkt ist. Die Landespolitik wird über zwei Kammern gesteuert: den Senat und das Repräsentantenhaus. Höchste Instanz der Rechtsprechung ist der Oberste Gerichtshof *(Supreme Court)* unter Vorsitz eines vom Gouverneur ernannten Richters. Die Bundesstaaten haben eigene Polizeieinheiten und darüber hinaus eigene Streitkräfte in Form von Milizen und Nationalgarden.

Wirtschaft und Tourismus

Landwirtschaft und seit einigen Jahren der Tourismus sind die beiden wichtigsten Stützpfeiler im Nordwesten. In Washington und Oregon gehört auch die Holzwirtschaft zu den bedeutenden Industriezweigen. Der Raum Seattle hat mit den Zentralen von Microsoft, Amazon, den der Kaufhausketten Nordstrom, T-Mobile USA und Starbucks bedeutende amerikanische Arbeitgeber. Portland, die größte Stadt in Oregon, ist als Hafenstadt Umschlagsplatz für Waren aus Asien, das zweite Standbein der Wirtschaft ist die Computerindustrie. In Montana befinden sich etwa ein Viertel der amerikanischen Kohlevorkommen, der Bundesstaat exportiert in andere Staaten. Ölförderung durch Fracking im Williston Basin und ein rapider Ausbau der Windkraft sind wichtige Säulen der Ökonomie des Flächenstaates.

Bevölkerung und Religion

Nur durchschnittlich zehn Einwohner teilen sich 1 km^2 – der Nordwesten (ohne Kalifornien) ist eine sehr dünn besiedelte Region der USA. In den Ballungsgebieten von Seattle (ca. 4 Mio.) und Portland (ca. 2,5 Mio.) leben die meisten Menschen. Mit 80 % stellen die Weißen den größten Bevölkerungsanteil, mit lateinamerikanischem Hintergrund leben hier rund 5 %. Die meisten Menschen mit asiatischen Wurzeln sind im Bundesstaat Washington (8,2 %) zu finden und den höchsten Bevölkerungsanteil an Indianern hat Montana mit 6,4 %.

Im Nordwesten der USA gibt es eine Vielfalt von mehr als 250 vorwiegend christlich-protestantischen und -katholischen, aber auch zahlreichen anderen Glaubensgemeinschaften unterschiedlichster Provenienz.

Sprache

Englisch ist de facto die offizielle Sprache auch des Nordwestens der USA, weil es die meisten Einwohner sprechen, einen Beschluss dazu gibt es auf föderaler Ebene allerdings nicht. Die Dialekte unterscheiden sich deutlich von denen des Ostens. Mexikanisches Spanisch ist in allen Teilen des Westens sehr weit verbreitet, zudem sind Mandarin, Kantonesisch, Vietnamesisch und Tagalog (Sprache auf den Philipinen) ebenso vielerorts zu hören. Mit Französisch kann man sich notfalls in Vancouver/Kanada behelfen, weniger im Westen der USA.

Natur und Umwelt

Uralte Regenwälder, bizarre Gletscherlandschaften, endlose Grasebenen (die Prärie) und die majestätischen Kegel der Vulkane im Ring of Fire – der Nordwesten der USA ist von einer schier unglaublichen Vielfalt an Naturformen geprägt. Nicht minder eindrucksvoll ist die variantenreiche Pazifikküste: Auf fast 1800 km von der Grenze zu Kanada bis San Francisco wechseln sich unterschiedlichste Sandstrände und Felsformationen ab.

Manche Tierarten wie der Bison, der Grizzly oder der Weißkopfseeadler wären ebenso wie die Redwood- bzw. die Mammut-Bäume sicher schon ausgestorben, hätte man sie nicht unter Naturschutz gestellt. Im Nordwesten der USA wurde die Idee vom Natur- und Landschaftsschutz geboren und hat weiterhin einen hohen Stellenwert; mithilfe von National und State Parks werden einmalige Landschaften in ihrer Ursprünglichkeit bewahrt und gleichzeitig für Interessierte zugänglich gemacht. Die als Nationalparks ausgewiesenen Gebiete schützen alle Arten von Pflanzen und Tieren. Je nach Region sind unterschiedliche Vegetationsformen, Reviere wild lebender Tiere, Gesteinsformationen oder auch für die Geschichte des Landes bedeutende Gebiete zu Parks erklärt worden.

Tatsächlich sind die 41 National Parks und Monuments (Natur- und Kulturdenkmäler) im Reisegebiet auch wichtige Elemente im Wettbewerb um Gäste. Zwar obliegt ihnen in erster Linie die Erhaltung der Naturlandschaft, aber sie bieten mit ihrer Infrastruktur an gekennzeichneten Wegen, Schutzhütten, Campingplätzen und Rangerstationen die beste Möglichkeit, einigermaßen gefahrlos die ursprüngliche Natur zu erkunden. Die Parks und Monuments, die hauptsächlich aufgrund ihrer landschaftlichen Schönheit oder ungewöhnlichen Oberflächenformen ausgewählt wurden, unterstehen einer nationalen Behörde. Diese Behörde beaufsichtigt auch zahlreiche historische Gedenkstätten und Erholungsgebiete, wie die nationalen Meeresküsten und Seeufer (www.nps.gov).

Erholungsaktivitäten werden gefördert, solange die Menschen ihre Umgebung nicht stören und ihr keinen Schaden zufügen. In den letzten Jahren beschränkt sich der National Park Service darauf, die Natur sich selbst zu überlassen. Die Tierpopulationen sollen unbeeinflusst ihr Gleichgewicht finden und abgestorbene Bäume werden nicht entfernt – die verwitternden Stämme sind komplexe Ökosysteme für zahlreiche Kleinlebewesen. Einen Streitpunkt bildet jedoch das Verhalten bei Bränden. Nicht alle teilen die Ansicht der Botaniker, dass die Feuer für die Erneuerung des pflanzlichen Lebens unbedingt notwendig seien.

Landschaftsformen

Die Küste

Mal honiggelber Sand, mal grauer oder schwarzer, dann wieder schroffe Felsen, Unmengen von angeschwemmten Baumstämmen und Ästen in allen Größen, einzelne Steinmonumente, wie von Riesenhand an den Strand geschleudert, Wald bis dicht ans Wasser – die fast 1800 km an Küstenlandschaften von Port Townsend im Norden Washingtons bis nach San Francisco in Kalifornien sind so abwechslungsreich wie vielfältig.

Das Coastal-Range-Gebirge zieht sich nahezu parallel zur Küste von Norden nach Süden. An seinen Höhenzügen regnen sich die Wolken vom Pazifik kommend erstmals aus, sodass der Landstrich eine fruchtbare und artenreiche Vegetation bietet. Da der Ozean überwiegend relativ kühl ist, bildet sich häufig dichter Nebel.

Mit welch gewaltigen Kräften die Wellen und der Wind die riesigen Baumstämme und Wurzeln der z. T. bis an die Küste reichenden Wälder an die felsige Küste der Olympic-Halbinsel im Nordwesten Washingtons werfen, lässt sich nur erahnen, denn bei Sturm sollte man diese Bereiche besser meiden. Die wenigen Straßen führen auch nicht direkt an der Wasserkante entlang; erst südlich von Aberdeen nähert sich die Route dem Meer. Aber es gibt immer wieder Strandzugänge (bei Mora, La Push, Ruby Beach und Kalaloch) und dort beeindrucken die dunklen, schroffen Felsformationen und kilometerlang aufgetürmten Holzberge. Auf der Halbinsel befindet sich auch der Olympic National Park. Seine Besonderheit ist der *temperate rain forest* (Regenwald), der beinahe eine Rarität auf dem nordamerikanischen Kontinent geworden ist. Sonst findet man ihn nur noch an der Küste von British Columbia.

Die unmittelbare Nachbarschaft zum Meer und zum Gebirge sowie intensive Regenfälle und nicht zu starke Klimaschwankungen zwischen Sommer und Winter kennzeichnen die Bedingungen, unter denen sich diese Vegetation entwickelt. Sitka-Fichten, Rot-Zedern, Küsten-Douglasien und Redwoods sind typische Vertreter dieses Waldes, der darüber hinaus auch noch mit wie Vorhänge wirkenden Moosen *(Spanish moss)* und Flechten bedeckt ist. Unter dem recht häufig tropfenden Dach der Baumriesen lässt sich im Unterholz ein breites Spektrum unterschiedlicher Pflanzen ausmachen: Dazu gehören Stauden und Büsche wie Heidelbeeren und Lachsbeeren, Leberblümchen, Farne und Orchideen. Seit 1981 zählt der bereits 1938 gegründete Olympic National Park zum UNESCO Welterbe.

Sandstrände und die Oregon Dunes

Um die große Willapa Bay herum beginnen die endlosen Sandstrände mit gelbem Sand und dahinterliegenden Dünenlandschaften. Oregons Küste bietet kilometerlange Sandstrände, die in kurzen Abschnitten entlang des Highway 101 von zahlreichen Klippen und Felsen unterbrochen werden.

Besonders eindrucksvoll ist die Region der berühmten Oregon Dunes. Zwischen Coos Bay und Florence erstreckt sich ein 50 km langes Dünengebiet, dessen höchste Sandberge bis zu 150 m messen. Sanft hügelig, von Wald und Tümpeln durchbrochen, ist diese Oregon Dunes National Recreation Area ein Paradies für Camper. »OHVs«, Geländemotorräder, dürfen hier auf ausgewiesenen Strecken durch den Sand donnern, was die sanften Geräusche von Wasser, Wind und Vogelgezwitscher mitunter nachhaltig verdrängt. Südlich von Bandon wird es immer menschenleerer und die Küste wird wieder von Klippen und Felsen geprägt, in Nordkalifornien erreichen manche von ihnen Höhen von über 100 m.

Tsunami-Warnungen

Immer wieder tauchen am Straßenrand des Highway 101 Schilder mit Tsunami-Warnungen auf. Sie kennzeichnen tief liegende Gebiete, die von den gefürchteten Flutwellen betroffen werden können. Auch enthalten sind Hinweise, wie man sich bei einem Erdbeben und den sich möglicherweise anschließenden Wellen verhalten sollte, nämlich so schnell wie möglich höher gelegenes Gelände aufsuchen. Ausgelöst werden die Erdbeben vor der Küste durch die Spannungen zwischen der Pazifikplatte, der Juan-de-Fuca- und der nordamerikanischen Platte.

Die Bruchkante der sogenannten Subduktionszone befindet sich nur 52 bis 112 km westlich der Küstenlinie und so können sich nach einem Beben zuweilen relativ schnell Flutwellen entwickeln. Mehr Informationen erhält man über www.oregongeology.com. 1964 traf das letzte Mal ein Tsunami die Strände Oregons und Kaliforniens; der war allerdings durch ein Erdbeben in Alaska ausgelöst worden.

Cascade Range

Fast parallel zur Küste und der Coastal Range hat sich vor Jahrmillionen ein zweiter Gebirgszug aufgebaut, in dem die meisten noch aktiven Vulkane zu finden sind, die Cascade Range. Wie weiße Perlen auf einer Schnur sind die kegelförmigen Berge von Norden nach Süden aufgereiht und mit ihren bis in den Sommer schneedeckten Gipfeln weithin sichtbar.

Mount St. Helens National Vulcanic Monument

Auch wenn man den Nordwesten nicht kennt, die Bilder vom Vulkanausbruch des Mount St. Helens am 18. Mai 1980 gingen damals um die Welt. Seitdem sind der Berg und die von Lavaströmen durchzogene Landschaft ein National Vulcanic Monument in Washington. Hier lässt sich erleben, wie die Natur sich die vom Feuersturm zerstörten Berghänge zurückerobert. Manche der jungen Wälder sind durch Aufforstungsprogramme entstanden, aber die bodendeckende Vegetation, der typische Ginster und andere Sträucher haben ihren Lebensraum allein gefunden. Der Vulkan ist seitdem aktiv geblieben und Betätigungs- bzw. Studienfeld für Forscher und Seismologen aus aller Welt geworden. Es bleibt zu hoffen, dass die dort gewonnenen Erkenntnisse dazu beitragen, die Vorwarnzeiten für Vulkanausbrüche und Erdbeben zu verbessern, damit in diesem geologisch unruhigen Gebiet des Ring of Fire keine Menschen mehr zu Schaden kommen.

Crater Lake National Park

Eine wieder ganz andere Art von Nationalpark ist der im Süden Oregons gelegene Crater Lake National Park. Der tiefblaue See füllt das Innere eines erloschenen Vulkans und hat weder Zu- noch Abfluss, zudem ist er mit 592 m der tiefste See in den USA. Gespeist wird er ausschließlich von Regenwasser und Schnee, in der Höhe von 2500 m kann es bis zu acht Monate lang schneien. Bis vor etwa 7700 Jahren befand sich an der Stelle des heutigen Kratersees der 3600 m hohe Vulkan Mount Mazama. Nach mehreren starken Ausbrüchen hatte sich die Magmakammer entleert und der Vulkan stürzte in sich zusammen. Der so entstandene Krater, die *Caldera*, hat einen Durchmesser von

Die alpinen Landschaften des Mount Rainier National Park dominiert der von Gletschern bedeckte Vulkankegel des gleichnamigen Bergmassivs

9 km. Der Nationalpark, der um den Krater herum ausgewiesen worden ist, schützt eine ca. 20 bis 30 km^2 große, bewaldete Bimssteinlandschaft. Die extrem unterschiedlichen Niederschlagsmengen auf der Ost- und der Westseite des Parks, die langen Winter sowie großen Höhenunterschiede haben die Pflanzenwelt stark beeinflusst. Die niederschlagsreiche Westseite prägen sumpfige Grasflächen, die trockenere Ostseite besteht aus Halbwüste. Mit zunehmender Höhe findet man auch wildblumenübersäte Alpwiesen vor. 1902 wurde das Gebiet zum Nationalpark erklärt.

Rocky Mountains

Von Nordwesten nach Südosten ziehen sich die verschiedenen Gebirgslandschaften der Rocky Mountains durch das Reisegebiet. Zwei berühmte Nationalparks sind dort ausgewiesen, der Glacier National Park an der Grenze zu Kanada und der älteste Nationalpark der Welt, der Yellowstone.

Vulkanismus und der Ring of Fire

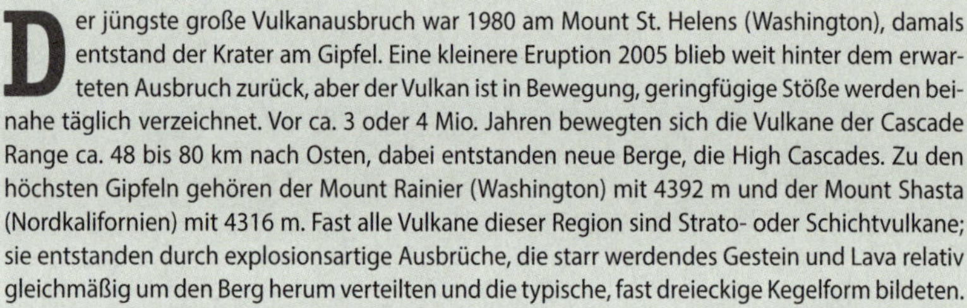

In erdgeschichtlich jüngerer Zeit, vor etwa 150 Mio. Jahren, begann die Auftürmung der westlichen Gebirge. Die Bewegung der Juan-de-Fuca- Platte auf die sich westwärts bewegende nordamerikanische Kontinentalplatte hin hat die gewaltigen Kräfte freigesetzt, durch die die Vulkane der Cascade Range entstanden sind. Sie gehören einem Ring rund um den Pazifik an, dem berühmten Ring of Fire.

Der jüngste große Vulkanausbruch war 1980 am Mount St. Helens (Washington), damals entstand der Krater am Gipfel. Eine kleinere Eruption 2005 blieb weit hinter dem erwarteten Ausbruch zurück, aber der Vulkan ist in Bewegung, geringfügige Stöße werden beinahe täglich verzeichnet. Vor ca. 3 oder 4 Mio. Jahren bewegten sich die Vulkane der Cascade Range ca. 48 bis 80 km nach Osten, dabei entstanden neue Berge, die High Cascades. Zu den höchsten Gipfeln gehören der Mount Rainier (Washington) mit 4392 m und der Mount Shasta (Nordkalifornien) mit 4316 m. Fast alle Vulkane dieser Region sind Strato- oder Schichtvulkane; sie entstanden durch explosionsartige Ausbrüche, die starr werdendes Gestein und Lava relativ gleichmäßig um den Berg herum verteilten und die typische, fast dreieckige Kegelform bildeten.

Ein Beispiel für eine andere Erscheinungsform von Vulkanen ist der Lassen Peak in Nordkalifornien. Beim Ausbruch des Urvulkans Mount Tehama entstand ein gigantischer Kessel, eine Caldera. Weitere Eruptionen verursachten neue Vulkankegel in dieser *Caldera.* Durch einen dieser Kegel kam vor fast 11 000 Jahren verhältnismäßig kühle Magmamasse an die Oberfläche und setzte sich wie ein Pfropfen auf den vorhandenen Vulkan. Der Lassen Peak ist ein imposantes Beispiel eines Plug-Vulcano (oder Lavadom-Vulkans) und mit einer Höhe von 3189 m der höchste der Erde. Ein Aschepilz von 11 km Höhe bescherte der Umgebung am 22. Mai 1915 einen Asche- und Bimssteinregen. Bis zu 300 Mal war der Vulkan zwischen 1914 und 1921 aktiv, aufgrund dieser Tätigkeiten wurde das Gebiet 1916 zum Nationalpark erklärt. Rund um den Lassen Peak ist die Erde immer noch unruhig, was sich in kochenden Schlammlöchern, heißen Quellen und Fumarolen (Stellen, an denen Dampf austritt) zeigt. Lassen Volcanic N. P. ist eines der wenigen Gebiete weltweit, in dem alle Hauptformen von Vulkanen (Schicht-, Schild-, Schlacken- und Supervulkane) vorkommen.

Vor der Auftürmung der Gebirge vor ca. 150 Mio. Jahren war der Nordwesten von Wasser bedeckt. Inzwischen darf spekuliert werden, wann Amerika wieder im Meer versinkt. Forscher der Universität von Utah haben die Bedeutung der Hitze im Erdinneren in Korrelation zur jeweiligen Höhe einer Landschaft untersucht. Würde die Erdkruste infolge sinkender Temperaturen im Erdinneren auf den kältesten Wert abkühlen, der jemals gemessen wurde, lägen viele Regionen der USA unter Wasser: Der Kontinent sinkt tatsächlich, denn die Erde kühlt sich langsam ab.

Glacier National Park

Schroffe Berggipfel, unberührte Wälder und tiefblaue Seen sind die Highlights des amerikanisch-kanadischen Doppelparks Waterton-Glacier International Peace Park. Mit den Gletschern, denen das 1910 zum Nationalpark erhobene Gebiet seinen Namen verdankt, wird allerdings keine Reklame mehr gemacht, sie sind auf dem Rückzug. Es wird geschätzt, dass 2030 kein Gletscher mehr vorhanden sein wird. 1850 gab es auf dem Gebiet des heutigen Parks noch etwa 150 Gletscher, aber die Größe der heute noch existierenden Eiszungen ist auf etwa ein Drittel des damaligen Umfangs geschrumpft. Doch die Parkverwaltungen des 1932 zu einem »Internationalen Friedenspark« ernannten und 1995 zum Welterbe erklärten Schutzgebiets machten aus der Not eine Tugend und unterstützen seit einigen Jahren Forschungen zum Klimawandel.

Die Vegetation dieser Bergregion ist zweigeteilt; das eher feuchte, aber gemäßigte Klima auf der Westseite ermöglicht den riesigen Zedern und Hemlocktannen von der Pazifikküste, auch hier zu wachsen. Mitten durch die Rockys verläuft die Wasserscheide des Kontinents. Auf ihrer Ostseite fällt nur sehr wenig Regen, aber entscheidend für die Flora sind die ausdörrenden Chinook-Winde. Hier gedeihen Drehkiefern und Douglas-Tannen am besten, auch Espen und Alpenlärchen bereichern die Vielfalt von immerhin über 1000 verschiedenen Pflanzen.

Yellowstone National Park

1807 stieß der Pelztierjäger John Colter auf seinem Weg durch das nördliche Wyoming auf einen märchenhaften Landstrich mit steil abfallenden Schluchten und tosenden Wasserfällen. Bei der weiteren Erkundung offenbarte sich ihm eine erstaunliche Landschaft mit kochend heißen Quellen, blubbernden Schlammlöchern und Geysiren, die in regelmäßigen Abständen hohe, heiße Wasserfontänen in die Luft schleuderten. Colter hatte das heute berühmte Gebiet am Yellowstone River entdeckt.

Als Colter drei Jahre später nach St. Louis zurückkehrte, wurde der Beschreibung seiner Entdeckung zunächst kein Glaube geschenkt. Da jedoch in den folgenden Jahren andere Trapper seine Geschichte bestätigten, wurden 1870 und 1871 zwei offizielle Expeditionen entsandt, die die Wunder dieser Gegend dokumentierten. 1872 veranlasste ihr Bericht den Kongress der Vereinigten Staaten, Yellowstone zum ersten Nationalpark der Erde zu erklären. Nadelwald aus Drehkiefern, Tannen und Fichten bedeckten bis zum Sommer 1988 den größten Teil des Parks. Der Wald war nach fast 300 brandfreien Jahren stark überaltert und zudem durch die zu geringen Niederschläge in den vorangegangenen Jahren ausgetrocknet. Als dann im Juni 1988 an mehreren Stellen durch Blitzeinschlag Brände ausbrachen, entschied die Parkverwaltung, der Natur so weit als möglich ihren Lauf zu lassen; Mitte September setzte Regen ein, sodass die meisten Brände gelöscht werden konnten. Vollständig zum Erliegen kam das Feuer erst am 13. November, als das Gebiet eingeschneit wurde. Es stellte sich heraus, dass ein Drittel der Waldbestände abgebrannt war. Der Brand veränderte das Erscheinungsbild des Nationalparks. Wo das Feuer gewütet hat, wächst heute ein kräftiger, gesunder Wald nach. Versuche zeigen, dass der Wald sich dort am besten und vielfältigsten entwickelt, wo sich der Mensch nicht einmischt. Wegen der Höhenlage und der schneereichen Winter gedeiht der junge Wald nur langsam, so dürfte es 50 bis 60 Jahre dauern, ehe die Spuren des Brandes verschwunden sein werden.

Flora

Nicht von ungefähr nennt sich Washington *Evergreen State:* Mit seinen riesigen Nadel- und Laubwäldern und den fruchtbaren grünen Landschaften an der Küste des Puget Sound macht der Bundesstaat seinem Beinamen besonders im Westen und Norden alle Ehre. Das eher feuchte Pazifikklima der Küstenstaaten hat zu einer großen Vielfalt der

Keine Chance für Fische: Die Grizzlys sind hervorragende Jäger

Vegetation beigetragen, dazu gehören zahlreichen Tannenarten wie die Hemlock- und die Weißtanne.

Beinahe der Abholzung zum Opfer gefallen sind die höchsten Bäume der Welt, die Redwoods. Unter Naturschutz gestellt, finden sich die letzten Exemplare im Norden Kaliforniens unweit der Küste. Ebenso hätte der für Nordamerika typische *temperate rain forest* nicht überlebt, wenn man nicht im Olympic National Park ein Refugium geschaffen hätte.

Ganz anders präsentiert sich das Columbia Basin (oder Plateau) im Osten Washingtons und Oregons. Wenig Regen bekommt dort insbesondere der Wüsten-Beifuß *(sagebrush)*, eine Pflanze, die sich auch außerhalb der riesigen Farmen ausgebreitet hat. Viele Laubbäume, z. B. Birken, sind in den Rocky Mountains zu finden, dazu Eichen und Ahorn, sodass man auch in Idaho, im Westen Montanas und im Nordwesten Wyomings den Indian Summer erleben kann.

Tierwelt

Nicht nur in den geschützten Parks leben Bären, Luchse, Bisons und Elche. Auch in der Nähe bewohnter Gegenden kann man durchaus auf wilde Tiere treffen und sollte dann die entsprechende Vorsicht walten lassen. Wale, Adler, Seeotter und -löwen an der Küste, Lachse und Welse in den Flüssen, Bergschafe und Murmeltiere im Gebirge und verschiedenste Hirscharten und Bisons im Grasland: Die Tierwelt des Nordwestens ist ebenso abwechslungsreich wie seine Landschaften.

Bären

Beinahe wäre der kleine Reisebus gekippt, als alle Insassen plötzlich auf die rechte Seite drängten. »Bären!«, hatte jemand gerufen, und schon wurden die Kameras gezückt und das Blitzlichtgewitter begann. Der Busfahrer konnte gerade noch sein Gefährt auf der

Standspur zum Halten bringen – andernfalls hätten ihn die Gäste wohl ziemlich unfreundlich behandelt, denn auf einer Lichtung neben dem Highway 2 an den Ausläufern des Glacier National Park in Montana war eine Grizzlymutter mit zwei Jungen zu sehen.

Auf ca. 300 Exemplare dieser größten **Braunbären** wird der Bestand im Gletscher-Park geschätzt. Eine kleinere Anzahl verbringt den Sommer auf den Alpenwiesen an der Ostseite des Parks, für den Winterschlaf ziehen sie sich dann in die höheren Lagen zurück. Grizzlys ernähren sich sowohl von Pflanzen als auch von Tieren, und beim Näherrücken des Menschen an ihre Reviere haben sie gelernt, dass auch Abfälle Fressbares enthalten können.

Deshalb wird an allen Campingplätzen vor Bären, nicht nur vor Grizzlys, gewarnt, verbunden mit der Aufforderung, Vorräte und Abfälle nur in geruchssicheren Behältern aufzubewahren. In den USA und Kanada werden Bären, die an Abfälle herangekommen oder sogar gefüttert worden sind, erschossen. Die Gefahr ist zu groß, dass sie die Nähe der Menschen wegen dieser guten Erfahrung suchen und dann aggressiv werden. Auch im Yellowstone Park sind Grizzlys zu Hause, ca. 150 leben weitgehend im Gebiet des Nationalparks, geschätzte 593 bevölkern das Ökosystem um die Parkgrenzen und jagen mitunter auch im Schutzgebiet.

Sehr verbreitet in den Bergregionen des Nordwestens sind auch die etwas kleineren **Schwarzbären.** Wie die meisten ihrer Artgenossen sind sie Allesfresser. Allerdings machen Pflanzen mehr als 75 % ihrer Nahrung aus, darunter Früchte, Beeren, Nüsse, Gräser und Wurzeln. Wenn sie tierische Nahrung zu sich nehmen, dann besteht diese meistens aus Insekten wie Ameisen, Kurzkopfwespen, Bienen oder Termiten sowie Insektenlarven, daneben auch Aas. Kleine Säugetiere, Vögel und Echsen ergänzen den Speiseplan.

Bisons

Einst haben Herden dieser gewaltigen Kolosse den Boden unter ihren Hufen erzittern lassen, dann wurden sie zur Fleischversorgung für den transkontinentalen Eisenbahnbau und als Lederlieferanten für Militärstiefel millionenfach abgeschossen. Dank der Gründung des Yellowstone National Park im Jahr 1872 erhielten die Bisons noch rechtzeitig vor ihrer vollständigen Ausrottung ein Rückzugsgebiet. Inzwischen ist der Bestand im Park auf fast 5000 Tiere angewachsen und für Nordamerika werden 350 000 Bisons angegeben. Farmer in Montana und Wyoming haben sich auf die Zucht von Bisons spezialisiert, denn das Fleisch dieses schwergewichtigen Wildrinds ist fettarm und gilt als sehr gesund, zumal die Tiere nur auf offenen Weiden gehalten werden können.

Hirsche

Nicht nur für Bären, auch für einen stattlichen **Wapitihirsch** bremsen Touristen mitunter sehr überraschend. Wapitis leben als eine der größten nordamerikanischen Wildtierarten in offenen Wäldern oder in Waldnähe, sodass man sie im Frühjahr oder Herbst oft am Straßenrand sehen kann. Im Sommer steigen sie in Bergregionen in große Höhen auf, im Winter bevorzugen sie geschützter und tiefer gelegene Gegenden. Mit immerhin fast 2 m Höhe ohne Geweih können ärgerliche Wapitis durchaus eine Gefahr darstellen, insbesondere in der Brunftzeit im Herbst, wenn die kapitalen Hirsche um die Gunst bei den weiblichen Rudeln kämpfen.

Nicht *elk,* sondern *moose* heißt der größte Vertreter der Hirsche im Englischen, der **Elch.** Die Tiere ernähren sich vorwiegend von jungen Erlen- und Birkentrieben sowie Sumpf- und Wasserpflanzen, und so ist ihr Vorkommen auf eher sumpfige und seenreiche Gebiete beschränkt. Im Yellowstone Park wurden die Bestände durch das Feuer von 1988 sowie durch die Grizzlys erheblich reduziert, aber in British Columbia leben offiziellen Angaben zufolge fast 170 000 der imposanten Tiere. Männliche Elche erneuern ihr Geweih jedes Jahr gegen Ende des Winters, im Herbst – zur Brunft- und Kampfzeit – ist es am größten und eindrucksvollsten.

Pazifiklachse, Ökologie und Tourismus

Der Lebenszyklus von Lachsen ist faszinierend: Er beginnt in Flüssen, führt dann in die Ozeane und nach ein paar Jahren zurück zum Geburtsort. Wir Menschen mögen ihren Geschmack. Allerdings tragen gerade auch wir durch Umweltschäden und die stetig wachsende Nachfrage maßgeblich zu ihrer Gefährdung bei.

Lachse legen bei ihrer Wanderung zu den Laichplätzen enorme Strecken zurück. So hat z. B. der Bau des Coulee-Damms im Norden von Washington die Bestände des pazifischen Silberlachses *(Coho)* erheblich reduziert, obwohl dieser Damm gut 1000 km von der Flussmündung des Columbia River bei Astoria entfernt liegt. Kommerzieller Lachsfischfang ist in Kanada wie auch den USA seit Längerem reglementiert, seit 2008 wurden die Fangquoten und -zeiten für die Fischerei im Pazifik nochmals reduziert. Die Sportfischerei wurde aber bislang von den Restriktionen ausgenommen.

Die Lösung des Problems besteht schon seit Jahren im Aufbau von Lachsfarmen. Entlang der westkanadischen Küste und auf Vancouver Island hat sich dieser Industriezweig in den letzten beiden Jahrzehnten auf mehr als 100 Betriebe eingependelt. Im Durchschnitt produzieren sie 600 000 Lachse pro Saison, davon gehen 85 % als Export in die USA. Umweltschützer warnen seit geraumer Zeit vor den ökologischen Auswirkungen dieser Fischzucht: Die Lachse fressen doppelt so viel wie in der freien Natur, sie werden mit Farbpigmenten gefüttert, Wasserläuse und Krankheitserreger gelangen in freie Gewässer, wo sie den Wildlachs befallen können. Auf offizieller Seite meint man dagegen, nur durch gezielte Zucht könne die enorme Nachfrage bedient werden. Meeresbiologen haben Zusammenhänge zwischen entwichenen Zuchtlachsen und geschwächten Tieren im offenen Wasser gefunden. Nach intensiven Protesten der Umweltschützer wurde bereits eine Maßnahme umgesetzt: Um den Wildlachs vor Beeinträchtigungen durch die Zuchtfarmen zu schützen, dürfen Farmen nicht mehr in der Nähe der Lachs-Wanderwege angelegt werden. Inzwischen wird sogar Atlantik-Lachs im Pazifik gezüchtet, die Nachfrage ist ungebrochen. Washington State hat 2018 die Farmen im Meer ab 2025 verboten, fast 300 000 entwichene Fische haben ein Umdenken bewirkt.

Der Schutz der Wildlachse hat aber nicht nur ökologische Motive. Die Küstenstaaten setzen bei ihrem Tourismusmarketing auf Natur, Erlebnisse mit Wildnis, Wasser und Fischen. Ein zu starker Rückgang der Lachse hätte durchaus auch Auswirkungen auf diesen Wirtschaftszweig. Lachse sind Nahrungsgrundlage für Braunbären, Adler und Orcas. Und sogar als Kadaver nach dem Ablaichen oder nachdem die Bären die Reste ihrer Mahlzeit ans Ufer gebracht haben, sind sie noch nützlich: Das Eiweiß der Fische gerät über die Maden in den Boden und beim Verwesen entsteht Stickstoff, von beidem profitiert die Flussufervegetation. Und nicht zu vergessen: Bei den *First Nations/Native Americans* der Küste ist Lachs nicht nur Nahrungsbestandteil, sondern auch tief in der Kultur und Mythologie verankert.

Wale

Immer mal wieder diskutieren Umweltschützer entlang der Pazifikküste die Auswirkungen des bei Touristen sehr beliebten *whale watching*. Die lautstarken Jetboote könnten das empfindliche Sonarsystem der großen Säugetiere stören. Aber diese riesigen Tiere einmal aus unmittelbarer Nähe schwimmen oder sogar springen zu sehen entbehrt nicht der Faszination und Anbieter für diese Fahrten gibt es insbesondere an Washingtons Küsten in großer Anzahl. Empfehlenswert sind Fahrten mit Anbietern, die der Organisation *Responsible Whale Watching – Whale Watch Operators Association – North West* angehören: Diese achten besonders auf die Bedürfnisse der Tiere (http://pacificwhale watchassociation.org).

Von den **Orcas,** den schwarz-weißen Raubtieren unter den Walen, auch Schwert- oder Killerwal genannt, leben ca. 100 Tiere als *residents* dauerhaft in der Juan de Fuca Strait vor Vancouver Island (s. S. 140). Die Orcas bilden sogenannte Schulen, die von einem älteren Weibchen angeführt werden. Die Jungen bleiben möglichst ein Leben lang bei ihrer Familie, sowohl die Männchen als auch die Weibchen, deren eigener Nachwuchs ebenfalls bei der Gruppe bleibt.

Anders als die **Grauwale** unternehmen Orcas aber keine weiten Wanderungen durch den Ozean, sie folgen vielmehr zumeist den Robben- oder Lachsschwärmen bei ihrer Nahrungssuche. Die grauen Ozeanriesen dagegen legen die längste Strecke zurück, die man bisher bei einem Säugetier beobachten konnte: von den ›Gebärstuben‹ in mexikanischen und kalifornischen Lagunen ziehen sie im April und Mai bis zu den nördlichen Küsten Alaskas, also ca. 16 000 km. Im Herbst geht es dann wieder zurück. Grauwale kommen nur im Pazifik vor und der westpazifische Bestand ist inzwischen fast ausgerottet. Nachdem die Grauwale auch an der nordamerikanischen Küste Anfang des 20. Jh. durch intensiven Walfang drastisch reduziert waren, hat sich diese Population in den letzten Jahrzehnten, dank strenger Schutzbestimmungen, wieder erholt. Mittlerweile wird die Zahl der vor der Nordwestküste lebenden Tiere auf 26 000 geschätzt.

Die bis zu 15 m langen Wale ernähren sich hauptsächlich von Floh- und Ruderfußkrebsen und kleinen Fischen. Als einziger Wal geht der Grauwal auch am Meeresgrund auf Nahrungssuche, allerdings wird während der langen Reise nicht gefressen. Nahrung nehmen die riesigen Säugetiere nur in ihren Jagdgründen in der Bering-, Chukchi- und westlichen Beaufort-See auf.

Weißkopfseeadler und Kolibris

Seit 1782 ist der nur in Nordamerika vorkmende **Weißkopfseeadler** das Wappentier der USA. Ursprünglich war der größte Greifvogel des Kontinents über das ganze Festland verbreitet. Wegen seiner Federn vom Menschen beinahe ausgerottet, stand er bis 2007 unter strengem Naturschutz. An der Westküste sowie in Alaska und weiten Teilen Kanadas finden sich heute wieder zahlreiche Paare, die pro Jahr ein bis drei Junge großziehen. Die beeindruckend großen Nester baut der eurasische *bold eagle* aus dicken Ästen auf alten Bäumen oder in Felswänden, die Mulde wird mit Moos und Gras ausgepolstert. Die Nester werden vom gleichen Paar oft über Jahre genutzt und alte Horste können bis zu 450 kg schwer sein.

Es gibt sie nur in Nord- und Südamerika, die **Kolibris.** Einer der kleineren Vertreter dieser generell sehr kleinen Vogelart kommt in den Halbwüsten des Nordwestens der USA und von British Columbia vor, der Schwarzkinnkolibri *(Black-chinned Hummingbird)*. Die Obstplantagen am Rand des Columbia-Plateaus bieten reichlich Nahrung für den Flugkünstler, der außerdem noch beim Bestäuben der Blüten hilft. In Gebieten mit landwirtschaftlichen Monokulturen finden sich Futterampeln an vielen Häusern. Mit Zuckerwasser oder speziellem Sirup wird der hohe Energiebedarf der Winzlinge bedient. Kolibris sind Zugvögel, sie fliegen im Herbst am Pazifik entlang nach Mexiko, im Frühjahr zurück nach Norden.

Wirtschaft, Soziales und aktuelle Politik

Traditionelle Wirtschaftsbereiche wie die Holzindustrie, die Landwirtschaft oder der Bergbau spielen im Nordwesten der USA immer noch eine wesentliche Rolle. Der Tourismus ist auf dem Vormarsch, steckt aber insbesondere auf dem Land noch in den Kinderschuhen. Die Förderung von Gas und Erdöl im Norden unterliegt strengen Umweltschutzauflagen.

Wachstumsphasen

Die beiden Weltkriege brachten dem Nordwesten einen Wachstumsschub: Der Flugzeughersteller Boeing in Seattle wuchs mit den Regierungsaufträgen für Jagdbomber, im Hafen von Portland wurden Kriegsschiffe gebaut und die Stauseekraftwerke am Columbia River lieferten genügend Energie für die Aluminiumproduktion.

Holzindustrie und Landwirtschaft waren und sind in den nordwestlichen Staaten wichtige Säulen der Ökonomie, Fischfang dagegen verliert wegen der Überfischung an Bedeutung. Als neuere Entwicklung sind positive Zahlen in der Tourismuswirtschaft zu verzeichnen, wobei Idaho mit ca. 20 Mio. Touristen pro Jahr nach eigenen Angaben weit vorn liegt. Der Pfannenstiel-Staat hat sich zudem ein Profil in der Kartoffelproduktion aufgebaut: Immerhin ein Viertel der amerikanischen Ernte wächst dort.

Auch Montana lebt in erster Linie von der Landwirtschaft. Im Norden überwiegt der Getreideanbau und im Süden die Viehwirtschaft. Zudem reich an Bodenschätzen, werden hier z. B. Talkum, Tonerden, Antimon, Kalkstein, Gips, Sand, Vermiculit, Phosphat sowie Kupfer, Edelsteine und ein wenig Gold und Silber abgebaut.

Etwa ein Viertel der amerikanischen Kohle liegt in Montana, und seit einigen Jahren wird per Fracking auch Ölschiefer abgebaut. Der Tourismus in diesem Bundesstaat konzentriert sich auf die beiden Nationalparks: Yellowstone im Süden und Glacier im Norden.

Portland, Seattle und Vancouver als größte Städte im Nordwesten haben den Handel mit asiatischen Partnern massiv ausgebaut; die Märkte in China, Japan, Korea und Indien werden von hier aus bedient. Portlands und Vancouvers Häfen entwickelten sich in den letzten Jahren zu bedeutenden Umschlagszentren für Waren aus Asien. Auch die IT-Branche ist für die Metropolen zum Wachstumsfaktor geworden. Fachkräftemangel wie bei Microsoft (in Seattle) kann aber auch dazu führen, dass neue Entwicklungscenter ausgelagert werden. Die nach dem 11. September 2001 (9/11) restriktivere Einwanderungspolitik der USA hat beispielsweise den IT-Giganten veranlasst, neue Niederlassungen in Vancouver, im benachbarten Kanada, zu eröffnen; die Kanadier vergeben leichter Aufenthaltserlaubnisse und Arbeitsgenehmigungen als die Amerikaner.

Bodenschätze und Umweltprobleme

Montana ist nicht nur reich an Bodenschätzen, sondern verfügt auch über große Vorkommen an Erdöl, Erdgas und Kohle. 1863 wurde erstmals bei Bannack Gold gefunden und seitdem war der Tagebergbau neben der Landwirtschaft der wichtigste Erwerbssektor des Bundesstaats. Seit die Gold- und Silber-Förderung weitgehend zum Erliegen gekommen ist, leidet die Region unter einem Arbeitsplatzmangel und viele Menschen verlassen das Land, um anderswo Arbeit zu finden.

Die Bevölkerung von Montana hat keine guten Erfahrungen mit dem Abbau der Bodenschätze gemacht. Einstmals gab es ca. 20 000 Minen. Obwohl die meisten von ihnen heute geschlossen sind, kostet die Beseitigung der Folgeprobleme des Bergbaus immer noch Milliarden. Zudem ist eine gewisse gesundheitliche Belastung der Menschen, die von Viehzucht, Ackerbau und Forstwirtschaft leben, nicht auszuschließen. Die Umweltschutzgesetze sind deshalb in Montana verbessert und verschärft worden.

Umweltschützer bedienen sich zunehmend dieser Gesetze; mit Klagen versuchen sie beispielsweise seit Jahren, eine Silber- und Kupfermine in der Wildnis (Rock Creek) zu verhindern und berufen sich dabei auf verschiedenste Umweltgesetze des Bundesstaats. Insbesondere der Schutz der Gewässer und der gefährdeten *bull trout* (eine auf die Liste der bedrohten Arten aufgenommene Forellenart) stehen im Zentrum der Aufmerksamkeit und bilden die Grundlage jener Rechtsstreitigkeiten, mit denen der Mine der Betrieb untersagt werden soll.

Gas- und Erdölfelder

Für neue Investitionen in Probebohrungen nach Gas oder Erdöl bedeutet das gesteigerte Umweltbewusstsein meist eine längere Anlaufzeit und aufwendige Genehmigungsverfahren. Aber nur so kann sichergestellt werden, dass der Abbau keine weiteren Gefährdungen nach sich zieht. In Wyoming fanden sich riesige Gasfelder, 4500 neue Gasbohrungen wurden in jüngster Zeit genehmigt. Eigentlich sind Montana und Wyoming ziemlich menschenleer, aber umweltbewusste Bürger begannen 2008 mit Protesten gegen die Methoden der Bohrungen. Freigesetzte giftige Flüssigkeiten waren als Tümpel sichtbar und belasteten das Grundwasser und die Brunnen. Die Proteste richteten sich nicht grundsätzlich gegen die Förderung, sondern verlangten bessere Technologien zum Schutz der Umwelt. Wenn nicht gerade Wahlkampf herrscht oder nationale Interessen auf dem Plan stehen, sind Themen wie Umweltschutz und Aktionen dafür aber kaum in der überregionalen Presse zu finden. Im Williston Basin am Südostrand von Montana gibt es große Erdölvorkommen, die aber erst seit 2000 mit entsprechenden Bohrtechniken effektiv gefördert werden können. Zudem spielt hier eine Rolle, dass die Vorkommen unter dem Gebiet der Fort Berthold Indian Reservation liegen. Die Verhandlungen sind 2008 zu einem erfolgreichen Abschluss geführt worden. Auch Gas wird intensiv gefördert, insbesondere im Nordosten von Montana liegen große Vorkommen.

Holzindustrie

Manchmal will der Wald gar nicht aufhören. Stunde um Stunde winden sich kurvige Straßen oder auch das gerade graue Band eines Highways durch die schier unendlichen Bestände an Bäumen, die den Nordwesten Nordamerikas bedecken. Ein nahezu unermesslicher Rohstoff, den die Siedler vorfanden, und so wundert es nicht, dass sich die Holzwirtschaft als eine der ersten und einträglichsten Industriezweige etabliert hat.

»Holzbarone« wurden die reichen Magnaten genannt, die aus dem Abbau der Ressource ihren Reichtum begründeten. Seit den Pionierjahren hat sich aber doch einiges geändert: Das Umweltbewusstsein ist gewachsen und die Forstwirtschaft hat als Erste den Begriff Nachhaltigkeit *(sustainability)* geprägt. Allerdings drohen den Wäldern neue Gefahren: Der *Mountain Pine Beetle*, ein Borkenkäfer, richtet verheerende Schäden an.

Geradezu gigantische Ausmaße haben die Kahlschlagflächen *(clear cut)* der großen Holzfirmen, die teilweise von den Straßen aus

Umweltschutz auf amerikanische Art

Auch wenn es beim Blick auf die Politik so aussieht, als sei der Kongress in Washington D. C. eher der Verhinderer umweltpolitischer Veränderungen, so zeigen doch einige Initiativen und Bündnisse, dass Umweltschutzmaßnahmen auch unabhängig von der Zentralregierung realisiert werden können.

Die Zeit der Plastiktüte scheint abgelaufen. Auch in nordwestamerikanischen Supermärkten ist der Stoffbeutel auf dem Vormarsch. Als Anreiz, einen solchen zu benutzen, gibt es einige Cent Rabatt, und das zieht bei preisbewussten Shoppern immer.

Von Seattle ging 2005 eine Initiative zu einem Klimabündnis von Kommunen aus. Binnen kurzer Zeit unterstützten über 700 Bürgermeister die Idee und verpflichteten sich bei einem ›Gipfeltreffen‹ 2007 auf kurzfristige Ziele zur Reduzierung von CO_2 und weiterer *greenhouse gases*. Sie wollten nicht auf die Ratifizierung des Koyoto-Protokolls durch den Kongress warten, sondern durch eigene Initiative den Aufbau von umweltschonenden Technologien fördern und Menschen in ihren Kommunen auf die Notwendigkeit des Handelns hinweisen. Mit einem direkten politischen Appell ging der Zusammenschluss großer Unternehmen und Umweltorganisationen namens »Climate Action Partnership« 2007 an die Öffentlichkeit (www.us-cap.org). Getragen von der Überzeugung, dass Maßnahmen und neue Technologien Profitchance und Grundlage für den nächsten Boom sein können, wurde die Regierung aufgefordert, verbindliche Rahmenbedingungen gegen die Erderwärmung zu schaffen. Das war nach Einschätzung vieler Ökonomen der mögliche Hebel, mit dem die USA die Kehrtwende zu mehr Umweltschutz realisieren könnte: der unmittelbare Nutzen für die Wirtschaft und die Schaffung neuer Arbeitsplätze.

Ein weiteres Beispiel ist die Solarindustrie im kalifornischen Silicon Valley. Dort gründeten einige Firmen den Verband »SolarTech«, um die Region zum globalen Innovationszentrum für Sonnenenergie auszubauen – genauso wie dies einst für die Computer- und Biotechnologie geschah. Die Kombination aus Unternehmergeist, exzellenten Universitäten und Risikokapital könnte, so der Plan, aus Silicon Valley ein Solar Valley machen.

Kalifornien und British Columbia (Kanada) haben schon lange den Ruf, besonders umweltfreundlich zu sein. Aufgrund der Initiative des damaligen Gouverneurs Arnold Schwarzenegger kam es 2007 zu einem Klimapakt zwischen dem US-Bundesstaat und British Columbia, dem sich auch die kanadischen Provinzen Manitoba und Ontario anschlossen. Auch hierbei stand der Entschluss Pate, die Koyoto-Klimaziele umzusetzen und nicht auf die Beschlüsse der Zentralregierung zu warten. Die Unterstützung dieser Aktionen durch evangelikale Christen hatte unter Präsident Trump eine Umkehr erlebt, nur wenige halten die Erderwärmung noch für ein wichtiges politisches Anliegen. Zudem sehen viele Anhänger dieser Glaubensrichtung inzwischen die Verantwortung für den Planeten in erster Linie bei ihrem Schöpfer.

gut einsehbar sind. Mitunter sind als eine Art Sichtschutz auch einige Baumreihen stehen gelassen worden, aber das ist etwa entlang des Highway 101 in Washington eher die Ausnahme. Natürlich wird aufgeforstet, zum Teil schon seit mehr als 80 Jahren, wie sich den Schildern am Straßenrand entnehmen lässt. Hauptsächlich rasch wachsende Bäume wie Douglasien und Edeltannen werden angepflanzt, da sie schon nach 30–40 Jahren wieder ›geerntet‹ werden können.

Die Proteste von Umweltschutzgruppen wie z. B. »Earth First« richteten sich bereits in den 1990er-Jahren gegen das weitere Abholzen der gigantischen Redwood-Nadelbäume, die entlang der nordamerikanischen Pazifikküste von San Francisco bis hinauf in den Bundesstaat Washington wachsen. Zum Teil waren diese und ähnliche Aktionen von Erfolg gekrönt, Riesen-Sequoias (Mammutbäume) sind inzwischen unter Naturschutz gestellt. Aber beim Holzfällen mit modernen Maschinen können auch die flachen Wurzeln benachbarter Bäume in Mitleidenschaft gezogen werden, was auch in jüngster Zeit wieder Menschen dazu brachte, aufs Neue gegen die Holzindustrie zu protestieren.

Waldschäden

Nicht die Industrie, sondern ein Käfer ruiniert seit einigen Jahren den Wald im Nordwesten. In West-Kanada wurden seit den 1990er-Jahren fast 60 % der Kiefernbestände vernichtet. Aufgrund zu milder Winter hat sich der Borkenkäfer immer mehr ausgebreitet, aber auch ein »Action Plan« konnte den weiteren Befall nicht stoppen. Dieser umfangreiche Maßnahmenkatalog sollte nicht nur die ökologischen, sondern auch die ökonomischen Folgen des Baumsterbens mildern. Zum Programm gehören u. a. die Verhinderung der Ausbreitung der Epidemie, der Schutz anderer Baumarten und der Schutz der vom Abholzen oder Abbrennen betroffenen Tiere. Zu trockene und heiße Sommer führen zu immer mehr Waldbränden, die sich nicht mehr auf Kalifornien beschränken, sondern im gesamten Westen Schäden verursachen.

Landwirtschaft

Vor langer Zeit mögen die Regionen des Columbia-Plateaus zwischen dem Cascade-Gebirge an der Küste und den Rocky Mountains bewaldet gewesen sein. Doch bei ihrer Suche nach fruchtbarem Land rodeten die ersten Siedler systematisch alles. Die Folgen waren erodierte Böden, die zwar als ehemaliges Lavagestein nach wie vor fruchtbar sind, aber für jede Art von Ackerbau auch Bewässerung brauchen. Ohne Wasser entwickeln sich über riesige Flächen die *tumble weeds* (Russische Distel), eine an die Trockenheit angepasste Pflanze, deren oberer Teil im Herbst abbricht und durch den Wind über das Land geweht wird. Dabei verteilt sie ihren Samen.

Offenbar hat es im 19. Jh. in diesem Gebiet eine Phase günstiger Niederschläge gegeben, sodass die Siedler Hoffnungen hatten, sich von diesem fruchtbaren Land ernähren zu können. Indes mussten die Farmer erfahren, dass jahrelangen Dürreperioden nur mit systematischer Bewässerung zu begegnen ist. Der Bau von Staudämmen wie beispielsweise des Grand Coulee Dam (1933–39) am Oberlauf des Columbia River oder des Chelan Dam (1926) oberhalb der Apfelregion Wenatchee im Bundesstaat Washington zeigte den Weg, wie das vorhandene Wasser zur Energiegewinnung und für die Landwirtschaft eingesetzt werden konnte.

Dennoch war intensive Landwirtschaft nur durch *dry farming* möglich. Dabei wurde zwischen zwei Anbaujahren immer ein Brachejahr eingeschaltet. Während des Brachejahrs wurde der Boden tiefgründig gepflügt, damit er möglichst viel Wasser aufnehmen und dann vor Beginn der trockenen Periode zur Dezimierung der Verdunstung geeggt werden konnte. Das so im Boden gespeicherte Wasser sollte den Anbau im folgenden Jahr ermöglichen. Das *dry farming,* die Überweidung der Grasflächen und der großflächige Anbau von Monokulturen führten in Dürrejahren jedoch zu Katastrophen: Die in den baumlosen Plains auftretenden hohen Windgeschwindigkeiten *(black blizzards)* wirbelten den Boden auf und nachfolgende starke

Niederschläge schwemmten ihn fort. Infolge dieser Bodenerosion verloren allein zwischen 1931 und 1936 650 000 Farmer mit 400 000 km² Landbesitz ihre Existenz. Inzwischen sind viele Farmen im Besitz großer Nahrungskonzerne *(agrobusiness)*, die das Land verpachten und mit modernster Technologie, in der Regel auf eine Frucht spezialisiert, bewirtschaften lassen.

Der Anteil an in der Landwirtschaft Beschäftigten ist auf weniger als 2 % aller Arbeitnehmer in den USA gefallen, die Produktivität der Farmen ist dagegen, Publikationen des US Department of Agriculture zufolge, erheblich gestiegen. 396 m lange Bewässerungsrohre als Sprinkleranlage auf Rädern wirken auf den ersten Blick beeindruckend, für die durchschnittliche Größe von 28 ha Fläche einer Farm braucht man allerdings mehrere solcher Anlagen. Die seit Jahrzehnten andauernde Bewässerung hat zu einer starken Versalzung der Böden geführt, die wiederum mit Chemikalien bekämpft wird. Pestizideinsatz auf den großen Anbauflächen für Weizen, Zwiebeln, Soja oder Alfalfa trug ebenfalls zur Verschlechterung der Bodenqualität bei. Ein Problem, dem sich die Staaten mit Programmen für sauberes Grundwasser stellen wollen, das aber auf keinen Fall kurzfristig zu lösen ist.

Tourismus – eine wachsende Industrie

Nach wie vor sind im Nordwesten die Holz- und die Landwirtschaft die tragenden Säulen der Wirtschaft, aber allmählich wächst auch die Bedeutung von Tourismus als Einkommensquelle. Kalifornien ist hierbei die Ausnahme: Der Sonnenstaat steht bei den Zielen für Touristen, die von außerhalb in die USA kommen, an zweiter Stelle nach New York. Die nördlichen Küstenstaaten und das Landesinnere gilt es noch zu entdecken, Washington verzeichnet bisher nur einen Anteil von 1,8 % am Auslandstourismus. Oregon und Washington profitieren von ihren Flughäfen: Es gibt viele Direktflüge aus Europa und Asien, damit wird der Zugang in diese Staaten erheblich erleichtert.

Bisher wird der nördliche Nordwesten bevorzugt von Amerikanern besucht, lediglich Vancouver, Seattle und Portland verzeichnen einen nennenswerten Anteil an Touristen aus Europa und Asien. Die Tourismusverantwortlichen in den attraktiven Regionen außerhalb dieser Metropolen arbeiten daran, mit mehr und besseren Marketingaktionen Aufmerksamkeit und Interesse zu erzeugen. So erhöhte Oregon seine Ausgaben für Werbung von 3 Mio. $ in den 1990er-Jahren auf 12,5 Mio. $ im Jahr 2006, was immerhin zu einer sechsprozentigen Steigerung der Bettenbelegung führte. Die Professionalisierung im Tourismusgeschäft kam voran. Im nächsten Schritt wurden spezifische Regionen wie die Küste, das Willamette-Tal oder Mount Hood und Columbia Gorge beworben. Inzwischen gibt es auch Angebote für Outdoor-Aktivitäten und kulinarische Thementouren (z. B. für Oregon). Da amerikanische Arbeitnehmer im Durchschnitt nur zwei Wochen Urlaub haben, gilt es als Herausforderung für Tourismusexperten, die Gäste so lange wie möglich an einem Ort zu halten. Neben dem Ferientourismus spielen die Reisen der Geschäftsleute eine nicht unerhebliche Rolle in diesem Industriezweig, hinzu kommen Großveranstaltungen und Tagungen.

Die Viehwirtschaft in Montana, Idaho und Wyoming hat in den vergangenen Jahren wegen der anhaltenden Dürre sehr gelitten. Geringer werdende Niederschläge haben darüber hinaus die Waldbrandgefahr drastisch erhöht und die herrschende Wasserknappheit noch einmal verschärft. Schließlich können Fleisch- und Milchprodukte in anderen Regionen preiswerter produziert werden, sodass viele Rancher aufgegeben bzw. umstrukturiert haben und nun auf Tourismus setzen. Gäste-Ranches sind ein neuer Trend geworden, der sich reger Nachfrage erfreut und verhindert, dass die Bergregionen verlassen werden. In Montana blüht bereits seit den 1990er-Jahren ein Rentnertourismus, der reiche Kalifornier ins Land bringt. Allerdings

Aussichtsreiche Pause am Inspiration Point im Grand Teton National Park

›profitiert‹ der Staat nur bedingt von ihnen, weil sie meist weniger als 180 Tage im Land verbringen und deshalb keine Steuern zu zahlen brauchen.

Nicht zuletzt sind es die zahlreichen National und State Parks im gesamten Reisegebiet, die das ihrige dazu beitragen, dass sich zunehmend mehr Touristen im Nordwesten der USA einfinden. Im nahezu menschenleeren Wyoming hat sich die Tourismusbranche mittlerweile zum zweitwichtigsten Arbeitgeber entwickelt, immerhin fast 38 000 Arbeitsplätze sind nach offiziellen Angaben dort entstanden.

Lieblingsbeschäftigung Shoppen

Nordamerikaner shoppen für ihr Leben gern. Oft gemeinsam mit der Familie werden an den Wochenenden die Einkaufszentren bevölkert. Einkaufssender bei diversen Fernsehstationen beflügeln dieses Verhalten noch. Seit Jahren sorgt der private Konsum für das Wirtschaftswachstum, ca. 70 % des Bruttosozialprodukts werden durch die Einkaufsleidenschaft generiert. Der amerikanische Hunger nach Konsumgütern hält auch die Weltwirtschaft auf Trab, 19 % des Sozialprodukts der Welt werden von amerikanischen Privatkonsumenten umgesetzt.

Die Kehrseite der Medaille ist die enorme Verschuldung privater Haushalte. Beim Einsatz mehrerer Kreditkarten und im Verhältnis zum Einkommen oft zu hohen Hypotheklasten ist die Schuldenfalle schnell erreicht. Die Immobilienkrise der vergangenen Jahre stürzte zusätzlich viele Menschen in Not, weil sie weder ihre Raten zahlen, noch ihr Haus verkaufen konnten. Doch nicht nur die Lust am Konsum oder die Überzeugung, zum typisch amerikanischen Leben gehöre ein eigenes Haus/Apartment, bringt Probleme mit sich. Gemessen am Lohn eines Durchschnittsamerikaners vor 30 Jahren ist das Einkommen um 12 % gesunken. Immer mehr Arbeitnehmer haben zusätzliche Jobs, um die Raten von Krediten bezahlen und die Schul- bzw. Universitätsausbildung ihrer Kinder finanzieren zu können.

Geschichte

Die Geschichte des Nordwestens ist geprägt von den europäischen und asiatischen Einwanderern und der im Verhältnis zur Ostküste späten Besiedlung der Region. Neu erwachtes Interesse an den Ureinwohnern und deren Kulturen eröffnet langsam den Blick auf eine Vergangenheit, die nicht erst mit Christoph Kolumbus begann.

Ureinwohner

Die First Nations (Kanada) bzw. die Native Americans im Nordwesten der USA wanderten vor ca. 14 000 Jahren aus dem nordasiatischen Raum ein. Vor ein paar Jahren veröffentlichten Archäologen Forschungsergebnisse über Funde aus Höhlen im südlichen Oregon. Sie hatten menschliche DNA ausfindig gemacht, die sie auf ein Alter von 14 300 Jahren datierten. Es gilt als sicher, dass der nordamerikanische Kontinent von Eis bedeckt und der Meeresspiegel niedriger als heute war, sodass eine Verbindung zwischen den Kontinenten im Bereich der Beringstraße existierte. Die jagenden Nomaden haben kaum Spuren hinterlassen; Funde von Speerspitzen aus Stein veranlassten die Anthropologen, diese ersten Einwanderer in Anlehnung an die geriffelte Oberfläche dieser Waffen als *Fluted Point People* zu bezeichnen.

Verschiedene Kulturen

Vielleicht 150 000 Menschen siedelten entlang der Pazifischen Küste. Sie gehörten verschiedenen Stämmen an und hatten unterschiedliche Sprachen. Die wichtigsten waren die »Plateau Panutian«, dazu gehörten Stämme wie die Chinook, Tsimshian, Siuslaw, Coos, Klamath und Cayuse sowie die Salishan, Namen, die auch heute noch gültig sind. Die Indianerkulturen des Nordwestens lassen sich grob in drei Gruppen einteilen: Die Indianer der Küstengebiete, Salish, Chinook, Squamish und Makah (in Kanada: Haida); sie lebten vom Fischfang mit Kanus, dem Handel mit Fisch und der Jagd; im Winter zogen sie in feste Quartiere. Die Wälder der Coastal Range boten genügend Holz für den Bau großer, meist fensterloser Häuser.

Nur die Küstenindianer haben *totempoles* (Totempfähle) geschnitzt; die auf ihnen dargestellten mythologischen Figuren symbolisieren die Ahnengeschichte der jeweiligen Familie, mit dem eigenen Totemtier an der Spitze des Pfahls. Diese Stämme waren relativ wohlhabend und so bildete sich die Kultur des Potlatch heraus, ein großes, meist mehrtägiges Fest, bei dem der jeweilige Gastgeber alle Gäste freihielt. Geburten oder Hochzeiten waren ebenso Anlass für ein Potlatch wie Beerdigungen oder die Übernahme eines wichtigen Amts innerhalb des Stamms. Die Ausprägung des Festes variierte zwischen den Stämmen, aber die Bedeutung für das Ansehen des gastgebenden Stamms oder der Familie blieb über die Jahrhunderte gewahrt. Mitunter ruinierten sich Stämme, um die Gastfreundschaft erwidern zu können. Dies nahm z. B. die kanadische Regierung 1885 zum Anlass, Potlatch-Feste zu verbieten (*Indian Act* von 1880), kurze Zeit später zogen die USA nach. Erst 1934 in den USA und 1951 in Kanada wurde das Verbot aufgehoben.

Eine andere Gruppe bildeten die Prärie-Indianer in den Hochlagen Montanas und Wyomings sowie in der Beckenlandschaft zwischen Küstengebirge und den Rocky Mountains. Die Büffeljagd und der Ackerbau bildeten ihre Lebensgrundlage. Auch für die Plains-Indianer war der Büffel die Lebensgrundlage, jeder Teil dieses Tieres wurde sinnvoll verwendet. Man unterscheidet bei den Plains-Indianern zwei verschiedene Kulturen: die nomadisch lebenden, den Büffelherden folgenden Stämme wie Blackfoot, Cheyenne, Lakota einerseits und die mehr sesshaften, in Dörfern lebenden Omaha, Pawnee oder Wichita andererseits. Erst im späten 17. Jh. fanden Pferde bei den Indianern Verwendung für die Jagd. Aus Mexiko kamen die Tiere, die einst die spanischen Konquistadoren mitgebracht hatten, nach Nordamerika.

Die meisten Indianerstämme lebten relativ autonom. Zwischen ihnen kam es zu kriegerischen Auseinandersetzungen in der Regel um Jagdrechte, sodass die Männer gut mit Waffen umgehen können mussten. Die Kleidung dieser Krieger war entsprechend der Ehre, die sie im Kampf erworben hatten, mit Haaren oder Federn geschmückt. Innerhalb eines Stammes herrschte eine strenge Hierarchie und ein festes Regelsystem, das auf bestimmten Vorstellungen von Ehre beruhte und bei schweren Vergehen den Ausschluss aus dem Stamm nach sich zog. Einige Stämme der Küstenindianer hielten Kriegsgefangene als Sklaven, wobei eine Vermischung mit diesen den sozialen Abstieg nach sich zog.

Berührung mit den Weißen

Die Tauschgeschäfte mit den weißen Pelzhändlern brachten den Indianern zunächst einen gewissen Wohlstand. Sie erhielten Metallwaren wie Messer, Äxte, Beile und Kessel, später auch Waffen. Die Zunahme der Potlatch-Feste war – aus indianischer Sicht – ein Zeichen für die gut gehenden Geschäfte. Gleichzeitig verursachte die Begegnung mit den weißen Einwanderern eine Gefährdung des traditionellen Lebensstils, zudem wurde die einheimische Bevölkerung durch ihnen bisher unbekannte Krankheiten und Epidemien stark geschwächt.

Die Regierungslösung für das »Indianerproblem« in den USA bestand im 19. Jh. darin, die Indianer in bestimmte Gebiete, die Reservate bzw. Reservationen, zu zwingen. Meist handelte es sich dabei um Land, das die Indianer als ihr Eigentum betrachteten. Nachdem in den USA die Regierung 1871 dazu übergegangen war, mit den Indianern keine Verträge mehr abzuschließen, wurde ihnen jegliches Mitspracherecht entzogen. Einige Stämme kämpften, um ihr angestammtes Territorium nicht aufgeben zu müssen. Nun bestimmte die US-Regierung die Neuschaffung, Verkleinerung oder Vergrößerung von Reservationen (»Erlassreservationen«) und siedelte auch ganze Stämme um. Dabei handelte es sich um von der Regierung bereitgestelltes Land, über das sie jederzeit wieder verfügen konnte. Zwar wurden den Indianern 1924 volle Bürgerrechte zugestanden, aber bis in die 1930er-Jahre durften sie nicht außerhalb der Reservate leben.

Neue Rechte und Kasinos

Mit dem *Indian Self Determination Act* von 1975 (USA) erhielten die Indianer ihre Landrechte zurück. Die einzelnen Stämme nutzten diese Änderung unterschiedlich. Etliche versuchen, ihr Leben nach Möglichkeit auf ihre Traditionen auszurichten. Diese *tribes* leben häufig in großer Armut, da es außer Pferde- und Büffelzucht kaum traditionelle Erwerbsquellen gibt. Mit der Armut gehen oft auch Alkoholprobleme einher. Manche Indianerreservationen nutzen ihren Sonderstatus, um dank einer stabileren wirtschaftlichen Situation ihre traditionellen Stammesstrukturen zu stärken. Viele Stämme verfügen über eigene Kasinos. Da Glücksspiele in vielen Bundesstaaten außerhalb der Reservationen verboten sind, werfen diese Unternehmen in Gebieten ohne Konkurrenz Millionengewinne ab. Mit den Gewinnen verbessern die jeweiligen Stämme ihre soziale Situation und kaufen Land zurück.

1960 durften Ureinwohner in Kanada erstmals an Parlamentswahlen teilnehmen, ein Recht, das die US-Indianer bereits seit fast 40 Jahren besaßen. Mit Ausnahme einiger Stämme auf Vancouver Island hat in British Columbia kein *tribe* vertraglich Land abgetreten. Sie verwalten es selbst und bauen inzwischen auch ein eigenes Schulsystem auf. Damit soll der Diskrepanz zwischen weißen und indianischen Lebensverhältnissen entgegengewirkt werden: Noch immer haben fast 80 % keinen Schulabschluss und die Lebenserwartung liegt ca. 10 Jahre unter der der übrigen Bevölkerung. Eine neue Entwicklung bringen der Tourismus und das wachsende Interesse an indianischer Kultur, sowohl vonseiten der Indianer selbst als auch der meist weißen Nordamerikaner.

Einwanderer

Trapper, Jäger, Holzfäller und Landvermesser waren die Ersten, die sich Ende des 18. Jh. auf den Weg über die Appalachen Richtung Westen machten. Ihnen folgten die ersten Siedler, viele aus den europäischen Staaten, die dort vor Revolution, Kriegen, Hunger und Elend flohen. Der Aufbruch der Pioniere war unterschiedlich motiviert. Den meisten fehlte für eine Ansiedlung in den Staaten des Ostens das Geld oder anderer Besitz. Im Westen gab es demgegenüber weite Landstriche, in denen sich die Siedler billiges Land erhofften, um dort als Farmer (Ackerbauern) oder Rancher (Viehzüchter mit Weidewirtschaft) zu leben. Wieder andere suchten den schnellen Reichtum und hofften, bei einem der zahlreichen *goldrushs* ihr Glück zu machen.

Oregon Trail

Oft wird die Besiedlung des Westens bzw. der westwärts ziehenden Menschen als Oregon Trail bezeichnet, geografisch bezieht sich der Begriff auf die Strecke zwischen Independence (Kansas) und Oregon City oder der Mündung des Columbia River (Fort Vancouver, Washington, und Portland, Oregon). Über fast 3200 km galt es, Berge, Flüsse, Halbwüsten und Indianergebiete zu bewältigen. Für die amerikanische Regierung war die Besiedlung ein wichtiges politisches Anliegen bei den Auseinandersetzungen um entsprechende territoriale Ansprüche.

Präsident Thomas Jefferson hatte schon 1804 Meriwether Lewis und William Clark auf eine Expedition nach Westen geschickt, um das Land erkunden und kartografieren zu lassen. Die Entdeckung eines Passes in den Rocky Mountains 1825 brachte es mit sich, dass die Strecke auch für Planwagen befahrbar wurde. 1843 machte sich der erste große Treck mit über 1000 Menschen unter der Führung des Farmers Jesse Applegate auf den Weg (Applegate Trail) und kam nach sechs Monaten in Fort Vancouver an. Mit diesem Erfolg war der Run nach Westen eingeläutet. Als 1848 nahe Sacramento Gold gefunden wurde, löste dies mit dem kalifornischen Goldrausch das bis dahin größte »Goldfieber« in der Geschichte der USA aus, das die Trecks nach Westen deutlich anschwellen ließ. Viele Bürgerkriegsveteranen erhielten nach 1865 Land im Westen zugesprochen, sodass sich die Zahl der Siedler weiter erhöhte. Ungefähr 350 000 Menschen sollen auf diesem Weg in die nordwestliche Region gezogen sein. Entlang der Strecke war bald alles an fruchtbarem Land vereinnahmt, was sich zur Besiedlung anbot, und alles abgeschossen, was an Großwild dort lebte. Die dort ansässigen Indianerstämme wurden systematisch verdrängt und schließlich in Reservaten angesiedelt.

Ihre Zwangsumsiedlung und einige grausame Massaker, die die US-Kavallerie und Freischärler-Gruppen gegen Indianer verübten, wie etwa das Sand-Creek-Massaker (Colorado, 1864), bildeten den Nährboden eines Hasses, der selbst miteinander verfeindete Indianerstämme zusammenbrachte und sie gemeinsam kämpfen ließ. So wurde beispielsweise in der Schlacht am Little Big Horn im heutigen Montana 1876 das siebte US-amerikanische Kavallerieregiment unter George A. Custer von Indianern der Lakota-Sioux, Arapaho und Cheyenne unter ihren Führern Sitting Bull und Crazy Horse vernichtend geschlagen. Es war einer der ganz wenigen größeren indianischen Siege gegen die amerikanischen Siedler. Eine weitere Ursache dieses Zusammenschlusses einiger Präriestämme war die massenhafte Abschlachtung der Bisons durch professionelle weiße Jäger, die vor allem die Eisenbahnarbeiter, welche bis 1869 die erste transkontinentale Eisenbahn der Western Union durch die USA bauten, mit Fleisch versorgten. Andere Jäger arbeiteten im Auftrag der Regierung, da diese versuchte, den Indianern ihre Nahrungsgrundlage zu entziehen. Später wurden die Bisons auch von vergnügungssüchtigen Weißen von Zügen aus erschossen und liegen gelassen. Die Bisons, die vor der Besiedlung des Westens oft in Herden mit mehreren 10 000 Tieren über die Prärie gezogen waren, wurden in den Jahren zwischen 1860 und 1890 durch diese hemmungslosen Jagden fast ausgerottet. Mit dem Aussterben der Bisons fiel auch eine der wichtigsten Nahrungs- und Lebensgrundlagen der nomadisierenden Prärie-Indianer weg.

Erste wirtschaftliche Blüte

Der Bau der ersten transkontinentalen Eisenbahnstrecke von Omaha (Nebraska) bis Sacramento (Kalifornien) 1869 beendete schließlich die Zeit der Trecks; nunmehr wurde das Land mithilfe der Eisenbahn erschlossen: Die Verbindung Chicago–Los Angeles war 1882 fertig, 1888 war Seattle mit Minneapolis (Minnesota) verbunden und seit 1887 verkehrte die kanadische Pacific Railway zwischen Montreal und Vancouver. Zu einer wirtschaftlichen Blüte für die jungen nordwestlichen Staaten führte die Entdeckung von Gold im Yukon Territory in Kanada. Um zu den Feldern am Klondike zu gelangen, deckten sich viele Goldsucher in Seattle oder Vancouver mit Gerätschaften ein und stachen von dort aus in See nach Alaska, denn nur über den Hafen von Skagway waren die Minen im Norden zu erreichen. Als Drehscheibe aller Aktivitäten, die mit dem Goldrausch zusammenhingen, etablierte sich vor allem Seattle als wichtigstes Wirtschafts- und Handelszentrum im Nordwesten.

Die Zeit des Wilden Westens ist zwar vorbei, aber erhalten geblieben ist eine Mentalität, die jede staatliche Einmischung in die Privatsphäre ablehnt und von einem schier unerschütterlichen Fortschrittsglauben geprägt ist.

Vom 20. Jh. bis heute

Ausgehend von den studentischen Protesten in Kalifornien in den 1960er-Jahren haben sich auch in Oregon und Washington die gesellschaftlichen und politischen Verhältnisse deutlich liberalisiert. Viele alternativ Denkende haben der zwar inspirierenden, aber auch hektischen Atmosphäre der kalifornischen Großstädte den Rücken gekehrt und sind Richtung Norden gezogen.

Die Umweltaktivitäten von Seattle und Portland, z. B. die gut ausgebauten Radwege oder Nachhaltigkeit beim Bau öffentlicher Gebäude, sind auch auf die Initiativen der ›Ex-Kalifornier‹ zurückzuführen. Die Toleranz gegenüber Andersdenkenden und Minderheiten hat in den letzten Jahrzehnten deutlich zugenommen, und zwar nicht nur gegenüber asiatischen Gesundheitspraktiken oder kosmischen Kulten, sondern u. a. auch gegenüber der LGBTQ-Gemeinde. Die großen Pride-Paraden in Seattle, Portland, Vancouver, San Francisco, Spokane und Boise im Sommer erfreuen sich regen Zulaufs und die teilweise schrägen Kostümierungen machen allen Teilnehmern Spaß.

Auf dem Land finden diese Entwicklungen aber, wenn überhaupt, deutlich langsamer ihren Niederschlag. Manche neuen Tendenzen oder Moden brauchen trotz TV und Internet Jahre, bis sie in den hintersten Winkeln von Idaho, Montana oder Wyoming angekommen sind. Diese vorwiegend von Farm- und Ranchwirtschaft geprägten Regionen halten trotz modernster Technik bei der Bewirtschaftung der riesigen Kartoffel-, Zwiebel- oder Getreideanbauflächen an einem eher traditionellen Gesellschaftsbild fest und stehen Neuem erst einmal reserviert, zuweilen auch misstrauisch und ablehnend gegenüber.

Der Tourismus ist in allen Bundesstaaten eine wachsende Säule der Wirtschaft, aber bislang sind es vorwiegend die Amerikaner selbst, die im Sommer die Feriengebiete an der Küste, in den Nationalparks und an den vielen Seen und Flüssen und im Winter die zahlreichen Skigebiete bevölkern.

Zeittafel

Um 14 000 v. Chr.	Einwanderung asiatischer Völker über eine Kontinentalverbindung im Bereich der Beringstraße.
1497	Giovanni Caboto aus Genua segelte unter englischer Flagge, als er bei Neufundland (Kanada) reichhaltige Fischgründe ausmachte und irgendwo zwischen Labrador und Maine an Land ging. Er gilt als erster Europäer auf nordamerikanischem Boden nach den Wikingern.
1579	Der Entdeckungsreisende Sir Francis Drake kartografiert die Küste Oregons auf der Suche nach der legendären Nordwest-Passage.
1791	George Vancouver, britischer Kapitän, kartografiert die Inseln vor Vancouver und die Mündung des Fraser River.
1803	Die USA kaufen Frankreich die Kolonie Louisiana ab: Das Gebiet der heutigen Bundesstaaten Arkansas, Nebraska, Missouri, Iowa, South Dakota sowie Teile von Oklahoma, Kansas, North Dakota, Montana, Wyoming, Colorado, Minnesota und Louisiana kommen unter den Herrschaftsbereich der USA. Damit wird der Zugang nach Westen frei.
1804–06	Lewis-und-Clark-Expedition im Auftrag von Präsident Thomas Jefferson, um den Nordwesten zu kartografieren.
1830–1870er	Besiedlung des Nordwestens über den Oregon Trail.
1848	Goldfunde in Kalifornien, Fort Sutter. Beginn des Goldrauschs. Auch Einwanderer aus Südchina suchen am Sacramento River ihr Glück.
1850	Kalifornien wird als 31. Bundesstaat in die USA aufgenommen. Der Indian Appropriation Act schafft die Grundlage für die Zuweisungen von Reservationen an die Indianer.
1851	Erste Ansiedlung im heutigen Seattle; Gründung von Portland.
1859	Oregon wird 33. Bundesstaat.
1861–65	Amerikanischer Bürgerkrieg.
1863	Bedeutende Goldfunde am Alder Gulch bei Virginia City (Montana).
1872	Gründung des Yellowstone National Park.
1876	Schlacht am Little Big Horn (Montana), Niederlage des 7. US-Kavallerieregiments unter General George Custer gegen mehrere Indianerstämme unter Führung von Sitting Bull und Crazy Horse.

Große Gold-, Silber-, Blei- und Zinkfunde im Silver Valley (Idaho).	**1878**
Die Northern Pacific Railroad führt von Minneapolis bis Seattle.	**1888**
Montana, Washington, Idaho und Wyoming werden Bundesstaaten.	**1889/1890**
Goldfunde bei Klondike bringen Seattle und Vancouver wirtschaftliche Blüte.	**1897**
Ein Erdbeben mit nachfolgenden Großbränden zerstört große Teile von San Francisco.	**1906**
In Wyoming wird Nellie Tayloe Ross die erste Gouverneurin der USA. Wahl- und Bürgerrechte für US-amerikanische Indianer.	**1924**
Die Indianerbewegung American Indian Movement wird gegründet und tritt mit zahlreichen Protestbewegungen an die Öffentlichkeit.	**1968**
Der Indian Self-Determination and Education Assistance Act (USA) schafft die gesetzliche Grundlage für die Selbstverwaltung in den Reservationen.	**1975**
Barack Obama wird der erste farbige Präsident der USA und erhält auch den Friedensnobelpreis; Washington, Oregon und Kalifornien haben demokratisch gewählt.	**2009**
Olympische Winterspiele in Vancouver/Whistler.	**2010**
In der zweiten Amtszeit von Barack Obama wird die staatliche Gesundheitsreform abgeschlossen. »Obama-Care« wird Gesetz, jeder US-Amerikaner muss nun eine Versicherung haben.	**2014**
Die politischen Kontroversen zwischen Republikanern und Demokraten haben sich seit der Wahl von Donald Trump zum Präsidenten extrem verschärft.	**2018**
Joe Biden wird der 46. Präsident der Vereinigten Staaten. Er führt einen neuen Feiertag ein, den Juneteenth: Der 19. Juni wird zum Gedenktag für die endgültige Abschaffung der Sklaverei 1865 in Texas.	**2021**
Der Oberste Gerichtshof revidierte zwei wichtige Gesetze: das seit 1973 bundesweit geltende Abtreibungsrecht, nun entscheiden wieder die Bundesstaaten. Zudem wurde die Zuständigkeit der US-Umweltbehörde, weitreichende Regeln zur Begrenzung von Treibhausemissionen zu erlassen, abgeschafft.	**2022**

Gesellschaft und Alltagskultur

So heterogen wie die aus vielen Kulturen und Ethnien gebildete Gesellschaft Nordamerikas stellt sich auch das Alltagsleben dar. Verbindende Elemente sind heutzutage die zunehmende Religiosität, die ehrenamtliche Arbeit für wohltätige und kulturelle Organisationen und nach wie vor die Leidenschaft fürs Auto.

Bevölkerung und Lebensweise

In Portland, der drittgrößten Stadt im Reisegebiet, war vor einigen Jahren ein wilder Medienkampf um die Umbenennung einer Straße ausgebrochen: Die hispanische Bevölkerung setzte sich mit Vehemenz dafür ein, den Gewerkschaftsführer und Menschenrechtsaktivisten César Estrada Chávez zu ehren. Chavez (1927–1993) war Amerikaner aus Arizona mit mexikanischem Hintergrund und ist für viele Latinos zum Symbol für ihre Bemühungen um Gleichbehandlung geworden. Sie waren erfolgreich. Für die ca. 10 % Latinos werden z. B. die Ansagen in städtischen Bussen und Straßenbahnen auch in Spanisch durchgegeben.

Die Anzahl der Menschen mit ›hispanischem‹ Hintergrund wächst nicht nur in Oregon stetig. Dies liegt sowohl an der stärkeren Einwanderung als auch an der im Vergleich zu anderen ethnischen Gruppen höheren Geburtenrate. Viele Hispancs fanden in den Obstplantagen, Weinfeldern und in der Holzindustrie Washingtons, Oregons und Kaliforniens Arbeit. Nach Angaben des United States Census Bureau betrug die Einwohnerzahl der USA im Jahr 2021 ca. 332 Mio. Menschen. Ohne Nordkalifornien mit dem Großraum San Francisco (ca. 17 Mio.) leben im Nordwesten des Landes nur 17 Mio. Menschen, wobei die Ballungsräume Seattle (Washington) und Portland (Oregon) mit je ca. 2,5 Mio. schon 30,7 % der Bevölkerung beheimaten. Auch die Altersstruktur der US-Bevölkerung verändert sich. Der Anteil an älteren Menschen wird größer. Nach den Statistiken von 2020 sind 16,6 % der Bevölkerung über 65 Jahre alt (1967: 9,6 %; 1915: 4,4 %). Dieser Anteil wird verschiedenen Prognosen zufolge weiter zunehmen.

Im Zuge des Wachstums verändert sich zudem die ethnische Zusammensetzung, da die verschiedenen Bevölkerungsgruppen unterschiedlich schnell wachsen. Auch für Amerikaner asiatischer Herkunft wird eine Verdoppelung auf 8 % prognostiziert. Die Zahl schwarzer Amerikaner dürfte mit etwa 14 % stabil bleiben. Der Anteil weißer und europäischstämmiger US-Bürger wird voraussichtlich von 70 % auf 50 % zurückgehen. Montana gilt als Hochburg der Weißen mit einem Anteil von 87 % an der Bevölkerung.

Immigranten aus Asien

In West-Kanadas größter Metropole Vancouver ist der Anteil an Einwohnern mit asiatischem Hintergrund inzwischen auf 56 % angewachsen. Während viele Familien schon seit Generationen dort leben, weil ihre Vorfahren beim Eisenbahnbau oder in der Fischerei gearbeitet haben, hat die Beendigung des britischen Mandats über Hongkong eine weitere Zunahme der asiatischstämmigen Bevölkerung mit sich gebracht. Inzwischen finden die Immigranten aus China und Indien gut etablierte Sozialstrukturen vor, dazu gehören auch Firmen, Banken, Restaurants und Supermärkte sowie Ärzte und Schulen.

Die Großstädte sind multiethnisch geprägt – Straßenszene in San Franciscos Chinatown

Nachwuchs und Kinderfreundlichkeit

Im Lauf der letzten Jahre hat die Presse mit wachsender Faszination über die angeblich steigende Anzahl von Frauen in gehobenen Positionen berichtet, die ihre glanzvolle Karriere aufgeben, um ausschließlich die Freuden der Mutterschaft zu genießen. Gründlichere Untersuchungen legen allerdings nahe, dass die Aufgabe ihres Arbeitsplatzes für die meisten dieser Frauen keine freiwillige Entscheidung war, sondern dass ihnen diese aufgezwungen wurde. Probleme, die Mütter am Arbeitsplatz erleben – lange Arbeitstage und fehlende Flexibilität –, führen oft zur Beendigung der Karriere. Allerdings verdeutlicht der öffentliche Diskurs mittlerweile zunehmend das Ausmaß der auch in den USA bestehenden Schwierigkeit, Arbeit und Familie miteinander in Einklang zu bringen.

Traditionelle Haushalte, in denen der Mann einer Vollzeitbeschäftigung nachgeht und die Frau Haushalt und Kinder versorgt, umfassen derzeit nur ein Viertel aller Haushalte mit minderjährigen Kindern. Bei fast zwei Dritteln der Ehepaare mit Kindern sind beide Eltern berufstätig. Die Anzahl dieser Haushalte, in denen Kinder mit zwei Erwachsenen leben, ist jedoch stetig gefallen. Mehr als 20 % aller Haushalte mit Kindern werden von alleinerziehenden Müttern geführt, 8 % von alleinerziehenden Vätern. Und dennoch ist die Geburtenrate in den USA höher als beispielsweise in Deutschland: Im Gegensatz zu fast allen anderen OECD-Ländern halten sich in den USA Geburtenrate und Sterblichkeitsziffer die Waage.

An der guten Kinderbetreuung kann es nicht liegen, denn es gibt so gut wie keine staatlichen oder kommunalen Einrichtungen für kleine Kinder. Die Eltern sind in der Regel auf kirchliche oder private Einrichtungen an-

Die amerikanischen Ureinwohner im Nordwesten der USA

Seit den Protestbewegungen in den 1970er-Jahren ist das Interesse an den alten und traditionsreichen Kulturen gewachsen. Auch Ureinwohner, die schon lange im modernen Amerika assimiliert sind, begeben sich wieder auf die Suche nach ihren Wurzeln. Die verschiedenen gesellschaftlichen Modelle, nach denen sie heute leben, und das breite Spektrum ihrer Kultur kennenzulernen, ist eine Herausforderung.

Die Entscheidung der amerikanischen Regierung, den Indianern Reservate zuzuweisen und ihnen lange nicht zu gestatten, sich frei im Land zu bewegen, hat zur Entfremdung zwischen den Weißen und den *Native Americans* beigetragen. Zudem unterlagen die Reservationen strengen Reglementierungen, die die Freiheit der dort lebenden Menschen nochmals einschränkten.

Industriebetriebe sind in Reservationen kaum anzutreffen. Dies ist Ausdruck des Kollektivbewusstseins, das den Alltag der Indianer noch immer bestimmt. Das Interesse, sich durch gut bezahlte Jobs Geldreserven und/oder materielle Güter anzuschaffen, wie dies in der westlichen Lebensvorstellung der Fall ist, ist sehr gering. Gegen den Industriestandort Indianerreservation sprechen des Weiteren die oft isolierte Lage, die einkommensschwachen und somit kaufkraftarmen Bewohner, der Mangel an Infrastruktur, fehlende Reparatur- und Servicebetriebe, Bankfilialen, Kommunikationsmittel und Energieträger, Eisenbahnanschlüsse, öffentliche Verkehrsmittel sowie mangelhafter Zustand und Dichte des Straßennetzes insgesamt. Ein wichtiges Hemmnis stellt auch der Kapitalmangel dar. Vonseiten der Indianer können kaum Industrieunternehmen finanziert werden. Zudem werden die Reservationen und deren Bewohner meist als nicht kreditwürdig eingestuft. Die kanadische Regierung erlaubt nicht, dass Grundstücke innerhalb der Reservate an Nicht-Ureinwohner verkauft werden können; deshalb sind Hypotheken und Kredite darauf nicht handelbar und es gibt wenig Investitionstätigkeit. Mitunter gelingt es den Stämmen, ihr Land zu verpachten und dadurch Einnahmen zu erzielen. Oder sie betreiben einen Staudamm wie in Montana oder eine Hafenanlage wie in Nord-Vancouver.

Der erfolgreichste indianische Geschäftszweig in den USA und Kanada sind die Casinos. Das organisierte Glücksspiel ist in den meisten Staaten verboten; die quasi autonomen Reservate stehen jedoch außerhalb der staatlichen Gesetze. So können sie eine hochrentable Glücksspielindustrie aufziehen. Die Gewinne werden indianischen Traditionen folgend auf die Gemeinden der Reservation aufgeteilt. Einige Stämme ziehen es vor, ihre Einkünfte auf einer Pro-Kopf-Basis zu verteilen; andere setzen auf langfristige Konzepte und verwenden die Fonds, um die Stammesinfrastruktur zu verbessern. So werden ganz selbstverständlich Krankenhäuser, Gesundheitsdienste, Schulen und Bedürftige aus den Einnahmen der Casinos finanziert. Für Amerikas neoliberale Wirtschaft, in der solches Versorgungs- und Gleichheitsdenken als Bremse allen Wachstums gilt, wirkt stammesverbundenes Indianer-Business wie eine Nachricht aus einer fremden Welt.

Nicht einmal die Hälfte der Stämme hat allerdings Anteil an dem Erfolg. Die Mehrheit lebt entweder geografisch zu abgelegen oder sie kann Casinobetriebe mit ihren Traditionen nicht ver-

Weit mehr als Indianerfolklore: Pow Wows spiegeln die gesellschaftliche Identität

einbaren. Wieder andere Stämme sind in der Frage tief zerstritten. Aber selbst jene Indianer, die von Glücksspiel und Steuerbefreiung profitieren, sehen darin nur ein Mittel zum Zweck für eine gerechtere Zukunft. Sie betrachten die Roulette- und Bingomillionen lediglich als Werkzeug, mit dem sie in einer Welt des Geldes die Dinge für sich und ihre Stämme ins Positive lenken können.

Obwohl zwischen den 562 amerikanischen und den über 600 kanadischen Indianer-Stämmen die Unterschiede oft viel deutlicher sind als die Gemeinsamkeiten – außerhalb des Englischen zum Beispiel gibt es aufgrund der unendlichen Vielfalt der Indianersprachen kaum Verständigungsmöglichkeiten –, hat sich in jüngerer Zeit ein neues »Wir«-Gefühl entwickelt. Besonders deutlich wird dies bei Traditionen und Ritualen, wie sie etwa auf den großen Pow-Wow-Veranstaltungen kreuz und quer durch die USA und Kanada gepflegt werden. Ursprünglich waren Pow Wows Tanzfeste der Prärie-Indianer. Heute entwickeln auch jene Stämme eigene Pow-Wow-Traditionen, in denen solche Tänze traditionell keine Rolle spielten. Pow Wows sind zum kulturellen Treffpunkt der *Native Americans* geworden – hier wird die Minderheit unversehens zur Mehrheit.

Die Feste haben aber noch eine weiterreichende Bedeutung. Musik ist für Indianer die erweiterte Form der gesprochenen Sprache. So dienen die während des vielstündigen Tanzes dargebotenen Sprechgesänge dem Lob und Tadel von Stammesmitgliedern, sind Begleitung von Zeremonien und Ritualen und sollen Kontaktaufnahmen zu den Geistern ermöglichen. Nicht zuletzt enthalten sie auch wichtige Informationen für die Gemeinschaft. Auf diese Weise verbindet Pow-Wow-Musik die unterschiedlichsten kulturellen Aspekte und hat eine bedeutende soziale Funktion.

gewiesen. Es besteht auch kein gesetzlicher Anspruch auf bezahlte Elternzeit. Vor einigen Jahren wurde durch den *Family and Medical Leave Act* (FMLA) unbezahlter Schwangerschaftsurlaub und Elternzeit bis zu 12 Wochen pro Jahr eingeführt. Dies kommt aber aufgrund der Einschränkungen und der Begrenzung auf größere Arbeitgeber nur für knapp die Hälfte aller Arbeitnehmer infrage. Ebenso wenig besteht ein gesetzlicher Anspruch auf Urlaub oder bezahlte Krankentage, auch nicht im Falle der Erkrankung eines Kindes (ausgenommen für den Fall einer schweren Erkrankung, der unter dem FMLA unbezahlten Urlaub gestattet).

Woran liegt es also, dass Kinder in die Welt gesetzt werden und insgesamt ein kinderfreundliches Klima herrscht? Eltern sein hat ein hohes Sozialprestige und zu einer glücklichen Ehe gehören für die meisten Amerikaner immer noch Kinder. Im alltäglichen Leben wird es Eltern/Müttern verhältnismäßig leicht gemacht, ihre Kinder überallhin mitzunehmen. Geschäfte haben in der Regel Toiletten, oft auch mit Wickeltisch. Im Restaurant gibt es Hochstühle, Malstifte und Papier, und das Personal reagiert freundlich und gelassen, wenn Familien kommen.

Volunteering – ehrenamtlich tätig sein

»Könntest du uns bei dieser Veranstaltung helfen? Wir suchen Freiwillige für unser Fest, der Erlös soll unserer Schule zugutekommen. Wir benötigen Unterstützung bei der Organisation eines Benefizlaufs gegen Krebs«, die Liste ließe sich fortsetzen. Jeder wird einmal gefragt, ob er oder sie nicht ehrenamtlich tätig werden möchte, bei einem Verein, einer sozialen Einrichtung, einer Kirche, der Kommune oder auch bei der eigenen Firma, um eine Veranstaltung auf die Beine zu stellen. Es gehört zu den Selbstverständlichkeiten im nordamerikanischen Alltag, solche Anfragen positiv zu beantworten, seine Zeit und sein Können freiwillig in den Dienst einer guten Sache zu stellen. »Gib der Gesellschaft etwas von dem zurück, was du von ihr erhalten hast«, lautet eines der Grundprinzipien der Nordamerikaner.

Diese Überzeugung ist tief verinnerlicht und hat beispielsweise ihren Ausdruck in dem berühmten Ausspruch von John F. Kennedy gefunden: »Ask not what your country can do for you – ask what you can do for your country.« Mehr als ein Drittel der Arbeit in den Bereichen Religion, Soziales, Kultur, Gesundheit und Bildung wird von *volunteers* geleistet. Sie schließen eine Lücke, die nicht vom Staat abgedeckt wird.

Inzwischen hat sich in den USA das *volunteering* stärker professionalisiert. Dies macht sich nicht nur in der systematischen Rekrutierung von Freiwilligen, sondern auch institutionell bemerkbar. Anders als etwa in Deutschland gibt es in den USA auf lokaler, regionaler und nationaler Ebene eigene *volunteer bureaus*. Diese Büros betreiben selbst Marktforschung und bemühen sich darum, dass Ressourcen und Kompetenzen im Hinblick auf die Durchführung bestimmter Aufgaben möglichst sinnvoll genutzt werden. Zugleich organisieren und finanzieren Firmen und Arbeitnehmer das *volunteering* mit. Die Beschäftigten stellen beispielsweise einen Teil ihres Gehalts für gemeinnützige Aufgaben zur Verfügung, die die Firma im Rahmen ihrer *corporate identity* unterstützt. Oder aber ganze Belegschaften werden freigestellt, um einen Kindergarten zu bauen oder einen Park anzulegen; solche Aktionen für das Gemeinwohl werden veröffentlicht und tragen zur Reputation der Firma bei. In Bewerbungen der Arbeitnehmer finden sich ebenfalls Angaben zu ehrenamtlichen Tätigkeiten: Sie geben nach Einschätzung amerikanischer Personalverantwortlicher mehr Einsicht in die Persönlichkeit des Aspiranten als Hobbys.

Bei einem Theater- oder Konzertbesuch, bei einer Sportveranstaltung oder Messe kommt man auch als Reisender mit *volunteers* in Kontakt. Sie sind dann vielleicht nicht ganz so professionell, wie man es von den dienstbaren Geistern in Hotels oder Restaurants gewohnt ist, aber der Enthusiasmus für die gute Sache ist meist deutlich spürbar.

Ambivalenzen: Was ist erlaubt?

In erfolgreichen amerikanischen Filmen werden so viele Menschen umgebracht, dass man gar nicht erst zu zählen beginnt. Jeder dritte Haushalt der USA hat Schusswaffen, aber im Fernsehen wird das Wort *fuck* durch einen Piepston gelöscht. Vor jedem Film im Fernsehen liest eine freundliche Stimme die Warnung vor unanständiger Sprache, Gewalt und/oder Sex und Nacktheit vor. Fluchen ist offiziell verpönt, auch wenn es jeder tut. Natürlich sollen in erster Linie Kinder geschützt werden, aber wenn man dann im Bus oder in Parks die Erwachsenen reden hört, taucht schon mal die Frage auf, ob die ›Erziehungsmaßnahme‹ des TV überhaupt wahrgenommen wird.

Ähnliches gilt für Sex. Die Freizügigkeit europäischer Filme ist in Nordamerika nicht denkbar. Schon ein wenig Busen wird als *nudety* gegeißelt und gegebenenfalls mit einem schwarzen Balken unkenntlich gemacht. Andererseits boomt das Geschäft mit Pornografie. Hollywood hat besonders in Südkalifornien Konkurrenz bekommen; dort hat sich die Produktion von sogenannter Erwachsenenunterhaltung etabliert.

Zehn bis 15 Mrd. $ werden in den USA jedes Jahr für Pornografie ausgegeben, mehr als für Kinokarten, Musik-CDs oder Videospiele. Sogar mehr als für die Eintrittskarten zu den Nationalsportarten Football, Baseball und Basketball zusammen. Sex ist ein Tabuthema, Aufklärungsunterricht in Schulen, besonders auf dem Land, beschränkt sich leicht auf Bienen und Blumen, häufige Abtreibungen bei Teenagern und die höchste Teenager-Mutterschaftsrate in der industrialisierten Welt sind hier zu finden. Seit 1990 sinkt die Rate etwas, wobei sie bei Hispanics und schwarzen Amerikanern höher bleibt als bei weißen und asiatischen Amerikanern.

Vielleicht ist dies ein Relikt aus den frühen Zeiten der Puritaner, aber auch in der Sprache über die intimen Bereiche des Lebens wird deutlich, dass man in Nordamerika die Dinge nicht beim Namen nennt: Eine Toilette ist ein *rest-*, *wash-* oder *bathroom* (in einem Privathaus), in gut situierten Häusern wird auch gern vom *powderroom* gesprochen. Diese Verhaltensweise macht sich auch in den Ferien bemerkbar. Selbst kleinste Kinder laufen am Strand nicht unbekleidet herum. Die amerikanischen Herrenbadehosen haben sich ja auch schon in Europa durchgesetzt: Männer gehen in längeren Schlabbershorts an den Strand oder ins Wasser. »Oben ohne« bei Damen ist ziemlich verpönt, es sei denn an ausgewiesenen FKK-Stränden, und die sind Mangelware (s. S. 95).

Auto und Führerschein

Steigende Benzinpreise und wachsendes Umweltbewusstsein lassen natürlich auch im Nordwesten der USA manche Menschen überlegen, ob es Alternativen für das Autofahren geben könnte. Öffentlicher Nahverkehr wird in den Großstädten bezuschusst und ausgebaut. Aber die tief sitzende Leidenschaft für Autos, für jederzeit verfügbare Mobilität lässt sich nur schwer verändern, allen Widrigkeiten zum Trotz. Was steckt dahinter?

In den USA und in Kanada dürfen Jugendliche ihren Führerschein mit 16 Jahren machen. Es gibt zwar bestimmte Stufen der Einschränkungen bis zur Volljährigkeit, aber Fakt ist, dass dieses Recht in der Wahrnehmung amerikanischer Teenager die erste Stufe zum Erwachsenenleben darstellt. Zudem dient der Führerschein als Ausweis, auch zur Kontoeröffnung bei der Bank oder beim Bezahlen höherer Beträge mit der Kreditkarte wird nach einer ID gefragt und damit ist der Führerschein gemeint. Erst mit der Plastikkarte ist man in Nordamerika ein ganzer Mensch. Für diejenigen, die keinen brauchen, weil sie nicht Auto fahren, gibt es sogar eine »Nicht-Fahrer-ID«. Für junge Menschen unter 21, die somit keinen Zutritt zu Kneipen etc. haben, in denen Alkohol ausgeschenkt wird, ist zudem das Auto die »rettende« Lösung. Man bittet ältere Geschwister oder Freunde um den Einkauf der Spirituosen und fährt dann mit Autos zu entfernter liegenden Treffpunkten. Das erste intensivere Kennenlernen unter Mädchen und Jungen findet trotz eigener Zimmer nicht selten im Auto statt. Die wilden Partys und der Ärger mit Polizei oder Eltern tragen das Ihre dazu bei, eine Art romantischer Verklärung entstehen zu lassen – Autos als »Schatztruhe intensiver Jugenderinnerungen«.

Religion und Kulte

Der hohe Prozentsatz an Kirchenmitgliedschaften und die Anzahl der Gottesdienstbesuche bestätigen, dass die USA das religiöseste Land der westlichen Industriestaaten sind. Befragungen zufolge räumt die Mehrheit der Bevölkerung der Religion einen wichtigen Stellenwert in ihrem Leben ein. Die Zugehörigkeit zu einer der mehr als 250 Religionsgemeinschaften bildet die Basis des in den Kirchengemeinden organisierten sozialen Lebens; dies gilt für fast 62 % der amerikanischen Bevölkerung.

Etwa 27,5 % der Amerikaner bezeichnen sich selbst als evangelikal, ca. 26 % gehören der römisch-katholischen Kirche an. Anderen Statistiken zufolge ist die katholische Kirche inzwischen die größte des Landes. Einwanderer aus Mexiko, Puerto Rico, Kuba, den Philippinen und den Staaten Südamerikas bilden heute die Mehrheit in vielen katholischen Gemeinden.

Baptisten, Methodisten, Pfingstgemeinden, Lutheraner, Presbyterianer und Mormonen zählen zu den protestantisch ausgerichteten christlichen Kirchen. Zudem gibt es noch die anglikanische und die reformierte Kirche, die Episcopal Church und die orthodoxen Kirchen. Weitere bedeutende Religionsgemeinschaften sind die Churches of Christ, die Zeugen Jehovas, die Christian Church, die Adventisten, die Church of Nazarene, die Heilsarmee (Salvation Army), die Christian & Mission Alliance, die Churches of God, die Full Gospel Fellowship of Churches and Ministers International und die Community Churches sowie die Kirchen anderer Weltreligionen.

Ein wichtiger Grund für die tiefe Verwurzelung der Kirchen in der amerikanischen Gesellschaft ist deren immense soziale Bedeutung. Da der Staat in diesem Bereich weniger Verantwortung übernimmt als in den meisten europäischen Ländern, werden Kindergärten, Schulen, Krankenhäuser und soziale Dienste oft von den religiösen Gemeinden unterhalten. Die Trennung zwischen Staat und Kirche ist fest in der Verfassung verankert. Bei Volkszählungen etwa gibt es keine Fragen zur religiösen Orientierung; den Staat interessiert es nicht, was seine Bürger glauben. Und er erkennt auch keine Religionsgemeinschaften an, sodass jeder, der will, seine eigene Kirche gründen kann. Ein negatives Beispiel ist die rassistische Aryan Nations – Church of Jesus Christ Christian bei Coeur d'Alene (Idaho), die in ihren Schriften zum Hass gegenüber Juden aufrufen darf. Bürgerrechtler haben gegen diese Kirche rechtliche Schritte unternommen und einen Peace Park zur Aufklärung gegründet.

Andererseits sind führende Politiker der letzten Jahre zunehmend »religiöser« geworden, haben ihre Wertvorstellungen in Übereinstimmung mit ihrem christlichen Hintergrund gebracht. Insgesamt lässt sich wohl sagen, dass die USA wertkonservativer sind als beispielsweise Deutschland, wobei sich diese Werte in erster Linie auf Familie und inzwischen auch auf bestimmte Vorstellungen von Tugendhaftigkeit beziehen.

Evangelikale und der Hang zum Konservativen

Seit einigen Jahren wird die Bewegung der *evangelicals* immer bedeutender. Sie sind nicht konfessionsgebunden, ihnen geht es um eine persönliche Beziehung zu Jesus. Klare spirituelle Botschaften, verbunden mit konkreten Handlungsanweisungen für alle Lebensbereiche, das ist das Erfolgsrezept einer neuen Generation christlicher Großgemeinden, die sich *Megachurches* nennen. Als »Megakirchen« werden in den USA all jene Glaubensgemeinschaften bezeichnet, in deren Gotteshäusern sich am Wochenende mehr als 2000 Gläubige versammeln. Innerhalb von nur 20 Jahren sind die neuen Gemeinden von einem Randphänomen zur bestimmenden Kraft des religiösen Lebens in den USA geworden – und zu einem gesellschaftlichen Machtfaktor. Die meisten Gläubigen der *Megachurches* halten die biblischen Texte für historische Wahrheiten, die Evolutionslehre für einen teuflischen Irrtum, Abtreibung für Mord und die Seele jedes Nicht-Evangelikalen für verloren. Mit modernen Methoden des Marketings, der Organisation von Großveranstaltungen, eigenen TV-Stationen und natürlich dem Internet werden die Überzeugungen verbreitet.

Miteinander

Anschaulich zeigt sich die breit gefächerte Vielfalt der religiösen Überzeugungen in den USA in den Schreibwarenabteilungen der Supermärkte und Drogerien. Zum Jahresende beispielsweise finden sich Karten mit *Merry Christmas* für die Christen, *Happy Hanukkah* für das jüdische Fest oder *Happy Kwanzaa* als Referenz an eine Feier, die seit den 1960er-Jahren von Afroamerikanern begangen wird. Am meisten verbreitet ist aber der Gruß *Happy Holidays* oder *Seasons Greeting,* denn damit kann man nichts falsch machen und schont die Gefühle Andersgläubiger.

Diese Vorsicht oder Toleranz findet auch in einer Grundregel des täglichen Miteinanders ihren Niederschlag: Zwei Themen sind für den Small Talk zu vermeiden – Religion und Politik. Amerikaner oder Kanadier fragen zwar sehr schnell nach, wie viel jemand verdient oder was das Auto, die Reise oder Haus gekostet hat, aber niemals, welcher Religion oder politischen Richtung ihr Gesprächspartner oder ihre Gesprächspartnerin sich zugehörig fühlt.

Die Mehrheit der Bevölkerung räumt der Religion einen wichtigen Stellenwert in ihrem Leben ein

Kunst und Kultur

Unberührte Natur, Cowboys, Indianer und menschenleeres Land prägen nach wie vor die Vorstellungen über den Nordwesten. Sie sind nicht falsch, und interessant ist zu sehen, was Künstler an Inspirationen aus dieser Umgebung aufgenommen haben. Die Schriftstellerin Annie Proulx setzte beispielsweise ihrer Wahlheimat Wyoming mit »Brokeback Mountain« ein Denkmal oder ihr Kollege David Guterson mit »Schnee, der auf Zedern fällt« den Puget-Sound-Inseln vor Seattle.

Filme über den Nordwesten

Neben literarischen Darstellungen beeinflussen insbesondere Bilder die Vorstellungen, die man sich von der Welt macht. Einen nicht unerheblichen Anteil an solchen Bildern haben heutzutage Filme, die unsere Wahrnehmung prägen. Beispielsweise ist Seattle als verregnete Stadt ins Bewusstsein eingegangen, seit die New Yorkerin Meg Ryan in »Schlaflos in Seattle« behauptete, dort regne es ja nur, wie könne man hier bloß leben. Das Tourismusbüro der Stadt freut sich zwar immer noch über die Publizität, die der Film gebracht hat, bemüht sich aber gleichermaßen, mit Statistiken und Tabellen gegen den schlechten Ruf als Regenstadt anzugehen. Immerhin gibt es schönes Wetter, als die beiden Hauptdarsteller sich auf der Terrasse des Hausboots am Union Lake näherkommen.

»Firewall«, ein Thriller mit Harrison Ford, schüttete dann noch einmal Öl ins Feuer. Viele Aktivitäten der Bösewichter geschehen im strömenden Regen in der Innenstadt. Es geht auch anders: Das geradezu flirrende Licht und die Spiegelungen in den Glaspalästen der City nahm Bernardo Bertolucci in seinem Film »Little Buddha« als Hintergrund für die Geschichte über einen Jungen aus Seattle, der die Reinkarnation eines Lama sein soll. Die kleine Stadt Astoria im Norden von Oregon ist Schauplatz der Geschichte um den Orca-Wal »Free Willy«, auch »Kindergarten Cop« und »Die Goonies« wurden dort gedreht; im Visitor Center erhält man eine Broschüre zu allen Drehorten.

Seit die »Twilight-Romane« der Autorin **Stephenie Meyer** verfilmt wurden, ist die Holzfällerstadt Forks am Rande des Olympic National Park zu neuer Blüte erwacht. Touren führen zu den Schauplätzen der Filme. Vielleicht wird auch das Melodram »Der große Trip – Wild« mit Reese Witherspoon den langen Höhenwanderweg Pacific Crest Trail bekannter machen. Das Buch von Cheryl Strayed erwies sich 2012 als Bestseller in den USA.

Portland ist ebenfalls eine Stadt, in der man alle Naselang über eine Filmcrew stolpern kann. Harrison Ford fiel dort auf als ambitionierter Vater in »Ausnahmesituation« (»Extraordinary Measures«).

Viele Filme, deren Handlung im Nordwesten spielt, wurden dagegen im benachbarten Kanada gedreht. Selbst »Brokeback Mountain«, die Geschichte zweier homosexueller Cowboys in Wyoming, entstand in den kanadischen Rockys. Vancouver selbst lieferte bisher nur die Kulisse für Filme oder stellte sogar andere Städte dar. Der zweite Akte-X-Film »I want to believe« wurde z. B. in Vancouver gedreht. Obwohl in den letzten Jahren zum ›Hollywood North‹ avanciert, weil dort die Film- und Fernsehproduktionen sehr viel günstiger waren als in den USA, hat selbst der kanadische Film die Stadt noch nicht richtig als Schauplatz für eine Geschichte entdeckt. Einzig Douglas Coupland, der Autor von Werken wie »Generation X« oder »Shampoo Planet«, hat als Drehbuchschreiber für den Film »Everything's Gone Green« (2007) seine Heimatstadt in den Mittelpunkt der Geschichte gestellt. Für die Verfilmung der deutschen Serie »Der Schwarm« nach Frank Schätzing waren Vancouver, Whistler und Nanaimo tatsächlich die Drehorte.

Autoren aus dem Nordwesten

Noch sind viele Autoren aus dem Nordwesten nicht so bekannt wie manche Schriftsteller aus Kalifornien, die wie Jack London, John Steinbeck oder T. C. Boyle auch im deutschsprachigen Raum hohe Auflagen erzielen. Aber einige erobern durch ihren interessanten Stil und die Kunst, einfach gute Geschichten zu erzählen, doch allmählich eine feste Leserschaft.

Seine Romane sind alle ins Deutsche übersetzt worden: **Chuck Palahniuk** (geb. 1962 in Pasco, Washington) hat nicht nur in Nordamerika eine Art Kultstatus erreicht. Auf seiner Website bietet Palahniuk »Premium-Usern« unter anderem Schreibseminare an und beantwortet einen großen Teil der Leser-E-Mails persönlich. Seine Seite gilt als eine der größten zentralen Anlaufstellen für einen einzelnen Autor. Der im kleinen Städtchen Vancouver (in Washington) lebende Autor arbeitet auch für die Filmindustrie, seine Bücher »Fight Club« (mit Brad Pitt) und »Der Simulant/Choke« (mit Sam Rockwell, Anjelica Huston) sind 1999 und 2007 verfilmt worden. Die dunkleren Seiten menschlichen Verhaltens stehen im Mittelpunkt seiner Geschichten, die Erkundung der Nachtseite des amerikanischen Strebens nach Happiness, wie manche Rezensenten meinen.

Nicht minder kritisch beschäftigt sich die inzwischen in Wyoming lebende Autorin **Annie Proulx** (geb. 1935 in Norwich, Connecticut) mit den Lebensverhältnissen auf dem Land. Für den Roman »Postkarten« (1992), erhielt sie den Faulkner Award, für »Schiffsmeldungen« (1993) den Pulitzer-Preis und für die Kurzgeschichte »Brokeback Mountain« (1997) den National Magazine Award; alle Bücher wurden erfolgreich verfilmt. In Interviews gibt Annie Proulx zu verstehen, dass sie nicht an den *American Dream* glaubt. Für sie ist er irreal, Menschen seien in ihrer Lebenssituation gefangen, könnten ihr nicht entfliehen. Ihre Figuren werden im Laufe der Geschichte abgebrüht und zäh oder resignieren, bewahren sich aber eine Art Unschuld, die sie wiederum sympathisch macht. Zunächst begann Proulx als Journalistin und Sachbuchautorin zu arbeiten. Erst spät, mit über 50 Jahren, wandte sie sich der Belletristik zu. Sie lebte mehr als 30 Jahre in Vermont, war dreimal verheiratet und hat drei Söhne und eine Tochter. In ihrem 60. Lebensjahr zog sie nach Wyoming, wo sie heute ihre Bücher schreibt.

Eine Krimireihe aus dem »Redneck Land« Wyoming hat den indianischen Autor **C. J. Box** bekannt gemacht. Mit der Figur des Jagdaufsehers Joe Pickett hat Box einen Mann mit Prinzipien geschaffen, der auch nach Abschluss einer Untersuchung durch den Sheriff der Kleinstadt Saddlestring noch Fragen stellt. 22 Pickett-Krimis hat Box bis 2022 veröffentlicht, viele sind auf Deutsch erschienen. Auch eine Verfilmung gibt es inzwischen. C. J. Box stammt aus Wyoming und lebt mit seiner Familie in der Nähe von Cheyenne, dort betreibt er zudem eine Firma für Tourismus und Marketing. Seine Kenntnisse über die Region sind in den englischsprachigen Reiseführer »Montana, Wyoming, & Idaho: Travel Smart« eingeflossen.

Weltweit erfolgreich ist **David Guterson** (geb. 1956 in Seattle), der den pazifischen Nordwesten zum atmosphärisch prägenden Bestandteil seiner Geschichten gemacht hat. Für seinen persönlichen und schriftstellerischen Werdegang hat sich Guterson den väterlichen Rat zu Herzen genommen, einen Beruf zu wählen, den er liebt und den er als konstruktiven Beitrag für die Belange unseres Planeten und seiner Bewohner versteht.

1989 erschien sein erster Erzählband »Das Land vor uns, das Land hinter uns«.

Der endgültige Durchbruch kam im Jahr 1995 mit dem sensationellen Erfolg des Romans »Schnee, der auf Zedern fällt«, für den Guterson den PEN/Faulkner-Preis erhielt. Der Roman wurde 1999 von Scott Hicks mit Ethan Hawke, Sam Shepard, Max von Sydow und Yuki Kudoh in den Hauptrollen verfilmt. In seinen Büchern widmet sich der Preisträger mit einem unverwechselbar lyrischen Erzählstil und mit psychologischer Treffsicherheit moralischen Fragen. Die magische Natur des amerikanischen Nordwestens dient den eindringlich beschriebenen Charakteren dabei oftmals als emotionaler Rückzugsort. David Guterson lebt mit seiner Frau und den gemeinsamen vier Kindern auf Bainbridge Island in der Nähe von Seattle.

Auch nicht weit entfernt von der Pazifikmetropole wohnt **Tom Robbins** (geb. 1936 in Blowing Rock, North Carolina), der sich mit skurrilen Romanen wie »Ein Platz für Hot Dogs« (1971), »Halbschlaf im Froschpyjama« (1994) oder »Völker dieser Welt, relaxt!« (2000) auch im deutschsprachigen Raum eine Leserschaft erobert hat. Die Geschichte »Even Cowgirls get the Blues« (1976, deutsch: »Sissy, Schicksalsjahre einer Tramperin«) wurde 1993 vom Portlander Regisseur Gus Van Sant mit Uma Thurman in der Hauptrolle verfilmt. Robbins ging 1956 nach New York, »um ein Poet zu werden«. 1957, zur Zeit des Koreakriegs, verpflichtete er sich als Soldat bei der United States Air Force und diente in der Folge drei Jahre lang in Korea, wo er als Meteorologe tätig war. 1962 zog Robbins nach Seattle und arbeitete dort als Redakteur und Kunstkritiker für die Seattle Times. Im Juli 1963 machte er seine erste Erfahrung mit LSD. Zwei Jahre später zog er nach New York, nahm dort u. a. mit Allen Ginsberg an einer Kampagne zur Legalisierung von Marihuana teil, besuchte Vorlesungen von Timothy Leary und wurde mit diesem auch persönlich bekannt. Nur kurz hielt es ihn an der Ostküste, seit 1965 lebt Robbins wieder in der Nähe von Seattle. Er ist zum fünften Mal verheiratet und hat zwei Söhne.

Wie so viele seiner Generation hat auch **Ken Kesey** (geb. 1935 in La Junta, Colorado, gest. 2001 in Eugene, Oregon) nach wilden Zeiten in Kalifornien das ruhigere Leben in Oregon vorgezogen. Der Autor von »Einer flog über das Kuckucksnest« (1962) hatte sich zur Finanzierung seines Studiums für medizinische Experimente zur Verfügung gestellt, bei denen die Wirkung von damals weitgehend unbekannten Drogen erforscht werden sollte: Die US-Regierung hatte Studien in Auftrag gegeben, um die Wirkung von LSD, Meskalin und von psilocybinhaltigen Pilzen untersuchen zu lassen. Keseys LSD-Partys in La Honda waren berühmt, er nahm die Drogen nicht nur für wissenschaftliche Zwecke. Sein Credo hieß, »ein neues Bewusstsein verkörpern, eine völlig neue Art, die Welt zu sehen«. Sein zweites Buch »Sometimes a great notion« (»Manchmal ein großes Verlangen«) von 1964 ist eine Familiensaga über eine Holzfällersippe in Oregon und beschäftigt sich mit dem Niedergang der dortigen Holzindustrie.

Durch den kanadischen Schriftsteller **Douglas Coupland** (geb. 1961 in einem kanadischen NATO-Stützpunkt in Söllingen (Rheinmünster) ist der Begriff »Generation X« für die in den 1960er- und 1970er-Jahren Geborenen geprägt worden. Kennzeichen sind die gemeinsame Erfahrung von weniger Wohlstand und ökonomischer Sicherheit, als dies die Elterngeneration noch erlebt hat. Der Roman erzählt »Geschichten von der Katerstimmung im Amerika nach der auf Pump veranstalteten letzten großen Sause unter Reagan und Bush«, Geschichten über eine Generation mit zu vielen Fernsehern und zu wenig Arbeit. Coupland kritisiert mit seinem Schlüsselroman die Wohlstandsgesellschaft der Vorgänger-Generation, die »mit 30 stirbt, um mit 70 begraben zu werden«. In den späten 1980er-Jahren begann er für lokale Magazine zu schreiben. Zahlreiche weitere Bücher wie »Shampoo Planet« (1992), »Life after God« (1993) oder »Microsklaven« (1996) untermauerten den Status des Kultautors. Daneben arbeitet er an Skulpturen und Installationen: Coupland konnte 2011 seine vier Skulpturen von Terry Fox vor dem BC Stadium in Vancouver der Öffentlichkeit übergeben. Der krebskranke Fox war durch seinen Marathonlauf durch Kanada bekannt geworden. Außerdem schrieb er 2005 das Drehbuch zu dem Film »Everything's Gone Green«, der das typische Lebensgefühl eines Mittzwanzigers in Vancouver widerspiegelt.

Science-Fiction, Comics

In Oregon lebte und starb **Damon Knight** (1922–2002), der Gründer des Verbands der Science Fiction and Writers of America Inc., kurz SFWA, einer Vereinigung der professionellen Science-Fiction-Autoren Nordamerikas, und Herausgeber zahlreicher Anthologien. Auch als Autor machte er sich einen Namen: Von Knights Werk innerhalb des Genres ist die Kurzgeschichte »To Serve Man« (1950) eine der bekanntesten, da sie als Vorlage für eine Folge der Fernsehserie »Twilight Zone« diente. Ebenso gilt seine Sammlung von Literaturbesprechungen in »Search of Wonder«, die 1956 zuerst und dann 1967 und 1996 jeweils in erweiterter Form erschien, als das erste ernstzunehmende Werk der modernen Science-Fiction-Kritik.

Vielleicht von den gewaltigen Dünenlandschaften an der Nordwest-Pazifikküste beeinflusst war **Frank Herbert** (geb. 1920 in Tacoma, Washington, gest. 1986 in Madison, Wisconsin), der den Wüstenplanet-Zyklus »Dune« schuf. Dessen erster Band (1965) wurde mit dem Nebula Award ausgezeichnet und erstmals 1984 von David Lynch verfilmt, 2000 und 2021 kam es zu zwei weiteren Produktionen, ein vierter Teil ist für 2023 angekündigt. Dieses Weltenepos entwirft ein interstellares Reich, in dem die Menschen gegeneinander und ums Überleben kämpfen und in dem Neuerungen technischer und biologischer Art von politischen und religiösen Kräften manipuliert werden.

Ein ganz anderes Genre bedient der Musiker und Journalist **Matt Groening** (geb. 1954 in Portland, Oregon) – er ist der Erfinder der Comicreihe »The Simpsons«. Bevor Groening für das Fernsehen arbeitete, schuf er die Comicreihe »Life in Hell« (»Leben in der Hölle«), die bis heute in ca. 250 Zeitungen abgedruckt worden ist. 1985 bekam Groening den Auftrag, etwas für die Tracey-Ullman-Show zu zeichnen. Schon im Gebäude, während er auf das Vorstellungsgespräch wartete, erfuhr Groening, dass er etwas Neues und Außergewöhnliches hätte vorbereiten sollen. So zeichnete er in 15 Minuten die Figuren zur Serie. Hierbei soll ihm die Idee gekommen sein, dass Homer in einem Atomkraftwerk arbeitet. Für die Vornamen der Familie Simpson verwendete er die seiner eigenen Familie, eigenen Angaben zufolge fühlte er sich an diesem Tag nicht sehr kreativ. Zunächst wurden ab 1988 in der Tracy-Ullman-Show 30–60 Sekunden lange Kurzfilme der »Simpsons« ausgestrahlt. Diese stießen auf so große Resonanz, dass 20th Century Fox und die Filmgesellschaft Gracie Films die Produktion und Ausstrahlung einer 30-minütigen Sendung in Auftrag gaben. Am 17. Dezember 1989 lief die erste Folge der Serie beim US-amerikanischen TV-Sender Fox. Groenings bekanntestes Werk neben den »Simpsons« ist die Comicserie »Futurama«.

Architektur

Im Reisegebiet finden sich in vielen Städten Stein- oder Holzhäuser aus dem späten 19. und dem frühen 20 Jh., die oft als **viktorianisch** bezeichnet werden. Dies gilt als übergreifende Bezeichnung der vorherrschenden Architekturstile im Viktorianischen Zeitalter (Regentschaft der britischen Königin Victoria von 1837 bis 1901) und umfasst eine große Bandbreite an damals modernen Baustilen. Man bediente sich völlig ungeniert bei allen Stilen aller Zeiten und so entstanden Variationen wie neoklassizistisch, *Gothic* und *Romanesque Revival*, *Italianate* oder der *Queen Anne Style*. Schöne Beispiele für den *Romanesque-Revival*-Stil finden sich am Pioneer Square in Seattle: Die Architekten orientierten sich – allerdings eher *free style* – an romanischen Bauten in Frankreich und Italien. Eher schlicht wirken daneben die mehr neoklassizistisch inspirierten roten Backsteinbauten, deren auffälligstes Kennzeichen die außen verlaufenden Feuertreppen sind. Port Townsend im Norden Washingtons und Eureka in Nordkalifornien streiten beide um den Ruf, die Stadt mit den meisten gut erhaltenen viktorianischen Holzhäusern zu sein. Eureka gebührt dabei zumindest die Ehre, eines der spektakulärsten Gebäude vorweisen zu können. Das palastartige grünweiße Anwesen »Carson Mansion« ließ ein Holzbaron 1886 bauen. Mit seinen vielen Türmchen, Balkonen und Gauben gilt es als herausragendes Beispiel viktorianischer Bauweise.

Weltberühmte Architekten wie Rem Koolhaas, Frank Gehry, Arthur Erickson oder Moshe Safdie haben im amerikanischen Nordwesten ihre städtebaulichen Akzente gesetzt. Die Gegensätze zwischen diesen Vertretern des Dekonstruktivismus und dem immer noch vorherrschenden postmodernen Stil beim privaten Hausbau könnten nicht größer sein. Aber die Solitäre dieser weltweit tätigen Künstler sind Anziehungspunkte für Besucher und möglicherweise Inspiration für heimische Architekten. Das normale Einfamilien- oder Stadthaus wird nach wie vor aus Holz gebaut und je nach Geldbeutel mit Klinker und Ziersteinen verkleidet oder einfach angestrichen. Beton oder Ziegel als Baustoff finden sich in der Regel nur bei Hochhäusern, die an der Küste des Nordwestens alle erdbebensicher konstruiert werden müssen.

Rem Koolhaas

Ein typisches Merkmal der Bauten von Rem Koolhaas (geb. 1944) ist häufig die collagenartige und labyrinthische Konzeption. So ist ihnen eigen, dass sich in ihnen verschiedene ästhetische Vorstellungen und Funktionen verbinden oder aufeinanderprallen. Koolhaas geht es dabei um die Funktion des Bauwerks als »sozialen Katalysator«, also um die bewusste und oft auch provokative Beeinflussung sozialen Verhaltens durch Architektur. Unter 29 Angeboten wurde Koolhaas' Entwurf für die Bibliothek in Seattle ausgewählt (s. S. 118), übrigens ist sie der erste größere Bau des aus Rotterdam stammenden Architekten in den USA. »Die Form folgt aus der Funktion«, lautete das Credo für die Bibliothek, die 2004 eingeweiht werden konnte. Verkaufsräume für die Modefirma Prada in Beverly Hills und San Francisco und ein Museum für die Guggenheim-Stiftung in einem Kasinohotel in Las Vegas folgten dem Auftrag aus Seattle. 2000 erhielt Koolhaas den Pritzker-Preis, eine Art Nobelpreis für Architektur, der seit 1979 vergeben wird.

Frank Gehry

Ebenfalls Pritzker-Preisträger ist der 1929 in Toronto geborene und heute in Santa Monica, Kalifornien, lebende Stararchitekt, der für das Museum of Pop Culture in Seattle verantwortlich zeichnet. Sponsor Paul Allen hatte Gehry wegen dessen unkonventioneller Formensprache engagiert, die oft nicht an der Funktion des Gebäudes orientiert ist. Beim MoPOP lässt sich eine Assoziation von den geschwungenen Dachaufbauten zur Musik und den Instrumenten des Museums herstellen, allerdings kritisieren Gegner nach wie vor die fehlende Harmonie mit der Umgebung und die eigenwillige Farbgebung (s. S. 124). Frank Gehrys Bauten führen immer wieder zu Kontroversen, unberührt lässt seine Architektur niemanden.

Moshe Safdie

Safdie stammt aus Haifa, Israel, als 15-Jähriger kam er 1953 nach Kanada. Nach dem Studium in Montreal eröffnete er 1964 dort ein Architekturbüro und reüssierte mit seinem Entwurf für die »Habitat Flats«, einen Terrassenwohnblock, der 1967 auf der Expo in Montreal verwirklicht wurde. Der Wohnkomplex besteht aus abgestuften, vorgefertigten Betonwürfeln, von denen jeder eine Wohneinheit umschließt und die nach einem

Seattles ›Geburtsort‹: der Pioneer Square im gleichnamigen Stadtviertel

flexiblen Plan miteinander verbunden sind. Später folgten ähnliche Großprojekte u. a. in Puerto Rico und Israel, wo er ab 1975 als Leiter der Abteilung für Wüstenarchitektur an der Universität von Beerscheba tätig war. In Kanada ist er berühmt für die National Gallery of Canada (1988) in Ottawa und das Musée de la Civilisation (1988) in Québec sowie die städtische Bibliothek (1995) in Vancouver.

Zu seinen zahlreichen Bauten für jüdische Einrichtungen gehören das Skirball Cultural Center for American Jewish Life (1996), ein Konferenz- und Ausstellungszentrum in Santa Monica (Kalifornien), und das 2005 eröffnete Holocaust-Museum in Yad Vashem, eine nationale Gedenkstätte in Jerusalem, die den Völkermord an den Juden aus der Zeit des Nationalsozialismus dokumentiert.

Arthur Erickson

Der Vancouveraner (1924–2009) gilt als einer der bekanntesten Architekten Kanadas. Sein Baumaterial war Beton, den er in Formen zeigte, die sein Verständnis von Natur widerspiegelten. Der Einklang mit der Umgebung und der Funktion der Bauten stand bei Erickson im Vordergrund. Beim Museum für Anthropologie in Vancouver hat er sich von der Bauweise mit Querbalken der Haida-Indianer inspirieren lassen. Andere bekannte Gebäude von ihm sind die Simon-Fraser-Universität auf den Hügeln von Burnaby oder der Robson Square in Vancouver. In den USA hat er z. B. die kanadische Botschaft in Washington D. C., das Rathaus in Fresno, Kalifornien, und das Museum of Glass in Tacoma, Washington, gebaut.

Musik des Nordwestens

Western Music

»Cowboy-« oder »Westernmusic« ist ein Genre, das sich im Nordwesten der USA immer noch großer Beliebtheit erfreut. Zwar neigen die Jüngeren ebenfalls zunehmend dem alles vereinheitlichenden Mainstream der Musikindustrie und der Radiosender zu, aber besonders in den ländlichen Gemeinden wird die alte Tradition hochgehalten. Als Westernmusik wird eine Musikrichtung bezeichnet, die, romantisch verklärt, die Eroberung des amerikanischen Westens und das Leben der Cowboys zum Inhalt hat. Sie hatte ihren Höhepunkt während der 1930er- und 1940er-Jahre, wichtige Vertreter waren **Roy Rogers, Gene Autry, Tex Ritter, Tex Fletcher** und die **Sons of the Pioneers.** Typisch für die Westernmusik ist neben Gitarre und Fidel auch das Akkordeon, daneben oft mehrstimmiger Gesang.

In der Cowboymusik werden die Weite der Landschaft und der Alltag in der Prärie, insbesondere die Bindung an die Pferde, besungen. Die melodiösen, oft schmachtenden Balladen färbten stilistisch stark auf den Westernswing ab. Eine Spezialität der Cowboymusik ist das »Yodeling«, eine amerikanische Variante des Jodelns. Einige der wichtigsten zeitgenössischen Interpreten sind **Michael Martin Murphey, Riders in the Sky** oder **Sons of the San Joaquin.**

Die Westernmusik hat immer auch auf andere Stilrichtungen abgefärbt: So war etwa die Musik von Interpreten wie Jimmie Rodgers und später auch Marty Robbins teilweise stark von der Cowboymusik inspiriert. Das Image der Countrymusik wurde wesentlich von der Westernmusik geprägt: Selbst Vertreter der New-Country-Generation, die inhaltlich wenig mit dem Thema zu tun haben, treten bis heute im Cowboy-Outfit auf. Oft auch als Jazz Festivals bezeichnet, finden im Lauf des Sommers in vielen ländlichen Orten Konzerte mit Countrymusik, Bluegrass sowie keltischer oder schottischer Musik statt. Die Einwanderer früherer Zeiten haben ihre Musik bewahrt, pflegen sie und haben sie zu einem Teil der Kultur im Nordwesten der USA gemacht.

Modern Native American Music

Neben den vielen Künstlern, die inzwischen aufgrund der international agierenden Musikbranche auch in Europa sehr bekannt sind, wie z. B. **Jimi Hendrix** aus Seattle oder **Kurt Cobain/Nirvana** aus Aberdeen sowie die Bands **Soundgarden** und **Pearl Jam,** ebenfalls aus Seattle, **Nelly Furtado** aus Victoria (Kanada) oder **Michael Bublé** aus Burnaby bei Vancouver (Kanada), haben sich auch einige Künstler indianischer Abstammung auf den Weg gemacht, ihre Musik einem breiteren Publikum vorzustellen.

Mary Youngblood beispielsweise, die mit ihrer Familie in Nordkalifornien lebt, hat mehrfach den begehrten Grammy in der Kategorie »Best Native American Music« gewonnen. Sie hat die indianische Flöte wieder zum Leben erweckt und nutzt die über 250 handgeschnitzten Exemplare ihrer Sammlung für ihre teilweise melancholische und stets vielschichtige Musik.

Inspiriert wurden viele der Künstler, die heute Vertreter der *Native American Music* sind, von **R. Carlos Nakai** aus Arizona. Ihm wird attestiert, eine gelungene Verbindung zwischen traditioneller und moderner Musik geknüpft zu haben. Seit seinem Debüt 1983 hat er 35 Alben veröffentlicht, darunter viele gemeinsam mit anderen Musikern, die seine Bereitschaft, Neues auszuprobieren, schätzen und unterstützen.

Auch die sogenannte Pow-Wow-Musik beginnt immer mehr Menschen zu interessieren. Musik ist für Indianer die erweiterte Form der gesprochenen Sprache. So wird in den vielstündigen Pow Wows nicht nur getanzt. Die Sprechgesänge dienen auch dem Lob und Tadel von Stammesmitgliedern, sie sind Begleitung von Zeremonien und Ritualen, sie enthalten Informationen an die Gemeinschaft oder sollen Kontaktaufnahmen zu den Geistern ermöglichen. Pow-Wow-Musik verbindet die unterschiedlichsten kulturellen Aspekte und führt innerhalb und über die Stämme hinaus zusammen. Die aus Kanada stammende Gruppe **Big River Cree** hat sich mit dieser Musikrichtung einen Namen gemacht.

Für die Fans bleibt Jimi Hendrix aus Seattle unvergessen

Bildende Kunst

Der Wilde Westen und die Indianer: Paul Kane

Land urbar machen, Kommunen und Infrastruktur aufbauen, sich mit Indianern auseinandersetzen, das waren während der frühen Besiedlung des Nordwestens die wichtigsten Herausforderungen für die Menschen. Für Kunst blieb da nicht viel Zeit und so wundert es nicht, dass einer der ersten Künstler, der die Landschaft und die Ureinwohner zum Gegenstand seiner Bilder machte, ein abenteuerlustiger junger Mann aus Toronto war. Der ursprünglich aus Irland stammende **Paul Kane** (1810–71) unternahm 1846–48 eine Reise in den Westen bis nach Fort Vancouver (Washington). Sein Interesse galt in erster Linie dem Leben und dem Alltag der Ureinwohner. Unterstützt von der Hudson Bay Company, konnte er sich längere Zeit auch auf Vancouver Island, in Walla Walla, in Grand Coulee und in Fort Pitt (Saskatchewan/Kanada) aufhalten. Paul Kane zeichnete Büffeljagden, Indianercamps, Frauen beim Fellschaben und Männer mit Kriegsbemalung. Mit mehr als 700 Skizzen kehrte er nach Toronto zurück und fertigte dort teilweise nach diesen Vorlagen, teilweise frei über 100 Ölgemälde an. Es sind naturalistische Werke, ganz im europäischen Stil der Zeit, denn Paul Kane wollte von seiner Malerei leben und richtete sich nach dem Geschmack seiner Kunden. Man findet seine Bilder heute in der National Gallery of Canada (Ottawa), im Royal Ontario Museum und in der Art Gallery of Ontario in Toronto. 2002 erzielte die Versteigerung eines seiner Bilder bei Sotheby's einen Erlös von 5 Mio. CAD.

Ebenfalls einen Ruf als »Indianermaler« hat **Charles Marion Russell** (1864–1926), der den größten Teil seines Lebens in Montana verbrachte (s. S. 408). Seine Darstellungen beschränkten sich aber nicht nur auf die Ureinwohner, er verstand es auch meisterhaft, das karge Leben der Cowboys, die wilden Landschaften des Westens und sogar die Lewis-&-Clark-Expedition auf die Leinwand zu bannen. Die meisten seiner insgesamt ca. 4000 Werke sind im Russell Museum in Great Falls in Montana ausgestellt.

Totempfähle und Bäume: Emily Carr

Es wäre sicher in ihrem Sinne, dass es zu ihrem Wohnhaus und Werk eine Namens-Website gibt. **Emily Carr,** eine der bedeutendsten westkanadischen Malerinnen des vergangenen Jahrhunderts, war eine ihrer Zeit vorausdenkende Frau (www.emilycarr.com). Nicht nur Schulen und die Kunsthochschule in Vancouver sind nach ihr benannt, auch die Vancouver Art Gallery ist stolz auf die größte Sammlung an Zeichnungen und Ölgemälden dieser zunächst impressionistisch malenden, dann expressionistisch arbeitenden Künstlerin. 1871 in Victoria geboren, bildete sie sich in San Francisco sowie in England und Frankreich aus. Ihre Inspirationen erhielt sie durch Reisen in British Columbia und nach Alaska. Sie besuchte viele Indianerstämme, nahm an deren Alltag teil und begann, sich mit den Totempfählen sowie mit der sie umgebenden Natur zu beschäftigen. Ihre Gemälde von Ureinwohnern waren für die damalige Zeit ungewöhnlich, die Kritik lehnte ihre erste Ausstellung 1913 heftig ab.

Emily Carr zog sich daraufhin erst einmal vom Kunstbetrieb zurück und fand ihr Auskommen als Vermieterin, Kunstlehrerin und Töpferin in Victoria. Durch ihre Kontakte mit der »Group of Seven«, den bedeutendsten Landschaftsmalern der 1920er-Jahre, fand sie wieder Zugang zur Malerei. In ihren Bildern aus den 1930er-Jahren wendete sich zunehmend der Natur, insbesondere den Bäumen zu. Ihre Ölgemälde vom Regenwald oder einzelnen Stämmen sind einzigartig. In ihren letzten Lebensjahren verfasste sie mehrere Bücher über ihre Reiseerlebnisse bei den First Nations. Sie starb 1945. 65 Jahre später wurde eine Bronzestatue von ihr mit Hund und zahmen Affen nahe am Empress Hotel in Victoria enthüllt, eine Homage an die naturverbundene Künstlerin.

Indianische Traditionen und Kunst: Bill Reid

Bis vor einigen Jahren war auf der Rückseite des kanadischen 20-$-Scheins sein wichtigstes Werk abgebildet: die Skulptur »The Raven and The First Man«. Damit ehrte der Staat einen Künstler, der wesentlich dazu beigetragen hat, indianische Kunst und Kultur bekannt zu machen, verloren geglaubte Traditionen wieder ans Tageslicht zu holen und sie weiterzuentwickeln. **Bill Reid** wurde 1920 in Victoria als Sohn einer Haida-Indianerin und eines Weißen geboren, und er war einer der ersten, der sich 1985, als der *Indian Act* die Zugehörigkeit zu den *First Nations* genauer regelte, als Indianer eintragen ließ. Er begann seine künstlerische Laufbahn zunächst als Juwelier, traute sich aber schon bald an kleine Skulpturen aus Holz und Bronze. Seine Motive waren Tiere, Menschen und mythologische Figuren, wie z. B. der Rabe, der nach der Tradition der Haida einer der Schöpfer der Welt und der Menschheit ist. 1958 wurde am Museum of Anthropology in Vancouver damit begonnen, eine Ausstellung von Häusern und Totempfählen aufzubauen, und Bill Reid bekam hier den Auftrag, als Holzbildhauer mitzuwirken. Die Ausstellung »Arts of the Raven« 1967 trug wesentlich dazu bei, indianische Kunstwerke als Kunst anzusehen und nicht mehr nur als ethnologische Zeugnisse, und Reid nutzte die Gelegenheit als Berater für die Schau, einige seiner Werke zu präsentieren. Für das Museum of Anthropology schnitzte Reid eine riesige Version von »The Raven and The First Man«, die nun exponiert den ihm gewidmeten Ausstellungsraum dominiert. Im Auftrag des Staats schuf er für die kanadische Botschaft in Washington D. C. 1991 die Skulptur »Spirit of Haida Gwaii – the Black Canoe«, die als »Jade Canoe« auch die internationale Abflughalle des Flughafens von Vancouver ziert. Diese Skulptur zum Miteinander von Menschen und Tieren findet sich auch in der Halle der Ureinwohner des Museums für kanadische Geschichte in Ottawa/Gatineau. Reid starb 1998 in Vancouver.

Ein Virtuose moderner Glaskunst: Dale Chihuly

Vielleicht verbindet man Kunstgegenstände aus Glas nicht auf Anhieb mit Kunst, sondern eher mit Kunsthandwerk, aber die farbigen Objekte des in Tacoma lebenden **Dale Chihuly** sind in den Sammlungen von 225 Museen weltweit sowie zahlreichen Galerien in den USA und einigen Ländern Europas zu finden. Zuweilen arbeitete er bewusst als Kunsthandwerker und fertigte auch Auftragsarbeiten an, z. B. Kronleuchter, Installationen für Hotels oder Fenster für eine Universität. Seine Heimatstadt Tacoma hat ein Glasmuseum gebaut, das Museum of Glass, wo sich u. a. seine berühmte Glasbrücke befindet. Seine Werke sind in mehr als 200 Museen und Galerien weltweit zu finden. Der 1941 geborene Chihuly wird oft als Glas-Bildhauer bezeichnet, der englische Begriff »sculptor« trifft es eher. Er hat eine Ausbildung als Glasbläser, aber auch Innenarchitektur und Architektur studiert. Die Natur und der Garten seiner Mutter seien sein Vorbild, behauptet er oft; doch hat er in seiner Formensprache ein so hohes Abstraktionsniveau gefunden, dass eigentlich nur noch die Farben an Pflanzen erinnern. Neben der Space Needle in Seattle (s. S. 124) sind seine riesigen Glasblumen eine neue Attraktion des Seattle Center. (s. S. 124) 1976 verlor er bei einem Autounfall ein Auge und lässt seine Objekte seitdem von Assistenten ausführen.

Moderne indianische Kunst und Kunsthandwerk

Beispielhaft für das wachsende Selbstbewusstsein und das erstarkende Interesse an indianischer Kunst arbeitet die Lodgepole Gallery in Browning/Montana. Sie vertritt ca. 15 Künstler der Blackfoot-Indianer, die insgesamt ein breites Spektrum traditioneller und moderner Malerei abdecken. Das Besondere hier ist nicht zuletzt die Nutzung des Internets zum Verkauf der Werke; die Seite gibt es auch auf Deutsch: www.blackfeetculturecamp.com.

Wissenswertes für die Reise

Anreise und Verkehr
Übernachten
Essen und Trinken
Outdoor
Feste und Veranstaltungen
Reiseinfos von A bis Z

Eine der Attraktionen von San Francisco: die historischen Cable Cars

Alles Glück dieser Erde liegt auf dem Rücken der Pferde …

Zwischenstopp mit Bergblick auf der Radtour durch die Sawtooth Wilderness bei Stanley

Anreise und Verkehr

Einreisebestimmungen

Für einen Aufenthalt bis zu drei Monaten benötigen Deutsche, Schweizer und Österreicher einen eigenen maschinenlesbaren, noch für die Dauer des Aufenthalts gültigen Reisepass (e-Pass mit Chip). Falls ein mitreisendes Kind einen ab dem 26. Oktober 2006 ausgestellten oder verlängerten Kinderreisepass oder gar noch einen Kinderausweis besitzt, sollte rechtzeitig vor der Reise ein regulärer Reisepass (ebenfalls e-Pass mit Chip) für das Kind beantragt werden, anderenfalls ist ein Visum erforderlich.

Von jedem Reisenden, d. h. auch von den nicht visapflichtigen Besuchern, werden am Einreiseflughafen/Seehafen die Fingerabdrücke digital eingescannt und ein digitales Porträtfoto erstellt. Seit 2003 sind die europäischen Fluggesellschaften gesetzlich verpflichtet, den Zollbehörden der USA Flug- und Reservierungsangaben von Passagieren zur Verfügung zu stellen. Zusätzlich zu den Reservierungsdaten wird seit 2005 eine Adresse (Straßenname, Hausnummer, Stadt, Bundesstaat, Postleitzahl) verlangt, an der sich der Passagier während seiner Reise in den USA aufhalten wird. Reisenden, die keine Adressenangaben machen, kann die Einreise verweigert werden. Am besten nimmt man die Adresse des ersten Hotels. Seit 2009 müssen Reisende bis spätestens 72 Std. vor Flugantritt eine Genehmigung im Internet beantragen: https://esta.cbp.dhs.gov. Man muss dabei die gleichen Fragen beantworten wie bisher auf dem grünen Formular im Flugzeug. Die Genehmigung gilt für zwei Jahre und berechtigt zum Aufenthalt ohne Visum für maximal 90 Tage. Auch bei einem Transitflug z. B. nach Kanada braucht man diese Genehmigung, sie kostet 14 $. Eine ESTA-Genehmigung ist auch bei einer Einreise auf dem Landweg erforderlich. Für Kanada ist ebenfalls eine elektronische Genehmigung erforderlich: eTA (7 CAD).

Zollbestimmungen

Handgepäck

Die TSA (Transportation Security Administration) ist die U.S.-Behörde, die u. a. zuständig für die Gepäck- und Personen-Sicherheitskontrollen an amerikanischen Flughäfen ist. Am besten informiert man sich unmittelbar vor der Abreise auf deren Website, um den neuesten Bestimmungen nachkommen zu können (www.tsa.gov). Flüssigkeiten und/oder Gels sollten nicht ins Handgepäck, sondern ins aufzugebende Gepäck.

Für den Reisebedarf benötigte Flüssigkeiten müssen in einem Klarsichtplastikbeutel mit Reißverschluss und einem Fassungsvermögen von knapp 1 l verstaut werden. Dieser Klarsichtbeutel wiederum darf nur Flüssigkeits- oder Gelbehälter mit einem Fassungsvermögen von jeweils höchstens 100 ml enthalten. Jeder Reisende darf nur einen solchen Beutel mit sich führen. Ausgenommen sind: Säuglingsnahrung, Muttermilch und Babynahrung, wenn Sie mit einem Kleinkind reisen, Medikamente, Flüssigkeiten (einschließlich Wasser, Säfte oder Flüssignahrung) oder Gelees für Diabetiker sowie für andere medizinische Bedürfnisse. Mitgeführte, unter der Ausnahmeregelung zugelassene Gegenstände müssen einem Sicherheitsbeamten gegenüber deklariert und zur Überprüfung vorgelegt werden.

Da sich die Gepäckbestimmungen in den USA häufig ändern, empfiehlt es sich, vor einer Reise noch einmal den aktuellen Stand zu recherchieren. Außerdem haben einzelne Airlines zuweilen abweichende Bestimmungen für das Handgepäck. Am besten informiert man sich daher vor der Abreise auch noch einmal direkt bei der jeweiligen Fluggesellschaft.

Wareneinfuhr

Bestimmungen des amerikanischen Landwirtschaftsministeriums verbieten die Einfuhr von frischem, getrocknetem oder in Dosen eingemachtem Fleisch sowie von Fleischprodukten durch Touristen aus praktisch allen Ländern. Wenn Fleisch zur Zubereitung eines Produkts verwendet wird, ist dieses verboten. Bäckereiprodukte und haltbar gemachter Käse sind dagegen erlaubt. Eingeführte Lebensmittel unterliegen ferner den Bestimmungen der amerikanischen Lebensmittelbehörde und können nach eingehender Prüfung beschlagnahmt werden, wenn sie nach Ansicht der Lebensmittelbehörde ein Gesundheitsrisiko darstellen.

Erwachsene, die mindestens 21 Jahre alt sind, dürfen zoll- und steuerfrei nicht mehr als 1 l Alkohol – Bier, Wein, Schnaps – für den persönlichen Gebrauch einführen. Es gibt keine Obergrenze für die Gesamtmenge an Geld oder Zahlungsmitteln, die in die Vereinigten Staaten ein- oder ausgeführt werden dürfen. Wenn Sie jedoch Zahlungsmittel im Wert von über 10 000 $ in die Vereinigten Staaten ein- oder ausführen oder dies veranlassen oder wenn Sie einen höheren Betrag für jemand anderen in Empfang nehmen und dann bei sich führen, müssen Sie das Zollformular 4790 bei der amerikanischen Zollbehörde ausfüllen. Infos unter www.zoll.de.

Mit Haustieren reisen

Hunde müssen mindestens 30 Tage vor der Einreise gegen Tollwut geimpft worden sein. Zusätzlich muss eine gültige Bescheinigung in Englisch über die Impfung vorgelegt werden, in der neben einer genauen Beschreibung des Tiers auch die Dauer des Impfschutzes angegeben wird. Ausgenommen sind Welpen, die unter drei Monaten alt sind, und Tiere, die aus tollwutfreien Gebieten stammen oder sich dort länger als sechs Monate aufgehalten haben.

Alle **Katzen** benötigen einen Nachweis, dass sie keine auf den Menschen übertragbare Krankheit haben, wenn sie am Ort der Einreise untersucht werden. Wenn das Tier nicht in offensichtlich gutem Gesundheitszustand ist, können weitere Untersuchungen von einem zugelassenen Tierarzt auf Kosten des Besitzers erforderlich werden.

Anreise

... mit dem Flugzeug

Nur Direktflüge: Lufthansa bedient Seattle, Vancouver (Kanada) und San Francisco (USA), Condor Portland und Seattle von Frankfurt/Main aus. Von Wien kommt man mit British Airways, Air Canada und Austrian Airlines direkt nach Vancouver und mit KLM nach Seattle. Von Zürich fliegen die SAS nach Seattle, die KLM nach San Francisco und Vancouver. Condor fliegt mehrmals wöchentlich im Sommer von Frankfurt/Main nach Vancouver, Seattle und San Francisco.

Flughafentransfer: Ein Taxi vom Flughafen kostet in den meisten Städten ein Vermögen, preiswerter sind die Stadtbahnen oder Busse. Vancouver, SkyTrain: einfache Fahrt zur Stadtmitte 5 CAD; Seattle, Sound Transit Light Rail: einfache Fahrt zum Pioneer Square downtown 3 $. Die halbstündige Fahrt mit der BART-Bahn vom Flughafen San Francisco in die Innenstadt kostet 8,65 $. MAX Light Rail Service verbindet den Flughafen von Portland mit der Innenstadt, in 38 Minuten ist man dort und zahlt nur 2,50 $ fürs Ticket, anstatt mindestens 35 $ plus Trinkgeld für ein Taxi.

Verkehrsmittel im Land

Flugzeug

Selbst kleinste Orte in den USA haben einen Flugplatz, der von JetBlue, Delta oder einem der vielen Billigflieger bedient wird. Über das Webportal www.cheapflights.com lassen sich leicht günstige Flüge innerhalb des Kontinents finden.

Bahn

Um die großartigen Landschaften des Nordwestens mal ganz anders genießen zu können, lohnt es sich auch, eine Bahnfahrt ins Auge zu fassen. Die Bahngesellschaft Amtrak bietet online Ticketkauf und Reservierungen an sowie Rabatte und Sondertarife. Ein USA-Ticket für 30 Tage beispielsweise kostet 2022 499 $, darin sind zehn Strecken ohne Umstei-

Bremsen empfohlen – nicht nur aus Gründen des Tierwohls!

gen enthalten. Für Kalifornien gibt es einen eigenen Rail Pass zum Preis von 159 $, www.amtrak.com.

Die Strecken bzw. Züge haben hier Namen, sie dienen zur Orientierung bei der Buchung:
Amtrak Cascades: Vancouver, BC – Seattle – Tacoma – Portland – Salem – Eugene.
Coast Starlight: Seattle – Portland – Salem – Eugene – Klamath Falls – Redding – Sacramento – Los Angeles.
Empire Builder: Seattle oder Portland – Spokane – Sandpoint – Whitefish – West Glacier – Browning – Chicago.

Bus

Mit den Überlandbussen der **Greyhound Lines** lassen sich weite Strecken zurücklegen, sowohl in den USA als auch in Kanada. Es gibt 2300 Stationen in ganz Nordamerika, möglich sind auch Kombinationen zwischen einem Bahnticket von Amtrak und einer Fahrkarte für den Bus. Tickets sind auch online zu buchen. Für ausländische Reisende besteht die Möglichkeit, günstigere Tarife zu bekommen, Auskunft über Tel. 214-849-8100. Greyhound Lines, Inc., P. O. Box 660362, Dallas, TX 75266-0362, www.greyhound.com. In Kanada bieten mehr lokale Unternehmen Busverbindungen an. Lokale und regionale Bustouren werden in vielen Orten von einer Vielzahl von Gesellschaften angeboten, nach denen man sich im jeweiligen Visitor Center erkundigen kann. In den Großstädten wie Vancouver, Seattle, Portland und San Francisco gibt es öffentlichen Nahverkehr: Tagespässe oder Touristentickets sind günstiger als Einzeltickets und die Busnutzung erspart das oft mühselige Parkplatzsuchen. Zudem ist das Parken nicht billig.

VERKEHRS-INFORMATIONEN

Die einheitliche Rufnummer für Verkehrsinformationen in den USA lautet **511**.

Mietwagen

Bei Mietwagen für die USA und für Kanada herrscht großer Konkurrenzkampf und so sollte man mehrere Anbieter vergleichen, da es immer wieder Sonderangebote gibt. Man kann bei den Autovermietern ebenfalls selbst nach dem Preis schauen, aber oft sind die Online-Reisebüros billiger. Eine weitere Sparmöglichkeit kann sein, nach Buchungspaketen Ausschau zu halten, bei denen man Flug und Mietwagen kombinieren kann.

Junge Erwachsene können erst ab 21 Jahre Autos und Wohnmobile mieten, bei Anmietung von Deutschland aus lassen einige Anbieter auch Verträge mit 18-Jährigen zu. Unter 25-Jährige müssen mitunter einen Aufschlag auf den Mietpreis zahlen. Zur Übernahme des Fahrzeugs reichen der internationale Führerschein und eine gängige Kreditkarte. Letztere ist auch bei Vorauszahlung des Wagens notwendig, da mit ihr die Kaution bezahlt wird, z. B. falls der Wagen unsachgemäß behandelt wurde oder ohne Benzin wieder abgegeben wird. Ohne Karte wird eine hohe Bargeldkaution verlangt.

Bei der Größe des Fahrzeugs sollte man bedenken, dass amerikanische Fahrzeuge recht kleine Kofferräume besitzen. Zudem sind Mietwagen in der Regel Automatikfahrzeuge, ein

Schaltwagen kostet einen Aufpreis. Übrigens: Es lohnt sich nicht, die geringen Zusatzkosten für einen zweiten Fahrer zu sparen. Käme es zu einem Unfall und der Mieter des Wagens sitzt nicht am Steuer, entfällt die Vollkaskoversicherung und die Reparaturkosten werden direkt vom Kreditkartenkonto abgebucht.

Die gängigen Mietwagenfirmen sind Alamo (www.alamo.com), Avis (www.avis.com), Budget (www.budget.com), Dollar (www.dollar.com), Hertz (www.hertz.com) und National (www.national.com), sie sind auf allen Flughäfen und in größeren Städten vertreten. Bei Billiger Mietwagen (www.billiger-mietwagen.de) ist ein Kleinwagen inkl. Vollkasko- und Diebstahlversicherung ohne Selbstbeteiligung und Kilometerbegrenzung sowie mit allen Steuern und Gebühren für wöchentlich ca. 220 $ ab Seattle zu bekommen. Wer in Deutschland Mitglied bei dem Carsharing-Unternehmen Zipcar ist (www.zipcar.de), kann auch in den USA und Kanada Autos buchen.

Tipps zur Vermeidung von Ärger mit dem Verleiher: Bevor das Fahrzeug beladen wird, sollte man von allen Seiten Fotos machen. Kratzer im Lack oder Dellen werden so dokumentiert und man lässt alle Schäden am besten in den Vertrag eintragen. Bei Abgabe des Fahrzeugs hat man notfalls eine Dokumentation, um mögliche Ansprüche des Vermieters abzuwenden.

Abgeraten wird vom Abschluss eines zusätzlichen Vertrags für gebührenpflichtige Autobahnen. Manche neuen Interstates fordern Benutzungsgebühren *(tolls),* die an entsprechenden Stationen bezahlt werden können. Nur wenn man als Reisender ganz sicher eingeplant hat, solche Straßen zu nutzen, lohnt sich der *toll tag.*

VERSICHERUNGEN

Loss Damage Weaver (LDW) oder Collision Damage Weaver (CDW): Vollkaskoversicherung mit Haftungsbefreiung für Schäden am Mietwagen, auch bei Diebstahl. Abschluss dringend empfohlen.

Additional Liability Insurance (ALI): Pauschale Erhöhung der Haftpflichtsumme.

Liability Insurance Supplement (LIS): Analog zu ALI, zusätzliche Deckung für Personenschäden bei unterversicherten Unfallgegnern.

Uninsured Motorist Protection (UMP): Zusatzversicherung bei unterversicherten Unfallgegnern im Fall von Verletzungen oder Tod.

Personal Accident Insurance (PAI): Insassenversicherung bei Verletzung oder Tod.

Personal Effects Protection (PEP) oder Personal Effects Coverage (PEC): Gepäckversicherung. Mitunter geht dies aber nur mit Selbstbeteiligung.

Camper/Wohnmobile

Die Vorausbuchung lohnt sich auch für Wohnmobile/Camper *(RV = Recreational Vehicle),* insbesondere in den Sommermonaten. Das North America Travelhouse (www.crd.de) bietet beispielsweise ein sehr geräumiges Familienfahrzeug mit Slide-Out für eine Woche ab ca. 2500 $ an, inklusive mehr als 1200 Freikilometern. Als Mindestalter des Mieters wird in der Regel 21 Jahre verlangt.

Reisende, die mit dem Camper auch in Städten unterwegs sein wollen, sollten erwägen, einen Fifth Wheel Trailer oder einen Travel Trailer zu mieten. Der Wohnteil ist getrennt vom Fahrzeug, in der Regel ein Pickup-Truck, sodass man den Wagen für separate Fahrten nutzen kann (www.roadtripamerica.com/rv/Comparing-Types-of-RVs.htm). Es spart im Übrigen auch Benzin, wenn nicht immer das gesamte Wohnmobil mitgezogen wird.

Motorrad

Auf den langen, einsamen Strecken durch das Columbia-Plateau oder Idahos Süden ebenso wie auf dem Küstenhighway 101 entlang des Pazifik kann das Motorradfahren viel Spaß machen. Erfahrene Anbieter von Touren und

STRAFZETTEL

Nach Erhalt eines Strafzettels *(ticket)* für falsches Parken, überhöhte Geschwindigkeit usw. sollte man am besten sofort bezahlen. In Einzelfällen kann es sonst bei künftigen Einreisen oder Aufenthalten Unannehmlichkeiten geben. Für Auskünfte sind die US-Behörden zuständig. Bei Einwänden wendet man sich direkt an die Stelle, die das Ticket ausgestellt hat. Dies gilt auch dann, wenn man die USA verlassen hat, ohne zu zahlen. Die deutschen Auslandsvertretungen in den USA haben keine Möglichkeit, in diesen Fällen behilflich zu sein. Amerikanische Polizisten erwarten, dass Autofahrer, die sie zum Anhalten auffordern, im Fahrzeug sitzen bleiben, das Fenster öffnen und beide Hände sichtbar auf das Lenkrad legen. Aussteigen oder Ähnliches empfinden sie als Bedrohung und reagieren ggf. mit Selbstverteidigungsmaßnahmen.

Verleiher von Maschinen sind CANUSA (www.canusa.de/usa-reisen/motorrad-usa) und US Bike Travel (www.us-bike-travel.de) mit ausgearbeiteten Touren, z. B. zur Pazifikküste. Nicht alle Firmen unterhalten Zweigstellen im gesamten Nordwesten, viele beschränken sich auf Kalifornien. Aber GS-Sportreisen GmbH, Arnulfstr. 300, 80639 München, Tel. 089 27 81 84 84, www.gs-sportreisen.de, vermietet Harleys ab Seattle und Portland.

Tanken

Die nordamerikanischen Tankstellen verkaufen bleifreies Benzin *(unleaded gasoline, gas)* und Diesel *(diesel)*. Die meisten Zapfsäulen funktionieren zwar mit den gängigen Kreditkarten, allerdings wird man nach dem ZIP-Code (Postleitzahl) gefragt; eine deutsche Kreditkarte und eine amerikanische PLZ passen nicht zusammen, ebensowenig wird eine deutsche PLZ anerkannt. Am besten also an der Kasse vorweg bezahlen. Anders als in Kanada und Europa wird in den USA das Benzin in Gallonen gemessen, 1 gal entspricht 3,785 l. Mit leerem Tank auf einer einsamen Strecke liegenzubleiben ist keine angenehme Erfahrung, deshalb sollte jede Gelegenheit zum Auffüllen von Treibstoff genutzt werden, besonders bevor man zu Touren durch dünn besiedelte Gegenden aufbricht. Ein bedeutender Unterschied ist zudem, dass sich Tankstellen nicht an den Highways oder Interstate-Routen befinden, sondern an den Ortsrändern. Hinweisschilder weisen aber rechtzeitig vor einer Ausfahrt auf die *Services* wie z. B. Tankstellen, Restaurants oder Hotels hin.

Verkehrsregeln und Pannen

Autofahren in Nordamerika ist wesentlich entspannter als in Deutschland, die **Geschwindigkeitsbeschränkungen** sind rigoroser und werden oft kontrolliert. Maximal darf 120 km/h (75 mph) gefahren werden, das aber nur auf den vierspurigen Interstates.

Manche Verkehrsregeln unterscheiden sich von den deutschen. So darf an roten **Ampeln** grundsätzlich rechts abgebogen werden, falls es nicht ausdrücklich durch ein anderes Zeichen verboten ist. An ampelfreien Kreuzungen fährt zuerst, wer als Erster zum Halten kam. Die gelben Schulbusse dürfen weder überholt noch aus der Gegenrichtung passiert werden, wenn sie blinkend am Straßenrand stehen. Auf manchen Interstates oder Highways, besonders in Großstadtnähe, sind **Fahrstreifen für Car-Pools** ausgewiesen, d. h., nur solche Autos dürfen sie benutzen, die mindestens zwei oder mehr Fahrgäste befördern. Und das strikte **Alkoholverbot** in USA und Kanada sollte beim Autofahren unbedingt beachtet werden, die Polizei ahndet Verstöße rigoros.

Bei **Autopannen** zeigt die hochgeklappte Kühlerhaube an, dass Hilfe benötigt wird. Notrufsäulen sind in den USA eher selten, dafür sind auf den Straßen mehr Polizisten unterwegs. Mit dem Handy sollte unbedingt zuerst der Autoverleiher benachrichtigt werden, oft haben diese eigene Pannendienste. Zur Absicherung kann es auch hilfreich sein, den **ADAC-Auslandsnotruf** +49 89 22 22 22 anzurufen.

Übernachten

Preiskategorien

Preise für ein Doppelzimmer:

€	bis 90 Euro
€€	90 bis 150 Euro
€€€	über 150 Euro

Hotels und Motels

An Unterkünften verschiedenster Komfortklassen mangelt es in den USA und in Kanada nicht, selbst im einfachsten Haus gehören TV, Bad/Dusche, Telefon und meist ein Queen-Size-Bett zum Standard. Die **Preise** sind immer Netto-Zimmerpreise, je nach Staat und Stadt kommen unterschiedliche Steuern hinzu. **Frühstück** ist meist nicht inbegriffen, doch ist dieser Service im Kommen *(complementary breakfast)*. Es besteht aber meist aus Gebäck, abgepacktem Müsli, evtl. etwas Obst. Viele Hotels, besonders die Ketten der Mittelklasse wie Best Western, Red Lion, Holiday Inn Express, La Quinta, Ramada oder Travellodge, bieten Kaffeemaschinen, Minikühlschränke, Mikrowelle, Bügeleisen/-brett und meist auch gratis WLAN an, zudem Waschmaschinen und Trockner.

Der amerikanische Automobilclub AAA *(American Automobile Association Inc.)* vergibt **Hotelbewertungen** in Form von Diamanten (www.aaa.com). Im Westen Kanadas heißt der Automobilclub BCAA (*British Columbia Automobile Association,* www.bcaa.com).

Besonders preisgünstig sind große **Motelketten** wie Motel 6, Super 8, Econo Lodge, Days Inn, Comfort Inn oder Quality Inn, die in der Regel kleinere Standardzimmer ohne viel Komfort anbieten. Diese Hotels befinden sich meist an den Ein- bzw. Ausfallstraßen der Städte, während es die teureren Ketten wie Holiday Inn, Best Western, Red Lion und La Quinta auch in den Innenstädten gibt.

Ob es günstiger ist, von Europa aus zu buchen oder erst im Land, hängt von der Spontanität des Reisenden, aber auch von den künftigen Preisentwicklungen ab. Der **Online-Vergleich** lohnt sich sicher, insbesondere zwischen großen Reisewebsites (wie z. B. TripAdvisor), Hotelketten wie Holiday Inn und den Angeboten der Hotels direkt. Individuellere Häuser, die nicht in begehrten touristischen Zentren liegen, geben auf telefonische Nachfrage meist Rabatte. Außerhalb der zentralen Ferienzeit Nordamerikas (Mitte Juni–Anfang Sept.) ist eigentlich überall Spielraum für **Preisnachlässe,** nur in den Großstädten muss man mit Messen, Kongressen etc. rechnen. Oft sind dann aber die Wochenenden billiger als die Werktage. Mitglieder des ADAC (ACS, Schweiz; ÖAMTC, Österreich) sollten ihren Ausweis dabeihaben, viele Hotels geben auf die Mitgliedschaft Rabatt. Auch über 55-Jährige haben als Senior gute Chancen auf Preisnachlässe; Kinderbetten werden oft unentgeltlich im Zimmer aufgestellt.

Bed & Breakfast

Im Nordwesten der USA und im Westen Kanadas bieten viele Privatleute in ihrem Haus Zimmer und Frühstück für Reisende an. In Washington, Oregon oder Nordkalifornien sind es oft die viktorianischen Villen, die, liebevoll ausgestattet mit alten Möbeln, eine reizvolle Alternative zum Hotel bieten. Ein Gespräch über die eigene Reise, die Erfahrungen anderer Touristen, Besichtigungstipps etc. kommt leicht zustande und am Frühstückstisch lernt man auch die anderen Hausgäste kennen. B & B-Angebote umfassen alle Preiskategorien. In den schönen Lagen der Innenstädte und in den restaurierten Gründerzeitvillen sind sie meist teurer als Hotels. Meiden sollte man Häuser mit rigiden Vorschriften (z. B. Schließung der Haustür um 22 Uhr), sie deuten oft auf pedantische Gastgeber hin. Reise-Websites haben inzwischen auch B & B-Adressen im Angebot.

Vom rustikalen Zimmer auf der Ranch bis zum Zeltplatz mit Fernblick – für jeden Geschmack und Geldbeutel gibt es im Nordwesten der USA die passende Übernachtungsmöglichkeit

Apartments und Ferienhäuser

Im Nordwesten der USA gibt es ein riesiges Angebot an Ferienhäusern. In den ländlichen Regionen werden vor allem im Sommer Cottages und Cabins (Holzhäuser und -hütten) vermietet. In den Städten bieten Apart-Hotels ganzjährig kleine Wohnungen an, ebenso existiert ein Anbietermarkt von oft privaten Wohnungsbesitzern (www.vrbo.com – *vacation rentals by owner*). Hält man sich eine Woche oder länger an einem Ort auf, ist ein Apartment oder ein Cabin sicher eine preiswerte Alternative zu einem Hotel. Zuverlässige Vermittler sind z. B. https://airbnb.com, www.vacationrentals.com, empfehlenswert für Montana ist die Website www.mountain-home.com. Viele Campgrounds haben einfache Cabins auf ihrem Gelände, z. B. im Yellowstone National Park bestehen die »Villages« gut zur Hälfte aus solchen Siedlungen, www.nps.gov/yell.

BETTENGRÖSSEN

King Size: 190 x 200 cm
Queen Size: 150 x 200 cm
Full oder Double Bed: 137 x 190 cm
Twin oder Single Bed: 99 x 190 (sind eher selten zu finden)

Ranches

Urlaub auf einer Ranch, hautnah den Wilden Westen erleben, das ist Aktivurlaub in Reinkultur. Ranchurlaub in seiner authentischsten Form, auf sogenannten *Working Cattle Ranches,* ist gewöhnlich gleichbedeutend mit körperlicher Arbeit und vielen Stunden im Sattel. Die Rinder müssen geholt oder von abgegrasten Weiden zu frischen Futterquellen getrieben werden. Je nachdem, wie groß die Herde ist, kann man dazu auch einmal ein paar Tage unterwegs sein, denn die Herde, oft 1000 und mehr Tiere, verteilt sich über große Gebiete. Zäune bauen oder ausbessern, Wege instandhalten, das Füttern der Tiere oder das Verteilen von Salzlecksteinen sind weitere Arbeiten, die im Alltag eines Urlaubscowboys anfallen. Trotz aller Mithilfe und körperlichem Einsatz, den man den Ranchern zur Verfügung stellt, ist ein solcher Urlaub kein billiges Vergnügen. Der Wochenpreis liegt zwischen 1000 und 3000 $. Natürlich ist nichts ein Muss, wer nur Erholung sucht, ist ebenso willkommen. Auf manchen Ranches werden Aktivitäten wie Rodeos, Lassowerfen, Lagerfeuer, Barbecues, Angeln, Wandern, Reitkurse u. v. m. angeboten (s. S. 394).

Dude & Guest Ranch

Diese Ranches haben sich völlig auf die Unterbringung von Gästen in Cowboyatmosphäre eingestellt – die Viehzucht spielt keine Rolle mehr für den Betrieb. Dafür stehen Pferde im Mittelpunkt und mit ihnen Ausritte zu attraktiven Zielen. Oft gehören auch Angeln und Fischen zum Angebot. Der Gast erlebt das Flair des Cowboylebens, ohne vom Arbeiten Schwielen an den Händen zu bekommen.

Working Cattle Ranch

Working Cattle Ranches haben noch vollen Vieh- oder Pferdezuchtbetrieb. Ein Gast darf hier nicht mit dem Komfort rechnen, der auf *Dude* oder *Resort Ranches* geboten wird. Auch wird die Zahl der aufzunehmenden Gäste stärker limitiert, denn zu viele Besucher würden den Betrieb stören. Man kann an Viehtrieben *(cattle drives)* und Arbeitsausritten teilnehmen. Zu bedenken bleibt dabei, dass diese Art Ausritt nicht erstrangig zum Vergnügen des Gastes gemacht wird, sondern um Arbeit zu verrichten. Wer *cattle drives* mitmachen möchte, sollte reiterfahren sein.

Resort/Lodge Ranch

Der Begriff Resort zeigt schon die Verwandtschaft mit einem Hotel an. Es handelt sich dabei um die Umwandlung einer Ranch in eine komfortable Hotelanlage mit Westernumgebung; Pferde sind fester Bestandteil. Alles ist auf familienfreundliche Unterbringung und Unterhal-

RESERVIERUNGEN

Bei einer telefonischen oder Online-Reservierung wird ein Zimmer nur bis 18 Uhr freigehalten, man muss von sich aus auf eine spätere Ankunft hinweisen *(late arrival)*. Bereits am Telefon muss man seine Kreditkartennummer angeben, dann ist die Reservierung verbindlich.

tung der Gäste ausgelegt, man muss nicht auf Sauna, Pool, Tennis oder Golf verzichten.

Hausboote

Ferien auf dem Wasser sind ein vergleichsweise teures Vergnügen, denn die Hausboote bieten meist Platz für mindestens sechs Personen, und so muss man für eine dreitägige Anmietung beispielsweise auf dem Shasta Lake in Nordkalifornien im Frühsommer mit gut 1000 $ rechnen. Noch etwas mehr muss man bei Island Houseboats auf Vancouver Island hinlegen: Sieben Tage auf dem Cowichan Lake sind nicht unter 1500 $ (CAD) zu bekommen. Aber es kann sich lohnen, einmal ein paar Tage die Ruhe eines Sees zu genießen und nur einige Wasservögel um sich herum zu haben. Im Hochsommer sollte ein Boot allerdings unbedingt im Voraus gebucht werden. Die Nachfrage ist besonders in Nordkalifornien groß, und es hat wenig Aussicht auf Erfolg, einfach in eine Marina zu fahren.

Jugendherbergen

Recht preiswert übernachtet man als Mitglied des Jugendherbergsverbands in amerikanischen und kanadischen Jugendherbergen. In der Regel werden Betten in Schlafsälen angeboten, manchmal auch etwas teurere Privatzimmer. Listen der Jugendherbergen finden sich unter www.hihostels.ca für Kanada (Hostelling Association International Canada, Tel. 1-800-663-5777) und unter www.hiusa.org für die USA (Tel. 301-495-1240). Nur Mitglieder können in den Hostels übernachten, Touristen können eine zeitlich begrenzte Mitgliedschaft erwerben. Der internationale Jugendherbergsausweis ist auch in den USA und Kanada gültig. Übrigens: Schlafsäcke werden nicht mehr gern gesehen in Hostels, da zu unhygienisch.

Camping

Der größte Anbieter von Campgrounds/RV Parks in Nordamerika ist KOA. Ungefähr 500 Plätze werden von dieser Gesellschaft mit Sitz in Billings (Montana) betrieben. Online-Buchungen sind möglich und im Sommer auch ratsam, www.koa.com, Tel. 1-406-248-7444. Die meisten dieser Plätze haben saubere Sanitäreinrichtungen, warme Duschen, Wäscheautomaten und Geschäfte, wo man für den Grundbedarf einkaufen kann. In den Nationalparks im Nordwesten unterstehen die Campgrounds zum Teil der Parkverwaltung, im Yellowstone N. P. sind einige in der Hand privater Anbieter.

Jährlich werden mehrere aktuelle Verzeichnisse der Camping- und Zeltplätze veröffentlicht. Sowohl die Luxusplätze als auch die einfachen Plätze werden detailliert mit Angaben der zur Verfügung stehenden Ausstattung angeführt. Diese Verzeichnisse sind in jeder guten Bücherei oder in jedem Ausrüstungsgeschäft für Outdoor-Aktivitäten zu erhalten. Der amerikanische Automobilclub (AAA) verkauft ebenfalls eine Liste von Campingplätzen/RV-Parks.

Broschüren zu RV-Plätzen sind erhältlich für Idaho (www.rvidaho.org) Washington (www.washingtonrvparks.com) und Montana (www.montanarvparks.com). Für die anderen Bundesstaaten lohnt sich auch www.rvparkhunter.com. Nicht für alle Plätze sind Vorausbuchungen möglich, besonders diejenigen in den National oder Regional Parks behandeln die Reisenden nach der Devise: Wer zuerst kommt, wird zuerst bedient *(first come, first served)*. Erst nachmittags an einem solchen Platz anzukommen kann besonders im Sommer bedeuten, keinen freien Fleck mehr vorzufinden.

Essen und Trinken

Appetit auf gedünsteten Lachs mit Wasabi-Zabaione oder eine Bouillon aus Pfifferlingen mit pochiertem Wachtelei? Kein Problem, der Nordwesten hat heutzutage eine imposante Bandbreite an Küchenkulturen auf hohem Niveau zu bieten. Die Zeiten von Hamburgern, Pizzen und Steaks sind zwar nicht vorbei, aber die Pacific Northwest Cuisine kann sich durchaus an den kulinarischen Hochleistungen Europas messen lassen.

Entwicklung der neuen amerikanischen Küche

Als *foodies* werden Freizeitköche und Gourmets bezeichnet, die mit Leidenschaft auf der Suche nach ungewöhnlichen Rezepten und Zutaten für ihre Kreationen sind. Kochen steht an der Westküste hoch im Kurs, Tageszeitungen veröffentlichen regelmäßig Rezeptseiten und ein eigener Fernsehkanal »Food« versucht die Kochkultur zu unterstützen. Wettbewerbe unter den professionellen Köchen werden zu prominenter Sendezeit auf populären Kanälen ausgestrahlt, und man könnte meinen, im Land der Feinschmecker angekommen zu sein.

Ganz anders dagegen der Eindruck, wenn man an den großen Malls (Einkaufszentren) oder den Einfallstraßen der Städte entlangfährt, denn hier dominieren die bekannten Fast-Food-Ketten das Bild und werden nach wie vor gut besucht. Zudem suggeriert die Werbung auf allen Fernsehkanälen, wie einfach doch die Familie zufriedenzustellen sei, wenn die Hausfrau das gemeinsame Dinner ins Haus liefern lässt.

Die Wahrheit liegt wie immer irgendwo dazwischen. Es gibt eine hochentwickelte Restaurant- und Kochkultur, die mit Selbstbewusstsein als *Pacific Northwest Cuisine* firmiert. Aber die Amerikaner mögen es auch immer noch schnell und einfach in der Zubereitung, also erfreuen sich standardisierte Kettenrestaurants und Fertiggerichte nach wie vor großer Beliebtheit.

Ethnische Küchen

Bei den authentischen nationalen Küchen wie den verschiedenen chinesischen, den japanischen oder mexikanischen, spielt für die Qualität und Authentizität immer eine Rolle, ob sich das Restaurant in einer Gegend befindet, in der eine größere Zahl von Menschen aus dem jeweiligen Land leben. In Städten wie Seattle, Portland, San Francisco oder Vancouver sind die größten Gemeinschaften von Einwohnern mit asiatischen Wurzeln zu finden. Authentische mexikanische Küchen beispielsweise bieten die Regionen des Yakima oder des Willamette Valley, weil die Arbeitskräfte beim Weinbau meist aus Mittelamerika stammen.

Restaurantempfehlungen in Touristenbroschüren werden inzwischen nach ethnischen Küchen gegliedert, und die Vielfalt umfasst Küchen aus Europa ebenso wie aus Japan, Vietnam, Malaysia, Mexiko, der Karibik, den verschiedenen chinesischen Varianten, Thailand und zuweilen noch zahlreichen anderen mehr. *Northwest Cuisine* und amerikanische Küche sind als eigene Kategorie inzwischen ebenfalls zu finden, und zudem gibt es dank der Nähe des Meeres auch eine beachtliche Anzahl hervorragender Fischrestaurants.

Kochen und genießen lernen

Diese Entwicklung ist noch relativ jung. Erst mit den weniger strengen Einwanderungsbestimmungen von 1965 sind mehr Immigranten aus Asien in den Westen der USA gekommen, und sie fanden anders als frühere Einwanderer eine größere Bereitschaft der Einheimischen vor, sich auf die neuen Kochkulturen einzulassen.

Seit 1960 bemühte sich Julia Child, die Frau eines ehemaligen Diplomaten, ihren Landsleuten im Fernsehen die Vorzüge der französischen Küche nahezubringen und, anstatt ein Fertiggericht in die Mikrowelle zu schieben, wieder eine aus mehreren Teilen bestehende Mahlzeit zu kochen. Unterhaltsam setzte ihr Nora Ephrons Film »Julie & Julia« (2009) mit Meryl Streep in der Rolle der Julia Child ein Denkmal. Essen war im Bewusstsein der Amerikaner etwas sehr Funktionales geworden, Kalorien und Brennwerte wurden gemessen, die Praktikabilität der Zubereitung stand im Vordergrund. Industriell erzeugte bzw. verarbeitete Lebensmittel wurden im Labor mit dem passenden künstlich kreierten Geschmack ausgestattet. Küchen anderer Nationen stand man eher skeptisch gegenüber: Das Einwanderungsland USA hatte die Kochkulturen der ersten Einwanderer entweder integriert, wie die deutschen Frikadellen oder die italienische Pizza, oder fand die ungewöhnlichen Zutaten etwa der mexikanischen oder der chinesischen Küchen zunächst eher befremdlich.

Die französische Küche wurde seit den 1960er-Jahren das große Vorbild für viele amerikanische Köche: Frische, regionale Zutaten, neue Arten der Zubereitung und neue Gewürze stießen auf reges Interesse einer wachsenden mittelständischen Gesellschaft, die zu reisen begann und sich für andere Kulturen interessierte. In Kalifornien entwickelte sich in dieser Zeit eine neue Richtung der Kochkunst *(California Cuisine)*, die beispielsweise grüne Salate mit gegrilltem Fleisch kombinierte oder die Verwendung von Olivenöl, Rosmarin und Basilikum für traditionelle Fischgerichte einführte. Diese neue Küche hat nach Auffassung vieler amerikanischer Kochbuchautoren die amerikanische Küche revolutioniert.

Der Reiz regionaler Kochkunst

Trotz aller Einflüsse der Kettenrestaurants oder der ›Einwandererküchen‹ gibt es ursprüngliche regionale Küchen zu entdecken. Die Landschaften, was dort wächst und angebaut wird, haben den unterschiedlichen Charakter geprägt, und davon inspirierte Speisen sind keinesfalls nur am Familientisch zu finden, auch gute Köche haben den Reiz traditioneller Rezepte neu belebt.

An den Küsten von Oregon, Washington und British Columbia dominiert Fisch, insbesondere Lachs und Heilbutt in allen Varianten, die Speisekarte. Aus der Küche der Indianer hat man geräucherten Lachs auf Zedernholz *(cedar plank)* wiederentdeckt. Eine besondere Spezialität ist Taschenkrebs *(dungeness crab)*, die nur an der Westküste vorkommt, den *crab cake* gibt es in allen *Seafood*-Restaurants. Fangfrische Muscheln und Austern aus heimischen Gewässern serviert man fast überall, während die Garnelen oder *prawns* meist aus asiatischen Zuchtfarmen stammen. In Washington wird nur sechs Wochen lang im späten Frühjahr eine besondere Delikatesse angeboten: amerikanische Schwertmuscheln *(razor clams)*, die noch von Hand aus dem Meer geerntet werden.

Im Norden Washingtons darf der Apfelkuchen zum Nachtisch nicht fehlen: Gedeckt, mit Streuseln, mit Frischkäse oder als Tarte, denn der *Evergreen State* ist der Apfellieferant des Westens. Kein Wunder, dass hier die Kunst, Äpfel in zahlreichen Varianten zu verarbeiten, weit verbreitet ist. An allen Sorten von Beeren kann man sich in Oregon satt essen: Nirgendwo sonst werden so viele Blaubeeren, Brombeeren oder Cranberrys angebaut. Idaho ist berühmt für Kartoffelgerichte und Sandwiches mit viel Fleisch, auch in Montana isst man traditionell gern Rindfleisch und Büffel. In Wyoming werden seit einigen Jahren wieder Büffelherden gezüchtet. Das Fleisch ist zwar teurer als Rindfleisch, aber unter ernährungswissenschaftlichen Aspekten auch gesünder: Es ist fettärmer, enthält weniger Kalorien, ist cholesterinarm und aufgrund der Aufzucht in der freien Natur weitgehend hormon- oder medikamentenfrei. Truthahn ist als amerikanisches Nationalgericht in der Zeit um Thanksgiving in vielen Restaurants zu finden, wird in Familien aber auch häufig zu anderen Festtagen wie Weihnachten oder Ostern zubereitet.

Pacific Northwest Cuisine

Die führenden amerikanischen Köche kopieren inzwischen nicht mehr andere Küchen, sondern lassen sich von ihnen inspirieren. Von *Fusion*-Küche sprach man hier seit den

Kreativität und gesunde Zutaten sind wichtige Elemente der Pacific Northwest Cuisine

1970er-Jahren und so haben sich bereits verschiedene Ansätze herausgebildet. *Fusion* kann bedeuten, dass ein Gericht eine andere als die gewohnte Zubereitung erfährt, etwa anstelle von Anbraten und Garen in der Pfanne das Kurzbraten *(stir fry)* im Wok oder das Dämpfen im Bambuskorb, oder aber es werden Zutaten aus verschiedenen Küchen kombiniert.

Heutzutage nennt man sie nicht mehr Fusion-Restaurants, moderne Küche firmiert unter Pacific Northwest. Sie kombiniert die Elemente aus der indischen, der ostasiatischen und der südostasiatischen Küche miteinander und kreiert so neue Gerichte, etwa Satay-Spieße vom Berglamm mit Erdnusssoße, Reiskuchen und in Ingwer marinierte Salatgurken, in japanischer Ponzusoße, Sake und Pampelmusensaft eingelegte Sardinen, dazu Wermutsoße mit Kohlrabi oder Lachs mit Wasabi-Zabaione. Aber auch die ursprüngliche amerikanische Küche lässt sich vom *Fusion*-Gedanken inspirieren, z. B. Ente mit Foie Gras, Aprikosen-Chutney an einer Schweinefleischsoße mit Rosmarin oder Mies- und andere Muscheln in einer Zitronengras-Kokosnuss-Brühe. Mitunter treibt diese Entwicklung recht absonderliche Blüten, aber eine gewisse Neugierde der Restaurantbesucher auf neue Kreationen animiert die Köche oder inzwischen vielleicht besser ›Menü-Designer‹.

Wachsendes Gesundheitsbewusstsein

Natürlich wird auch im Nordwesten der Zusammenhang zwischen Übergewicht und ungesunder Ernährung gesehen. Statistiken in Tageszeitungen zeigen auf, wie sehr sich Übergewicht auf Lebensqualität und die Entstehung von Krankheiten auswirken kann. Hinweise auf gesunde Ernährung sind mittlerweile sogar in der Werbung selbstverständlich.

In ruhigeren Geschäftszeiten kann man in den Supermärkten Leute beobachten, die mit

Akribie die gesetzlich vorgeschriebenen Auflistungen der Inhaltsstoffe in den Lebensmitteln studieren. Eine Sendereihe mit einem ambitionierten Programm zum Abnehmen (»The last 10 Pounds«) wurde sogar vom kanadischen Gesundheitsministerium gesponsert: Zusätzlich zu einem intensiven Sportprogramm hat man dabei auch die Ernährung der Teilnehmer umgestellt und ihre Vorratsschränke einer rigorosen Kontrolle unterzogen.

Ein eigener *Food*-Kanal im Fernsehen sowie zahlreiche Wettbewerbe zwischen bekannten und weniger bekannten Köchen bieten zusätzliche Anreize, sich mit dem Thema Essen und Gesundheit zu befassen. Kochbücher in Buchhandlungen und Bibliotheken lassen sich nur noch in Metern zählen, nicht zu vergessen die Vielfalt an Zeitschriften. Aber dennoch: Knapp 36 % aller Amerikaner sind übergewichtig (58 Mio.), fettleibig (40 Mio.) und krankhaft fettleibig (3 Mio.). Transfette stehen im Verdacht, besonders ungesund zu sein, und so hat beispielsweise die Stadt New York schon 2006 den Gebrauch von Transfetten in Restaurants oder bei der Herstellung von Lebensmitteln untersagt. Die Diskussion läuft mittlerweile bundesweit und 2015 hat die Lebensmittelbehörde FDA diese Fette verboten. Viele Fast-Food-Ketten haben auf die Forderungen nach gesünderen Lebensmitteln ebenfalls reagiert und bieten kalorien-, fett- und zuckerreduzierte Gerichte an.

Selbstversorger

Farmers' Markets (Bauern- bzw. Wochenmärkte) mit Produkten aus der näheren Umgebung erfreuen sich zunehmender Beliebtheit. Der berühmte, über 100 Jahre alte Pike Market in Seattle gilt als Vorbild für einen Markt mit Zulieferern aus der Region. Solche Märkte unterstützen einen Trend im Norden: die sogenannte 100-Meilen-Diät. Den Verbrauchern wird empfohlen, nur solche Lebensmittel zu kaufen, die in der Region wachsen bzw. produziert werden. Nicht nur das wachsende Gesundheitsbewusstsein, sondern auch die sich entwickelnde ›grüne‹ Bewegung trägt zur Verbreitung dieser Idee bei. Der Kunde macht seinen Einfluss geltend, damit sich die Transporte aus weit entlegenen Ländern reduzieren, wenn er vermehrt regionale Produkte kauft. Aber auch in Supermärkten mit Qualitätsanspruch (wie Safeway, Fred Meyer, Whoole Foods oder in Kanada Save-on-Foods) ist die Angebotspalette an frischen Lebensmitteln gewachsen. Die Obst- und Gemüseauswahl ist beeindruckend, ebenso die Brote aus aller Herren Länder. Von Pita über Baguette und Mehrkornbroten in allen Varianten bis hin zu Pumpernickel ist eigentlich alles zu finden.

Auch beim Käse hat sich einiges getan. Industriell gefertigte Pfundblöcke an Cheddar oder Mozzarella sind zwar nach wie vor beliebt, aber die Vielfalt an Käsesorten ist groß. Es hat eine Weile gedauert, bis die Zutaten der frühen Gourmetküche Eingang in die Regale der Supermärkte gefunden haben, nun findet sich eine gute Auswahl an Ölen, Essigsorten oder Gewürzen eigentlich überall. Supermärkte bieten häufig auch warme und kalte Gerichte an der Deli-Theke an. Man nimmt sich sein Essen mit und sucht sich einen attraktiven Picknickplatz in der Nähe. Picknicken oder sich mit einer *lunch box* auf eine Parkbank zu setzen, ist durchaus üblich im Nordwesten.

Alkohol wird in den USA in Supermärkten verkauft (nicht in jedem Bundesstaat und nicht in Kanada), aber häufig muss man eine *identification* (Führerschein mit Lichtbild) vorzeigen, da die Altersgrenze für den Verkauf von Spirituosen bei 21 Jahren liegt und die Kassen einen Ausweis verlangen.

Restaurantbesuche

Für die USA gilt grundsätzlich, dass man am Eingang von einem *waiter* bzw. einer *waitress* begrüßt und zu einem freien Tisch geführt wird, niemand sucht sich seinen Platz selbst. An Wochenenden ist es ratsam, einen Tisch vorzubestellen, zur Dinnerzeit gegen 18 bis 19 Uhr sind gute Restaurants oft ausgebucht.

Auch wenn es hierzulande legerer zugeht in Bezug auf Kleidung, in den Städten kleidet man sich zum Essengehen durchaus etwas besser. Mit Jackett ist der Herr nicht *overdressed* (zu gut angezogen). In Restaurants mit angeschlossener Bar sieht man häufig Frauen im kleinen Cocktailkleid.

Ein Glas Wasser eröffnet den Abend, die Speisekarte und die besonderen Angebote des Hauses werden von der Bedienung vorgestellt. Ein Getränk/Aperitif überbrückt die Wartezeit nach der Entscheidung für das Menü. In vielen Restaurants ist es üblich, dass verschiedene Soßen für Salat angeboten werden: *French, Italian, Thousand Islands, Blue Cheese, Ranch* oder *Oil and Vinegar.* Steak wird *medium, rare* oder *well done* zubereitet und auch bei den Beilagen hat man mitunter die Wahl zwischen *french fries* (Pommes frites), *rice* (Reis), *baked potato* (Ofenkartoffel) oder *vegetables* (Gemüse).

Außer in ausgewiesenen französischen Lokalen sind die Abstände zwischen den Gängen ziemlich kurz und unmittelbar nach dem Dessert oder der letzten Getränkebestellung kommt auch schon die Rechnung. Längeres Sitzenbleiben nach dem Dinner ist nicht üblich, ein weiteres Glas Wein oder ein Digestif wird an der Restaurant-Bar oder in einem Pub eingenommen. Das Trinkgeld *(tip, graduity)* gehört in den USA und Kanada zur Haupteinnahmequelle der Bedienung (außer in Fast-Food-Restaurants). In der Regel sind es 18 % der Rechnung, die dazu gerechnet werden sollten. Falls bar bezahlt wird, ist es nicht üblich, Münzen als Trinkgeld zu benutzen.

Frühstück

Die Frühstückskultur in Nordamerika unterscheidet sich sehr von der deutschen. *American breakfast* ist eine Kalorienbombe und besteht aus Eiern, meist Omelette, Speck *(bacon),* Bratkartoffeln *(hash browns)* und einem süßen Gebäck *(muffin).* Nicht alle Hotels bieten Frühstück inklusive an, manche kleineren haben auch gar keinen Frühstücksraum. Man geht dann in einen benachbarten Coffeeshop, wo es meist Kuchen und Sandwiches zu kaufen gibt. *Continental breakfast* ist inzwischen sehr verbreitet, es beinhaltet süßes Gebäck, Waffeln, Croissants, manchmal auch einen Bagel, Cornflakes und Obst. Größere Hotels haben mitunter ein Frühstücksbüfett oder bieten am Wochenende einen üppigen Brunch mit großer Auswahl an, der Cornflakes, Müsli, Pancakes mit Sirup bis hin zu Lachs und *hash browns* umfasst.

Getränke

Neue Kaffeekultur

Starbucks wurde 1971 in Seattle gegründet und hat von dort seinen Siegeszug um die Welt angetreten: Inzwischen gibt es über 32 000 Filialen in 80 Staaten. Diese neue Kaffeekultur hat viele Nachahmer gefunden, Dutzende kleinerer und größerer Kaffeeröstereien bieten in gemütlichen »Bistros« eine Vielfalt von Kaffeesorten und -zubereitungen an. Espresso erfreut sich zunehmender Beliebtheit, selbst in kleinsten Orten wird in Coffeeshops dieser starke Kaffee angeboten. Ebenso wie mit dem Styroporbecher voll Kaffee laufen viele Nordamerikaner auch mit einer Wasserflasche in der Hand herum. Letzteres ist in dieser Region umso sinnvoller, als das Pazifikküstenklima sehr trocken ist.

Amerikanischer Wein

Auch die Weinkultur hat sich in den letzten Jahren erheblich verändert. Die Produkte der Weinbauern im Yakima Valley (Washington), Willamette Valley (Oregon), Napa Valley und Sonoma Valley (Kalifornien) oder aus dem Okanagan (Kanada) erfreuen sich reger Nachfrage. Die Angebote aus Europa, Südamerika oder Neuseeland und Australien sind mitunter allerdings etwas preiswerter als die heimischen Erzeugnisse. Überzeugte Weintrinker stellen ihren Wein auch selbst her. Gebrauchsanweisungen, Grundausrüstungen und die nötige Menge Rebensaft kann

Coffee to go von einer ›fliegenden‹ Kaffeebar – die findet man vielerorts in den Städten

man im Supermarkt kaufen. Eine Flasche Wein als Gastgeschenk bei einer privaten Einladung mitzubringen ist längst kein Wagnis mehr. Laut www.wineinstitute.org verzeichnen die Amerikaner einen Weinkonsum von 12 l pro Kopf. Damit liegen sie zwar immer noch weit hinter den europäischen Verbrauchern, aber insbesondere im Westen wächst die Zahl der Weinfreunde.

Das Land der Biertrinker

Bier ist ein traditionelles Getränk in den USA. Mit inzwischen 114,7 l pro Kopf wurde der Durchschnittsverbrauch in den letzten Jahren angegeben, wobei Montana im Bundesstaatenvergleich Rang 4 einnahm. Bei den weit verbreiteten Leichtbieren liegt der Alkoholgehalt unter 0,5 %, aber auch dieses wird nicht an Personen unter 21 Jahren verkauft. Sogenannte Microbreweries (sehr kleine Brauereien) haben in den letzten Jahren die Angebotspalette erweitert, und oft ist ein Pub angeschlossen, in dem man das frische Bier genießen kann.

Trends

Lebensmittel mit weniger Pestiziden und weniger künstlichen Inhaltsstoffen spielen auch im Nordwesten der USA und in Kanada eine immer wichtigere Rolle. Bioprodukte bzw. *organic food* sind ein Wachstumsmarkt, den auch die großen Supermarktketten mittlerweile für sich entdeckt haben; Zuwächse von rund 20 % im Jahr zeugen vom Interesse der Konsumenten.

Das Problem ist allerdings, dass zahlreiche Hersteller ihre eigenen »Bio-/Natur-/Öko«-Linien aufgebaut haben und zudem neue Produzenten, die als unabhängig gelten, ebenfalls eigene Label für ihre Bioprodukte anbieten. Dementsprechend sieht sich der Verbraucher einem äußerst unübersichtlichen Markt gegenüber, dessen Erzeugnisse er ohne Hilfe kaum beurteilen kann. Ein wenig Orientierung schafft in British Columbia die Organisation »International Federation of Organic Agriculture Movements« (IFOAM), die seit 1972 das Label »British Columbia Certified Organic« (www.certifiedorganic.bc.ca) vergibt. In den USA stellt das »National Organic Program« ähnliche Anforderungen; das hier vergebene Prüfzertifikat heißt USDA, weitere Informationen findet man auf www.ams.usda.gov (> National Organic Program).

Outdoor

So abwechslungsreich wie die Landschaften im Nordwesten der USA sind auch die Möglichkeiten, sich sportlich zu betätigen. Das Reisegebiet ist ein Dorado für Abenteuerlustige, Naturfreunde und Sportbegeisterte. Mit ausgedehnten Wanderungen lassen sich die zahlreichen Naturparks erschließen, jede Form von Herausforderung ist in der Wildnis der Rocky Mountains oder der Cascade Range zu finden. Auch Bergsteiger haben vielerorts Möglichkeiten, ihrem Hobby nachzugehen. Immer mehr Anbieter von Marathon- oder anderen Langstreckenläufen quer durchs Land weisen interessante Strecken aus, wenn man nicht in den Städten wie Vancouver den Wettbewerb sucht. Ebenso finden Radfahrer eine breite Palette von Touren. Eine der schönsten ist mit Sicherheit die Küstenstraße Highway 101 in Oregon und Nordkalifornien. Alle Arten von Wassersport wie Segeln, Kiten, Surfen oder Kajaken und Wildwasser-Rafting können am Pazifik, auf den zahllosen Seen und auf Flüssen ausgeübt werden, die Infrastruktur der Anbieter ist gut ausgebaut. Montana, Idaho und Wyoming sind ein Paradies für Angler, dort ist Fliegenfischen zur Perfektion gebracht worden. Immer mehr Anhänger findet das Golfen in Nordamerika. Rund um größere Ansiedlungen sind meist mehrere Plätze in schönsten Lagen zu finden. Der ehemalige Wilde Westen ist natürlich auch Pferdeland. Reiter finden vor allem in Montana, Wyoming und West-Kanada zahlreiche Gelegenheiten, die Natur vom Rücken ihres Reittieres aus zu erleben.

Viele der wunderschönen Wintersportorte im Nordwesten sind bei Weitem noch nicht so überlaufen wie die in den Alpen. Big Sky in Montana, die Snow King Mountain Ski Area bei Jackson am Rand des Grand Teton National Park oder das Sun Valley in Idaho bieten ebenso wie der Mount Hood bei Portland in Oregon oder der Mount Baker in Washington schneesichere Skigebiete. Vancouver/Whistler in Kanada waren 2010 Austragungsort der Winterolympiade. Dort wurden für alle Wintersportarten beste Voraussetzungen geschaffen. Im Frühjahr und Sommer sind die meisten Skiresorts im Reisegebiet ebenfalls lohnende Ziele, man kann wandern, per Seilrutsche durch die Lüfte gleiten (Ziplining), mountainbiken oder golfen.

Angeln

Angeln bzw. Fischen ist eine sehr beliebte Freizeitbeschäftigung der Nordamerikaner und entsprechend gut organisiert. In allen Orten an Flüssen und Seen gibt es günstig alles notwendige Zubehör zu kaufen. Um diesen Sport ausüben zu können, benötigt man allerdings eine **Genehmigung.** Lizenzen sind in den Parks bei der Parkverwaltung oder der Rangerstation erhältlich, sonst beim Visitor Center oder in ganz kleinen Orten auch im General Store oder an einer Tankstelle. Für den Yellowstone National Park z. B. kostet eine 3-Tages-Lizenz 18 $ und man muss dafür nur eine ID (*identification,* also Pass oder Führerschein mit Bild) vorzeigen. Über die Websites der Bundesstaaten kann man sich im Vorfeld über die jeweiligen Bedingungen und Preise informieren, sie differieren zum Teil erheblich. In Montana braucht man z. B. zwei Genehmigungen für das sportliche Vergnügen und in allen Bundesstaaten wird auch nach Einwohnern und Nicht-Einheimischen unterschieden. In British Columbia (Kanada) gibt es eine 8-Tages-Lizenz für Ausländer für 50 CAD (www.env.gov.bc.ca/fw/fish/licences/#Basic), die online über www.fishbc.com zu beziehen ist.

Golfen

Nicht nur die Rentner in Florida tun es, auf den unzähligen grünen Wiesen im Nordwesten sind vielmehr alle Altersgruppen unterwegs. Golfen ist Nationalsport geworden, beinahe jede Stadt verfügt über mindestens einen Platz.

Groß, größer, am größten – Forellen haben im Nordwesten gerne Supermaße

Das Gebiet rund um den Mount Hood ist ein Wanderpardies

Wildwasser-Rafting oder Kayaken mit der Familie, beides ist im Nordwesten der USA möglich (River Bend, Oregon)

Alteingesessene elitäre Klubs mit zum Teil beeindruckenden Vereinshäusern finden sich darunter ebenso wie funktionale Hallen mit einem Trainingsgelände für Anfänger, die von jedermann gegen eine Gebühr zu nutzen sind.

Mitglieder eines Golfclubs in Europa können über ihre Organisation günstige Plätze finden, für interessierte Gelegenheitsgolfer bietet die Website www.golfnow.com einen Überblick über alle Bundesstaaten der USA und deren verfügbare Golf-Courses. Die Seite www.bcgolfguide.com hilft bei der Suche in British Columbia, und www.golfguide.com listet seit 25 Jahren alle Plätze in ganz Nordamerika auf. Eine Golfausrüstung ist inzwischen auch in Europa erschwinglich geworden, die Preise in den USA sind nicht mehr günstiger.

Radfahren

Trotz der großen Entfernungen gewinnt das Radfahren im Nordwesten immer mehr Anhänger. In Städten wie Portland, Seattle oder Boise gehören Fahrräder inzwischen zum Straßenbild dazu und in den National ebenso wie in den State Parks setzen Umweltfreunde ihre Naturbegeisterung ganz konkret ohne CO_2-Belastung um, allerdings ist Radfahren nicht überall auf den Wanderwegen erlaubt. Die **Adventure Cycling Association** gibt eine Menge Tipps zu interessanten Routen und stellt Karten zur Verfügung: 150 East Pine Street, Missoula, MT 59807, www.adventurecycling.org. Fahrradverleiher gibt es in allen größeren Städten des Reisegebiets, sie sind am besten online zu finden. Für die Küste von Oregon liegt eine eigene Radwanderkarte vor, die »Oregon Coast Bike Route«, sie ist im jeweiligen örtlichen Visitor Center erhältlich.

Reiten

Eine wunderbare Gelegenheit, die vielfältige Natur zu erleben, sind organisierte Reittouren *(horseback riding)*, die von vielen Veranstaltern und von verschiedenen Ranches angeboten werden. Im Yellowstone National Park gibt es im Canyon Village und in Tower-Roosevelt Ställe für Pferdeverleih und geführte Touren und im Grand Teton National Park hält die Flagg Ranch friedliche Tiere für Ausritte bereit. Auch Anfänger können sich hier im Sattel erproben, aber besser ist es, schon einmal auf einem Pferd gesessen zu haben. Wer gezielt Reiterferien in den USA buchen möchte, sollte die Dude Ranches in Erwägung ziehen (www.guestranches.com), s. S. 75. Auch deutsche Reiseanbieter arbeiten in den USA mit Ranches zusammen.

Wandern

Egal ob man nur spazieren gehen will oder ausgedehnte Wanderungen unternehmen möchte, in den zahllosen Naturgebieten findet jeder genügend Möglichkeiten, seine Beine zu bewegen. Fast alle ausgewiesenen Wege sind gut ausgebaut und befestigt und zudem beschildert, sodass man auch wieder zurückfindet. Eigene Routen sollte man sich allerdings nicht suchen, die Nationalparks sind Wildnisgebiete und für den Neuling nicht ungefährlich. Zudem würden die Ranger bei Unfällen oder sonstigen Problemen Schwierigkeiten haben, Hilfsbedürftige zu finden, da in den Parks fernab der Straßen kein Mobilfunk funktioniert. Deshalb sollte man bei einer größeren Tour bei den Parkrangern Bescheid sagen oder am Informationsbrett am *trailhead* einen Zettel mit der Route hinterlassen. Abzuraten ist auch von Wanderungen in den scheinbar menschenleeren Gebieten im Nordwesten, man stößt immer wieder auf Zäune, d. h. nicht zugänglichen Privatbesitz.

Die Website www.nrtdatabase.org gibt einen Überblick über die schier unbegrenzten Angebote an ausgewiesenen Wanderwegen, dazu gibt es detaillierte Informationen zu Länge, Schwierigkeitsgrad und den Attraktionen der Strecken. Die **American Hiking Society** hat sich auf die Fahnen geschrieben, Wanderer für Umweltschutz zu sensibilisieren und Wanderwege instand zu halten. Sie geben auch nützliche Tipps zur Vorbereitung einer Wanderung (www.americanhiking.org).

Als einer der berühmtesten Trails im Nordwesten gilt der **Pacific Crest Trail,** der von der kanadischen Grenze durch Washington, Oregon und Kalifornien bis nach Mexico ausgewiesen ist, insgesamt 4265 km. Über die Website www.pcta.org kann man Karten, diverse Führer und eine CD-ROM erwerben.

Der Name ist mit der Geschichte der USA dicht verwoben, die Erschließung des wilden Landes westlich der Rocky Mountains an diese Route gebunden, an den sagenhaften **Oregon Trail** (s. S. 242). Er führt von Independence in Missouri über Nebraska, Wyoming und Idaho nach Oregon City bei Portland. Viele Teilstücke sind als Straßen ausgewiesen, in der Nähe verlaufen dann die Wanderwege bzw. liegen die historisch bedeutsamen Stätten, zu denen man laufen kann (www.nps.gov/oreg/planyourvisit maps.htm).

Ebenso häufig stößt man auf Schilder zum **Lewis & Clark Historic Trail.** Ohne die Expedition der von Präsident Thomas Jefferson beauftragten Offiziere William Clark und Meriwether Lewis wäre es nicht um 1804/06 zur Erschließung des Wilden Westens jenseits der Rocky Mountains gekommen (s. S. 242). Der Weg beginnt in Washington D. C. und durchquert elf Bundesstaaten, u. a. Montana, Idaho, Washington und Oregon, wo die Expedition südlich von Astoria in Fort Clatsop 1805/06 überwinterte. Entlang der Strecke gibt es immer wieder Erläuterungsschilder und Info-Center, denn an diesem Wanderweg sind die verschiedensten Organisationen beteiligt und nur ein kleiner Teil wird vom National Park Service betreut (www.nps.gov/lecl/index.htm). Für den 5955 km langen Wanderweg durch die USA existiert auch eine eigene Website: www.lewisandclarktrail.com.

Seit den 1960er-Jahren wird der **Continental Divide Trail** (www.continentaldividetrail.org) ausgebaut, ein Wanderweg entlang der kontinentalen Wasserscheide, der von der kanadischen Grenze aus durch Montana, Wyoming, Colorado und New Mexico bis zur mexikanischen Grenze verläuft. Noch sind nicht alle Teilstücke fertig, die Website gibt Aufschluss über den aktuellen Stand.

Wassersport

Endlos scheinende Wasserstraßen wie Columbia River und Snake River sowie unzählige kürzere Flüsse und eine kaum zu zählende Anzahl kleinerer und größerer Seen sowie die über 1000 km lange Pazifikküste machen das Reisegebiet zu einem Paradies für Wassersportler. Hier wird alles angeboten, was im, auf oder mit Wasser an sportlichen Betätigungen möglich ist.

Rafting und Kajaken

Insbesondere Wildwasser-Rafting *(Whitewater Rafting)* erfreut sich zunehmender Beliebtheit (s. S. 426), was im Sommer zu Wartezeiten an den Abfahrtstellen führen kann. Erfahrene Kajakfahrer werden trotzdem genügend Strecken finden, auf denen sie die Herausforderungen eines wilden Flusses und die Naturschönheiten noch relativ allein genießen können. Die Website www.paddling.net bietet eine Zusammenstellung der vielen Anbieter von Kajaktrips und jede Menge Tipps für interessante Strecken – sortiert nach Bundesstaaten sowie Adressen von Geschäften für Ausrüstungsbedarf etc.

Segeln und Surfen

An jedem größeren See findet man eine Marina, wo auch Segelboote oder Kanus verliehen werden. Als schönes Segelgebiet gilt der Lake Coeur d'Alene in Nord-Idaho. Nicht nur die Winde sind dort selbst für Anfänger nicht zu stark, sondern auch die abwechslungsreiche Landschaft um den See herum lässt einen Segeltörn zu einem Erlebnis werden. Einen Segelschein braucht man in der Regel nicht, der Verleiher will auf jeden Fall aber eine Kreditkarte sehen.

Starkwindsurfer zieht es seit einiger Zeit nach Hood River am Columbia River im nördlichen Oregon. Der Fluss ist in dieser Gegend breit wie ein See und die einfallenden Winde lassen die Surfsegel und die Wellen tanzen.

Schwimmen

Viele der Bergseen im Norden sind recht kalt und erwärmen sich auch im Hochsommer nicht unbedingt auf Badewannentemperaturen. Auch der Pazifik ist ein eher kaltes Gewäs-

Skifahren mit Panoramablick – im Skigebiet Whitefish, Montana

ser. Da es aber an seiner Küste wunderschöne Strände gibt, wo man sich im Hochsommer gut aufheizen kann, wird die Abkühlung in den Fluten sicher als angenehm empfunden.

Wintersport

Auch wenn die Gletscher im Glacier National Park im Norden Montanas auf dem Rückzug sind, genügend Schnee für alle Arten von Wintersport fällt in den Rocky Mountains und den North Cascades immer noch. Besonders in den Rockys kommt der Schnee früh und bildet eine solide Grundlage für die gut ausgebauten Pisten der vielen Skigebiete. Das Wetter in den Bergen wechselt schnell. Es kann an einem Tag zu Sonnenschein, Schneefällen oder gar einem Schneesturm kommen. Sportler sollten sich mit ihrer Kleidung darauf einstellen und unbedingt den örtlichen Wetterbericht zur Kenntnis nehmen.
Beliebte Skigebiete:

In Washington: Crystal Mountains bei Seattle (www.crystalmountainresort.com), Mount Baker bei Bellingham (www.mtbaker.us), Mount Spokane State Park bei Spokane (www.mtspokane.com).

In Oregon: Mount Hood bei Portland (www.skihood.com), Mount Bachelor bei Bend (www.mtbachelor.com).

In Nordkalifornien: Mount Shasta bei Redding (www.skipark.com).

In Idaho: Schweitzer Mountain bei Sandpoint (www.schweitzer.com), Silver Mountain bei Kellog (www.silvermt.com), Bogus Basin bei Boise (www.bogusbasin.org), Sun Valley/Ketchum (www.sunvalley.com), Pebble Creek bei Pocatello (www.pebblecreekskiarea.com).

In Montana: Big Mountain bei Whitefish (www.skiwhitefish.com), Big Sky bei Bozeman (www.bigskyresort.com), Lone Mountain Ranch bei Bozeman (www.lonemountainranch.com/winter-discovery-package).

In West Wyoming: Snow King Mountain Area bei Jackson (https://snowkingmountain.com), Jackson Hole Mountain Resort bei Teton Village (www.jacksonhole.com).

In Kanada/Vancouver: Grouse Mountain (www.grousemountain.com), Cypress Mountain (www.cypressmountain.com), Mount Seymour (www.mountseymour.com) sowie Whistler Blackcomb Mountains (www.whistlerblackcomb.com).

Feste und Veranstaltungen

Nahezu jede Stadt oder Gemeinde im Nordwesten wartet mit eigenen Festen oder Festivals auf, die vorzugsweise im Sommer stattfinden. Landesweit gibt es wenige Feste, die einen überregionalen Charakter haben und zur gleichen Zeit gefeiert werden, ein Umstand, der der multiethnischen Bevölkerung Rechnung trägt. Mit zahlreichen patriotischen Umzügen wird am 4. Juli, dem Unabhängigkeitstag, der wichtigste Feiertag in den USA zelebriert. Es ist ein Tag der Picknicks, gefolgt von einer Nacht der Konzerte und Feuerwerke. Halloween ist dagegen eine Art jahreszeitliche Markierung, die sich bei allen Einwohnern zunehmender Beliebtheit erfreut und mit vielen Partys und Kürbissen Ende Oktober gefeiert wird.

Ethnische Feste

Chinese New Year: Vielleicht weil sie so bunt und ungewöhnlich sind, erfreuen sich die Umzüge, Tanzdarbietungen und Feuerwerke des Chinese New Year zunehmenden Interesses. Vom zweiten Neumond nach der Wintersonnenwende ist der Beginn des neuen Jahres abhängig, also in der Zeit zwischen Ende Januar und Anfang Februar. In Städten mit großen chinesischstämmigen Bevölkerungsanteilen wie Vancouver, Seattle, Portland und San Francisco wird das Chinese New Year in den Chinatowns äußerst farbenprächtig öffentlich gefeiert. Drachentänze, um die bösen Geister zu vertreiben, bestimmte Gerichte, die nur zu dieser Zeit gegessen werden, oder das Austauschen roter Umschläge mit Geld sind Rituale, die immer mehr Nichtasiaten interessieren. Das Ausklingen des alten und der Beginn eines neuen Jahres sind wie in allen Religionen Phasen der Besinnung und der Familienbesuche, die sich teilweise über zwei Wochen hinziehen.

Diwali – Lichterfest und Beginn eines neuen Jahres: In den großen Hindu-Gemeinden des pazifischen Westens wie in Seattle oder um San Francisco wird dieses wichtigste Fest des Hinduismus an wechselnden Daten zwischen Ende Oktober und Anfang November ausgiebig gefeiert. Diwali ist ein fröhliches Fest und ähnelt in vielerlei Hinsicht dem christlichen Weihnachten: Die Kinder erhalten Geschenke, man zieht seine besten Kleider an, schickt sich gegenseitig Diwalikarten, besucht Freunde und Verwandte, genießt leckeres Essen und vor allem ganz viele Süßigkeiten. Feuerwerk und Knallkörper werden am dritten Tag von Diwali gezündet, es soll die Abwehr des Bösen symbolisieren. Seit 2007 ist auch auf politischer Ebene die religiöse und historische Bedeutung des Festes anerkannt, Arbeitnehmer können ihre sogenannten Verfügungstage nutzen und Urlaubstage nehmen.

Der Wilde Westen lebt

Rodeos werden im Westen von Kalifornien bis Montana und natürlich in Wyoming abgehalten, wobei die großen Veranstaltungen in Pendleton (Oregon) oder in Redding (Nordkalifornien) Tausende Besucher anlocken und wichtige Ereignisse im jährlichen Kalender vieler Kleinstädte darstellen. Etwa 700 Veranstaltungen organisiert der Verband der professionellen Rodeoreiter pro Jahr, Cowboys und -girls leben nur für diese Events und die Stars unter ihnen verdienen gut daran. Im Norden, wo große Indianerreservate liegen, finden die Rodeos auch auf deren Gebiet statt oder die Stämme beteiligen sich mit Pow Wows am Geschehen, wie z. B. in Pendleton.

Feste der Ureinwohner – Pow Wows

Musik spielt in der indianischen Kultur seit jeher eine wichtige Rolle, sie ist eine erweiterte Form der gesprochenen Sprache. Besonders zur Geltung kommen Gesänge bei rituellen Veranstaltungen, z. B. bei den immer mehr an Bedeutung gewinnenden Pow Wows. Ursprünglich waren Pow Wows Tanzfeste der Prärie-Indianer, heute greifen auch andere Stämme diese Form der Zusammenkunft auf. Pow Wows entwickeln sich zum kulturellen Treffpunkt der Native Americans, und nicht immer sind Weiße bei den Zeremonien und Tänzen willkommen. (Man sollte sich vorher erkundigen und gegebenenfalls um Erlaubnis bitten).

Halloween

Schon Wochen vor dem 31. Oktober umrahmen Gespenster, Skelette und Spinnweben viele Häuser, die gruselige Saison um das Fest der Geister hat in den USA viele Freunde. Zumindest ein Kürbis muss dabei sein, ins Fenster gestellt oder vor die Haustür, ist die Laterne des listigen Jack ein wichtiger Bestandteil der herbstlichen Jahreszeit.

THEATERFESTIVALS

Die privat geführten Theater im Nordwesten haben eher selten ein festes Ensemble, meist werden Produktionen eingekauft. Thematisch stehen in den Städten oft moderne Autoren auf dem Programm. Für Europäer ein wenig ungewöhnlich mutet dagegen die Vielzahl an Shakespeare-Festivals im Reisegebiet an. Den Sommer über geben sich »Romeo und Julia«, »Heinrich VIII.« oder »Macbeth« die Ehre bei den Shakespeare-Festivals in Ashland (Oregon), in Boise (Idaho), in Helena (Montana) und Vancouver (Kanada). Gespielt wird im Freien oder in Zelten, das Ambiente ist eher leger, die Beschäftigung mit der Hochkultur des britischen Erbes wird so leicht gemacht. Angesichts der vielen ethnischen Einflüsse in der amerikanischen Kultur ist die Besinnung auf den großen englischen Dramatiker offenbar identitätsstiftend, führt sie doch Migranten unterschiedlichster Kulturkreise zusammen.

Festkalender und Feiertage

Auch wenn die Nordamerikaner wesentlich weniger Urlaubstage zur Verfügung haben als die Deutschen, mit Hilfe der langen Wochenenden lässt sich doch immer wieder eine Pause einschieben. Die meisten staatlichen Feiertage sind auf einen Montag gelegt worden. Diese freien Tage werden im Sommer gern genutzt, um ans Meer oder in die Parks zu fahren, zu campen oder den vielen möglichen Outdoor-Aktivitäten nachzugehen. Religiöse Feiertage gibt es nicht, jedenfalls nicht als staatliche Festtage. Arbeitnehmer haben bezahlte Urlaubstage zur freien Verfügung, die sie für ihre jeweilige religiöse Festlichkeit nutzen können. Feiertage heißen in den USA *holiday,* Ferien oder Urlaub dagegen bezeichnet das Wort *vacation.*

Januar

New Year's Day: 1. Januar. Behörden und Banken sind zwar geschlossen, aber einkaufen ist in den Malls und den großen Supermärkten möglich.

Martin Luther King jr. Day: Dritter Montag im Januar. Dabei wird seit 1986 der Bedeutung des am 4. April 1968 ermordeten Friedensnobelpreisträgers gedacht, seine Anstrengungen und Errungenschaften im Kampf um die Gleichstellung von Schwarz und Weiß in der amerikanischen Gesellschaft werden geehrt.

Februar

Presidents' Day: Dritter Montag im Februar. Ursprünglich der Gedenktag für den ersten Präsidenten der USA, George Washington, ist dieser Feiertag dem Andenken aller Präsidenten gewidmet. Besonders in den Nationalparks wird an diesem Tag mit Veranstaltungen gefeiert.

März

Caesar E. Chavez Day: 31. März. Staatlicher Feiertag in Kalifornien zu Ehren des mexikanisch-amerikanischen Gewerkschaftsführers, der am 31. März 1927 geboren wurde.

Mai

Memorial Day: Letzter Montag im Mai. Zunächst im Jahr 1868 als Gedenktag an die Toten des Bürgerkriegs etabliert, wird heutzutage an die Gefallenen aller amerikanischen Kriege gedacht. Seit 1971 ist es ein staatlicher Feiertag mit Besuchen von Friedhöfen und Gedenkveranstaltungen.

Juni

Juneteenth: 19. Juni. Staatlicher Feiertag (erst seit 2021) zum Gedenken an die Beendigung der Sklaverei 1865, als letztem Staat in Texas. In Oregon und Washington ist dies ein freier Tag für Behördenmitarbeiter.

Juli

Independence Day: 4. Juli. An diesem Tag wurde 1776 die Unabhängigkeitserklärung in Philadelphia unterschrieben, seitdem wird der Geburtstag einer freien und unabhängigen Nation gefeiert. Paraden, politische Reden leiten in vielen Hauptstädten den Tag ein. Vereine, Schulen, Kirchen organisieren Veranstaltungen und viele Menschen machen sich auf die Reise, um den besonderen Tag im größeren Familienkreis zu verbringen. Feuerwerke illuminieren in vielen Städten den nächtlichen Himmel, sowohl privat als auch von der Kommune bezahlt.

September

Labor Day: Erster Montag im September. Schon seit 1894 ist dieser Tag der arbeitenden Bevölkerung gewidmet. Er geht zurück auf die Arbeiterbewegung, in vielen Städten finden Umzüge von Mitgliedern der Gewerkschaften statt. Da dieser Tag auch das Ende der Urlaubszeit markiert und die Schulen, Colleges und Universitäten ihre Tore wieder öffnen, ist das lange Wochenende überall von Aktivitäten und Betriebsamkeit geprägt.

Oktober

Columbus Day: Zweiter Montag im Oktober. Im europäisch zentrierten Weltbild hat Christoph Columbus die Neue Welt entdeckt. Bereits im Jahr 1937 benannte Präsident Franklin D. Roosevelt den 12. Oktober als Gedenktag für dieses historische Datum. Für mehr Flexibilität sorgte dann Präsident Richard Nixon und legte den Feiertag auf einen Montag.

Halloween: Am 31. Oktober. Halloween ist zwar kein Feiertag, aber ein Höhepunkt des Herbstes mit zahlreichen Partys für Kinder und für Erwachsene, die sich gern verkleiden.

November

Veterans Day: 11. November. Dieser Gedenktag gilt allen Kriegsveteranen, nicht nur den Gefallenen, er wurde nach dem Ersten Weltkrieg eingeführt. Wie beim Memorial Day im Mai finden Gedenkveranstaltungen auf den Friedhöfen und in den Veteranenheimen statt.

Thanksgiving Day: Vierter Donnerstag. Kurz vor Weihnachten ist dieses Dankfest ein Höhepunkt für amerikanische Familien, man kommt zusammen und isst Truthähne, Schinken, Kartoffelbrei, Kürbiskuchen, Cranberry-Mus und Maiskolben. Ursprünglich soll das Fest auf die Pilgrim-Väter zurückgehen, die nur dank der Hilfe der einheimischen Indianer den ersten strengen Winter in Massachusetts überstanden und sich dafür mit einem Festmahl bedankten. Als gesetzlicher Feiertag ist Thanksgiving erst seit 1941 verankert, einen Monat nachdem Pearl Harbor bombardiert wurde. In Kalifornien und Wa-shington ist auch der Freitag danach ein Feiertag, jetzt beginnt offiziell das ›Christmas Shopping‹.

Dezember

Christmas Day: am 25. Dezember. Auch ohne christliche Überzeugungen haben sich Weihnachten und die vorausgehende ›Holiday Season‹ zu einem Höhepunkt des Jahres entwickelt. Schleppende Umsätze des gesamten Jahres sollen in dieser Zeit wettgemacht werden, das ganze Land versinkt im Kaufrausch. Am 26. ist Boxing Day, dann können alle Geschenke wieder umgetauscht werden und neue Schnäppchen verleiten zu weiteren Einkäufen. Damit das Gedränge in den Geschäften etwas reduziert wird, gibt es seit einiger Zeit eine ganze Boxing-Woche.

Zum Anlass der Pow Wows werden die traditionellen Trachten der Stämme getragen

Reiseinfos von A bis Z

Alkohol

Auf der Straße, in Parks oder am Strand ist Alkoholtrinken unabhängig vom Alter verboten. Offiziell wird Alkohol nur an Erwachsene ab 21 Jahren verkauft. Manche Supermarktketten fordern grundsätzlich von jedem Wein- oder Bierkäufer einen Nachweis der Identität. Liköre, Schnaps und anderes Hochprozentige gibt es nur in staatlich lizenzierten Liquor Stores zu kaufen. Die Verkaufsregelungen können von Bundesstaat zu Bundesstaat sowie von County zu County variieren, jede Verwaltungsebene kann ihre eigenen Vorschriften erlassen. Auch in Restaurants wird kein Alkohol an unter 21-Jährige ausgeschenkt. Den eingekauften Wein oder das Bier sollte man im Kofferraum deponieren, auf keinen Fall auf der Rückbank, in vielen Staaten ist Letzteres verboten.

Gleichzeitig entwickelt sich derzeit in den Küstenstaaten von Kalifornien bis Washington eine besondere Kultur der Microbreweries, der kleinen Brauereien, und auch der Weinanbau entwickelt sich zunehmend lukrativ (s. auch S. 81).

Auskunft

... in Deutschland

Die USA unterhalten kein Fremdenverkehrsbüro im deutschsprachigen Raum. Eindrücke vom Land und vielfältige Informationen vermitteln die Websites der Visit USA Committees in Deutschland, Österreich und der Schweiz: www.vusa.travel, www.visit-usa.at und www.vusa.ch. Dort findet man auch weiterführende Links.

Informationen zu Reisen in den USA bieten auch die deutsch-amerikanischen Kulturinstitute in Kiel, Hamburg, Nürnberg, München, Stuttgart, Tübingen, Heidelberg, Freiburg und Saarbrücken.

... in den USA

Nahezu jeder Ort hat ein Visitor Center oder ein Chamber of Commerce, wo man Broschüren und Prospekte zum Ort oder der Region bekommen kann. Manchmal sind sie auch bei der Hotelsuche behilflich bzw. vermitteln günstige Unterkünfte. Das Gleiche gilt auch für West-Kanada. Broschüren bestellen kann man außerdem bei den Tourismuswebseiten der Bundesstaaten (s. S. 99).

Baden

Oregons Küste beeindruckt mit den weißen, teils sehr breiten Sandstränden bei Newport oder dem berühmten Cannon Beach. Aber nur selten sieht man hier jemanden baden, der Ozean ist einfach zu kalt. Ähnliches gilt für die langen Washingtoner Strände von Long Beach oder denen der Inseln im Puget Sound. Die Seen im Landesinnern eignen sich besser fürs Schwimmvergnügen, z. B. Lake Coeur d'Alene in Idaho oder Lake Washington bei Seattle.

Barrierefrei reisen

Hotels haben meist größere Zimmer für Rollstuhlfahrer, allerdings sind sie nicht immer online zu finden, weshalb eine Nachfrage per Telefon zu empfehlen ist. Öffentliche Gebäude, Kultureinrichtungen wie Museen und Theater, Plätze sowie Nationalparks und Restaurants haben in der Regel zusätzlich zu den Treppen auch Rampen. Für die Buchung eines Mietwagens kann es bei einer Online-Bestellung ratsam sein, als Kategorie einen Minivan oder einen Midsize SUV zu verlangen, damit ein Rollstuhl hineinpasst. Die Einzelheiten werden dann vor Ort bei der Abholung geklärt. Informationen finden Behinderte auf der englischsprachigen Internetseite der Society for Accessible Travel & Hospitality (SATH – www.sath.org). Bei den Tourismusorganisationen der Städte erhält man auf Anfrage und nach Vorlage eines medizinischen Attests (in Englisch) eine Genehmigung zum Parken auf Behindertenparkplätzen. Verständnis und respektvoller Umgang mit Behinderten ist elementarer Bestandteil amerikanischer Höflichkeit.

Botschaften und Konsulate

... in Deutschland

Botschaft der USA
Pariser Platz 2, 10117 Berlin
Tel. 030 83 050
www.visit-usa.at
Konsularabteilung:
Clayallee 170, 14191 Berlin
Tel. 030 8305-1200
www.usembassy.de

... in der Schweiz

Botschaft der USA
Sulgeneckstrasse 19, 3005 Bern
Tel. 041 357 70 11
https://ch.usembassy.gov

... in Österreich

Botschaft der USA
Boltzmanngasse 16, 1090 Wien
Tel. 043 1 313 39-0
Konsularabteilung:
Parkring 12
A-1010 Wien
nur Fax 043 1 512 58 35
https://at.usembassy.gov

... in den USA

Botschaft der Bundesrepublik Deutschland
4645 Reservoir Road N.W.
Washington D.C., 20007
Tel. 202-298-4000
www.germany.info

Deutsche Generalkonsulate
6222 Wilshire Blvd., Suite No. 500
Los Angeles, CA 90048-5193
Tel. 323-930-2703
www.germany.info
1960 Jackson St.
San Francisco, CA 94109
Tel. 415-775-1061
www.germany.info

Schweizer Botschaft
2900 Cathedral Ave. NW
Washington D. C., 20008
Tel. 202-745-7900
www.eda.admin.ch

Österreichische Botschaft
3524 International Court NW
Washington D. C., 20008
Tel. 202-895-6700
www.austria.org

Dos and Don'ts

Mit Freundlichkeit kommt man auch in diesem Teil Nordamerikas am weitesten, Amerikaner und Kanadier helfen Touristen gern. Unbedingt Folge leisten sollte man allen Anweisungen von Polizisten und Sicherheitspersonal, sie diskutieren ungern.

Als Tourist kann man sich unbeliebt machen, wenn man im Restaurant kein oder zu wenig Trinkgeld gibt, denn das ist das eigentliche Einkommen der Kellner (s. S. 107).

Weitere Infos zu Dos and Don'ts s. »Ambivalenzen: Was ist erlaubt?« (s. S. 53), »Miteinander« (s. S. 55) und »FKK« (s. S. 95).

Drogen

Auch wenn in fast allen Staaten des Reisegebiets Marihuanagebrauch zu medizinischen Zwecken erlaubt wurde und manche andere Bundesstaaten sogar das vergnügliche Rauchen oder Konsumieren gestatten, sollte man als Tourist lieber vorsichtig sein. Auf Bundesebene ist das grüne Kraut immer noch eine verbotene Droge, die Gesetze sind noch nicht auf eine Linie gebracht worden.

Einkaufen

Wenn man Nordamerikaner nach ihrer Lieblingsbeschäftigung fragt, nimmt mit überwältigender Mehrheit Einkaufen den ersten Platz ein (s. S. 41). Urlauber, die sich dem Kaufrausch hingeben oder einfach nur ein paar Mitbringsel für die Daheimgebliebenen erstehen wollen, sollten dabei einige Punkte beachten.

Verkaufssteuern

Es kann sich lohnen, bei Einkäufen auf den jeweiligen Bundesstaat zu achten: Oregon und Montana haben z. B. keine *sales tax,* d. h., auf Lebensmittel und andere Waren fällt keine Steuer an. Als Tourist in Kanada kann man sich vor der Ausreise die gezahlten Steuern zurückzahlen lassen, dafür muss man aber alle Belege gesammelt haben. Für Europäer zunächst ungewohnt ist die Tatsache, dass immer noch die jeweilige Landessteuer zu dem ausgewiesenen Preis hinzugerechnet werden muss; das hat schon manches Erschrecken an der Ladenkasse ausgelöst; 8,25 % muss man i. d. R. beispielsweise in Kalifornien zum Preis dazurechnen, in Washington 6,25 %. British Columbia weist sogar zwei verschiedene Steuern auf dem Kassenbeleg aus: die Provinz-Verkaufssteuer von i. d. R. 7 % des Warenwerts und die Waren- und Dienstleistungssteuer von 5 % (GST).

Sale und Schnäppchenkauf

Niemand kauft in den USA etwas zum regulären Preis, denn immer wird irgendwo ein Sonderverkauf *(sale)* durchgeführt. Es gibt nahezu keine Gelegenheit, die nicht für eine Herabsetzung der Preise genutzt wird: Besonders um die langen Wochenenden mit Feiertagen locken die Geschäfte mit erdrutschartigen Rabatten. Um dem Missbrauch von Kreditkarten vorzubeugen, wird häufig verlangt, dass man an der Kasse beim Bezahlen mit der Kreditkarte ein Ausweisdokument mit Lichtbild vorzeigt. Als Tourist sollte man deshalb

Zu den Souvenirs aus dem Nordwesten sollte unbedingt ein Cowboyhut gehören

z. B. den Führerschein dabeihaben, das reicht in der Regel.

Souvenirs

Es gibt nicht mehr viele Waren, die als typisch amerikanisch oder kanadisch bezeichnet werden können und nicht in Europa zu kaufen sind. Am ehesten kommen noch Kunstwerke der Ureinwohner infrage, wie Masken, Puppen, Zeichnungen und Lithografien oder Schmuck. Stetsonhüte, Westernstiefel und Gürtel sind vor Ort in Idaho oder Montana sicher preiswerter zu kaufen als in der Heimat. Bisonfleisch oder Lachs können luftdicht verpackt als Souvenir mitgenommen werden.

Farmers' Markets

Frisches Obst und Gemüse von den Bauernhöfen der Umgebung zu kaufen ist ein Trend, der auch im Nordwesten immer mehr zunimmt. Fast überall sind Farmers' Markets zu finden, die Zeiten und Orte sind i. d. R. im Netz oder in den Stadtbroschüren zu finden. Feste Häuser wie der Pike-Markt in Seattle oder der Ferry Plaza Farmers' Market in San Francisco sind täglich geöffnet.

Factory Outlets

Schnäppchenjagd gehört auch in Nordamerika zu den beliebten ›Sportarten‹, und so wundert es nicht, wenn diese Fabrikverkaufsstellen mancher Markenhersteller größere Parkplätze als manche herkömmliche Mall aufweisen. Nicht immer erhält man dort die neueste Mode, doch teilweise erhebliche Preissenkungen bei Stücken aus den Kollektionen der vergangenen Saison. Deshalb kann es sich lohnen, beispielsweise bei Tulalip nördlich von Seattle einzukaufen. Die Kette Chelsea Premium Outlets hat dort sowie in North Bend und in Troutdale bei Portland jeweils riesige Einkaufszentren errichtet, wo die gängigen amerikanischen und auch europäische Marken zu Sonderpreisen angeboten werden (www.premiumoutlets.com).

Einen Überblick zu allen Fabrikverkäufen in den USA gibt die Website www.outletbound.com/outlet-malls; dort kann man gezielt nach den Centern in den Bundesstaaten suchen.

Elektrizität

Die Stromspannung in USA und Kanada beträgt 110 Volt, daher sind Geräte aus Europa nur zu benutzen, wenn sie von 220 Volt umgestellt werden können. Ein Adapter ist für den Rasierer beispielsweise auf jeden Fall notwendig, da deutsche Stecker nicht in die nordamerikanischen Steckdosen passen.

Feiertage

New Year's Day – 1. Januar (Neujahr)
Martin Luther King jr. Day – 3. Mo im Januar (Geburtstag von M.L. King)
Presidents' Day – 3. Mo im Februar (Geburtstag von George Washington)
Memorial Day – letzter Mo im Mai (Totengedenktag; Beginn der Urlaubssaison)
Independence Day – 4. Juli (Unabhängigkeitstag)
Labor Day – 1. Mo im September (Tag der Arbeit; Ende der Urlaubssaison)
Columbus Day – 2. Mo im Oktober (Erinnerung an die Landung von Christoph Kolumbus in Amerika)
Veterans Day – 11. November (Gedenktag an Kriegsveteranen)
Thanksgiving Day – 4. Do im November (Erntedankfest)
Christmas Day – 25. Dezember (Weihnachten)

FKK

Grundsätzlich sind Nacktbaden und ›Oben ohne‹ in den USA illegal. Ausnahmen bestätigen aber auch hier die Regel: In Kalifornien gibt es einige FKK-Strandabschnitte, z. B. in San Franciscos National Recreation Area. Der einzige FFK-Strand in Oregon soll sich auf Sauvie Island befinden, einer kleinen Insel nordwestlich von Portland zwischen Columbia und Willamette River. Auch kleine Kinder laufen in der Regel nicht unbekleidet am Strand herum, es könnte die Empfindsamkeit anderer stören. In

Vancouver sieht man *topless* nicht ganz so eng, aber gänzlich unbekleidet flaniert niemand an den Hauptstränden.

Fotografieren

Falls das Fotografieren von oder in bestimmten Gebäuden nicht gestattet ist, sollte man den Anweisungen folgen; Sicherheitsleute können sehr empfindlich reagieren und gegebenenfalls die Polizei rufen.

Speicherchips für digitale Kameras sind außer in Fotogeschäften i. d. R. in Drugstores mit Fotoabteilung und in Filialen von Elektronikketten wie Best Buy erhältlich.

Frauen

Nordamerikareisen stellen alleinreisende Frauen i. d. R. vor keine besonderen Probleme. Selbstverständlich sollten sie wie in jedem anderen Land übliche Sicherheitshinweise beherzigen. Allein zu trampen ist ebenso wenig ratsam wie nachts ohne Begleitung unterwegs zu sein. In den ländlichen Regionen kann man als alleinreisende Frau schon einmal Irritationen auslösen und zugunsten der reisenden Paare übersehen werden, was aber nicht persönlich gemeint ist.

SPERRUNG VON BANK- UND KREDITKARTEN

01149 116 116

oder 011 49 30 40 50 40 50

(* gilt nur, wenn das ausstellende Geldinstitut angeschlossen ist, Übersicht: www.sperr-notruf.eu)

Weitere Sperrnummern:

- Mastercard: 011 49 69 79 33 19 10
- VISA: 011 49 69 79 33 19 10
- American Express: 011 49 69 97 97 20 00
- Diners Club: 011 49 69 66 16 61 23

Bitte halten Sie Ihre Kreditkartennummer, Kontonummer und Bankleitzahl bereit!

Geld

An Bargeld sollten nur kleine Noten mitgenommen werden, also 1-, 5-, 10- und 20-$-Noten. Empfehlenswert sind Traveler Cheques; mit ihnen kann man überall wie mit Bargeld bezahlen und man ist bei Verlust zudem versichert. In den USA wird der gesamte Zahlungsverkehr fast ausschließlich über Kreditkarten abgewickelt. Die gängigsten Kreditkarten sind Visa, Mastercard/ Eurocard, American Express und Diners Club. Es wird dringend empfohlen, eine dieser Karten mitzunehmen. So erspart man sich Ärger und hohe Depotkosten, z. B. bei Anmietung eines Autos. Bargeld wird in geringen Mengen in Banken getauscht, was allerdings Geduld erfordert und manchmal auch abgelehnt wird. Am bequemsten ist die Benutzung der ATM-Maschinen (Geldautomaten), die in der gesamten Region zu finden sind. Manche deutsche Bank hat ein Abkommen mit einer der nordamerikanischen Banken, wodurch man Gebühren spart.

Anders als in Deutschland wird in Nordamerika ein Dezimalpunkt statt eines Kommas zur Trennung vor der Cent-Angabe benutzt, während Tausender durch ein Komma getrennt werden. Auf dem Kassenzettel findet sich z. B. für ein Kleid ein Preis von 110.50 $ und vor 15,000 Jahren wanderten die ersten First Nations ein.

Wechselkurse unter www.oanda.de.

Gesundheit

Apotheken

In vielen Supermarktketten und »Drug Markets« befinden sich *pharmacies,* die Apotheken, in denen verschreibungspflichtige Medikamente verkauft werden. Dort gibt es auch eine riesige Auswahl an freien Medikamenten, die zum größten Teil erheblich preiswerter sind als in Deutschland.

Schmerztabletten, pflanzliche »Medikamente« und Mückenschutzmittel beispielsweise sollte man nicht mitnehmen, sondern vor Ort einkaufen. Bei der Einnahme besonderer Medikamente, die in den USA ggf. als drogenbedenklich gelten könnten, empfiehlt es sich, ein in Englisch ausgestelltes ärztliches Attest dabeizuhaben.

In den USA von einem europäischen Arzt ausgestellte Rezepte in dortigen Apotheken einzulösen ist nicht unproblematisch, weil die amerikanischen Arzneimittelbezeichnungen nicht unbedingt den hiesigen entsprechen.

Ärztliche Versorgung

Ärzte und Zahnärzte sind in jeder Stadt mit mehr als 2000 Einwohnern zu finden, sie sind online am schnellsten zu finden. Zudem gibt es die *health clinics,* manchmal auch *medical ambulance* genannt, in den Städten. In Kanada wird medizinische Hilfe auch in den *walk-in-clinics* angeboten. Auch bei einer vorhandenen **Auslandsreisekrankenversicherung,** deren Abschluss anzuraten ist, muss jeder Patient erst einmal bezahlen (bar oder mit der Kreditkarte), die Abrechnung erfolgt dann im Heimatland.

Gesundheitsrisiken

Seit einiger Zeit ist bekannt, dass das West-Nil-Virus durch Stechmücken auf den Menschen übertragen werden kann, deshalb ist Mückenschutz insbesondere bei Wanderungen empfehlenswert. Oft unterschätzt wird der Flüssigkeitsbedarf bei der extrem trockenen Luft im Nordwesten. Nicht nur bei Aktivitäten sollte man Wasser dabeihaben und viel trinken, auch bei längeren Autofahrten ist es angeraten, gegen die Dehydrierung mit Getränken vorzubeugen.

Internetzugang

Sei es für die Recherche über das nächste Reiseziel oder die berufliche/private Kommunikation, ohne Internet geht fast gar nichts mehr. Internetcafés gibt es in jeder größeren Stadt und viele Hotels und Motels bieten freien Zugang (für den eigenen Laptop, sonst auch häufig im Office-Bereich) kostenlos an. Auch Bibliotheken sind inzwischen fast immer mit Terminals ausgerüstet.

Karten

Zur Vorbereitung ist der Marco Polo Reiseatlas »USA, Alaska, Südliches Kanada« (1 : 4.000.000) empfehlenswert. Karten und Stadtpläne finden sich meist in den Broschüren der Touristencenter (meist kostenlos). Karten zu den Wander- oder Fahrradwegen sind bei den Parkverwaltungen erhältlich oder bei Outdoor-Ausstattern. Für einige Städte im Reisegebiet gibt es topografische Karten mit eingezeichneten Geschäften und Sehenswürdigkeiten (liegen in Hotels oder im Visitor Center aus). Man kann sie sich unter www.discoverymap.com auch online ansehen.

ADAC-Mitglieder (bzw. ACS Schweiz und ÖAMTC Österreich) erhalten bei Vorlage ihres Ausweises in den Filialen der AAA *(American Automobile Association)* kostenlos Straßenkarten und Infomaterial (www.aaa.com). Bei einer Fahrt über Land oder in kleinen Orten kann man sich im Nordwesten nicht immer auf die Ausschilderung verlassen, deshalb ist es gut, sich vor Antritt einer Etappe oder einer Tour mithilfe einer Karte über den geplanten Weg Klarheit zu verschaffen. Oder man mietet ein Auto mit Navi.

Mit Kindern unterwegs

Im Reisegebiet sind Hotels ausgesprochen kinderfreundlich, nur einige wenige Anbieter untersagen die Anwesenheit von unter 18-Jährigen. Viele Hotels bieten umsonst Kinderbetten an. Die Anbieter von Outdoor-Aktivitäten haben in der Regel kindergerechte Vergnügungen im Programm, Einschränkungen können aufgrund von Größe oder Gewicht der Teilnehmer bei Kletterpartien, Ausritten oder Wildwasserfahrten gelten. Restaurants in den USA und Kanada lieben die kleinen Gäste. Es gibt immer ein Kindermenü und entsprechende Stühle.

Die Ranger in den Nationalparks bieten spezielle Kinderprogramme zur Erkundung der Tier- und Pflanzenwelt an, bei denen Kinder zugleich spielerisch den pfleglichen Umgang mit der Natur lernen. Ebenso sind die Museen wiederum stets auch auf Kinder und Jugendliche eingerichtet, und ihre didaktischen Konzepte berücksichtigen deren Erlebniswünsche.

Kleidung und Ausrüstung

Da das Reisegebiet so groß ist und so viele unterschiedliche Klimazonen aufweist, hier nur einige generelle Tipps für den Sommer. Lockere und luftige Kleidung sowie eine Kopfbedeckung sind für Spaziergänge in den Städten und für Wanderungen in den Parks empfehlenswert, entsprechende Schuhe eingeschlossen.

Für die Küstenregionen ist auch im Sommer Regenschutz unabdingbar, sowie wärmende Kleidung für den Abend.

In der Regel ziehen sich Nordamerikaner ziemlich leger an, die Berufstätigen aus den Büros dagegen erkennt man leicht an der Businesskleidung Anzug oder Kostüm. Regenschirme tragen die Nordamerikaner eher selten, wenn sie bei schlechtem Wetter unterwegs sind. Regenjacken mit Kapuzen sind dann angesagt.

Kulturelle Veranstaltungen wie etwa Konzerte oder Theateraufführungen sollte man auch im unkonventionellen Amerika nicht ohne adäquate Kleidung besuchen.

Klima und Reisezeit

Der Nordwesten der USA und der Südwesten Kanadas umfassen mehrere Klimazonen: Das Wetter am Pazifik ist völlig anders als das in den trockenen Hochebenen des Columbia-Plateaus oder dem Grasland östlich der Rocky Mountains. Und die Bergwelt der Cascades oder der Rockys hat wettermäßig auch ihre eigenen Gesetze. Alles was mit den Nationalparks im Südwesten und den Rocky Mountains im Allgemeinen zusammenhängt, bedeutet: Zwischen Oktober und bis Anfang Mai muss mit Schnee und Schneestürmen gerechnet werden.

Richtig warm wird es in den Bergen erst spät im Juni oder Anfang Juli, nachts kann das Thermometer aber auch dann noch auf unter 10 °C fallen. Der Herbst beginnt in Idaho, Montana

Klimadaten San Francisco (CA)

	J	F	M	A	M	J	J	A	S	O	N	D
Mittlere Tagestemperaturen in °C	13	15	16	18	19	21	22	22	23	21	17	13
Mittlere Nachttemperaturen in °C	5	7	8	8	10	11	12	13	13	11	8	6
Mittlere Wassertemperaturen in °C	10	11	12	12	13	14	15	15	16	15	13	11
Sonnenstunden/Tag	6	7	9	10	10	11	10	9	9	8	6	5
Regentage/Monat	8	7	8	5	1	1	0	0	1	3	6	8

Klimadaten Portland (OR)

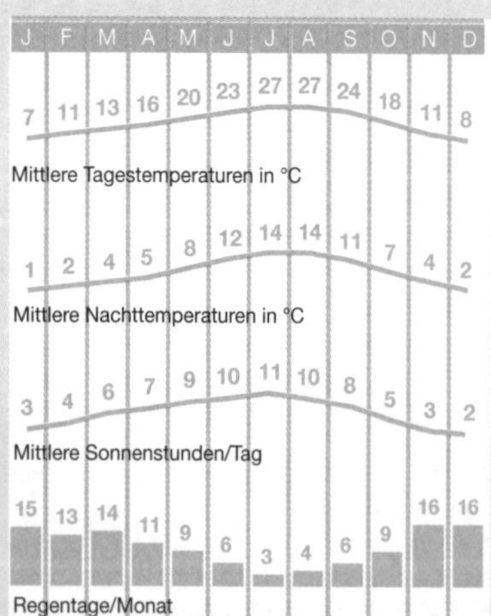

und Wyoming schon im September. Meist ist es um die Mitte des Monats ziemlich wechselhaft und dann folgt eine Phase von frostigen Nächten und warmen Tagen. Dies sind die richtigen Bedingungen, damit der Indian Summer ausbrechen kann. Das leuchtende Farbenmeer der Laub- und Mischwälder hält sich so über gut sechs Wochen. Die Hochplateaus sind trocken, d. h. es regnet wenig und es kann im Sommer sehr heiß werden: Helena, die Hauptstadt Montanas, oder Salem, die von Oregon, weisen beispielsweise Durchschnittstemperaturen von 28 °C für Juli und August aus.

Auch Süd-Idaho um Boise und die Snake River Plains sind im Sommer heiß und trocken, die Quecksilbersäule steigt hier gern auf über 30 °C und es regnet äußerst selten. Selbst im September bewegt sich das Thermometer meist in den 20ern, erst im November fällt es auf ca. 10 °C. Für Fahrten entlang der Westküste, insbesondere des Highway 101 gilt: An Vormittagen kann es oft neblig sein und man sieht wenig.

Rund um die Uhr senden die **Weather Channels** im Fernsehen in den USA und Kanada ausführliche Wetternachrichten. Auf einer nicht festgelegten Reiseroute bietet dies die Chance, etwaigen Schlechtwetterfronten, Stürmen oder Dauerregen frühzeitig auszuweichen zu können. Warnungen sollte man in jedem Fall unbedingt ernst nehmen, insbesondere in den bergigen Regionen, wo das Wetter in kürzester Zeit umschlagen kann. Schon einmal vorab einen Eindruck gewinnen lässt sich über die Website www.weather.gov.

Klimadaten Spokane (WA)

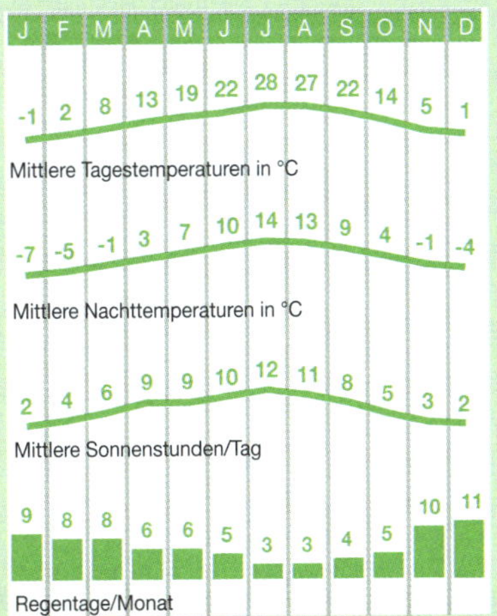

LGTBQ+

Als einen gewaltigen Durchbruch feierten Amerikas Homosexuelle die Entscheidung des Obersten Gerichtshofes im Juni 2015, die gleichgeschlechtliche Ehe überall in den USA als verfassungskonform einzustufen. Eine der ersten Amtshandlungen von Präsident Joe Biden 2021 war es, die »Prävention und Bekämpfung von Diskriminierung aufgrund von Geschlechtsidentität oder sexueller Orientierung« anzuordnen. Die Republikaner sehen das gewohnheitsmäßig etwas anders ...

An der demokratisch regierten (Nord-) Westküste werden die Dinge seit jeher wesentlich liberaler gehandhabt als im Rest des Landes. So können gleichgeschlechtliche Paare in Kalifornien z. B. bereits seit 2008 heiraten, und Vancouver wirbt mit »LGBT *friendly*« um Besucher. In Seattle, Portland, Vancouver, San Francisco, Spokane und Boise finden jährlich große Pride-Paraden statt. LGBTQ-Reisende sind im Nordwesten der USA willkommen und dürfen sich auf eine weitgehend tolerante Atmosphäre freuen, zumindest in den Metropolen. Auf dem Land bzw. in kleinen Dörfern ist das Verständnis für gleichgeschlechtliche Paare (ob verheiratet oder nicht) eher weniger ausgeprägt. Ein hilfreiche Website für die USA ist u. a. www.gaytravel.com.

Links und Apps

www.usatipps.de/reiseziele: Informationen zu den Regionen, Empfehlungen zu Attraktionen, sportlichen und kulturellen Aktivitäten.

www.magazinusa.com/us/states: Viele Links und Infos zu Kultur, Lifestyle, Geschichte, Politik, Städten, Attraktionen und Veranstaltungen.

Apps

Es gibt eine Vielzahl kostenloser Apps, die auf der Reise im Nordwesten der USA nützlich sind, hier eine kleine Auswahl:

GasBuddy (für Benzin), Airbnb (für Übernachtungsmöglichkeiten), Tripadvisor (für alle Reisetipps), Download über play.google.com. Mehr zur Kategorie Travel findet sich bei iTunes.apple.com, z. B. Amtrak (Eisenbahn), Zagat (Restaurantführer), Cheap Gas (Tankstellenfinder), Best Western to Go (Hotelkette).

British Columbia/Kanada

www.hellobc.com: Offizielle Seite für den Tourismus, Beschreibung der Regionen, Attraktionen und Hotels.

www.urlaub-reisen.gobc.ca: Deutschsprachiges Portal, Hintergrundinfos, auch zu Kunst und Unterkünften (auch online buchbar).

www.env.gov.bc.ca/bcparks: Offizielles Portal zu allen State Parks, Hinweise für Camping.

Idaho

www.idaho.gov: Portal der Regierung, Link zu Straßenzustandsberichten.

www.visitidaho.org: Seite des Wirtschaftsministeriums, Beschreibungen aller Regionen, Attraktionen, Hotels und Campingplätze.

http://parksandrecreation.idaho.gov: Regierungsseite zu allen State Parks, Infos zu Campingplätzen, Buchungen möglich.

http://fishandgame.idaho.gov: Offizielles Portal der Regierung zum Fischen und Jagen, Hinweise zu Genehmigungen und Vorschriften.

Kalifornien

www.ca.gov: Portal der Regierung.

www.visitcalifornia.com: Offizielles Portal der California Travel & Tourism Commission mit Informationen und Tipps zu 12 Reiseregionen, Hotelbuchungen möglich.

www.nps.gov/state/ca: Seite des National Park Service zu allen Nationalparks, hier speziell Kalifornien.

Oregon

www.oregon.gov: Offizielle Seite der Regierung von Oregon mit Hinweisen für Reisende unter »Recreation« und allgemeinen Informationen zu Oregon.

http://traveloregon.com: Offizielles Portal der Tourism Association, alle Reiseregionen sind ausführlich beschrieben; neben Angaben zu Hotels und Aktivitäten gibt es Bestellmöglichkeiten für Prospekte. Das Portal umfasst auch einige deutsche Seiten.

www.oregonstateparks.org: Regierungsseite zu allen State Parks, Infos zu Campingplätzen, Buchungen möglich, Gebühren.

Montana

http://mt.gov: Portal der Regierung, mit Links zu Straßen- und Wetterberichten.

www.visitmt.com: Offizielle Seite für den Tourismus in Montana, Infos zu den Städten, Attraktionen, Hotels, Restaurants.

http://stateparks.mt.gov: Regierungsseite zu den State Parks, Campingplätzen, möglichen Aktivitäten, Gebühren.

www.travelmt.com: Beschreibungen der Regionen, Städte, Parks sowie Hinweise zu Aktivitäten und Unterkünften.

Washington

www.experiencewa.com: Offizielle Seite der Regierung für Washingtons Tourismus. Hotellisten für alle Orte, Hinweise auf Sonderangebote und Verkehrswege, außerdem Karten sowie Adressen für Bestellmöglichkeiten von Prospekten.

http://access.wa.gov: Offizielles Portal des Bundesstaats Washington mit Informationen über Politik sowie Weblinks zum Wohnen, Arbeiten und Reisen dort.

www.parks.wa.gov: Regierungsseite zu allen Washington State Parks, Gebühren und Pässen, Wetterbedingungen, Campingplätzen.

www.nps.gov/state/wa: Internetportal des National Park Service (NPS), der für die Pflege und Verwaltung der Nationalparks und National Monuments zuständig ist.

www.scenicwa.com: Die 29 offiziell ausgewiesenen »Scenic Byways« – besonders schöne, abwechslungsreiche Straßen – werden hier ausführlich beschrieben. Hotels und andere Unterkünfte sind ebenfalls zu finden.

Wyoming

www.wyomingtourism.org: Offizielle Seite des Staats für Reisende, mit Beschreibungen der Regionen, Hinweisen zu Attraktionen und Adressen für Bestellmöglichkeiten von Broschüren.

http://wyoming.gov: Internetseite des Bundesstaats, dort findet man Hinweise zum Jagen und Fischen sowie zu den State Parks.

www.nps.gov/grte: Seite der Nationalparkverwaltung zum Grand Teton National Park mit Hinweisen zu Camping, Hotels, Attraktionen und sportlichen Aktivitäten.

Yellowstone Park

www.yellowstonepark.com: Seite der Parkverwaltung, Infos zu den Attraktionen, Reisezeit, Unterkünften, Straßenzustand.

www.nps.gov/yell: Seite des National Park Service (NPS) mit interessanten Tipps für die Reiseplanung, Sicherheitsbestimmungen etc., Infos zum Angeln und zu den Campgrounds.

www.yellowstone.net: Seite der Hotelbetreiber, Onlinereservierungen, viele informative Links zu den Orten und Attraktionen.

www.yellowstone-travel.com: Seite einer Buchungsorganisation, viele Hotels, Aktivitäten und Pakete für Sommer und Winter.

www.westyellowstoneres.com: Ebenfalls Seite einer Buchungsorganisation für Hotels, Ausflüge sowie Urlaubspakete.

Literatur

Romane und Erzählungen

Babendererde, Antje: Der Walfänger, Gifkendorf 2006. Ein auf einer wahren Begebenheit basierender Roman über den Walfang der Makah-Indianer im Norden Washingtons.

Box, C. J.: Stumme Zeugen, München 2007. In Idaho spielt der Krimi um zwei verschwundene Kinder, die Zeugen eines Mordes wurden.

Boyle, T. C.: America, München 2000. Saturierte Mittelständler und arme mexikanische Illegale treffen in Kalifornien aufeinander, Umweltschutz spielt auch eine Rolle und das Ganze kumuliert in einem gewaltigen Chaos.

Calonego, Bernadette: Unter dunklen Wassern, Berlin 2007. Der Krimi spielt im heutigen West-Kanada und beschäftigt sich zugeich mit dem Leben einer Einwanderin der 1920er-Jahre.

Guterson, David: Schnee, der auf Zedern fällt, Berlin 1995. Die Geschichte schildert das Gerichtsverfahren gegen einen amerikanischen Japaner auf einer Insel bei Seattle; im Mittelpunkt stehen die Vorurteile gegenüber asiatischen Einwanderern.

Ders.: Unsere liebe Frau vom Wald, München 2004. Eine ehemalige Holzfällerstadt im Nordwesten von Washington wird zum Zentrum einer religiösen Bewegung. Die Jungfrau Maria erscheint einer Pilzsammlerin und im Zeitalter von Internet und der Suche nach Lebenssinn wird der kleine Ort zum Wallfahrtsort. Eine kritische und auch spannende Auseinandersetzung mit Spiritualität und schnellem Business, gleichzeitig eine gelungene Beschreibung des Lebens in einer von ökonomischen Umwälzungen betroffenen Region.

Proulx, Annie: Brokeback Mountain, dt. München 2001. Cowboyleben in Wyoming und Angst vor Gefühlen, ein düsteres Bild aus dem Nordweststaat.

Dies. u. a.: Hinterland: Neue Geschichten aus Wyoming, München 2005.

Robbins, Tom: Tibetischer Pfirsichstrudel, Reinbek 2017. Die fantastischen Memoiren des amerikanischen Kultautors.

Strayed, Cheryl: Der große Trip – Wild. Tausend Meilen durch die Wildnis zu mir selbst, dt. 2015. Wanderung entlang des Pacific Crest Trail. Verfilmt mit Reese Witherspoon.

Sachbücher und Reportagen

Brenner, Leslie: American Appetite, New York 1999. Die Autorin gibt einen lebendigen Überblick über die Entwicklung amerikanischer Kochkultur der letzten 100 Jahre (engl.).

Buhrow, Tom und Stamer, Sabine: Mein Amerika, Dein Amerika, Berlin 2008. Die beiden Journalisten berichten aus eigener Erfahrung über den Alltag, die Sitten und ungeschriebenen Gesetze im heutigen Amerika.

Engel, Elmar: Chief Joseph, Häuptling der Nez Percé, Göttingen 1998. Ein Sachbuch über den Indianerführer, der die Weißen mit seinem Verhandlungsgeschick beeindruckte.

Kane, Paul: Wanderungen eines Künstlers unter den Indianern Nordamerikas, Leipzig 1862 (Nachdruck: Wyk auf Föhr 1992). Reisebeschreibung von Kanada nach Vancouver Island und Oregon und durch das Gebiet der Hudson-Bay-Gesellschaft und zurück.

Joachim Hack: Das große Buch der Indianer, Alle Stämme – alle Kriege, Bonn 2014.

Kramer, Ramon: Ich weißer Mann, Du Indianer gut, Reinbek 2008. Der Autor schildert höchst anschaulich sein Jahr bei Indianern in Montana und versteht es, die kulturellen Unterschiede zu Europäern zu verdeutlichen.

Shepard, Lucius: Hobo Nation, 2008. Ein Erfahrungsbericht über die Vagabunden und Obdachlosen, die auch heute noch auf Eisenbahnzüge aufspringen und in Güterwaggons mitfahren. Auch Rucksacktouristen sind mit von der gefährlichen Partie und verklären diese Art zu Reisen als Freizeitspaß.

Maße, Gewichte und Temperaturen

Für die meisten Europäer sind die in den USA gebräuchlichen Maßeinheiten und Gewichte eher ungewohnt. Das gilt auch für Kanada, nur die Entfernungen und die Geschwindigkeitsregelungen werden dort in Kilometern angegeben statt in Meilen und getankt wird in Litern.

Längenmaße

1 mile (mi) = 1,609 km
1 yard (yd) = 0,915 m
1 foot (ft) = 30,48 cm
1 inch (in) = 2,54 cm

Hohlmaße

1 gallon (gal) = 3,785 l
1 barrel (bbl) = 119,228 l
1 quart (qt) = 0,94 l
1 pint (pt) = 0,47 l
1 fluid ounce (fl. oz.) = 0,03 l

Gewichte

1 grain (gr) = 0,065 g
1 pound (lb) = 0,454 kg
1 ounce (oz) = 28,35 g
1 quarter (qt) = 12,701 kg
1 ton (t) = 907,185 kg
1 stone = 6,35 kg

Kleider- und Schuhgrößen

Die Maßangaben sind in den Vereinigten Staaten nicht so standardisiert wie in Europa, man sollte deswegen alles nach Möglichkeit anprobieren.

Damenkleidung

D	34	36	38	40	42	44	46
US	8	10	12	14	16	18	20

Damenschuhe

D	36	37	38	39	40	41	42
US	5	6	7	8	9	10	11

Herrenkleidung

D	44	46	48	50	52	54	56	58
US	34	36	38	40	42	44	46	48

Herrenhemden

D	36	38	39	40	41	42	43	44
US	14	15	15½	16	16½	17	17½	18

Herrenschuhe

D	39	40	41	42	43	44	45	46
US	7	7½	8	8½	9½	10½	11	11½

Kinderkleidung

D	2–3	4–5	6–7	8–9	10–11	12	14	14+
US	2–3	4–5	6–6x	7–8	10	12	14	16

Kinderschuhe

D	24	26	27	28	29	30	32	33	34
US	7½	8½	9½	10½	11½	12½	13½	1½	2½

Temperaturen

Temperaturen werden in Fahrenheit (°F) gemessen. Für die Umrechnung gilt die Formel: Fahrenheit minus 32 dividiert durch 1,8 ergibt Celsius. Umgekehrt: Celsius multipliziert mit 1,8 plus 32 ergibt Fahrenheit.

° Fahrenheit	° Celsius
1	–17,2
10	–12,2
20	– 6,7
30	– 1,1
40	– 4,4
50	10,0
60	15,6
70	21,1
80	26,7
90	32,2

Medien

Jeder größere Ort hat seine eigene Lokalzeitung, die die Events vor Ort bewirbt und Kalender für Theater, Kinos und andere Veranstaltungen führt. Veranstaltungshinweise findet man auch in kostenlosen Anzeigenblättern, die häufig in Boxen am Straßenrand stehen oder in Hotels, Cafés und im Visitor Center ausliegen. In Kanada ist eine überregionale Tageszeitung mit Niveau die Globe and Mail (www.theglobeandmail.com), die in Toronto produziert wird. Überregionale Tageszeitungen in den USA sind die Washington Post (www.washingtonpost.com), die New York Times (www.nytimes.com) oder die USA Today (www.usatoday.com). Deutschsprachige Zeitungen und Magazine sucht man meist vergebens; eine kleine Chance hat man an den internationalen Flughäfen.

Nachtleben

Das Nachtleben in Großstädten wie Vancouver, Seattle, Portland oder San Francisco ist genauso an- und aufregend wie in europäischen Metro-

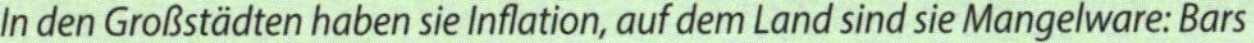

In den Großstädten haben sie Inflation, auf dem Land sind sie Mangelware: Bars

Der Pike Place Market in Seattle hat sieben Tage die Woche geöffnet – rund 300 Läden und Stände bieten hier Essbares, Kunsthandwerk u. v. m.

polen und bietet auch ähnliche Vergnügungen wie Theater, Kinos, Musicals, Konzerte. Die Sinfonieorchester pausieren allerdings im Sommer (meist Juli/Aug.), dann werden wie z. B. in Seattle in der Benaroya Hall andere Musikveranstaltungen angeboten. Im Nordwesten sind die Menschen im Sommer gern draußen und so gibt es in den Städten jede Menge Festivals und Unterhaltungsprogramme im Freien.

Auch in den ländlichen Gebieten wird in den Sommermonaten einiges für Gäste getan: Beinahe an jedem Wochenende findet ein Fest statt. Mal steht der Bezug zur Geschichte im Mittelpunkt wie z. B. in Virginia City in Montana oder auf San Juan Island in Washington. Aber auch Musik-Festivals, Open-Air-Theater mit zahlreichen Shakespeare-Aufführungen im gesamten Reisegebiet oder Rodeos und Pow Wows bieten viele Gelegenheiten, abendlichen Vergnügungen nachzugehen.

Bars oder Discos wird man auf dem Land eher selten finden. Außer in den ausgewiesenen Touristengebieten an der Küste nehmen die Chancen auf ausgedehnte Nachtschwärmereien deutlich ab. Beim Restaurantbesuch sollte darauf geachtet werden, dass die Dinnerzeit oft schon um 17 Uhr beginnt. Viele Restaurants schließen die Küche in der Woche gegen 21 Uhr, dann hat man eventuell in einem Pub oder einer Brewery noch eine Chance auf ein Abendessen, wenn es kein Fast-Food-Restaurant sein soll.

In einigen Gebieten der Indianerreservate haben sich Casinos angesiedelt und locken mit allen Arten von Unterhaltung. Nicht nur in den Hallen mit Spielautomaten, Karten- oder Roulettetischen kann man sich meist bis weit nach Mitternacht vergnügen, in den großen Casinos werden auch Shows und Auftritte bekannter Musikstars und Bands angeboten. Gesäumt von kleineren Spielhallen ist z. B. Great Falls in Montana, viele Familien kommen an Wochenenden vom Land in die Stadt und vergnügen sich an den Einarmigen Banditen.

Notfälle

Die landesweite Notrufnummer in USA und Kanada ist **911.**

Öffnungszeiten

Feste Ladenschlusszeiten existieren nicht. Jedes Geschäft entscheidet selbst, wie lange es geöffnet hat. Manche **Supermarktketten** wie Safeway oder Save-on-Food bieten bis Mitternacht ihre Dienste an, andere Läden schließen pünktlich um 18 Uhr. Die **Malls** haben in der Regel auch sonntags geöffnet, dann haben schließlich die meisten Leute Zeit, einkaufen zu gehen.

Museen haben in der Regel nur bis 17 oder 18 Uhr geöffnet, manche haben an einem Abend im Monat, speziell im Sommer, auch mal bis 21 Uhr geöffnet. (Die Zeiten finden sich im Reiseteil dieses Buches.)

Bei der staatlichen **Post** wird nur bis 17 Uhr gearbeitet, am Sonntag haben die Mitarbeiter frei. Nicht anders sieht es bei **Behörden** und staatlichen Stellen aus.

Banken sind mehr auf Dienstleistung ausgerichtet, für weiter reichende Geldgeschäfte gibt es auch Service bis nach 20 Uhr (unterschiedlich je nach Bank), normalerweise reicht aber der Geldautomat mit 24-Stunden-Zugang.

Post

Der Hauptanbieter in den USA ist die staatliche U. S. Post *(USPS = United States Postal Services)*. Daneben gibt es die Privaten wie UPS, Fedex und Airborne. Bei allen Postämtern kann man sämtliches Verpackungsmaterial wie Umschläge oder Kartons kaufen. Ein Standardbrief sowie eine Postkarte aus Kanada nach Europa kosten 2,07 CAD (inkl. Steuer), eine Postkarte aus den USA 1,15 $, Briefe nach Gewicht. Die Postämter in USA und Kanada vermitteln keine Telegramme, dafür sind in den USA Western Union und in Kanada CN/CP Telegraph zuständig.

Rauchen

In Supermärkten und Tankstellen sind die Zigaretten inzwischen meist hinter Sichtschutz versteckt, man muss gezielt danach fragen. In allen öffentlichen Gebäuden, Restaurants, Bars und Hoteleingängen ist Rauchen verboten, selbst auf der Straße ist es nicht gern gesehen. Nicht alle Hotels haben noch Raucherzimmer, am besten vorab danach fragen.

Reisekasse

Das Preisniveau im Reisegebiet ist mit Deutschland zu vergleichen. Im Juli und August steigen die Preise in den Urlaubsorten deutlich.

Übernachten

Im Visitor Center und in Imbissketten liegen häufig Rabattbroschüren aus und bieten Ermäßigungen bis zu 30 %. Die Website www.hotelcoupons.com bietet Rabatte vieler Ketten, ein Preisvergleich lohnt sich immer. Ähnliche Broschüren sind »Motel Coupons« und »Destination Coupons« (www.destinationcoupons.com).

Viele der im Reiseführer angegebenen Kosten für Unterkünfte erscheinen auf den ersten Blick recht hoch. Es lassen sich aber immer wieder günstigere Preise für das jeweilige Haus finden, dafür gibt es mehrere Möglichkeiten: Mitglied bei einer Hotelkette werden, auf besondere Pakete achten, sich nach einem Rabatt (besonders für Automobilclub-Mitglieder und Senioren) erkundigen. Oft sind auch über www.expedia.com oder www.trivago.com günstigere Angebote für das gleiche Hotel zu finden.

Einkaufen und Essen

In Outlets einzukaufen kann sich lohnen. Ein Frühstück mit normalem Kaffee, Gebäck oder Sandwich in einem Coffeeshop ist mit ca. 5–7 $ zu veranschlagen, in einem Hotel kann es leicht das Doppelte sein. Preiswert zu Mittag essen kann man in den Food Courts, die in vielen Einkaufszentren zu finden sind.

Senioren

Reisende Senioren, meist ab 55 Jahren, erhalten oft z. B. in Hotels, Museen, bei Veranstaltungen oder auch bei der Bahn Rabatte von 10 bis 50 %.

Sicherheit

Das Reisen im Nordwesten der USA und im Westen Kanadas ist verhältnismäßig sicher, wenn man sich nicht nachts in dunklen Parks auf Spaziergänge begibt und jene Viertel meidet, die einem vom Hotelpersonal als *no-go-areas* genannt werden. Natürlich sind – wie überall in der Welt – in touristischen Hochzeiten und besonders in den Zentren Taschendiebe unterwegs, deshalb sollte man seine Wertsachen (auch Dokumente wie Pässe und Flugtickets) am besten im Hotelsafe einschließen. Auf keinen Fall sind Papiere und Geld im Handschuhfach oder Kofferraum eines Autos gut aufgehoben. Bei Besichtigungen unterwegs empfiehlt es sich, alles Wichtige am Körper zu tragen. Die Kommunikation mit Einheimischen kann hilfreich sein, wenn man wissen will, wo man sich besonders vorsehen muss.

Telefonieren

Um aus den USA in Richtung Europa zu telefonieren, wählt man:
nach Deutschland: 0049 oder +49
nach Österreich: 0043 oder +43
in die Schweiz: 0041 oder +41
Danach jeweils die Ortsvorwahl ohne Null und dann die Anschlussnummer. Wer den Lieben daheim erzählen möchte, was er den Tag über alles erlebt hat, griff früher einfach zum Telefon auf seinem Zimmer. Doch ein Anruf kann in den USA sehr teuer werden, weil Hotels zuweilen hohe Entgelte berechnen. Greifen Sie daher lieber zu Ihrem Smartphone: Sobald WLAN verfügbar ist, kann man über Messenger-Dienste wie WhatsApp kostenlos telefonieren.

Kosten sparen

Fast alle Hotels sowie alle öffentlichen Einrichtungen und Dienstleister haben die gebührenfreie 800 (auch 888, 866, 877, 801) als Telefonnummer, sodass es nichts kostet, Auskünfte über Öffnungszeiten von Museen und Parks einzuholen oder Tickets für Shows und Sitzplätze in einem Restaurant zu buchen. Von Europa aus sollte man vor dem Anwählen von amerikanischen 800- oder 888- Nummern erst prüfen, ob die Telefongesellschaft dies unterstützt und wie teuer dies werden kann. Bei den heutigen günstigen USA-Tarifen ist eine ›normale‹ Rufnummer (z. B. über Call-by-Call) vermutlich billiger als eine 800er/888er. Oft funktioniert die Anwahl von gebührenfreien U. S.-Nummern aus Europa gar nicht.

Mobil telefonieren

Auch in den USA gibt es inzwischen recht gut ausgebaute GSM-Mobilfunknetze. Dennoch ist die Handy-Telefonie jenseits des Atlantiks noch nicht mit den Gepflogenheiten in Europa vergleichbar. Zum einen werden in erster Linie nur die großen Ballungsgebiete und wichtige Interstate-Highways abgedeckt, nicht jedoch das Land dazwischen. Zum anderen funken die amerikanischen GSM-Netze in den Frequenzbereichen um 850 und 1900 MHz. Wer in Nordamerika telefonieren möchte, benötigt daher entweder ein separates Handy, das die dort üblichen Frequenzbereiche abdeckt, oder ein sogenanntes Triband- oder Quadband-Handy, das sowohl die in Europa üblichen Frequenzbänder um 900 und 1800 MHz, als auch die amerikanischen Bereiche unterstützt. Auch für *mobiles* oder *cell phones* gibt es *prepaid cards*, die u. a. in Computergeschäften, Supermärkten, Drugstores und natürlich Telefonläden zu kaufen sind. Bei längeren Aufenthalten kann sich auch der Kauf eines *prepaid phone* ohne Vertrag rechnen, also eines Telefons mit Gesprächsguthaben ab 30 Minuten. Über eine Codenummer kann man die Geräte nachladen, dafür kauft man eine neue Guthabenkarte.

Trinkgeld

In den USA und Kanada sind Bedienungsentgelte nicht im Preis inbegriffen. Es ist üblich, in Restaurants, bei Taxifahrern und Friseuren ca. 18 % des Rechnungsbetrags als Trinkgeld zu geben. Für das Tragen eines Gepäckstücks gibt man meist 1 $ und den Zimmermädchen pro Übernachtung 2-4 $. Aber nicht in kleinen Münzen, das gilt in Nordamerika als Beleidigung.

Wellness

Nahezu alle Hotels der Mittelklasse bieten inzwischen mindestens einen kleinen Fitnessraum mit Trainingsgeräten wie einem Laufband oder einem Fahrrad an, oft gibt es auch einen Swimmingpool. Ausgesprochene Wellness-Hotels sind für eine einmalige Übernachtung oft recht teuer, dort sollte man eher nach mehrtägigen Paketen Ausschau halten. Fitnesscenter existieren in jeder größeren Stadt und sind am besten im Internet zu finden.

Zeit

Im Nordwesten gibt es folgende Zeitzonen: **Pacific Time:** Sie gilt für Kalifornien, Oregon, Washington, den Norden von Idaho und British Columbia. Dort ist die Uhrzeit 9 Std. hinter der MEZ zurück. Die **Mountain Time** in Montana, Wyoming und Idahos Süden liegt 8 Std. hinter der MEZ. Schilder an den Straßen weisen auf die neue Zeitzone hin. Die Uhrzeit ist in zweimal 12 Std. unterteilt. Zwischen Mitternacht und 12 Uhr mittags wird der Uhrzeit ein am (vor Mittag), danach ein pm (nach Mittag) hinzugefügt. Wichtig ist auch die unterschiedliche Schreibweise beim Datum. In Nordamerika wird zuerst der Monat, dann der Tag und zuletzt das Jahr genannt. Der 10. Juli 2022 wird also 07/10/2022 geschrieben. Das sollte unbedingt bei Online-Reservierungen für Hotels oder Veranstaltungen und Aktivitäten beachtet werden.

NACHHALTIG REISEN

Die Umwelt schützen, die lokale Wirtschaft fördern, intensive Begegnungen ermöglichen – nachhaltiger Tourismus übernimmt Verantwortung für Umwelt und Gesellschaft. Folgende Websites geben Tipps, wie man seine Reise nachhaltig gestalten kann.

www.fairunterwegs.org: »Fair Reisen« anstatt nur verreisen – dafür wirbt der schweizerische Arbeitskreis für Tourismus und Entwicklung. Außerdem gibt er ausführliche Infos zu Reiseländern in der ganzen Welt.

www.sympathiemagazin.de: Länderhefte mit Infos zu Alltagsleben, Politik, Kultur und Wirtschaft; Themenhefte zu den Weltregionen, Umwelt, Kinderrechten, Globalisierung.

www.nps.gov/getinvolved/volunteer.htm: Im Nordwesten und Kalifornien (sowie in anderen Regionen der USA) kann man in einem der Nationalparks oder National Monuments unter bestimmten Bedingungen als Freiwilliger helfen, die Natur zu bewahren und die Arbeit der Ranger zu unterstützen.

www.greenhotels.com: Seit mehr als 20 Jahren arbeitet die Organisation daran, das ökologische Bewusstsein der Hotelindustrie zu verändern. Sie lehnen teure Zertifizierungsprogramme ab, wollen aber dazu beitragen, dass weniger Waschmittel für Handtücher und Bettwäsche aufgewendet werden muss. Dazu kommen Anregungen für die kostenfreien Seifengaben oder die Behälter für Marmelade oder Butter beim Frühstücksbüfett. Die meisten Hotelketten haben sich dem Programm angeschlossen.

Unterwegs im Nordwesten der USA

»Jeder Teil dieser Erde ist meinem Volk heilig. Jede glänzende Kiefernnadel, jeder lichte Nebel in dunklen Wäldern, jede Lichtung und jedes summende Insekt ist heilig in der Erinnerung und der Erfahrung meines Volkes.«
Chief Noah Seattle (1786–1866)

Hütte im Glacier National Park

Vancouver
Seattle
Cascade Range

Kapitel 1

Washington

Im äußersten Nordwesten der USA gelegen, reicht in Washington die Bandbreite landschaftlich von Sandstränden und Felsklippen an der Pazifikküste über die Inselwelt im Puget Sound bis hin zu den schneebedeckten Vulkankegeln der Cascade Range. Im Osten schließen sich die schier endlosen Weiten des Columbia-Plateaus an. Riesige Flächen an Wäldern in staatlichen Naturschutzgebieten sowie Seen, Flüsse und die sanft geschwungenen Hügel im Yakima Valley erhöhen die Reize dieser Region. In den meisten der 79 staatlichen Parks ist Zelten oder Campen erlaubt.

Seattle als kommerzielle und kulturelle Boomtown hat eine traumhafte Lage in einer geschützten Bucht des Pazifiks, mehrfach wurde die Metropole schon zu einer der lebenswertesten der USA gekürt. Anders als in Kalifornien steckt in Washington der Tourismus noch in den Kinderschuhen; gerade auf dem Land ist nicht alles organisiert. Von den amerikanischen und europäischen Siedlern erst in der Mitte des 19. Jh. ›entdeckt‹, ist in diesem jungen Bundesstaat noch etwas von der Aufbruchstimmung der Einwanderer zu spüren. Für Naturliebhaber hält die Region eine unglaubliche Vielfalt an Erlebnissen bereit.

Sport wird in Washington großgeschrieben: Golf gehört zu den beliebtesten Sportarten, gefolgt von Fischen und Wandern, aber auch Segeln, Biken, Bergsteigen, Reiten, Ski- oder Kajakfahren – an manchen Orten ist Letzteres sogar am gleichen Tag möglich.

Selbst Freunde guten Weins kommen auf ihre Kosten. Im Yakima Valley hat sich in den letzten Jahrzehnten durch ca. 150 Weinbauern eine hohe Weinkultur entwickelt. Von Seattle aus ist es ein Katzensprung zur nächsten Pazifikperle, Vancouver in Kanada.

Noch bedecken Gletscher den Gipfel des Mount Rainier

Auf einen Blick: Washington

Sehenswert

Seattle: In der traumhaft im Puget Sound gelegenen Metropole des Nordens sind Großstadtleben und Naturerlebnisse gleichermaßen möglich (s. S. 114).

Mount St. Helens: Der Vulkan ist immer noch aktiv – der letzte große Ausbruch, der den Kegel wegsprengte, ereignete sich 1980 (s. S. 150).

Leavenworth: Mai- und Oktoberfest, Christkindlmarkt und jede Menge Bier-Festivals locken Fans von bajuwarischer und alpiner Folklore ins Dorf am Fuß der Cascades (s. S. 168).

Vancouver (Kanada): Die Stadt gilt neben San Francisco als schönste Stadt der Westküste und war Austragungsort der Winterolympiade 2010 (s. S. 188).

Schöne Routen

Von Sequim durch den Olympic National Park: Auf dem Highway 101 führt die Route durch die Wälder des Olympic National Park und entlang der felsigen Westküste (s. S. 156).

Cascade Loop: 563 km Natur pur und viel Abwechslung bietet der berühmte Loop im North Cascades National Park (s. S. 163).

Meine Tipps

Museum of Pop Culture: Seattles einzigartiges Musik-Museum zur Rockgeschichte hat die größte Sammlung an E-Gitarren von Jimi Hendrix. Im Sound Lab kann man auch selbst spielen (s. S. 124).

Snoqualmie Falls: Die 150 m hohen Wasserfälle sind von oben zu besichtigen, ein beliebtes Wochenendziel für Familien aus Seattle und Touristen (s. S. 133).

Weinprobe: Die Winery auf Lopez liegt an der Fisherman Bay, den Wein kann man vor Ort kosten (s. S. 138).

Westernstadt Winthrop: Das Dorf in den North Cascades hat seinen Wildwest-Charakter bewahrt – lebendige Geschichte zum Anfassen (s. S. 165).

Wale beobachten in der Juan de Fuca Strait: Die größte Chance, Orcas zu sehen, besteht vor San Juan Island (s. S. 140).

Wandern durch den Ape Cave: … im Lavatunnel am Fuß des Mount St. Helens (s. S. 152).

Horseback-Riding in Long Beach: Ein Ausritt an diesem breiten Strand ist ein besonderes Vergnügen (s. S. 162).

Bootsfahrt auf dem Diablo Lake: In der Bergwelt der North Cascades lauscht man interessanten Ausführungen zur Stromerzeugung (s. S. 164).

Jetskifahren auf dem Lake Chelan: Erfrischender Wassersport mit Speed am Fuße der North Cascades (s. S. 167).

Biken im Stanley Park: … im grünen Herzen der Großstadt Vancouver (s. S. 198).

Seattle und Umgebung

Seattle als die kommerzielle und kulturelle Metropole Washingtons ist trotz aller Prosperität eine Stadt mit Flair. In der abwechslungsreichen Inselwelt im Puget Sound und den San Juan Islands finden sich traumhafte Strände und Naturparks, die Vulkanberge der Cascade Range liegen in unmittelbarer Nähe. Und so bietet sich dem Reisenden hier ein Kontrastprogramm an Flora und Fauna, das seinesgleichen sucht.

Seattle ist zu einem Anziehungspunkt für Touristen aus aller Welt geworden, den größten Teil der Besucher stellen aber immer noch Amerikaner aus anderen Regionen des Landes. Im an Wettbewerben nicht gerade armen Nordamerika gewinnt Seattle immer häufiger den Titel »beliebtester Wohnort« oder »lebenswerteste Stadt«. Die reizvolle Mischung aus moderner Metropole mit gläsernen Büro- und Hoteltürmen, bodenständiger Provinzialität und der Lage zwischen Meer, Seen und nahezu unberührt wirkender Bergwelt macht die junge Stadt zu einem interessanten Ziel. Dabei geht es in Seattle immer noch ein wenig gemächlich zu, die Kaffeehauskultur von Starbucks mit gemütlichen Sesseln ist nicht von ungefähr hier entstanden. Gleichzeitig hat die Stadt auch einen guten Ruf bei Fahrradfahrern, Spaziergängern und Gesundheitsbewussten. Der Freizeitwert Seattles sucht seinesgleichen: In der geschützten Elliott Bay und auf dem im Osten liegenden Lake Washington gibt es viele Sportmöglichkeiten, wobei Aktivitäten wie Segeln, Kanu- und Kajakfahren besonders hoch im Kurs stehen.

Nein, in Seattle regnet es nicht jeden Tag in Strömen, auch wenn Filme wie »Schlaflos in Seattle« oder »Firewall« dem Betrachter diesen Eindruck vermitteln; die Stadt am Pazifik steht nur an 45. Stelle in der offiziellen Regenstatistik der USA. Aber etwas Wahres ist schon dran. In der größten und vitalsten Stadt des *Evergreen State* gehen die Bewohner daher gelassen mit den eher leichten Niederschlägen um und Regenschirme sieht man selten.

Die Stadt wächst schnell. In den letzten 20 Jahren kamen rund 70 000 Menschen hierher, inzwischen zählt Seattle mehr als 740 000 Einwohner. Da die Fläche aufgrund der natürlichen Grenzen durch Meer und See begrenzt ist, expandieren die Vororte. Die Metro-Region bis Tacoma ist Heimat für ca. 3,6 Mio. Menschen. Der Anteil der Asiaten liegt bei ca. 15 %, eine andere große Gruppe an Einwanderern bilden die Latinos mit 6,5 %. Schwarze Amerikaner *(African Americans)* sind in Seattle zu ca. 8 % vertreten; auffällig ist dabei, dass sie zum ärmeren Bevölkerungsteil gehören. Durch die Vielzahl an großen Firmen, die in der Stadt ihren Hauptsitz haben, ist das Einkommensniveau vergleichsweise hoch, ebenso das Preisgefüge. Die Stadt kümmert sich um die Hilfsbedürftigen und Obdachlosen, lässt ihnen aber auch die Freiheit, beispielsweise im Sommer draußen zu schlafen.

Neben der überwältigenden Natur bietet Seattle auch für kulturell Interessierte einiges, u. a. allein fast 20 Museen. Das Wing Luke Museum ist berühmt für seine Sammlung japanischer Exponate aus vielen Jahrhunderten und das Seattle Art Museum lohnt einen Besuch wegen seiner Bandbreite, die von altägyptischer Kunst über Indianerkultur bis hin zu modernen amerikanischen Videoinstallationen reicht. Goldgräberromantik wird im Klondike Gold Rush Park Museum vermittelt. Die Goldfunde im Yukon Territory (Kanada) trugen zum wirtschaftlichen Aufschwung von Seattle bei. Etwas Einzigartiges stellt das Museum of Pop Culture/Science Fiction Museum and Hall of Fame dar. Microsoft-Mitgründer Paul G. Allen hat ein Museum finanziert, das der Musikgeschichte der letzten 50 Jahre gewidmet ist. Ein anderer berühmter Sohn der Stadt bzw. der Region war Kurt Cobain, Gründer der Grunge-Band Nirvana. Noch heute ist in den vielen kleinen Klubs etwas von der Experimentierfreude und dem Aufbruch in neue musikalische Dimensionen zu spüren.

Begreift man Essen und Trinken als Teil der Kultur einer Gesellschaft, ist in Seattle eine Hochkultur zu entdecken. Die *Pacific Northwest Cuisine*, auch *Pacific Rim Cuisine* genannt, hat sich in den letzten Jahren hervorragend entwickelt. Die wichtigste Zutat in der Stadt am Meer ist natürlich Fisch. Aber auch authentische chinesische, japanische oder vietnamesische Küche wird geboten und für Vegetarier gibt es exzellente Lokale.

Geschichte

Da Seattle geschützt durch die St.-Juan-Inseln im Puget Sound liegt, begannen weiße Siedler 1851 den Aufbau der Ansiedlung als Versorgungsstation für vorbeifahrende Seefahrer. Dem Duwamish-Häuptling Seathl kauften sie das Recht ab, seinen Namen für die junge Stadt zu nutzen, danach wurde allerdings den Indianern der Aufenthalt in Seattle verboten. Die Anbindung an die Eisenbahnlinie der Northern Pacific Railroad im Jahr 1884 bedeutete einen weiteren Schub für die junge Kommune. 1889 zerstörte ein großer Brand fast die gesamte Stadt, daraufhin wurden die Häuser neu errichtet, diesmal aus Stein und auf einem Bodenniveau, das ca. 10 m höher war als der jemals gemessene Flutstand. Aber erst die Entdeckung von Gold am Klondike River bescherte eine wirkliche Blüte. Seattle wuchs stetig, nachdem 1897 der erste Dampfer aus Alaska mit einer Tonne Gold im Hafen angelegt hatte. Zwischen 1880 und 1910 stieg die Bevölkerungszahl von 3500 auf 230 000 Einwohner und die Stadt breitete sich bis an den Lake Washington im Osten aus. 1916 wurde der Flugzeughersteller Boeing gegründet und die Nachfrage nach Bombern während des Zweiten Weltkriegs brachte die Firma zur Blüte. In den 1950er-Jahren war die Hälfte aller Erwerbstätigen in und um Seattle bei Boeing beschäftigt. So blieb es nicht aus, dass die Krise der Firma in den frühen 1970er-Jahren auch die Bevölkerung hart traf.

Mit der Weltausstellung 1962 hatten die für die Stadtentwicklung Zuständigen neue Akzente zu setzen versucht – die berühmte Space Needle stammt aus dieser Zeit –, und langfristig zahlte sich diese Strategie aus.

In jüngerer Vergangenheit ist Seattle zu einem Zentrum der IT-Branche geworden. Die wichtigste der IT-Firmen mit Sitz in Redmond bei Seattle ist der Software-Hersteller Microsoft. Aber auch andere bekannte IT- und Telekommunikationsfirmen wie Amazon, RealNetworks und T-Mobile USA haben ihren Sitz in und um Seattle. Amazon baut sein Hauptquartier am südlichen Lake Union gerade aus: Zwei neue Hochhäuser sollen ca. 50 000 Mitarbeitern Arbeitsplätze bieten.

Seattles Stadtplan richtig lesen

Anders als in vielen amerikanischen Städten bedeuten die Angaben NW (Northwest) oder S (South) in Seattle keine Himmelsrichtung. Vielmehr weisen sie auf die Position hin, welche die Straße im Verhältnis zur Innenstadt hat. So sind z. B. die 2nd Avenue W und die 2nd Avenue S zwei verschiedene Straßen, die weit auseinanderliegen. Am besten stellt man sich Downtown als die Mitte eines Kompasses vor. Durchgangsstraßen Richtung Ost-West werden i. d. R. als Streets bezeichnet, der Zusatz N bedeutet dann, dieser Teil der Straße liegt nördlich von Downtown. Straßen mit Nord-Süd-Verlauf heißen Avenues, die 22nd Avenue NE liegt dann nordöstlich von der Innenstadt. Fragen Sie immer genau nach: Die Einheimischen tendieren dazu, diese Ergänzungen wegzulassen, und so könnten Sie zu einer völlig anderen Adresse geschickt werden.

Hiram M. Chittenden Locks
Lake Union
QUEEN ANNE
Ward St.
Aloha St.
Valley St.
Roy St.
Mercer St.
Republican St.
Harrison St.
Thomas St.
John St.
Denny Way
1st Ave. N
Warren Ave. N
2nd Ave. N
3rd Ave. N
4th Ave. N
5th Ave. N
Taylor Ave. N
6th Ave. N
Aurora Ave. N
Dexter Ave. N
8th Ave. N
9th Ave. N
Westlake Ave. N
Fairview Ave. N
Fairview & Campus Drive
Lake Union Park
SOUTH-LAKE UNION
Westlake & Mercer
Terry & Mercer
Bill & Melinda Gates Foundation
Seattle Center
Climate Pledge Arena
Seattle Center
Boren Ave. N
Minor Ave. N
Yale Ave. N
Pontius Ave. N
Terry Ave. N
Westlake & Thomas
Terry & Thomas
Streetcar
Denny Park
Broad St.
Westlake & 9th
DENNY REGRADE
Western Ave.
1st Ave.
2nd Ave.
3rd Ave.
4th Ave.
5th Ave.
Wall St.
Bell St.
7th Ave.
8th Ave.
9th Ave.
Terry Ave.
Boren Ave.
Minor Ave.
Yale Ave.
Elliot Ave.
Clay St.
Cedar St.
Vine St.
Battery St.
Monorail
6th Ave.
Lenora St.
Virginia St.
Stewart St.
Howell St.
Olive Way
Boren Pike Pine Park
Westlake & 7th
BELLTOWN
Blanchard St.
Alaskan Way
Westlake Hub / McGraw Square
Pine St.
Westlake Center
Westlake
Freeway Park
Alaskan Way Viaduct
Pike Pl.
Pike St.
Union St.
Seneca St.
Spring St.
University St.
University Street
Madison St.
Marion St.
Columbia St.
Post Alley
Cherry St.
James St.
Pioneer Square
DOWNTOWN
Colman Dock
Yesler Way
PIONEER SQUARE
S Washington St.
S Main St.
S Jackson St.
1st Ave. S
2nd Ave. S
4th Ave. S
Occidental Mall
King Street Station
S King St.
International District / Chinatown
Seahawks Stadium
Puget Sound
99
5
70
69
67
66
63
62
59
57
56
55
54
53
48
46
0
200
400
600
800 m

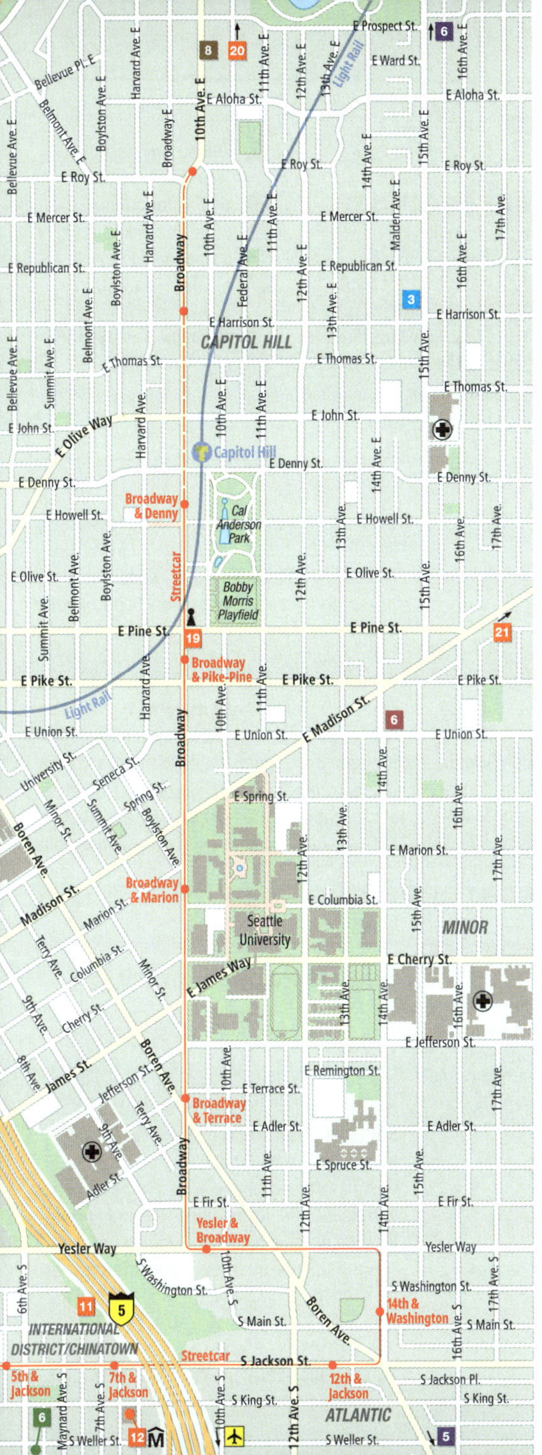

Seattle

Sehenswert

1. Pike Place Market
2. Seattle Art Museum (SAM)
3. Seattle Public Library
4. Columbia Center
5. Seattle Aquarium
6. Pioneer Building
7. Smith Tower
8. Occidental Park
9. Waterfall Garden
10. Klondike Gold Rush Historical Park
11. Kobe Terrace Park
12. Wing Luke Asian Museum
13. Amazon-Hauptquartier
14. Olympic Sculpture Park
15. Space Needle
16. Museum of Pop Culture (MoPop)
17. Hausbootsiedlung
18. Washington University
19. Jimi-Hendrix-Statue
20. Lakeview-Friedhof
21. Washington Park Arboretum

Übernachten

1. Hotel Andra
2. Edgewater Hotel
3. Hotel Alexis
4. Hotel Vintage Park
5. ACE Hotel
6. University Inn
7. Graduate Seattle
8. University Motel Suites
9. Comfort Inn & Suites
10. Green Tortoise Hostel

Essen & Trinken

1. Canlis
2. El Gaucho
3. Shucker's
4. The Fisherman's
5. Ray's Boathouse
6. Skillet Diner

Fortsetzung s. S. 118

7 Elliott's Oyster House
8 Wild Ginger
9 Virginia Inn & Tavern
10 Palomino

Einkaufen

1 REI – Recreational Equipment
2 Amazon Go
3 Niketown
4 Ye olde curiosity shop
5 Grand Central Arcade
6 Uwajimaya
7 Fremont Sunday Market

Abends & Nachts

1 Crocodile
2 Tractor Tavern
3 Victrola Coffee & Art
4 Pike Pub & Brewery
5 Dimitrious Jazz Alley
6 Seattle Symphony, Benaroya Hall
7 Fifth Avenue Theatre

Aktiv

1 Seattle Architecture Tours
2 Underground Tour
3 Ride the Ducks
4 Savor Seattle
5 Mt. Baker Rowing & Sailing Center
6 Montlake Bicycle Shop
7 Argosy Cruises

Downtown 

Cityplan: S. 117

Pike Place Market 1

Pike Place, www.pikeplacemarket.org, tgl. 6–18 Uhr, Restaurants bis 1.30 Uhr

Normalerweise sind Innenstädte sonntags morgens eher unbelebt. Zwar haben in Nordamerika viele Geschäfte auch sonntags geöffnet, aber die kleineren Boutiquen fangen meist erst gegen Mittag an. Rund um Seattles Herzstück, den **Pike Place Market,** ist von sonntäglicher Ruhe selten etwas zu spüren. Hunderte, im Sommer Tausende Besucher und Einheimische zieht es zu diesem »Großvater aller Bauernmärkte«. Ca. 300 kleine Läden und Verkaufsstände befinden sich innerhalb des mehrstöckigen Komplexes oberhalb der Piers. Der älteste Starbucks-Shop der USA liegt dem Markt gegenüber. Mit buntem Kaugummi bedeckte Wände entlang der Post Alley (links vom Marktschwein) beleben als wachsendes Kunstwerk den öffentlichen Raum.

Seattle Art Museum (SAM) 2

1300 1st Ave., Tel. 206-654-3100, www.seattleartmuseum.org, Mi–So 10–17 Uhr, Erw. 19,95 $, Jugendl. 13-17 J 12,95 $. Kin. unter 12 J. frei; zum SAM gehört auch der Olympic Sculpture Park (s. S. 124)

Nahe dem Markt stößt man unweigerlich auf die riesige Figur des »Hammering Man« von Jonathan Borofsky, der vor dem Eingang des **Seattle Art Museum (SAM)** steht. Die 15 m hohe, den Arm schwingende Stahlfigur ist eine Ehrung für die Arbeiter dieser Welt, unabhängig von einer Profession. Weltweit gibt es mehrere dieser Figuren, auch in Frankfurt am Main vor dem Messeturm steht ein Exemplar. Mit wechselnden Ausstellungen und Sammlungen von Kunst aus aller Welt hat sich das Museum einen Namen gemacht. Dauerhaft sind mehr als 20 000 Objekte ausgestellt, von antiken ägyptischen Reliefskulpturen bis hin zu Werken Alter Meister und moderner amerikanischer Kunst sowie einer Sammlung mit Exponaten der Ureinwohner.

Seattle Public Library 3

1000 4th Ave., Tel. 206-386-4636, www.spl.org, Mo–Do 10–20, Fr, Sa 10–18, So 12–18 Uhr

Erst 2004 bezogen ca. 2 Mio. Bücher und Medien das preisgekrönte neue Gebäude der **Seattle Public Library**. Architekt Rem Koolhaas hat ein äußerst sehenswertes elfstöckiges gläsernes Unikat geschaffen, das schon von der Straße aus beeindruckt und auch im Inneren durch einige ungewöhnliche Gestaltungselemente überzeugt; Kunstinteressierte können sich u. a. eine Videoinstallation von Gary Hill ansehen. Zahlreiche Computerarbeitsplätze stehen in den lichtdurchfluteten Bibliotheksräumen zur Verfügung

Der Pike Place Fish Market

»FISH!« nannte sich ein Motivationskonzept in den 1990er-Jahren. In vielen Unternehmen diente das Beispiel des Markts in Seattle als Vorbild für erfolgreiche und dynamische Selbstmotivation enthusiastischer Mitarbeiter. Neue Ideen der Unternehmensberater mögen »FISH!« verdrängt haben, aber den Markt in Seattle gibt es noch immer.

Wir haben den tollsten Job der Welt, sagen die Fischhändler, und das führt zu einer ungewöhnlich heiteren und angenehmen Atmosphäre in den meist sehr gut besuchten Markthallen (9 Mio. Besucher jährlich). Die ›fliegenden Fische‹ sind eine der Attraktionen: Die Verkäufer von Sol Amon's Pure Food Fish beispielsweise werfen sich die frischen Kabeljaus, Rotbarben oder Lachse über den gesamten Stand zu, was geübt sein will, denn Fisch ist glitschig. Manchmal landet auch ein Hering im Ausschnitt einer Touristin – Zufall?

Der Fischmarkt ist nur ein Teil des großen, überdachten Public Market mit 300 (!) festen Ständen und Geschäften. Der Pike Place liegt im historischen Teil von Seattle und der Markt ist in Stufen in die Anhöhe oberhalb der Piers gebaut. Direkt vom Erzeuger kaufen hat in Seattle Tradition. Am 17. August 1907 hielten gerade einmal zehn Bauern den ersten Markttag am Pike Place ab. Ende des Jahres war die Halle fertig und die Einwohner der Stadt konnten jeden Tag frisches Gemüse, Fleisch und Fisch einkaufen. Der Markt hat eine wechselvolle Geschichte hinter sich: Bis Anfang der 1940er-Jahre waren die meisten Bauern im Umland von Seattle japanischer Abstammung. Aber die Bombardierung von Pearl Harbour änderte das Leben dieser Menschen. 1942 wurden die japanischen Amerikaner in Lager geschickt, ihre Farmen und auch ihre Stände auf dem Markt konfisziert und verkauft. Es dauerte eine Weile, bis sich das Marktleben wieder stabilisierte, zumal Dosen- oder Fertiggerichte die moderne Hausfrau im Amerika der 1950- und 1960er-Jahre mehr animierten als frisches Gemüse oder Fisch. Anstelle der alten Markthalle sollten Bürogebäude für die pulsierende Stadt errichtet werden, doch eine Bürgerinitiative hielt dagegen.

Man stellte Pike Place unter Denkmalschutz *(historic preservation zone)* und die Hallen wurden nach den originalen Plänen restauriert. Dennoch gingen die Geschäfte nicht gut, und so hatte 1986 ein findiger Unternehmer die Idee, etwas für die Verbesserung des Verkaufsklimas zu tun. Mithilfe einer Unternehmensberatung wurden neue Ziele gesetzt, die Motivation gesteigert, die Mitarbeiter »empowered«.

Die Vision ist Realität geworden: Pike Place Fish Market wurde weltberühmt, nicht nur als Touristenattraktion, sondern als Idee des respektvollen und freundlichen Umgangs der Mitarbeiter untereinander und mit ihren Kunden. Zusätzlich zum Marktgeschehen finden immer wieder Veranstaltungen statt, z. B. das »Pike Place Market Street Festival« Ende Mai oder das »Sunset Supper« am 17. August (Marktgeburtstag, s. S. 131) mit Spezialmenüs in über 70 Restaurants rund um den Pike Place.

Im Skyscraper-Dschungel von Downtown ähnelt die Space Needle einem Hochsitz

und zwischen den Bücherregalen finden sich Sitzplätze zum Schmökern. Im 10. Stock gibt es einen großen Leseraum, der neben bequemen Sesseln auch einen fantastischen Blick über die Stadt bietet.

Columbia Center 4

701 5th Ave., www.skyviewobservatory.com, tgl. 10–20 Uhr, Erw. ab 25 $, online
Wer hoch hinaus will, sollte zur 5th Avenue weitergehen, denn dort steht das höchste und gleichzeitig schmalste Gebäude der Stadt. Das 1985 eröffnete **Columbia Center** (heute Bank of America Tower) hat insgesamt 76 Stockwerke (295 m) und auf der 73. Etage eine Aussichtsterrasse, von der aus man auf die Space Needle herabblicken und einen 360-Grad-Rundumblick genießen kann.

Waterfront

www.waterfrontseattle.org (inkl. Infos über den Stand der Bauarbeiten)
Am **Alaskan Way** liegen die **Piers** der Fähren, Fischkutter und Ausflugsschiffe. An warmen Sommertagen ist der Abschnitt zwischen Pier 54 und 59 nur mit viel Gelassenheit zu bewältigen, denn dort ist das Treiben am lebhaftesten. Viele Restaurants, Souvenirläden und das **Riesenrad** auf Pier 7 (www.seattlegreat

wheel.com) ziehen die Besucher an, zudem legen an Pier 67 die Kreuzfahrtschiffe an.

Bis 2025 sollen die Bauarbeiten entlang der Piers noch dauern. Ein Tunnel wird die Hochtrasse ersetzen und Pier 62 wird neu gebaut. Mit Beeinträchtigungen des Verkehrs muss jederzeit gerechnet werden.

Seattle Aquarium 5

1483 Alaskan Way, Pier 59, Tel. 206-386-4300, www.seattleaquarium.org, tgl. 9.30–18 Uhr, am besten online buchen, Erw. ab 30 $, Kinder 4–12 J. 21 $, mit CityPass günstiger

Das **Seattle Aquarium** lohnt einen Besuch wegen seiner bunten und abwechslungsreich gestalteten Unterwasserwelten. Ein Glastunnel führt durch Fischschwärme, die normalerweise ein tropisches Korallenriff bewohnen. Aber auch die Vertreter der im Puget Sound heimischen Tierwelt sind von Auge zu Auge zu besichtigen. Hier kommt beispielsweise der Seehase *(lumpsucker)* vor, aus dessen Rogen »Deutscher Kaviar« gemacht wird.

Pioneer Square

www.pioneersquare.org; an der Ecke Main Street und Occidental Avenue steht ein Informationskiosk der Pioneer Square Community Association, dort kann man MP3-Player für einen Spaziergang entlang der wichtigen Sehenswürdigkeiten ausleihen (www.seattle-tourist.com/pioneer-square-audio-tour.html)

Sozusagen der Geburtsort von Seattle ist der Stadtteil Pioneer Square mit dem gleichnamigen Platz. Er liegt zwischen 1st Street, Occidental Avenue und King Street, Center/Union Station. Die Sägemühle von Henry Yesler befand sich hier, die natürlich auch wie alles andere dem großen Feuer von 1889 zum Opfer fiel. Das älteste erhaltene Gebäude der Stadt, das **Pioneer Building** 6 am Pioneer Square Park, ist im damals typischen viktorianisch-italienischen Backsteinstil erbaut. Die Metall-Glas-Konstruktion der Pergola von 1905 steht unter Denkmalschutz. Ursprünglich diente die Halle als Warteraum für die Fahrgäste der Straßenbahn.

Smith Tower 7

506 2nd Ave., Tel. 206-622-4004, www.smithtower.com, April–Okt. 10 Uhr bis Sonnenuntergang, Erw. 19 $, online 17,10 $, Kinder 6–12 J. 15 $, online 13,50 $

Ein paar Schritte vom Pioneer Building entfernt gibt es eine weitere Gelegenheit, die Altstadt aus der Vogelperspektive zu entdecken. Im **Smith Tower** von 1914 befindet sich im 35. Stock ein Aussichtsraum, der von einem schmalen Balkon umgeben ist. Die Fahrt dort hinauf legt man in den ältesten Fahrstühlen der Westküste zurück. Lange war das Gebäude das höchste westlich der Rockies; inzwischen hat es ein neuer Besitzer restauriert und die Aussichtsetage mit einer Bar erweitert.

Seattle und die Tech-Giganten

Seattles neues Highlight: Amazons the spheres

Anders als in Deutschland gibt es in Nordamerika keine staatlich geförderte Kultur. Museen, Theater, Opern oder Bibliotheken werden meist mithilfe von privaten Stiftungen oder Schenkungen aufgebaut und bleiben von Sponsorengeldern abhängig. Die Mäzene der Kultur verewigen sich mit ihren Schenkungen und die jeweilige Stadt profitiert, indem sie ihr kulturelles Angebot erweitern kann.

Seattle ist stolz auf den Sponsor Paul G. Allen (1953–2018), den Mitbegründer von Microsoft. Er gründete 1986 die Paul G. Allen Family Foundation, diese verwaltet den Großteil seiner Zuwendungen. Die Stiftung wird nun von seiner Schwester geleitet und engagiert sich in Projekten zum Schutz der Umwelt und des Klimas, auf kommunaler Ebene sowie im Bereich der Wissenschaftsförderung (https://pgafamilyfoundation.org). Zu den kulturellen Highlights in Seattle gehören die von Allen finanzierten Museen Museum of Pop Culture, das Science Fiction Museum and the Hall of Fame.

Der ebenfalls in Seattle geborene Bill Gates hat gemeinsam mit seiner damaligen Frau Melinda eine Stiftung gegründet, die zwar ihren Sitz in der Stadt hat, deren Ziele aber im Bereich der Entwicklungshilfe und Krankheitsbekämpfung in der ganzen Welt angesiedelt sind. Weiterhin engagiert sie sich in der Forschung nach Impfstoffen gegen Aids, Tuberkulose und Malaria sowie der Bereitstellung von Impfstoffen gegen Kinderlähmung, Diphtherie, Keuchhusten, Masern und Gelbfieber. Im Visitor Center der Stiftung am Rand des Seattle Center werden die verschiedenen Aktionsfelder interaktiv dargestellt (440 5th Ave. N, Di–Sa 10–17 Uhr, www.gatesfoundation.org/Visitor-Center).

Amazons neues Hauptquartier mit den drei Spähren ist Ende Januar 2018 eröffnet worden. Bis zu 800 Angestellte können in den Glaskugeln entspannen und in den Konferenzräumen arbeiten. Zurzeit sind etwa 50 000 Menschen bei Amazon in Seattle tätig, diese Zahl soll in den nächsten Jahren verdoppelt werden. Übrigens werden im Hauptgebäude Wohnungen für obdachlose Frauen mit Kindern angeboten.

Das Convention Center von Seattle (www.wscc.com) lebt überwiegend von der engen Partnerschaft mit Microsoft, zahlreiche Symposien und große Workshops des IT-Giganten werden dort ausgerichtet. Auch die Stadtbibliothek hat den Sponsor Microsoft mit einem Vortragssaal geehrt. Hotels, Restaurants und Caterer profitieren von den Geschäftsreisenden. Eine Folge ist aber auch, dass das Preisniveau der Stadt insgesamt relativ hoch ist.

»Gib der Gesellschaft etwas von dem zurück, was du von ihr erhalten hast«, lautet eines der Grundprinzipien der nordamerikanischen Gesellschaft und diese Regel wird von Vermögenden häufig so umgesetzt, dass sie großzügig spenden oder Stiftungen einrichten. Eine *Win-win*-Situation, so jedenfalls der *common sense* in Nordamerika.

Parks

Zum Einkaufen lohnt sich die gläserne **Grand Central Arcade** 5, die Bäckerei darin ist für ihre Mandel-Schokoladen-Croissants berühmt.

Hinter dem Gebäude liegt der **Occidental Park** 8, ein von Bäumen umstandener Platz mit Totempfählen und dem Denkmal für die Feuerwehrleute des Brands von 1889. Allerdings ist er auch ein beliebter Aufenthaltsort für viele Obdachlose.

Ideal für eine kleine Pause ist der **Waterfall Garden** 9 zwischen S Washington Street und S Main Street auf der 2nd Avenue. Zur Lunch-Zeit bringen viele Angestellte der benachbarten Büros und Läden ihre Sandwiches mit und essen in der kleinen Arkade am Fuß des künstlichen Wasserfalls.

Klondike Gold Rush Historical Park 10

319 2nd Ave. S, Tel. 206-220-4240, www.nps.gov/klse, tgl. 9–17 Uhr, Eintritt frei

Nicht versäumen sollte man den Klondike Gold Rush Historical Park, der den Goldsuchern im kalten Norden gewidmet ist. Das dazugehörende **Visitor Center** zeigt Fotos und einen Film über die harte Arbeit und die damaligen Lebensbedingungen. Seattle profitierte u. a., weil sich die Goldsucher erst Proviant und Ausrüstung beschaffen mussten, bevor sie auf die Schiffe nach Alaska durften.

Chinatown/International District

Ein Abstecher lohnt sich den Berg hinauf nach **Chinatown.** Früher wurde dieser Stadtteil nordöstlich von Pioneer Square zwischen 2nd und 8th Avenue zwar nach den chinesischen Einwanderern benannt, aber der Zuzug von Immigranten aus Vietnam, Korea, Japan und den Philippinen ließ die Stadtverwaltung den neuen Namen International District wählen.

Kobe Terrace Park 11

650 Main St., tgl. 6–22 Uhr

Sehenswert sind das Wing Luke Asian Museum (s.u.) sowie – am schönsten im Frühling während der Kirschbaumblüte – der nach einer der Partnerstädte von Seattle benannte **Kobe Terrace Park,** eine Oase der Ruhe.

Anstatt viele kleine Läden abzugehen, sollte man den südlich vom Kobe Terrace Park gelegenen **Uwajimaya-Supermarkt** 6 besuchen. Er ist Treffpunkt für die hier lebenden Menschen und neben den asiatischen Lebensmitteln gibt es Souvenirs für jeden Geschmack.

Wing Luke Asian Museum 12

719 S King St., www.wingluke.org, Mi–So 10–17 Uhr, Erw. 17 $, 62+ 15 $, Schüler 12,50 $, Kinder 5–12 J. 10 $

Das **Wing Luke Asian Museum** vermittelt einen guten Überblick über die Geschichte der Einwanderer. Oft wird diese mithilfe der Dokumentation individueller Biografien sowie anhand von Fotos dargestellt.

Belltown

Der angesagte Stadtteil **Belltown** liegt zwischen Waterfront, Seattle Center und Denny Way. In den letzten Jahren hat er sich zu einer bevorzugten Wohnlage von jungen Besserverdienenden entwickelt. Viele der alten Backsteingebäude werden restauriert und zahlreiche Neubauten füllen die Lücken, die früher oft als Parkplätze genutzt wurden. Besonders ›in‹ sind die drei Blocks auf der 2nd Avenue zwischen Lenora und Battery Street. In den kleinen Galerien dort sind mitunter gute Arbeiten junger einheimischer Künstler zu finden.

In Belltown war der Plattenverlag Sub Pop Records zu Hause, das führende Label für die Grunge-Musik in den 1980er-Jahren; Bands wie Green River, Mudhoney, Soundgarden und Nirvana haben Grunge berühmt gemacht. Sich ein wenig in diese Zeiten zurückversetzen lassen kann man im **Crocodile** 1, einem Livemusik-Theater-Zirkus-Klub, der mitunter sehr ungewöhnlichen, meist lokalen Künstlern ein Forum bietet (s. S. 130).

Amazon-Hauptquartier 13

2101 7th Ave., 1. und 3. Sa im Monat 10–18 Uhr, www.seattlespheres.com

Unweit der Space Needle ist das neue Hauptquartier des Internetriesen Amazon entstanden, die Glaskugeln **the spheres** davor können im Rahmen von Führungen besichtigt werden. Ihr Inneres besticht mit Gärten, einem Wasserfall und sogar einem kurzen Fluss. Ein Gärtnerteam hat die Aufgabe, die Pflanzen, immerhin 300 verschiedene Arten und insgesamt 40 000 Pflanzen, am Leben zu erhalten und diese grüne Oase zu gestalten. Die größte Glaskugel, der BIODOME, ist 27 m hoch und 39 m breit.

In seinem Bürogebäude in der Innenstadt hat Amazon mit **Amazon Go** 2 den ersten Supermarkt ohne Kassen eröffnet. Hier sind alle Waren an Scanner angeschlossen, der Kunde identifiziert sich beim Eintritt in den Laden mit seiner Amazon App auf dem Smartphone und alle Einkäufe werden seinem Konto zugeordnet, abgerechnet wird später. Nur beim Regal mit den Alkoholika steht noch ein Mitarbeiter – schließlich muss das Alter des Kunden genau verifiziert werden.

Olympic Sculpture Park 14

2901 Western Ave., www.seattleartmuseum.org, Eintritt frei

Im Stadtteil Belltown wurde 2007 der **Olympic Sculpture Park** eröffnet, der zum Seattle Art Museum gehört (s. S. 118). Direkt am Wasser gelegen, war das Gelände vorher von einer Ölfirma industriell genutzt worden. Das innovative Konzept, das diesem Skulpturenpark zugrunde liegt, beinhaltet insbesondere auch die Wiederherstellung der ursprünglich hier vorzufindenden Natur. Dazu gehören etwa eine Schutzzone *(habitat)* für Lachse sowie die Anpflanzung heimischer Pflanzen.

Seattle Center

Zwischen 1st Avenue N, Broad Street, 5th Avenue N und Mercer Street, www.seattlecenter.com

Das **Seattle Center,** eine ca. 300 000 m² große Parkanlage mit bedeutenden Museen, diversen Restaurants, der Oper, drei Theatern, dem **Chihuly Glas Museum** mit Garten und dem **Pacific Science Center,** ist unbedingt einen Besuch wert. Die meisten der großen Feste und Events finden im Center statt, beispielsweise auch Bumbershoot, Seattles Music & Arts Festival im September (s. S. 131).

Space Needle 15

400 Broad St., Tel. 206-905-2100, www.spaceneedle.com, Observation Deck ganzjährig tgl. 9–23 Uhr, ab 13 J. 35 $, bis 13 J. 26 $; SkyCity Restaurant Lunch Mo–Do 11–14.45, Dinner tgl. ab 17, Brunch Fr–So 9.30–14.45 Uhr

Die Weltausstellung von 1962 bescherte der Stadt den Park und ihr Wahrzeichen, die **Space Needle.** Der schlanke Turm ist 184 m hoch und vom Deck in 158 m Höhe lässt sich die Aussicht bis hin zum Mount Rainier genießen. Neu sind der gläserne und rotierende Boden des Observation Deck sowie das Outdoor-Deck.

Museum of Pop Culture 16

325 5th Ave., Tel. 206-367-54 83, www.mopop.org, Do–Di 10–17 Uhr, Erw. 28 $, Kinder 5–17 J. 19 $, online billiger

In einem von Frank Gehry entworfenen Gebäude befindet sich das von Paul G. Allen gesponserte **Museum of Pop Culture (MoPOP).** Die ungewöhnliche Architektur mit der schimmernden Aluminiumoberfläche ist nicht ganz unumstritten. Manche sehen eine Art zertrümmerte Gitarre in dem Gebäude, andere bezeichnen es als »Klumpen«, ein amerikanischer Kritiker wiederum beschrieb es als »ein Ding, das aus dem Ozean kroch, sich auf den Rücken rollte und starb«. Das MoPOP ist ein Museum zur Pop- und Rockmusik, wobei zahlreiche, oft auch interaktiv aufbereitete Informationen Einblicke in die Entwicklung moderner Unterhaltungsmusik bieten (s. Tipp S. 126).

Vielleicht eine etwas kleinere Zielgruppe sprechen im gleichen Gebäude das ebenfalls von Paul Allen gesponserte, sehenswerte **Science Fiction Museum** und die **Fantasy Hall of Fame** an, in denen die Autoren und Regisseure der Sci-Fi-Welt geehrt werden.

Blick ins Innere des Museum of Pop Culture – diese Gitarrenskulptur enthält u. a. Instrumente von Jimi Hendrix

mabuse

MUSIK MACHEN IM MUSEUM OF POP CULTURE IM SEATTLE CENTER

Handgeschriebene Nirvana-Songtexte, Jimi-Hendrix-Gitarren oder eine Zeitreise durch Musikstile, im MoPOP 16, einem von Microsoft-Mitbegründer Paul G. Allen gesponserten Museum zur Rockmusik, finden sich Devotionalien, Informationen, jede Menge Technik und überraschende Musikerlebnisse (s. auch S. 124).

Das MoPOP umfasst eine **Sammlung von ca. 80 000 Exponaten** zur Geschichte der Rockmusik, darunter eine Gitarrensammlung mit dem Instrument, auf dem Jimi Hendrix beim Woodstock-Festival spielte. Paul Allen hat übrigens der Familie von Hendrix geholfen, in einem Gerichtsverfahren die Rechte an dessen Musik zurückzubekommen.

Die Abteilung »Northwest Passage« verfolgt die musikalische Entwicklung der lokalen Szene von den Anfängen von The Ventures über die Grunge-Bands bis zur heutigen Zeit. Im großen **Sound Lab** oder in den *jam areas* können die Besucher selbst zu Instrumenten greifen und ihre musikalischen Vorlieben ausleben. Gitarren, Keyboards und Trommeln stehen zur Verfügung für freie Improvisation, man kann aber auch mithilfe der Soundtechnik vorprogrammierte Stücke erlernen und nachspielen. Auf jeden Fall sollte man für dieses Vergnügen Zeit mitbringen, denn das Sound Lab ist oft von Schulklassen oder Jugendgruppen besucht. Auch als **Veranstaltungsort** ist das MoPOP beliebt, die Bühne hat die beste Akustik der Stadt.

Dieses Museum ist einmalig. Der Fokus Rockmusikgeschichte mag zwar für Musikliebhaber etwas eng gewählt erscheinen, trägt aber der Tatsache Rechnung, dass diese Musikrichtung Millionen Menschen inspiriert und in ihrem Leben begleitet. Jeden dritten Samstag im Monat ist übrigens Familientag im MoPOP dann werden Workshops, Spezialführungen und kleine Konzerte angeboten. Für Kinder unter 10 Jahren sind diese Tage kostenlos.

Am Lake Union

Neben der Space Needle befindet sich der Bahnhof der Monorail, mit der man bequem zu den Einkaufszentren an der 5th Avenue gelangen kann. Vom **Bahnhof am Westlake Center** geht auch der Lake Union Trolley ab, der bis zum South Lake Union Park fährt. Fast 13 km lang ist der um 1900 gebaute **Lake Washington Ship Canal,** der die Innenstadt von den nördlichen Stadtteilen abtrennt und die Elliott Bay mit dem im Osten liegenden Lake Washington verbindet. Eine Ausbuchtung dieses Kanals ist der **Lake Union.**

Hausbootsiedlung 17

Dock am South Lake Union Park

Berühmt ist der Lake Union für seine **Hausbootsiedlung** am östlichen Ufer. Im Film »Schlaflos in Seattle« wohnt übrigens Tom Hanks mit seinem Sohn dort. Leider nur samstags gibt es die »Ice Cream Cruise« mit der kleinen **Fähre »Fremont Avenue«,** die ca. 45 Minuten u. a. an den Hausbooten vorbeifährt (Tel. 206-713-8446, www.seattlewatertours.com, Sa stdl. 11–15 Uhr, im Hochsommer öfter, Erw. 15 $, Kinder 3–12 J. 10 $).

Außerhalb von Downtown ▶D 4

Cityplan: S. 117

University District

Studierende bieten kostenlose Führungen durch das Gelände an, die am Visitor Information Center beginnen (022 Odegaard, Tel. 206-543-9198, www.washington.edu/visit, in den Universitätsferien geschl.)

Östlich von der Interstate 5, die die Innenstadt von den anderen Stadtbezirken abtrennt, liegt der **University District.** Den 260 ha großen Campus der **Washington University** 18 zu besuchen lohnt sich wegen der zahlreichen historischen Gebäude und schön angelegten Parks. Mit 17 Schulen und Colleges ist die Ausbildungsstätte eine der größten im Nordwesten, ca. 54 000 Studierende sind dort eingeschrieben.

Henry Art Gallery und Burke Museum

Henry Art Gallery: 15th Ave., Tel. 206-543-2280, www.henryart.org, Mi, Fr–So 11–16, Do 11–21 Uhr, 10$, Senioren 6$; Burke Museum:17th Ave. NE, Tel. 206-543-5590, www.burkemuseum.org, tgl. 10–17 Uhr, Erw. 10 $, Senioren 8 $, Studenten/Schüler/Kin. ab 5 J. 7,50 $

Auf dem Universitätsgelände befinden sich die **Henry Art Gallery** und das **Burke Museum,** ein naturkundliches und naturhistorisches Museum, das u. a. auch die Entwicklungsgeschichte vieler Indianerstämme Washingtons nachzeichnet.

Capitol Hill

Bei den Einheimischen wird **Capitol Hill** inzwischen ›Pill Hill‹ genannt, weil sich hier eine große Zahl an Kliniken und Arztpraxen niedergelassen hat. Patienten aus kleineren Städten oder vom Land kommen zur Behandlung nach Seattle, deshalb können die umliegenden Hotels besonders während des Winterhalbjahrs oft ausgebucht sein.

Der zwischen der Interstate 5 und dem Lake Washington liegende Capitol Hill gilt als besonders lebendig und liberal und erfreut sich regen Zuzugs. Zudem ist er die Hochburg der LGBTQ-Szene von Seattle. Im Juni ist die jährliche Pride Parade auf dem Broadway ein beliebtes Fest. Zu Ehren des legendären Musikers **Jimi Hendrix,** eines Sohns der Stadt, kniet an der Ecke Broadway und Pine Street eine **Bronzestatue des Künstlers** 19. Auf dem **Lakeview-Friedhof** 20 befindet sich das Grab von Kung-Fu-Legende **Bruce Lee.** Seine aus Seattle stammende Frau hatte ihn nach seinem Tod in Hong Kong nach Seattle überführen und auf diesem Friedhof bestatten lassen.

Der **Broadway** lohnt einen Bummel wegen seiner zahlreichen Geschäfte, Boutiquen und, nicht zu übersehen, Coffeeshops. Eine kleine Privatrösterei steht hinter dem Café **Victrola Coffee & Art** 3 (411 15th Ave. E, www.victrolacoffee.com) mit inzwischen vier Filialen. Dort lassen sich nicht nur vorzüglich verschiedene Kaffeesorten probieren, sondern auch Kunstausstellungen besuchen.

Washington Park Arboretum 21

Graham Visitors Center, Arboretum Dr., Tel. 206-543-8800, https://botanicgardens.uw.edu, tgl. 10–16 Uhr, Eintritt in den Park frei

Für Liebhaber von Bäumen ist ein Spaziergang im **Washington Park Arboretum** zu empfehlen. 93 ha umfasst der im östlichen Teil von Capitol Hill gelegene Park, ca. 5000 verschiedene Bäume und Pflanzen sind im Park sowie im **Japanese Garden** vertreten.

Vergünstigter Eintritt

Der **Seattle City Pass** für 5 Attraktionen lohnt sich auch für kürzere Aufenthalte von 1 bis 3 Tagen, Infos unter www.citypass.com/seattle.

Infos

Convention and Visitors Bureau: One Convention Place, 701 Pike St., Tel. 206-461-5840, www.visitseattle.org, Mo–Fr 9–17 Uhr Speziell zur Innenstadt: www.downtownseattle.com.

Übernachten

Seattle bietet mit über 200 Hotels eine große Auswahl. Insgesamt ist das Niveau eher hochpreisig, und besonders im Sommer steigen die Preise noch einmal deutlich an. Es empfiehlt sich, schon von zu Hause aus zu buchen, denn die Stadt ist im Sommer gut besucht. Die Hotels der großen Ketten findet man am besten über eine der vielen Hotel-Webseiten. Viele Hotels haben sich von den Online-Diensten getrennt und bieten auf Nachfrage günstigere Preise und Pakete an. Außerhalb von Downtown ist es deutlich preiswerter. Für einen längeren Aufenthalt kann es sich lohnen, ein Zimmer oder eine Wohnung über Airbnb zu mieten – die privaten Unterkünfte gibt es in allen Preiskategorien.

Designhotel downtown – **Hotel Andra 1:** 2000 4th Ave., Tel. 877-448-8600, www.hotelandra.com. Wer den nordamerikanischen Designstil kennenlernen möchte, ist hier genau richtig. Oft als *European* bezeichnet, ist dieser Einrichtungsstil von klaren Formen, dunklem Holz und Stahlelementen gekennzeichnet. Die Ergänzung durch mitunter recht aufregende Farbmuster der Kissen oder Vorhänge gehört ebenfalls zum Stil; das Setzen von Akzenten ist in diesem Hotel geglückt. €€€

Luxus mit Meerblick – **Edgewater Hotel 2:** 2411 Alaskan Way, Pier 67, Tel. 206-728-7000, www.edgewaterhotel.com. Seattles einziges Hotel direkt am Wasser, mit viel Holz eingerichtete gemütliche 223 Zimmer. €€€

Elegante Boutiquehotels – **Hotel Alexis 3:** 1007 1st Ave., Tel. 206-624-4844, ww.sonesta.com, sowie **Hotel Vintage Park 4:** 1100 5th Ave., Tel. 206-624-8000, www.hotelvintage-seattle.com. Die beiden Hotels der Kimpton-Kette bieten hohen Komfort, sehr guten Service und individuell gestaltete Zimmer, außerdem ist man hier besonders tierfreundlich, d. h., man kann schon einmal über einen Hund oder eine Katze stolpern. €€€

Minimalistisches Design-Hotel – **ACE Hotel 5:** 2423 1st Ave., Tel. 206-448-4721, www.acehotel.com. Ein ungewöhnliches Design-Hotel in einem alten roten Backsteingebäude ist das im Jahr 1999 eröffnete Haus mit 28 Zimmern im Stadtteil Belltown, allerdings ohne Fahrstuhl. Bislang haben nur 14 Zimmer ein eigenes Bad, die anderen Bäder sind in den Fluren. €€€

Funktional – **University Inn 6:** 4140 Roosevelt Way NE, Tel. 800-733-3855, www.universityinnseattle.com. Funktionale, eher schlichte Zimmer. Das 100-Zimmer-Hotel bietet einen kostenlosen Shuttle-Service zu den Sehenswürdigkeiten und zum nächsten Einkaufscenter. Hier wird die Tierfreundlichkeit besonders betont. Die in Seattle ansässige Kettel Staypineapple hat das Hotel modernisiert, insbesondere für technische Zugänglichkeit gesorgt. Hier sind eher jüngere Gäste anzutreffen. €€€

Modernes Art déco im Univiertel – **Graduate Seattle 7:** 4507 Brooklyn Ave., Tel. 206-634-2000, www.graduatehotels.com, 158 Zimmer. Die Innenausstattung ist angelehnt an Art déco, den Stil der Zeit, als das Hotel 1931 eröffnet wurde. Das modern möblierte Haus gehört zur Graduate-Kette. Das Hotel wird auch gern für Tagungen genutzt. €€€

Preiswert nahe Downtown – **University Motel Suites 8:** 4731 12th Ave NE, Tel. 206-522-4724, http://universitymotelsuites.hotelsofseattle.com. Einfacheres Hotel mit 21 Suiten, inkl. kleiner Küche, separatem Schlafzimmer; freies WLAN. Eher schlichte, aber funktionale Möblierung. Gut geeignet für mehrere Tage und für Selbstversorger. €€

Etwas außerhalb im Norden – **Comfort Inn & Suites 9:** 13700 Ave. N, Tel. 206-962-4682, www.choicehotels.com. Die Kette bietet einen akzeptablen Standard, dazu gehören Frühstück, WLAN, kostenlose Parkplätze und ein Whirlpool. €€–€€€

Preisgünstiges Hostel – **Green Tortoise Hostel 10:** 105 Pike St., Tel. 206-340-1222, www.greentortoise.net. Für Downtown Seattle ist dieses Hostel ungewöhnlich preiswert, die schlichten Räume sind für kleine Gruppen und Familien geeignet. Eine Gemeinschaftsküche ermöglicht die Zubereitung eigener

Mahlzeiten. Der Badezimmerbereich ist separat, aber mit abgetrennten Einheiten. €

Essen & Trinken

Eleganter Klassiker – **Canlis 1**: 2576 Aurora Ave. N, Tel. 206-283-3313, www.canlis.com, Mo–Fr 17.30–22, Sa 17 Uhr bis Mitternacht. Eine kulinarische Institution der Stadt seit 1950, moderne *Pacific Northwest Cuisine*, 4-Gänge-Menü 115 $.

Steakhouse – **El Gaucho 2**: 2505 1st Ave., Tel. 206-728-1337, www.elgaucho.com, tgl. ab 17 Uhr. Wer ein gutes Steak schätzt, kommt hier auf seine Kosten. Dabei fehlen auch Gerichte mit Fisch nicht. Sehr elegant eingerichtet, zwei der drei kleineren abgetrennten Räume dienen auch als ›Weinkeller‹. Mehrfach ausgezeichnet vom »Wine Spectator«. New-York-Steak ab 65 $.

Klassische, traditionelle Austernbar – **Shucker's 3**: 411 University St., Tel. 206-621-1984, www.fairmont.com/seattle. Lunch Mo–Fr 11.30–17, Dinner tgl. ab 17 Uhr. 13 verschiedene Sorten werden in dieser ältesten Austernbar der Stadt im Fairmont Hotel angeboten – gemütlich, alt-amerikanisch. Gebackene Austern 24 $.

Quirliges Bistro – **Place Pigalle:** 81 Pike St., im Pike Place Market 1, Tel. 206-624-1756, www.placepigalle-seattle.com, tgl. 11–21 Uhr. Einrichtung wie im französischen Bistro, guter Blick auf die Piers, frische Fusion-Küche, exquisite Weinkarte, sehr gut besucht. Hauptgerichte um 20 $.

Familienrestaurant mit Aussicht – **The Fisherman's Restaurant 4**: 1301 Alaskan Way, Tel. 206-623-3500, www.thefishermansrestaurant.com. Sehr große Terrasse zur Bay, ab 11 Uhr. Einfaches Essen, aber große Portionen. Hauptgerichte ca. 19–30 $.

Familienrestaurant, amerikanisch – **Ray's Boathouse 5**: 6049 Seaview Ave., Tel. 206-781-1960, www.rays.com. Wechselnde Menüs mit frischen saisonalen Zutaten; Terrasse zur Bay, Dinner ab 17 Uhr, Fischgerichte ab 26 $. Lunch im separaten Café tgl. ab 11.30 Uhr, Tel. 206-782-0094. Hauptgänge ab 18 $.

Modern amerikanisch – **Skillet Diner 6**: 1400 East Union St., Tel. 206-512-2000, www.skilletstreetfood.com, tgl. ab 7 Uhr. Neben der fahrbaren Küche für den schnellen Hunger bietet das Diner am Capitol Hill typische amerikanische Gerichte wie Burger mit Schinken oder Caesar Salad mit Grünkohl. Hauptgerichte 14–19 $.

Spezialist für Fisch & Austern – **Elliott's Oyster House 7**: 1201 Alaskan Way, Pier 56, Tel. 206-623-4340, www.elliottsoysterhouse.com. Obwohl am Pier gelegen, kommen nicht nur Touristen hierher. Frische ist garantiert. *Dungeness Crab Cakes* 16 $.

Fusion-Küche mit Anspruch – **Wild Ginger 8**: 1401 3rd Ave., Tel. 206-623-4450, www.wildgingerkitchen.com, Lunch Mo–Sa 11.30–15, Dinner Mo–Fr ab 17, Sa, So ab 16 Uhr. Asiatische Fusion-Küche mit thailändischen, vietnamesischen und chinesischen Einflüssen. Hauptgerichte 15–27 $.

Bistro mit lokalen Produkten – **Virginia Inn & Tavern 9**: 1937 1st Ave., Tel. 206-728-1937, www.virginiainnseattle.com, tgl. 11.30 Uhr bis Mitternacht. Gemütliches Restaurant von 1903, abends oft Künstlerauftritte. Preiswerter Lunch, z. B. Caesar Salad 8 $, Dinner ab 15 $.

Beliebte Pizzeria – **Palomino 10**: 1420 5th Ave., Tel. 206-623-1300, www.palomino.com. Lunch 11–16, Dinner So–Do 16–21.30, Fr, Sa 16–22 Uhr. Salate, Sandwiches, Pasta. Pizzen ab 9 $.

Einkaufen

Outdoor – **REI – Recreational Equipment Inc. 1**: 222 Yale Ave. N, Tel. 206-223-1944, www.rei.com. Das Hauptgeschäft der Kaufhauskette bietet jede Art von Ausstattung für Outdoor-Aktivitäten.

Digital und doch real – **Amazon Go. 2**: 2131 7th Ave., Tel. 206-266-2992, tgl. 7–21 Uhr. Amazons erster vollelektronischer Supermarkt (s. S. 124) zeigt, dass man nicht nur ohne Kassen und Schlangestehen, sondern auch stationär gut einkaufen kann .

Sportkleidung – **Niketown 3**: 1500 6th Ave., Tel. 206-447-6453, www.nike.com. Alles von Nike.

Souvenirs & Kurioses – **Ye olde curiosity shop 4**: 1001 Alaskan Way, an Pier 54, Tel. 206-682-5844, http://yeoldecuriosityshop.com, tgl. 9–21.30 Uhr. Der urige und vollge-

Mehrere Piers an der Waterfront laden zum Bummeln, Shoppen und Ausgehen ein

stopfte Laden besteht schon seit 1899 und hat allerhand Merkwürdiges im Angebot wie nachgemachte Schrumpfköpfe, Harry-Potter-Dollarnoten oder auch beschriftete Reiskörner.

Bäckerei & Lebensmittel – **Grand Central Arcade** 5 **:** 214 1st Ave., am Pioneer Square. In dieser kleinen Mall gibt es u. a. eine hervorragende Bäckerei, die für ihre Mandelhörnchen bekannt ist.

Treffpunkt in Chinatown – **Uwajimaya** 6 **:** 600 5th Ave, S, www.uwajimaya.com, Mo–Sa 8–22 Uhr, So 9–21 Uhr. Asiatische Lebensmittel und Souvenirs nicht für die Bewohner in Chinatown (s. S. 123).

Trödel- und Flohmarkt – **Fremont Sunday Market** 7 **:** 3401 Evanston Ave. N, www.fremontmarket.com, So bis Ende Oktober 10–17/16 Uhr. Nur einer der vielen Bauern- und Flohmärkte, die in und um Seattle an verschiedenen Tagen abgehalten werden.

Abends & Nachts

Musikkneipen – **Crocodile** 1 **:** 2200 2nd Ave., Tel. 206-441-5611, www.thecrocodile.com, Klub ab 18, Café Di–Fr 11–15, Sa, So 9–15 Uhr. Ein Livemusik-Theater-Zirkus-Klub, der auch ungewöhnlichen Künstlern ein Forum bietet. **Tractor Tavern** 2 **:** 5213 Ballard Ave. NW, Tel. 206-789-3599, www.tractortavern.com. Livemusik von lokalen und überregionalen Gruppen, alle Stilrichtungen, im Ganzen besser als ähnliche Angebote um den Pioneer Square.

Rösterei & Künstlerbistro – **Victrola Coffee & Art** 3 **:** 411 15th Ave. E, Tel. 206-325-6520, www.victrolacoffee.com, Mo–Sa 6–22, So 6–21 Uhr. Gleichermaßen zum Kaffeetrinken wie für kleine Livekonzerte ist dieses angesagte Bistro immer gut besucht; die Werke lokaler Künstler an den Wänden werden auch verkauft.

Ganz frisch vom Fass – **Pike Pub & Brewery** 4 **:** 1415 1st Ave., Tel. 206-622-6044, www.pikebrewing.com, tgl. ab 11 Uhr. Eine der zahlreichen Microbreweries von Seattle. Es gibt hier auch Fisch, Pizza und Nachos, aber das Beste sind die vielen Biersorten, selbst gebraut und aus der Flasche.

Angesagter Jazzclub – **Dimitrious Jazz Alley 5**: 2033 6th Ave., Tel. 206-441-9729, www.jazzalley.com. Seit vielen Jahren der beste Jazzclub der Stadt, meist spielen Künstler von außerhalb.
Klassische Musik – **Seattle Symphony, Benaroya Hall 6**: 200 University St., Tel. 206-215-4747, www.seattlesymphony.org. Die Akustik der Halle gilt als besonders herausragend.
Musicals & mehr – **Fifth Avenue Theatre 7**: 1308 5th Ave., Tel. 206-625-1418, www.5thavenue.org. Überwiegend Musical-Aufführungen in einem Vaudeville-Gebäude von 1926, der Saal ist dem Thronsaal aus Pekings Verbotener Stadt nachgebildet.

Aktiv

Stadtführungen – **Seattle Architecture Tours 1**: 1333 5th Ave., Suite 300, Tel. 206-667-9184, http://seattlearchitecture.org. Die Spaziergänge durch Seattle werden von Freiwilligen der Stiftung Seattle Architecture durchgeführt; erhellende Informationen zur Geschichte und Entstehung bekannter und unbekannter Bauten. Erw. 25 $. **Underground Tour 2**: 608 1st Ave. (Pioneer Square), Tel. 206-682-4646, www.undergroundtour.com. Bei der zu Fuß unternommenen Stadtführung werden die Katakomben von Seattle besichtigt, von dort wurde die Stadt nach dem Feuer 1889 erhöht aufgebaut, Erw. 22 $. **Ride the Ducks 3**: 516 Broad St., Tel. 206-441-3825, www.ridetheducksofseattle.com. Ungewöhnliche Stadtbesichtigungen in einem Amphibienfahrzeug, zu Land und zu Wasser, Erw. ab 37,50 $, je nach Tour, Kin. 17 $ (online buchen).
Foodie Tours – **Savor Seattle 4**: 1916 Pike Place, Suite 12–480, Tel 206-209-5485, www.savorseattle.com. Der Veranstalter bietet verschiedene Touren an, die den Gästen die kulinarische Vielfalt der Stadt nahe bringen sollen. Von Variationen an Naschereien am Pike Market über edle Restaurants bis hin zu Weinen mit Tapas, die Bandbreite der Angebote wächst stetig. Preise von 40–75 $ je nach Tour.
Segeln, Rudern, Surfen – **Mt. Baker Rowing & Sailing Center 5**: 3800 Lake Wash Blvd. S, Tel. 206-386-1913, www.seattle.gov/parks/boats/Mtbaker.htm. Besonders schön sind Ausflüge auf dem Lake Washington.
Radverleih – **Montlake Bicycle Shop 6**: 2223 24th Ave. E, Tel. 206-329-7333, www.montlakebike.com. Verleih ab 4 Std., ab 35 $.
Hafenrundfahrt – **Argosy Cruises 7**: 1101 Alaskan Way, Pier 55, Tel. 206-622-8687, 888-623-1445, www.argosycruises.com. Informative, 1-stündige Hafenrundfahrt (ab 13 J. 35 $). Die Skyline der Stadt vom Wasser aus zu fotografieren, ist besonders am Nachmittag empfehlenswert.

Termine

In Seattle finden zahlreiche Festivals statt (s. www.seattleweekly.com/calendar), u. a.:
Pike Place Market: Jeden Monat viele kleine Events, s. www.pikeplacemarket.org/market-events.
Seattle Beer Week: i. d. R. 10 Tage mit Beteiligung aller Mikrobreweries, www.seattlebeerweek.com.
Northwest Folklife: im Seattle Center, www.nwfolklife.org.
Seattle International Film Festival: Mai/Juni, verschiedene Spielorte, Tel. 206-324-9997, www.siff.net.
Seafair Festival: Juli/Aug., Tel. 206-728-0123. Seit 60 Jahren der Höhepunkt des Sommers, bietet das Seafair Festival einen Triathlon, Feuerwerke, Schnellboot- und Wasserflugzeugrennen u. v. a. m., www.seafair.com.
Sunset Supper: 17. Aug. ›Marktgeburtstag‹ mit Spezialmenüs in über 70 Restaurants rund um den Pike Place, www.pikeplacemarketfoundation.org (> Events).
Chief Seattle Days: 3. Wochenende im August auf Bainbridge Island, kein Eintritt. Zu Ehren des Namensgebers der Stadt finden an zwei Tagen Kanuwettbewerbe, traditionelle Tänze, ein Pow-Wow und vieles mehr statt.
Bumbershoot: Anfang Sept. (Labor-Day-Wochenende), im Seattle Center unterhalb der Space Needle. Livemusik, Filme, Tanz, Comedy. Dieses Festival mit ungefähr 500 Aufführungen ist das letzte große Fest des Sommers, bevor der harte Alltag wieder beginnt, http://bumbershoot.com.

Verkehr

Flüge: Der Seattle-Tacoma International Airport (Sea-Tac), Tel. 206-433-5388, www.portseattle.org/seatac liegt rund 28 km südlich von Seattle in Richtung Tacoma. Es gibt Direktflüge von Lufthansa ab Frankfurt, ca. 10 Std. Flugzeit.

Flughafentransfer: In die Innenstadt fährt die Sound Transit Rail (Stadtbahn; www.soundtransit.org), alle 6 Min. ab Bahnhof am Hauptgebäude, Fahrtdauer ca. 33 Min., 3 $; Metro Transit (www.metro.kingcounty.gov), Bus 174 in die Innenstadt/Ecke Pike St., 2 $. Taxis nach Downtown kosten mindestens 40 $.

Bahn: Amtrak (www.amtrakcascades.com/seattle, Tel. 206-382-4125), vom Hauptbahnhof (303 S Jackson St.) tgl. nach Tacoma, Portland, Eugene und Vancouver. In ca. 30 Std. gelangt man auch von Portland über San Francisco nach Los Angeles.

Busse: Greyhound, 811 Stewart St., Tel. 206-628-5526, www.greyhound.com. Mit diesen Überlandbussen kommt man überall hin, nach San Francisco dauert es ca. 23 Std., bei Online-Buchung im Voraus ab 133 $.

Fähren: Washington State Ferries, 801 Alaskan Way, Pier 52, Tel. 206-464-6400, www.wsdot.wa.gov/ferries. Nach Bremerton (Kitsap Peninsula) 8 x tgl., Auto mit Fahrer 20,90 $, für Bainbridge 23 Fahrten tgl.

Mietwagen: Alle bekannten nationalen und internationalen Verleihfirmen sind am Flughafen vertreten. Besonders günstige Angebote machen Dollar und Alamo. Es kann vorteilhaft sein, von Europa aus zu buchen. Für Infos zu den Straßenverhältnissen lohnt sich www.wsdot.wa.gov/traffic.

Fortbewegung in der Stadt

Busse: Metro Transit, http://metro.kingcounty.gov/tops/bus.

South Lake Union Streetcar: www.seattlestreetcar.org, Straßenbahn zwischen Lake Union und Downtown/Westlake Center, Metro-Tagespass ist gültig.

Monorail: Die Magnetbahn verkehrt zwischen Westlake Center und Seattle Center/Space Needle, www.seattlemonorail.com, Ticket Erw. 3 $.

Ausflüge von Seattle

Karte: S. 136

Bellevue ▶ D 4

Das Städtchen **Bellevue 1**, zwischen dem Ostufer des Lake Washington und Lake Sammamish gelegen, hat sich zu einem der begehrtesten Wohnorte im Landkreis King County entwickelt. Die Zeitung USA Today hat die Stadt 2014 sogar zum zweitbesten Wohnort der USA gekürt. Die Villen am Ufer des Sees, meist mit eigenem Anlegeplatz für die familieneigene Jacht, sind in Größe und Architektur beeindruckend. Leider gibt es nur nördlich des Highway 520 ein längeres Stück Uferpromenade, das auch für Fahrradfahrer geeignet ist. Immer Ende Juli veranstaltet das Bellevue Arts Museum einen **Kunstmarkt** (s. u. Termine), der sich in den letzten Jahren zu einem Besuchermagneten entwickelt hat.

Bellevue Arts Museum

510 Bellevue Way NE, Tel. 425-519-0770, www.bellevuearts.org, Mi–So 11–17 Uhr, Erw. 15 $, Kind. bis 18 J. 8 $, Familie 35 $

Das kubistische Museumsgebäude allein ist schon einen Blick wert, und die wechselnden Ausstellungen moderner Kunst, oft von aktuell interessanten Künstlern des Nordwestens, geben einen guten Überblick über neue Trends.

Übernachten

Für Familien und Gruppen – **Extended Stay America:** 11400 Main St., Tel. 425-453-8186, www.extendedstayamerica.com. 150 Studios. Vom Hotel in Bellevue sind es ca. 16 km zu den Piers von Seattle. Die Kette bietet einfache, aber geräumige Studios mit Küche, geeignet für einen mehrtägigen Aufenthalt. €€€

Termine

Bellevue Festival of the Arts: Ende Juli. Großer Kunstmarkt des Bellevue Arts Museum mit Veranstaltungen, www.bellevuefest.org.

Redmond ▶ D 4

Als Vorort von Seattle hat sich **Redmond** 2 einen Namen gemacht, weil hier die Zentrale von Microsoft und die amerikanische Niederlassung von Nintendo zu Hause sind.

Microsoft

15010 NE 36th St., Building 92, Tel. 425-703-6214, www.microsoft.com/en-us/visitorcenter, tgl. 10–17 Uhr

Die Firma Microsoft hat die Bürogebäude auf einem großzügigen Campus angelegt, dort befindet sich auch ein Besucherzentrum für alle Interessenten. Am besten vorher anrufen, manchmal ist es wegen privater Buchungen nicht zugänglich.

Everett ▶ D 4

Obwohl **Everett** 3 etwa 50 km nördlich von Seattle liegt, haben die meisten Sightseeing-Anbieter die Tour zu den dort befindlichen **Boeing-Werken** im Angebot.

Future of Flight Aviation Center & Boeing Tour

8415 Paine Field Blvd., Mukilteo, Tel. 425-438-8100, www.futureofflight.org, Mo, Do–So 9.30–17 Uhr, Erw. (16+) 12 $, Vorausbuchung dringend empfohlen, Fotografieren und Filmen nicht gestattet

Insbesondere für Flugzeugfans ist die Besichtigung des Geländes ein Erlebnis. Das **Future of Flight Aviation Center** zeigt auf einer Fläche von 28 000 m² Ausstellungen zum Thema. Besucher können sich nicht nur in einen Flugsimulator setzen, sondern auch an einem der zahlreichen Computer selbst ein eigenes Flugzeug entwerfen.

Die Besichtigung des Geländes, die **Boeing Tour** (2022 nicht im Angebot), zeigt auch die Fertigung der Boeing-Jets 747, 777 und 787. Die größte Fertigungshalle von Boeing bedeckt eine Fläche von 39 ha. Ginge man einmal um die Halle herum, würde man 4 km zurücklegen. Einmal im Cockpit sitzen und eine Flugsimulation erleben ist hier möglich. Naturgemäß ist der Besucherandrang zwischen Juli und September am größten; besonders an den Wochenenden ist es oft sehr voll.

Einkaufen

Outlet – **Premium Outlets:** an der Interstate 5 bei Tulalip (Ausfahrt 202), www.premiumoutlets.com, Mo–Sa 10–21, So bis 19 Uhr. Vertreten sind Nike, Burberry, Calvin Klein, Coach, Burberry, BCBG u. a.

Museum of Flight ▶ D 4/5

9404 E Marginal Way S (Boeing Field), Tel. 206-764-5720, www.museumofflight.org, tgl. 10–17 Uhr, Erw. 25 $, Kin. 5–17 J. 17 $ online

Boeing hat Seattle geprägt – die ersten Montagehallen befanden sich im Süden der Stadt. Nicht von ungefähr ist das größte aller Museen von Seattle das **Museum of Flight** 4, etwa 20 Minuten Autofahrt südlich von der Innenstadt. In der Roten Scheune *(red barn)* war die erste Montagehalle von Boeing, nun sind dort und auf dem fast 5 ha großen Museumsgelände Flugzeuge wie z. B. Jagdbomber aus dem Zweiten Weltkrieg oder die Concorde ausgestellt. Insgesamt umfasst die Sammlung 150 Maschinen.

Alki Beach ▶ D 4

1702 Alki Ave. SW

Im Westen Seattles, von der Innenstadt abgetrennt durch Harbor Island und den Duwamish Waterway, befindet sich der beliebteste Badestrand der Region, **Alki Beach** 5. West-Seattle ist durch ein Wassertaxi mit Downtown verbunden (https://seattletravel.com/activities/alki-beach, Abfahrt am Pier 50, 2 $). Von der Anlegestelle in Seacrest Park kommt man am besten mit dem Bus weiter zum Strand.

Snoqualmie Falls ▶ E 4

6501 Railroad Ave. SE, Snoqualmie, www.snoqualmiefalls.com

40 bis 50 Autominuten östlich in den Bergen liegt die kleine Stadt Snoqualmie, und noch

Kajaktouren im Puget Sound: Nach einer kurzen Einführung geht's los

einmal 10 Minuten weiter gibt es die 82 m hohen **Snoqualmie Falls** 6 zu entdecken. Gut 150 m über den tosenden Wasserfällen tummeln sich vor allem an Wochenenden Hunderte von Familien und Fotografen, die sich von den gewaltigen Wassermassen faszinieren lassen. Entlang der Kliffkante führt ein bequemer Weg bis zu einer weiteren Aussichtsplattform, dort weht einem die stetige Gischt ins Gesicht. Der Wanderweg zum Fluss hinunter ist sehr steil und meist glitschig.

Woodinville ▶ E 4

Auch wenn man in Seattle sehr gut essen gehen kann, für Gourmets lohnt sich ein Abstecher zu **The Herb Farm** im kleinen **Woodinville** 7. Es ist ein Familienrestaurant, hervorgegangen aus einer Kräuterfarm, das heute zu den besten des Nordwestens gehört. Der Chef bringt Erfahrungen aus 3-Sterne-Restaurants in Frankreich und Italien mit. Da die 9-Gänge-Menüs mehrere Stunden dauern und der Weinkeller gut bestückt ist, sollte man an eine Übernachtungsmöglichkeit denken.

In unmittelbarer Nachbarschaft zur Herb Farm befindet sich Washingtons ältestes Weingut, das **Chateau Ste. Michelle** von 1934. Vorbild für das Gebäude war das klassische Weingut der Bordeaux-Anbaugebiete. Kellerbesichtigungen mit Weinproben werden täglich angeboten (s. rechts), im Sommer finden im wunderschönen Garten Konzerte statt. Künstler wie Diana Krall, Jeff Bridges, David Byrne, Stevie Wonder, Mark Knopfler und Sarah McLachlan traten schon im Weingut auf.

Übernachten

Luxuriöses Landhaus – **Willows Lodge Washington State Resort:** 14580 NE 145th St., Tel. 425-424-3900, www.willowslodge.com. Rustikal im gehobenen Stil gestaltet, bietet das Resort 84 luxuriöse Räume, allerdings keinen Fahrstuhl. €€€

Essen & Trinken

Gourmetküche – **The Herb Farm:** 14590 NE 145th St., Tel. 425-485-5300, www.theherbfarm.com. Gourmetküche vom Feinsten; es gibt zwei Suiten zum Übernachten (ab 250 $), als Alternative bietet sich die Übernachtung in der Willows Lodge (s. links) an. Menü um 200 $.

Aktiv

Weingutbesichtigung – **Chateau Ste. Michelle:** 4111 NE 145th St., Tel. 425-488-1133 oder 1-800-267-6793, tgl. 10–17 Uhr, www.ste-michelle.com. Ein großzügiges Gelände lädt auch zum Spazierengehen ein, und im Bistro gibt es leckere Kleinigkeiten. Eintrittskarten für Konzerte über www.ticketmaster.com.

Puget Sound ▶ D 3–5

Karte: S. 136
Die Inseln und die Halbinsel im Puget Sound sind sehr gut von Seattle aus mit Fähren zu erreichen; diese Anbindung trug mit dazu bei, dass sich viele Seattler Häuser und Apartments in dieser Region gekauft haben und die Wochenenden nun hier in der Natur verbringen.

Vashon 8 und Maury Island

Vashon Island und das kleinere **Maury Island** sind an freien Tagen von Radfahrern und Spaziergängern bevölkert, aber auch zahlreiche kleine Galerien mit einem breiten Spektrum moderner Kunst werden gern besucht. Mitte Juli findet in Vashon ein Erdbeer-Festival statt, das mit einer bunten Palette an Paraden und Livemusik einhergeht.

Bainbridge Island 9 und Bloedel Reserve

7571 NE Dolphin Dr., Ausfahrt Agatewood Road vom Hwy 305, Di–So 10–16 Uhr, Erw. 17 $, www.bloedelreserve.org
Ebenfalls gut mit der Fähre zu erreichen ist **Bainbridge Island,** eine ursprünglich gebliebene kleine Insel, zu deren Hauptattraktionen der fantastische Blick auf die Skyline von Seattle und die Parklandschaft der **Bloedel Reserve** gehören. Auf 61 ha finden sich Gärten – u. a. ein japanischer Garten –, Wiesen und Teiche mit über 300 verschiedenen Baumarten.

Bremerton 10

Bremerton ist der größte Ort auf der **Kitsap Peninsula;** die Fähre von Seattle fährt regelmäßig dorthin (s. S. 132). Besonders hübsch mit den vielen restaurierten Gebäuden aus dem 19. Jh. präsentiert sich Port Gamble an der Nordspitze, von dort aus führt auch eine Brücke über den Hood Canal auf die Olympic Peninsula.

Whidbey Island 11

Per Fähre von Mukilteo oder über die Brücke über den Deception Pass Gorge zu erreichen
Weniger touristisch und deutlich ruhiger stellt sich das gut 80 km lange Whidbey Island dem Besucher dar. Keine spektakulären Eindrücke sind hier zu finden, sondern kleine, beschauliche Fischerorte und im **Deception Pass State Park** einige Campgrounds sowie ein ca. 64 km umfassendes Netz an **Wander- und Fahrradwegen** (www.parks.wa.gov). Fahrradfahrer lieben diese sanft hügelige Landschaft und für Austern- und Muschelfreunde (speziell die *Penn Cove Mussels*) wird in der Bay vor Coupeville frisch geerntet (Muschelfest Anfang März).

Die Insel hat nur wenige Unterkünfte zu bieten; einige finden sich in **Oak Harbor** 12 oder in **Coupeville,** der zweitältesten Stadt des Bundesstaats. Die Besiedlung durch weiße Siedler ab der Mitte des 19. Jh. hat ihre Spuren in den viktorianischen Häusern hinterlassen. Oft sind sie liebevoll restauriert und bunt bemalt; aus Stein konnten sich diesen Baustil nur die reicheren Bewohner leisten. Von **Keystone** in der Mitte der Insel geht eine regelmäßige Autofähre nach Port Townsend ab.

Infos

Vashon Island und Maury Island: Vashon-Maury Chamber of Commerce, P. O. Box 1035, Vashon, Tel. 206-463-6217, www.thisisvashon.com.

Umgebung von Seattle und Puget Sound
Fulford Harbour
Saltspring I.
Saturna I.
Sucia I.
Sucia I. S.P.
Orcas Island
Marietta
Bellingham
Deming
Clipper
Acme
South Twin
2112 m
Duncan
Sidney
Moran S.P.
Doe Bay
Lummi I.
Samish Bay
Orcas
Roche Harbor
San Juan National Historical Park
Shaw
San Juan Island
Friday Harbor
Cypress I.
Guemes I.
Edison
Wickersham
Hoogdal
Lyman
Skagit
Lopez
Spencer Spit S.P.
Anacortes
Bay View S.P.
Sedro Woolley
Oak Bay
VICTORIA
Lopez Island
Fidalgo Island
Mount Vernon
Big Lake
CANADA
J. Whidbey S.P.
Oak Harbor
Montborne
Skagit
L. Cavanaugh
Cicero
VS
San de Fuca
Madrona Beach
Bay
Stanwood
Whidbey Island
Camano Island
Warm Beach
Arlington
Port Angeles
Dungeness
Puget
Keystone
Camano I. S.P.
Mount Pleasant
Sequim
Port Townsend
Fort Flagler S.P.
Granite Falls
Heart o' the Hills
Marysville
Blyn
Chimacum
Langley
Lake Stevens
Hurricane Ridge
Discovery Bay
S. Whidbey S.P.
Clinton
Everett
Olympic National Forest
Sound
Mukilteo
Snohomish
Elk Mtn.
2061 m
Hansville
Scatchet Head
Mt. Deception
2373 m
Quilcene
South Point
Edmonds
Monroe
Olympic
Kingston
Richmond Highlands
Woodinville
Mt. Anderson
2245 m
Bloedel Res.
Bothell
Duvall
Keyport
Kirkland
Brinnon
Seattle Center
Redmond
National Park
Scenic Beach S.P.
Bainbridge Island
SEATTLE
Bellevue
Eldon
Bremerton
Holly
Kitsap
Port Orchard
Alki Beach
Peninsula
Southworth
Fauntleroy
Renton
Lake Cushman S.P.
Lilliwaup
L. Cushman
Hood Canal
Belfair S.P.
Belfair
Burien
Vashon
Maple Valley
Snoqualmie Falls
Hoodsport
Des Moines
Purdy
Skokomish Indian Res.
Union
Vashon Island
Maury Island
Museum of Flight
Kent
Skokomish
Twanoh S.P.
Key Center
Auburn
Federal Way
Penrose Pt. S.P.
Flaming Geyser S.P.
Dayton
Bay Shore
Matlock
Longbranch
TACOMA
Shelton
Enumclaw
Boston Harbor
Steilacoom
Bonney Lake
Kamilche
Anderson I.
Puyallup
White
0 5 10 15 20 km

Bainbridge Island: Visitor Center, Winslow, 590 Winslow Way E, Tel. 206-842-3700, www.visitbainbridgeisland.org.
Whidbey Island: Visitor Center in Coupeville, 107 S Main St., Mo–Fr 10–17 Uhr, Tel. 360-678-5434, https://whidbeycamanoislands.com.

Essen & Trinken

… auf Whidbey Island:
Solide – **The Oystercatcher:** 901 Grace St., Coupeville, Tel. 360-678-0683, www.oystercatcherwhidbey.com, Di–So 17–22, Fr–Mo 12–15 Uhr. In dem von außen eher schlicht wirkenden Restaurant gibt es frisch geerntete *Penn Cove Mussels*, zudem Fisch und Fleisch. Mit Terrasse. Muscheln als Vorspeise 14 $.
Klassisches Familien-Diner – **Tyee Restaurant:** 405 S Main St., Coupeville, Tel. 360-678-6616, www.tyeehotel.com, tgl. Frühstück bis 11.30, dann Lunch bis 16 Uhr, anschließend Dinner, bis alle Gäste gegangen sind. Dieses Diner besteht bereits seit 1926 und bringt gute Sandwiches oder *Penn Cove Mussels* als Vorspeise (9 $) auf den Tisch.

Aktiv

… auf Vashon Island:
Radfahren – **Spider's Ski & Sports:** 17626 Vashon Hwy SW, Tel. 206-408-7474, www.spidersportsvashon.com, Di–Fr 10–18, Sa 9–17, So 11–17 Uhr. Ab 20 $/Std.

Termine

… auf Vashon Island:
Erdbeer-Festival: Wochenende Mitte Juli. Seit 1909 wird an drei Tagen der süßen Frucht gehuldigt, mit Musik, Tanz in den Straßen und vielen Marktständen, www.thisisvashon.com/strawberryfestival.

Verkehr

Autofähren: von Keystone/Coupeville auf Whidbey Island nach Port Townsend: 10 x tgl., 6.30–20.30 Uhr, 13,40 $ pro Pkw für eine Strecke.
Busse: auf Whidbey Island, Island Transit, Tel. 360-678-7771, www.islandtransit.org, 2 $ pro Fahrt.

San Juan Islands ▶ D 3

Karte: S. 136

Der Archipel der San Juan Islands mit 450 Inseln ist eine ganz eigene Welt für sich. Nur bei Ebbe sind 170 Inseln davon sichtbar und nur 60 sind bewohnt. Die Suche nach der Nordwest-Passage zwischen Pazifik und Atlantik hat auch zur Entdeckung dieser Inselwelt geführt. Für Besucher sind die vier größten Inseln geeignet: **San Juan, Orcas, Shaw** und **Lopez Island.**

Geschichte

Schon 1592 verzeichnete der Seefahrer Juan de Fuca – nach dem die Meerenge zwischen der Olympic-Halbinsel im Nordwesten Washingtons und dem zu Kanada gehörenden Vancouver Island benannt ist – einige der Inseln. Aber erst 1790 reklamierte der spanisch-mexikanische Kapitän Manuel Quimper den Archipel für die Spanier, daher kommt der Name San Juan. Die einheimischen Salish-Indianer wurden rasch von den eingeschleppten Pocken dezimiert und so konnten sich die weißen Einwanderer auf den bewohnbaren Inseln ausbreiten.

Die Inseln waren später von Briten und Amerikanern besiedelt. Obwohl die Grenzziehung zwischen Kanada und den USA 1846 auf den 49. Längengrad festgelegt wurde, war die Zugehörigkeit der Inseln unklar geblieben. Der sogenannte »Pig War« um ein von einem Amerikaner erschossenes englisches Schwein eskalierte bis zur Stationierung von Truppen auf San Juan. Der deutsche Kaiser Wilhelm soll um Vermittlung gebeten worden sein und er entschied zugunsten der Amerikaner, sodass die Inseln seit 1872 zum Bundesstaat Washington gehören.

Die Inseln heute

Nach wie vor bewohnen Fischer und Bauern die Inseln sowie viele ›Stadtflüchter‹, Letztere schätzen besonders die Ruhe und abwechslungsreiche Landschaft. Im Sommer ist es mit der Abgeschiedenheit allerdings vorbei, denn mehr Besucher als Einwohner tummeln sich zwischen Juli und Anfang September in der Region. Da nur San Juan, Orcas und Lopez Island Unterkünfte bieten, sind Reservierungen im Voraus unbedingt zu empfehlen. Von allen Inseln aus wird *whale watching* angeboten, da sich immer Gruppen von Grauwalen oder von Orcas in der Meerenge aufhalten. Das Klima des Archipels ist ausgesprochen gemäßigt, die Temperaturen steigen im Sommer selten über 27 °C. Die Wassertemperatur ist mit ca. 7 °C niedrig, Kalt-Wasser-Taucher in dicken Neoprenanzügen sind hier anzutreffen sowie Kajakfahrer, die die wilde Romantik und Abgeschiedenheit der Inselwelt schätzen. Seit 2013 sind die Inseln ein »National Monument« und stehen damit unter föderalem Schutz.

Infos

San Juan Islands Visitor Bureau: 640 Mullis St., Bldg. A, Suites 210 & 215, Friday Harbor, San Juan Island, Tel. 888-468-3701, Ext. 1, www.visitsanjuans.com. Dort erhält man eine Übersichtsbroschüre für alle Inseln

Aktiv

Walbeobachtung – Das Angebot an der Küste ist groß, geeignet sind Angebote von allen San Juan Islands aus (s. S. 140) sowie von Port Townsend, Port Angeles und Victoria (Kanada). Vorwiegend die schwarz-weißen Orcas leben in den Gewässern, aber auch Grau-, Zwerg- und Buckelwale ziehen auf ihrer Wanderung nach Alaska und umgekehrt dort vorbei.

Verkehr

Fähren: Von Anacortes auf Fidalgo Island zu den Inseln, www.wsdot.wa.gov/ferries oder Tel. 888-808-79 77. In der Sommerzeit sind für Überfahrten mit dem Auto Reservierungen ratsam, Anacortes–Friday Harbor auf San Juan Island mit Auto einfache Fahrt 62,15 $, nach Orcas Village 54,45 $ (je Auto und Fahrer plus 1 Beifahrer). Die Personenfähre Victoria Clipper vom Pier 69 in Seattle bringt ihre Passagiere in 3,5 Std. zum Friday Harbor auf San Juan Island, Tel. 360-448-5000 oder 1-800-888-2535, www.clippervacations.com/seattle-san-juans-ferry, Erw. im Sommer 55 $ (einfache Fahrt).

Busse: Nach Anacortes verkehren 10 x tgl. Busse (Airporter Shuttle) vom Flughafen Sea-Tac und von Seattle aus, www.airporter.com, mit Umsteigen, einfache Fahrt 52 $.

Lopez Island 13

Lopez Island ist die flachste der Inseln und daher ein Dorado für Fahrradfahrer. Neben Viehzucht und Obstanbau setzen die 2500 Insulaner zunehmend auf Tourismus.Bed & Breakfast sowie Motels mit Cabins und mehrere Campgrounds laden zum Übernachten ein. Das einzige Hotel mit 30 Zimmern befindet sich im Dorf **Lopez.** Für einen Aufenthalt von zwei bis drei Tagen bieten sich Strandhäuser, B & Bs und Cabins an.

Infos

Chamber of Commerce: Lopez Rd., Tel. 360-468-4664, www.lopezisland.com.

Übernachten

Rustikales Familienhotel – **Lopez Islander Resort:** 2847 Fisherman Bay Rd., Tel. 360-468- 2233, Reservierung 800-736-3434, www.lopezfun.com. €€

Aktiv

Weinprobe – **Lopez Island Vineyards:** 724 Fisherman Bay, Tel. 360-468-36 44, www.lopezislandvineyards.com, aktuelle Öffnungszeiten auf Facebook. Der Familienbetrieb produziert Chardonnay, Cabernet Sauvignon und Merlot.

Obst und Gemüse – **Farmers' Market:** am Hafen, www.lopezfarmersmarket.com, Mitte Mai–Mitte Sept. Sa 10–14 Uhr.

Orcas Island 14

Orcas Island ist die größte und abwechslungsreichste Insel des Archipels; sie besitzt mit dem 733 m hohen **Mount Constitution** den höchsten Berg der Inselgruppe. Ein Aussichtsturm auf der Spitze erlaubt bei klarem Wetter einen wunderbaren Blick auf den Mount Baker (im Osten), die Olympic Mountains (im Südwesten) und Vancouver Island (im Westen), die Auffahrt mit dem Auto ist möglich.

Der Berg liegt im **Moran State Park.** Dort gibt es zahlreiche Wanderwege und das luxuriöse Rosario Resort, das als historisches Hotel unter Denkmalschutz steht. Der ehemalige Bürgermeister von Seattle und erfolgreiche Schiffsbauer Robert Moran hatte das Gebäude 1909 als Wohnhaus errichten lassen. Obwohl Orcas nur ca. 5000 Einwohner zählt, gibt es viele Unterkünfte in Orten wie **Eastsound** oder dem Fährhafen **Orcas Village,** im Sommer sind Vorausbuchungen dennoch ratsam.

Infos

Visitor Center des Chamber of Commerce: P. O. Box 252 Eastsound, WA 98245, Tel. 360-376-2273, www.orcasislandchamber.com.

Übernachten

... in Eastsound:

Historisches Luxus-Hotel – **Rosario Resort & Spa:** 1400 Rosario Rd., Tel. 1-800-562-8820, www.rosarioresort.com. Direkt am Meer gelegen. €€€

... in Orcas Village:

Viktorianische Villa – **Orcas Hotel:** 8 Orcas Hill Rd., Tel. 1-888-672-2792 oder 360-376-4300, www.orcashotel.com. 11 unterschiedliche Zimmer in einer viktorianischen Villa, gemütlich eingerichtet, mit Frühstück. €€–€€€

Essen & Trinken

... in Orcas Village:

Gehobenes Bistro – **Octavia's Bistro:** im Orcas Hotel (s. o.), Tel. 1-888-672-2792 oder 360-376-4300. Mit Blick aufs Wasser lassen sich gut frischer Fisch oder Steaks genießen. Fr Livemusik. Heilbutt um 20 $.

Lokale Produkte – **Westsound Café:** 4362 Crow Valley Rd., Tel. 360-376-4440, www.kingfishinn.com/cafe. West-Coast-Küche, Fish & Chips mit Kabeljau 16 $.

Aktiv

... in Orcas Village:

Walbeobachtung – **Eclipse Charter:** neben Ferry Dock, Tel. 360-376-6566 oder 800-376-6566, www.orcasislandwhales.com, 3,5 Std. Erw. 109 $, Kinder unter 12 J. 59 $.

Golf – **Orcas Island Country Golf Club:** Eastsound Village, Tel. 360-376-4400, www.orcasgolf.com. Für 30 $ kann auf diesem wunderschönen Gelände am Meer jeder spielen, Equipment ist zu leihen.

Kajaken – **Orcas Outdoors Kayak Adventure Tours:** an der Fähre, Orcas Village, Tel. 360-376-4611, www.orcasoutdoors.com.

San Juan Island

San Juan bietet mit der Hafenstadt **Friday Harbor** 15 die größte Ortschaft der Inseln. Dort gibt es zahlreiche Geschäfte, Restaurants und Galerien. Mitte Juli findet dort auch das viele Besucher anlockende Lavendelfest auf der Pelindaba-Farm statt. Der Rest der Insel ist nur dünn besiedelt; **Roche Harbor** und **South Beach** bieten weitere Unterkünfte, wobei die Angebote an B & Bs überwiegen.

San Juan National Historical Park 16

www.nps.gov/sajh, 31. Mai–6. Sept., tgl. 9–17 Uhr

Selbst wer sich weniger für Geschichte interessiert, kommt kaum an den Besiedlungsursprüngen vorbei. Im **San Juan National Historical Park,** der sich zweigeteilt über die Westseite der Insel erstreckt, wird im English Camp (im Norden) und im American Camp (im Süden) der Auseinandersetzungen um die Vorherrschaft in diesem Gebiet gedacht. Vom amerikanischen Camp aus lohnt sich ein Spaziergang zur Südspitze der Insel zum **Cattle Point;** im britischen Camp sind die historischen Gebäude eindrucksvoller. Dort werden jeden Samstag (Ende Mai–Anfang Sept.) das Siedlerleben und der ›Beinahekrieg‹ um ein erschossenes Schwein in historischen Kostümen wiederbelebt. Zudem werden im Visitor Center ein Kurzfilm über den Pig War und eine Fotoausstellung über das Camp gezeigt.

Infos

San Juan Island Chamber of Commerce & Visitor Information Center: 135 Spring St., Friday Harbor, Tel. 360-378-5240, www.sanjuanisland.org, tgl. ab 10 Uhr.

WALE BEOBACHTEN IN DER JUAN DE FUCA STRAIT

Tour-Infos

Start: San Juan Island, Snug Harbor an der Mitchell Bay, am Ende der Mitchell Road.
Dauer: ca. 2–3 Std.
Anbieter: Maya's Legacy Whale Watching, 1997 Mitchell Bay Rd., Friday Harbor, Tel. 360-378-7996, http://sanjuanislandwhalewatch.com. Die Firma verwendet kleine Boote (6–8 Pers.) für die Touren und gehört der Organisation »Responsible Whale Watching« an.
Kosten: 3-Stunden-Tour Juni–Ende Sept. 139 $, halber Tag 199 $.
Wichtige Hinweise: Mitbringen sollte man unbedingt Sonnencreme, evtl. eine Kopfbedeckung, etwas Trinkbares, ein Fernglas und auf jeden Fall eine Kamera. Auch eine wasserfeste Jacke ist ratsam. Schwimmwesten stellt Maya-Tours. Die Abfahrtszeiten variieren, man sollte zur Sicherheit vorher anrufen. Bei Schlechtwetter finden keine Touren statt.

Nahezu jeder Ort an der Nordwestküste Nordamerikas wirbt mit *whale watching* und sicher gehört es zu den attraktiven Höhepunkten einer Reise in diese Region, einmal die Grau- und Buckelwale oder die schwarz-weißen Orcas aus unmittelbarer Nähe zu beobachten. Maya's Westside Charter hat zwar das Büro in Friday Harbor, aber das kleine Boot – ein Glacier-Katamaran – von Kapitän Jim startet seine Tour im Sommer dreimal täglich im Westen der Insel, von der **Marina des Snug Harbor Resort** aus. Das Boot »Peregrine« hat sogar ein ›Badezimmer‹ zu bieten.
Die Whalewatch-Anbieter wissen, wo sich die Orca-Schulen oder Buckelwal-Familien normalerweise aufhalten. Im Falle von Veränderungen teilen sie ihre Beobachtungen den Kollegen mit, sodass sich meist mehrere Anbieter an den Spots treffen. Jim Maya fährt seit 1996 hinaus

und bringt sein Boot möglichst in eine gute Position, damit seine Gäste Gelegenheit zum Fotografieren haben. Zwischendurch sollte man aber darauf verzichten und einfach die Eleganz der Meeresgiganten genießen oder den Schauder, wenn ein solcher Koloss sich rasend schnell auf das Boot zubewegt, sogar darunter durchtaucht. Eine besondere Attraktion ist natürlich das ›Spyhopping‹ eines Orcas, wenn er sich in seiner ganzen Größe aus dem Wasser erhebt – leider gibt es dafür keine Garantie.

Übernachten

Viktorianische Villa – **Tucker House Inn:** 275 C St., Friday Harbor, https://tuckerharrisoninn.com. Zwei viktorianische Häuser sind hier verschmolzen, dazu gibt es 3 Holzhütten, insgesamt 11 Räume in unterschiedlichen Stilen, reichhaltiges Frühstück. €€€

Familien- und tierfreundliches Resort – **Roche Harbor Resort:** 248 Reuben Memorial Dr., Tel. 60-378-2155 oder 800-451-8910, www.rocheharbor.com. Das Resort mit 75 unterschiedlichen Räumen besteht aus mehreren Teilen, dazu gehören das Hotel de Haro in einem Haus von 1886 sowie Apartments und Cottages mit Blick auf die Marina. Im Resort befinden sich des Weiteren auch 3 Restaurants. im Lime Kiln Café schmeckt der Lamb-Burger (11 $) zum Lunch besonders gut. €€€

Essen & Trinken

... in Friday Harbor:

Sports Bar – **Downriggers:** 10 Front St., Tel. 360-378-2700, www.downriggerssanjuan.com, tgl. 9–21 Uhr. Bekannt für gute Fischgerichte, bietet das oberhalb des Fährenablegers gelegene Restaurant auch Ausgefallenes, wie z. B. *Crab Burger* (12 $) oder Lachs-Sandwich mit Sauerkraut (10 $) zum Lunch.

Einkaufen

... bei Roche Harbor:

Austern & Muscheln – **Westcott Bay Sea Farms:** 904 Westcott Dr., an der Westcott Bay, Tel. 360-378-2489, www.westcottbayshellfish.com. Zucht und Verkauf.

Aktiv

... in Friday Harbor:

Weinprobe – **San Juan Vineyards:** 3136 Roche Harbor Rd., Tel. 360-378-9463, www.sanjuanvineyards.com, im Sommer tgl. 11–17 Uhr. Der einzige Weinbetrieb auf der Insel ist auch im Ort vertreten, dort gibt es einen zweiten Probierraum in der Spring Street, das Original ist in einem alten Schulhaus untergebracht.

Termin

... in Friday Harbor:

Lavendelfest: Mitte Juli. Auf der Pelindaba-Farm (45 Hawthorne Ln., www.pelindabalavender.com) findet jährlich ein Sommerfest statt. Im Laden gibt es eine Bandbreite an Bio-Lavendel-Produkten.

Bellingham ▶ D 2/3

Karte: S. 136

Ursprünglich aus vier verschiedenen Orten zusammengewachsen, präsentiert sich **Bellingham** 17 heute als eine moderne, geschäftige Stadt mittlerer Größe, die sich besonders in den Stadtteilen Fairhaven und Old Town den Charme des späten 19. Jh. erhalten hat. In der großflächigen Community zwischen Bay und Lake Whatcom leben ca. 88 000 Einwohner, darunter rund 16 000 Studierende der Western Washington University.

Geschichte

Wie viele Orte dieser Region hat schon 1792 Kapitän George Vancouver die **Bellingham Bay** kartografiert, aber die ersten Siedler kamen erst in den 1850er-Jahren und profitierten von den umliegenden dichten Wäldern und den Kohlevorkommen. Daniel Jefferson Harris (›Dirty Dan‹) gilt als der Gründer der Stadt. 1853 hat er am Strand von Fairhaven ein erstes Camp aufgebaut, bald folgten die ersten Sägemühlen. Auch Bellingham partizipierte am Goldrausch am Klondike River, sogar Mark Twain soll hier gewesen sein, bevor er sich den Goldsuchern anschloss. Auch ohne die damals versprochene Eisenbahnanbindung gelangte die Stadt zu Wohlstand, der sich in den heute noch erhaltenen viktorianischen Gebäuden widerspiegelt.

Downtown

In den Cafés und Boutiquen zwischen der 10th und 12th Street lässt es sich entspannt sitzen bzw. einkaufen. An lauen Sommerabenden kann man samstags die neuesten Filme im Open-Air-Kino genießen.

Whatcom County Museum of History and Art

121 Prospect St., www.whatcommuseum.org, Mi–So 12–17 Uhr, Erw. 10 $ (Do 5 $), Schüler 8 $, Kinder unter 5 J. 4,50 $; History Cruises ab Squalicum Harbor, Tel. 360-778-8963, Juli/Aug. Di 18.30–20.30 Uhr, Erw. 40 $, vorher anrufen

In Downtown ist das alte Rathaus ein touristisches Muss. Das eindrucksvolle Gebäude von 1892 beherbergt heute das **Whatcom County Museum of History and Art.** Anhand von Fotos – die Sammlung umfasst rund 15 000 Bilder – wird hier die Geschichte der Region nacherzählt. Ein besonderes Angebot des Museums sind im Sommer die *History Cruises,* Dampferfahrten entlang der Küste, auf denen allerhand Wissenwertes über die Historie der Stadt zur Sprache kommt.

Lightcatcher Building

250 Flora Street, Do–So 12–17 Uhr,

Einen Besuch lohnt auch das **Lightcatcher Building,** das wechselnde Ausstellungen zeigt. Seinen Namen verdankt das Gebäude einer 11 m hohen und 55 m langen, durchsichtigen Wand, die das Sonnenlicht einfängt.

American Museum of Radio and Electricity

1312 Bay St., Tel. 360-738-3886, www.sparkmuseum.org, Mi–So 11–17 Uhr, Erw. 8 $

Das einzigartige **American Museum of Radio and Electricity** bietet für Technikfans eine Unmenge an alten Radioapparaten und Telefonen. Man kann dort in einem nachgestellten Wohnraum sitzen und den Programmen aus den 1930er-Jahren lauschen.

Chuckanut Bay Gallery & Sculpture Garden

700 Chuckanut Dr., Tel. 360-734-4885, www.chuckanutbaygallery.com, tgl. 10–17.30, So ab 12 Uhr

Wer sich für zeitgenössisches Kunsthandwerk und Design im Nordwesten der USA interessiert, sollte die privat geführte **Galerie Chuckanut Bay Gallery & Sculpture Garden** aufsuchen, sie vertritt mehr als 300 Künstler.

Infos

Downtown Visitor Center: 1310 Commercial St., Tel. 360-527-8710, www.downtownbellingham.com, Mo–Fr 10–17 Uhr.

Übernachten

... in Bellingham:

Historisches Gebäude im Ausgehvier tel – **Fairhaven Village Inn:** 1200 10th St., Tel. 360-733-1311, www.fairhavenvillageinn.com. 22 gemütliche DZ, mit Balkon zur Bay. €€€

Lage am Wasser – **Hotel Bellwether:** One Bellwether Way (Downtown, direkt am Wasser gelegen), Tel. 360-392-3100 oder 877-411-1200, www.hotelbellwether.com. Zur Verfügung stehen 66 sehr gepflegte Zimmer mit Balkon zum Wasser. Etwas Besonderes ist die dreistöckige, 850 m^2 große Suite im Leuchtturm. €€€

Nahe der Interstate 5 – **Guest House Bellingham:** 805 Lakeway Dr., Tel. 360-671-9600, www.redlion.com/guesthouse-extended-stay/wa/bellingham/guesthouse-bellingham. Einfaches und funktionales Hotel, freies Frühstück, Parken und WLAN. €€

... in Ferdale (14 km nördl. von Bellingham):

Modernes Hotel mit Live-Shows – **Silver Reef Casino & Spa:** 4876 Haxton Way at Slater Road, unweit der Interstate, Tel. 360-383-0777 oder 866-383-0777, www.silverreefcasino.com. 105 großzügige Doppelzimmer, die Shows finden im Casino statt. €€–€€€

Im Squalicum Harbour von Bellingham finden sich neben Jachten die Kutter der Krabbenfischer

... in Bow (ca. 35 km südl. von Bellingham): Direkt an der Interstate gelegen – **Skagit Valley Casino Resort:** 5984 N Darrk Ln., Tel. 360-724-7777 oder 1-877-275-2448, www.theskagit.com (Upper Skagit Indian Tribe). Das den Lummi-Indianern gehörende Hotel-Casino verfügt über 103 gut eingerichtete Doppelzimmer und 3 Restaurants, Live-Shows. €€

Essen & Trinken

... in Bellingham:

Familienrestaurant, große Portionen – **Dirty Dan Harris:** 1211 11th St., Tel. 360-676-1011, www.dirtydanharris.com, Di–So ab 17 Uhr. Steaks und Seafood mit amerikanisch-italienischer Küche. *Prime Rib* ab 34 $.

Lokale Küche – **Brandywine Kitchen:** 1317 Commercial Street, Tel. 360-734-1071, www.brandywinekitchen.com, tgl. ab mittags, So–Do bis 20, Fr, Sa bis 21 Uhr. Gemüse aus dem eigenen Garten und lokales Fleisch für die Burger, das ist das Konzept dieses kleinen Restaurants. Burger ab 15 $.

Legeres Bistro – **Colophon Café,** 1208 11th St., Tel. 360-647-0092, www.colophoncafe.com, Mo–Sa 9–20 Uhr. Lokal in einem alten Ziegelgebäude, gute Suppen, Salate und tolle Süßspeisen wie Chocolate Chunk Cake. Salate ab 13 $.

Aktiv

... in Bellingham:

Radverleih – **Fairhaven Bike:** 1108 11th St., Tel. 360-733-4433, www.bellinghamlocalsearch.com, am besten über Facebook buchen, 4 Std. ab 35 $.

Bergsteigen, Klettern im Eis – **American Alpine Institute:** 1515 12th St., Tel. 360-671-1505, www.alpineinstitute.com. Geführte Touren speziell am Mt. Baker, auch Verkauf von jeglicher Ausrüstung für die Berge.

Verkehr

Fähren: Nach San Juan und Orcas Island sowie nach Victoria auf Vancouver Island (Kanada) gibt es keine regulären Fährverbindungen von Bellingham aus, nur themenspezifische Fahrten, z. B. Wal- oder Vogelbeobachtung: San Juan Cruises, 355 Harris Ave., Tel. 800-443-4552, www.whales.com. Mitte Mai–Anfang

Juni nur am Wochenende, bis Anfang Sept. tgl. 9.30 Uhr nach San Juan Island, keine Autos; Tagestour nach Friday Harbor inkl. Whale Watching 1. Juni–29. Sept. tgl., Erw. 99 $.

Alaskatrip: Alaska Ferry Adventures bieten Verbindungen zu den Städten an der Küste, rechtzeitige Reservierung unbedingt erforderlich. Zudem gibt es Angebote für den Denali National Park, Anchorage. Kontakt: Tel. 800-327-2571, www.alaskaferryvacations.com, Erw. nach Skagway 708 $.

Mount Baker ▸E 2/3

www.mtbaker.us

Bei gutem Wetter kann man ihn schon von Weitem sehen, den 3286 m hohen, immer schneebedeckten Gipfel des **Mount Baker** in den North Cascades. Natürlich gibt es auch in Bellingham Straßen mit dem Namen Baker View, denn so wie in Seattle der Mount Rainier als Hausberg gilt, ist es ganz im Norden der bis heute zumeist schwach aktive Vulkan. Die geothermalen Aktivitäten lassen immer wieder einmal Dampf aus den Spalten und Kratern aufsteigen, die letzte größere Entladung fand 1975 statt. ›The Mountain‹, wie der Gipfel von den Einheimischen auch gern genannt wird, hält den – zumindest amerikanischen – Rekord bezüglich des jährlichen Schneefalls: 1999 waren es 29 m. Der Krater im Gipfel ist vollständig mit Eis gefüllt und zwölf Gletscher umgeben den Berg.

Es gibt nur eine Straße und ein einfaches Gäste-Service-Center. Die wenigen Wintersportler, die es in der Saison (Nov.–Ende April) hierherzieht, sind größtenteils Einheimische. Im Sommer kann man Mountainbiken, Wandern und Klettern, die Ausrüstung dazu kann man jedoch nur in Bellingham leihen. Hotels und Lodges liegen direkt am Hwy 542, der einzigen Zufahrt ins Skigebiet.

National Forest Scenic Byway

Wunderschöne Panoramablicke bieten vor allem die letzten 39 km vom 100-Seelen-Dorf **Glacier** zum **Artist Point,** allerdings ist dieser National Scenic Byway auch extrem kurvenreich. Auf der State Route (SR) 542 finden sich ein Park, in dem sich Adler beobachten lassen, und eine Fischzuchtanstalt. Campingplätze sowie Lodges, Hütten und einige B & Bs bieten Übernachtungsmöglichkeiten.

Infos

Glacier Public Service Center: Glacier, 094 Mt Baker Hwy, Tel. 360-599-2714, www.fs.fed.us/r6/mbs, Mitte Juni–Okt. tgl. 9–16, sonst Sa, So 9–15 Uhr. Für den Eintritt in den National Forest ist eine Gebühr von 5 $ zu entrichten.

Übernachten

Einfache Condos und Cabins – **Baker Accommodations:** Büros in Glacier und Maple Falls, Tel. 1-888-695-7533, www.bakeraccommodations.com, Sommer mind. 2 Nächte. €€

Funktionale Hütten – **Mt. Baker Lodging:** Tel. 360-599-2453, www.mtbakerlodging.com. Moderne Cabins, am Highway in Maple Falls, im Sommer mind. 2 Nächte. €€

Tacoma ▸D 5

Die nur 55 km südlich von Seattle liegende, drittgrößte Stadt Washingtons (ca. 211 000 Einw.) hat sich in den letzten Jahren von einem Industriestandort zu einem lohnenden Ziel für kulturell Interessierte entwickelt. International renommierte Museen wie das Museum of Glass, das Tacoma Art Museum und das Washington State History Museum liegen nicht weit voneinander entfernt in der Innenstadt.

Sehenswertes

Museum of Glass

1801 Dock St., Tel. 253-284-4750, www.museumofglass.org, Mi–So 10–17 Uhr, Erw. 15 $, Kin. 6–12 J. 5 $

Das **Museum of Glass** in einem modernen Bau des kanadischen Architekten Arthur Erickson bietet ungewöhnliche Einblicke in die Herstellung von Glas sowie Kunstgegen-

Der Mount Baker ist ganzjährig schneebedeckt

ACHTERBAHN AUS HOLZ

Für Freunde besonderen Nervenkitzels lohnt sich im September ein kleiner Abstecher über den Hwy 167 nach **Puyallup** (▶ D 5). Dort findet an 17 Tagen nach Labor Day eine riesige Kirmes und Messe, die **Washington State Fair,** statt. Eine der wenigen (nur noch 125 in den USA) Achterbahnen aus Holz (Baujahr 1935) dreht dann wieder ihre Runden, nachdem sie im April 2013 wieder frisch renoviert in Betrieb genommen wurde. Man fährt offen für den freien Blick und die Passagiere sind nicht an ihrem Sitz festgeschnallt (www.thefair.com/fun/details/classic-coaster).

stände aus diesem Material. Ursprünglich sollte insbesondere Dale Chihuly einen Ausstellungsort bekommen, hatte der Glaskünstler doch diese Kunstrichtung maßgeblich beeinflusst, u. a. durch die Gründung der Pilchuck Glass School, die er Anfang der 1970er-Jahre gemeinsam mit Anne und John Hauberg aufbaute. Inzwischen hat sich das Museum mit seinen Sammlungen aus aller Welt und Wechselausstellungen international einen Namen gemacht und zur Belebung der Innenstadt beigetragen.

Tacoma Art Museum

1701 Pacific Ave., Tel. 253-272-4258, www.tacomaartmuseum.org, Di, Mi, Fr–So 10–17, Do bis 20 Uhr, Erw. 14 $, Schüler 12 $, Kin. unter 5 J. frei, Do ab 17 Uhr kostenloser Eintritt

Das Museum ist in einem Gebäude untergebracht, das Architekt Antoine Predock 2003 um einen Steingarten errichten ließ. Von modern bis klassisch reicht die Bandbreite der Sammlungen und Wechselausstellungen.

Washington State History Museum

1911 Pacific Ave., www.washingtonhistory.org, Mi–So, 10–17 Uhr, Erw. 11 $, Kin. 6–17 J. 8 $

Wer sich für Geschichte interessiert, kommt in diesem Museum (letzter Bau von Charles Willard Moore, 1993) auf seine Kosten. Die Expedition zur Erkundung des Westens durch Lewis und Clark ist hier ebenso facettenreich dokumentiert wie die Eisenbahngeschichte und das Leben der Ureinwohner.

Old Town

Etwas nördlich von der Innenstadt liegt entlang des **Ruston Way** die Old Town, der ›Geburtsort‹ von Tacoma. Hier an der **Commencement Bay** kann man gut spazieren gehen, allerdings teilt man die Promenade auch mit Fahrradfahrern und Skatern.

Americas Car Museum

2702 E D Street, Tel. 877-902-8490, www.americascarmuseum.org, tgl. 10–17 Uhr, Erw. 18 $, Kin. 6–12 J. 10 $.

2012 eröffnet, hat sich das Automuseum zu einer Attraktion in der Region entwickelt. Auf 1,5 km² Ausstellungsfläche beeindrucken die Klassiker der LeMay-Sammlung, zudem finden ständig Wechselausstellungen statt.

Infos

Tacoma Visitors Center: Greater Tacoma Convention and Trade Center, 1516 Commerce Street, Tel. 800-272-2662, www.traveltacoma.com,

Übernachten

Viktorianische Villa – **B & B Geiger Victorian:** 912 N I St., Tel. 253-383-3504, www.geigervictorian.com. 3 Zimmer in einer Villa von 1889, mit originalen Möbeln. Virginia Mason Suite mit handbemalter Decke. €€€

Luxuriöses B & B – **The Villa:** 705 N 5th St., Tel. 253-572-1157 oder 1-888-572-1157, www.villabb.com. Italienisches Flair einer Renaissancevilla mit einem luxuriösen Garten, 7 Räume, modern restauriert. €€

Solide Kette – **La Quinta Inn & Suites:** 1425 E 27th St., Tel. 253-383-0146, www.lq.com. Unweit der Museen, geräumige Zimmer mit Internetzugang, Frühstück, Außenpool, Fitnessbereich und Restaurant im Haus. Preis inkl. Frühstück. €€

Historisches Haus – **Elks Temple McMenamins:** 565 Broadway, Tel. 253-300-8777, www.mcmenamins.com/elks-temple, 45 Zimmer. Die kleine Kette aus Oregon ist auf historische Gebäude spezialisiert – dieses 7-stöckige Gebäude in der Innenstadt war ein Treffpunkt der Bruderschaft der Elks (›Hirsche‹) aus dem Jahr 1916. Bars, Restaurant, Tanzsaal und eine Brauerei machen es zu einem lebendigen Anziehungspunkt. €€€

Essen & Trinken

Fischspezialitäten – **The Lobster Shop:** 4015 Ruston Way, Tel. 253-759-2165, www.lobstershop.com, Lunch Mo–Fr 11.30– 14.30 Uhr, Dinner 16.30–21.30 Uhr. Eines der besten Seafood-Restaurants mit Hafenblick. *Dungeness Crab Cakes* als Vorspeise 30 $.

Südstaaten-Küche – **Southern Kitchen:** 1716 6th Ave., Tel. 253-627-4282, www.southernkitchen-tacoma.com, Mo–Do 10–20, Fr 10–21, Sa 8–21, So 8–19 Uhr. Traditionelle Küche aus dem Süden der USA, sehr freundliche Bedienung. Huhn mit Okraschoten ab 15 $.

Traditionspub, für Familien – **The Spar:** 2121 N 30th St., Tel. 253-627-8215, www.thespartavern.com, Mo–Fr 11–24, Sa, So 9–24 Uhr. Ältester Pub von Tacoma, samstags Livemusik, gute Sandwiches und Burger. Um 8 $.

Einkaufen

Markthalle mit Galerien – **Freighthouse Station Marketplace:** 2501 E D Street, www.facebook.com/Freighthouse-Square. Im ehemaligen Bahnhof sind heute ca. 40 kleine Geschäfte und Bistros zu finden.

Olympia und Umgebung ▶D 5

Über die kleine Hauptstadt des Bundesstaates Washington, **Olympia** (ca. 50 000 Einw.), gibt es geteilte Meinungen: Einen Kurzbesuch lohne höchstens das **State Capitol,** das Regierungsgebäude unweit des Capitol Lake mit seiner 87 m hohen Kuppel. Andererseits loben manche das **Old Capitol Building** in der Innenstadt, das von 1853 stammt, als die Zollstation zur Hauptstadt erklärt wurde. 1949 zerstörte ein Erdbeben viele der historischen Gebäude der Kleinstadt, weitere wurden bei starken Erdstößen 1965 und 2001 in Mitleidenschaft gezogen. Mittlerweile gibt es etwas frischen Wind, lokale Designer bieten Mode und Accessoires an und eine bunte Restaurant- und Klubszene belebt den Ort.

Kajakroute Cascadia Marine Trail

http://wwta.org/water-trails/cascadia-marine-trail

Berühmt ist Olympia seit Langem als Ausgangspunkt für den **Cascadia Marine Trail.** Diese 225 km lange Kajakroute, die sich durch den ganzen Puget Sound bis an die kanadische Grenze hinter den San Juan Islands zieht, ist ein National Recreation Trail mit kleinen Campingplätzen für die Wassersportler. Um sich für ein Picknick einzudecken, lohnt ein Besuch des Farmers' Market am Capitol Way, der allerdings nur an vier Tagen geöffnet ist (s. S. 148).

Infos

Visitor & Convention Center: 103 Sid Snyder Ave. SW, Tel. 877-704-7500, www.experienceolympia.com. Mo–Fr 9–17,

Übernachten

Solides Kettenhotel – **Best Western Plus La cey Inn & Suites:** 8326 Quinault Dr. NE, Lacey, Tel. 360-456-5655, www.bestwestern.com. Kettenhotel mit gutem Standard, Frühstück, WLAN, Pool, Fitnesscenter. €€ (ADAC-Mitglieder)

Mit Antiquitäten – **B & B Swantown Inn:** 1431 11th Ave. SE, Tel. 360-753-9123, www.swantowninn.com. Umgebaute viktorianische Villa von 1887, 5 Zimmer und ein Cottage mit 2 Zimmern. €€–€€€

Essen & Trinken

Stilvoller Pub, für Familien – **Spar Café:** 114 4th Ave., Tel. 360-357-6444, www.mcmena

mins.com/Spar. Dieses alte und sehr amerikanische Restaurant mit Bar, Billardtischen und historischen Fotos der Stadt an den Wänden bietet ab 7 Uhr durchgehend bis Mitternacht Mahlzeiten, Burger, Steaks und Fisch. 8–16 $.

Einkaufen

Lebensmittel – **Farmers' Market:** Capitol Way, www.olympiafarmersmarket.com, Do–So 10–15 Uhr. Die Ware stammt überwiegend von Bauern aus der Umgebung.

Aktiv

Kajaken und Segeln – **Boston Harbor Marina:** 312 73rd Ave. N E, Tel. 360-357-5670, www.bostonharbormarina.com. Hier werden Kajaks und Segelboote verliehen, 1er-Kajak 2 Std./25 $, Stehpaddel-Borde 15 $/Std.

Mount Rainier ▶ E 5

Bei schönem Wetter scheint er schon von Seattle aus zum Greifen nah: der 4392 m hohe Gipfel des **Mount Rainier.** Ganzjährig schneebedeckt, unterscheidet sich dieser Vulkan von den anderen des ›Ring of Fire‹ durch seine Form. Das Bergmassiv ist nicht kegelförmig, sondern fällt durch seine runde Spitze und die zerfurchten Hänge auf. Zwar gab es kleinere Eruptionen zuletzt vor 150 Jahren, aber gelegentlich austretende kleine Rauchsäulen zeigen an, dass der Vulkan noch nicht erloschen ist. Seine Form hat er im Laufe der Zeit durch verschiedene Ausbrüche und Lavaströme entwickelt. Vor etwa 5700 Jahren ist die nordöstliche Seite infolge einer Eruption zusammengebrochen, die Felsbrocken bedeckten eine Fläche von 324 km^2 bis hin zum Puget Sound.

Der Berg gehört zum 1899 gegründeten **Mount Rainier National Park,** dessen Besonderheit die 25 Gletscher sind, die insgesamt eine Fläche von fast 83 km^2 bedecken, mehr noch als im Glacier National Park im Norden von Montana. Insgesamt umfasst der Park eine Fläche von 958 km^2.

Die Höhe des Mount Rainier schafft ein eigenes Klima um den Berg herum. Oft ist der Gipfel aus der Ferne zu sehen, der Mittelteil ist allerdings häufig in Wolken gehüllt, sodass man auf den dortigen Wanderwegen selten Sicht auf den Gipfel hat. Es regnet und schneit viel in diesem Gebiet. Die Gletscher gelten inzwischen als wichtige Indikatoren für klimatische Veränderungen. Über den Nisqually-Gletscher wird seit mehr als 150 Jahren Buch geführt, Fotos und Messungen zeigen die deutlichen Schrumpfungen.

Orientierung und Planung

Der Nationalpark hat **vier Zugänge,** von Seattle ist der einzige ganzjährig geöffnete der Nisqually Entrance bei Elbe/Ashford (Hwy 706), nur ca. 140 km entfernt. Ohanapecosh/Stevens Canyon im Süden, White River im Norden und Carbon River im Nordwesten sind je nach Wetterbedingungen zuweilen geschlossen. Die beste Reisezeit ist von Mitte Juni bis Anfang September, das Wetter ist dann am stabilsten. Allerdings wissen das auch die amerikanischen Touristen und so ist man besonders an den Wochenenden auf den leichteren Trails nicht allein. Die zahlreichen Webcams bieten hier Orientierung, alle über die Internetseite www.nps.gov/mora aufrufbar.

Flora und Fauna

Rund 58 % des Parks sind von Wald bedeckt, die Bäume sind teilweise über 1000 Jahre alt. Die Vegetation in den baumfreien Gebieten weist Heidekraut auf, das schon seit über 10 000 Jahren dort vorkommen soll. Mehr als 800 verschiedene Pflanzenarten haben die Botaniker in dieser vielfältigen Landschaft entdeckt, die wiederum Lebensraum darstellt für Schwarzbären, Hirsche, Bergziegen, Weißkopfseeadler und zahllose Eichhörnchen. Auch wenn Grizzlys und Wölfe hin und wieder gesehen werden, ist der Park keine typische Region für diese Tiere. Als Teil eines komplexen Ökosystems umfasst er im Übrigen auch 382 Seen sowie 470 Flüsse und Bäche, in denen außer Chinook-Lachsen und einer Forellenart (*bull trout*) alles geangelt werden darf.

Aktivitäten am Mount Rainier

Der Mount Rainier ist ein ausgesprochen beliebtes **Bergsteigergebiet.** Viele amerikanische Gebirgsexpeditionen trainieren dort, bevor sie sich in höhere Gefilde auf anderen Kontinenten begeben. Allerdings benötigt man neben einer guten Kondition und Ausrüstung für Höhen über 3300 m und für die Gletscher auch eine Bergsteiger-Erlaubnis *(climbing permit or pass)*, die man online beantragen oder bei einer der Rangerstationen erwerben kann (45 $/Pers.).

Für **Langlaufski** und **Snowshoeing** ist das Gebiet im Süden des Parks gut ausgebaut, so um Paradise und Longmire, allerdings gibt es keine Lifte und keinen Verleih von Equipment. Für Abfahrtski ist der Mount Rainier nicht geeignet. Da es oft bis in den April hinein schneit, dauert die Saison mitunter bis in den Mai. Der lange Schneefall hat auch zur Folge, dass manche Straßen noch bis zum Sommeranfang gesperrt sind. Dies gilt auch für die Wanderwege, besonders wenn sie bis an den Rand der Gletscher führen. Insgesamt bietet der Nationalpark 386 km an **Wanderwegen** aller Längen und Schwierigkeitsgrade (s. u.).

Trails

Der **Wonderland Trail** ist der längste der ausgewiesenen Wege. Der etwa 150 km lange, als anspruchsvoll zu bezeichnende Rundweg führt durch Wälder, über subalpine Wiesen, Gletscherzungen und Bergpässe; der höchste Punkt erreicht 2300 m. Um diesen Trail zu wandern, empfehlen die Ranger, eine Dauer von 10 bis 14 Tagen vorzusehen. Für die Übernachtung auf den vier Campgrounds im Park muss man sich bei einer Rangerstation eine Genehmigung holen.

Entschieden kürzer und weniger anspruchsvoll sind der **Trail of the Shadows** – eine halbe Stunde zu den Mineralquellen – und der **Rampart Ridge Trail** mit 8 km Länge, die beide einen ersten Eindruck von dem abwechslungsreichen Gebiet vermitteln. Alle beginnen bei Longmire, der Ranger Station mit Museum, Restaurant und Shop am südwestlichen Parkeingang.

Von Paradise, 18 km von Longmire entfernt, geht der gut 9,5 km lange **Skyline Trail** ab. Der als anstrengend klassifizierte Weg führt zum Panorama Point hinauf, der bei gutem Wetter fantastische Blicke über die schneebepackten Gletscher gewährt.

Umweltbewusst wandern

Über 1,2 Mio. Besucher hat der Mount Rainier National Park jedes Jahr, fast 50 000 von ihnen gehen auf Wanderungen oder besteigen die Berge. Ihr Abfall beläuft sich jährlich auf 350 t. Um dieser Mengen Herr zu werden, hat die Parkverwaltung zwei Maßnahmen auf den Weg gebracht: Für Wanderer und Camper, die höher als 3300 m steigen wollen, gibt es Toilettenutensilien und Mülltüten an den Rangerstationen. Recycling ist für Glas, Aluminium und Plastik vorgesehen, die entsprechenden Behälter sind an den Campingplätzen und Infoständen aufgestellt. Höflich wird darauf hingewiesen, man solle seinen Müll am besten wieder mit nach Hause nehmen.

Infos

Mount Rainier National Park: 55210 238th Ave. E, Ashford, Tel. 360-569-2211 (Hauptgeschäftsstelle), www.nps.gov/mora oder www.ohranger.com/mt-rainier, Eintritt für 7 Tage inkl. Auto mit max. 15 Insassen 30 $.

Longmire Ranger Station & Museum: 10 km entfernt vom Nisqually-Eingang, Tel. 360-569-2211/-3314, 3. Mai–Ende Sept. tgl. 9–17 Uhr. Das Wilderness Information Center daneben informiert speziell zu den Trails.

Jackson Visitor Center: in Paradise, Tel. 360-569-2211/-2328, ganzjährig, Wochenenden nur im Winter (Oktober-Mai).

Übernachten

Im Park gibt es zwei (denkmalgeschützte) Lodges, das Paradise Inn und das National Park Inn.

... in Paradise:

Rustikale Lodge – **Paradise Inn:** Tel. 360-569-2275, www.mtrainierguestservices.com, Mitte Mai–Anfang Okt. Das Inn hat ein teures Restaurant. Es ist aber auch möglich, sein ›Picknick‹ in der Eingangshalle einzunehmen. Im Originalhaus sind die Zimmer recht klein, nicht alle haben ein eigenes Bad. €€€

... in Longmire:

Rustikales Ambiente – **National Park Inn:** Tel./Webadresse wie Paradise Inn (s. o.), ganzjährig geöffnet. 25 DZ mit Bad. €€€

... in Ashford, nahe Nisqually Entrance:

Cabins & RV Park – **Mounthaven Resort:** 38210 State Route 706 E, Tel. 360-569-2594 oder 800-456-9380, www.mounthaven.com. 9 Hütten mit Kitchenette, auch Plätze für Camper/RVs, mind. 2 Nächte. €€€

Beliebt bei Bergsteigern – **Whittaker's Bunkhouse:** 30205 State Route 706 East, Tel. 360-569-2439, www.whittakersbunkhouse.com. 18 Zimmer und ein Schlafsaal im rustikalen Motel, mind. 2 Nächte. €€–€€€

Aktiv

... in Ashford:

Bergsteigen – **Rainier Mountaineering Inc.:** 30027 SR 706 East, Tel. 360-569-2227 oder 888-892-5462, www.rmiguides.com/rainier. Angeboten werden Ausbildungen zum Bergsteigen. Tageskurs 219 $, 4 Tage Gipfelsturm 1118 $.

Wandern – **Geführte Touren:** Die Ranger bieten im Sommer Touren an, oft themenorientiert (z. B. Flora, Vogelwelt). Die Teilnahme kann sich lohnen, denn die kundigen Erläuterungen öffnen die Augen für Neues und man kann jede Menge Fragen stellen.

 Mount St. Helens

▶ D 6

Erstmals im März 1980 begann der **Mount St. Helens** nach 123 Jahren Ruhe wieder aktiv zu werden und zog nicht zuletzt das Interesse vieler Journalisten und Schaulustiger auf sich. Straßen wurden gesperrt und Anwohner evakuiert, Wandern und Fischen verboten. Im April setzten sich die Aktivitäten fort, kleinere Erschütterungen und Dampfaustritte sowie das allmähliche Anschwellen der Nordflanke waren deutliche Anzeichen, dass ein Vulkanausbruch bevorstand. Dennoch nahmen manche Bewohner und Touristen die Warnungen nicht ernst. Als dann am frühen Morgen des 18. Mai tatsächlich ein Erdbeben der Stärke 5,1 den Vulkan erschütterte und eine gewaltige Explosion die Nordflanke und den Gipfel wegriss, zerstörte eine Glutwolke aus Asche und Gas die gesamte nähere Umgebung; auch 57 Menschen kamen in dem Inferno ums Leben.

Der Lodgebesitzer Henry Truman gelangte zu trauriger Berühmtheit, weil er sich weigerte, evakuiert zu werden, und ein Opfer der Lavamassen wurde, die den Spirit Lake erreichten. Bis in den August setzten sich die Zerstörungen fort, Lavaströme bahnten sich breite Schneisen durch den ehemaligen Wald, Ascheregen bedeckte die ehemals üppige Vegetation mit todbringendem Grau. Millionen von Fischen ver-

Auch mehr als 40 Jahre nach dem letzten großen Ausbruch hat sich die Natur um den Mount St. Helens noch längst nicht regeneriert

endeten in den kochenden Flüssen und auch die großen Tiere wie Hirsche, Bären und Kojoten zahlten ihren Tribut an die Natur. Ganz erloschen ist der Vulkan bis heute nicht, aber er wurde 2008 als ›ruhend‹ eingestuft.

1982 hat der US-Kongress beschlossen, das Gebiet um den Mount St. Helens zu einem **National Volcanic Monument** zu erklären. Die Region wird seitdem renaturiert, Hirsche werden wieder angesiedelt, Straßen neu gebaut, und es gibt Geld für wissenschaftliche Projekte, um den Vulkan weiter zu erforschen. Die Natur hat sich weite Teile zurückerobert. Zwischen den wie mit Sandstrahlgebläse blank geputzten Stümpfen der alten Baumriesen wachsen junge Bäume und Sträucher nach. Dennoch wirkt die Landschaft immer noch ›verwundet‹ und auch mehr als 40 Jahre nach dem Vulkanausbruch sind die Spuren deutlich zu sehen, zu gewaltig waren die freigesetzten Kräfte aus dem Erdinneren, zu groß die Verwüstungen.

Aussichtspunkte

Es gibt zwei Aussichtspunkte, von denen aus man den Krater und die zerstörte Umgebung ganz besonders gut einsehen kann: das Johnston Ridge Observatory und den Windy Ridge View Point. Zum **Johnston Ridge Obser-**

WANDERN DURCH DEN APE CAVE

Tour-Infos

Anfahrt: über Cougar (▶ D 7), dann die Forest Road 8303, ca. 5 km nördl. von der Abzweigung der Roads 83 und 90. Vom Visitor Center am Eingang zur Höhle werden im Juli/Aug. auch kostenlose Führungen angeboten.
Öffnungszeiten: Mitte Juni–Anfang Sept. tgl. 10–17 Uhr, ganzjährig geöffnet
Länge/Dauer: kurze Tour von 1,2 km (ca. 1 Std.), längere Tour von 2,5 km (2,5 Std.)
Kosten: Ein Tagespass für das Auto im Gifford Pinchot National Forest kostet 5 $, darin ist der Besuch im Tunnel enthalten.
Wichtige Hinweise: Unbedingt Jacken, eventuell auch Mützen und Handschuhe, sowie festes Schuhwerk mitnehmen, die Höhle ist kalt (nur ca. 5 °C) und feucht. Taschenlampen können für 5 $ am Visitor Center ausgeliehen werden, www.mountsthelens.com/ape-caves.html.

Er mag nur eines der vielen Naturwunder im Gebiet des Mount St. Helens National Volcanic Monument sein, aber der Weg zu der im Süden des Vulkans gelegenen Ape Cave lohnt sich. Es handelt sich um einen ca. 4 km langen Lavatunnel, der vor etwa 2000 Jahren aus einem Flussbett geformt wurde.
Vom **Haupteingang** geht es für den **kürzeren Weg** einige Treppen hinunter und dann in einer sanften Neigung in dem etwa 3 m hohen Tunnel hinab. Ein eingeklemmter Lavabrocken, der

»Meatball«, und andere bizarre Gebilde aus Vulkangestein lassen die gewaltige Kraft der Lavaströme erahnen. Denselben Weg geht's wieder zurück.
Herausfordernder ist der **obere Weg,** der vom Haupteingang aus in einer steten Steigung nach oben führt. Man muss über Felsen und Kanten klettern, es liegen viele lose Steine auf dem Pfad, an manchen Stellen geht das nur auf allen Vieren. Hier sind Handschuhe hilfreich, das Gestein ist sehr scharfkantig. Mithilfe einer Leiter gelangt man am Ende wieder an die Oberfläche und wandert durch den Wald zurück zum Parkplatz.

vatory fährt man von Seattle über die I 5 bis Castle Rock, dort geht der Highway 504 ab und führt in ca. 70 km zum Observatory. Diese Route ist am besten ausgebaut und ganzjährig befahrbar, sie wird daher auch in den meisten Broschüren empfohlen. Ebenfalls von der I 5 zweigt bei Woodland der Highway 503 nach Cougar ab, landschaftlich schön entlang an Lake Mervin und Yale Lake. Von dort gelangt man auf den Straßen 90, 25 und 99 zum Spirit Lake und dem **Windy Ridge View Point.** Diese Wege sind im Winter geschlossen; es hängt vom Wetter ab, wann sie im Frühjahr für befahrbar erklärt werden. Am besten vorher auf der Website nachsehen oder in der Pine Creek Information Station (SR 90) nachfragen.

Infos

Mount St. Helens Silver Lake Visitor Center: State Route 504/3029 Spirit Lake Hwy, Tel. 360-274-0962, www.visitmtsthelens.com oder http://parks.state.wa.us/245/Mount-St-Helens, ganzjährig geöffnet, tgl. 9–17 Uhr. Auf der Route bis zum Observatory und dem dortigen Aussichtsplateau gibt es noch zwei weitere Info-Center: **Hofftstadt Bluffs** und **Forest Learning.** Eintritt zw. 3–8 $ Erw., Kin. unter 6 J. frei.
Aussichtsplateau und Johnston Ridge Observatory: SR 504/24000 Spirit Lake Hwy, Tel. 360-274-2140 Mai–Sept. tgl. 9–17 Uhr, Erw. 8 $.

Übernachten

Zwischen Castle Rock und Woodland liegen an der Interstate 5 mehrere kleinere Orte, die eine Auswahl an Motels und Inns bieten.
... in Kelso:
Solide Kette – **Red Lion Hotel:** 510 Kelso Dr., Tel. 360-636-4400, www.redlion.com. 161 große Zimmer, Restaurant. €€ (mit ADAC-Ausweis)
Zuverlässige Kette – **Best Western Aladdin Motor Inn:** 310 Long Ave., Tel. 360-425-9660, www.bestwesternwashington.com. Von 78 Zimmern 20 mit Kitchenette. €€
... in Longview:
Einfacher Standard – **Quality Inn & Suites:** 723 7th Ave., Tel. 360-414-1000, www.choicehotels.com/washington/longview/quality-inn-hotels/wa183. Geräumige Zimmer mit Mikrowelle, WLAN, Kühlschrank, Frühstück. €€
... in Silver Lake:
Rustikales Standard-Motel – **Silver Lake Resort:** 3201 Spirit Lake Hwy, Tel. 360-274-6141, www.silverlake-resort.com. Direkt am See gelegen, rustikal eingerichtet mit Kitchenette. Auch 5 Hütten. €€
... in Cougar:
Einfache Cabins, RV-Plätze – **Lone Fir Resort:** 16806 Lewis River Rd. (Hwy 503), Tel. 360-238-5210, www.lonefirresort.com. 10 saubere Hütten, verschiedene Größen, 34 RV-Stellplätze. €–€€€

Aktiv

Bergsteigen – Vom 1. April bis 31. Okt. dürfen tgl. 100 Bergsteiger auf den Mount St. Helens. Die notwendige Genehmigung erwirbt man (am besten online) über das Mount St. Helens Institute: www.mshinstitute.org. Sie kostet 22 $.
Hiking – **Wandern** ist das ganze Jahr lang möglich, allerdings kann das Wetter schnell umschlagen. Deshalb unbedingt vor Beginn einer Tour im Visitor Center den Wetterbericht abfragen. Weil es auf den Trails auch keinen Handy-Empfang gibt, sollte man bei einem längerem Gang unbedingt den Mitarbeitern Bescheid geben.

Olympic National Park und Umgebung

Eine der letzten Regenwaldregionen prägt die vielfältige Vegetation des National Park um den Olympic Mountain. Ganz im Nordosten der felsigen Halbinsel liegt das Reservat der Makah-Indianer, die wie ihre Vorfahren auf Walfang gehen. Im Süden hat der Pazifik eine wunderbare Dünenlandschaft geschaffen.

Port Townsend ▶ D 4

An der Nordspitze der Quimper-Halbinsel gelegen, blickt diese Kleinstadt (ca. 9000 Einw.) auf eine wechselvolle Geschichte, die sich gut an den viktorianischen Gebäuden aus Holz und Stein ablesen lässt. **Port Townsend** galt einst als das New York des Nordwestens und sollte nach der Vorstellung einiger Investoren und Holzbarone der wichtigste Ort der Region werden. Voraussetzung dafür waren Pläne, die Eisenbahn nach Port Townsend auszubauen, was allerdings nicht umgesetzt wurde.

Zeugen dieser hoffnungsvollen Zeit sind z. B. das **Jefferson County Courthouse** von 1892, ein gigantisches Gerichtsgebäude, das der aus Seattle stammende Architekt Willis A. Ritchie aus roten Ziegeln in neoromanischem Stil errichtete (1820 Jefferson Street). Aus Ziegeln baute in dieser Zeit nur, wer sehr reich war. Der übliche Baustoff war Holz, was die Umgebung im Übermaß lieferte.

Sehenswertes

Water Street

Entlang der **Water Street** reihen sich viele Steinhäuser aneinander, in denen sich heute teilweise Hotels, Restaurants und Geschäfte befinden. Die Stadt liegt an einer Klippe und oberhalb der Felsen wurden die meisten der unter Denkmalschutz stehenden viktorianischen Häuser errichtet. Zum Teil liebevoll restauriert und in mitunter recht knalligen Farben bemalt, versetzen diese Gebäude den Betrachter in eine längst vergangene Zeit. Port Townsend teilt sich mit Eureka in Nordkalifornien den Ruf, Hauptstadt des Nordwestens für Bed & Breakfast zu sein, jedenfalls gibt es davon mehr als Hotels.

Northwest Maritime Center

431 Water St., Tel. 360-385-3628, http://nwmaritime.org, Mo–Fr 9–17 Uhr

Einen Segelkurs machen oder etwas über das Wetter an der Küste lernen kann man im **Maritime Center.** Bevor die Gebäude 2009 errichtet werden konnten, mussten erst die Überreste eines Öl-Terminals beseitigt werden. Für die sorgfältige Restauration der benachbarten Seegrasfelder erhielten die Bauherren einen Preis für Umweltbewusstsein. Der gesamte Komplex umfasst einen Sandstrand, Docks für Kajaks und Kanus und einen Aussichtsturm. Anfang September findet dort das Wooden Boat Festival statt, eine stolze Parade meist handgefertigter Holzschiffe (s. S. 155).

Fire Bell Tower

Ein anderes Highlight ist der **Fire Bell Tower** am Ende der Tyler Street auf der Steilklippe. Der Turm wurde 1890 errichtet und mit einer 75 kg schweren Glocke versehen. Die Anzahl der Glockenschläge verriet der Feuerwehr, in welchem Stadtteil ein Brand ausgebrochen war. Seit über 80 Jahren ist der Turm nicht mehr in Betrieb, aber als wichtiges historisches Denkmal wurde er 2004 restauriert.

Jefferson Museum of Art & History

540 Water Street, www.jchsmuseum.org, tgl. 11–16 Uhr, Erw. 6 $, Kin. 1 $

Das **Jefferson Museum of Art & History** ist selbst ein historisches Gebäude, von dort werden im Sommer Führungen durch einige Residenzen organisiert.

Rothschild House

Ecke Taylor St. und Jefferson St., Tel. 360-385-1003, https://jchsmuseum.com/About/Sites/RothschildHouse.html

Stadtgeschichte hautnah vermittelt ein Besuch des **Rothschild House** von 1868, das noch mit den originalen Möbeln des deutschen Immigranten David C. H. Rothschild ausgestattet ist.

Infos

Visitor Center: 2409 Jefferson St. Suite B, Tel. 360-385-2722, http://enjoypt.com, Mo–Fr 9–17, Sa 10–16, So 11–16 Uhr.

Übernachten

Direkt am Wasser – **The Commander's Beach House:** 400 Hudson St., Tel. 360-385-1778, www.commandersbeachhouse.com. Nur 4 Zimmer, individuell gestaltet, bei schönem Wetter wird das Frühstück auf der Terrasse serviert. €€€

Üppig dekoriertes B & B – **Old Consulate Inn:** 313 Walker St., Tel. 360-385-6753 oder 1-800-300-6753, www.oldconsulateinn.com. Diese elegante Villa von 1889, deren Name sich aus der Zeit ableitet, als ein deutscher Konsul dort residierte, hat 8 Zimmer; opulentes Frühstück, Garten und schöner Blick über den Puget Sound. Zu Festivals und an Sommer-Wochenenden mind. 2 Nächte. €€€

Schlossähnliches Anwesen – **Manresa Castle:** 651 Cleveland Street, etwas außerhalb südlich auf der Anhöhe gelegen, Tel. 360-385-5750 oder 1-800-732-1281, www.manresacastle.com. Das Gebäude von 1892 steht unter Denkmalschutz,: der erste Bürgermeister der Stadt – Karl Eisenbeis – wohnte dort. 30 individuell eingerichtete Zimmer, eigenes Restaurant im Haus, in dem *Westcoast*-Küche auf den Tisch kommt. €€

Essen & Trinken

Trendiges Bistro – **Silverwater Café:** 237 Taylor St., Tel. 360-385-6448, www.silverwatercafe.com. Von Einheimischen gut besuchtes Restaurant mit viel Auswahl an Gerichten mit Fisch- und Meeresfrüchten, aber auch Fleisch und Pasta. Lachs ab 25 $.

Angesagt – **Fountain Café:** 920 Washington St., Tel. 360-385-1364, www.fountaincafept.com. Ein Risotto aus Wildpilzen oder ein Eintopfgericht *(stew)* aus Austern gehören zu den empfehlenswerten Angeboten der originellen Küche dieses Cafés. Lunch 9–11 $, Stew 19 $.

Aktiv

Walbeobachtung – **Puget Sound Express:** Point Hudson Marina, 227 Jackson St., Tel. 360-385-5288, www.pugetsoundexpress.com. Tagestour Erw. 120 $, Kin. 2–10 J. 110 $ (nur Anfang Mai bis Ende Okt.).

Termin

Wooden Boat Festival: Anfang Sept., Point Hudson Marina, http://nwmaritime.org/events/wooden-boat-festival. Alles dreht sich bei diesem Fest um Holzboote.

Von Sequim durch den Olympic National Park

Karte: S. 157

Der Highway 101 ist die einzige im Westen gelegene Nord-Süd-Verbindung der Olympic-Halbinsel. Außerhalb des Nationalparks führt er durch große Waldgebiete, die seit über 100 Jahren bewirtschaftet werden und den Betrachter mit riesigen Kahlflächen *(clear cut)* inmitten des dichten Walds erschrecken können. Junger Wald zeigt, dass hier auch immer wieder aufgeforstet wird; die Holzwirtschaft ist bis heute der wichtigste ökonomische Stützpfeiler der Region.

Sequim ▶ D 4

Sequim **1** nennt sich die Hauptstadt des Lavendels von Nordamerika und feiert diesen Ruf seit 1996 mit einem **Lavendelfest** Mitte Juli. Die Lavendelfelder in der Nähe der kleinen Stadt (ca. 6000 Einw.) brauchen trotz der nicht wenigen Niederschläge viel Wasser, deshalb findet dort alljährlich Anfang Mai ein weiteres Fest statt, das man in dieser Region eigentlich nicht erwarten würde: das **Bewässerungsfest.** Bereits seit dem Jahr 1895 wird gefeiert, dass sich die frühen Siedler etwas haben einfallen lassen, um mit Wasser aus dem Dungeness River ihre Felder fruchtbar zu machen.

Dungeness Bay ▶ C 3

www.dungeness.com/refuge
Wie ein Dreieck zieht sich das Farmland nördlich der Stadt Sequim bis zur Küste und mündet dort in eine lang gezogene Sanddüne, den **Dungeness Spit.** Einige Felsen schützen die Formation nach Norden hin und zum Land hin hat sich eine überaus üppige Küstenvegetation entwickelt. Sie bietet Nahrung und Lebensraum für zahlreiche Wasservögel, die die Dungeness Bay als Winterquartier nutzen oder wie die Seeadler hier dauerhaft leben. Als **Dungeness National Wildlife Refuge** **2** ist die Bucht deshalb ausgewiesen. Es gibt öffentliche Wege bis an die Spitze, wo noch ein Leuchtturm von 1857 steht.

Infos

Sequim Dungeness Chamber of Commerce: 1192 E Washington St., Tel. 360-683-6197 oder 1-800-737-8462, www.visitsunnysequim.com.

Übernachten

Anspruchsvolles Resort – **Lost Mountain Lodge:** 303 Sunny View Dr., Tel. 360-683-2431 oder 888-683-2431, www.lostmountainlodge.com. Das Haus vereint Cottages und B & B. Keine Kinder. Schöne Zimmer und Apartments, min. 2 Nächte. Preis inkl. Frühstück und Spa. €€€

Solides Kettenhotel – **Quality Inn & Suites:** 134 River Road, Tel. 360-683-2800, www.choicehotels.com. Frühstück, Fitness-Center, WLAN, Parken frei, Mikrowelle u. Kühlschrank im Zimmer. €€€

Essen & Trinken

Familienrestaurant – **Old Mill Café:** 721 Carlsborg Rd., Tel. 360-582-1583, http://old-millca

fe.com, Mo geschl. Fisch und Pasta, große Portionen, Frühstück ab 8 Uhr, Burger um 14 $.

Termine

Sequim Irrigation Festival (›Bewässerungsfest‹): Anfang Mai. Mit Paraden, Picknicks und Ausstellungen feiert die Stadt das Lebenselixier Wasser. Außerdem gibt es eine Kunsthandwerksmesse, www.irrigationfestival.com.

Lavendelfest: Mitte Juli. Während des Festivals können die acht Lavendelfarmen der Umgebung besichtigt werden, www.lavenderfestival.com.

Port Angeles ► C 4

Port Angeles 3, das kleine Handelszentrum der Halbinsel (rd. 20 000 Einw.) mit Fischereiflotte und Sägemühlen, bietet sich als Stützpunkt für Wanderungen im nördlichen Nationalpark an. Obwohl schon 1791 von spanischen Seefahrern gegründet, ist hier wenig an historischer Bausubstanz zu finden. Interessant sind die inzwischen 39 modernen Skulpturen, die in der Stadt verteilt von regionalen Künstlern aufgestellt sind. Zudem gibt es eine Anzahl von Hotels und Supermärkten sowie Outdoor-Ausstattern. Da die schneebedeckten Gipfel der Olympic Mountains unmittelbar vor der Haustür liegen, kann man hier auch Kletter- und Wanderutensilien besorgen.

Von der Hafenstadt aus werden Kajaktouren angeboten, Guides zeigen die richtigen Wege auf der viel befahrenen Juan de Fuca Strait.

Infos

Chamber of Commerce Visitor Center: 121 E Railroad Ave., Tel. 360-452-2363, www.portangeles.org, im Sommer tgl. 8–18 Uhr.

Übernachten

Direkt am Wasser – **B & B Domaine Madelaine:** 146 Wildflower Lane, Tel. 360-457-4174, http://domainemadeleine.com. Etwas außerhalb von Port Angeles gelegen, bietet das schön restaurierte Farmhaus 4 Suiten mit jeweils eigener Terrasse und Kamin sowie 2 Cottages. €€€

In der Nähe des Hafens – **Red Lion Hotel:** 221 N Lincoln St., Tel. 1-877-333-2733, www.redlion.com/port-angeles. Das 187-Zimmer-Hotel der soliden Kette bietet einen angenehmen Standard und verfügt über ein Restaurant im Haus. €€€

Essen & Trinken

Familien-Diner – **Downriggers on the Water:** 115 E. Railroad Ave., Tel. 360-452-2700, www.downriggerspa.com. Mit Blick auf das Wasser und den Fährhafen bekommt man hier Lachs, Fish & Chips, Salate u. Sandwiches zu zivilen Preisen, gegrillter Lachs 22 $.

Einkaufen

Alles zum Wandern – **Brown's Outdoor:** 112 W Front St., Tel. 360-457-4150, www.brownsoutdoor.com. Auch Verleih von Wanderstöcken und Schneeschuhen.

Aktiv

Kajaken & Radfahren – **Adventures through Kayaking:** 2358 Hwy 101 W, Tel. 360-417-3015, https://atkayaking.com. Geführte Kajak-, Paddleboard- oder Mountainbiketouren. Kajakverleih 64 $ für 7 Std.

Verkehr

Fähre: Autofähre nach Victoria auf Vancouver Island (Kanada), www.cohoferry.com. Im Sommer 3x tgl. Überfahrt mit Auto 123 $, ohne Auto Erw. 18,50 $.

Olympic National Park ► B/C 4

Karte: S. 157

Einem Luchs oder einem Puma begegnen möchte man vielleicht lieber doch nicht, aber auf den zahlreichen Wanderwegen im **Olympic National Park** ist das durchaus möglich. Ungefähr 370 000 ha umfasst das 1938 zum Park und National Monument erklärte Gelände. Damals galt es die vom Aussterben bedrohten Roosevelt-Hirsche zu schützen – was gelang. Zwar ist er oft von Wolken verhangen, aber der 2386 m hohe Gipfel des **Mount Olympus** prägt das Gebiet.

Flora und Fauna

Das Besondere dieses Parks bzw. der Halbinsel sind die extrem unterschiedlichen Klimazonen. In den Flusstälern auf der Westseite haben sich Vegetationsformen entwickelt, die Ähnlichkeit mit einem Dschungel aufweisen: Der dort vorkommende Regenwald u. a. im Gebiet des Hoh Rain Forest findet sich nur noch in Pata-

Haystacks – gewaltige Felsbrocken – an der Küste vor dem Olympic National Park

gonien und Neuseeland. Sitka-Fichten und unzählige Sorten von Flechten und Moosen prägen den Charakter dieses *temperate rain forest,* in dem bis zu 1000 Jahre alte Bäume stehen. Die unterschiedlichen Höhenlagen und entsprechende Niederschläge haben für eine lebendige Mischung der Flora gesorgt und damit auch Voraussetzungen geschaffen, damit sich u. a. Bären, Luchse, Biber, Dammwild und Weißkopfseeadler hier zu Hause fühlen.

Planung

Infos im Internet: www.nps.gov/olym. Website der staatlichen Parkverwaltung mit wertvollen Tipps zum Park, zu Wanderwegen und Ausrüstung. Den Pass für den Nationalpark kauft man besten online (7 Tage für 35 $).
Sicherheit: Bevor man auf einen *hike* oder *trail* geht, ist es unbedingt angeraten, sich über die aktuellen Bedingungen zu informieren – das Wetter schlägt schnell um. Bei längeren Wanderungen sollte man sich an den Infoständen am *trailhead* (Einstieg) eintragen.
Autofahren: Tankstellen sind auf der Strecke eher dünn gesät, zwischen Forks und Amanda Park gibt es keine. Manche Straßen im Park sind nicht geteert und es kann vorkommen, dass wegen zu großer Schneemassen Wege auch noch bis in den Juni hinein gesperrt sind.
Übernachten: Im Park gibt es 16 Campingplätze mit 892 Stellplätzen, die überwiegend nicht vorab reserviert werden können, außerdem Hotels mit Hütten (Resorts/Lodges).

Trails

Für Besucher stehen fast 1000 km an Wanderwegen zur Verfügung. Am **Hurrican Ridge Visitor Center** 4 oberhalb von Port Angeles beginnt der beliebteste und wohl meistfrequentierte Wanderweg, der **Hurrican Hill Trail** 5. Es ist ein etwa 5 km langer Rundweg, der z. T. wunderbare Ausblicke auf die Buchten der Juan de Fuca Strait bietet.

Mehr vom Regenwald sieht man auf einem kürzeren Weg zu den **Marymere-Wasserfällen** 6, der südlich vom Olympic Park Institute am Lake Crescent seinen Anfang nimmt. Der moderate Weg zeigt die vielfältigen Formen des Regenwalds, alte, abgestorbene Stämme bilden den Nährboden für neue Bäume und andere Pflanzen. Schier undurchdringlich erscheint teilweise das Unterholz. Zum Prinzip des Nationalparks gehört es, dass keine Rodungen durchgeführt werden.

Infos

Olympic National Park Visitor Center: 3002 Mount Angeles Rd., Port Angeles, Tel. 360-565-3130. Dazu gehört auch das Wilderness Information Center. An der Hurricane Ridge Road gibt es ebenfalls eines, allerdings ist das nur im Sommer geöffnet.

Norden der Halbinsel

Nur über den Highway 112 zu erreichen sind die im Norden gelegene **Neah Bay** 7 und der **Ozette Lake.** Dort leben die **Makah-Indianer,** ein Stamm, der im Jahr 1999 weltweit für Schlagzeilen sorgte, als er die Erlaubnis erhielt, wieder Wale zu jagen. Das **Makah Museum** 8 in der Neah Bay informiert über die Indianer und das Leben in dieser rauen Gegend (Tel. 360-645-2711, www.makah.com, ganzjährig 10–17 Uhr, Erw. 10 $).

Westen der Halbinsel

Zu den meisten Stränden an der Westseite der Halbinsel gelangt man nicht mit dem Auto. La Push ist über die 110 zu erreichen und ab Ruby Beach führt der Highway 101 bis Sun Beach direkt an der Küste entlang. Es gibt Parkplätze und sanitäre Anlagen, aber keine Campingplätze oder Restaurants. Auch längere Spaziergänge sind schwierig, da oft gewaltige Felsformationen ins Wasser ragen. Die Kleinstadt **Forks** 9 hat sich als Heimat der Vampire der »Twilight Saga« einen Namen gemacht, geführte Touren auf den Spuren von Bella und Edward ziehen immer noch viele Besucher an (https://forkswa.com/forevertwilightinforks) Der Abstecher zum **Hoh Rain Forest** 10 und dem dortigen Visitor Center lohnt sich. Dort ist das grüne Dickicht des Regenwaldes durch mehrere Lehrpfade am besten zu erleben.

Übernachten

... südlich vom Lake Crescent:
Rustikales Resort – **Sol Duc Hot Springs Resort:** 12076 Sol Duc Hot Springs Rd., ca. 1 Std. Fahrt westlich der Stadt, Tel. 888-896-3828, www.olympicnationalparks.com. Etwas Besonderes sind die drei heißen Quellen, in denen man baden kann (38–42 °C). Einfache Hütten ab 196 $, immer sehr früh ausgebucht. €€€

... südlich von Forks:
Uriges Hütten-Resort am Wasser – **Kalaloch Lodge:** 157151 Hwy 101, Tel. 866-525-2562, www.thekalalochlodge.com. 40 sehr rustikale Hütten und kleines Hotel direkt am Wasser. Restaurant, kleiner Supermarkt anbei. Guter Ausgangspunkt für Wanderungen. €€€

... in Quinault am Lake Quinault:
Historische Lodge – **Lake Quinault Lodge:** am südlichen Ufer des Lake Quinault, 345 South Shore Rd., Tel. 800-562-6672 oder 360-288-2900, www.olympicnationalparks.com. Lodge von 1926, ganzjährig geöffnet. €€€

... in Ocean Shores (ca. 50 km südwestl. von Quinault):
Kettenhotel in guter Lage – **Shilo Inn Suites Hotel – Ocean Front Resort:** 707 Ocean Shores Blvd. NW, Tel. 360-289-4600 oder 800-222-2244, www.shiloinns.com. 113 Zimmer, viele mit Meerblick. €€€

Long Beach Peninsula ▶ B 6

Nahezu menschenleer zeigt sich auch die Region zwischen **Aberdeen** im Norden, dem Geburtsort des Rockmusikers Kurt Cobain, und dem **Columbia River** im Süden, der die Grenze zum Bundesstaat Oregon bildet. Die Holzwirtschaft ist hier beinahe die einzige Einkommensquelle und da die Mechanisierung voranschreitet, verlassen viele die Gegend. Leere und verfallende Häuser, heruntergekommene Wohngebiete sind Kennzeichen dieses Wandels. Nicht versäumen sollte man allerdings den langen Sandstrand von Long Beach: Fast 45 km gelber Sand ziehen sich von **Ilwaco** bis zum **Fort Columbia State Park.** Die schmale Halbinsel trennt den Pazifik von der **Willapa Bay,** wo es die größte Austernzuchtanlage der USA gibt. Die Orte entlang des Highway 103 sind schon seit gut 100 Jahren ein Ziel von Ausflüglern und Touristen, es gibt viele Unterkünfte ebenso wie zahlreiche Anbieter für Kitesurfen, Kajaktouren oder Fischen.

Museen in Ilwaco

Im kleinen **Columbia Pacific Heritage Museum** (115 SE Lake St., Tel. 360-642-3446, http://columbiapacificheritagemuseum.org, Di–Sa 10–16 Uhr, Erw. 5 $) kann man sich u. a. über die berühmte Expedition von Meriwether Lewis und William Clark informieren. Das **Lewis and Clark Interpretive Center (LCIC)** am **Cape Disappointment Lighthouse** ist umfangreicher in der Darstellung (244 Robert Gray Dr., Tel. 360-642-3078, http://capedisappointment.org, tgl. 10–17 Uhr, Erw. 5 $). Hier endete die Erkundung des Westens im Auftrag von Präsident Jefferson im November 1805. Der Leuchtturm an der südwestlichsten Spitze Washingtons bietet einen atemberaubenden Blick auf die Mündung des Columbia River und die Berge.

Infos

Long Beach Visitors Bureau: 3914 Pacific Way, Seaview, Tel. 360-642-2400 oder 1-800-451-2542, https://funbeach.com.

Übernachten

Hütten mit Strandzugang – **Klipsan Beach Cottages:** 22617 Pacific Way, Ocean Park, Tel. 360-665-4888, https://klipsanbeachcottages.com. 8 Holzhütten mit Küche. €€–€€€
Etwas Besonderes – **Inn at Harbour Village:** 120 Williams Ave., Ilwaco, Tel. 360-642-0087 oder 888-642-0087, http://innathabourvillage.com, 10 Räume in einer ehemaligen Kirche. €€€
Am Strand – **Adrift Hotel:** 409 Sid Snyder Dr., Tel. 360-642-2311, www.adrifthotel.com. Sehr minimalistisch und modern umgestaltet, das eigentümergeführte Haus liegt nur wenige Meter hinter den Dünen. €€€

HORSEBACK-RIDING IN LONG BEACH

Tour-Infos

Start: Sid Snyder Dr., Long Beach

Anbieter: The Long Beach Horse Rides, 409 Sid Snyder Dr., Tel. 360-642-2576, https://thelongbeachhorserides.wordpress.com oder West Coast Horse Rides, 308 Sid Snyder Dr. W, Tel. 360-244-0037, www.facebook.com/westcoasthorserides

Kosten/Dauer: Geführter Strandritt ab 30 $/Std., 2-stündige Ritte nur für erfahrene Reiter.

Wichtige Hinweise: Lange Hosen und feste Schuhe sind empfehlenswert.

Reiten lernt besonders in den Staaten östlich der Rocky Mountains fast jedes Kind, aber auch an der Südküste von Washington wird Horseback-Riding angeboten. Es ist eine wunderbare Gelegenheit, die landschaftliche Schönheit mal aus einer anderen Perspektive zu erleben.

Auch Anfänger können sich einer geführten Tour anschließen, für sie gibt es überall besonders geduldige Tiere. Horse Adventures/Back Country Wilderness Outfitters haben einen Corall unweit des Strandes von Long Beach und bieten im Sommer den ganzen Tag über Ausritte und Kutschfahrten an. Im Frühjahr und September muss man eventuell etwas warten, bis sich mindestens drei Reiter eingefunden haben, aber versorgt mit einem Kaffee kann man so in aller Ruhe die Pferde kennenlernen und sich mit den Angestellten unterhalten. Sie suchen je nach Größe und Erfahrung das passende Tier aus und geben dem, der noch keine Reitkünste erworben hat, auch eine kurze Einweisung. Der Weg zum Strand führt kurz durch die Dünen, eine gute Gelegenheit, sich mit den Schrittbewegungen vertraut zu machen. Am breiten Strand von Long Beach werden die Pferde direkt zur Wasserkante geführt. Wer es sich zutraut, darf hier auch mal in einen Trab verfallen. Nach ca. 40 Minuten geht es auf schmalen Pfaden durch den mit Kiefern bewachsenen Dünengürtel zurück.

North Cascades

Immer wieder spektakuläre Ausblicke und einsame Wanderwege in einer grandiosen Berglandschaft bieten die North Cascades, eine nahezu unbewohnte Gebirgsregion. Die Städtchen Winthrop und Leavenworth locken mit Wildwest- bzw. Alpenromantik und noch beinahe unentdeckt von ausländischen Touristen liegt das riesige Erholungsgebiet des Lake Chelan am Fuß des Gebirges.

Cascade Loop

Karte: S. 169
Nur über den Highway 20 gelangt man im Norden von der Westküste über die Berge zum **Columbia Basin.** Diese Straße gehört zum Cascade Loop, einer der schönsten und spektakulärsten Routen im Bundesstaat Washington. Im Frühjahr nach der Schneeschmelze entlang reißender Flüsse, durch dichte Mischwälder und vorbei an steilen, manchmal bedrohlich überragenden Felsen mäandert im nördlichen Teil des Loops die gut ausgebaute Straße durch die Berge bis zum 1700 m hohen **Washington Pass.** Die umliegenden Berge und Gipfel und die schimmernden Gletscherseen wirken wie unberührt, nur die vielen Strommasten zeigen, dass sich der Mensch die Natur nutzbar gemacht hat. Von hier wird der Großraum Seattle mit Energie versorgt.

Orientierung und Planung

Infos: www.cascadeloop.com
Route: Der gesamte Cascade Loop umfasst 563 km und verläuft über den Highway 20 nach Twisp, geht dann über die Highways 153 und 97 am Columbia River entlang nach Chelan bis nördlich von Wenatchee. Dort beginnt Highway 2, der über Leavenworth, Skykomish und Monroe führend in Everett endet.
Hinweise für Autofahrer: Starker Schneefall kommt im Winter häufig vor, deshalb ist der Abschnitt zwischen Newhalem und Mazama von Mitte Nov. bis Mitte April/Anfang Mai geschlossen. Im North Cascades National Park gibt es weder Tankstellen noch Supermärkte oder General Stores. Der Benzinverbrauch ist erheblich bei der stetig ansteigenden Strecke von Westen her, deshalb ist zu empfehlen, am besten schon in Sedro-Wolley zu tanken und fürs Picknick einzukaufen.
Übernachten im North Cascades National Park: Der Nationalpark gehört zu den weniger stark besuchten Parks im Nordwesten. Diesen Trend spüren auch die Motelvermieter am westlichen Highway 20, sodass die Angebote abnehmen und die Qualität mitunter zu wünschen übrig lässt. Vorausbuchungen für Unterkünfte sind deshalb dringend anzuraten.
Tipp: Um einen ersten Eindruck zu gewinnen, lohnt sich auch ein Tagesausflug von Seattle aus über den Mountain Loop Highway, der von Arlington oder Granite Falls (nördlich von Everett) über Silverton, den Barlow Pass, Darrington und Cicero verläuft. Er ist zwar nur ca. 150 km lang, aber die schmale Straße und die schönen Aussichtspunkte beanspruchen ihre Zeit.

North Cascades National Park ▶ E/F 3

Der **North Cascades National Park** **1** verfügt über ein Netz von insgesamt ca. 600 km ausgewiesenen Wanderwegen *(trails);* den

BOOTSFAHRT AUF DEM DIABLO LAKE

Tour-Infos

Start: Environmental Learning Center am Diablo Lake, unweit des Highway 20.
Dauer: 3,5 Std. für die Bootstour, als Tagesausflug von Seattle aus (Anfahrtszeit ca. 3 Std.).
Anbieter: Skagit Tours, Seattle, 700 5th Ave., Suite 3200, Tel. 360-854-2589, www.visitskagitvalley.com/diablo-lake-boat-tours, Ende Juni–Mitte Sept., Do–Mo 2 x tgl. 11.30 und 14.30 Uhr. Aktuelle Preise bitte auf der Website recherchieren.
Hinweis: Nach der Bootstour gibt es einen üppigen Snack (organisch) vom North Cascades Environmental Learning Center.

Schon vor fast 100 Jahren kamen findige Ingenieure der Elektrizitätswerke von Seattle auf die Idee, den Skagit River zu stauen, gleich dreifach, um so den ständig wachsenden Strombedarf der Pazifikmetropole bedienen zu können. Heute wird betont, wie vorbildlich schon seit Langem bei diesem Projekt Umweltschutz betrieben wurde, und da die Staudämme Teil des Nationalparks sind, erläutern inzwischen sowohl die Ranger des National Park Service als auch die Mitarbeiter des Environmental Learning Center den Umgang mit den Lachsen, die Pflege des hiesigen Waldes und den Einfluss der Dämme auf den Fluss.

Auf der Hinfahrt über den Highway 20 kann man mit viel Aufmerksamkeit zwar die riesigen Strommasten entdecken, aber die immer wieder atemberaubenden Ausblicke auf die schroffen Gipfel und teilweise bis in den Hochsommer schneebedeckten Gletscher der ›nordamerikanischen Alpen‹ lenken doch von diesen technischen Errungenschaften ab.
Unweit von **Newhalem** wird zuerst der **Gorge Lake** passiert, dann geht es nach einigen Kurven links ab auf die Diablo Dam Road, an deren Ende das **Environmental Learning Center** (Umweltschutz-Center) liegt. Das moderne Gebäude von 1986 veranschaulicht Umweltschutztechnologie und kann besichtigt werden. Bootstouren werden 2 x tgl. angeboten (Tel. 360-854-2589, Do–Mo, ca. 1,25 Std., am besten online anmelden über https://ncascades.org/signup/programs/skagit-tours).
Nur 40 Personen passen auf das Motorboot, meist sind es aber weniger, sodass man schnell mit den anderen Interessierten ins Gespräch kommt. An Bord (ab 12.45 Uhr) erfährt man viel über den Bau des Damms und die Ingenieurleistungen zu Anfang des 20. Jh., aber es bleiben auch Pausen, damit die wirklich herausfordernde Umgebung gebührend gewürdigt werden kann.
Der **Goode Mountain** mit seinen knapp 3000 m Höhe liegt zwar südlich vom Diablo Lake, dennoch wirken auch die nicht so hohen Gipfel eindrucksvoll und geheimnisvoll, zumal immer wieder einer der mehr als 300 **Gletscher** des Nationalparks zum Vorschein kommt. Schier unendlich viele kleine und große **Wasserfälle** tosen in den künstlichen See, Weißkopfseeadler sind auf der Jagd – und wer weiß, vielleicht entdeckt man mit seinem Fernglas sogar ab und an einen Biber.

Reiz machen über 300 Gletscher, zahllose Wasserfälle, tiefe Schluchten und die Stauseen **Lake Diablo** (s. S. 164) und **Ross Lake** aus.

Gorge Dam 2

Unweit von Newhalem liegt der Gorge Dam, dort bietet der **Gorge Overlook Trail** eine nicht zu anstrengende einstündige Wanderung mit Ausblicken auf den gestauten Fluss. Der Einstieg *(trailhead)* befindet sich neben der Brücke, die den Wasserfall vom Stausee überquert. Andere empfehlenswerte Trails sind z. B. der **Thunderwoods Nature Trail** (Teil des Thunder Creek Trail), Einstieg am Colonial Creek Campground, der durch eindrucksvolle Zedernwälder führt. Dieses Holz haben die dort heimischen Indianer für den Bau ihrer Kanus verwendet.

Infos

North Cascades National Park: Visitor Center bei Newhalem, SR 20, neben dem Campground, Tel. 206-386-4495/-11, www.nps.gov/noca, im Sommer tgl. 9–17 Uhr. Im Nationalpark gibt es keine Hotels, aber fünf mit dem Auto erreichbare Campingplätze.

Übernachten

... bei Diablo:

Rustikale Ferienanlage – **Ross Lake Resort:** Tel. 206-386-4437, www.rosslakeresort.com. 12 praktisch eingerichtete Hütten am Wasser und 3 Schlafsäle. Das Auto bleibt hinter dem Diablo Dam stehen, dann muss man ca. 1,5 km laufen. Am Wasser hängt am letzten Strommast ein Telefon, mit dem man die Fähre anrufen kann (8–20 Uhr, 3 $/Pers.). €€€

... in Mazama:

Hotel & Cabins auf einer Ranch – **Freestone Inn:** 31 Early Winters Dr., Tel. 509-996-3906 oder 800-639-3809, www.freestoneinn.com. 17 Zimmer in der Lodge sowie 15 großzügige, gut eingerichtete Hütten/Häuser am Hwy 20, alle mit Kamin. €€€

Winthrop ▶ G 3

Man könnte glauben, die Zeit sei vor 100 Jahren stehen geblieben, wenn da nicht die vielen Autos wären. Nur etwa 400 Einwohner leben in **Winthrop** 3, aber am Wochenende füllen Touristen die Straßen, Geschäfte und Restaurants. Der kleine Ort präsentiert sich als Westernstadt, sogar die Querbalken für die Zügel der Pferde sind vorhanden. Winthrops Aufmachung ist dem Ehepaar Kathryn und Otto Wagner zu verdanken. Sie konnten 1972 die Einwohner überzeugen, dass das alte Flair aus der Gründungszeit in den 1880er-Jahren den Ort wieder attraktiv machen werde. Der Aufwand hat sich gelohnt, Reisende legen hier gern einen Stopp ein und die vielen kleinen Restaurants und der Beer Garden sind im Sommer gut gefüllt. Natürlich gibt es passend zum Image auch ein Rodeo: Ende August ist die Stadt fest in den Händen von Cowboys und Cowgirls. Anschließend wimmelt es im Ort von Oldtimern. Anfang März kann man Winthrop von oben betrachten: Ein Ballon-Fest bringt Wintergäste.

Infos

Visitor Center: 202 Hwy 20, Tel. 509-996-2125, www.winthropwashington.com, April–Sept. tgl. 10–17 Uhr.

Übernachten

Anspruchsvolles Hotel – **Sun Mountain Lodge:** 604 Patterson Lake Rd., Tel. 509-996-2211 oder 800-572-0493, www.sunmountainlodge.com. Das Hotel hat einen gehobenen Standard; Restaurant. Doppelzimmer, auch 4 Häuser am Patterson Lake. Im Frühjahr und nach dem 2. Sept. günstige Pakete. €€€

Solider Standard – **Hotel Rio Vista:** 285 Riverside Ave., Tel. 509-996-3535, www.hotelriovista.com. Das Haus präsentiert sich ganz im Stil der Westernstadt, aber die 29 Zimmer sind modern ausgestattet, alle mit Kühlschrank, Balkon zum Fluss. €€€

Chelan ▶F 5

Ein beliebter Ferienort in Washingtons Osten ist **Chelan** 4 am gleichnamigen See. Wenig Niederschlag und viel Sonne haben die Landschaft zwar verkarsten lassen, aber mithilfe von Bewässerung werden dennoch Obst und Wein angebaut und die Parks begrünt. Die 3800-Seelen-Gemeinde setzt in puncto Tourismus auf Familien mit Kindern und deren Vergnügen am relativ warmen, ca. 80 km langen Badesee **Lake Chelan.** Wie viele Seen in den North Cascades wurde er durch Gletscher geschaffen. Sommerliche 30 °C Lufttemperatur erwärmen auch das Wasser auf das Angenehmste.

Weingüter

Infos zu Wein-Tasting-Touren s. S. 168

Weinbau wird in dieser Region zwar schon seit 100 Jahren betrieben, aber erst seit Kurzem gehört der Lake Chelan zu den AVA-Gebieten von Washington (American Viticultural Area). Inzwischen gibt es über 30 Weinbauern mit eigener Kellerei *(estate winery vineyards)*, die eine Fläche von mehr als 100 ha unter Reben haben. Bevorzugte Sorten für den kommerziellen Anbau sind Riesling, Chardonnay sowie Pinot Noir, Syrah und Merlot. Die Estate Winerys haben alle eigene Verkaufs- und Probierräume, sodass sich eine Entdeckungstour anbietet, um den besonderen Geschmack des Anbaugebiets kennenzulernen.

Aktivitäten

Der Lake Chelan ist ein Paradies für alle Arten von **Wassersport.** Viele Einheimische haben ihre Boote in den Marinas liegen. Es hat sich eine gute Infrastruktur herausgebildet und zahlreiche Anbieter für Wasserski, Segeln, Jetskifahren, Windsurfen und Kajaken tragen dazu bei, dass der lang gestreckte Bergsee ziemlich belebt ist. Natürlich wird hier auch mit Begeisterung der Sportart Stand-up-Paddling gefrönt. Ausflüge mit Dampfern führen zum Nordende des Sees nach **Stehekin,** einem winzigen Ort in den North Cascades.

Wegen der guten Thermik am Fuß der Berge hat sich Chelan zu einer Hochburg der **Paraglider** entwickelt, auch World Cups wurden hier schon ausgetragen.

Daneben gibt es **Golfplätze** und zahlreiche **Hiking-Trails** in der Lake Chelan National Recreational Area.

Infos

Lake Chelan Visitor Information Center: 216 E. Woodin Ave., Tel. 509-682-3503, www.lakechelan.com, tgl. 9–17 Uhr.

Lake Chelan Wine Growers Association: www.lakechelanwinevalley.com. Hier finden sich alle Mitglieder dieses Vereins.

JETSKIFAHREN AUF DEM LAKE CHELAN

Tour-Infos

Start: Chelan, Marina, 1320 W Woodin Ave.
Anbieter: Jet Ski Ahoy, 1320 W Woodin Ave., Tel. 509-682-5125, www.jetskisahoyrentals.com
Kosten: Wochentags kostet ein 3-Sitzer 40 $ für 1 Std.
Wichtige Hinweise: Für den Sonnenschutz eine Sonnenbrille aus Plastik, Sonnencreme und Kappe mitnehmen

Bei sommerlichen Durchschnittstemperaturen von ca. 30 °C liegt die Idee nahe, zur Abkühlung mal ein paar Stunden auf dem Wasser zu verbringen. Der Lake Chelan ist ein schmaler Bergstausee mit idealen Bedingungen für den lauten Spaß Jetski.
Als Anfänger sollte man nicht gleich das schnellste Modell wählen, die Wellen können sehr hart gegen das Skidoo (Jetski) schlagen. Jet Ski Ahoy verleiht dreisitzige Yamaha VX-110 mit einer Spitzengeschwindigkeit von 80 km/h. Bevor man zur Fahrt kommt, erfolgt eine kurze Einweisung, wie der Starter und die Hebel am Lenker zu bedienen sind. Versehen mit einer Schwimmweste und Handschuhen von Ahoy sowie der Nachfrage, ob man sich auch mit einem hohen Lichtschutzfaktor eingecremt habe, bekommt man dann einen kurzen Schubs und das Abenteuer beginnt. Am besten fährt man erst mal langsam und einige Kurven, um ein Gefühl für das Gefährt zu bekommen. Im Prinzip kann dieses nicht umkippen, aber, wen wundert's, bei abrupten Manövern setzt die Fliehkraft ein, Lenker und Beisitzer fallen dann schon mal plötzlich ins Wasser. Da der Schlüssel mit einem Band an der Weste befestigt ist, wird er bei einem Ausstieg abgezogen und der Jetski kommt zum Halten, sodass man relativ bequem hinschwimmen und wieder aufsteigen kann.

Übernachten

Direkt am See – **Campbell's Resort:** 104 W Woodin Ave., Tel. 800-553-8225, www.campbellsresort.com. Die große Anlage mit 170 Zimmern bietet viel Komfort, u. a. Spa, Fitnesscenter, Außenpool, Restaurant und Bistro. Unbedingt schon im Winter buchen. €€€

Großes Hotel – **Lakeside Lodge and Suites:** 2312 W Woodin Ave., Tel. 800-468-2781, http://lakesidelodgeandsuites.com. Direkt am See gelegen, Zimmer mit Kühlschrank, Mikrowelle, Internet, Innen- und Außenpool, Fitnessraum, WLAN. Preis inkl. Frühstück. €€€

Mit Pool – **Apple Inn Motel:** 1002 E Woodin Ave., Tel. 800-276-3229, www.appleinnmotel.com. Speziell die Zimmer im hinteren Trakt des Motels an der Einfallstraße nach Chelan sind schön ruhig. €€

Aktiv

Wein-Tasting-Tour – **Lakeside Limousine:** 319 Orchard View Dr., Tel. 507-470-0333, www.chelanlimo.com. Diverse Touren; eine 4-stündige Rundtour, das Silver-Package, startet Fr und Sa um 11 und 16 Uhr (75 $/Pers. inkl. Steuern).

Termine

Bach Fest: Mitte Juli. Bei dem seit 1981 stattfindenden Fest spielen überwiegend lokale Musiker unter freiem Himmel am See und in einigen Wineries. Inzwischen werden die lokalen Weinbauern in die Organisation einbezogen, sodass man Musik- und Weingenuss kombinieren kann (www.bachfest.org).

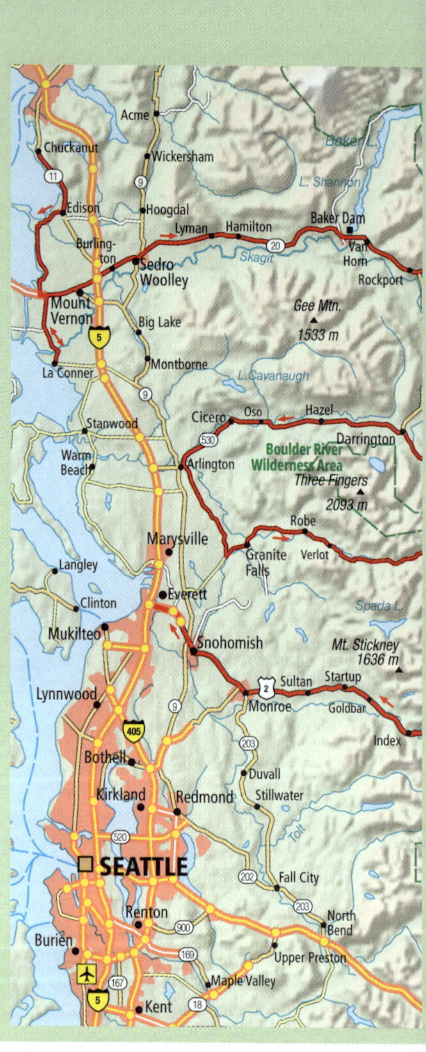

Leavenworth ▶ F 4

Um dem Niedergang einer ehemaligen Holzfällersiedlung etwas entgegenzusetzen, entschlossen sich die Bewohner der Kleinstadt Leavenworth am Highway 2 in den 1960er-Jahren, dem Ort mit Alpenarchitektur ein neues Flair zu geben. Damit nicht genug, auch die Speisekarten der Restaurants wurden erweitert; hier kann man nun Wiener Schnitzel oder Sauerkraut finden und dazu sogar ein kühles Hefeweizen bestellen. Der Tanz um den Maibaum fehlt natürlich ebenso wenig wie Akkordeonkonzerte, Bierwagenumzüge oder ein kleines Oktoberfest sowie ein Christkindlmarkt im November (s. S. 170). Dirndl gehören zum Stadtbild, am besten kombiniert mit Cowboystiefeln.

Der Plan hat Früchte getragen: Mehr als 2 Mio. Besucher pro Jahr goutieren die Alpenromantik und haben auf diese Weise

dazu beigetragen, den Tourismus zur Haupteinnahmequelle des nur rund 2200 Einwohner zählenden Städtchens werden zu lassen. Sportliche Aktivitäten wie *whitewater rafting* oder Kajaken auf dem Wenatchee River lassen sich hier gut ausüben, außerdem kann man Wanderungen auf den zahlreichen Trails der Umgebung unternehmen.

Infos

Leavenworth Chamber of Commerce, Visitor Center: 940 Hwy 2, Tel. 509-548-5807, http://leavenworth.org.

Übernachten

Familienhotel mit besonderer Note – **Hotel Pension Anna:** 926 Commercial St., Tel.

509-548-6273 oder 800-509-26, www.pension anna.com. Handbemalte Schränke, Kuhglocken und Dirndl erwarten den Gast in diesem 14-Zimmer-Haus und seinen 2 Suiten in einer ehemaligen Kapelle (»Pfaffenwinkel-Parrish Nook«). €€€

Stilvoll mit Antiquitäten – **Enzian Inn:** 590 Hwy 2, Tel. 509-548-5269 oder 800-223-8511, www.enzianinn.com. 104 Zimmer präsentieren sich mit alpin gestaltetem Interieur; das Frühstück wird von echtem Alphornblasen begleitet. Das Haus verfügt über einen Swimmingpool und sogar eine Almhütte *(The Hutte)*. €€€

Essen & Trinken

Wie in München – **Andreas Keller:** 829 Front St., Tel. 509-548-6000, www.andreaskellerre staurant.com. Im Sommer tgl. 11.30–22 Uhr. Traditionelle bayerische Küche, große Portionen, Schnitzel ab 18 $.

Mit Biergarten auf großer Terrasse – **Gustav's:** 617 Hwy 2, Tel. 509-548-4509, http://gustavs leavenworth.com, tgl. ab 11 Uhr. Burger und Würste zum Bier genießen. Burger um 18 $.

Aktiv

Kajak und Whitewater-Rafting – **River Rider:** P. O. Box 666, Tel. 509-668-7238, www.riverri der.com. Auf dem Wenatchee River im Sommer um 65 $, Online-Reservierung ist ratsam.

Termine

Maifest: Wochenende Anfang Mai. Mit Tänzen um den Maibaum begeht man traditionell ein buntes Fest in Leavenworth; wer mag, darf natürlich auch ein Dirndl oder eine Lederhose anziehen.

Oktoberfest: 3 Wochenenden im Okt. Bayerische Trachten, jede Menge Bier und zahlreiche Volkstanzveranstaltungen ziehen Besucher nach Leavenworth, http://leaven worthoktoberfest.com sowie www.projekt bayern.com.

Christmas in the Mountains & Lighting Festival: Anfang Dez. im Front Street Park. Zahlreiche Verkaufsstände für Kunsthandwerkliches rund um das Thema stimmen auf Weihnachten ein.

Nördliches Columbia-Plateau ▶H 4

Washingtons Geografie ist durch die Cascade Range zweigeteilt. Das Gebiet östlich der Berge wird als **Columbia-Plateau** oder **Columbia Basin** bezeichnet; es ist aus Vulkangestein und Lava entstanden. Eigentlich gibt es dort kaum Vegetation, aber die Bewässerung mithilfe von Stauseen und vielen Flüssen wie dem Columbia, dem Methow, dem Spokane, dem Snake und dem Yakima River hat es ermöglicht, gigantische Felder mit Getreide, Gras (für Heu), Zwiebeln und Erbsen anzulegen. Ebenso florieren die vielen Apfelplantagen und seit geraumer Zeit der Weinbau.

Grand Coulee Dam

Mit dem Grand Coulee Dam und dem dadurch aufgestauten **Lake Roosevelt** hat der 32. Präsident der USA (Franklin D. Roosevelt) eines von vielen Projekten geschaffen, die das Land aus der Depression der 1930er-Jahre herausholen sollten. Im Rahmen des *»New Deal«* wurden staatliche Aufträge vergeben, die vor allem in den ländlichen Gebieten für bessere Infrastruktur und Arbeitsplätze sorgten. Neun Jahre (1933–41) dauerte die Aufstauung des Columbia River mit der 1592 m langen Staumauer, der längsten der USA. Das Kraftwerk kann bis zu 6809 Megawatt Strom produzieren – der Nordosten Washingtons wird von hier mit Energie und Wasser versorgt. Kritisch betrachtet wird schon seit Längerem, dass die Lachse seitdem nicht mehr zu ihren Laichplätzen flussaufwärts gelangen können. Und auch die Schlammmassen, die früher die Felder der Gebiete westlich mit nährstoffreichen Ablagerungen versorgten, sind ausgeblieben.

Der Highway 155 führt am Fluss entlang nach **Omak,** vorbei am kleinen Örtchen **Nespelem,** wo sich das Grab des Häuptlings Chief Joseph befindet (s. S. 152). Er wurde von Zeitungen als »Roter Napoleon« bezeichnet, die von ihm betriebenen zahlreichen Umsiedlungen seines Stammes, der Nez Percé, sollten

Verhandlungen statt Krieg – Chief Joseph

Als ein Beispiel für einen nicht kriegerischen Indianerhäuptling ist Chief Joseph in die Annalen des Westens eingegangen. Sein Ziel war es, seinen Stamm vor Vertreibung und Vernichtung zu bewahren und seine Rechte einzufordern. Letztlich war er nicht erfolgreich, aber sein Verhandlungsgeschick und seine imponierende Persönlichkeit machten ihn berühmt.

Chief Joseph (Hinmaton-Yalatkit, 1840 bis 21. September 1904) war ein Häuptling der Nez-Percé-Indianer aus dem Wallowa-Flusstal im nordöstlichen Oregon. Die Nez Percé hatten ihre Heimat in dem Gebiet der heutigen US-Bundesstaaten Washington, Oregon und Idaho. Sie lebten lange in Frieden mit den Weißen, freundeten sich mit Pelzjägern an und ließen sogar den Missionar Henry H. Spalding zu sich kommen, sodass einige von ihnen den christlichen Glauben annahmen. So auch Himmaton-Yalatkits Vater Tuekakas, der vor seinem Sohn Häuptling war und den der Missionar auf den Namen Old Joseph taufte.

Während Tuekakas Amtszeit schlossen die Nez Percé 1855 einen Vertrag mit der US-Regierung, der ihnen für die Abtretung des größten Teils ihres Landes eine Reservation in Idaho und Oregon garantierte. Als jedoch 1860 Gold in den Gebieten gefunden wurde und in der Folgezeit immer mehr Goldsucher in die Reservation strömten, verlangte die US-Regierung bereits drei Jahre später von den dort lebenden Indianern, auch dieses Land aufzugeben und in ein noch kleineres Reservat nach Idaho umzusiedeln.

Die Nez Percé wehrten sich lange Jahre mit Verhandlungen gegen die geplante Umsiedlung und flohen dann unter Josephs Leitung Richtung Kanada. Am 6. Juni 1877 brachen sie auf. Unterwegs kam es immer wieder zu Kämpfen mit US-Truppen, die der Armee mehrere Niederlagen einbrachten. Die Flucht zog sich 2600 km quer durch die Bundesstaaten Oregon, Washington, Idaho und Montana, dauerte vier Monate und brachte 123 Soldaten und 55 Zivilisten den Tod. Die Nez Percé wiederum zählten etwa 100–120 Tote. Nur ein bis zwei Tagesritte (ca. 65 km) vor der kanadischen Grenze kapitulierte Chief Joseph am 5. Oktober 1877 am Snake Creek vor Colonel Miles, da seine Leute nur unter Zurücklassung der Verwundeten, alten Frauen und Kinder hätten fliehen können. Etwa 430 Nez Percé gingen in Gefangenschaft. Insgesamt etwa 200 Nez Perce fanden bei der Lakota-Gruppe von Sitting Bull im kanadischen Exil Zuflucht. In den folgenden Jahren kam es zu mehreren behördlichen Teilungen der Gruppe und zur Zusammenführung mit den aus Kanada zurückkehrenden Nez Percé. Vor allem kostete die Ansiedlung im Indianerterritorium von Oklahoma wegen einer Malaria-Epidemie 1878/79 etwa 130 Menschenleben, obwohl Chief Josephs Gruppe dort in einem in dieser Hinsicht unbedenklichen Landstrich angesiedelt worden war. Er trat nun in Verhandlungen, um eine Rückkehr in den Norden zu bewirken. So sprach er z. B. 1879 vor dem Kongress, erreichte aber nichts. Erst 1885 wurde ein Teil der Nez Percé an den Columbia River in Idaho verlegt, der andere Teil ins Colville-Reservat in Washington.

Eine kleine Autofähre über den Lake Roosevelt verkürzt den Weg ins Reservat der Colville-Indianer

diesem jedoch lediglich ein besseres Reservatsterritorium sichern.

Infos

Visitor Center: Hwy 155 nördl. vom Damm, im Sommer tgl. 8.30–22 Uhr, www.usbr.gov/pn/grandcoulee, (Handtaschen und Kameras sind im Gebäude nicht erlaubt). Mit Fotos von der Bauzeit und zu technischen Details; kostenlose Führungen auf die Staumauer und zu den Turbinen, abends eine Laser Light Show.

Übernachten

Renoviertes Standard-Hotel – **Columbia River Inn:** 10 Lincoln Ave., Coulee Dam, Tel. 509-633-2100 oder 1-800-633-6421, www.columbiariverinn.com. 35 Standard-DZ mit Internetzugang. €€

Lake Roosevelt und Umgebung ▶ H/J 3/4

Im 209 km langen und schmalen **Lake Roosevelt** gibt es wieder einige Lachse; aber die vielen Angler und Fischer, die zu diesem beliebten Ausflugsziel pilgern, finden eher Forellen an der Angel. Der aus dem Columbia River gebildete Stausee und die ihn umgebende **Lake Roosevelt National Recreation Area** umfassen eine Fläche von fast 40 000 ha. Drei verschiedene Klimazonen finden sich in diesem Gebiet, im Süden kann es wüstenmäßig heiß werden. Im Park gibt es 27 Campingplätze und 22 Bootsverleiher, allerdings führen nur wenige Stichstraßen an den lang gestreckten See mit einer Uferlänge von 965 km.

Infos

Lake Roosevelt National Recreation Area: 1008 Crest Drive Coulee Dam, Tel. 509-633-9441, www.nps.gov/laro. Verwaltet auch die 27 **Campgrounds** unterschiedlichen Standards (im Sommer 23 $ pro Stellplatz, Senioren 11,50 $).

Aktiv

Boot- und Kajakfahren – Es gibt in den Buchten des Sees viele Marinas mit diversen Anbietern für Aktivitäten; sie sind über die Parkverwaltung (s. o.) zu finden.

Spokane und südliches Columbia-Plateau

Es ist kaum zu glauben, aber Teile der trockenen Landschaft des Columbia-Plateau sind durch Bewässerung in fruchtbare Weinanbaugebiete verwandelt worden. Das Yakima Valley produziert prämierte Spitzenweine. Spokane hat sich zur größten Stadt im Osten entwickelt, setzt auf Kultur und Konsum (es gibt zahlreiche Shopping Malls) und ist ein idealer Standort zur Erkundung der Rocky Mountains.

Spokane ▸ J/K 4

Cityplan: S. 175

Nähert man sich **Spokane,** ist die Umstellung von der recht leeren Autobahn und der noch einsameren Landschaft auf die quirlige Fahrweise der Großstädter und die rasch aufeinanderfolgenden Schilder und Abfahrten beinahe ein Schock. Das Wirtschafts- und Verkehrszentrum am Fuß der nordwestlichen Rocky Mountains ist Heimat für ca. 216 000 Einwohner; die umliegenden Dörfer eingerechnet, leben dort dreimal so viele Menschen. Den Reiz dieser zweitgrößten Metropole Washingtons machen mehrere Dinge aus: die vielen viktorianischen Steinhäuser in Downtown und im Stadtteil Browne's Addition, der Riverside Park mit den berühmten Wasserfällen mitten in der Stadt, die abwechslungsreiche umgebende Natur und nicht zu vergessen, zahlreiche Einkaufszentren für die Lieblingsbeschäftigung vieler Amerikaner, das Shoppen.

Geschichte

Der Name der Stadt stammt von dem dort seit Jahrhunderten lebenden Spokane-Indianerstamm (www.spokanetribe.com). Die weißen Siedler nannten den Ort 1873 »Spokane Falls«, 1891 wurde der heutige Name festgelegt. Die Koinzidenz mag merkwürdig erscheinen, aber 1889 brannten drei Städte in Washington ab: Seattle, Ellensburg und Spokane. Alle drei beeilten sich mit dem Wiederaufbau und auch nach Spokane wurden namhafte Architekten geholt, um mit neuen Gebäuden aus Stein die wirtschaftliche Macht der prosperierenden Kommune zu demonstrieren. Fruchtbarer Boden im Flusstal, die Nutzholzwälder östlich der Stadt und die Gewinne aus den Silber- und Goldminen bei Coeur d'Alene im benachbarten Idaho haben den ersten Wohlstand gebracht. Aber die wichtigste Voraussetzung für Prosperität in der damaligen Zeit war der Eisenbahnanschluss. 1881 erreichte die *Pacific Railroad* die Ansiedlung und 1883 war sie transkontinental angebunden. Nur in der Nähe von Spokane war es gelungen, die Eisenbahntrasse durch die Berge zu bauen. Bis zur Weltausstellung 1974 befand sich der Hauptbahnhof mitten in der Stadt. Anlässlich dieser wichtigen internationalen Schau wurde das ca. 7 ha große Gelände in den Riverfront Park verwandelt, nur den Clock Tower hat man zur Erinnerung stehen gelassen.

Sehenswertes

Riverfront Park 1

https://my.spokanecity.org/riverfrontpark

Der **Riverfront Park** befindet sich auf einer Insel mitten im Spokane River, zahlreiche Brü-

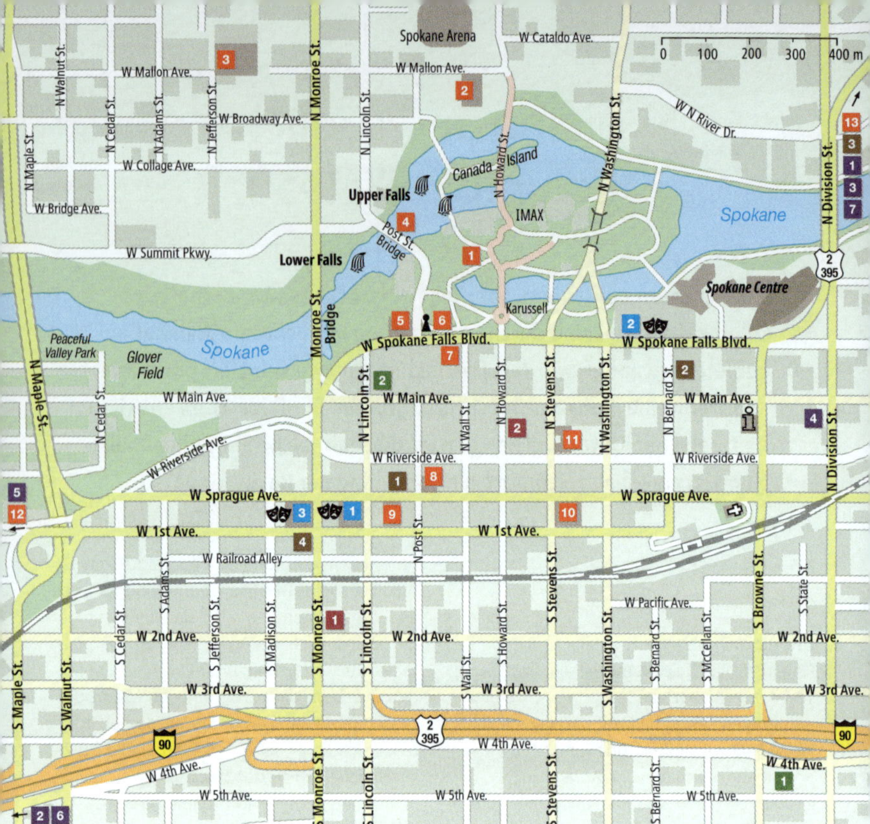

cken führen von Downtown und dem nördlichen Ufer dorthin. Parkbänke laden zum Beobachten der Murmeltiere ein, aber die Wiesen werden auch gern fürs gemütliche Picknicken oder einfach nur zum Ausruhen genutzt.

Nahe dem Parkeingang am Spokane Falls Boulevard befindet sich das Gebäude für das **Looff-Karussell.** Der aus Deutschland stammende Möbelbauer Charles I. D. Looff (1852–1918) wurde ein berühmter Karussellhersteller. Auf Coney Island (New York) schuf er das erste Karussell mit bunten Holzpferden und in Santa Monica (Kalifornien) entwarf Looff das nach ihm benannte Looff Hippodrome. Spokanes Karussell war das Hochzeitsgeschenk an seine Tochter Emma im Jahr 1909. Die Musik erklingt immer noch von der um 1900 in Waldkirch (Schwarzwald, Süddeutschland) hergestellten Orgel; das ganze Ensemble gehört heute zum National Register of Historic Places.

Spokane war die kleinste Stadt, die jemals eine Weltausstellung ausrichtete. Der amerikanische Pavillon machte damals mit seinem Schwerpunkt Umweltschutz und seinen Kosten in Höhe von 11 Mio. $ Schlagzeilen. 2018/19 wurde das Gebäude komplett renoviert und der Park neu gestaltet.

Flour Mill 2

621 W Mallon Ave.

Auf der nördlichen Seite des Spokane River liegt die alte Getreidemühle **Flour Mill.** Sie wurde 1895 gebaut, allerdings erst 1900 in Betrieb genommen, weil zwischen dem Eigentümer und der Stadt einer der längsten und teuersten vor Gericht ausgetragenen Prozesse Spokanes um das Gebäude ausgetragen wurde. Inzwischen renoviert, beherbergt es

Spokane

Sehenswert

1 Riverfront Park
2 Flour Mill
3 County Court House
4 Spokane Falls
5 Montgomery Wards House
6 Skulptur »The Joy of Running Together«
7 Old City Hall
8 Peyton Building
9 Davenport Hotel
10 Feuerwehrhalle
11 Old National Bank Bldg.
12 NW Museum of Arts & Culture
13 Crosby House

Übernachten

1 Hotel Lusso
2 Riverfront Park Travel Apartments
3 B & B Marianna Stoltz House
4 Hotel Montvale

Essen & Trinken

1 Wild Sage – American Bistro
2 Soulful Soups & Spirits

Einkaufen

1 Farmers Market
2 River Park Square Mall

Abends & Nachts

1 Bing Crosby Theater
2 INB Performing Arts Center
3 The Martin Woldson Theater at the Fox

Aktiv

1 Minnehaha Rocks im Shields Park
2 Columbia-Plateau-Trail
3 Pangaea River Rafting
4 Row Adventure Center
5 High Bridge Park
6 Indian Canyon Golf Course
7 Mount Spokane State Park

---

ein Einkaufszentrum mit vielen Boutiquen und einigen Restaurants.

County Court House 3

1116 W Broadway

Nur ein paar Schritte entfernt leuchtet dem Besucher der Stadt ein Märchenschloss entgegen: das **County Court House.** Es sieht aus wie eine Mischung aus dem Chateau de Chambord und dem Chateaux d'Azay Le Rideau (Frankreich, Anfang 16. Jh.). Errichtet wurde das ›Schloss‹ 1895 als Sitz des Kreisgerichts. Obwohl der Architekt W. A. Ritchie aus Seattle Autodidakt und noch nie in Frankreich gewesen war, gewann sein fantasievoller Entwurf den landesweiten Wettbewerb.

Spokane Falls 4

Infos zu Seilbahnfahrten über die Wasserfälle: www.spokaneriverfrontpark.com, Tel. 1-509-625-6601, ab 15 J., Erw. 8 $

Auf der Fußgängerbrücke über die berühmten **Wasserfälle** der Stadt kann man bei Hochwasser schon einmal nass werden und laut ist es allemal. Die Falls von oben kann man bei einer Fahrt mit dem **Numerica Falls Sky Ride** sehen: Die Gondeln starten am westlichen Ende des Riverside Park.

Montgomery Wards House 5

808 Spokane Falls Blvd.

Seit 1981 ist im **Montgomery Wards House** das Rathaus der Stadt untergebracht. Das Gebäude wurde 1929 für den Postversand gebaut.

Spokane River Centennial Trail

http://spokanecentennialtrail.org

Die Läufer aus Bronze an der Ecke Bridge Avenue und Spokane Falls Boulevard sind Teil einer ganzen Reihe von Skulpturen, die entlang des **Centennial Trail** am Ufer des Spokane River aufgestellt sind. **»The Joy of Running Together«** 6 von David Govedare (1984) ist eine Hommage an die Teilnehmer des jährlichen »Bloomsday Run« Anfang Mai, der in Spokane seit über 30 Jahren stattfindet.

Old City Hall 7

221 N Wall St.

An der Ecke Spokane Falls Boulevard und North Wall Street befindet sich ein auf den ers-

Mehrere Brücken verbinden Downton mit dem Riverfront Park

ten Blick unscheinbarer roter Ziegelbau. Von 1913 bis 1981/83 waren in diesem Gebäude die **Old City Hall** und die Feuerwehr untergebracht.

Peyton Building 8

722 W Sprague Ave.

Zwei Blocks südlich der Old City Hall steht eine der ersten großen kommerziell genutzten Immobilien der Stadt, das vom deutschstämmigen Architekten Herman Preuße gebaute **Peyton Building** von 1898. ›Million dollar corner‹ lautete damals die Bezeichnung für das Filetgrundstück, stilistisch zeigt das Gebäude einen Mix aller Epochen – besonders ins Auge fallen die romanischen Elemente.

Davenport Hotel 9

10 S Post St., s. auch S. 178

Das **Davenport Hotel** an der nächsten Straßenecke ist die Hauptattraktion Spokanes. Louis Davenport war ein Entrepreneur, der nach dem Brand von 1889 zunächst in einem Zelt Waffeln verkaufte. Kurze Zeit später eröffnete er ein Restaurant und schon 1912 kaufte er das Gelände, um ein Hotel zu bauen. Viele Geschäftsleute aus Spokane beteiligten sich an der Investition, die sich zum Anziehungsort der wachsenden Stadt entwickelte. Sei-

nen hohen Anspruch an großen Komfort und guten Service setzte Davenport zunächst in der beeindruckenden Innenarchitektur um: Viel Holz, Ornamentschmuck und großzügige Galerien geben dem alten, inzwischen restaurierten Haus ein sehr elegantes Flair. Im rauen Nordwesten war es das erste Hotel mit einer Klimaanlage und einem zentralen Müllschlucksystem.

Feuerwehrhalle 10

418 W First Ave.

Drei Blocks nach Osten stößt man auf die ehemalige **Feuerwehrhalle.** Sie wurde im Jahr 1890 unmittelbar nach dem großen Brand gebaut und war bis 1938 in Betrieb. In architektonischer Hinsicht ist sie ein typisches Beispiel für den Baustil der zweiten Hälfte des 19. Jh.

Old National Bank Building 11

422 W Riverside Ave.

Als eines der architektonisch anspruchsvollsten Hochhäuser gilt das **Old National Bank Building;** es war das letzte der großen Gebäude, die während des Baubooms der 1920er-Jahre errichtet wurden. Einer der besten amerikanischen Architekten, Daniel H. Burnham, hatte die nationale Ausschreibung gewonnen und ließ das Hochhaus ganz im Stil der sogenannten Chicago School bauen.

Northwest Museum of Arts & Culture 12

2316 W 1st Ave., Tel. 509-456-3931, www.northwestmuseum.org, Mi–So 10–17 Uhr, Erw. 18 $

Nicht nur bei Regenwetter lohnend ist ein Besuch des **Northwest Museum of Arts & Culture.** Es zeichnet sich durch seine Sammlung von Kunsthandwerk und Gebrauchsgegenständen der Indianerstämme des Columbia-Plateaus aus. Zudem gibt es eine bunte Palette an Kunstrichtungen von Modern Art bis zu holländischen Gemälden des 17. Jh.

Crosby House 13

Campus der Gonzaga University, 508 E. Sharp Ave., Mo–Fr 9–16.30, Sa 13–16 Uhr, Eintritt frei

Der berühmte Musiker und Schauspieler Bing Crosby (1903–77) ist in Spokane aufgewachsen und hat dort an der katholischen Universität der Jesuiten studiert. 1937 erhielt er den Ehrendoktor und spendete diverse Erinnerungsstücke an seine Alma Mater, die lange in einem Raum in der Gonzaga University untergebracht waren. Seit 2014 ist die Sammlung im **Crosby House** zu besichtigen.

Aktivitäten

Außer auf die Sehenswürdigkeiten der Stadt und die dort möglichen Aktivitäten weist das Visistor Center in seiner Broschüre auch darauf hin, wie geeignet Spokane als Standort für sportliche und sonstige Ausflüge in die Region ist. **Klettern** in steilen Felsen im Shields Park, **Fischen** am und **Wildwasser-Rafting** auf dem Spokane River, **Wandern** und **Radfahren** auf dem Centennial oder dem Columbia Trail, **Skifahren** im Mount Spokane State Park und natürlich **Golfen** sind nur einige Sportarten, die in der näheren Umgebung in abwechslungsreichen Landschaften ausgeübt werden können (weitere Infos zu sportlichen Aktivitäten s. S. 179).

Die Qual der Wahl hat man auch bei der **Besichtigung der Weinbaubetriebe:** 19 Probierstuben stehen zur Auswahl (www.visitspokane.com/cork-district). Latah Creek beispielsweise wurde vor ein paar Jahren vom »Wine Spectator Magazine« als einer der besten Produzenten von Merlot ausgezeichnet (13030 East Indiana Ave., Tel. 509-926-0164, www.latahcreek.com, tgl. von 9–17 Uhr geöffnet).

Die Region **Green Bluff** nordöstlich von Spokane lockt mit **Farmen und Plantagen,** von denen ebenfalls viele zu besichtigen sind (www.greenbluffgrowers.com). Einige von ihnen verkaufen ihr frisches Obst und Gemüse auch auf dem gut sortierten Farmers Market in Spokane (s. rechts).

Infos

Visitor Center: Riverfront Park, 620 W Spokane Falls Blvd., Tel. 509-747-3230, www.visitspokane.com.

Übernachten

Klassisches Boutiquehotel – **Hotel Lusso 1:** 808 W Sprague Ave., Tel. 509-747-9750, über das Davenport Hotel zu buchen. 48 Zimmer mit sehr hohen Decken, Suiten mit Designermöbeln. €€€

Das luxuriöse ›Wahrzeichen‹ – **The Historic Davenport Hotel 9:** 10 S Post St., Tel. 800-899-1482, www.davenporthotelcollection.com, 283 Zimmer. Die günstigeren Zimmer sind im neuen Tower. €€–€€€

Apartments in Downtown – **Riverfront Park Travel Apartments 2:** 218 N Bernard St., www.stayriverfrontpark.com, Tel. 866-648-1322. Jeweils mit eigener Küche und Bad sind diese 1- oder 2-Schlafzimmer-Suiten eine gute Alternative zu den Hotels. €€–€€€

Historisch – **B & B Marianna Stoltz House 3:** 427 E Indiana Ave., Tel. 509-483-4316 oder 800-978-6587, www.mariannastoltzhouse.com. Das B & B in einem Haus von 1908 hat 4 Zimmer und das Flair einer vergangenen Zeit. €€

Solider Standard – **Hotel Montvale 4:** W 1005 1st Ave., Tel. 800-622-1444, https://montvalespokane.com. 36 Zimmer in einem Haus von 1899 (restauriert). €€€

Essen & Trinken

In-Lokal downtown – **Wild Sage – American Bistro 1:** 916 W 2nd Ave., Tel. 509-456-7575, www.wildsagebistro.com, tgl. 16–21 Uhr. Gehobene amerikanisch-asiatische Küche mit lokalen Zutaten, z. B. Tarte mit Quinoa, schwarzen Linsen, Burgunder-Tomaten-Soße, gerösteten Walnüssen und Pilzen für 19 $.

Gut für Lunch – **Soulful Soups & Spirits 2:** 117 N Howard, Tel. 509-459-1190, www.soulfulsoupsspokane.com, Mo–Sa 11–22 Uhr. Nach Jahreszeiten wechselnde Suppen- und Salatangebote. Gehaltvolle Suppen ab 10 $.

Von allem etwas – Diverse Angebote im Einkaufszentrum River Park Square 2, u. a. ein Food Court im Obergeschoss, das Nordstrom Marketplace Café im gleichnamigen Kaufhaus sowie das Twigs Bistro und die Martini Bar mit großartigem Ausblick auf Downtown. Für jeden Geldbeutel gibt es im Einkaufszentrum genügend Auswahl.

Einkaufen

Markt – **Farmers Market 1:** 20 W 5th Ave., zw. Division und Browne St., www.spokanefarmersmarket.org, Mi, Sa 8–13 Uhr, bis Ende Oktober. Frische Lebensmittel aus der Region.

Einkaufszentrum – **River Park Square Mall 2:** 828 West Main Ave., www.riverparksquare.com, Mo–Sa 10–21, So 11–18 Uhr. Kleidung, Outdoor, z. B. bei Macy's, Nordstrom, The North Face.

Abends & Nachts

Konzert, Theater, Show – **Bing Crosby Theater 1:** 901 W Sprague Ave., Tel. 509-227-

7638, www.bingcrosbytheater.com. Im Jahr 1915 als Kino gebaut, bietet das liebevoll restaurierte Theater Platz für 750 Gäste. Da es privat gemietet werden kann, finden nicht jeden Tag öffentliche Konzerte oder Tanzveranstaltungen statt.

Musical – **INB Performing Arts Center 2 :** 334 W Spokane Falls Blvd., http://bestofbroadwayspokane.com. Musicals wie »Mary Poppins« oder »Sister Act« werden im großen Saal des Convention Center aufgeführt.

Musical, Theater – **The Martin Woldson Theater at the Fox 3 :** 1001 W Sprague Ave., Tel. 509-624-5992, www.foxtheaterspokane.com. Schönes Art-déco-Theater von 1931, ca. 1630 Plätze; Musicals und Theater sowie Live-Acts meist nordamerikanischer Künstler.

Aktiv

Klettern – **Minnehaha Rocks im Shields Park 1 :** nördlich vom Updriver Dam, www.spokanecounty.org/1383/Parks. Die Granitfelsen entlang des Spokane River bieten sowohl für Anfänger als auch geübte Kletterer viele Möglichkeiten.

Wandern und Radfahren – **Columbia-Plateau-Trail 2 :** Der 37 km lange Trail führt durch das Turnbull National Wildlife Refuge, ca. 6 km davon sind asphaltiert, vom Fish Lake zum Cheney Trailhead, www.parks.wa.gov/490/Columbia-Plateau-Trail.

River Rafting – **Pangaea River Rafting 3 :** 18 S Fork Nemote Creek Rd., Superior, Tel. 406-239-2392, https://pangaeariverrafting.com. Trip auf dem Spokane River, 79 $. **Row Adventure Center 4 :** 17 West Main, Tel. 208-770-2517, www.rowadventurecenter.com. Auch Angeltrips. Tagestour Rafting auf dem Clark Fork River, 115 $, tgl. im Juli/Aug.

Disc Golf – **High Bridge Park 5 :** Anstatt mit dem Ball spielt man hier mit einem Plastikdiskus, der in einen Metallbehälter appliziert werden muss. Der *course* dazu befindet sich im High Bridge Park außerhalb von Downtown. Das Ganze ist nicht so ernst wie Golfen und macht einfach Spaß, dazu ein wunderbarer Wald- und Flussspaziergang. Die Scheiben gibt es bei Nordstrom, REI oder (manchmal) auf dem Parkplatz am Eingang.

Golf – **Indian Canyon Golf Course 6 :** 4304 W. West Dr., Tel. 509-487-6291, www.spokanegolf.org. Seit 1930 Austragungsort vieler Wettbewerbe.

Skilaufen, Wandern, Mountainbiken – **Mount Spokane State Park 7 :** ca. 40 km nordöstlich von Spokane (nach Norden auf dem Hwy 2 zum Hwy 206, dann etwa 24 km bis zum Parkeingang). Dort gibt es ein großes Skigebiet mit Langlauf, Snowmobilwegen und Loipen für Snowshoeing, www.mtspokane.com.

Termin

Bloomsday Run: 1. So im Mai., Tel. 509-838-1579, www.bloomsdayrun.org. Annähernd 50 000 Teilnehmer hat dieser 12-km-Lauf durch die Stadt in den letzten Jahren auf die Beine gebracht, auch Kinder und Rollstuhlfahrer sind mit von der Partie zugunsten einer karitativen Organisation.

Südliches Columbia-Plateau ▶ F–H 5–7

Es mag auf den ersten Blick erstaunlich erscheinen, dass ausgerechnet in der Landschaft einer Halbwüste wie dem Columbia-Plateau fruchtbare Weinberge, Apfel-, Kirschen-, Birnen- und Aprikosenplantagen sowie Hopfenfelder angelegt werden konnten. Aber schon die Pioniere wussten um Bewässerungstechniken und holten sich Wasser für die Felder aus dem Columbia und dem Snake River.

Erst seit den 1970er-Jahren wird in der Region auch **Weinbau** betrieben, aber gleich mit guten Ergebnissen, was dazu führte, dass Washington heute nach Kalifornien der zweitwichtigste Weinproduzent der USA ist. 17,4 Stunden Sonnenschein pro Tag im Sommer sowie richtig kalte Nächte zur Erntezeit sind beste Voraussetzungen für die Produktion von hochwertigen Rot- und Weißweinen.

Vor ein paar Jahren kreierte die Washington-Wine-Kommission einen neuen Slogan: »Washington State – the Perfect Climate for Wine«. Damit sollten Merlot, Cabernet Sauvig-

Kulturelle Missverständnisse

In Walla Walla ist man stolz darauf, dass durch dieses Tal 1805 die berühmte Lewis-&-Clark-Expedition gezogen ist. Weniger stolz zeigt man sich allerdings in Bezug auf die Ereignisse, die zum Krieg mit den Cayuse-Indianern und damit zu den jahrelangen kriegerischen Auseinandersetzungen mit den Indianern des Westens geführt haben.

1836 schlossen sich der Arzt und Missionar Dr. Marcus Whitman und seine Frau Narcissa einigen Pelzhändlern sowie anderen Missionaren an, um nach Westen zu reisen. Auf dem Weg dorthin gründeten sie eine Reihe von Missionen und ließen sich nahe dem heutigen Walla Walla nieder. Die Mission lag damit im Siedlungsgebiet der Cayuse- und der Nez-Percé-Indianer. Marcus Whitman widmete sich der Farmarbeit, während Narcissa Whitman eine Schule für indianische Kinder aufbaute. 1843 reiste Whitman nach Osten und führte auf dem Rückweg einen großen Treck von Planwagen in seine neue Heimat. Mit dieser Tat, die den Oregon Trail begründete, bewies er, dass es eine verhältnismäßig einfach zu bereisende Route in den Westen des nordamerikanischen Kontinents gab. Die in der Folge eintreffenden Siedler brachten allerdings auch eine Reihe von Krankheiten mit, gegen die die lokalen Indianervölker wehrlos waren. Dies führte u.a. zu einer Masernepidemie, bei der viele Indianer starben. Aber vielen kranken weißen Siedlern konnte Whitman helfen, ein Phänomen, das die Cayuse nicht so recht verstanden.

Die Indianer, die ihren kulturellen Traditionen folgend die Medizinmänner und Schamanen für den Tod des Patienten verantwortlich machten, reagierten auf die Epidemie und das mit ihr verknüpfte Leid mit zunehmenden Feindseligkeiten gegenüber den Siedlern. Schließlich führte eine Reihe weiterer Vorkommnisse 1847 zu einem Überfall der Indianer auf die Missionsstation der Whitmans, der in die Geschichte als Whitman-Massaker eingegangen ist. Dabei kamen neben Marcus Whitman und seiner Frau zwölf weitere weiße Siedler ums Leben. Darüber hinaus nahmen die Indianer 54 Frauen und Kinder als Geiseln, allerdings wurden sie später wieder freigelassen. Das Massaker hatte zur Folge, dass das Parlament sich sehr rasch entschloss, Washington zu einem Bundesstaat der USA zu erklären, damit die Armee in das Gebiet geschickt werden konnte. Den verantwortlichen Indianern wurde in Oregon City, der damaligen Hauptstadt des Territoriums, der Prozess gemacht und die schuldig Gesprochenen wurden hingerichtet.

Der sogenannte Cayuse-Krieg zog sich über sieben Jahre hin und wird heute als Auftakt zu den Indianerkriegen des Westens angesehen. Andere Faktoren, die aus heutiger Sicht zum Massaker beigetragen haben, waren Konflikte zwischen den protestantischen und anderen (freikirchlichen) Missionaren und katholischen Priestern um die richtige Behandlung der Ureinwohner und die Weigerung der Indianer, unter dem Einfluss der Missionare ihren Lebensstil zu ändern. Die Mission wurde von den Indianern zerstört, heute befindet sich dort eine National Historic Site mit Visitor Center: 328 Whitman Mission Rd., Walla Walla, Tel. 509-529-2761, www.nps.gov/whmi, tgl. 8–16 Uhr.

non, Syrah, Chardonnay, Riesling, Sauvignon Blanc und Semillon noch gezielter vermarktet werden.

Wer die kalifornischen Anbaugebiete Napa und Sonoma Valley kennt, wird im südöstlichen Washington mit der Herausforderung konfrontiert, die in den Broschüren verzeichneten Weinkellereien und Probierstuben überhaupt zu finden. Sie liegen oft weit voneinander entfernt und die Beschilderung lässt manchmal noch etwas zu wünschen übrig.

Moses Lake

Vorwiegend für den Getreideanbau und als Wiesen zur Heugewinnung genutzt werden die baumlosen Gebiete entlang der Interstate 90 zwischen Ellensburg und Spokane auf dem Columbia-Plateau. Nur vereinzelt sieht man hier Farmen und die riesigen, silbrig schimmernden Getreidesilos. Zum kommerziellen Zentrum hat sich die Kleinstadt Moses Lake entwickelt, die für eine Übernachtung auf dem Weg nach Osten oder von Norden nach Süden (Hwy 17) eine große Auswahl an Hotels der gängigen Ketten bietet.

Zu einer gewissen Berühmtheit brachte es Moses Lake, als 2008 die NASA in den südlich gelegenen Sanddünen Übungen mit mobilen Transportplattformen und autonom arbeitenden Robotern durchführte. Die Tests im mit Vulkanasche durchsetzten Gelände sollten der Vorbereitung auf zukünftige Monderforschungen dienen.

Infos

Moses Lake Chamber of Commerce: 324 S Pioneer Way, Tel. 509-765-7888, www.cityofml.com (> Visitors).

Essen

Lohnt den Stopp – **Michael's:** 910 W Broadway Ave., Tel. 509-765-1611, www.michaelsonthelake.com. Tgl. ab 11 Uhr. Hummer an Ravioli oder Jakobsmuscheln sind zwar nicht lokalen Ursprungs, aber auf der Terrasse am See kann man das leicht vergessen. Hauptgerichte 20–26 $.

Walla Walla

Eigentlich war das Walla-Walla-Tal berühmt für seine süßen Zwiebeln, aber seit den 1980er-Jahren widmet man sich hier ausgesprochen erfolgreich dem Weinbau. Die ca. 31 000 Einwohner zählende kleine Stadt Walla Walla hat einen indianischen Namen übernommen: Er bedeutet so viel wie ›viel Wasser‹. Vorwiegend italienische Immigranten haben sich dort angesiedelt und die Landwirtschaft zu einem einträglichen Geschäft entwickelt.

Weinregion Walla Walla Valley

www.wallawallawine.com. Auch der Weinbau am Fuß der Blue Mountains wurde von Italienern begonnen. Mehr als 140 Güter gibt es inzwischen und eine Fläche von 1133 ha steht unter Reben. Die bevorzugten Trauben hier sind Cabernet Sauvignon, Merlot, Syrah, Chardonnay, Semillon, Cabernet Franc und Sangiovese

Inzwischen hat auch das Bewusstsein für Nachhaltigkeit und Ökologie bei den Weinbauern Einzug gehalten. Der aus der Schweiz stammende Jean-François Pellet gründete 2003 den Vinea Trust, eine Organisation, deren Mitglieder sich verpflichten, den Boden möglichst chemiefrei zu halten. Bewässerung spielt in dieser trockenen Region ebenfalls eine wichtige Rolle und deshalb achtet der Trust auch auf den nachhaltigen Umgang mit Wasser. Um Glaubwürdigkeit für Vinea Trust aufzubauen, unterziehen sich die Beteiligten einem Überprüfungsprozess, der von der in Oregon angesiedelten LIVE-Organisation durchgeführt wird (Low Input Viticulture & Enology, www.liveinc.org).

Fort Walla Walla Museum

755 Myra Rd., Tel. 509-525-7703, www.fwwm.org, März–Okt. tgl. 10–17 Uhr, Eintritt 8 $

Für historisch Interessierte bietet das Fort Walla Walla Museum viel Anschauungsmaterial, beispielsweise ein 17 Gebäude umfassendes nachgebautes »Pioneer Village«, wo Darsteller in historischen Kostümen jeden Samstag (Juni–Aug.) und Sonntag um

14 Uhr Szenen aus dem Siedlerleben nachspielen und darüber hinaus viele Fotos zur Landwirtschaft gezeigt werden.

Infos

Visitor Center: 26 E Main St., Tel. 877-998-4748, www.wallawalla.org, tgl. 10–16 Uhr.

Übernachten

... in Walla Walla:

Historisches Hochhaus – **Marcus Whitman Hotel:** 6 W Rose St., Tel. 866-826-9422, www.marcuswhitmanhotel.com,133 Zimmer und Suiten. Gehobenes, 1927 erbautes Boutiquehotel mit Konferenzzentrum in Downtown. €€€

Stilvolles Farmhaus – **B & B Inn at Blackberry Creek:** 1126 Pleasant St., Tel. 509-520-7372, www.innatblackberrycreek.com. In dem ehemaligen Farmhaus von 1906 gibt es 4 mit Liebe zum Detail dekorierte Zimmer mit Bad. €€€

Gehoben – **B & B Green Gables Inn:** 922 Bonsella St., Tel. 509-525-5501, https://theggwallawalla.com. 5 sehr große Räume, viele Antiquitäten. €€€

... in Dayton (ca. 50 km nordöstlich von Walla Walla):

Viktorianisch und klassisch – **Weinhard Hotel:** 235 E Main St., Tel. 509-382-4032, www.weinhard.com. Zurück in die Vergangenheit versetzt das 16-Zimmer-Haus von 1890 mit vielen Antiquitäten. €€€

Essen & Trinken

... in Walla Walla:

Klassiker – **The Marc:** Tel. 509-525-2200, Lunch Mo–Fr 11.30–13.30, Dinner tgl. 18–21 Uhr. *Westcoast*-Küche im Whitman Hotel (s. oben). Schweinelende 27 $.

Bar-Restaurant – **Public House 124:** 124 E Main St. Di–Sa ab 15 Uhr. Amerikanische Küche, Burger 16 $, außerdem gute Auswahl an Cocktails und Weinen.

Countryside bei Walla Walla

Amerikanisch – **Hattaway's on Alder:** 125 W Alder St., Tel. 509-525-4433, www.hattawaysonalder.com, tgl. ab 16 Uhr. Wangenfleisch vom Heilbutt ist nicht auf jeder Speisekarte zu finden, hier ist Pazifik-Nordwest-Inspiration angesagt. Um 25 $.

The Tri-Cities: Pasco, Richland und Kennewick

Touristisch bieten diese drei Städte am Columbia River nur sehr wenig, aber sie haben eine interessante Vergangenheit. In Richland wurde ab 1943 an der Atombombe gearbeitet und in der **Kernforschungsanlage Hanford Site** Plutonium produziert. Der letzte Reaktor ist 1987 abgeschaltet worden. Das Reaktorgelände ist seit 2014 Teil des **Manhattan Project National Historic Park** (dazu gehören auch Anlagen in Tennessee und New Mexico). 2022 wurde bestätigt, dass aus zwei unterirdischen Tanks radioaktiv verseuchtes Wasser ausläuft (Besichtigungstouren ab 12 J., Federal Bldg.: 825 Jadwin Ave., Suite 1, Richland, http://manhattanprojectbreactor.hanford.gov, Onlineregistrierung nötig).

Infos

Tri-Cities Visitor & Convention Bureau: 7130 W Grandridge Blvd., Ste. B, Kennewick, Tel. 800-254-5824, Mo–Fri 8–17 Uhr, an Wochenenden im Sommer, www.visittricities.com.

Yakima Valley ▶ F 6

In und um den kleinen Ort **Prosser** hat sich eine Konzentration von *wineries* ergeben, deren Probierstuben günstigerweise fast nebeneinander an der Lee Road liegen. Um einen Eindruck vom Yakima Valley zu bekommen, lohnt es sich, die Interstate 82 zu verlassen (von Süden kommend Exit 73, von Norden Exit 40) und den Yakima Valley Highway zu nehmen. Die meisten der inzwischen 120 **Weingüter** befinden sich auf der nördlichen Seite der Verkehrsachse in den fruchtbaren **Rattlesnake Hills.** Sie sind nicht leicht zu finden, die Beschilderung lässt etwas zu wünschen übrig, deshalb sollte man sich vorher die Übersichtskarte besorgen. Inzwischen gibt es auch Tourempfehlungen nach Gebieten (www.wineyakimavalley.org). Ganzjährig geöffnet ist die Bonair Winery in Zillah (s. S. 184).

Yakima

Auch die Kleinstadt Yakima hat sich zu einem sehr erfolgreichen Handelszentrum für Wein und Obst entwickelt. Zudem ist der Anbau von Hopfen immer wichtiger geworden: Fast 70 % der gesamten Hopfenproduktion der USA kommen aus dieser Region. Seit den 1940er-Jahren sind viele Menschen aus Mexiko zum Pflücken in das Valley gezogen und stellen heute bereits ein Viertel der Bevölkerung. Die Stadt selbst bietet außer einigen Kirchen und nur wenigen historischen Bauten nicht viel Reizvolles, aber aufgrund der zahlreichen Geschäfte, die hier getätigt werden, gibt es eine verhältnismäßig große Anzahl an Hotels.

Yakima Valley Museum

2105 Tieton Dr., Tel. 509-248-0747, www.yakimavalleymuseum.org, Di–Sa 10–17 Uhr, Erw. 8 $

Etwas kurios ist das Yakima Valley Museum, wo eine Ansammlung von alten Kutschen ebenso zu finden ist wie ein nachgebautes viktorianisches Esszimmer, ein Art-déco-Soda-›Brunnen‹ und eine Ausstellung von neonbeleuchteten Schildern und Zeichen. Auch Alltagsgegenstände der Yakama-Indianer sind hier ausgestellt.

Infos

Visitor Center: 10 N 8th St., Tel. 1-800-221-0751, www.visityakima.com, tgl. 9–17 Uhr. Hier ist auch eine Broschüre über die *wineries* im Valley erhältlich.

Übernachten

Gehoben – **Hilton Garden Inn:** 401 E Yakima Ave., Tel. 509-454-1111, www.hiltongardeninn.hilton.com. Zimmer 2018 renoviert, Internet. €€€

Boutiquehotel – **Hotel Maison:** 321 E Yakima Ave., Tel. 509-571-1900, http://thehotelmaison.com. 36 geräumige Zimmer in einem Ge-

Die Weine des Yakima Valley machen den kalifornischen Produzenten Konkurrenz

bäude von 1911, hochwertig restauriert, Frühstück inkl. €€€

Essen & Trinken

Mexikanische Küche – **El Mirador 2:** 1601 E Yakima Ave., Tel. 509-452-1202, https://elmirador2yakima.com, tgl. ab 11 Uhr.

Familien-Brauerei – **Bale Breaker:** 1801 Birchfield Rd., Tel. 509-424-4000, www.balebraeker.com, Mo–Do 15–21, Fr, Sa 12–21, So 12–18 Uhr. Frisch gezapftes Bier zum mitgebrachten Picknick oder einen Hotdog vom Food-Truck, der Ausflug zu dieser Brauerei lohnt sich allemal.

Einkaufen

Mall – **Valley Mall:** W Valley Mall Blvd., www.shopatvalleymall.com mit Supermarkt, Restaurants sowie vielen Bekleidungsgeschäften wie Macy's, Sears und American Eagle Outfitters.

Aktiv

Weinprobe – **Bonair Winery:** 500 South Bonair Rd., Zillah, Tel. 509-829-6027 oder 800-882-8939, www.bonairwine.com, tgl. von 10–17 Uhr. Das Weingut produziert u. a. Pinot Noir, Merlot, Riesling, Chardonnay und Gewürztraminer.

Toppenish

Etwas südlich von Yakima liegt Toppenish, ein kleiner Ort, der wegen seiner großen **Wandgemälde** *(murals)* eine gewisse Bekanntheit erlangt hat. Die meisten von ihnen sind entlang der Toppenish Avenue an

den Hauswänden angebracht und erzählen Geschichten von einsamen Cowboys, traurigen Bären, indianischen Tänzen oder Märchen. Vom Visitor Center aus kann man die über 75 Wandgemälde leicht zu Fuß in zwei Stunden besichtigen, einen Führer mit allen Details erhält man kostenlos. Es gibt auch eine Kutschentour durch den Ort. Anfang Juni findet der sogenannte **Mural-in-a-Day** statt, bei dem eine Gruppe von Künstlern an einem einzigen Tag ein neues Gemälde anfertigt.

Yakama-Indianerreservat

Yakama Nation Museum: 100 Spiel-yi Loop, Tel. 509-865-2800, www.yakamamuseum.org, tgl. 8–17 Uhr, Erw. 6 $; Fort Simcoe State Park Heritage Site: 5150 Fort Simcoe Rd., https://parks.state.wa.us/509/Fort-Simcoe, Besichtigung der historischen Gebäude Mi–So 9.30–16.30 Uhr

Zum Stadtgebiet von Toppenish gehört auch das Yakama-Indianerreservat. Dort gibt es das **Yakama Nation Museum** mit einem nachgebauten Wigwam sowie ein Interpretive Center im **Fort Simcoe State Park,** wo die Umstände des Yakima-Krieges und die Vertreibungspolitik erläutert werden.

Infos

Visitor Center/Chamber of Commerce: 504 S Elm St., Tel. 509-865-3262, www.visittoppenish.com, tgl. 10–16 Uhr im Sommer.

Aktiv

Stadtbesichtigung mit der Kutsche – Entlang der **Wandgemälde** mit Erläuterungen, vom Visitor Center aus jede volle Stunde Mai–Sept. Mo–Sa 10–16 Uhr, Tel. 509-697-8995, 12 $/Pers.

Termine

Mural-in-a-Day: 1. Samstag im Juni. Alljährlich – 2014 feierte man das 25-Jährige – malt eine Gruppe von Künstlern ein neues Wandgemälde.

Toppenish Pow Wow und Rodeo: Wochenende um den 4. Juli. Indianisches Fest mit traditionellen Tänzen, Gesang und Musik.

Ellensburg ▶ F 5

Flussaufwärts am Yakima River liegt die ländlich-urige Kleinstadt Ellensburg im Herzen des **Kittitas Valley.** Als erste größere Stadt nach der Überquerung der Cascade Range ist sie Sitz der Central Washington University. Das Besondere aber ist das alljährliche **Rodeo** am Wochenende vor dem *Labor Day.* Zu diesem seit 1923 veranstalteten Ereignis strömen Reiter und Cowboys bzw. -girls aus der weiten Umgebung zusammen, um einem Vergnügen zu frönen, das schon die Vorfahren genossen haben. Die Tradition des *Wild West* wird hier noch hochgehalten und auch im restlichen Jahr sind Männer mit Stetson und Cowboystiefeln zu sehen.

Um 1860 haben sich in diesem breiten Flusstal die ersten Siedler niedergelassen und schon 1886 erreichte die Eisenbahn den kleinen Ort. Ein verheerendes Feuer machte 1889 zunächst alle Träume zunichte, insbesondere den, die Hauptstadt des neuen Bundesstaates zu werden. Als Olympia den Zuschlag bekam, wurde Ellensburg dennoch wieder aufgebaut, diesmal vorwiegend aus Stein. Die Häuser aus dieser Zeit bilden das **historische Downtown;** anders als in Spokane oder Seattle entsprechen sie eher dem ländlichen Gepräge des Ortes.

Beim **Ellensburg Music Festival** wird eine Mischung aus Blues, Gypsy und Dixieland-Musik geboten: Jedes Jahr Ende Juli füllt sich Ellensburg mit Künstlern des Nordwestens, die Besucher erhalten hier einen guten Überblick über die aktuelle Musik und die Innenstadt wird zur Kulisse einer lebendigen bunten Kulturszene.

The Castle

716 E 3rd Ave.

Etwas aus dem Rahmen fällt **The Castle,** ein graues Steingebäude im Burgenstil, das in Erwartung der Hauptstadtfunktion für den Gouverneur gebaut worden war.

Davidson Building

Pearl St. Ecke 4th Ave.

Nicht weniger auffällig als The Castle ist das markante **Davidson Building**, bei dem man den viktorianischen Bau durch italienische Stilelemente aufwertete und das Ganze noch mit einem Turm krönte.

An der Ellensburg Rodeo Parade nehmen auch mexikanische Mariachi-Bands teil

Infos

Ellensburg Visitor Center: 609 North Main, Tel. 509-962-6246, www.myellensburg.com.
Kittitas County Visitor Center: 609 N Main St., Tel. 509-925-2002, https://business.kittitascountychamber.com.

Übernachten

Modern in Downtown – **Hotel Windrow:** 502 N Main, Tel. 509-962-8000, https://hotelwindrow.com. Neues Boutiquehotel mit 59 Zimmern, Kühlschrank, WLAN. Sonderangebote bei Events. €€€
Guter Standard – **Best Western Plus:** 211 W Umptanum Rd., Tel. 509-925-4244 oder 866-925-4288, www.bestwesternellensburg.com. Modernes Hotel mit 55 zweckmäßig eingerichteten Mini-Suiten, alle mit Mikrowelle und Kühlschrank. €€

Essen & Trinken

Coffeeshop und Bistro – **Dakota Café:** 417 N Pearl, Tel. 509-925-4783, www.dakotacafe.net, Mo–Sa 9–14 Uhr. Hier gibt es Pasta, Pizza und Sandwiches.

Termine

Yakima River Canyon Bird Fest: 2. Wochenende im Mai, Vogelbeobachtungen, Vorträge und Musik bietet das dreitägige Festival in Ellensburg, Helen McCabe Park.
Ellensburg Music Festival: Ende Juli. 3-Tages-Festival-Pass 40 $, über Ellensburg Chamber of Commerce/Visitor Center, Tel. 888-925-2204, www.JazzintheValley.com.
Ellensburg Rodeo: Labor Day Weekend. Rodeo Ticket Office, 609 N Main St., http://ellensburgrodeo.com Tel. 509-962-7831 oder 800-637-2444, http://ellensburgrodeo.com.

Vancouver und Umgebung

Seattle und Vancouver werden häufig als Zwillingsstädte bezeichnet. Vancouver in Kanada gilt dennoch als die attraktivere, sie wird im internationalen Vergleich eine der schönsten Städte der Welt genannt. Im Norden begrenzt durch die schneebedeckten Coast Mountains, umrahmt von Wasser, ist diese Metropole mit Stränden, Parks und nahe gelegenen riesigen Wildnisgebieten der Anziehungspunkt West-Kanadas.

Die vielfältige Natur färbt auf den Lebensstil der Bewohner ab. Vancouver ist eine stetig wachsende Großstadt und das kommerzielle Zentrum Kanadas am Pazifik. Hier sind quirlige Betriebsamkeit und kontemplativer Lebensgenuss gleichermaßen vertreten. Mal eben in der Mittagspause an den Strand von English Bay gehen oder eine Radtour zum Stanley Park machen gehört für viele zum Alltag dazu. Überhaupt ist das Leben sehr von den Outdoor-Aktivitäten geprägt: Mehrere Yachthäfen liegen mitten in der Stadt, großflächige Parks laden zum Spazierengehen ein und in den drei Skigebieten im Norden kann man noch abends die beleuchteten Pisten befahren.

Vancouver und die benachbarten 22 Städte und Kommunen (Metro Vancouver) sind von der Vielfalt ihrer Bewohner geprägt. Menschen aus mehr als hundert verschiedenen Nationen haben hier eine neue Heimat gefunden und die urbane Kultur bereichert. Vollbeschäftigung und in manchen Bereichen Arbeitskräftemangel sind die Triebfedern für den anhaltenden Zuzug. In den letzten Jahrzehnten wuchs die Zahl der Immigranten aus Asien, aber auch der Zuzug aus anderen Teilen Kanadas um ein Vielfaches. Vancouver hat inzwischen über 632 000 Einwohner, der Großraum umfasst ca. 3 Mio. Menschen, in etwa die Hälfte aller Bewohner der Provinz British Columbia. Die Vielfalt der Kulturen hat von jeher das städtische Leben bestimmt, so auch die Kultur des Essens und Trinkens, die in ihrer Vielfalt ihresgleichen sucht. In der *West Coast Cuisine* sind alle diese verschiedenen Einflüsse homogene Verbindungen eingegangen, aber auch wer eher authentische Nationalitätenküchen bevorzugt, findet Restaurants aller Nationen.

Stadtgeschichte

Zwar wird die Entdeckung der Buchten von Vancouver zumeist dem britischen Kapitän George Vancouver zugeschrieben, aber vor ihm waren bereits spanische Seeleute in der Strait of Georgia unterwegs. Erst 1808 reiste der Schotte Simon Fraser auf dem nach ihm benannten Fraser River vom Handelsposten Prince George Richtung Ozean. 1827 wurde ca. 50 km vor Vancouver Fort Langley angelegt, um mit den dort lebenden Ureinwohnern mit Pelzen zu handeln.

Die Halbinsel Vancouver war von dichtem Regenwald bewachsen, nur einige Holzfäller ließen sich dort nieder. Mit Jack Deighton (»Gassy Jack«) änderte sich das: Der Brite brachte 1867 ein Whisky-Fass mit und gründete im heutigen Gastown einen Pub. 1886 erhielt die kleine Siedlung Stadtrechte und ihren Namen, wurde aber gleich wieder durch ein Feuer zerstört und dann mit Steinhäusern aufgebaut. Im Jahr 1887 erfolgte der Eisenbahnanschluss *(Canadian Pacific Railway)* und damit begann das Wachstum. Der Hafen wurde ausgebaut und entwickelte sich zu einem der bedeutendsten der amerikanischen Westküste.

Auch Vancouver profitierte vom Goldrausch im Yukon Territory 1898; er bescherte der Stadt einen Aufschwung, Geld und neue Mitbürger. Um das Jahr 1910 zählte die Stadt bereits 100 000 Einwohner. Nicht nur europäische Siedler ließen sich hier nieder. Viele Chinesen, die an der Eisenbahn mitgebaut hatten, gehörten zu den ersten Einwohnern, desgleichen japanische Fischer, die Arbeit fanden, als man in Richmond die ersten fischverarbeitenden Fabriken baute.

Kulturelles Leben

Spätestens seit der Weltausstellung 1986 ist Vancouver kulturell aus dem Dornröschenschlaf erwacht: Es gibt Dutzende erstklassiger Museen, Kunstgalerien, Theater und Kleinkunstbühnen. Besonders das Museum of Anthropology genießt wegen seiner Exponate über die Ureinwohner Weltruf und die Vancouver Art Gallery nimmt inzwischen eine Vorreiterrolle in Sachen Kunst ein.

Auch Feste feiern steht in dieser lebendigen Stadt hoch im Kurs, am besten im Freien. Ein besonderer Höhepunkt ist jedes Jahr der Wettbewerb der Feuerwerke, *Celebration of Light*. An drei Abenden im Juli/August wetteifern drei verschiedene Nationen um die Gunst des Publikums, das sich zu Zehntausenden an den Stränden der English Bay versammelt (s. S. 199).

Als ›Hollywood des Nordens‹ wird Vancouver gern bezeichnet. Seit 1989 werden hier zahlreiche Fernsehserien und Filme gedreht. Hollywood hat aus Kostengründen Produktionen hierher verlagert, Straßen oder Häuser dienen oft als Hintergrund, Vancouver selbst ist dann aber nicht zu erkennen. Im Film »Everything's Gone Green« setzte der (Drehbuch-)Autor Douglas Coupland seiner Heimatstadt ein Denkmal und nahm *Hollywood North* auf die Schippe: Man stellt einfach eine Palme auf und schon ist ein Ort irgendwo in Texas im Kasten. Durch die Straßen flanierend, muss man jederzeit damit rechnen, in eine Absperrung für einen Filmdreh oder in das Cateringzelt der Filmcrew zu laufen.

Stadt des Sports

Die Winterolympiade 2010 hat die bereits vorhandenen Sportstätten zu neuem Glanz erwachen lassen und einige Neubauten, wie die Eishalle (Oval) in Richmond oder die neue Eishockey-Arena an der Universität von British Columbia, haben die Möglichkeiten zur sportlichen Betätigung erweitert.

Sport spielt eine große Rolle im täglichen Leben in der Stadt: Mountainbiker und Wanderer kommen auf ihre Kosten auf den Trails in den vielen Regional oder Provincial Parks. Die Buchten des Burrad Inlet oder die der English Bay und vor Kitsilano laden zum Kajakfahren oder Rudern ein, Segelboote, Stehpaddel- und Windsurfbretter stehen in vielen Marinas zur Verfügung, nur das Schwimmen im kalten Pazifik erfordert doch ein gewisses Maß an Abhärtung.

Für Golfer ist der Westen generell ein Paradies, denn der Großraum Vancouver hat 86 Golfplätze in teilweise traumhaften Lagen vorzuweisen. Für passionierte Tennisspieler gibt es zahlreiche öffentliche Plätze in den Parks: Allein der Stanley Park bietet 17 Courts.

Downtown ▸D 2

Cityplan: S. 190

Die Innenstadt liegt auf einer felsigen Landzunge, an drei Seiten von Wasser umgeben. Die Strände von English Bay und dem Stanley Park am südlichen Rand bieten den Bewohnern der Hochhäuser Urlaubsstimmung vor der Haustür. Im Norden spiegeln sich der Hafen, die Marina und der Flugplatz der Wasserflugzeuge in den Glasfassaden der imposanten Skyscratcher großer Firmen.

Einer der zentralen Plätze der Stadt befindet sich vor der **Vancouver Art Gallery** (s. S. 192) an der **Georgia Street.** Konzerte und Feste beleben dort die Szenerie, ebenso wie Straßenmusikanten oder Demonstrationen und Infostände von Organisationen. Die andere Seite des Museums wird vom **Robson Square** begrenzt. **Robson Street** und **Gran-**

Vancouver: Downtown

Sehenswert

1 Vancouver Art Gallery (VAG)
2 Robson Square
3 Robson Street
4 Statue des Inukshuk
5 Sunset Beach Park
6 Roundhouse Community Centre
7 BC Place Stadium
8 Terry Fox Memorial
9 TELUS World of Science
10 Vancouver Public Library
11 Waterfront Station
12 Harbour Centre
13 Canada Place
14 Vancouver Convention Centre
15 Coal Harbour
16 Dr Sun Yat-Sen Classical Chinese Garden & Park
17 Steam Clock, Water Street
18 Vancouver Aquarium
19 Old Hastings Mill Store
20 Museum of Anthropology

Übernachten

1 Granville Island Hotel
2 Listel Hotel
3 B & B English Bay Inn
4 Sunset Inn and Suites
5 The Manor Guest House
6 YWCA Hotel
7 Victorian Hotel
8 Pacific Spirit Hostel at UBC

Essen & Trinken

1 Cioppino's
2 AnnaLena
3 Blue Water Café
4 The Teahouse
5 Blue Hat Bakery & Café
6 Cardero's Restaurant & Marine Pub
7 Steamworks Brewing Company
8 Cactus-Club, Earl's und Milestones
9 The Guu Izakaya

Einkaufen

1 Granville Street
2 Commercial Drive
3 Main Street
4 Pottery Barn
5 Vancouver Flea Market
6 Urban Fare
7 Granville Island Public Market

Abends & Nachts

1 Railway Club
2 The Roxy
3 Arts Club Theatre Company
4 Orpheum Theatre
5 Queen Elizabeth Theatre
6 The Giggle Dam Dinner Theatre

Aktiv

1 Architectural Institute of British Columbia
2 Forbidden Vancouver
3 Vancouver Food Tour
4 Stanley Park Horse-Drawn Tours
5 Ecomarine Ocean Kayak Centre

Lions Gate Bridge
Vancouver Harbour
Details s. S. 198
Aktiv-Tour Stanley Park
Stanley Park Dr.
Seawall Promenade
Pipeline Rd.
Beaver Lake
Stanley Park
Brockton Point
Totempfähle
Brockton Pt. Trail
Seawall
Yacht Club
Lost Lagoon
Deadman's Island
Burrard Inlet
SeaBus Route (nach Lonsdale Quay & North Vancouver)
Lagoon Dr.
WESTEND
Westin Bayshore Hotel
Harbour Green Park
W Cordova St.
W Hastings St.
W Pender St.
W Georgia St.
Tourism Vancouver Visitor Centre
Fährterminal
Portside Park
GASTOWN
DOWNTOWN
Nelson Park
Court House
Library Square
Larwill Park
Maple Tree Square
Alexander St.
Powell St.
CHINATOWN
Dunsmuir Viaduct
Georgia Viaduct
BC Place
Plaza of Nations
Pacific Central Station
YALETOWN
Sunset Beach
Aquabus
Vanier Park
Burrard Bridge
Granville Bridge
David Lam Park
Marinaside Cr.
Cambie Bridge
GRANDVILLE ISLAND
False Creek
Johnston St.
Cartwright St.
2nd Ave.
4th Ave.
6th Ave.
Broadway
Main St.
Quebec St.

ville Street bilden das Zentrum des Einkaufslebens. Die Granville Street zehrt von ihrem Ruf aus den 1970er- und 1980er-Jahren – die kleinen Bars und Geschäfte ziehen vor allem junge Leute an.

Vancouver Art Gallery (VAG) 1

750 Hornby St., Tel. 604-662-4700, www. vanartgallery.bc.ca, tgl. 10–17, Di, Fr bis 20 Uhr, Erw.24 $, Kin. 5–12 J. 6,50 $, Schüler 18 $

Die im ehemaligen Justizpalast untergebrachten Sammlungen der VAG umfassen Werke von Emily Carr und der *Group of Seven*, die bekanntesten Künstler West-Kanadas sowie Arbeiten der modernen Avantgarde. Schwerpunkte der 1931 gegründeten Galerie sind zudem moderne Fotografie der sogenannten Vancouver School, zu der u. a. etwa Roy Arden und Jeff Wall zählen. Auch deutsche Künstler wie Andreas Gursky und Thomas Struth sind mit ihren Werken in der international anerkannten Fotosammlung vertreten. Landschaftsmalerei aus British Columbia und von indianischer Kunst inspirierte Gemälde und Skulpturen bilden einen weiteren Schwerpunkt der Sammlung. Zudem locken jährlich mehrere hochkarätig bestückte Ausstellungen aus anderen Museen der Welt zahlreiche Besucher in das historische Gebäude. Im Lawril Park soll die neue Galerie entstehen.

Downtown Vancouver – eine der schönsten Innenstädte des Nordwestens

Robson Square 2

Der **Robson Square** wurde ebenso wie das benachbarte Justizgebäude 1972 von Arthur Erickson gestaltet, einem der berühmtesten kanadischen Architekten; er zeichnet auch für das ungewöhnliche Gebäude des Museum of Anthropology an der University of British Columbia (UBC) verantwortlich. Da es in Vancouver im Winter viel regnet, ist ein Teil des Platzes unter die Erde verlagert worden. In der trüben Jahreszeit kann man auf einer Eisbahn Schlittschuh laufen, sogar kostenlos. Konzerte, Tanzunterricht oder einfach nur Freunde treffen – auf diesem großzügigen und abwechslungsreichen Gelände ist immer etwas los.

Robson Street 3

www.robsonstreet.ca

Robson Street ist die Einkaufsmeile von Vancouver, alle großen Designer und Labels sowie viele Boutiquen der höheren Preisklasse sind dort vertreten. Nach dem Zweiten Weltkrieg war die Straße übrigens fest in deutscher Hand, wurde sogar »Robson-Straße« genannt und war beliebt als Ort, wo man deutschen Apfelstrudel und andere Leckereien servierte.

Abstecher ins Westend

Das Westend gehört zu den ältesten Wohnvierteln Vancouvers. Nicht alle alten viktorianischen Holzhäuser sind schon Neubauten gewichen. Das lebendige multikulturelle Miteinander der überwiegend jungen Bewohner dieses Viertels zwischen English Bay und Burrard Street, Stanley Park und Coal Harbour macht den Reiz aus und zieht viele Besucher in den Bann.

Die **Denman Street** ist eine Flaniermeile mit einer bunten Mischung aus Boutiquen, Lebensmittelgeschäften und kleinen Restaurants. Kurz bevor man die **English Bay** erreicht, weht schon eine frische Brise vom Meer herüber und macht die vom dichten Autoverkehr ein wenig irritierte Nase frei. 1960 begann der Bauboom für die Hochhäuser, die nun die Silhouette der Bucht bilden.

Statue des Inukshuk 4

Folgt man der Promenade Richtung Südosten, stößt man unweigerlich auf die 6 m hohe **Statue des Inukshuk.** Dabei handelt es sich um eine traditionelle Figur der Inuit, die »Willkommen« oder »Jemand war hier« signalisiert und in früheren Zeiten als Wegmarke benutzt wurde. Für die Winterolympiade im Jahr 2010 hatte Vancouver den Inukshuk als offizielles Emblem eingesetzt, um damit »Hoffnung, Freundschaft und Gastfreundschaft« zum Ausdruck zu bringen.

Sunset Beach Park 5

Der **Sunset Beach Park** ist inzwischen zum Dorado der Jogger, Skater, Radfahrer und Sonnenanbeter geworden. Vancouver hat zudem den Ruf, eine tolerante Stadt für Homosexuelle zu sein, Heiraten unter Gleichgeschlechtlichen ist erlaubt, mit »LGBT *friendly*« wird für die Stadt geworben. Die Kehrseite der Medaille ist jedoch, dass unter ihnen immer noch die meisten Opfer von Aids zu finden sind, und so ist das 2005 errichtete **Aids Memorial** im Sunset Beach Park dem Andenken der Toten dieser Krankheit gewidmet.

Granville Island

Cityplan: S. 190
http://granvilleisland.com
Die kleine Halbinsel **Granville Island** im False Creek ist noch immer eine Welt für sich. Ursprünglich bestand sie nur aus zwei Sandbänken, die den hier heimischen Squamish-Leuten in den Wintermonaten als Basis zum Fischen dienten. Doch im Jahr 1916 wurde das Gelände aufgeschüttet, damit Fabriken darauf errichtet werden konnten. Übrig geblieben ist von ihnen einzig eine Zementfabrik. Alle anderen Bauten sind im Zuge mehrerer Stadtsanierungsprogramme in Märkte, Boutiquen, Restaurants, Theater und zahlreiche kleinere Kunsthandwerksbetriebe umgewandelt worden. Zudem sind auf Granville Island Bootsverleiher, Bootsbauer und einige Anbieter von Ausflugsschiffen zu finden. Parken ist möglich.

Granville Island Public Market 7

Tgl. 9–19 Uhr; die meisten Restaurants und Bistros sind bis Mitternacht geöffnet
Der **Granville Public Market** lädt zum längeren Verweilen ein, wenn es auch im Sommer manchmal ziemlich eng wird. Aber die Auswahl an frischem Obst, Gemüse und allen Arten von Fisch und Meeresfrüchten sucht ihresgleichen. Im überschaubaren Food Court mit seinen diversen kleineren Imbissständen kann man sich ein Frühstück oder Mittagessen kaufen und es auf dem Dock draußen verzehren. Nur vor den Möwen und Tauben sollte man Respekt haben, sie holen sich das Essen gern direkt von den Tellern.

Yaletown

Cityplan: S. 190
https://yaletowninfo.com
Viele kleine Wassertaxis und -busse fahren nach Bedarf zwischen Granville Island und dem gegenüberliegenden Stadtteil Yaletown hin und her. Ursprünglich war **Yaletown** Heimat für Hersteller von Textilien, die roten Backsteingebäude sind Zeugen dieser Zeit. Die vielen seit den 1980er-Jahren entstandenen Hochhäuser am False Creek haben dem Stadtteil einen völlig neuen Charakter gegeben.

Besonders *hip* und *up to date* präsentieren sich die vielen Boutiquen, Bars und Restaurants auf **Homer, Hamilton und Mainland Street,** dem Herzen von Yaletown. Sehen und gesehen werden ist hier angesagt; im Sommer sitzt man draußen. Kein Wunder, dass die Immobilienpreise in dem begehrten Stadtteil stetig steigen. Damit sich selbst DINKS *(double income, no kids)* die Apartments noch leisten können, werden diese immer kleiner. Und damit das traditionelle Sofa als wesentlicher Bestandteil kanadischer Wohnkultur noch in die Wohnung passt, wurde eigens das »Yaletown-Sofa« entwickelt.

Roundhouse Community Centre 6

181 Roundhouse Mews, Tel. 604-713-1800, www.roundhouse.ca, Eisenbahn Eintritt frei
Am David Lam Park beim Pacific Boulevard befindet sich das **Roundhouse Community Centre** und dort wiederum der Pavillon mit der ersten Eisenbahn, die am 23. Mai 1887 Vancouver erreichte. Jedes Jahr im März ist das Roundhouse einer der Veranstaltungsorte für das **International Dance Festival.** Dann treten hier Künstler aus aller Welt auf; außerdem werden zahlreiche Workshops angeboten.

BC Place Stadium 7

777 Pacific Blvd., Tel. 604-669-2300, www.bcplace.com
Das 1983 eröffnete **BC Place Stadium** verfügt über 54 500 Sitzplätze. 2007 hatte ein Wintersturm das Dach teilweise zerstört, was

heftige Diskussionen in der Stadt auslöste, denn ein solcher Fall war für ausgeschlossen gehalten worden. Das neue ausfahrbare Dach stammt von 2011. Das Stadion wird auch für Messen, Konzerte und andere Großveranstaltungen genutzt.

Terry Fox Memorial 8

Unmittelbar vor dem Stadium Place an der Robson Street erinnert ein Denkmal an Terry Fox. Der junge Mann war mit 18 Jahren an Krebs erkrankt, sein rechtes Bein wurde amputiert. Trotz Prothese startete er 1980 einen Lauf quer durch Kanada, um Spendengelder für die Krebsforschung zu sammeln. Nach 143 Tagen, an denen er jeweils eine Marathonstrecke zurückgelegt hatte, besiegte ihn der Krebs und er musste aufgeben. Aber das ungewöhnliche Ziel, das er sich selbst gesteckt hatte, ließ ihn so populär werden, dass mithilfe des Senders CTV Millionen Dollars eingenommen werden konnten. Der in Vancouver aufgewachsene und im Juni 1981 in Port Coquitlam gestorbene Terry Fox gilt als ein kanadischer Held des 20. Jahrhunderts.

TELUS World of Science 9

1455 Quebec St., Tel. 604-443-7440, www.scienceworld.ca, tgl. 10–17 Uhr, Erw. 30,40 $, ab 65 u. Jugendl. 24,30 $, Kin. 3–12 J. 20,30 $

Die silberne Kugel der **Telus World of Science** am Ende des False Creek, ursprünglich als Expo Centre für die Weltausstellung 1986 errichtet, stellt seit 1989 die Herausforderungen der Naturwissenschaften vor, zum Anfassen und gut verständlich für Kinder.

Vancouver Public Library 10

350 West Georgia St., Eingang auch von Robson St., Tel. 604-331-3603, www.vpl.ca, Mo–Do 10–21, Fr, Sa 10–18, So 11–18 Uhr

Nur wenige Schritte die Robson Street bergauf ist der kolosseumähnliche Bau der städtischen Library, der Bibliothek, nicht zu übersehen. Der kanadisch-israelische Architekt Moshe Safdie soll zwar behaupten, nicht von römischen Vorbildern inspiriert worden zu sein, doch die Ähnlichkeit ist unbestritten. Im überdachten Innenhof des Gebäudes finden sich zahlreiche kleine Bistros, ein geeigneter Ort für eine Pause bei der Stadterkundung. Die siebenstöckige Bibliothek wurde 1995 eröffnet und umfasst ca. 1,3 Mio. Bücher, Zeitschriften und Medien; u. a. gibt es im Erdgeschoss auch eine kleine Abteilung mit deutschen Büchern, die vom aufgelösten Goethe-Institut übernommen wurden. Das begrünte Dach ist nicht öffentlich zugänglich; der 2600 m^2 große Dachgarten wurde unter ökologischen Gesichtspunkten von der Landschaftsarchitektin Cornelia Hahn Oberländer angelegt, einer engagierten Verfechterin umweltbewussten Städtebaus.

Am Burrard Inlet

Cityplan: S. 190

Waterfront Station 11

601 West Cordova St., www.translink.bc.ca

Das imposante Säulengebäude am Burrard Inlet ist ein wichtiger Verkehrsknotenpunkt für Vancouver. 1914 eröffnete die Canadian Pacific Railway den Bahnhof mit Verbindungen nach Toronto und Montreal. Heute ist **Waterfront Station** nur noch Umsteigebahnhof für Pendler aus den nördlich und westlich liegenden Städten von Metro Vancouver. Die Fähre SeaBus aus North Vancouver legt hier an und alle Linien des Skytrain enden hier. In nur 12 Minuten ist man mit dem SeaBus am anderen Ufer und hat einen wunderbaren Blick auf den Hafen und die im Inlet liegenden Frachter. Mit dem Skytrain lohnt sich die Fahrt zum Flughafen, nach Richmond, Surrey oder New Westminster.

Harbour Centre 12

555 West Hastings St., http://harbourcentre.com; Vancouver Lookout: Tel. 1-604-689-0421, www.vancouverlookout.com, Mai–Sept. tgl. 11–18 Uhr, Erw. 18,25 $, Studenten u. Kinder 6–17 J. 13,25 $

Gegenüber der Waterfront Station, an der Ecke Hastings und Seymour Street, befindet sich das Harbour Centre mit dem 177 m hohen Aussichtsturm **Vancouver Lookout.** Den hervorragenden Blick kann man auch bei einem Essen im Restaurant Top of Vancouver genießen (www.topofvancouver.com), das sich innerhalb einer Stunde einmal um die eigene Achse dreht. Im Souterrain gibt es außerdem einen guten *Food Court*.

Canada Place 13

www.canadaplace.ca

Der deutschstämmige Architekt Ed Zeidler entwarf für die Expo 1986 das **Canada-Place-Gebäude** mit seiner wie weiße Segel wirkenden Dachkonstruktion. Die Segel symbolisieren die kanadische Pazifikflotte von 1891, die der Stadt den wirtschaftlichen Aufschwung brachte. Hier legen im Sommer bis zu vier Kreuzfahrtschiffe an. Das Gebäude beherbergt ein IMAX-Kino und das Pan Pacific Hotel. Bis zur Fertigstellung des Glaspalastes nebenan war auch das Vancouver Convention & Exhibtion Center dort zu Hause. Der Platz davor trägt den gleichen Namen; er ist am Nationalfeiertag (Canada Day) am 1. Juli Tribüne und Festplatz für die Feierlichkeiten.

Vancouver Convention Centre 14

1055 Canada Pl., www.vancouverconvention centre.com

Das 2009 eröffnete zweite Convention Centre wurde ins Wasser hinein gebaut; von drei Seiten hat man aus dem Glashaus Ausblicke auf die Umgebung. Ökologisch bauen war die Devise, so kühlt das grüne Dach im Sommer und Brauchwasser wird recycelt. Falls gerade keine Veranstaltung abgehalten wird, kann man im Juli und August an Führungen teilnehmen (25 $/Pers.). Die in Richtung Coal Harbour aufgestellte **olympische Fackel** ist inzwischen ein beliebtes Fotomotiv.

Coal Harbour 15

An das Convention Center schließt sich der **Coal Harbour** an, der heute einen großen Yachthafen sowie die Anlegeplätze vieler Ausflugsschiffe umfasst. Ein besonderes Erlebnis kann eine *Dinner Cruise* sein. Die Schiffe fahren unter der Lions Gate Bridge hindurch und vorbei am Stanley Park in den Sonnenuntergang, dazu gibt's frische westkanadische Küche vom Büfett, fantastische Ausblicke auf das bewaldete Nordufer und etwas Seegang. Auch der Flughafen für die Wasserflugzeuge nach Victoria oder Nanaimo auf Vancouver Island befindet sich dort. Eine großzügig angelegte Promenade *(Seawalk)* lädt zum Spaziergang in dieser Marina ein, sie führt bis zum Stanley Park. Das **Westin Bayshore Hotel** war 1960 das erste höhere Gebäude in diesem Bereich, die jetzt die Skyline bildenden Hochhäuser sind alle erst in den letzten Jahren entstanden und haben zu Vancouvers Beinamen City of Glass beigetragen.

Downtown Eastside

▶ D 2

Chinatown

Cityplan: S. 190

Chinatown umfasst die Straßenzüge zwischen W Pender St. (Millennium Gate), Carrall St., Taylor St. und Keefer St., www.vancouver-china town.com

Vancouvers **Chinatown** ist das älteste Viertel seiner Art in Kanada. Bereits um 1855 lebten hier die ersten Einwanderer aus dem Reich der Mitte. Sie waren auf Goldsuche im Landesinneren und sahen die kleine Siedlung als Durchgangsstation an. Um 1880 kamen dann die Chinesen, deren Arbeitskraft beim Bau der Eisenbahn benötigt wurde; sie erhielten 60 ha Land, um es urbar zu machen. Nach 1900 setzte für Jahrzehnte eine Diskriminierungsphase ein, die u. a. eine Kopfsteuer für Asiaten beinhaltete. Inzwischen ist Kanada offen gegenüber Einwanderern aus Asien, auch Vancouver profitiert von den Verbindungen seiner Einwohner mit deren Herkunftsländern.

Heute gilt eigentlich das Zentrum der Stadt Richmond südlich von Vancouver als modernes ›Chinatown‹. Doch die malerische Vielfalt in den Straßenzügen zwischen Pender, Carrall und Gore Street und der ›Eingang‹ durch das **Millennium-Tor** auf der W Pender Street vermittelt einen historischen Eindruck vom Leben der Chinesen. Dabei wirkt das Viertel keinesfalls museal oder touristisch hergerichtet, sondern wie ein lebendiger Teil des Alltags.

Dr. Sun Yat-Sen Classical Chinese Garden & Park 16

578 Carrall St., Tel. 604-662-3207, www.vancouverchinesegarden.com, im Sommer Mi–So 10–15 Uhr (online nachsehen, ob eine private Feier gebucht ist), Erw. 16 $

Inmitten des quirligen Treibens in den bunten und exotischen Lebensmittelgeschäften liegt eine Oase der Ruhe: der 1986 eröffnete **Dr. Sun Yat-Sen Classical Chinese Garden & Park.** Ein Teil von ihm ist kostenlos zugänglich; für den einer Anlage aus der Ming-Zeit nachgebauten Bereich mit verschiedenen Gebäuden bezahlt man Eintritt.

Gastown

Cityplan: S. 190

Gastown umfasst die Straßenzüge zwischen Water St., W Cordova St., Main St. und W Hastings St., www.gastown.org

Am Maple Street Square befand sich der Globe Saloon von Jack Deighton, ›Gassy Jack‹ genannt, um den herum sich die erste Siedlung entwickelte. Bis Vancouver 1886 offiziell seinen Namen erhielt, nannte man die Kommune **Gastown.** Die aus roten Ziegeln errichteten Häuser sind ebenso typisch für diesen ältesten Stadtteil wie das Kopfsteinpflaster, die alten Straßenlaternen und die berühmte **Steam Clock** 17 an der **Water Street.** Sie sieht zwar alt aus, wurde aber erst 1977 gebaut und ist die einzige Dampfuhr der Welt.

Gastown war in den vergangenen Jahrzehnten ziemlich heruntergekommen, viele der alten Häuser wurden von Obdachlosen genutzt und die Gegend hatte keinen guten Ruf. Inzwischen hat sich die Stadtverwaltung besonnen und es gibt keine Abrissgenehmigungen mehr, stattdessen wird fachgerecht restauriert. Mittlerweile finden sich die schicksten und angesagtesten Souvenirshops, Bars, Galerien und Boutiquen in den zum Teil entkernten alten Gebäuden. Eine Bürgerinitiative hatte in den 1970er-Jahren verhindert, dass die Planierraupe zugunsten

Die Geschäfte in Vancouvers Chinatown bieten reichlich Auswahl an Exotischem

BIKEN IM STANLEY PARK

Tour-Infos

Start: Denman St./Georgia St.
Länge: ca. 6 km
Dauer: 1–2 Std., abhängig von Kondition und Pausen

Fahrradverleih: Auf www.bayshorebikerentals.ca findet man die Verleiher am Park, u. a. **Spokes Bicycle Rental,** 1798 W Georgia St., www.spokesbicyclerentals.com, ab 7,62 $/Std. inkl. Helm, 22,86 $ für 6 Std.

Der Stanley Park bietet für Radfahrer optimale Voraussetzungen. Die meisten Wege sind asphaltiert, auch die Waldpfade sind geglättet und werden von Wurzeln oder Ausschwemmungen freigehalten. Im Sommer machen patroullierende Parkwächter auf die zu benutzenden Wege aufmerksam.

Der **Seawall** ist inzwischen zur »Einbahnstraße« erklärt worden, d. h. Radler und Skater dürfen nur noch vom Eingang am **Coal Harbour** aus zur Umrundung starten. Vom Fahrradverleih an der **Ecke Denman und Georgia Street** aus sind es nur wenige Minuten bis zum **Kreisverkehr** am Parkeingang. Nach knapp 4 km über den Seawall am Ufer entlang muss man mal kurz absteigen und das Rad bis zur **Pipeline Road** schieben. Von dort geht's auf dem

Ravine Trail zum **Beaver Lake Trail,** der an dem zwar kleinen, aber landschaftlich reizvollen See vorbeiführt.
Eine schmale **Brücke** für Radler und Fußgänger überspannt den **Stanley Park Causeway** und dann geht's links ab auf den **Bridle Path;** man fährt durch lichten Wald mit Douglasfichten und Hemlocktannen, vorbei an einer Lichtung mit gigantischen Baumwurzeln, die beim Sturm 2006 freigelegt wurden. Der Weg ist 1,2 km lang und endet am **Second Beach,** dort gibt es ein Schwimmbad, Imbisse und Toiletten. An der **Lost Lagoon** ist der Radweg nur südlich (stadtwärts) ausgewiesen, an der **Unterführung** geht's dann rechts weiter auf der **Georgia Street** und zurück zur **Denman Street.**

einer Stadtautobahn alles niederriss, heute ist man froh um die Anziehungskraft dieses ›Geburtsortes‹ der Stadt.

Außerhalb des Zentrums ▶ D 2

Stanley Park

Cityplan: S. 190, **Karte:** S. 198
Per Auto befahrbar; empfehlenswert ist aber die Benutzung des Shuttle-Busses (Mitte Juni–Ende Sept., 15 verschiedene Stationen, an denen man beliebig zu- und aussteigen kann), Kutschfahrten alle 20–30 Min. ab dem Information Centre des Parks, http://vancouver.ca/parks-recreation-culture/stanley-park.aspx; der Park ist durchgehend geöffnet
Zeitgleich mit der Stadtgründung 1886 legte die Verwaltung fest, dass 400 ha Wald an der nordwestlichen Spitze der Halbinsel ein Park sein sollten, eine Entscheidung, über die die heutigen Bewohner immer noch glücklich sind. Mit dem **Stanley Park** dem größten ›Stadtpark‹ Nordamerikas, ist ein Stück des ursprünglichen Regenwaldes erhalten geblieben, Zedern, Hemlocktannen und Arbutus sind typische Vertreter dafür.

Aber nicht nur Baumliebhaber kommen im Stanley Park auf ihre Kosten: Mehrere **Sandstrände,** ein idyllischer **See,** unzählige Wege für Spaziergänger, Jogger und Radfahrer, u. a. eine 8,8 km lange **Promenade am Meer,** neun **Totempfähle** sowie **Themengärten** und **Sportplätze** (Tennis, Golf, Cricket und Rasen-Bowling) machen diesen Park zu einem unvergleichlichen Anziehungsort. Für das leibliche Wohl sorgen gute **Restaurants.**

Vancouver Aquarium 18

845 Avison Way, Tel. 604-659-3474, www.vanaqua.org, Sommer tgl. 10–17 Uhr, Erw. 42 $ (13–64 J.)
Im Stanley Park befindet sich auch das 1956 eröffnete und 2017 renovierte **Vancouver Aquarium.** Das Gelände umfasst 9000 m² und zeigt in 12 Abteilungen u. a. die erstaunliche Vielfalt an Fischen und Pflanzen entlang der pazifischen Küste von BC. Das Bassin für die Quallen bietet spektakuläre Anblicke. Für Besucher gibt es jede Menge interaktive Angebote, die zur Erkundung der Meereswelt einladen. Weder Delfine noch Orcas oder Belugas werden im Aquarium gehalten.

Südlich der English Bay

Rund 10 km Strände erstrecken sich an der Südseite der English Bay – vom **Vanier Park** im Osten bis zum Gelände der **University of British Columbia** im Westen. An Wochenenden bevölkern viele Familien die Wiesen, bringen ein Picknick mit oder grillen.

Der an die ›Englische Bucht‹ grenzende Stadtteil **Kitsilano** (www.kitsilano.ca) ist für seine ›Hippiekultur‹ bekannt, zudem siedelte sich dort die größte griechische Gemeinde an. Auf der 4th Avenue und dem West Broadway kann man gut einkaufen, zahlreiche Fachgeschäfte, Buchläden und Boutiquen laden zum Stöbern ein. In Kitsilano wurde übrigens

1971 die Umweltorganisation Greenpeace ins Leben gerufen.

Old Hastings Mill Store 19

1575 Alma St., Tel. 1-604-734-1212, https://hastingsmillmuseum.ca, Sa, So 13–16 Uhr, am besten Social-Media-Seiten zu Rate ziehen, Spenden willkommen

Im Hastings Mill Park (früher Pioneer Park) am Jericho Beach steht das älteste Gebäude der Stadt: der **Hastings Mill Store** von 1865. Er befand sich ursprünglich am Burrard Inlet und blieb als einziges Haus vom großen Brand verschont. 1929 bewahrten geschichtsbewusste Bürger den Bau vor der Zerstörung und richteten ihn als Museum ein. Fotografien aus den Anfangszeiten der Stadt sind hier ebenso zu sehen wie der erste Tisch des Stadtrats.

Museum of Anthropology 20

6393 N W Marine Dr., Tel. 604-822-5087, www.moa.ubc.ca, Sommer tgl. 10–17, Do 10–21 Uhr, Erw. 18 $, Schüler 16 $, jeweils inkl. Steuer, Kin. unter 6 J. frei

Weltruf genießt das **Museum of Anthropology** der University of British Columbia. Beeindruckend ist allein schon der Bau aus Glas und Beton von Arthur Erickson, der seine Inspiration von den aus Baumstämmen gebauten Häusern der Westküsten-Indianer erhielt. Das Museum präsentiert eine umfassende Sammlung von Totempfählen, handgeschnitzten Behältern und Truhen sowie Figuren der Ureinwohner. Bill Reid, einer der wichtigsten Künstler der *Native Art,* ist dort mit seiner Skulptur »Raven« vertreten. Sein Werk »Spirit of Haida Gwai« steht als Bronzeskulptur in der Abflughalle des Flughafens von Vancouver.

Infos

Tourism Vancouver: The Greater Vancouver Convention and Visitors Bureau, 200 Burrard St., Vancouver, Tel. 604-682-2222, www.tourismvancouver.com.

Internet: Mehr über die Provinz gibt es bei www.hellobc.com, eine informative Website über die Region Vancouver ist ebenfalls www.metrovancouver.org (>Services >Regional Parks), speziell für die Regional Parks. Informationen über Reiseziele bei Indianerstämmen bietet www.indigenousbc.com.

Übernachten

Hotelreservierungen: Vancouver Touristinfo Centre, Plaza Level, 200 Burrard St., Vancouver, Tel. 604-683-2000, tgl. 8.30–18 Uhr.

Schöne Lage am Wasser – **Granville Island Hotel 1:** 1253 Johnston St., Tel. 604-683-7373, www.granvilleislandhotel.com. Das am Ende von Granville Island gelegene kleinere Haus ist sehr begehrt, der Blick auf die Marina im False Creek, das Olympische Dorf und die futuristische World of Science sucht seinesgleichen. Außerdem gibt es im Hotel eine hauseigene Brauerei und die Terrasse wird an kühleren Tagen beheizt. €€€

Designhotel – **Listel Hotel 2:** 1300 Robson St., Tel. 604-684-8461, www.thelistelhotel.com. Das Boutiquehotel auf Vancouvers Einkaufsstraße bietet 119 kunstvoll gestaltete Zimmer und, in Zusammenarbeit mit dem Museum of Anthropology, wechselnde Kunstausstellungen auf den Fluren. €€€

Historische Villa – **B & B English Bay Inn 3:** 1968 Comox St., Tel. 604-683-8002, www.englishbayinn.com. Ein Gefühl für den Lebensstil der Reichen zu Beginn des 20. Jh. bekommt man in der Villa und den 6 Zimmern dieses B & B und seinem kleinen Garten. Nur für Erwachsene. €€€

Solide, im Ausgehviertel – **Sunset Inn and Suites 4:** 1111 Burnaby St., Tel. 604-688-2474, www.sunsetinn.com. Ein kleineres Hotel im quirligen Davie Village nicht weit von der English Bay, das Apartments mit Kitchenette bietet. Gut geeignet für längere Aufenthalte. €€€

Ehemalige Stadtvilla – **The Manor Guest House 5:** 387 W 13th Ave., Tel. 604-876-8494, http://manor-guest-house.britishcolumbiahotels.net. In der Stadtvilla von 1902 gibt es 6 Studios und 4 2-Zimmer-Suiten, alle mit Kitchenette. Gartennutzung, freie Fahrräder, WLAN, mind. 2 Nächte. €€€

Solide downtown – **YWCA Hotel 6:** 733 Beatty St., Vancouver, Tel. 604-895-5830, https://ywcavan.org/hotel. Mitten in Downtown eignet sich dieses etwas einfachere, familienfreundliche Hotel für längere Aufenthalte. €€€

Gastown – **Victorian Hotel** 7: 514 Homer St., Tel. 866-299-2110, www.victorianhotel.ca. Boutiquehotel mit 47 Zimmern in einem viktorianischen Haus aus dem Jahr 1898. Manche Zimmer teilen sich ein Bad. Kein Fahrstuhl. Preis inkl. Frühstück. €€€

Auf dem UBC Campus – **Pacific Spirit Hostel at UBC** 8: 5961 Student Union Blvd., Tel. 604-822-1000, http://suitesatubc.com. Begehrte preiswerte Einzelzimmer, Apartments mit Küchenzeile und ein einfacheres Hostel (nur Mai–Aug.) befinden sich etwa 30 Min. entfernt von Downtown in reizvoller Lage auf dem Gelände der University of British Columbia (UBC). €€

COCKTAIL-GEHEIMREZEPT!

Der **Cocktail Caesar** gilt als der populärste Cocktail Kanadas, aber außerhalb kennt ihn kaum jemand. Dabei ist dieser Drink nicht nur erfrischend und belebend, die stilvoll drapierte Selleriestange macht ihn beinahe zu einem Gemüsesaft. Das klassische Rezept: 1 cl Wodka, Zitronen-/Limettensaft, 2 Tr. Tabasco, 2 Tr. Worcestersauce, mit Tomaten-Gemüse-Saft (in Kanada Clamato) auffüllen. Alle Zutaten im Shaker oder Glas verrühren und über 1–2 Eiswürfel gießen.

Essen & Trinken

Mehrfach ausgezeichnet – **Cioppino's** 1: 1133 Hamilton St., Tel. 604-688-7466, www.cioppinosyaletown.com, Mo–Sa 17–23 Uhr. Seit mehreren Jahren wird das italienische Restaurant in Yaletown immer wieder prämiert, die Kritiker sind angetan von der mediteranen Küche mit Olivenöl. Offene Küchen, 2 Terrassen. Hauptgerichte 25–45 $.

Kanadische Küche im Trend – **AnnaLena** 2: 1809 1st Ave. W, Tel. 778-379-4052, www.annalena.ca. Auch dieses Restaurant wird bestens bewertet, u. a. war es in der jährlichen Liste »Canada's 100 Best« 2022 auf Platz 41 (www.canadas100best.com). Geboten werden oft komplette Menüs, mehrere Gänge um 80$.

Hervorragender Fisch – **Blue Water Café** 3: 1095 Hamilton, Tel. 604-688-8078, www.bluewatercafe.net, tgl. 17–23 Uhr (Bar bis 1 Uhr). Speziell für Sushi und Sashimi hat Yoshi Tabo seine eigene Theke und lässt sich auf die scharfen Messer sehen. Blue Water Café ist Mitglied bei Ocean Wise, einer vom Vancouver Aquarium ins Leben gerufenen Initiative mit dem Ziel, die Meere vor Überfischung zu schützen (www.oceanwisecanada.org). Muschelplatte mit Austern ab 28 $.

Meeresfrüchte und mehr – **The Teahouse** 4: im Stanley Park, Ferguson Point, 7501 Stanley Park Dr., Tel. 604-669-3281, www.vancouverdine.com/teahouse, tgl. ab 16.30, So 11–14 Uhr Brunch. Hier auf der Terrasse zu sitzen und den Sonnenuntergang zu beobachten ist einzigartig. West-Coast-Küche, großes Angebot an Meeresfrüchten. Hauptgang ab 28 $.

Für Liebhaber guter Kuchen – **Blue Hat Bakery & Café** 5: 1505 W Second Ave. (vor Granville Island), im Pacific Institute of Culinary Art, Tel. 236-521-5051, www.picachef.com/blue-hat-bakery-cafe, Di–So 9–17 Uhr. In dieser Kochschule werden die Meister von morgen ausgebildet, dazu gehören auch die Patisseure, die ganz erstaunliche Kreationen mit Teig und Früchten zustande bringen.

In-Lokal am Wasser – **Cardero's Restaurant & Marine Pub** 6: 1583 Coal Harbour Quay, Tel. 604-669-7666, www.vancouverdine.com/carderos, tgl. ab11.30 Uhr. Mitten im Coal Harbour ist dieses Holzhaus ein beliebter Treff für die erfolgreichen Mitarbeiter der großen Firmen geworden. Im Holzofen werden Lachs und Pizzen zubereitet, Tintenfisch im Wok. Hauptgänge ab 28 $.

Brauereikneipe downtown – **Steamworks Brewing Company** 7: 375 Water St., Tel. 604-

689-2739, http://steamworks.com/brew-pub, tgl. ab 11.30 Uhr. Mehr ein Pub als ein Restaurant (mit eigener Brauerei), ist das Lokal beliebt bei Einheimischen, meist kanadische Gerichte, aber auch Klassiker wie Burger, Steaks und Lachs werden hier serviert. Ab 18 $.

Amerikanisch-kanadische Küche – **Cactus-Club, Earl's und Milestones 8 :** 588 Burrard St., Tel. 604-682-0933, www.cactusclubcafe.com, www.milestonesrestaurants.com. Einen guten Standard und gutes Preis-Leistungsverhältnis bieten die Restaurants dieser kanadischen Ketten, überwiegend *West Coast Cuisine*. Hauptgänge um 18 $.

Japanische Tapas – **The Guu Izakaya 9 :** 838 Thurlow St., Tel. 604-685-8817, https://guu-izakaya.com, Lunch Mo–Sa 11.45–13.30, Dinner Mo–Sa 17.30 Uhr bis Mitternacht. Das Erste in der kleinen Kette japanischer Bistros, die Sushi-Auswahl ist berauschend. Lunch 7–10 $.

Imbiss – Ein angesagter Trend in der Stadt sind die **Food Trucks** mit verschiedensten ethnischen Spezialitäten. Sie sind überall downtown verteilt und bieten abwechslungsreiches und preiswertes ›Fast‹-Food (https://streetfoodapp.com/vancouver)

Einkaufen

Einkaufsstraßen – **Robson Street 3** ist die bekannteste Einkaufsmeile von Vancouver. Vergleichsweise preiswertere und eher individuelle Geschäfte finden sich auf **Granville Street 1** zwischen 5th Ave. und 12th Ave. oder auf dem **Commercial Drive 2** zwischen Broadway und Venables St. Im Aufwind ist auch die **Main Street 3**, besonders abwechslungsreich sind die Blöcke zwischen E Broadway und E 17th Ave. Zwischen 41st und 54th Ave. hat sich die Main Street in ein ›Little India‹ verwandelt. Als Punjabi Market wird die Gegend bezeichnet, dort kann man Saris kaufen und in den Lebensmittelläden exotische Gewürze, Obst und Gemüse.

Accessoires & Dekoratives – **Pottery Barn 4 :** South Granville Centre, 2600 Granville St., Tel. 604-678-9897, www.potterybarn.ca. Hier findet man modische nordamerikanische Dekorationen und Accessoires.

Flohmarkt – **Vancouver Flea Market 5 :** 703 Terminal Ave., Tel. 604-685-0666, www.vancouverfleamarket.com, Sa, So 9–17 Uhr.

Supermarkt – **Urban Fare 6 :** 177 Davie St. (weitere Filiale: 305 Bute St.), www.urbanfare.com. Gehobene Preisklasse, Waren aus aller Welt, Bio- und Fair-Trade-Produkte, Deli.

Lebensmittel – **Granville Island Public Market 7 :** s. S. 194.

Bauernmärkte – **Farmers Markets:** http://eatlocal.org; So 10–14 Uhr: Kitsilano (10th und Larch St.); Sa 10–14 Uhr: Kerrisdale (East Blvd. zw. 37th und 41st Ave.); Do 14–18 Uhr: Yaletown Market (1200 Mainland St.); Mi 14–18 Uhr: Main Street Station – 1100 Station St.

Abends & Nachts

Musikkneipe – **Railway Club 1 :** 579 Dunsmuir St., Tel. 604.564.1430, https://freehouse.co/locations/vancouver. Livemusik meist von einheimischen Gruppen. Einer von vielen Klubs der Donelly Group.

Nachtclub – **The Roxy 2 :** 932 Granville St., Tel. 604-331-7999, www.roxyvan.com, ab 19 Uhr. Angesagter Nachtclub in Downtown, manchmal Livemusik. So Country-Musik, Mo–Do und So Eintritt 5 $, Fr–Sa 12 $.

Angesagt – **Arts Club Theatre Company 3 :** 1585 Johnston St., Granville Island, Tel. 604-687-1644, https://artsclub.com. Kabarett und meist humoristische Stücke kommen hier auf die Bühne, der Klub arbeitet mit einem festen Ensemble. Es gibt noch zwei weitere Bühnen in Vancouver.

Konzerte – **Orpheum Theatre 4 :** 601 Smithe St., Tel. 604-665-3050, www.vancouversymphony.ca (> Venue Information/Maps). Alte, schön restaurierte Konzerthalle, in der u. a. viele Aufführungen des Vancouver Symphony Orchestra stattfinden.

Theater, Oper und mehr – **Queen Elizabeth Theatre 5 :** 649 Cambie St., Tel. 604-665-3050, https://vancouvercivictheatres.com/venues/queen-elizabeth-theatre/. Kein festes Ensemble, nationale und internationale Theatergruppen spielen hier, auch Aufführungen von Ballett und Vancouver Oper.

Britisches Kabarett – **The Giggle Dam Dinner Theatre 6 :** 2616 Shaugnessy St., Port

Grünes Vancouver

Vancouver gehört seit Jahren zu den lebenswertesten Städten der Welt. Das liegt nicht nur an der großartigen Lage zwischen Ozean und Gebirge, sondern hat insbesondere mit der Lebensqualität und dem Wohlbefinden der Bewohner zu tun. Neben Arbeitsplätzen und Gesundheit spielen inzwischen auch Umweltschutz und Nachhaltigkeit eine bedeutende Rolle für diese Einschätzung.

Schon bei den Vorbereitungen zu den Olympischen Winterspielen 2010 tauchte der Satz immer wieder auf: »Wir wollen die grünsten Spiele aller Zeiten präsentieren!« Das spielte zwar bei der Bilanz nicht mehr eine so große Rolle, aber man hatte die Saat gelegt. Sichtbarstes Zeichen war die intensive Nutzung der Fahrräder, die ein niederländischer Sponsor zur Verfügung gestellt hatte. Ein Jahr später attestierte der WWF der westkanadischen Stadt eine besonders niedrige Luftverschmutzungsrate. Scheinbar selbstverständlich bei der Lage direkt am Meer mit stetiger, frischer Brise. Aber ungeachtet dieser natürlichen Vorteile hat die Stadt zusammen mit dem städtischen Energieversorger ein Programm zur Reduzierung der Emissionen aufgesetzt, das sich allmählich positiv niederschlägt. Die Heizung zu drosseln anstatt die Fenster zu öffnen, Fenster überhaupt öffnen zu können anstatt die Air-Condition dauerhaft laufen zu lassen – und dergleichen Dinge mehr lassen die Bilanz besser werden.

Vancouver gilt unter den Großstädten der Welt als eine der Top-Adressen, wenn es um Recycling geht – rund 60 % des Abfalls werden verwertet, auch die Essensreste kompostiert. Die Luftverschmutzung soll weiterhin gesenkt werden, weniger Autos sollen unterwegs sein. Das Radwegenetz wurde in den letzten Jahren um 35 % erweitert. Radfahren ist angesagt und positiv besetzt – den Weg rund um den Stanley Park sollte man als Fußgänger inzwischen am Wochenende besser meiden. Fahrradwege werden konsequent ausgebaut und auch intensivst genutzt; der Juni wurde vor Jahren zum »Fahrrad-Monat« erklärt. Die vorhandenen Stadtbahnen erfreuen sich täglich wachsender Nutzerzahlen, auch Touristen lassen Taxen und Limos zunehmend außer Acht. Weitere Skytrains (Magnetbahnen) für den Großraum Vancouver sind in Planung bzw. im Bau, damit auch die Bewohner der Nachbarorte zukünftig bequem auf das Auto verzichten können.

Die Zahl an Farmers-Märkten ist ebenfalls ein gutes Beispiel für das gewachsene Umweltbewusstsein der Stadtbewohner. »Buy local« ist zwar ein alter Slogan der Umweltbewegung, aber hier hat er eine neue Bedeutung bekommen: Immer mehr Menschen mieten sich ein Stückchen Garten, um darauf frisches Gemüse anzubauen. Stillgelegte Eisenbahntrassen in der Nähe von Granville Island beispielsweise sind zu neuem Leben erwacht, in Volkshochschulkursen wird das Wissen über Gartenarbeit erweitert. Der neueste Trend ist die Hühnerhaltung im Hinterhof, die Stadt hat auch dafür grünes Licht gegeben. Und die vielen Glaspaläste sind geeignete Anlagen für Dachgärten mit und ohne Gemüse – nur einer von vielen kleinen Schritten auf dem Weg zur Weltspitze (http://vancouver.ca/green-vancouver/greenest-city-action-plan.aspx).

Coquitlam, Tel. 604-944-4453, www.giggle dam.com. Außerhalb von Vancouver gelegen, doch der Besuch lohnt sich. Touristen werden gern auf die Schippe genommen.

Aktiv

Stadtführungen – **Architectural Institute of British Columbia 1 :** 440 Cambie St., Tel. 604-683-8588, www.aibc.ca/celebrating-architec ture/architectural-walking-tours, nur im Sommer, Touren zur Architekturgeschichte von Vancouver. **Forbidden Vancouver 2 :** 207 W Hastings St., Suite 1412, Tel 604-227-7570, https://forbiddenvancouver.ca. Auf den Spuren der Geschichte der Stadt werden verschiedene Themenspaziergänge angeboten, unterschiedl. Zeiten, online buchen, Erw. ab 25 $.

Food Tour – **Vancouver Food Tour 3 :** 199 Water St., Tel. 778-228-7932, www.vancouver foodtour.com. Die unglaubliche Vielfalt an authentischen Küchen kann eine Herausforderung sein, Hilfe bieten die kundigen Damen der Food Tour an. In ausgewählten Restaurants in Gastown oder Chinatown können die unterschiedlichen Speisen probiert werden. Eine Tour vorbereiten lassen und auf eigene Faust losziehen, auch das ist möglich. Tasting Tour Gastown 110 $.

Kutschfahrt – **Stanley Park Horse-Drawn Tours 4 :** Abfahrt vom Information Centre, in der Nähe der östlichen Einfahrt von Georgia Street aus, 735 Stanley Park Dr., Tel. 604-681-5115, www.stanleypark.com, tgl. 9.30–16 Uhr, Erw. 50 $, Stud. u. Sen. 46 $, Kin. 3–12 J. 22 $.

Kajak & Kanu – **Ecomarine Ocean Kayak Centre 5 :** Granville Island, 1668 Duranleau St. (auch Jericho Beach, 1500 Discovery St.; English Bay, 1700 Beach Ave.), Tel. 604-689-7575, www.ecomarine.com, 1er-Kajak 2 Std./39 $, geführte Gruppentouren 2,5 Std./69 $.

Fahrradfahren – **Stanley Park:** s. S. 198.

Termine

International Dance Festival: März. Roundhouse Community and Arts Centre, 181 Roundhouse Mews, Tel. 604-662-4966, www.vidf.ca.

Vancouver Marathon: 4 Tage Anf. Mai, www.bmovanmarathon.ca.

Bard on the Beach: Juni–Sept. Vanier Park, Tel. 604-739-0559, www.bardonthebeach.org. Theaterstücke nach Shakespeare, aufgeführt in Zelten am Strand.

Alcan Dragon Boat Festival: Juni. False Creek, Tel. 604-688-2382, http://dragonbo atbc.ca. Heimische Firmencrews wetteifern beim Rudern durch den False Creek, die Boote sind beeindruckend.

International Jazz Festival: Juni. An verschiedenen Orten, www.coastaljazz.ca.

Canada Day: 1. Juli. Feiern anlässlich des Nationalfeiertags am Canada Place.

Celebration of Light: Juli/Aug., Tel. 604-641-1193, http://hondacelebrationoflight.com.

Drei Feuerwerke an der English Bay, für viele *das* Ereignis des Sommers.

Vancouver International Film Festival: Sept./Okt., Tel. 604-685-0260, www.viff.org. Mit ca. 300 Filmen eines der größten Filmfestivals ganz Nordamerikas.

Verkehr

Flüge: Vancouver International Airport, Richmond, Tel. 604-207-7077, www.yvr.ca. Lufthansa und Condor (Letztere nur im Sommer) fliegen den Airport direkt von Frankfurt und München an. Die Flugzeit beträgt ca. 10 Std.

In die Stadt: Die Magnetbahn Skytrain fährt vom Flughafen in die Innenstadt, nach Richmond und Burnaby (www.translink.ca, einf. Fahrt ca. 5–6 $). Die Taxifahrt nach Downtown kostet je nach Zone 20–41 $, ohne Trinkgeld. Viele Hotels bieten Shuttle-Busse an.

Züge: Hauptbahnhof Pacific Central Station, 1150 Station St. Amtrak, tgl. nach Seattle (4 Std.), www.amtrakcascades.com; VIA-Rail für den innerkanadischen Verkehr, www.viarail.ca. Nach Whistler fährt der Mountaineer ab Bahnhof West 1st St. in North Vancouver, www.rockymountaineer.com.

Fähren: Nach Nanaimo und Sunshine Coast ab Horseshoe Bay/West Vancouver; nach Victoria und zu den Southern Gulf Islands ab Tsawwassen/Delta, ca. 38 km südl. von Vancou-

Naturwissenschaften zum Anfassen präsentiert die Kugel der World of Science

ver. Im Sommer für die Überfahrt mit Auto unbedingt vorher reservieren, Tel. 250-386-3431, www.bcferries.ca.

Mietwagen: Alle nationalen und internationalen Leihfirmen sind am Flughafen vertreten. Preiswert: Dollar und Alamo. Es kann günstiger sein, von Europa aus zu buchen.

Fortbewegung in der Stadt

In Downtown sollte man das Auto stehen lassen, der Verkehr ist dicht und Parken teuer.

Busse: Ein dichtes Busnetz durchzieht die Stadt. Auch in die Randgebiete fahren Busse. Tageskarte für das gesamte Gebiet von West Vancouver bis nach Richmond und Burnaby 11 $ (Ermäßigungen für Kinder, Schüler und Senioren), www.translink.ca. Vom Waterfront Bahnhof mit dem Seabus (Fähre) nach North Vancouver, von dort verkehren Busse nach Grouse Mountain und Capilano Bridge.

Magnetbahn: Drei Skytrain-Linien führen weit in die Vororte hinaus.

Züge: Die Nahverkehrszüge des West Coast Express fahren werktags bis Mission im Lower Mainland, Tageskarten für die Stadt ca. 10 $, mit der Tageskarte für den Großraum Vancouver benötigt man für die Züge nur noch ein Ergänzungsticket *(AddFare)*, www.translink.ca.

Umgebung von Vancouver ▸ C/D 2

Karte: S. 209

North Vancouver und West Vancouver

Nur zwei Brücken verbinden Vancouver und das Nordufer: Die **Lions Gate Bridge** führt durch den Stanley Park nach West Vancouver und die **Ironworkers Memorial Bridge** im Osten nach North Vancouver, zwei Nadelöhre, die für regelmäßige Staus sorgen. Pendler nutzen deshalb gern den Seabus, eine Wasserfähre, die regelmäßig zwischen Waterfront Station (s. S. 195) und **Lonsdale Quay** 1 (www.lonsdalequay.com) verkehrt.

Die beiden Städte North Vancouver und West Vancouver (auch North Van und West Van genannt) sind beliebte Wohnorte, die immer noch wachsen, soweit das die Berge und die Provincial Parks zulassen. Dichte Bebauung ist das Rezept der Stadtverwaltungen für den Bewohnerzuzug, und so ersetzen immer mehr Hochhäuser oder mehrstöckige Town Houses die kleineren, älteren Gebäude.

Sehenswertes in West Vancouver

West Vancouver gehört inzwischen zu den teuersten Wohngegenden im Großraum, die Villen am Marine Drive entlang zum Lighthouse Park auf Point Atkinson (4875 Water Lane, West Vancouver) beeindrucken durch ihre bauliche Vielfalt und Größe. Einen Einblick in die Stadtgeschichte bietet die **Promenade** *(Seawalk;* ca. 3 km*)* 2 vom Ambleside Park bis Dundrave Park. Direkt daneben verläuft die Eisenbahn nach Whistler. Als sie gebaut wurde, gab es hier noch keine Häuser. Gut einkaufen lässt es sich in der Mall **Park Royal** 1 (www.shopparkroyal.com). Beidseitig vom **Marine Drive** gelegen, bietet sie hochwertige Boutiquen und Geschäfte. Geradezu europäisch gibt sich der neuere Teil im Westen, Village genannt. Mit der **Horseshoe Bay** endet West Van, von dort gehen Fähren nach Nanaimo auf Vancouver Island und zur Sunshine Coast.

Den Marine Drive sollte man bis zu seinem Westende fahren, denn der **Whytecliff Park** bietet wunderbare Ausblicke auf den **Howe Sound** und die vorgelagerten Inseln.

Bergwelt nördlich des Burrard Inlet

www.mountseymour.com, www.grousemountain.com, www.cypressmountain.com

Nördlich des Burrard Inlet liegen die drei **Skigebiete Mount Seymour, Grouse Mountain** und **Cypress Mountain** (Austragungsort der Snowboard- und Freestyle-Skiing-Wettbewerbe bei der Olympiade 2010). Von November bis April dauert in der Regel die Skisaison.

Im Sommer wird **Grouse Mountain** gern zum Drachenfliegen und fürs Ziplining ge-

Eine Gondelbahn verkehrt zum Grouse Mountain hoch über der Stadt, oben geht's mit Sesselliften weiter

nutzt. Eine **Gondelfahrt** auf den Hausberg von North Vancouver lohnt sich: Der Ausblick auf die Stadt ist atemberaubend und im Freigehege kann man die beiden Grizzly-Bären Grinder und Coola beobachten (Skyride, ganzjährig 8.45–22 Uhr, Details s. https://grousemountain.com/skyride).

Die **Capilano Suspension Bridge** 3 gehört zu den touristischen Höhepunkten nördlich des Burrard Inlet. Die Hängebrücke spannt sich 137 m lang in einer Höhe von 70 m über die Schlucht des Capilano River (Capilano Rd., Tel. 604-985-7474, www.capbridge.com, tgl. im Sommer 9–19 Uhr, Erw. ab 18 J. 62,95 $, Senioren ab 65 J. 57,95 $, Studenten 49,95 $, Kin. 13–17 J. 34,95 $, Kin. 6–12 J. 24,95 $, online buchen).

Etwas ruhiger geht es an der **Suspension Bridge im Lynn Canyon** 4 (Lynn Valley Rd., http://lynncanyon.ca) zu. Sie ist etwas kürzer und nur 50 m über dem Lynn Creek angebracht, aber dafür muss man sie auch nicht mit Hunderten von Menschen teilen und der Eintritt ist frei. Das **Lynn Canyon Ecology Centre** im Lynn Canyon Park präsentiert Ausstellungen und Filme über den Umweltschutz in dieser Region (http://lynncanyon.ca).

Richmond

Fragt man Einheimische, wo Chinatown liegt, lautet die Antwort oft: »in Richmond«. Die Bevölkerung der Insel-Stadt südlich von Vancouver besteht zu 60 % aus Immigranten, davon stammen mehr als die Hälfte aus Asien. Zwei große buddhistische Tempel sowie chinesische und japanische Kaufhäuser und Supermärkte prägen die Atmosphäre.

Richmond Olympic Oval 5

6111 River Rd., Tel. 778-296-1400, http://richmondoval.ca

Eine Attraktion ist das **Richmond Olympic Oval,** die gigantische Sporthalle am Fraser River. Zwei Eishockeyfelder passen in das Gebäude, das für sportliche Wettbewerbe aller Art genutzt wird und ein riesiges Fitnesscenter beherbergt.

Lions Bay
Little River
Cypress Mountain 894 m
Cypress Provincial Park
B.C. Terminals
Whytecliff Park
Nanaimo
Horseshoe Bay
WEST VANCOUVER
Capilano Lake
Grouse Mountain 1250 m
Mosquito Creek
Lynn Creek
Seymour R.
Capilano River Regional Park
Capilano Rd.
NORTH VANCOUVER DISTRICT
Mount Seymour National Park
Lynn Valley Rd.
Lynn Canyon Park
Howe Sound
Marine Dr.
Ambleside Park
Lions Gate Bridge
Marine Dr.
s. Karte S. 190
Mt. Seymour Pkwy.
Dollarton Hwy.
Burrard Inlet
Stanley Park
SeaBus
Burrard Inlet
GASTOWN
CHINATOWN
English Bay
Museum of Anthropology
NW Marine Dr.
Hastings St.
Commercial St.
University of British Columbia
10. Ave.
12. Ave.
Broadway
Lougheed Hwy.
Grandview Hwy.
Canada Way
SW Marine Dr.
Kingsway
VANCOUVER
Dunbar St.
Granville St.
Oak St.
Queen Elizabeth Park
Central Park
49. Ave.
Main St.
Knight St.
Marine Way
North Arm Fraser River
Vancouver International Airport
Grant McConachie Way
Bridgeport Rd.
NEW WESTMINSTER
Moray Channel
Alderbridge Way
East West Connector
River Rd.
Westminster Hwy.
Westminster Hwy.
RICHMOND
No. 1 Rd.
No. 2 Rd.
Gilbert Rd.
No. 3 Rd.
Blundell Rd.
No. 4 Rd.
No. 5 Rd.
No. 6 Rd.
Annacis Channel
River Road
STEVESTON
Steveston Hwy.
DELTA
LANDNER
Vancouver-Blaine Hwy.
Ladner Trunk Rd.
Westham Island
Tsawwassen Hwy.
Boundary Bay Airport
Boundary Bay
0 1 2 3 4 km

Vancouver: Umgebung

Sehenswert

1 Lonsdale Quay
2 Promenade (Seawalk)
3 Capilano Suspension Bridge
4 Suspension Bridge im Lynn Canyon
5 Richmond Olympic Oval
6 International Buddhist Temple
7 Britannia Heritage Shipyard
8 Gulf of Georgia Cannery
9 George C. Reifel Migratory Bird Sanctuary
10 Boundary Bay Regional Park
11 Fort Langley

Übernachten

1 Lonsdale Quay Hotel
2 Pacific Gateway
3 River Rock Casino Resort
4 Quality Hotel Vancouver Airport South

Essen & Trinken

1 Salmon House On The Hill
2 The Soupmeister
3 Kirin Seafood Restaurant
4 The Buffet im River Rock Casino
5 The Grille

Einkaufen

1 Park Royal
2 The Destination
3 Aberdeen Centre
4 Richmond Night Market

International Buddhist Temple 6

9160 Steveston Hwy, www.buddhisttemple.ca
Sehr imposant ist der **International Buddhist Temple,** dessen goldene Buddhastatuen Besucher in Erstaunen versetzen.

Steveston

An Wochenenden wird es eng in **Steveston,** dem Dorf am Meer, an einem Ende der Insel Richmond. Es hat eine lebendige Hafenpromenade, an der man vom Boot frischen Fisch kaufen kann. Schlendern, Delikatessen einkaufen und Kaffeetrinken in der Sonne mit der Familie sind beliebte Beschäftigungen. In den Hallen des **Britannia Heritage Shipyard** 7 (5180 Westwater Dr., Tel. 604-718-8050, www.richmond.ca/culture/sites/britannia, Mai–Sept. tgl. 10–17 Uhr, 1-stündige Führungen) lässt sich die Fischereigeschichte der Westküste gut nachvollziehen, ebenso wie im Museum der Fischkonservenfabrik **Gulf of Georgia Cannery** 8 (12138 4th Ave., Tel. 604-664-9009, http://gulfofgeorgiacannery.org, tgl. 10–17 Uhr, Erw. 12,50 $, Senioren 10,75 $, Kin. unter 17 J. in Begleitung frei).

Delta

Auf dem Weg zum Hafen von Tsawwassen, wo die Autofähren nach Vancouver Island abfahren, liegt die Kommune **Delta,** ein großflächiger Zusammenschluss mehrerer ehemaliger Dörfer. Hier laden insbesondere das Vogelschutzgebiet George C. Reifel Migratory Bird Sanctuary, der Regional Park Boundary Bay und die Mega-Mall Tsawwassen Mills zu Ausflügen ein.

George C. Reifel Migratory Bird Sanctuary 9

5191 Robertson Rd., auf Westham Island, Tel. 604-946-6980, www.reifelbirdsanctuary.com, tgl. 9–16 Uhr, Erw. 5 $, Kin. 2–14 J. 3 $, Senioren 60 J.+ 3 $, online reservieren
Nicht nur Vogelliebhaber kommen in dem im Jahr 1963 eröffneten **Reifel Bird Sanctuary** auf ihre Kosten, auch als Spaziergänger kann man sich in jeder Jahreszeit verzaubern lassen – von der üppigen Vegetation, den sich in den zahlreichen Teichen spiegelnden Wolkenformationen oder dem Geschnatter Tausender Zugvögel. Die Schneegänse aus der russischen Antarktis verbringen hier den Winter; aber selbst ihre lautstarken ›Unterhaltungen‹ bringen die Rieseneulen oder die Weißkopfseeadler nicht aus der Ruhe. Kinder freuen sich über die Möglichkeit, die fast aus der Hand fressenden Enten füttern zu können. Allerdings sind diese Vögel inzwischen schon so zutraulich, dass man aufpassen muss, nicht auf sie zu treten.

Boundary Bay Regional Park 10

Boundary Bay Road, Tsawassen, www.metro vancouver.org (>Services > Regional Parks)
Auf der anderen Seite der Halbinsel liegt die weit geschwungene **Boundary Bay,** mit dem gleichnamigen Park. Von hier bieten sich bei klarer Sicht überwältigende Blicke auf die nördlich liegende Stadt und die schneebedeckten Berge.

Fort Langley National Historic Site 11

23433 Mavis Ave., Langley, Tel. 604-513-4777, www.pc.gc.ca/fortlangley, tgl. 10–17, Erw. 7,80 $, Kin. unter 17 J. frei, ohne Steuern, im Sommer tgl. Living-History-Programm, übrige Monate wechselnde Events
Die frühe Geschichte von British Columbia handelt von Holzfällern und Pelzhändlern, gut nachvollziehen lässt sie sich im 1827 am Fraser River gegründeten **Fort Langley.** Das als historisches Dorf nachgebaute Fort war 1858 der Ort, wo Gouverneur James Douglas verkündete, dass British Columbia nun eine britische Kronkolonie sei, um damit den Ansprüchen der amerikanischen Nachbarn entgegenzutreten.

Übernachten

... in North Vancouver City:
Einmalige Lage – **Lonsdale Quay Hotel 1:** 123 Carrie Cates Court, Tel. 604-986-6111, www.lonsdalequayhotel.com. Direkt am Fährhafen und dem bunten Lonsdale-Markt (dennoch absolut ruhig), ist das mittelständische Hotel der ideale Standort für Ausflüge nach Whistler und in die Coast Mountains. €€€
... in Richmond:
Mit schöner Aussicht – **Pacific Gateway 2:** 3500 Cessna Dr., Tel. 1-866-382-3474, www.pacificgatewayhotel.com. 415 Zimmer bietet das nahe dem Flughafen gelegene Hotel, die zum Fraser River ausgerichteten haben einen wunderbaren Blick über den Fluss, die Marina und das Zentrum von Richmond. Geeignet für Ausflüge in die südöstliche Umgebung von Vancouver. €€€
Casino & Hotel – **River Rock Casino Resort 3:** 8811 River Rd., Tel. 1-866-748-3718, www.riverrock.com. Spielcasino mit hohen Einsätzen; Konzertbühne und mehrere Restaurants, Spa und Fitnesscenter; das Resort am Fluss bietet Pakete für jeden Geschmack. €€€
Am Minoru Park – **Quality Hotel Vancouver Airport South 4:** 7228 Westminster Hwy, Richmond, Tel. 877-244-3051, www.choicehotels.com/british-columbia/richmond/quality-inn-hotels. Das moderne, funktionale Haus liegt zentral zu Malls, Restaurants, zugleich sehr ruhig am Minoru Park. Preis inkl. Frühstück. €€€

Essen & Trinken

... in West Vancouver:
Atemberaubender Blick – **Salmon House On The Hill 1:** 2229 Folkestone Way, West Vancouver, Tel. 604-926-3212, www.salmonhouse.com, Mi–So ab 17 Uhr. Beliebtes Fischrestaurant am Berg mit Blick sowohl auf das Meer als auch den Stanley Park von Vancouver. *West Coast Cuisine* mit Pazifiklachs in allen Variationen. Gegrillter *Sockeye Salmon* (Rotlachs) 30 $.
... in North Vancouver City:
Guter Imbiss für Suppen – **The Soup Meister 2:** im Lonsdale Quay Market, Shop 103, Tel. 604-983-2774, http://thesoupmeister.com, tgl. 9.30–18.30 Uhr. Am hinteren Ende des Marktes befindet sich die offene Küche des deutschen ›Soupmeisters‹ Ralf Daun. Hier kann man traditionelle Erbsensuppe und vietnamesische Hühnersuppe essen oder auch mitnehmen, die Bandbreite ist groß. Ab 5 $.
... in Richmond:
Beliebtes chinesisches Restaurant – **Kirin Seafood Restaurant 3:** 7900 Westminster Hwy, Tel. 604-303-8833, www.kirinrestaurant.com, tgl. 10–14.30, 17–22.30 Uhr. Leichte kantonesische Küche mit saisonalen Schwerpunkten, die *Dim Sum* sind mehrfach ausgezeichnet. Hauptgerichte 25–40 $ (Filialen: 555 W. 12th Ave., 1166 Alberni St., Vancouver).
All you can eat – **The Buffet im River Rock Casino 4:** 8811 River Rd., Tel. 604-273-1895, www.riverrock.com, Do, Fr ab 17, Sa, So 11–15, 16–21 Uhr. West-Coast-Küche mit chinesischen Elementen, die Auswahl ist riesig, die

Produkte kommen überwiegend von regionalen Farmen. Dinner 50 $.

Deftige kanadische Küche – **The Grille** 5 : im Country Meadows Golf Course, 8482 No. 6 Rd., Tel. 604-241-4652, www.countrymeadows golfcourse.ca, tgl. ab 11 Uhr. Nicht nur Golfer essen in diesem typisch kanadischen Restaurant mit schweren Ledersesseln und -sofas; mit Außenterrasse. Big Country Burger um 13 $, Lachs in Weißwein um 20 $.

Sports Bar mit Ausblick – **The Deck Kitchen & Bar:** neben dem Pacific Gateway Hotel 2, 3500 Cessna Dr., Tel. 604-276-1954, www.deckkitchenandbar.com, tgl. ab 11 Uhr. Das Restaurant mit Terrasse liegt direkt oberhalb einer Marina, es ist gut geeignet für Lunch im Sonnenschein. Burger ab 11 $.

Einkaufen

... in North Vancouver City:

Shopping Centre – **Park Royal** 1 : 2002 Park Royal S, https://parkroyal.ca.

Sportkleidung und Geräteverleih – **The Destination** 2 : 105–1550 Marine Dr., Tel. 604-984-7191 oder 604-984-4394, www.the destination.ca. Auch Verleih von Ski- und Snowboardausrüstungen, 1 Tag ab 30 $.

... in Richmond:

Asiatisch inspiriertes Einkaufszentrum – **Aberdeen Centre** 3 : 4151 Hazelbridge Way, Tel. 604-273-1234, www.aberde encentre.com. Allein schon wegen der preisgekrönten Glasarchitektur ist diese Mall sehenswert. Die Geschäfte darin sind eher hochwertig. Zugang vom Skytrain aus.

Nachtmarkt am Wochenende – **Richmond Night Market** 4 : 8351 River Rd., Richmond, Tel. 604-244-8448, www.richmondnightmar ket.com, Mai–Okt. Fr–So ab 19 Uhr. Ein Sammelsurium an Gebrauchsgegenständen. Die Fressmeile wird von vielen asiatischen Familien und jungen Leuten genutzt.

Whistler ▶ D 2

www.whistlerblackcomb.com

Rund zwei Stunden nördlich von Vancouver liegt in den Coast Mountains das **Skigebiet Whistler.** Es war 2010 Austragungsort für alle Ski- und Schlittensportarten der Winterolympiade. Im Jahr 1966 eröffnet, hat sich Whistler zum ganzjährigen Naherholungsgebiet für die Bewohner von Vancouver entwickelt. Man hört aber auch viel australisches oder britisches Englisch, denn die ungefähr 3307 ha große Region genießt einen ausgezeichneten Ruf bei Skiläufern, Snowboardern und Mountainbikern aus aller Welt.

Eine schwingende Brücke auf dem **Whistler Peak** und die über 3 km frei gespannte **Peak 2 Peak Gondel** zwischen dem Blackcomb und dem Whistler Peak sind neue Attraktionen. Auf dem **Blackcomb-Gletscher** kann man auch im Sommer snowboarden, weiter unten bieten die Trails Herausforderungen für Mountainbiker, auf zwei Flüssen wird River-Rafting angeboten und zwei Golfplätze fehlen auch nicht.

Umweltschutz und Nachhaltigkeit stehen in Whistler schon seit 1998 auf der Agenda: Die Reduzierung des Abfalls, Stromsparprogramme, die Pflege der natürlichen Umwelt für die Tiere sowie die Aufforderung an die Gäste, nicht mit dem Auto anzureisen, haben dem Skigebiet mehrfach Auszeichnungen eingebracht.

Squamish Lil'wat Cultural Centre

4584 Blackcomb Way, Whistler, Tel. 604-964-0999, http://slcc.ca, tgl. 9.30–17 Uhr, Erw. 18 $, Kin. (6–12 J.) 8 $, Familienticket 49 $

Als Partner der olympischen Winterspiele 2010 haben vier Indianerstämme gemeinsam eine Ausstellungs- und Veranstaltungshalle gebaut, in der Besucher Holzschnitzern bei der Arbeit zusehen, Filme über indianische Kultur sehen oder Erzählungen zuhören können.

Infos

Whistler Visitor Centre: 4230 Gateway Dr., Tel. 1-800-944-7853, www.whistler.com, tgl. 8–22 Uhr.

Übernachten

Zentrale Buchungsstelle – **Tourism Whistler:** im Visitor Center, www.whistler.com. Viel Auswahl haben Airbnb und vrbo.com.

Der Whistler Mountain ist ein Paradies für Wintersportler

Vancouver Island ►C 3

Wie ein großer Schutzschild liegt Vancouver Island vor Kanadas Südwestküste. Fast 500 km lang und bis zu 140 km breit, ist diese Insel die größte im westlichen Nordamerika. Über 95 % der gesamten Bevölkerung von rund 775 000 Einwohnern wohnen auf der klimatisch geschützten Ostseite der Insel und ca. 60 % davon im Ballungsraum um Victoria.

Victoria

Im Jahr 1843 war Fort Victoria als Handelsposten angelegt worden und die Insel wurde zur Kronkolonie erklärt. In den Verhandlungen mit den Amerikanern um die Grenzziehung am 49. Breitengrad erschien es sinnvoll, **Victoria** zur Hauptstadt zu machen (1871). Eine wirtschaftliche Blüte wie in Vancouver blieb aber wegen der fehlenden Anbindung zum Festland bis Ende der 1980er-Jahre aus. »Für Hochzeitsreisende, Rentner und zu dicke Leute geeignet«, lautete ein Spruch über Victoria (»Newly wed, nearly dead and overfed«).

Erst in den letzten Jahrzehnten hat sich Victoria zu dem entwickelt, was heute als charmantes britisches Ambiente wahrgenommen wird und Millionen Besucher anlockt. Da Bauland aber auch hier inzwischen teuer ist, werden bevorzugt Glaspaläste hochgezogen. Viele Wohlhabende z. B. aus Alberta haben sich in dieser warmen Region eingekauft und die rege Bautätigkeit lässt manches alte Haus verschwinden.

Victoria hat ein nahezu mediterranes Klima und gilt als wärmste Stadt Kanadas. Im Februar kann man mitunter Sonnenhungrige am Strand liegen sehen. Schneit es dann doch

einmal heftig, kommt der Verkehr binnen kurzer Zeit in der ganzen Stadt zum Erliegen.

Das Herz der Stadt bildet der **Inner Harbour,** dort stehen auch das ehrwürdige **Empress Hotel** (www.fairmont.com/empress-victoria), das 1908 seine Tore öffnete, und das 1898 erbaute **Parlamentsgebäude**. Das historische, gut restaurierte Einkaufsviertel mit schicken Boutiquen, Kaufhäusern, Galerien und vielen Restaurants schließt sich oberhalb von **Wharf Street** bis zur **Quadra Street** an.

Royal British Columbia Museum

675 Belleville St., Tel. 1-250-356-7226, http://royalbcmuseum.bc.ca, tgl. 10–18 Uhr, Erw. 5 $, Kin. unter 5 J. frei, Imax-Kino im Gebäude, https://imaxvictoria.com

Auch wenn es meist nicht regnet, ein Besuch im **Royal British Columbia Museum** ist durchaus empfehlenswert. Die Sammlungen zur Geschichte der Provinz und zur Natur der Küstenregion gelten als herausragend. Naturkundliche Themen, die Kulturen der die Insel bewohnenden Ureinwohner (First Nations) ebenso wie die Geschichte der Entdecker sind mit Nachbauten und Inszenierungen hervorragend visualisiert. Wechselausstellungen zu Kunst oder Geschichte ergänzen darüber hinaus das lebendige und sehr anschauliche Konzept des großen Museums.

Craigdarroch Castle

1050 Joan Crescent, Tel. 1-250-592-5323, www.thecastle.ca, Mi–So 10–16 Uhr, Erw. 20,60 $, Schüler ab 13 J. 14,80 $, Kin. 6–12 J. 10 $

Noch zu Fuß zu erreichen, aber abseits der Innenstadt von Victoria liegt im Rockland District mit schönen alten Villen und Gärten das **Craigdarroch Castle,** ein in den 1890er-Jahren im schottischen Burgenstil erbautes Herrenhaus, das viktorianisch eingerichtet ist. Vom Turm des Gebäudes hat man einen guten Blick sowohl auf die Stadt als auch den Hafen.

Infos

Visitor Centre: 812 Wharf St., Victoria, BC, V8W 1T3, Tel. 250-953-2033, www.tourismvictoria.com, hier sind Unterkünfte buchbar.

Butchart Gardens

21 km nördl. von Victoria, 800 Benvenuto Ave., Brentwood Bay, Tel. 250-652-4422, www.butchartgardens.com, ganzjährig geöffnet, Mitte Juni–Ende Sept. tgl. 9 Uhr bis Eintritt der Dunkelheit, die Preise variieren je nach Jahreszeit, im Sommer Erw. 38 $ inkl. Steuern online

Die **Butchart Gardens** zählen zu den schönsten Gartenanlagen Nordamerikas. Sie wurden um 1904 von Jennie, der Ehefrau des Zementfabrikanten Robert Butchart, im ehemaligen Steinbruch angelegt und sind noch heute in Familienbesitz. Das Gelände umfasst 22 ha und bietet unterschiedliche Themengärten, im Sommer schwelgt man in einem wahren Meer aus Farben. Allerdings nie allein.

Portland
Eureka
San Francisco

Kapitel 2

Oregon und Nordkalifornien

Hügelige Dünenlandschaften, riesige menschenleere Halbwüstengebiete und schneebedeckte Vulkankegel: Oregon zwischen Washington im Norden und Kalifornien im Süden ist ein Staat der Kontraste. Keine Verkaufssteuer, freundliche Menschen und eine gemächliche Gangart sind Kennzeichen einer Region, die besonders im Sommer auch ein beliebtes Reiseziel der Amerikaner ist.

Der Highway 101 verbindet an der Küste malerische kleine Fischerorte, touristische Zentren bis hin nach San Francisco und Naturparks. Heller oder dunkler Sandstrand, oft mit steilen Felsen, bildet die natürliche Grenze des Beaver State. Ein 50 km langes Dünengebiet, die Oregon Dunes National Recreation Area, weist bis zu 150 m hohe, goldgelbe Sandlandschaften auf, wohingegen sich an den Höhenzügen der Coast Range die Wolken abregnen.

Am Zusammenfluss von Willamette und Columbia River entstand Portland, heute Zentrum einer prosperierenden Region. Menschen aus den Metropolen Kaliforniens haben die Stadtkultur bereichert, sich aber auch deren Charakter angepasst. Man ist umweltbewusst in der Brückenstadt, stolz auf deren Liberalität und sehr traditionsbewusst, schließlich sind hier im Willamette Valley die ersten Siedler des Oregon Trail angekommen und haben das Land urbar gemacht. Gute Böden für den Weinbau finden sich am Willamette River.

Fernab von größeren Orten liegt inmitten der Berge der tiefblaue Crater Lake, Oregons einziger Nationalpark. Je weiter man sich Richtung Südosten bewegt, desto trockener, unwegsamer und unbesiedelter wird es. Fast wie eine Mondlandschaft muten manche Gebiete im Nordosten an. Das John Day Fossil Beds National Monument mit farbigen Felsformationen birgt Fossilien aus einer Zeit vor 65 000 Jahren.

Oregons Küste am Heceta Head Lighthouse

Auf einen Blick: Oregon und Nordkalifornien

Sehenswert

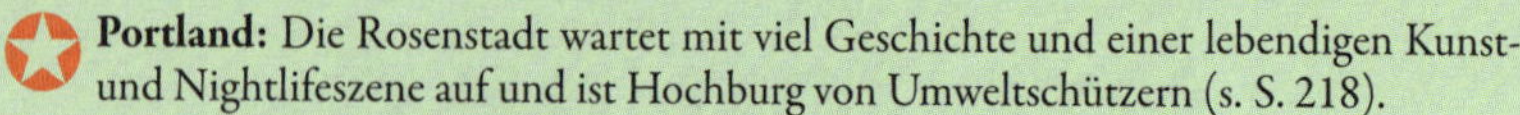

Portland: Die Rosenstadt wartet mit viel Geschichte und einer lebendigen Kunst- und Nightlifeszene auf und ist Hochburg von Umweltschützern (s. S. 218).

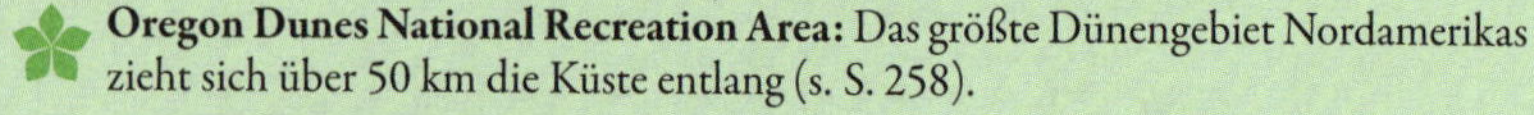

Oregon Dunes National Recreation Area: Das größte Dünengebiet Nordamerikas zieht sich über 50 km die Küste entlang (s. S. 258).

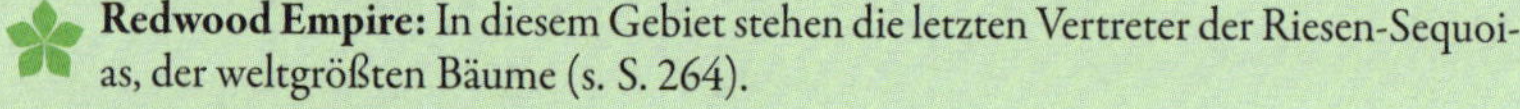

Redwood Empire: In diesem Gebiet stehen die letzten Vertreter der Riesen-Sequoias, der weltgrößten Bäume (s. S. 264).

San Francisco: Die Golden Gate Bridge ist das Eingangstor zur Stadt, die immer wieder fasziniert (s. S. 278).

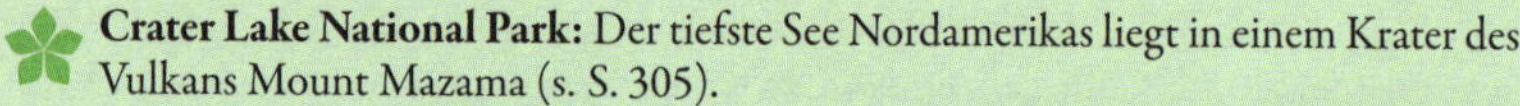

Crater Lake National Park: Der tiefste See Nordamerikas liegt in einem Krater des Vulkans Mount Mazama (s. S. 305).

Schöne Routen

Highway 101 von Astoria bis San Francisco: Man sollte mind. 4–5 Tage einplanen, um sich Cannon Beach, Newport und die Altstadt von Eureka anzusehen (s. S. 249).

Rim Drive um den Crater Lake: Die 50 km lange, kurvige Straße rund um den tiefblauen See bietet eindrucksvolle Aussichten auf die umliegenden Berge (s. S. 306).

Rogue-Umpqua Scenic Byway: Von Gold Hill über den Diamond Lake bis nach Roseburg – 270 km Natur pur. Die Route führt durch die Sky Lakes Wilderness und zum Umpqua River mit Wasserfällen und erkalteten Lavaströmen (s. S. 309).

Meine Tipps

Galeriebesuche in Portland: Im Pearl District in Portland haben sich zahlreiche Kunstgalerien angesiedelt, die vorwiegend moderne Künstler vertreten (s. S. 225).

Hausbootfahren auf dem Shasta Lake: Das riesige Seengebiet des Stausees ist ein Dorado für Fahrten mit den bequem zu steuernden Hausbooten (s. S. 272).

John Day Fossil Beds National Monument: Die Painted Hills in Oregons Osten leuchten in ungewöhnlichen Farben – reichlich Motive für Landschaftsfotografen (s. S. 316).

Astoria
Columbia
Golfen am Fluss
Kites am Strand von Lincoln City
Windsurfen auf dem Columbia River
Galeriebesuche
Lincoln City
Willamette
Portland
Newport
Salem
John Day
Fossil Beds N.M.
Oregon Dunes
National Recreation Area
OREGON
Columbia Plateau
Highway 101 von Astoria
im Norden bis San Francisco
Rim Drive um den Crater Lake
Roseburg
Crater Lake
National Park
Gold Hill
Roque-Umpqua Scenic Byway
Erkundung der Oregon Caves
Lakeview
Wandern unter Baumgiganten
Redwood Empire
Hausbootfahrten
Eureka
Redding
Susanville
Bend
Red Bluff
CALIFORNIA
NEVADA
Cummings
Willitis
Yuba City
Reno
Ukiah
Santa Rosa
Sacramento
Durch San Franciscos Reich der Mitte
San Francisco

Golfen am Fluss: Ein schöner öffentlicher Platz liegt nah am Columbia River (s. S. 227).

Windsurfen auf dem Columbia River: Der Gorge bei Hood River hat sich zum Windsurfer-Paradies entwickelt, weil die Winde über der Ausbuchtung des Flusses optimale Bedingungen bieten (s. S. 236).

Kites am Strand von Lincoln City: In der Hochburg der Kiter werden schöne Drachen gebaut und zum Fliegen gebracht (s. S. 254).

Wandern unter Baumgiganten im Redwood National Park: … zu den ältesten, größten Bäumen Nordamerikas (s. S. 266).

Durch San Franciscos Reich der Mitte: Mit Chinatown besitzt San Francisco eine der größten und buntesten chinesischen Gemeinden außerhalb Asiens (s. S. 280).

Erkundung der Oregon Caves: Die Tropfsteinhöhlen in den südlichen Siskiyou-Bergen bieten ein echtes Höhlenerlebnis (s. S. 308).

Portland und Umgebung

Manchmal haben jahrzehntelange wirtschaftlich schwache Zeiten auch ihre positiven Auswirkungen: Portland hat sich aus diesem Grund seinen Stadtkern aus dem 19. Jh. bewahrt und inzwischen mit gewachsenem historischem Bewusstsein restauriert. Im Willamette Valley fanden die ersten Siedler eine neue Heimat und bauten den Staat auf, heute sind die Weine aus diesem Gebiet bekannt und prämiert.

Die Deutschen haben zwar weltweit den Ruf, gutes Bier herzustellen, aber die an der Mündung des Willamette River in den Columbia River gelegene Hafenstadt Portland ist nicht minder ein Dorado für Bierliebhaber. Mehrere Festivals im Jahr zollen dem Geschmack des Bieres Respekt, mitunter sehr ausgefallenen Varianten wie Fruchtbieren ist im Juni sogar ein eigenes Fest gewidmet. Internationale Brauereien sind Ende Juni in der Stadt und im Juli sind alle amerikanischen Bierhersteller im Waterfront Park vertreten.

Es sind die kleinen *Microbreweries*, die den Ruf Portlands als Bierhauptstadt der USA begründet haben – hier gibt es mehr als 60 lokale Bierbrauereien. Verschiedenste Sorten Hopfen aus dem Willamette Valley südlich der Metropole, Gerste und reines Wasser haben seit einer Gesetzesänderung in den 1980er-Jahren dazu beigetragen, an eine alte Tradition aus den Anfangszeiten der Stadt anzuknüpfen und die unterschiedlichsten Biersorten herzustellen. Meist sind an die Brauereien Pubs angeschlossen und die Kellner erklären gern, welches Bier der Braumeister für den jeweiligen Tag oder das gewählte Essen empfiehlt.

Aber es ist nicht das Bier allein. Portland wirbt mit dem Slogan *City of Beer, Bridges, Books, Bikes and Blooms*, und von allem hat sie im Überfluss. Allein in der Innenstadt verbinden fünf sehr unterschiedliche Brücken die durch den Willamette River getrennten Stadtteile miteinander, insgesamt sind es in der Region zwölf. Für Bücherfreunde hat sich der riesige Laden »Powell's City of Books« zu einem Anziehungspunkt entwickelt, wo über 1 Mio. Bücher neu oder gebraucht in den Regalen stehen. Und es wird natürlich auch viel gelesen, in Cafés, auf Parkbänken oder den zahlreichen Grünflächen der Stadt sieht man immer wieder tief in Lesestoff versunkene Menschen.

Aber nicht nur deshalb hat Portland den Ruf, eine Stadt der Lebenskünstler und der Liberalität zu sein. Portlands politische Vertreter sind seit Jahrzehnten Demokraten und in der Stadt wird Umweltschutz großgeschrieben. In der Innenstadt gibt es spezielle Parkplätze für Elektrofahrzeuge, die (im Gegensatz zu normalen Pkw-Parkplätzen) kostenlos sind und wo ebenso kostenloser Strom zum Aufladen der Fahrzeuge zur Verfügung steht. Parkscheinautomaten werden hier mit Solarzellen betrieben und die akribisch aufeinander abgestimmten Ampelanlagen sollen helfen, jährlich fast 4 Mio. l Benzin zu sparen. Von Autofahren ›downtown‹ ist dennoch abzuraten, zu Fuß geht es schneller.

Rund 400 km an Radwegen sind ausgebaut und man ist stolz darauf, laut statistischem Büro der Regierung die US-Stadt mit dem höchsten Prozentsatz an Fahrradfahrern zu sein. Falls jemand doch einmal ein Auto benötigt: In Portland wurde 1998 die erste Carsharing-Organisation der USA auf die Beine gestellt; die Zahl der Mietstationen wächst stetig.

Geschichte

Wie so viele Orte in der Region ist auch Portland von den Siedlern gegründet worden, die auf dem Oregon Trail nach Westen kamen. Seit 1851 gibt es die Ansiedlung, um deren Namensgebung sich eine nette Anekdote rankt: Zwei Siedler, Francis Pettygrove aus Portland im Bundesstaat Maine und Asa Lovejoy aus Boston, warfen angeblich eine Münze und der aus Portland stammende Pettygrove gewann. Im Museum der Oregon Historical Society kann man übrigens den Penny bewundern, der der Stadt zu ihrem Namen verhalf.

Der Platz für die neue Stadt war perfekt gewählt, liegt sie doch an der Mündung des Willamette River in den Columbia River, und so entwickelte sich Portland zur führenden Hafenstadt der Region, speziell für die Holzwirtschaft. Man lieferte damals vorwiegend nach San Francisco und zu den Goldfeldern – und die Bevölkerung wuchs bis 1900 rasch auf ca. 90 000. Mit dem Ausbau der Häfen von Seattle und Vancouver geriet Portland Anfang des 20. Jh. ins Abseits und war landesweit mehr für die Korruption in der Stadtverwaltung bekannt als für ihre Prosperität.

Das bekannteste und älteste Festival der Stadt ist das »Portland Rose Festival« Ende Mai/Anfang Juni. Seit 1907 verwandelt sich inbesondere der Waterfront Park eine Woche lang in eine Bühne für Paraden, Konzerte, Feuerwerk und viele kleine und große Events. Rosen werden in Portland schon seit dem Ende des 19. Jh. gezüchtet. Der fruchtbare Boden und ein gemäßigtes Klima – insbesondere auch die milden Winter – ermöglichen eine große Vielfalt an Sorten. Offensichtlich war es eine gute Marketingidee der das Fest initiierenden Geschäftsleute vor über 100 Jahren, denn das Festival lockt alljährlich Hundertausende Besucher an. Basis dieses Spektakels ist der International Rose Test Garden im Washington Park. Dort werden seit mehreren Dekaden Rosen gezüchtet, inzwischen gibt es auch wieder Rückzüchtungen zu alten Sorten, die im benachbarten Shakespeare Garden bewundert werden können.

Bis in die 1980er-Jahre stagnierte der wirtschaftliche Aufschwung, was aus heutiger Sicht jedoch durchaus positive Auswirkungen hatte: Es zog viele Künstler und Freidenker aus San Francisco hierher, alte Häuser wurden nicht abgerissen und viele Straßenbaupläne konnten nicht realisiert werden. Inzwischen hat die Stadt einen guten Ruf wegen ihrer *smart growth* (behutsamen Wachstumspolitik). Dies beinhaltet z. B. die Wiederbelebung der historischen Gebäude, strenge Auflagen für die Nutzung von Farmland sowie für die Aufstellung von Reklametafeln. Heute leben in Portland ca. 640 000 Menschen und im Großraum ca. 2,2 Mio. Der Hafen ist wieder wirtschaftlich bedeutend, werden doch hier Im- und Exporte mit Asien abgewickelt. Zudem haben viele der Computergiganten Büros hier, sie sind durch die niedrigen Löhne in Oregon angelockt worden. Sportartikelhersteller wie Nike und Adidas-USA, Textilfirmen wie Columbia Sportwear und Jantzen sowie die Handelskette Fred Meyer haben ihren Hauptsitz in bzw. bei Portland. Oregons größte Universität, die Portland State University, mit ca. 26 000 Studenten hat ihren Campus im Süden der Stadt, zudem gibt es drei weitere private Unis und zahlreiche Colleges.

Downtown ▶ D 8

Cityplan: S. 220

Pioneer Courthouse Square und SW Broadway

Pioneer Courthouse Square 1

www.thesquarepdx.org, Visitor Information Center, Mo–Fr 8.30–17.30, Sa 10–16 Uhr

Spätestens wenn wieder einmal eine Liveband auftritt, ist jedem klar, wo sich der Mittelpunkt von Downtown Portland befindet: am **Pioneer Courthouse Square.** Rund 300 öffentliche Events finden jährlich an diesem Platz statt und die Stufen am nordöstlichen Ende bieten dann ganz bequeme Sitzplätze. Bis in die 1950er-Jahre stand hier ein

Portland

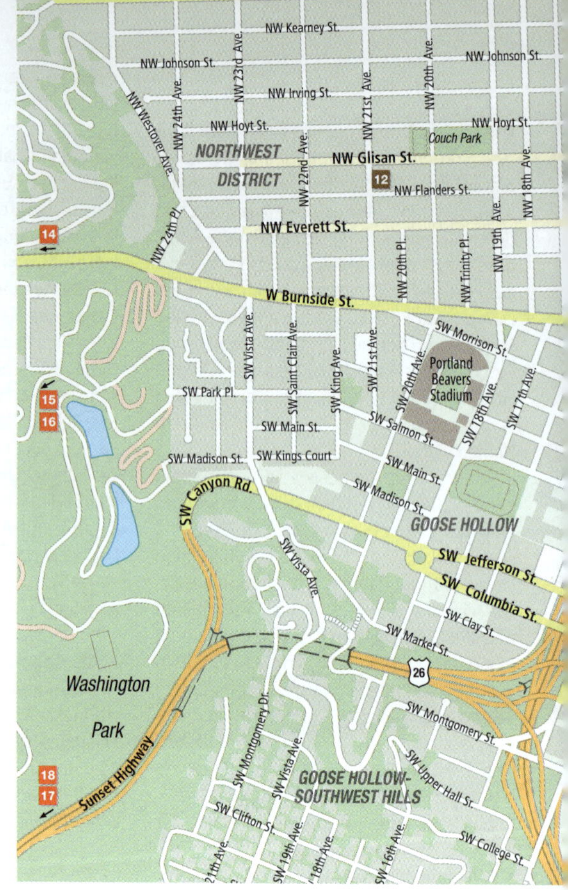

Sehenswert

1 Pioneer Courthouse Square
2 SW Broadway
3 Simon Benson House
4 Museum der Oregon Historical Society
5 Portland Art Museum (PAM)
6 Portland Building
7 Ira Keller Memorial Fountain
8 Tom McCall Waterfront Park
9 Skidmore Fountain
10 Japanese-American Historical Plaza
11 Lan Su Chinese Garden
12 Elizabeth Leach Gallery
13 Ecotrust
14 Pittock Mansion
15 International Rose Test Garden
16 Japanese Garden
17 Oregon Zoo
18 World Forestry Center – Discovery Museum
19 Oregon Museum of Science and Industry (OMSI)
20 The Grotto
21 NE Alberta Street
22 Oregon Convention Center

Übernachten

1 Heathman Hotel
2 Sentinel
3 The Mark Spencer Hotel
4 The Benson Hotel
5 Hotel Lucia
6 Paramount
7 Vintage Plaza
8 ACE
9 Doubletree Hotel
10 McMenamins Kennedy School
11 The Jupiter Hotel
12 Portland International Guesthouse

Essen & Trinken

1 Maurice
2 Stammtisch
3 Portland City Grill
4 Rock Bottom Restaurant & Brewery
5 Higgins Restaurant
6 Mama Mia Trattoria
7 Stumptown Roasters Downtown

Einkaufen

1 Voodoo Doughnut
2 Nordstrom
3 Powell's City of Books
4 Portland Saturday Market
5 Made in Oregon
6 Nike Community Store
7 Columbia Sportswear Factory Outlet Store

Abends & Nachts

1 10 Barrel Brewing
2 The Jack London Revue

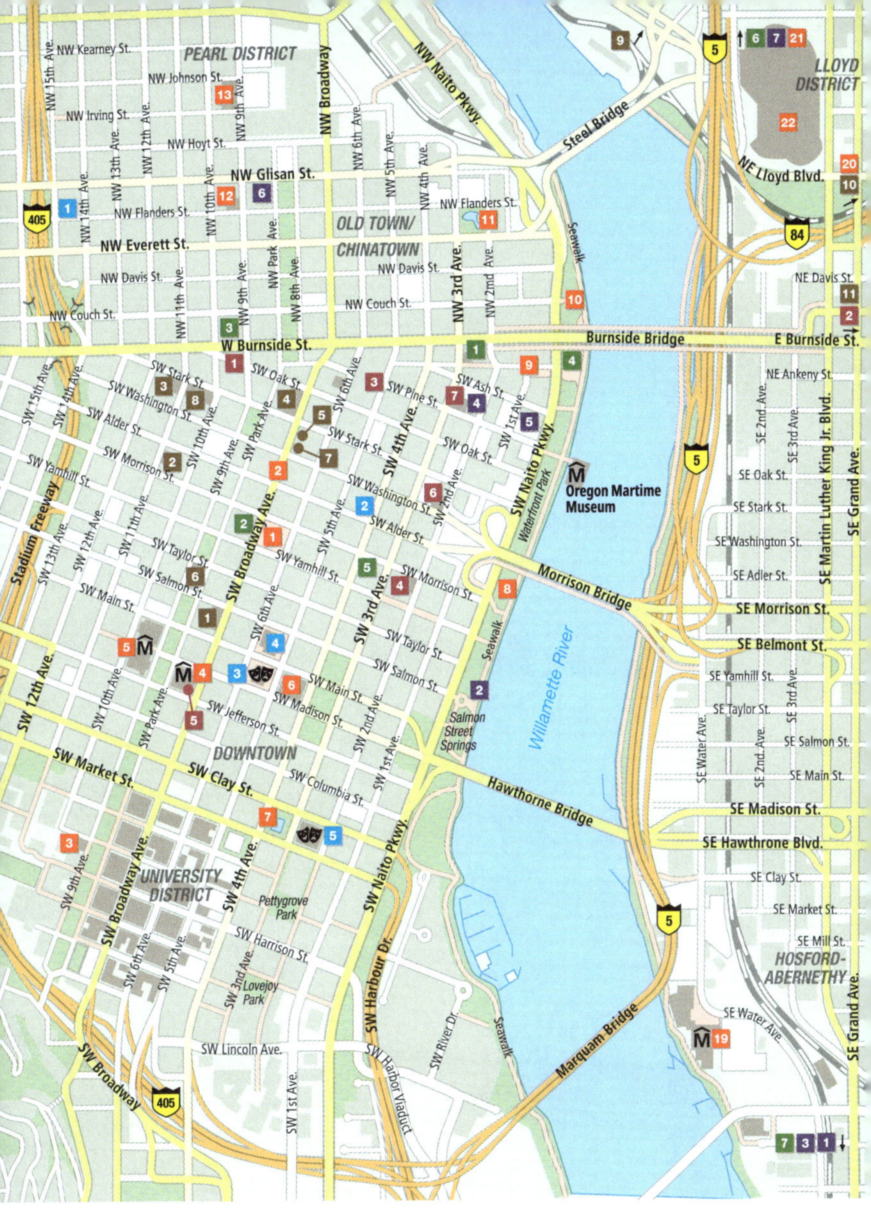

3	Antoinette Hartfield Hall – Portland Center for the Performing Arts
4	Arlene Schnitzer Concert Hall
5	Keller Auditorium

Aktiv

1	Eco Shuttle
2	Portland Spirit River Cruises
3	Eco Tours of Oregon
4	Pedal Bike Tours
5	Waterfront Bicycles
6	Bicycle Transportation Alliance
7	Heron Lakes Golf Course

PORTLAND
PORTLAND
LITERARY ARTS 30TH BIRTHDAY
ELIZABETH GILBERT & CALVIN TRILLIN
SEPTEMBER 8 2014
ARLENE SCHNITZER CONCERT HALL

Hotel, dann wurde aus der freien Fläche ein großer Parkplatz. Vorausblickende Stadtplanung ließ 1984 den großzügig gestalteten Platz entstehen, wo man sich ausruhen, an einem der Art-déco-Wasserspender etwas trinken oder wohin man einen Kaffee mitnehmen kann. Auch das **Visitor Center** befindet sich dort. Die Bronzestatue eines Mannes mit Regenschirm nimmt das durchschnittlich doch etwas regnerische Wetter auf die Schippe, noch besser kann das »The Weathervane« in der Mitte des Platzes. An warmen Tagen erscheint in der Wettermaschine mittags eine mürrische Sonne, bei Sturm ein grollender Drache und bei Regen ein gelassener Graureiher. Mithilfe von Fördermitgliedern, deren Namen auf den Ziegelsteinen verewigt wurden – darunter auch Jesus Christus und William Shakespeare –, konnte der Platz nach und nach restauriert werden.

SW Broadway 2

Der **SW Broadway** ist ein schönes Beispiel für eine gelungene Verbindung historischer Bauten und moderner Architektur. Die neuen Häuser fügen sich harmonisch in die Reihe der Ende des 19. Jh. erbauten Bürogebäude und Hotels ein. Viele kleine Geschäfte, Kinos, das Portland Center for the Performing Arts (s. S. 232) und jede Menge Restaurants und Coffeeshops tragen zur quirligen Atmosphäre dieses Boulevards bei.

South Park Blocks und Umgebung

Das Viertel, das sich südwestlich vom Broadway erstreckt, heißt **University District,** dort ist die **Portland State University** zu Hause. Bis zu ihrem Campus zieht sich der **South Park Blocks,** eine mit vielen Ulmen bestückte Grünfläche, die sich über sechs Blocks als Oase der Ruhe inmitten der lebendigen Stadt anbietet. Samstags findet hier von 8.30 bis 14 Uhr ein **Farmers Market** statt, wo überwiegend Produkte aus dem Umland verkauft werden (www.portlandfarmersmarket.org).

Außen klassisch amerikanischer Stil, innen klassische Musik – in der Arlene Schnitzer Concert Hall spielt die Oregon Symphony

Simon Benson House 3

1803 SW Park, www.pdx.edu/alumni, Mo–Fr 9–17 Uhr

Bereits zum Campusgelände gehört das **Simon-Benson-House,** Sitz der Besucherinformation der Universität. Das 1900 errichtete Queen-Anne-Gebäude des Holzbarons Simon Benson stand ursprünglich an der 11th Street und wurde im Jahr 2000 an seinen neuen Standort versetzt.

Museum der Oregon Historical Society 4

1200 SW Park Ave., Tel. 503-222-1741, www.ohs.org, Mo–Sa 10–17, So 12–17 Uhr, Erw. 11 $, Kin. 6–18 J. 5 $

Das **Museum der Oregon Historical Society** liegt am Parkrand und ist einen Besuch wert wegen seiner Vielfalt an alltagsgeschichtlichen Exponaten. Neben der permanenten Ausstellung gibt es Wechselausstellungen, z. B. zum Zweiten Weltkrieg oder zur geologischen Entwicklung Oregons.

Portland Art Museum (PAM) 5

1219 SW Park Ave., Tel. 503-226-2811, http://portlandartmuseum.org, Di, Mi, Sa, So 10–17, Do, Fr 10–20 Uhr, Erw. 20 $

Auf der westlichen Seite des Parks befindet sich das **Portland Art Museum (PAM),** das älteste seiner Art an der Westküste, gegründet 1892. Die Sammlung umfasst heute Werke europäischer Künstler wie van Gogh und Picasso, italienische Meister der Renaissance und französische Impressionisten sowie Arbeiten amerikanischer Maler und Bildhauer. Bemerkenswerter sind allerdings die Masken, der Schmuck und die Totempfähle indianischer Künstler. Mehr als 5000 sowohl moderne Stücke als auch historische Artefakte bewahrt das Museum. Wechselausstellungen mit sehr unterschiedlichen Ausrichtungen ergänzen das breite Repertoire dieser Kulturinstitution. Der Altbau aus dem Jahr 1932 stammt von Pietro Belluschi, einem der renommiertesten Architekten der Stadt. 1991 wurde der benachbarte **Masonic Temple** dazugekauft; im nun **Mark Building** genannten Gebäude befinden sich neben der modernen Kunst auch eine Bibliothek und das Filmcenter.

Vom Portland Building zum Willamette River

Portland Building 6

1120 S W 5th Ave.

Eines der ersten postmodernen Gebäude der Stadt ist das 1982 von Michael Graves konstruierte **Portland Building,** ein Bürohaus der Stadtverwaltung. Bemerkenswert daran ist u.a. die über dem Eingang angebrachte **Skulptur der Portlandia.** Nach der Freiheitsgöttin in New York ist sie mit 11 m Höhe die zweitgrößte Kupferstatue in den USA.

Das Gebäude wurde aufwendig restauriert und erreicht nun den Gold-Standard in Bezug auf nachhaltiges und umweltgerechtes Bauen. Zudem wurde es erdbebensicher gemacht. Eine Besichtigung ist möglich.

Ira Keller Memorial Fountain 7

Der 1970 fertiggestellte und von Landschaftsarchitekt Lawrence Halprin entworfene Brunnen ehrt den Unternehmer und Politiker Ira C. Keller (1899–1978). Die Anlage erinnert an Wasserfälle in der freien Natur. Heute ist der Brunnen ein Wahrzeichen von Portland und gilt international als gelungenes Beispiel für die Gestaltung öffentlicher Plätze.

Keller Auditorium 5

222 SW Clay St., www.portland5.com/keller-auditorium

Das nach Richard B. Keller, einem Sponsor, benannte Auditorium gegenüber der Brunnenanlage steht für kulturelle Veranstaltungen aller Art zur Verfügung; u.a. gastiert die Portland Oper (www.portlandopera.org) in diesem Teil des Portland Center for the Performing Arts mit immerhin 3000 Plätzen.

Tom McCall Waterfront Park 8

Nicht nur an schönen Tagen treffen sich viele Einheimische auf der mehr als 2 km langen Promenade **Westside Riverwalk** und im **Tom McCall Waterfront Park** entlang des Willamette River. Mit Blick auf die fünf Brücken, die man bis zur Biegung des Flusses Richtung Westen sehen kann, erschließt sich auf diesem Walkway viel vom spezifischen Charakter der Stadt. Im Jahr 1984 wurde der Park zu Ehren des 30. Gouverneurs von Oregon, Tom McCall (1913–1983), umbenannt. McCall hat während seiner Amtszeit von 1967 bis 1975 zahlreiche Umweltschutzgesetze eingeführt und er war berühmt dafür, potenzielle Neubürger abzuschrecken, was nicht zuletzt folgende in einem Interview geäußerte Aufforderung zum Ausdruck bringt: »Come visit us again and again. This is a state of excitement. But for heaven's sake, don't move here to live.«

Eine Kuriosität ist der **Mills End Park** an der Ecke Naito Parkway und SW Taylor Street. Er hat einen Durchmesser von lediglich 60 cm und befindet sich auf einer Verkehrsinsel; die ›Größe‹ brachte ihn ins Guinness-Buch der Rekorde. Eigentlich hatte man 1946 geplant, an der Stelle eine Ampel zu errichten, als aber nichts geschah und Unkraut den Flecken überwucherte, pflanzte der Journalist Dick Fagan hier Blumen an, nannte das Beet Mills End Park und schrieb bis zu seinem Tod 1969 regelmäßig eine Kolumne darüber. Seit 1976 ist das kleine Beet ein ›Stadtpark‹.

Sehr beliebt bei den Kindern sind die nahe gelegenen **Salmon Street Springs,** ein Brunnen, unter dessen Fontänen man sich bei warmem Wetter wunderbar abkühlen kann.

Old Town und Chinatown

Zwischen der Morrison- und der Broadway-Brücke in Portlands Norden erstreckt sich bis zur 6th Avenue das Viertel **Old Town,** der Geburtsort Portlands im Jahr 1843. Dieses Gebiet wurde sehr häufig überflutet, und als 1883 hier noch die Eisenbahntrasse gebaut wurde, verlagerte sich das Stadtzentrum Richtung Westen; für Old Town begann der soziale Abstieg. Heute hat sich dort eine lebendige Klubszene etabliert und manche dieser Klubs befinden sich in den alten Häusern, die nicht der Abrissbirne zum Opfer gefallen sind.

Für Freunde ausgefallenen Kunsthandwerks lohnt sich am Wochenende der Besuch des **Portland Saturday Market** 4. Er findet samstags von 10 bis 17 Uhr statt und erstreckt sich von der Burnside Bridge bis zur 2nd Avenue. Mit mehr als 300 Händlern ist er einer der größten Freiluftmärkte der gesamten USA; die Bandbreite von Holzarbeiten über Schmuck bis zu jeder Menge Kitsch ist schon beeindruckend (www.portlandsaturdaymarket.com).

An der Ecke 1st Avenue und Ankeny Street stößt man unweigerlich auf den **Skidmore Fountain** 9, der 1888 europäische Eleganz nach Portland bringen sollte, aber auch dem Zweck diente, *men, dogs and horses* zu tränken, wie es bei der Eröffnungszeremonie hieß.

Nördlich der Burnside Bridge befindet sich die **Japanese-American Historical Plaza** 10. Sie ist den japanischen Amerikanern gewidmet, die während des Zweiten Weltkriegs in Sammelcamps interniert worden waren (2 NW Naito Parkway).

Ein paar Blocks weiter an der Ecke 4th Avenue steht das **Chinatown Gate** mit seinen 64 Drachen, dort beginnt die alte Chinatown. In den 1860er-Jahren lebten hier nur einige Hundert Menschen aus dem Reich der Mitte, die Bevölkerung wuchs bis zur Jahrhundertwende aber auf bis zu 10 000 Menschen an. Wohlhabendere chinesische Amerikaner leben inzwischen überwiegend in den östlichen Bezirken von Portland. Heute sind in den Straßen bis zur Glisan Street im Norden zahlreiche preiswerte kleine Restaurants und Bars zu finden.

Lan Su Chinese Garden 11

239 NW Everett St., https://lansugarden.org, April–Okt. tgl. 9–18, Nov.–März 10–17 Uhr, Erw. 10 $

Nach dem Vorbild der als klassisch geltenden Gärten der Ming-Dynastie ist der Lan Su Chinese Garden angelegt, ein Kleinod mit einer Fläche von 37 000 m². Die Gartenanlage mit einem See und verschiedenen Pavillons lädt zum Spazierengehen ein.

PORTLAND PER RAD

In Portland gehört Radfahren zum Lebensstil – hier findet man die meisten Radler pro Einwohner aller amerikanischen Städte. So ist es wohl auch kein Wunder, dass der **Coffeeshop Fresh Pot** (724 SW Washington St., www.thefreshpot.com) 25 Stühle und 26 Abstellstangen für Fahrräder anbietet. Wer nicht selber radeln mag, mit der **Fahrradrikscha** kommt man überall hin, auch zum World Naked Bike Ride, der Ende Juli stattfindet.

Pearl District ▸ D 8

Cityplan: S. 220
www.travelportland.com/neighborhoods/pearl-district

Zwischen 8th Avenue und NW Park Avenue liegt das Pendant zum Park im Süden, die **North Park Blocks,** ebenfalls eine Oase der Ruhe. Sie bilden die Grenze zum Pearl District, einem Stadtteil, der sich, einst ziemlich heruntergekommen, inzwischen zum *modern village* entwickelt hat. Die überwiegend jungen Besserverdiener, die sich die neuen Apartments leisten können, sind offenbar eine gute Klientel für die vielen **Galerien,** die sich hier angesiedelt haben. Die Mischung aus urbanem Leben und Gemütlichkeit, gepaart mit einem offenen Geist für Neues und dem nötigen Kleingeld, ist der richtige Platz für anspruchsvolle moderne Kunst.

Elizabeth Leach Gallery 12

417 NW 9th Ave., Tel. 503-224-0521, www.elizabethleach.com, Di–Sa 10.30–17.30 Uhr
Eine der größeren Galerien befindet sich in diesem Stadtteil: Die **Elizabeth Leach Gallery** vertritt viele bekannte Künstler der USA, u. a. Wolf Kahn, Christopher Rauschenberg und Joel Shapiro.

Ecotrust 13

721 NW 9th Ave., www.ecotrust.org/ncc
Umweltbewusste Menschen werden nicht am Zentrum der Umweltorganisation **Ecotrust** vorbeikommen, das sich im Jean Vollum Natural Capital Center befindet. Das Gebäude von 1895 wurde komplett mit nachhaltig produzierten Baumaterialien saniert und mit einem ›grünen‹ Dach versehen. Neben Infos gibt es hier auch einen riesigen Laden für Outdoor-Kleidung.

Westlich der Interstate 405 ▶D 8

Cityplan: S. 220

Northwest District

Die Interstate 405 trennt den westlich des Willamette River gelegenen Teil der Stadt nochmals in zwei Teile. Am südlichen Rand des Nordwest District liegt das Pittock Mansion.

Pittock Mansion 14

3229 NW Pittock Dr., Tel. 503-823-3623, www.pittockmansion.org, Juni–Anfang Sept. 10–17, Di ab 12 Uhr, Erw. 14,50 $, Kin. (6–18 J.) 10,50 $
Das 1914 errichtete ehemalige Privathaus des Zeitungsverlegers Henry Pittock wird von der Stadt Portland heute als Museum und Veranstaltungsort genutzt. Die Villa mit ihren 22 Zimmern zeigt den Erfolg des 1853 als junger Mann nach Portland gekommenen Henry, der 1860 die Zeitung Weekly Oregon übernahm und sie als Tagesblatt herausgab. Türkisches, englisches und französisches Design bestimmt den Charakter der Innengestaltung, die Baumaterialien sollen allerdings komplett nur aus Oregon gekommen sein. Modernste Entwicklungen der damaligen Technik wurden berücksichtigt, so gab es beispielsweise eine hausinterne Telefonanlage, Duschen mit mehreren Duschköpfen und ein zentrales Staubsaugsystem. Garagen fehlten ebenso wenig wie ein Gewächshaus und ein großer Garten mit fantastischem Blick auf die Stadt. Im Garten darf man heute picknicken.

Washington Park

Der berühmteste unter den zahlreichen Parks der Stadt ist der **Washington Park,** der sich auf 497 ha zwischen der West Burnside Road und dem Sunside Highway auf den Höhenzügen oberhalb von Portland erstreckt. Eine ganze Reihe interessanter Ziele befindet sich auf diesem Gelände. Seit 2004 steht dort u. a. das **Oregon Holocaust Memorial** zur Erinnerung an die ermordeten Juden in Europa.

International Rose Test Garden 15

400 SW Kingston Ave., www.portland.gov/parks/washington-park-international-rose-test-garden, tgl. 5–22 Uhr
Für Rosenfreunde ein Muss ist der **International Rose Test Garden** am Rose Garden Way nördlich des Zoos. Auf 2 ha stehen hier über 8000 Pflanzen und mehr als 500 Rosenarten. Auf dem Gelände werden auch Rosen gezüchtet. Die Portländer Rosengesellschaft gibt es seit den 1880er-Jahren, den Garten seit 1917.

Japanese Garden 16

611 SW Kingston Ave., Tel. 503-223-1321, www.japanesegarden.com, Mi–Mo 10–16.30 Uhr, Erw. 19,95 $, Kin. (6–17 J.) 13,95 $
Der Japanische Garten besteht eigentlich aus acht verschiedenen Gärten bzw. Landschaften. Auf mehr als 2 ha finden sich u. a. ein klassischer Steingarten mit einem traditionellen japanischen Teehaus. Portland und Sapporo

GOLFEN AM FLUSS

Tour-Infos

Anfahrt: Von Downtown Portland über die Interstate 405 oder die Interstate 5 Richtung Norden, Ausfahrt 307 zum Marine Drive Richtung Delta Park, von dort rechts zum Victory Blvd., ungefähr 13 km.

Adresse: Heron Lakes Golf Course, 3500 N Victory Blvd., Tel. 503-289-1818, www.heronlakesgolf.com.

Kosten: Trainingseinheit 2 Std. 50 $. Greenfees 26–42 $, Schläger und Cart können geliehen werden, Preis auf Anfrage.

Golfen ist in den USA ein Volkssport. Das merkt man schon an der Anzahl der Golfplätze, auch Oregon wartet mit über 200 Plätzen auf (www.exploreoregongolf.com). Viele sind *public* oder *municipal,* d. h. man kann sie auch benutzen, ohne Mitglied im Klub zu sein. Wegen des Ausleihens von Equipment sollte man als Reisender gegebenenfalls die Website www.publicgolfcourses.net (> Oregon) konsultieren.

Ein besonders attraktiver Golfplatz in der Umgebung von Portland, etwa 20 Autominuten von der Innenstadt, ist der **Heron Lakes Golf Course** 7 mit seinem abwechslungsreichen Gelände unweit des Columbia River. Die beiden Parcours – Great Blue und Green Back – haben jeweils 18 Löcher; beide gelten als anspruchsvoll mit ihren kleinen Baumgruppen, den vielen Teichen und Sandbunkern.

Absolute Anfänger beginnen ihre Lehrstunde allein oder mit einem Trainer an der Abschlagstation. Dort geht es zunächst darum, ein Gefühl für den Ball zu bekommen und ihn in die gewünschte Richtung schlagen zu lernen. Wer sein Spiel auffrischen möchte, arrangiert am besten eine Übungseinheit mit Trainer Jerry Olson, der nicht nur viele nützliche Tipps geben kann, sondern auch mithilfe einer Videokamera die Bewegungen aufzeichnet. Die Analyse der Bilder zeigt einem anschaulich, wie schon die kleinste falsche Bewegung dem Ball eine Drehung gibt und ihn weit entfernt von dem avisierten Ziel landen lässt. Im Clubhouse kommt auch ein Tourist schnell mit den Stammspielern ins Gespräch.

sind Schwesterstädte, die Gärten, 1967 eröffnet, mithin Ausdruck davon. Eine große Wasseranlage mit ca 50 Kois lockt zahlreiche Besucher an.

Oregon Zoo 17

4001 SW Canyon Rd. (Anfahrt per MAX Light Rail nach Beaverton), Tel. 503-226-1561/-0, www.oregonzoo.org, Erw. 24 $ (ab 12 J.), Kin. (2–11 J.) 19 $

Im Washington Park ist auf einer Fläche von 64 ha der **Oregon Zoo** angesiedelt. Er ist vor allem bekannt wegen seiner neu geschaffenen Lebenswelten für die verschiedenen Bewohner des Zoos. Insgesamt leben auf dem Gelände Exemplare von mehr als 200 Tierarten – von Hasen über Lemuren bis zu Giraffen kann hier alles beobachtet werden. Im Sommer werden im Zoo auch **Konzerte** veranstaltet.

World Forestry Center – Discovery Museum 18

4033 SW Canyon Rd., Tel. 503-228-1367, www.worldforestry.org, Mi–So 11–16 Uhr, Eintritt für alle 5 $

Das **World Forestry Center** ist eine Forschungsstation zum Thema Wald mit dazugehörigem Museum. Hier kann man alles Wissenswerte über das Biotop Wald, unterschiedliche Hölzer und deren Eigenschaften erfahren. So wird z. B. der Lebenszyklus eines Baums vom Samen bis zur Verarbeitung als Möbelstück dargestellt oder die Herstellung von Papier veranschaulicht.

Östlich vom Willamette River – Eastside ▶D 8

Cityplan: S. 220

Oregon Museum of Science and Industry (OMSI) 19

1945 SE Water Ave., Tel. 503-797-4000, https://omsi.edu/, tgl. 9.30–17.30 Uhr, Museum Erw. 16 $, zu Fuß von Downtown über die Hawthorne Bridge zu erreichen, ca. 20 Min. vom Waterfront Park

In den USA legt man großen Wert darauf, Kinder schon frühzeitig mit Naturwissenschaften und Technik vertraut zu machen. So ist auch das **Oregon Museum of Science and Industry (OMSI)** ein Technikmuseum zum Anfassen, Ausprobieren und Erfahrungensammeln. Ein Planetarium findet sich hier, eine Weltraumkapsel und ein U-Boot, mit dem auch Touren gefahren werden.

The Grotto 20

Zugang NE 85th Ave. und Sandy Blvd, Tel. 503-254-7371, https://thegrotto.org, ganzjährig geöffnet

Die aus dem Basaltstein geschlagene, in einen botanischen Garten eingebettete Grotte ist ein katholisches ›Heiligtum‹ (Sanktuarium) mit einer Replik von Michelangelos Pietà. Die Fahrt mit dem Fahrstuhl hinauf auf den Felsen lohnt sich wegen des Panoramablicks.

NE Alberta Street 21

www.albertamainst.org

Früher zählte die **NE Alberta Street** zu den gefährlichsten Ecken Ost-Portlands. Heute ist sie eine angesagte Straße der Kultur- und Kunstszene. Über die zahlreichen öffentlichen Aktivitäten informiert die Website.

Infos

Visitor Center: 701 SW 6th Ave., Eingang am Pioneer Square, Tel. 503-275-8355 oder 1-877-678-5263, www.travelportland.com, Mo–Fr 8.30–17.30, Sa 10–16, im Sommer zusätzlich So 10–14 Uhr.

Übernachten

Bei Großveranstaltungen im Convention Center kann es schwierig sein, ein Zimmer zu bekommen. Es ist stets sinnvoll, auch in den teureren Hotels nach Wochenendrabatten zu fragen. Portland hat im Sommer noch nicht so viele Touristen wie Seattle, dennoch ist eine Vorausbuchung ratsam.

Stilvolles, luxuriöses Haus – **Heathman Hotel** 1: 1001 SW Broadway, Tel. 503-241-4100 o. 800-551-0011, http://portland.heathmanhotel.com. 150 moderne und große Zimmer in einem Hotel von 1927, Foyer im Art-déco-Stil. €€€

Modernes Ambiente – **Sentinel** 2: 614 SW 11th Ave., Tel. 503-224-3400 oder 1-888-246-5631, www.sentinelhotel.com. Das älteste Hotel in Portland (1909) ist elegant und frisch renoviert mit modernen, großen Zimmern. Im dazugehörenden Restaurant Jake's Grill befindet sich ein riesiges Wandgemälde über die Lewis-&-Clark-Expedition. €€€

Zimmer mit Kitchenette – **The Mark Spencer Hotel** 3: 409 SW 11th Ave., Tel. 503-224-3293 oder 1-800-548-3934, www.markspencer.com. 101 Zimmer in einem Gebäude von 1907, stilvoll renoviert, alle unterschiedlich eingerichtet, zumeist mit Küche und Essbereich. Ein ADAC-Ausweis verschafft Rabatt. €€€

Historisches Gebäude – **The Benson Hotel 4 :** 309 SW Broadway, Tel. 503-228-2000, www.bensonhotel.com. 2022 für besondere Sauberkeit ausgezeichnet. 1912 von einem Holzbaron erbautes Luxushotel, an Holzschnitzereien wurde nicht gespart, Tiere erlaubt. €€€

Minimalistischer Stil – **Hotel Lucia 5 :** 400 SW Broadway, Tel. 503-225-1717, www.hotellucia.com. Frisch renoviert, überaus sparsam möbliert, sehr funktional und manche Zimmer etwas klein. Gehört zu den Provenance Hotels. €€€

Großzügige Zimmer – **Paramount 6 :** 808 SW Taylor St., Tel. 503-223-9900 oder 1-800-426-0670, www.portlandparamount.com. 15-stöckiges, neoklassizistisches Boutiquehotel mit 154 Zimmern, modern eingerichtet. €€€

Boutiquehotel – **Vintage Plaza 7 :** 422 SW Broadway, Tel. 503-228-1212 oder 1-800-263-2305, www.hotelvintage-portland.com. Das zur Kimpton-Kette gehörende Boutiquehotel hat 117 große Zimmer im Toskana-Stil. Kimpton betreibt Häuser in San Francisco, Seattle und Vancouver BC, günstige Paketpreise für mehrere Übernachtungen, Tiere erlaubt. €€€

Junges Publikum – **ACE 8 :** 1022 SW Stark St., Tel. 503-228-2277, www.acehotel.com. In Seattle ist das minimalistische Konzept von ACE gut angekommen, nun gibt es ein solches Hotel auch in Portland. Unterschiedlich gestaltete Zimmer, von denen nicht alle ein eigenes Bad haben. €€€

Moderne Zimmer – **Doubletree Hotel 9 :** 1000 NE Multnomah St., Tel. 503-281-6111, http://doubletree1.hilton.com. Das Ketten-Hotel in zwei Hochhaustürmen hat 476 großzügige Zimmer mit Ausblick auf Downtown oder das Gebirge. Es gibt noch zwei weitere, etwas günstigere Hotels der Kette, beide liegen außerhalb. €€€

Eigenwillig, im alten Schulhaus – **McMenamins Kennedy School 10 :** 5736 NE 33rd Ave., Tel. 503-249-3983 oder 888-249-3983, www.mcmenamins.com/kennedy-school. In einem Schulhaus von 1915 schlafen, dazu noch die originalen Kreidetafeln, das mag Erinnerungen wachrufen. Außerdem gibt es ein Kino auf dem Gelände; dort zeigt man Filme, die eher nicht im Cinemax laufen. Die 35 Zimmer sind einfach, aber geschmackvoll eingerichtet und haben Atmosphäre. €€€

HOTELS UND SHOPPING IM LLOYD DISTRICT

Im **Lloyd District** befindet sich das **Oregon Convention Center 22 ,** das größte Kongresszentrum von Oregon. In seiner Umgebung gibt es zahlreiche Hotels und Einkaufsmöglichkeiten, z. B. Crowne Plaza Hotel (www.cpportland.com), Courtyard by Marriott Hotel (www.marriott.com), das Quality Inn (www.qualityinnportland.com), das Econo Lodge Convention Center Hotel (www.choicehotels.com/oregon/portland/econo-lodge-hotels/or037), die schlichte Eastside Lodge (www.eastsidelodge.com) sowie das Doubletree Hotel (www.doubletreeportland.com). Letzteres zeichnet sich durch sein Umweltengagement aus; das Hotel hat als erstes an der Westküste die Standards von *Green Seal* (www.greenseal.org) erreicht und ist zertifiziert.

Designhotel mit jungem Publikum – **The Jupiter Hotel 11 :** 800 E Burnside St., Tel. 503-230-9200 oder 877-800-0004, www.jupiterhotel.com. Ungewöhnliches, sehr modernistisches Hotel mit Innenterrasse, Bar & Lounge, oft Livebands, bei jungen Leuten angesagt. €€€

Privat-Haus – **Portland International Guesthouse 12 :** 2185 NW Flanders Street, Tel. 503-224-0500, www.pdxguesthouse.com. Privates Wohnhaus mit 6 Zimmern in einer ruhigen Wohngegend außerhalb von Downtown, preiswert u. begehrt, geteilte Badezimmer. €€

Essen & Trinken

West-Coast-Küche – **Jake's Grill:** im Hotel Sentinel 3: 611 S.W. 10th Ave., Tel. 503-220-1850, www.jakesgrill.com, Mo–Do 12–21, Fr 12–22, Sa 10–22, So 10–16 Uhr. Gute *West Coast Cuisine* der McCormick-Schmicks-Kette. Ab 30 $, Alaska-Heilbutt 37 $.

Klein, aber oho – **Maurice** 1: 921 SW Oak St., Tel. 503-208-4177, https://mauricepdx.com, Do–So Lunch ab 12.30, Fr, Sa Dinner ab 19 Uhr. Französisch-norwegischer ›Imbiss‹ mit Anspruch. Unbedingt reservieren, sehr klein. Menü mit 7 Gängen 85 $.

Deutsche Küche – **Stammtisch** 2: 401 NE 28th Ave., Tel. 503-206-7983, www.stammtischpdx.com. Mo–Do 15–1.30, Fr ab 11.30, Sa, So ab 11 Uhr. In erster Linie geht es hier ums Bier – an die 30 Sorten deutscher Biere stehen zur Auswahl. Dazu sollte man aber auch etwas essen, z. B. einen Brotzeit-Teller oder Maultaschen, aber es gibt auch Schweinshaxen, Sauerbraten, Backhendl und Wiener Schnitzel. Ab 20 $ für große Gerichte.

Essen mit Aussicht – **Portland City Grill** 3: 111 SW 5th Ave., Tel. 503-450-0030, https://portlandcitygrill.com. Im 30. Stock hat man den Überblick, dazu Fleisch und Fisch mit Nordwest- und asiatischen Einflüssen zubereitet. Sushi steht auch auf der Speisekarte. Hauptgerichte um 30 $.

Brauerei & amerikanische Kneipe – **Rock Bottom Restaurant & Brewery** 4: 206 SW Morrison St., Tel. 503-796-2739, www.rockbottom.com, ab 11 Uhr geöffnet. Brauereikette mit fast 100 Sorten Bier, Hamburgern und Steaks, bei gutem Wetter auch Tische an der Straße, guter Service, ggf. wartet man kurze Zeit auf einen Tisch, zur Benachrichtigung bekommt man einen Pager. Hamburger um 10 $, Steaks um 20 $.

Der Mittagsimbiss im Freien ist auch in Portland Kult

Klassische West-Coast-Küche – **Higgins Restaurant 5: 1239** SW Broadway, Tel. 503-222-9070, http://higginsportland.com, Mo–Fr 11.30–24, Sa, So 16–24, Bistro Mo–Fr 11.30–24, Sa 16–2.30, So 16–24 Uhr. Restaurant und großes Bistro auf drei Ebenen, französisch-italienische Küche, vorwiegend lokale und ganz frische Zutaten, wechselnde Menüs. Sandwich mit hausgemachter Pastrami 12 $, Hauptgänge zum Lunch ab 13 $, Dinner teurer.

Italienisch – **Mama Mia Trattoria 6:** 439 SW 2nd Ave., Tel. 503-295-6464, http://mamamia trattoria.com, tgl. 11–21 Uhr. Es wird traditionelle Küche in großen Portionen angeboten, Pasta ab 12 $.

Coffeeshop & Bar – **Stumptown Roasters Downtown 7:** 128 SW 3rd Ave., Tel. 503-295-6144, http://stumptowncoffee.com. Eine wachsende lokale Kaffeerösterei mit sieben Standorten in Portland, Seattle, New York und Los Angeles (einer ist im ACE-Hotel, s. S. 229, dort gibt's auch Wein und Bier). Einige Läden sind schon ab 6 Uhr geöffnet, sonst ab 7 Uhr fürs kleine Frühstück mit Gebäck. Um 8 $.

Essen mobil – **Food-Trucks:** Rund 600 bewegliche Küchen sind in Portland unterwegs, viele gruppieren sich mittags zu mehreren Anbietern *(pods)*, zu finden über: www.travel portland.com/culture/food-cart-pods.

Einkaufen

Originelle Bäckerei – **Voodoo Doughnut 1:** 22 SW 3rd, weitere Filiale: 1501 NE Davis St., Tel. 503-241-4704, www.voodoodoughnut.com, Mo–So 24 Std. Mit Doughnuts hat das Gebäck dieser Portlander Institution eigentlich nicht mehr viel zu tun, vielleicht noch der Grundteig und das Loch. Ansonsten toben sich die Bäcker nach Lust und Laune aus, dabei kommen dann »rote Tränen weinende Rundlinge« oder eine »schokoladige Voodoo-Puppe« heraus. Gelegentlich wird dort auch ›geheiratet‹, denn die Besitzer sind ordinierte Kirchenmitglieder *(Universal Life Minister)*, allerdings wird diese Heirat staatlich nicht anerkannt, auch wenn die Website etwas anderes behauptet.

Hochwertiges Kaufhaus – **Nordstrom 2:** 701 SW Broadway, www.nordstrom.com, Mo–Do 10–19, Fr, Sa 10–20, So 11–18 Uhr. Kaufhaus für Markenkleidung, Schuhe, Handtaschen und Luxusartikel. Café Nordstrom und Expresso Bar zum Erholen.

Bücher – **Powell's City of Books 3:** 1005 W Burnside St., Tel. 503-228-4651, www.pow ells.com. Dieser Buchladen wartet mit einem ungewöhnlichen Konzept auf: Neue und gebrauchte Bücher, Paperback und Hardcover stehen im gleichen Regal, man hat also alles von einem Autor oder zu einem Thema zusammen. Im Angebot sollen über 1 Mio. Bücher sein, jedenfalls nimmt die »City« inzwischen einen ganzen Häuserblock ein.

Markt – **Portland Saturday Market 4:** Unter der Burnside Bridge, Ecke 1st Avenue bis Chinatown, Sa 9–17 Uhr, www.portlandsa turdaymarket.com. Mehr als 300 Stände mit viel echtem Kunsthandwerk, aber auch touristischem Kitsch und Billigtextilien aus Asien. Witzig: ein Spritzgebäck mit Namen »Elefantenohr«, riesig und süß.

Souvenirs aus dem Bundesstaat – **Made in Oregon 5:** 340 SW Morrison St., Suite 1300, https://madeinoregon.com. Nicht nur die berühmten Decken aus Pendleton sind hier zu haben, sondern auch Weine und eingelegte Leckereien wie gesalzene Haselnüsse aus dem Willamette Valley.

Sport- und Outdoor-Kleidung – **Nike Community Store 6:** 2650 NE Martin Luther King Jr. Blvd., Tel. 503-281-5901, www.nike.com. Neben den beiden Nike-Geschäften in der Innenstadt und am Flughafen werden im Factory Outlet Kollektionen der vergangenen Saison günstig verkauft. **Columbia Sportswear Factory Outlet Store 7:** 1323 SE Tacoma St., Tel. 503-238-0118, www.columbia.com. Columbia hat ebenfalls je einen Laden in der Innenstadt und am Flughafen, im Outlet ist es preiswerter.

Abends & Nachts

Musikklubs und Diskotheken – Locations dieser Art finden sich im Stadtteil **Old Town** zwischen 2nd, 3rd Avenue und Burnside.

Brauereikneipe – **10 Barrel Brewing 1:** 1411 NW Flanders St., Tel. 503-224-1700, https://10barrel.com/pub/portland-brewery. Di 15–22, Mi, Do 11–23, Fr, Sa 11–24 Uhr. Neben den Standardbieren gibt es spezielle Abfüllungen zu verschiedenen Jahreszeiten – im Sommer ist ein Gurkenbier schön erfrischend. Besonders an diesem Lokal ist die Möglichkeit, draußen auf dem Dach zu sitzen. Burger, Pizza und Nachos gegen den kleinen Hunger.

Jazz – **The Jack London Revue** **2**: 529 SW 4th Ave., Tickethotline 866-777-8932, http://jacklondonrevue.com. Im Keller eines alten Gebäudes befindet sich diese Live-Bühne für Künstler aus allen Teilen der USA, ständig wechselndes Programm.

Kulturzentrum – **Antoinette Hartfield Hall – Portland Center for the Performing Arts** **3**: 1111 SW Broadway, www.portland5.com. Oper, Ballett, Konzerte der Philharmonie, Kindertheater und Broadway-Shows.

Konzerte – **Arlene Schnitzer Concert Hall** **4**: 1037 SW Broadway, Tel. 503-248-4335, www.pcpa.com, Konzerte der Oregon Symphony, www.orsymphony.org.

Vielfalt – **Keller Auditorium** **5**: s. S. 224.

Aktiv

Geführte Spaziergänge – **Portland Walking Tours:** Tel. 503-774-4522, www.portlandwalkingtours.com. Buchungen online oder im Visitor Center (s. S. 152); die Touren starten an verschiedenen Stellen. Unterschiedliche Themen, z. B. Underground Portland, tgl., Erw. 20 $.

Stadtführungen mit Vans und Bussen – **Eco Shuttle** **1**: 1540 SE Clinton, Tel. 503-548-4480, www.ecoshuttle.com. Bietet Touren mit Bussen, die mit Biodiesel fahren, sowohl in der Stadt als auch in die Umgebung, z.B. zu den Weingütern. Die Preise variieren je nach Gruppengröße, es gibt unterschiedliche Fahrzeuge, ingesamt 5, von 9 bis 48 Plätzen.

Ausflüge auf dem Willamette River – **Portland Spirit River Cruises** **2**: downtown legen die Schiffe am Spirit Dock an der Salmon St. ab/an, Büro am Dock Caruthers Landing, 110 SE Caruthers St., Tel. 503-224-3900 oder 800-224-3901, www.portlandspirit.com. Dinner tgl. ab 18.30 Uhr. Dinner Cruises, aber auch Lunch und Brunch Cruises auf dem Willamette River sowie 2-stündige Flussfahrten; Sightseeing Cruise Erw. 40 $, Kin. 25 $.

Weinproben-Tour – **Eco Tours of Oregon** **3**: 3127 SE 23rd Ave., Tel. 503-245-1428, www.ecotours-of-oregon.com. Geführte Tour, Tagestour mit 4 *Wineries* ab 99 $.

Fahrradtouren & -verleih – **Pedal Bike Tours** **4**: 133 SW 2nd Ave., Tel: 503-243-2453, tgl. 9–18 Uhr. 3 Std. Downtown-Tour 59 $, Leihrad City Bike 24 Std. für 30 $. **Waterfront Bicycles** **5**: 10 SW Ash St., App. 100, Tel. 503-227-1719, www.waterfrontbikes.com, Online-Reservierung 24 Std. vorher, ab 35 $/Tag. **Bicycle Transportation Alliance** **6**: 618 NW Glisan St., Tel. 503-226-0676, www.thestreettrust.org. Der Verein hilft (auch online) beim Organisieren von Trips, gibt eine Liste der Verleiher heraus, auch Karten sind hier erhältlich.

Golfen – **Heron Lakes Golf Course** **7**: s. Aktiv S. 227.

Termine

Last Thursday Art Gallery Walk: An jedem letzten Donnerstag im Monat sind die Galerien abends zusätzlich von 18 bis 21 Uhr geöffnet. Anhand einer Karte, die es im Visitor Center oder in jeder Galerie gibt, lässt sich die Besichtigung planen. Oft gibt es in den Galerien neben der Kunst auch Wein und Musik, https://lastthursdayportland.org.

Portland Rose Festival: Ende Mai. Parade in der Burnside Street, jedes Wochenende die Starlight Parade Downtown, Fun Center am Waterfront Park mit viel Musik und zahlreichen Ess- und Verkaufsständen. Im Lloyd Center Ice Rink werden Tausende von Rosen präsentiert, die besten werden prämiert, www.rosefestival.org.

Waterfront Blues Festival: Anfang Juli. Zugunsten hungernder Menschen wird seit 1987 im Waterfront Park das Blues Festival veranstaltet, 2022 waren Taj Mahal & The Phantom Blues Band, Grace Potter und The Wood Brothers dabei. Zum Event strömen Zehntausende in die Stadt. 4-Tage-Ticket 40 $, www.waterfrontbluesfest.com.

Oregon Brewers Festival: Juli. Seit 1987 findet ein dreitägiges Brauereifest statt, zu dem Vertreter aus den ganzen USA mit Bieren kommen, www.oregonbrewfest.com.

Art in the Pearl: Sept. (Labor Day). 2 Tage Kunsthandwerk und Musik überwiegend lokaler Produzenten und Kulturschaffender, www.artinthepearl.com.
Time Based Art Festival: Sept. Studierende des Portland Institute for Contemporary Arts zeigen ihre Künste in der ganzen Stadt: Es gibt alle Arten von Tanz, Musik sowie Installationen und Performances, www.pica.org/tba.
Portland Marathon: Okt. Sportevent mit internationaler Beteiligung und Rahmenprogramm, http://portlandmarathon.org.

Verkehr

Flugzeug: Portland International Airport, Tel. 503-460-4040, www.flypdx.com, liegt etwa 20 km nordöstlich von der Innenstadt. Ab Frankfurt/Main Direktflüge mit Condor.
Flughafentransfer: Ab Terminal C die MAX Red Line (Metropolitan-Area-Express-Stadtbahn) in 40 Min. bis Downtown/1st St., Erw. 2,50 $, www.trimet.org/max. Taxis kosten ca. 35 $ bis in die Innenstadt.
Bahn: Amtrak, Union Station (Bahnhof), 800 NW 6th Ave., www.amtrak.com. Von hier fahren die Linien Amtrak Cascades nach Seattle und Vancouver, Coast Starlight nach Los Angeles und Empire Builder nach Chicago.
Mietwagen: Alle nationalen und internationalen Autovermietungen sind am Flughafen vertreten, besonders günstig sind Dollar und Alamo. Es kann preiswerter sein, bereits von Europa aus zu buchen. Für Informationen über die Straßenverhältnisse etc. lohnt sich www.tripcheck.com (mit Webcams).
Carsharing: Zipcar bietet stunden- und tageweise Autos; wer in Deutschland Mitglied ist, kann auch in den USA und Kanada Autos buchen, allerdings nicht ab Flughafen. www.zipcar.com.

Fortbewegung in der Stadt

Parkplätze sind rar und teuer, deshalb sollte man das Auto lieber stehen lassen.
Busse und Bahnen: Das Bus- und Straßenbahnnetz in Portland ist bestens ausgebaut, auch in die Randgebiete, www.trimet.org, Tagespass 5 $. Zudem gibt es noch Straßenbahnen *(streetcars)*, die selbst den letzten Winkel ansteuern, Tickets sind auf allen Linien gültig, www.portlandstreetcar.org. Nach Süden bis Wilsonville fährt Mo–Fr die WES-Bahn, www.trimet.org/wes, Einzelfahrt Erw. 2,30 $, Tagespass 4,75 $.

Am Columbia entlang nach Osten ▸ D/E 7/8

Östlich von Portland beginnt die Interstate 84. Sie verläuft am Südufer des **Columbia River** bis nach Boardman und führt weiter nach Ontario an die Grenze von Idaho. Parallel dazu gibt es noch zwei Teile des alten Highway von 1915: der eine von Troutdale bis hinter die Multnomah Falls, der zweite von Mosier bis The Dalles. Die ziemlich enge und sehr kurvige Strecke erwies sich als zu unfallträchtig für den Durchgangsverkehr, deshalb wurde in den 1960er-Jahren die Interstate gebaut. Der

AUSFLUGSFAHRT MIT DEM SCHAUFELRADDAMPFER

Vom kleinen **Cascade Locks** aus werden Schifffahrten auf dem Columbia River angeboten. Mit dem alten Schaufelraddampfer »Columbia Gorge Sternwheeler« kann man auf einer zweistündigen Tour mit Erläuterungen einmal diesen mächtigen Strom vom Wasser aus genießen. Es gibt auch Tagesfahrten sowie Lunch, Brunch oder Dinner Cruises (Portland Spirit: Visitors Center im Marine Park in Cascade Locks, Tel. 503-224-3900, 800-224-3901, www.portlandspirit.com, Mai–Okt. tgl. außer Mi ab 10.45 und 13.45 Uhr, 2-Std.-Tour Erw. 40 $; die Touren sind auch in Portland buchbar, s. S. 232).

Historic Columbia River Highway ist heute die ideale Strecke, um die vielen Wasserfälle, Klippen, Aussichtspunkte und Wälder zu genießen. Der Columbia River hat auf seinem Weg zum Pazifik von The Dalles an eine tiefe, lang gezogene Schlucht *(gorge)* durch das Basaltgestein gegraben. Manche Abschnitte des Flusses muten wie Seen an, zwei große Staudämme haben die einstigen Stromschnellen allerdings zum Verschwinden gebracht.

Infos

Columbia River Gorge Visitors Association: nur online oder per Post, PO Box 1037, Stevenson, WA 98648, www.visitcolumbiarivergorge.com.

Sehenswertes

Vista House

Crown Point State Park, 40700 E Historic Columbia River Hwy, Corbett, Tel. 503-344-1368, www.vistahouse.com, Fr–Mo 9–17 Uhr

Freistehend auf einem Felsen ca. 224 m über dem Fluss bei Crown Point überrascht ein ungewöhnliches Gebäude mitten in der bewaldeten Landschaft: das oktogonale **Vista House.** Der Bruder einer damals bekannten Dichterin – Emma Lazarus – ließ den Betonbau 1917 errichten, wie es heißt »als ein Denkmal für die ersten Siedler und einen Ruhepunkt für Reisende«, die auf dem damals neuen Columbia River Highway unterwegs waren. Heute betreibt ein Freundeskreis *(Friends of Vista House)* darin ein kleines **Museum,** und manchmal kommt auch ein Oldsmobile vorbei und bereichert die Fotos der vielen Besucher.

Multnomah Falls

Unter den zahlreichen Wasserfällen, die direkt auf die Straße hinabzustürzen scheinen und im Frühjahr mitunter den Einsatz der Scheibenwischer nötig machen, sind die zweistufigen **Multnomah Falls** die schönsten und spektakulärsten. Fast 190 m tief fällt das Wasser. Interessant ist dieser Wasserfall wegen eines natürlichen Beckens nach 100 m und der darüberführenden Brücke. Nach einer Indianersage wurden die Fälle so gestaltet, damit eine Prinzessin ungestört baden konnte. Im Winter gefriert das herabstürzende Wasser manchmal, sodass sich bizarre Formationen bilden. Die Falls trocknen nicht aus, denn Regen- und Schmelzwasser und eine unterirdische Quelle sorgen für stetige Wasserzufuhr.

Fast 190 m stürzen die Multnomah Falls in die Tiefe

Infos

Visitor Center: Exit 31 von der Interstate 84, Columbia Gorge Historic Hwy, in der Multnomah Falls Lodge, Tel. 503-695-2372, tgl. 9–17 Uhr. Im Sommer werden Tickets mit einer zeitlichen Begrenzung ausgegeben, 2 $/Pers., www.recreation.gov/timed-entry/10089144/ticket/10089145.

Essen & Trinken

Familienrestaurant – **Multnomah Falls Lodge:** Exit 31 von der Interstate 84, Columbia Gorge Historic Hwy, Tel. 503-695-2376, www.multnomahfallslodge.com, tgl. 8–21 Uhr, Lunch 11–16 Uhr. Reichhaltige Salate. Um 17 $.

Bonneville Dam

Als einer der ersten großen Staudämme des Columbia River (1937 gebaut) hat der **Bonneville Dam** dazu beigetragen, die Strom- und Energieversorgung der Region südlich des Flusses zu gewährleisten. Im Visitor Center gibt es viele Infos zum Bau und zur Energiegewinnung sowie eine *fish ladder.* Durch Glasscheiben kann man Lachse beobachten, die nun diesen Weg stromaufwärts schwimmen müssen, um zu ihren Laichplätzen zu gelangen.

Infos

Bonneville Dam, Visitor Center: Exit 40 von der Interstate 84, Tel. 541-374-8820, www.nwp.usace.army.mil und http://traveloregon.com, tgl. 9–17 Uhr.

Hood River

Die kleine Stadt **Hood River** direkt am Fluss hat sich einen Ruf als einer der besten Orte fürs Windsurfing aufgebaut, wozu ein un-

WINDSURFEN AUF DEM COLUMBIA RIVER

Tour-Infos

Start: Hood River (ca. 100 km östlich von Portland), Waterfront Park (Ausfahrt 63 von der I 84, rechts vorbei am Gewerbegebiet); Marina (Ausfahrt 64 von der I 84, dann rechts); Doug's Beach (Hwy 14 auf der Washington-Seite, Richtung Osten nach Lyle).

Verleiher/Kosten: Brian's Windsurfing & Kitesurfing, 100 E Marina Dr., Tel. 541-377-9463, www.brianswindsurfing.com. Kiteboarding 220 $/2 Std. (Einführungskurs), Windsurfen 2–3 Std. 95 $ (Anfänger), Leihgebühr Equipment 60 $/Tag. Hood River Water Play, östlich vom Hood River Inn, Ausfahrt 64 von der Interstate 84, Tel. 541-386-9463, www.hoodriverwaterplay.com, Windsurfing 3 Std. 129 $; Leihgebühr Equipment 60 $/Tag, außerdem Kajak- und Stand-Up-Paddleboard-Verleih

Schon beim Zusehen kann einem schwindlig werden, denn die Loops der Windsurfer auf dem breiten Strom sind atemberaubend. Die **Columbia River Gorge** ist ein Starkwindrevier und zieht Cracks aus der ganzen Welt an. Die dort auftretenden *nuclear winds* sind ebenso berühmt wie berüchtigt.

Wenn es nicht ganz so schwierig sein soll, fällt unter den Experten meist die Entscheidung für die **Event Site** direkt am **Waterfront Park** von **Hood River,** ein Spot, an dem alles perfekt zu sein scheint: eine große Wiese zum Aufriggen, Tribünen für Zuschauer sowie Toiletten und ein Imbiss. Der Wind kommt meist aus Westen, es gibt nur wenige Wellen, dafür aber jede Menge Surfer, sodass es mitunter recht eng werden kann.
Anfänger werden von den Surfschulen am Spot in der **Marina** ausgebildet, aber auch viele Surfer, die nicht das ganze Jahr auf den Brettern stehen, versuchen lieber dort ihr Glück. Das hat auch den Vorteil, dass stets Leute in der Nähe sind, die notfalls helfen können. Natürlich muss man hier auf die Segelboote achten. Mit einem kleinen eigenen Strand auf der anderen Seite der Brücke kann die Schule Hood River Water Play aufwarten, dort wird zunächst auf der Wiese mit einem wackligen Brett-Simulator geübt. Sobald der Lehrer den Eindruck hat, dass man das Gleichgewicht halten und das Segel hochziehen kann, geht es aufs Wasser. Die kurze Ausbildung von drei Stunden verschafft erste Erfahrungen: Wie hält man das Segel? Wie steht man einigermaßen stabil und wie ändert man die Fahrtrichtung? Und vor allem, wie kommt man nach einem Fall wieder auf das Brett?
Ein guter und extrem herausfordernder Spot für den Nachmittag und Abend ist **Doug's Beach** mit harten Westwinden und großen Wellen. Hier finden sich die Könner ein, die auch nach Stunden auf dem Wasser noch den optimalen Loop drehen wollen.

gewöhnliches Phänomen mit beigetragen hat: Im Sommer zieht die Hitze der östlichen Steppen kalte Luft aus dem Westen an, die in den engen Schluchten der Columbia Gorge nicht absorbiert werden kann. Bis mittags hat sich der Druck dann derart erhöht, dass er sich in starken Windböen ›entladen‹ muss: Dann heißt es bei den Windsurfern *catch the blow*. Seit den 1980er-Jahren kommen vorwiegend junge Leute hierher und geben der kleinen Kommune am hügeligen Ufer ein ganz eigenes Flair. Zahlreiche Cafés und Kneipen schaffen eine entspannte Atmosphäre. Außerdem gibt es eine große Auswahl an Geschäften für alle Arten von Sportkleidung und Equipment.

Columbia Gorge Hotel

In unmittelbarer Nachbarschaft von Hood River liegt das **Columbia Gorge Hotel** (s. S. 238), ein denkmalgeschütztes Gebäude von 1921, das ein wenig wie ein italienisches Landhaus anmutet. Der Holzbaron Simon Benson ließ das Hotel auf einer Klippe über dem Strom errichten, damals galt es als das »Waldorf of the West«. Stars der Kinowelt und Politiker sind hier abgestiegen. Das modernisierte Haus hat sich ein Stück dieser Vergangenheit bewahrt und den Garten mit einem Wasserfall kann man jederzeit besichtigen.

Mount-Hood-Eisenbahn

Mount Hood Railroad, 110 Railroad Ave. (ist auch Abfahrtstation), Hood River, Tel. 1-800-872-4661, www.mthoodrr.com, 2,5 Std. (Parkdale Excursion) Erw. ab 45 $

Ursprünglich brachte die 1906 gebaute Eisenbahn Obst und Gemüse aus den südlich von Hood River gelegenen Tälern an den Columbia River. Heute fährt die kleine Bahn Touristen eine etwa 32 km lange Strecke durch eine wunderschöne Landschaft, fast immer mit Blick auf den schneebedeckten **Mount Hood,** einen 3424 m hohen Vulkankegel. Es gibt Dinnerfahrten, beispielsweise mit (inszenierten) Überfällen oder mit Gesangseinlagen von Elvis Presley.

Fruit Loop

www.hoodriverfruitloop.com, nicht alle Stände und Geschäfte an der Strecke sind ganzjährig geöffnet, meist aber April–Okt.

Wer das Auto bevorzugt und günstig Obst und Gemüse einkaufen möchte, dem sei der **Fruit Loop,** ein insgesamt 56 km langer Rundweg empfohlen. Von **Hood River** führt die Strecke auf dem Highway 35 nach **Parkdale** und von dort zurück auf dem Dee Highway 281 in die Kleinstadt. Je nach Jahreszeit werden Kirschen, Blaubeeren, Aprikosen, Pfirsiche, Äpfel und Birnen angeboten, meist frisch am Morgen gepflückt. Zudem bieten die Mitglieder eines Zusammenschlusses von Farmern auch selbst gebackene Kuchen an, Fruchtwein und Honig aus eigener Herstellung, selbst Lavendelseife ist zu finden. Manche Bauern geben die Möglichkeit, selbst zu pflücken.

Alpaka-Garn kann im Laden **Foothills Yarn** gekauft werden, die Tiere stehen auf der Weide daneben (Hood River, 4207 Sylvester Dr., www.foothillsyarn.com). Seit über 30 Jahren bietet der **Apple Valley Country Store,** ein traditionsreiches Geschäft mit nostalgischem Interieur, nach Großmutters Rezepten hergestellte Marmeladen, Säfte und Kuchen an (s. rechts).

Infos

Visitor Center, Chamber of Commerce: 720 E Port Marina Dr., Tel. 541-386-2000 oder 800-366-3530, https://visithoodriver.com, Mo–Fr 9–17 Uhr.

Übernachten

Historischer Luxus – **Columbia Gorge Hotel:** 4000 Westcliff Dr., Tel. 541-386-5566 oder 800-345-1921, www.columbiagorgehotel.com. 39 unterschiedliche Zimmer, teils mit Antiquitäten. €€€

Guter Standard – **Riverview Lodge:** 1505 Oak St., Tel. 541-386-8719, www.rvlhoodriver.com. Schlicht, aber praktisch, manche Räume mit Kitchenette. Innenpool. €€

Mit großer Terrasse – **B & B Inn at the Gorge:** 1113 Eugene St., Tel. 541-386-4429 oder 1-877-852-2385, www.innatthegorge.com. Im Queen-Anne-Stil 1908 erbaut, 6 unterschiedliche Zimmer, manche mit Kitchenette. €€€

Schönes altes Haus – **Hood River Hotel:** 102 SW Oak Street, Tel. 541-386-1900, www.hoodriverhotel.com. Haus von 1913 mit 32 teils recht großen Zimmern, 9 Suiten, italienisches Restaurant. €€

Essen & Trinken

Mit guten Portionen – **The Sixth Street Bistro:** 509 Cascade Ave., Tel. 541-386-5737, http://sixthstreetbistro.com, tgl. 11.30–21.30 Uhr. Gute Burger sowie Pasta. Dinner ab 18 $.

Direkt am Wasser: – **Riverside Grill im Best Western Hotel:** 1108 East Marina Way, Tel. 800-828-7873, www.riversidehoodriver.com, tgl. 11–16.30 Uhr. Restaurant am Wasser, schöne Terrasse. Sandwiches zum Lunch 8–15 $.

Beliebter Coffeeshop – **Holstein's Coffee Company:** 12 Oak St., Tel. 541-386-4115, ab 8 Uhr. Gebäck und Sandwiches. Muffins 3 $.

Einkaufen

Lokale Produkte – **Apple Valley Country Store:** 2363 Tucker Rd., Tel. 541-386-1971, www.applevalleystore.com, Juni–Okt. tgl. 9 –18 Uhr.

Nach The Dalles ▶ E 7/8

Auf der Strecke von Hood River nach The Dalles über Mosier verändert sich die Landschaft allmählich. Hier verläuft die Trennungslinie zwischen den beiden verschiedenen klimatischen Teilen Oregons, nun beginnt das trockene Buschland des Columbia-Plateaus. Ein zweiter, aber nur für Fußgänger zugänglicher Teil des alten **Historic Columbia Gorge Highway** kann von der Rock Creek Road in **Mosier** aus betreten werden.

The Dalles und Umgebung

Die Kleinstadt **The Dalles** ist nicht sonderlich attraktiv, bietet aber mit ihren Malls viele Einkaufsmöglichkeiten. Seit Google 2006 hier sein erstes Datenzentrum eröffnet hat – weitere folgten bis 2015 –, boomt die Stadt.

Columbia Gorge Discovery Center

5000 Discovery Dr., Tel. 541-296-8600, www.gorgediscovery.org, tgl. 9–17 Uhr, Erw. 9 $, Kin. 6–16 J. 5 $

Lohnend ist ein Besuch des **Columbia Gorge Discovery Center,** wo die Geschichte der langen Schlucht ebenso erlebnisreich dokumentiert ist wie die des Oregon Trail, der sich in dieser Gegend aufteilte. Die Ausstellungen umfassen eine breite Palette an Themen, von den vulkanischen Erschütterungen über das Leben und die Kultur der *Native Americans* bis hin zur modernen Erschließung der Region durch Staudämme, nicht zu vergessen die Knochenfunde von Dinosauriern.

Maryhill Museum of Art

Ca. 37 km östlich von The Dalles, 35 Maryhill Museum Dr. (über die Brücke auf der US 97 in Washington), Goldendale, Tel. 509-773-3733, www.maryhillmuseum.org, Mitte März–Nov. tgl. 10–17 Uhr, Erw. 12 $, Kin./Jugendl. 7–18 J. 5 $
Exzentriker mit viel Geld hat der boomende Wilde Westen einige hervorgebracht. Ein Beispiel für die weitreichenden Ideen des durch Aktien reich gewordenen Samuel Hill ist das **Maryhill Museum of Art.** Eigentlich wollte der aus North Carolina stammende Tycoon eine Quäker-Siedlung bauen, dann wurde ein Wohnhaus im Stil einer französischen Villa daraus. In den 1920er-Jahren überredete die Tänzerin Loie Fuller Samuel Hill, das oberhalb des Flusses liegende Gebäude in ein Museum umzuwandeln und mit Kunstwerken der Jahrhundertwende, insbesondere Skulpturen von Auguste Rodin zu bestücken.

Maryhill Stonehenge

Ca. 6,5 km östlich vom Maryhill Museum of Art, tgl. 7 Uhr bis zur Dämmerung, Eintritt frei
Nicht weniger bemerkenswert als das Museum ist die originalgetreue Kopie von Stonehenge aus Beton einige Kilometer vom Museum entfernt. Die der mystischen Stätte aus Englands Süden nachgebaute Version ist kleiner als das Original und ein Denkmal für die Gefallenen des Ersten Weltkriegs. Der Blick von dort auf die Ebenen des Columbia-Plateaus ist jedenfalls spektakulär und noch dazu kostenlos.

Mount Hood ▶E 8

Ein Foto von Portland ohne den schneebedeckten Kegel des **Mount Hood** im Hintergrund dürfte schwer zu finden sein. Der 3420 m hohe Vulkan ist der höchste Berg Oregons und dominiert den Norden des Bundesstaats. Mount Hood wird als potenziell aktiver Vulkan angesehen; allerdings wurden keine größeren Eruptionen aufgezeichnet, seit 1820 die systematische Überwachung begann. Die größeren Ausbrüche endeten kurz vor der Ankunft der Lewis-&-Clark-Expedition 1805. 1903 gab es kleinere Dampf- und Asche-Emissionen. Da der Vulkan aktiv ist, wird er vom USGS Cascades Volcano Observatory in Vancouver (WA) beobachtet (www.usgs.gov). Die **zwölf Gletscher** an den Hängen des Bergs stellen ebenfalls eine potenzielle Gefahr dar; im Fall eines Ausbruchs käme es zu Schlammlawinen. Die Gletscher bedecken ca. 80 % der Fläche des Bergkegels und reichen bis auf eine Höhe von ca. 2100 m herab.

Palmer Glacier

Anfahrt s. u., www.travelportland.com/region/mount-hood
Der bekannteste der zwölf Gletscher ist der **Palmer Glacier,** vor allem, weil er zu einem beliebten **Skigebiet** gehört. Der Berg und der ihn umgebende riesige National Forest sind ein bevorzugtes Wochenendausflugsgebiet, weil auch im Sommer hier Skisport möglich ist. Von Portland aus führt der Highway 26 hierhin, von Hood River der Highway 35 zum Skiort **Government Camp** mit vielen kleineren Hotels.

Timberline Lodge

www.timberlinelodge.com, s. S. 241
Eindrucksvoll ist die **Timberline Lodge,** ein wunderschönes Berghotel auf knapp 2000 m Höhe. In den 1930er-Jahren gebaut, wurde es restauriert und auf einen modernen Standard gebracht. Der rustikale Baustil mit Gesteinsblöcken aus der Umgebung und die massiven handgearbeiteten Holzmöbel erinnern an eine Burg, zumal die zahlreichen Kamine in den Aufenthaltsräumen auch zum Heizen genutzt werden und immer in Betrieb sind. Die Timberline Lodge ist ein National Landmark. Sie wurde im Rahmen von Präsident Roosevelts *New Deal* von Arbeitslosen in einer Rekordzeit von nur 15 Monaten gebaut. Während die Er-

Rund um den imposanten Mount Hood sind abwechslungsreiche Wanderwege zu finden

richtung des Hotels dazu diente, den Tourismus in der Region anzukurbeln, verbesserten z. B. der Bau von Staudämmen und Straßen die Infrastruktur. Eine Ausstellung im Lobbybereich dokumentiert Bau und Einrichtung des Hotels. Das Gebäude diente u. a. als Kulisse für die Außenaufnahmen des 1980 gedrehten Films »Shining« von Stanley Kubrick nach dem gleichnamigen Roman von Stephen King.

Infos

Oregon's Mt. Hood Territory Travel Information Center: 150 Beavercreek Rd. – Suite 305, Oregon City, Tel. 503-655-8490 oder 800-424-3002, www.mthoodterritory.com. Mehr Informationen unter: www.allmounthood.com.

Übernachten

… in Government Camp:

Nah zu den Pisten – **Best Western Mt. Hood Inn:** 87450 E Government Camp Loop, Tel. 1-800-780-7234, http://book.bestwestern.com. Die Zimmer sind mit Mikrowelle und Kühlschrank ausgestattet, das Frühstück ist im Preis inkl. €€

... in Timberline:

Kulthotel – **Timberline Lodge:** Tel. 503-272-3410 oder 800-547-1406, www.timberlinelodge.com. 70 verschieden ausgestattete Zimmer. Die Chalets mit Etagenbetten sind für Familien oder Gruppen geeignet. Unbedingt länger im Voraus buchen, denn das Hotel ist beliebt. €–€€€

Aktiv

Ski-, Snowboardfahren, Mountainbiken – **Mt. Hood Skibowl Winter Resort & Summer Action Park:** Government Camp, Tel. 503-222-2695, www.skibowl.com. Saison Nov.–April, Skier und Stiefel 42 $/Tag, in den übrigen Monaten auch Fahrradverleih 35 $/Tag, Lift 50 $ Tagespass, Bungee-Jumping 55 $ und eine der langen Zip-Lines in Oregon, die Tree Top Five Bridge Tour 35 $, befindet sich ebenfalls hier.

Willamette Valley

▶ C/D 8–10

Als Wiege des Westens wird der schmale Streifen südlich von Portland gern bezeichnet. Da sich nahezu jede Stadt westlich der Rockys auf die Pioniere des Oregon Trail bezieht, mag diese Referenz manchmal arg strapaziert scheinen. Flankiert von den Kaskaden (Cascade Range) und der Küstengebirgskette (Coastal Range) hat sich der Willamette River ein breites Tal geschaffen. Überall findet man hier kleine Orte, die von Einwanderern Mitte des 19. Jh. gegründet wurden. Am bekanntesten ist diese Region jedoch für ihre fruchtbaren Böden: Gemüse, Obst, Blumen und Kräuter, aber auch hervorragender Wein wird hier kultiviert. Mehr als 200 Weinbaubetriebe – wenn auch mitunter sehr weit voneinander entfernt – gibt es im Tal und insbesondere der Pinot Noir hat die Anerkennung der internationalen Weintester gefunden.

Oregon City

Nicht direkt an der Interstate 5, aber nur ca. 21 km südlich von Portland liegt das historische Städtchen **Oregon City.** Schon 1829 hatte der Vertreter der Hudson Bay Company, John McLoughlin, hier ein Sägewerk errichtet und später kamen die ersten Siedler auf dem Oregon Trail an diesen Ort. Von 1848 bis 1851 fungierte die kleine Ansiedlung als Hauptstadt des Oregon-Gebiets und sie ist besonders stolz darauf, die erste *incorporated city* westlich der Rocky Mountains zu sein. Dies bedeutet, Oregon City durfte eine eigene Verwaltung mit Bürgermeister und Sheriff aufbauen.

Der Oregon Trail – die Besiedlung des Westens

Nicht nur in Oregon City, sondern allerorten stößt man im Nordwesten der USA auf Hinweise zum legendären Oregon Trail, sei es in Form von Hinweistafeln oder in den zahlreichen Informationszentren. Oft wird im Zusammenhang mit der Besiedlungsgeschichte auch die Lewis-&-Clark-Expedition erwähnt, jene bedeutsame Forschungsreise in die damals unbekannten Territorien westlich der Rocky Mountains. Aber erst 1836 wurde ein Pass durch die Berge gefunden, der mit Planwagen befahrbar war.

Ohne die Lewis-&-Clark-Expedition gäbe es den Oregon Trail nicht, ebenso wenig wie andere berühmte Wege in den Westen (Mormon, California und Applegate Trail), die die Besiedlung durch Emigranten oder von der wirtschaftlichen Depression betroffene Ostküstler ermöglichten. Präsident Thomas Jefferson beauftragte 1803 Meriwether Lewis (1774–1809), seinen Privatsekretär, und den Offizier William Clark (1770–1838) mit der Aufgabe, einen schiffbaren Weg zum Pazifik zu finden. Das wichtigste Ziel der Expedition war nach dem Erwerb des Territoriums Louisiana von Frankreich die Gründung eines mächtigen Staats zwischen Atlantik und Pazifik.

Von Saint Charles, einem der letzten besiedelten Orte in der Nähe der Mündung des Missouri in den Mississippi, bis zum von ihnen gegründeten Fort Mandan in der Nähe der heutigen Stadt Bismarck in North Dakota benötigte die 30-Mann-Truppe ca. sieben Monate. Im April 1805 wurde die Expedition fortgesetzt. Sie führte über Great Falls und Three Forks (Montana) den Missouri entlang, überquerte mithilfe ortskundiger Indianer die Rocky Mountains beim Lolo Pass und folgte dann dem Snake River und weiter dem Columbia River bis zum Pazifik beim heutigen Astoria. Bei ihrer Rückreise 1806 erforschten die beiden Leiter getrennt voneinander den Yellowstone und den Maria River.

Die erfolgreiche Expedition von Lewis und Clark ermutigte zu verschiedenen privaten und staatlichen Expeditionen in den Westen, die das Gebiet nach und nach zugänglich machten. Von der Expedition beeinflusst, gründete der New Yorker Pelzhändler John Jacob Astor bereits wenige Jahre später die Pacific Fur Company und rüstete mit der Unterstützung von Präsident Jefferson eine neue Überlandexpedition in den pazifischen Nordwesten aus. Die Männer der Pacific Fur Company gründeten die erste amerikanische Siedlung am Pazifik: Astoria. Mit diesen Expeditionen erlangten die Amerikaner umfassendes Wissen über die Geografie des Westens, der Gebirgsketten und Flüsse. Allein bei der Reise von Lewis und Clark wurden mehrere Hundert bislang unbekannte Tier- und Pflanzenarten entdeckt und benannt; von vielen Pflanzen wurden Proben zur wissenschaftlichen Analyse mitgebracht.

Die Expedition fokussierte die Aufmerksamkeit der Bundesregierung in Washington D. C. und der Öffentlichkeit auf die weitgehend unbekannte Region und stärkte den Anspruch auf die Gebiete im Westen des amerikanischen Kontinents, deren Aufteilung erst im Jahr 1846 im Oregon-Kompromiss endgültig geklärt wurde. Die Berichte von Lewis und Clark ermutigten Pelzhändler zur weiteren Erschließung, ab 1810 wurden beispielsweise die ersten Handelsposten im Bundesstaat Washington eingerichtet. Zwischen 1830 und 1870 zogen fast 350 000 Siedler von Independence am Missouri in die Gebiete westlich und nordwestlich des South Passes. Diese wurden bis zur jeweiligen Staatengründung allgemein als Oregon bezeichnet. In

Aufeinandertreffen zweier Welten: Immer wieder kommen die Mitglieder der Lewis-&-Clark-Expedition in Kontakt mit den Native Americans, handkolorierte Illustration aus dem 19. Jh.

der Auseinandersetzung um die Gebietsansprüche zwischen Briten und Amerikanern schafften die Siedler Fakten, sodass 1849 der 49. Breitengrad als Staatsgrenze zum späteren Kanada festgelegt wurde.

Wie mühselig die meist sechsmonatige Reise mit Planwagen gewesen sein muss, vermag man sich heute kaum noch vorzustellen. Es galt Berge, Wälder, Halbwüsten, unzählige Flüsse und verschiedenste klimatische Zonen zu überwinden bzw. auszuhalten. Die Indianer ließen die Siedler durch ihr Land ziehen, solange sie sich nicht ansiedelten, und unterstützten sie beim Durchqueren der Flüsse oder als Fährtenleser.

The Dalles am Columbia River im nördlichen Oregon war zunächst das Ziel der halbjährlichen Plackerei, von dort ging es im nächsten Jahr entweder auf dem Fluss weiter oder Richtung Süden zum Mount Hood und von dort ins Willamette Valley. Oregon City (s. S. 241) war von 1848 bis 1851 die Hauptstadt dieses gigantischen Gebiets, dann nahm Salem diese Aufgabe wahr und wurde 1851 bzw. 1859 Regierungssitz des neuen Bundesstaates Oregon. Mit dem Bau der Eisenbahn endeten die Siedlertrecks, nun gelangten die neuen Bewohner und abenteuerlustigen Goldsucher mit der Bahn in den Wilden Westen.

Weitere Informationen: National Headquarters Office, Lewis & Clark Trail Heritage Foundation, 4201 Giant Springs Rd., Great Falls, Montana, www.lewisandclark.org; Oregon National Historic Trail, www.nps.gov/oreg.

Mcloughlin House

713 Center St., Tel. 503-656-5146, www.mcloughlinhouse.org, Fr, Sa 10–16 Uhr, geführte Touren, Eintritt frei
Neben zahlreichen historischen Gebäuden in der Innenstadt lohnt sich ein Besuch des ehemaligen Wohnhauses des Gründers und Bürgermeisters McLoughlin mit vielen originalen Möbeln. Außerdem organisiert die hier ansässige McLoughlin Memorial Association jeden Monat verschiedene Events (s. Website).

Oregon City Municipal Elevator

Ecke 7th St. und Railroad Ave., www.orcity.org/publicworks/municipal-elevator, Mo–Sa 7–19, So 10–19 Uhr
Da die Stadt am Fluss und teils auf den Basaltfelsen darüber errichtet wurde, hat man die Ortsteile zunächst mit Treppen, 1915 mit einem Fahrstuhl miteinander verbunden. Inzwischen ist der Personenaufzug restauriert worden und bietet auf dem oberen Aussichtsdeck einen guten Überblick über Stadt und Willamette-Wasserfälle.

Infos

End of the Oregon Trail Interpretive & Visitor Information Center: 1726 Washington St., Tel. 503-657-9336, www.historicoregoncity.org, im Sommer tgl. 11–16 Uhr. Auf der Website findet man alle historischen Sehenswürdigkeiten der Stadt.

Übernachten

Am Willamette River – **Best Western Plus Rivershore Hotel:** 1900 Clackamette Dr., Tel. 503-655-7141, http://book.bestwestern.com. Das 114-Zimmer-Hotel liegt direkt am Fluss, Mikrowelle, Kühlschrank. €€€

Essen & Trinken

Italienisch – **Mi Famiglia:** 701 Main St., Tel. 503-594-0601, www.mi-famiglia.com, Mo–Do 11–21, Fr 11–22, Sa 12–22, So 12–21 Uhr. Pasta, Pizzen, große Portionen, familienfreundlich. Lunch um 10 $.

Coffeeshop – **Weathervane Coffee House:** 13001 Clackamas River Rd., Tel. 503-655-7200, tgl. 7–23 Uhr. Sandwiches um 8 $.

Weinbaugebiet Willamette Valley

Westlich der Interstate 5 bei **Newberg** beginnen die **Weinbaugebiete des Willamette Valley.** Am besten besorgt man sich im Visitor Center eine Übersichtskarte auf der alle Weinregionen aufgelistet sind. Es gibt sechs größere Anbauregionen auf einem Gebiet von 241 km Länge und 96 km Breite bis nach **Eugene.** Da sie nicht nebeneinanderliegen wie im Napa Valley in Kalifornien, ist eine Auswahl nach Karte ratsam.

Das Klima im Valley ähnelt dem des Burgund in Frankreich mit sonnigen Sommern und kühlen Herbstnächten. Vulkanischer Boden und engagierte Winzer bieten beste Voraussetzungen für einen edlen Tropfen. Pinot Noir und Pinot Gris sind die beiden wichtigsten Rebsorten, aber auch Merlot, Syrah, Riesling und Rivaner werden seit den 1970er-Jahren angebaut. Damals begaben sich kalifornische Weinbauern auf die Suche nach alternativen Anbaugebieten, u.a. wegen der hohen Boden- und Pflückkosten im Sonnenstaat.

Infos

Chehalem Valley Visitor Center: 112 N Garfield St., Newberg, Tel. 503-538-2014, https://tastenewberg.com, Mo–Fr 9–17 Uhr.
Willamette Valley Wineries Association: 10200 SW Eastridge St., Ste. 214, Portland, Tel. 503-297-2962, http://willamettewines.com. Hier werden nicht nur die fast 250 Weinbauern alphabetisch aufgelistet, darüber hinaus gibt es Empfehlungen für Übernachtungen, Restaurants, Aktivitäten und Kartenmaterial zu den verschiedenen Regionen.
Oregon Wine Board: www.oregonwine.org. Nur per Internet oder E-Mail erhält man hier einen guten Überblick über die Anbaugebiete in ganz Oregon.
Willamette Valley Visitors Association: Tel. 866-548-5018, www.oregonwinecountry.org. Hier finden sich Adressen aller Mitglieder in den verschiedenen Orten, Hinweise zu Routenplanungen, Listen aller Weinbauern im Tal sowie inspirierende Fotos.

Blickfang in Salem: die 7 m hohe Golden-Pioneer-Statue auf dem State Capitol

Aktiv

... in Portland:

Weingutbesichtigung – **Eco Tours of Oregon:** s. S. 232.

... in Dundee (ca. 35 km südwestl. von Portland)**:**

Weinprobe – **Torii Mor Winery:** 18323 NE Fairview Dr., Tel. 503-538-2279, www.toriimorwinery.com, tgl. 10–17 Uhr. Ein japanischer Garten neben dem Probier- und Verkaufsladen gibt diesem Weingut ein besonderes Flair.

Salem

Neben der Tatsache, dass Salem mit den umgebenden Orten mit ca. 390 000 Einwohner die zweitgrößte Metropole von Oregon ist und zudem auch die Hauptstadt des Bundesstaates, bedauern selbst die Einheimischen, wie trist sich die Stadt durch den Ausbau von Motels und Fast-Food-Ketten entwickelt hat. Dabei sind historische Gebäude in reicher Zahl vorhanden, schließlich wurde die Stadt schon 1842 gegründet und 1851 zur Hauptstadt erklärt. Einen Besuch lohnt in erster Linie der **National Historic District,** die Innenstadt mit ihren roten Backsteinhäusern aus dem 19. Jh. Im Mittelpunkt steht das 1869 errichtete **Reed Opera House** mit italienischen Stilelementen, früher einmal das kulturelle Zentrum der Kommune, heute eine kleine Shopping Mall mit Bistros und einem Theater (189 Liberty St. NE, www.reedoperahouse.com).

State Capitol

900 Court St. NE, www.oregonlegislature.gov/capitolhistorygateway, Mo–Fr 8–17, 12. Juli–Ende Aug. auch Sa 9–16 Uhr, Eintritt frei, geführte Touren erst wieder 2025

Als Hauptstadt weist Salem natürlich auch ein **State Capitol** auf, das weiße, aus Vermonter Marmor gebaute Regierungsgebäude stammt aus dem Jahr 1938, die Vorgänger sind alle abgebrannt. Der Turm mit der **Golden-Pioneer-Statue** ist als Aussichtsturm geeignet, einen guten Überblick über die Stadt zu gewinnen. Man kann eine geführte Tour durch das Gebäude mitmachen oder es auf eigene Faust erkunden. Dabei fallen die großen Wandgemälde zu den Ursprüngen des Staats mit ihren heroisierenden Darstellungen der Pioniere besonders ins Auge.

Hallie Ford Museum of the Art

Willamette University, 700 State St., Tel. 503-370-6855, www.willamette.edu/arts/hfma, Erw. 6 $, Kin. unter 17 J. und jeden Di Eintritt frei

Nicht weit vom Capitol entfernt befindet sich die ursprünglich aus einer Missionsschule entstandene Willamette University; sie ist die älteste des Westens. Wer sich für Kunstsammlungen interessiert, könnte dort das **Hallie Ford Museum of the Art** aufsuchen, wo die Präsentation Kunsterzeugnisse aus mehreren Jahrtausenden umfasst: u. a. indianische Körbe und Schnitzereien, griechische Vasen, ägyptische Totenmasken sowie eine neue Sammlung zeitgenössischer Künstler aus der Region.

Willamette Heritage Center

1313 Mill St. SE, Tel. 503-585-7012, www.willametteheritage.org, Mo–Sa 10–17 Uhr, Erw. 8 $

Ein Museum zur Geschichte fehlt auch in dieser Stadt nicht, das **Willamette Heritage Center** steht auf der anderen Seite des Universitäts-Campus. Mehrere Häuser aus der Anfangszeit der Siedlung können besichtigt werden, zudem werden das Leben von Jason Lee, einem frühen Missionar und Farmer, und die schweren Anfangsjahre der Besiedlung dokumentiert.

Darüber hinaus ist die wasserbetriebene **Thomas Kay Woolen Mill** sehenswert, eine der ersten Industrieanlagen des Staates. Sie war von 1892 bis 1962 in Betrieb – vier Generationen der Familie Kay stellten hier Wolltuch her.

Infos

Travel Salem Visitor Center: 201 Liberty St. SE, im Grand Hotel, Tel. 503-581-4325, www.travelsalem.com, Mo–Fr 9–17 Uhr.

Übernachten

In Universitätsnähe – **Best Western Plus Mill Creek Inn:** 3125 Ryan Dr. SE, Tel. 503-585-3332 oder 800-346-9659, www.bestwestern.com/millcreekinn. 109 Zimmer mit gutem Standard. Best Western Pacific Highway Inn und Best Western Black Bear Inn sind weitere Häuser der Kette in Salem. Preis inkl. Frühstück. €€

Nahe dem Zentrum – **Red Lion Salem:** 3301 Market St. NE, Tel. 800-733-5466, www.redlion.com/salem. 148 gute Standardzimmer, Pool, Fitnessbereich. €€ (mit ADAC-Ausweis Rabatt)

Essen & Trinken

Amerikanisches Bistro – **Wild Pear:** 372 State St., Tel. 503-378-7515, www.wildpearcatering.com, Mo–Sa 10.30–18 Uhr. Ansprechend eingerichtetes Bistro fürs Mittagessen, serviert werden Sandwiches, Pasteten und Salate. Sandwiches ab 8 $.

Aktiv

... in Salem:

Weingutbesichtigung – **St. Innocent Winery:** 5657 Zena Rd. NW, Tel. 503-378-1526, www.stinnocentwine.com, tgl. 11–17 Uhr Probierraum.

... in Bethel Heights (ca. 30 Autominuten nordwestl. von Salem):

Weingutbesichtigung – **Bethel Heights:** 6060 Bethel Heights Rd., Tel. 503-581-2262, www.bethelheights.com, Mai–Okt., tgl. 11–17 Uhr. Besonders schöner Blick über die Landschaft.

Termin

Oregon State Fair: Ende Aug.–Sept. Großes Spektakel mit Verkaufsständen aller Art, Jahrmarkt, Konzerten, Shows und sportlichen Wettbewerben. Veranstaltungsort: Oregon State Fairgrounds, 2330 17th St. NE, Tel. 971-701-6573, www.oregonstatefair.org.

Eugene

Liebenswert, gemütlich, aber auch anregend und ein Ort für Genießer: Die Universitätsstadt **Eugene** am südlichen Ende des Willamette Valley hat einen ganz eigenen Charakter. Sie besitzt zwar nicht so viele historische Gebäude wie Salem, hat aber eine besondere – fast europäisch zu nennende – Atmosphäre. Zahlreiche Restaurants und Cafés mit Plätzen im Freien laden zum Verweilen ein; hier kann man stundenlang sitzen und den Passanten zuschauen. Inzwischen leben am Zusammenfluss von Willamette und McKenzie River etwa 160 000 Menschen; die Nachbarstadt Springfield hat fast 60 000 Einwohner.

Benannt wurde der rasch wachsende Ort Eugene nach dem Holzfäller Eugene Skinner, der im Jahr 1846 das erste Anwesen baute. Allerdings geht das Gerücht, dass die Siedlung zunächst als »Skinners Mudhole« (Schlammloch) bekannt war. Theatergruppen auf dem Weg zwischen Portland und San Francisco machten offenbar gern in dieser Stadt Rast, spielten für ihren Aufenthalt und trugen mit dazu bei, dass Eugene neben dem Image als Lieferant für landwirtschaftliche Geräte auch als Kulturstadt bekannt wurde.

Planung: Wie in Portland spielt in Eugene das **Fahrrad** eine große Rolle, Wege zum Biken gibt es in Hülle und Fülle. Downtown lässt sich bequem **zu Fuß** erschließen, für 2,50 $ kann man aber auch einen Tagespass für die zahlreichen **Busse** erstehen. Downtowns lebendigste Straße ist die **Willamette Street,** dort und um diese Nord-Süd-Achse herum gibt es die meisten Restaurants und Cafés.

Shelton McMurphy Johnson House

303 Willamette St., Tel. 541-484-0808, www.smjhouse.org, Di–Fr 10–13, Sa, So 13–16 Uhr, Erw. 6 $, Kin. 3 $

Lohnenswert ist ein Besuch im Shelton McMurphy Johnson House im Skinner Butte Park. Die frühe Geschichte von Eugene wird hier erzählt; das ehemalige Wohnhaus mehrerer Familien dient als Museum und Veranstaltungsort.

Campus der University of Oregon

East Thirteenth Ave., Informationsschalter, http://uoregon.edu

Empfehlenswert ist ein Besuch des **Campus der University of Oregon.** Dort befindet sich u.a. die größte Bibliothek des Bundesstaates: Über 1,85 Mio. Bücher stehen in den Regalen der **Knight Library,** die nach Philip Knight, dem Mitbegründer und langjährigen Vorstandsvorsitzenden von Nike, benannt ist. Er sponserte seine Alma Mater recht großzügig, sodass die öffentliche Bibliothek von 1937 nach modernstem Standard ausgebaut werden konnte (1501 Kincaid St., http://library.uoregon.edu > Locations).

Von 1932 stammt das rote Backsteingebäude des **Jordan Schnitzer Museum of Art,** dessen Kollektion an Kunstwerken aus der ganzen Welt fast 13 000 Exponate umfasst. Besonders interessant ist die Sammlung amerikanischer Kunst mit dem Schwerpunkt Pazifischer Nordwesten – die meisten Bilder des Expressionisten Morris Graves (1910–2001) befinden sich hier (1430 Johnson Lane, Tel. 541-346-3027, http://jsma.uoregon.edu, Do–So 11–17, Mi bis 20 Uhr, Erw. 5 $, Kin. unter 18 J. frei).

Auf dem Gelände der Universität gibt es auch zwei ältere Gebäude im viktorianischen Baustil, **Deady Hall** und **Villard Hall.** Viele Bäume umschatten das großzügige, parkartige Gelände, und so kann es einfach Spaß machen, am PLC Tower in der Mitte zu sitzen und den jungen Leuten beim Frisbeewerfen oder dem beliebten Hacky-Sack-Spiel zuzusehen.

Infos

Convention & Visitor Center: 754 Olive St., Tel. 541-484-5307, www.eugenecascadescoast.org/visitors, Mo–Fr 9–17, Sa 10–16 Uhr.

Übernachten

Gutes Preis-Leistungs-Verhältnis – **Comfort Suites:** 3060 E 25th Ave., Tel. 541-343-7000, www.eugeneuniversityhotel.com. Standard-Hotelkette, 56 Zimmer, Pool, Preis inkl. Frühstück. €€€

Geräumige Suiten – **Candlewood Suites:** 3005 Franklin Blvd., Tel. 541-683-8000, www.

ihg.com/candlewood/hotels/us/en/reservation. Für längeren Aufenthalt geeignet, mit Kitchenette, Essplatz. €€€
Modern in historischem Gebäude – **The Gordon Hotel:** 555 Oak St., Tel. 541-762-0555, www.thegordonhotel.com. Viel moderne Kunst und eine stilvolle Möblierung haben diesem neuen Hotel zu Auszeichnungen verholfen. €€€
Stilvoll übernachten – **Campbell House Inn:** 252 Pearl St., Tel. 541-343-1119 oder (800) 264-2519, www.campbellhouse.com. 21 in unterschiedlichen Stilen eingerichtete Zimmer in einer Villa und dem Kutscherhaus aus dem Jahr 1892, an einem wunderbaren Park gelegen. Unter der Woche preiswerter. €€–€€€
Direkt am Fluss – **Valley River Inn:** 1000 Valley River Way, Tel. 800-543-8266 oder 541-743-1000, www.valleyriverinn.com. Am Willamette gelegenes 257-Zimmer-Hotel mit gutem Standard, Pool, Restaurant. €€

Essen & Trinken

Originell – **Steelhead Brewing Comp.:** 199 E 5th Ave., Tel. 541-686-2739, www.steelheadbrewery.com, Di–Fr 11.30–20.30, Sa, So 10–20.30 Uhr. Gute Pubatmosphäre (viel TV), deftige Speisen wie Pizza und Burger sowie hauseigene Brauerei für McKenzie-Biere. Burger ab 17 $.
Französisch-amerikanische Küche – **Rye:** 444 E 3rd Ave., Tel. 541-653-8509, http://ryeon3rd.com, Lunch Mo–Fr 11.30–14 Uhr, Dinner Mo–Do 17–21, Fr, Sa 17–22 Uhr. Spartanische Einrichtung, kleine Terrasse, lokale Zutaten, Sandwiches (Lunch) um 9 $.
Mediterran – **Ambrosia:** 174 E Broadway, Tel. 541-342-4141, www.ambrosiarestaurant.com, Mo–Fr 11.30–24, Sa, So ab 17 Uhr. Gute Salate, Pastas; Barbecue Pork Pizza 14 $.
Northwest-Küche – **Marche:** 296 E 5th Ave., Tel. 541-342-3612, http://marcherestaurant. com, Lunch tgl. ab 11.30, Dinner tgl. ab 17.30 Uhr. Im Holzofen gerösteter Lachs 16 $ (Lunch). Das Restaurant liegt im Erdgeschoss des Farmers Market, alles ist sehr frisch und wird unter Verwendung von Bioprodukten zubereitet. Sandwiches zum Lunch um 10 $, Spargelsalat mit Enteneiern 11 $.

Einkaufen

Märkte – **Lane County Farmers Market:** 8th und Oak St., Park Blocks jeweils Di 10–15, Sa 9–15 Uhr, www.lanecountyfarmersmarket.org. Seit 1915 gibt es den Zusammenschluss der Farmer des Landkreises. Es darf nur Mitglied werden, wer die Produkte selbst anbaut oder züchtet. **5th Street Market:** 296 E 5th Ave., www.5stmarket.com, Mo–Sa 10–19, So 10–18 Uhr. Eine kleine Mall (Markthalle) mit viel Kunsthandwerk und zahlreichen Bistros und Boutiquen.

Aktiv

Weingutbesichtigung – **King Estate Winery:** ca. 15 km außerhalb der Stadt, 80854 Territorial Rd., Tel. 541-685-5189 (Probierraum), www.kingestate.com, Weinproben tgl., aber nur mit Voranmeldung. Südlich von Eugene liegt ein ungewöhnliches Weingut. Im Stil eines italienischen Gutshofs mit Campanile thront das gelbe Gebäude auf einer Anhöhe. Man kann Wein probieren und kaufen oder eine informative Führung durch die Kelterei machen. Neben dem *tasting room* gibt es ein sehr gutes Restaurant, schöne Terrasse mit wunderbarem Blick. *Beef Tenderloin* 34 $.

Termine

Bach Festival: 17 Tage im Juni/Juli, www.oregonbachfestival.com. Johann Sebastian Bachs Kompositionen und seine Einflüsse auf andere Komponisten sind seit 1970 Schwerpunkt des Festivals, Karten ab 15 $.
Oregon Festival of American Music: Juli/Aug., www.theshedd.org. Bunter Überblick zu Folk, Jazz und und älteren Musikbewegungen; Veranstalter ist das John G. Shedd Institute.
Lane County Fair: Juli, www.atthefair.com. Das Highlight des Sommers ist der sechstägige Veranstaltungsreigen mit Konzerten, Shows, Wettbewerben und jeder Menge Verkaufsständen.
First Friday Art Walk: erster Fr im Monat. Kostenlose Führung durch Downtown und die Galerien. Veranstalter ist das Lane Arts Council, 1590 Willamette St., Ste 200, Tel. 541-485-2278, http://lanearts.org.

Oregons Küste

Meistens neigen auch amerikanische Werbebroschüren etwas zur Übertreibung, und die bunten Hefte der Touristeninformationen bilden da keine Ausnahme. Aber für die annähernd 600 km lange Pazifikküste von Oregon stimmen die Lobeshymnen: Es ist eine überwältigend abwechslungsreiche, grandiose Landschaft, die der Highway 101 wie eine Lebensader durchzieht.

Nordküste

Im Sommer ist der nördliche Teil der Küste ein beliebtes Reiseziel für Amerikaner; auch für einen Kurztripp von Portland oder Salem (ca. 2 Std.) ist der Abschnitt zwischen Astoria und Newport schnell zu erreichen. Viele kleinere Orte bieten zahlreiche Unterkünfte, auch Plätze für Camper gibt es in ausreichender Zahl und die langen, goldgelben Strände laden zum Wandern, Surfen und Muschelsuchen ein. Einzelne Felsbrocken geben der Sandlandschaft ein ganz eigenes Gepräge, den vielen Wasservögeln dienen sie oft als Refugium.

Bei Radfahrern ist der Teil zwischen Rockaway Beach und Lincoln City ausgesprochen beliebt, weil es schöne Routen abseits des Highway 101 gibt, die kaum von Autos und, besonders wichtig, nur von wenigen Lkws befahren werden. Im Sommer sollte man auf jeden Fall von Norden nach Süden fahren, dann hat man den Nordwestwind im Rücken.

Astoria ▶ B/C 6/7

Dem in Deutschland geborenen Johann Jacob Astor verdankt die kleine Stadt an der Mündung des Columbia River ihren Namen. Der erfolgreiche Pelzhändler richtete schon 1811 das **Fort Astoria** ein, um von dort aus seinen Handel mit Asien zu betreiben. Später erhielt die Ansiedlung als Erste eine Poststation und kam wegen ihrer Lachs-Verarbeitungsfabriken und als Umschlagplatz für den Holzhandel zu wirtschaftlicher Blüte. Manche der aus dieser Zeit Ende des 19. Jh. stammenden viktorianischen Holzhäuser haben die beiden großen Brände von 1883 und 1922 überstanden und die wirtschaftliche Bedeutungslosigkeit, in die Astoria bis in die 1980er-Jahre versank, hat das ihrige dazu beigetragen, dass an manchen Ecken der an einem steilen Hang gelegenen Stadt noch etwas vom Charme der Vergangenheit zu finden ist.

Heute ist Astoria häufig Ziel der großen Kreuzfahrtschiffe, die immer noch unter dem hoch gebauten Teil der 1961 errichteten Brücke hindurchpassen. Der Film »Free Willy« wurde übrigens in Astoria gedreht, in der **Hammond Marina** gelang dem Wal der Sprung in die Freiheit. Auch »Kindergarten Cop« und »Die Goonies« sind hier entstanden. Im Visitor Center erhält man eine Broschüre zu den Drehorten und kann sie besichtigen.

Hauptattraktion der Stadt ist die 38 m hohe **Astoria Column** auf dem Stadthügel Coxcomb Hill. Von dort hat man eine spektakuläre Aussicht über die Mündung des Columbia River und die Küste. Die Säule wurde 1926 aufgestellt und dokumentiert mit Bildern die Geschichte der Region. Auch die Entdecker Lewis und Clark waren hier und überwinterten 1805/06 in **Fort Clatsop** (tgl. von Sonnenauf- bis Sonnenuntergang geöffnet). Es gibt einen **Riverwalk** am Fluss entlang, den man sich natürlich mit Radfahrern und Skatern teilen muss.

ZEHN STELLEN ZUR WALBEOBACHTUNG

Im Frühjahr und Herbst ziehen die großen Grauwale die Oregon-Küste entlang, mitunter so nah am Ufer, dass man die Gruppen mit dem Fernglas gut erkennen kann. Zehn besonders geeignete Stellen sind entlang der Küste ausgewiesen:
Neahkahnie Mountain, Milepost (MP von Astoria aus gerechnet) 40,5; **Cape Meares State Park,** MP 65 – man muss ein Stück auf den Felsen klettern; **Boiler Bay State Scenic Viewpoint,** MP 126,4 – hier sind auch im Sommer Wale zu sehen, die nicht wandern; ebenso am Whale Watching Center in **Depoe Bay,** MP 128, und an **Cape Foulweather,** MP 131,2; **Cape Perpetua Overlook,** MP 166,9 – nördlich vom Visitor Center weiterfahren bis zum höchsten Punkt; Ausweichbucht an den **Sea Lion Caves,** MP 179; **Umpqua River Whale Watching Station,** MP 215,5; **Port Orford – Battle Rock Wayfinding Point,** MP 301,1, und **Cape Sebastian** – dort der obere Parkplatz, MP 334,8.

Columbia River Maritime Museum

1792 Marine Dr., Tel. 503-325-2323, www.crmm.org, tgl. 9.30–17 Uhr, Erw. 16 $, Kin. (6–17 J.) 5 $

Auf jeden Fall lohnend ist ein Besuch des **Columbia River Maritime Museum** im Maritime Park, wo man nahezu alles über die Geschichte der hiesigen Schifffahrt lernen kann. Schiffsmodelle, Boote in Originalgröße und das ehemalige Feuerschiff, jede Menge Fotografien und Skulpturen der Inuit aus Walrosszähnen werden in einem lichtdurchfluteten Gebäude didaktisch durchdacht präsentiert.

Infos

Astoria-Warrenton Area Chamber of Commerce & Visitor Center: 111 W Marine Dr., Tel. 503-325-6311, www.travelastoria.com, im Sommer tgl. 8–18, in der übrigen Zeit Mo–Fr 9–17 Uhr.

Übernachten

Boutiquehotel in Downtown – **Hotel Elliott:** 357 12th St., Tel. 503-325-2222, www.hotelelliott.com. Restauriertes Haus von 1924, 32 unterschiedliche Zimmer, manche mit Kamin, Dachgarten mit schöner Aussicht. Preis inkl. Frühstück. €€€

Solide Kette – **Holiday Inn Express Hotel:** 204 West Marine Dr., Tel. 888-898-6222, www.astoriahie.com. Direkt unter der Brücke nach Washington liegt das 2004 eröffnete 78-Zimmer-Hotel mit Blick auf den Fluss. Indoor-Pool, Kühlschrank, Mikrowelle. €€€

B & B in historischem Haus – **Rose River Inn:** 1510 Franklin Ave., Tel. 888-876-0028 oder 503-325-7175, www.roseriverinn.com. 5 unterschiedlich dekorierte Zimmer, Kinder unter 16 Jahren nicht gestattet. €€–€€€

Gründerzeit, amerikanisch – **Crosby House:** 364 Bond St., Tel. 503-325-4922, https://crosbyhousebnb.com. Drei liebevoll eingerichtete Zimmer in einem Queen-Anne-Haus mit Blick auf die Mündung des Columbia River. €€

Essen & Trinken

Westcoast-Fisch – **Silver Salmon Grille:** 1105 Commercial St., Tel. 503-338-6640, www.silversalmongrille.com, tgl. ab 11 Uhr. Den Lachs serviert man auf einem edlen Erlenholzbrett mit *Dungeness Crab.* Dinner-Gerichte um 20 $.

Italienische Küche – **Fulio's Pastaria:** 1149 Commercial St., Tel. 503-325-9001, www.fulios.com, tgl. 11–22 Uhr. Pasta ab 8,50 $.

Oregon-Pfannkuchen-Kette – **Pig'n' Pancake:** 146 W Bond St., Tel. 503-325-3144, www.pignpancake.com, tgl. 6–22 Uhr. Frische, hausgemachte Pfannkuchen und Waffeln zum Frühstück. Um 5 $. Auch Lunch und Dinner.

Einer der beliebtesten Strände in Oregon: der Cannon Beach mit dem Haystack Rock

Abends & Nachts

Musikkneipe & Brauerei – **Wet Dog Café:** 144 11th St., Tel. 503-325-6975, www.wetdogcafe.com, So–Do 11–21, Fr, Sa bis 22 Uhr. Das Wet Dog Café ist eher ein Pub als ein Restaurant, aber es gibt Burger und Sandwiches zum Bier. Am Wochenende wird oft Livemusik geboten, dann ist es meist recht voll; Terrasse mit Blick auf die Brücke über den Columbia River. Vier weitere Bars gehören zu dieser lokalen Kette.

Aktiv

Sightseeing-Tour – **Astoria Riverfront Trolley:** www.old300.org. Der rote Straßenbahnwagon fährt tagsüber den Marine Drive entlang, zwischen Basin St. und 36th St., zusteigen kann man überall, er hält auf Zuwinken. Hin- und Rücktour mit Erklärungen zu Sehenswertem dauern 40 Min. und kosten nur 1 $.

Cannon Beach ▶ B 7

Wie Perlen auf einer Schnur reihen sich südlich von Astoria die Ferienorte aneinander. Durch das Familienbad Seaside führt der Highway 101 hindurch, im Sommer braucht man hier viel Geduld. Besonders Mitte Juni wird es in **Cannon Beach** eng, weil sich dann die Sandkünstler zu einem »Sand Castle Contest« treffen und erstaunliche Figuren und Gebilde aus Sand formen (s. rechts).

Ein Blickfang und beliebtes Fotomotiv ist der **Haystack Rock,** ein alleinstehender Felsen von immerhin 71 m Höhe. Er ist bevorzugter Nistplatz für Gelbschopflunde *(tufted puffin)* und am Fuß des Monoliths sind Seesterne in allen Farben zu finden.

Cannon Beach hat sich noch etwas vom ursprünglichen Charme eines alten Seebades erhalten: Die Häuser direkt an der Düne passen zur Landschaft und der kilometerlange Sandstrand lädt besonders bei Ebbe zum Wandern ein. Dabei trifft man bis in den Juni Muschelsucher, die mit einer Röhre in den Sand bohren, einen Unterdruck erzeugen und so Muscheln (*razor clam* – Schwertmuschel) herausholen. Wegen schwankender Wasserqualität ist das Sammeln mitunter verboten. Viel Erfahrung und aufmerksames Beobachten der winzigen Atemlöcher sind wohl eine Grundvoraussetzung, um bei dieser Beschaffungform der delikaten Meeresfrüchte erfolgreich zu sein.

Infos

Visitor Center Seaside: 7 N Roosevelt (direkt am Hwy 101), Tel. 503-738-3097 oder 1-888-306-2326, www.seasideor.com, tgl. 9–17 Uhr (im Sommer). Material zur gesamten Küste.

Information Center Cannon Beach: 207 N Spruce St. Ecke 2nd St., Tel. 503-436-2623, www.cannonbeach.org, tgl. 9–18 Uhr.

Übernachten

Direkt am Strand – **Schooners Cove Inn:** 188 N Larch, etwas außerhalb der Stadt, Tel. 503-436-2300 oder 1-800-843-0128, www.schoonerscove.com. Mit Zedernschindeln gedecktes größeres Hotel und Spa, gehobener Standard, Zimmer und Suiten mit Mikrowelle, Kühlschrank. Mindestaufenthaltsdauer: 3 Nächte. €€€

Essen & Trinken

Fischrestaurant mit Meerblick – **Wayfarer:** 1190 Pacific Dr., Tel. 503-436-1108, www.wayfarer-restaurant.com, ab 8 Uhr Frühstück. Gehobene Küche aus regionalen Zutaten. *Crab Cake* (Lunch) 18 $.

Expresso & Kakao – **Cannon Beach Chocolate Café:** 232 N Spruce St., Tel. 503-436-4331, https://cannonbeachchocolatecafe.com. Unglaublich gute Kakaos sowie Schokolade und Pralinen zum Mitnehmen. Kaffee, Tee und Milchshakes gibt's auch.

Aktiv

Surfen und Wellenreiten – **Cannon Beach Surf Lessons & Rentals:** 1042 S Hemlock, Tel. 503-791-3515, https://cannonbeachsurflessonsandrentals.com. Anfängerunterricht ab 175 $ inkl. Anzug und Board.

Radfahren – **Family Funcycles:** 1164 S Hemlock St., Tel. 503-436-2247. Liegeräder sind groß in Mode, oft sind ganze Familien damit am breiten Strand unterwegs. Die Preise und Zeiten sind vom Wetter abhängig.

Termin

Sandburgen-Wettbewerb: Mitte Juni. Nur einen Tag dauert der Wettbewerb, aber das Zuschauen bei der Entstehung der teilweise bizarren Figuren, Gebäude und Landschaften kann reizvoll sein, www.cannonbeach.org.

Von Tillamook Bay nach Lincoln City ▶ B 8

Nach Cannon Beach verlässt der Highway 101 immer wieder die Küste und führt durch teilweise dichten Wald. **Manzanita, Nehalem** und **Wheeler** sind winzige Dörfer ohne Fremdenverkehr, erst **Rockaway Beach** und **Garibaldi** haben wieder ein wenig Infrastruktur zu bieten. An der **Tillamook Bay** schlängelt sich der Highway durch ein sanftes grünes Tal mit Viehweiden bis zur gleichnamigen Kleinstadt. Dort ist die berühmteste Käsefabrik Oregons zu besichtigen, man kann bei der Herstellung des Cheddar zusehen und anschließend frischen Käse, Joghurt oder Eis kaufen (www.tillamook.com).

Three Capes Scenic Loop

Von **Tillamook Bay** aus lohnt sich ein Abstecher auf dem Three Capes Scenic Loop; ca. 61 km sind es nach Cape Meares, Cape Lookout und Cape Kiwanda. Die Strecke ist hügelig und wird in mehreren Etappen streckenweise restauriert, zudem gehört sie zu den bevorzugten Routen der vielen Radwanderer. Aber die wunderschöne Landschaft und die spektakulären Ausblicke auf den Pazifik bieten viele Fotomotive. Zum Ansehen bieten sich an: das **Cape Meares Lighthouse** an der mächtigen schwarzen Klippe, die von Lummen und Kormoranen bewohnt wird, aber auch das **Cape Lookout** mit Campingplatz, die **Sand Lake Area** mit den ATV-Fahrern und das malerische **Cape Kiwanda** mit einem Haystock Rock vor dem Surferstrand. Kurz hinter **Pacific City** mündet der Loop auf den Highway 101 und führt in das touristische **Lincoln City** (s. a. S. 254). Da von hier aus Verbindungen nach Portland und Salem existieren, fahren die Großstädter schnell mal ans Meer. Die Motels und Apartmentblocks am Highway 101 verdecken die oberhalb der Klippe und am Strand liegenden Hotels und Häuser.

Infos

Visitor Center: 801 SW Highway 101, Suite 401, Lincoln City, Tel. 541-996-1274, www.oregoncoast.org, Mo–Fr 8–17 Uhr.

Übernachten

… in Lincoln City:

Am Strand – **Inn at Spanish Head:** 4009 SW Highway 101, Tel. 1-800-452-8127, www.spanishhead.com. 120 Zimmer mit Meerblick in einem hässlichen Bauklotz, aber direkt am Meer. Restaurant im obersten Stock. €€€

Stilvolles Boutiquehotel – **Shearwater Inn:** 120 NW Inlet Ct., Tel. 1-800-869-8069, www.theshearwaterinn.com. Guter Standard. Kostenlose Weinprobe am Nachmittag, 29 Zimmer, alle mit Meerblick, viele mit Gaskamin. Preis inkl. Frühstück. €€€

… **am Gleneden Beach** (ca. 8 km südl. von Lincoln City):

Luxus am Golfplatz – **Salishan Spa & Golf Resort:** 7760 Hwy 101 N, Tel. 1-800-452-2300,

Bizarre Felsformationen prägen das Cape Kiwanda

KITES AM STRAND VON LINCOLN CITY

Tour-Infos

Start: Der Ort für das Kitesurfen ist der Strand von Lincoln City. Hier trifft man das ganze Jahr über begeisterte Drachenflieger. Mehr Informationen unter www.oregoncoast.org/lincoln-city-summer-kite-festival.

Anbieter: Drachen kaufen: Winddriven, 1529 NW Highway 101, Tel. 541-996-5483, www.notjustkites.com.

Drachen bauen: PhantomStarDesign, 2818 SE 23rd Dr., Lincoln City, Tel. 541-994-8512, www.phantomstardesign.com.

An den breiten Sandstränden von Seaside, Cannon Beach, Rockaway Beach, Pacific City, Newport, Florence oder auch Port Orford wird Kiten betrieben, Lincoln City aber gilt als die Hauptstadt der Kiter – der Leute also, die Drachen in die Lüfte steigen und sie dort möglichst lange mit akrobatischen Figuren fliegen lassen.

Nun bieten sich viele der breiten Sandstrände entlang der Küste Oregons für diese Aktivität an, denn die nahezu perfekten Windbedingungen entstehen hier aus einem Mix aus warmer Luft vom Äquator und kalten polaren Strömungen.

Fakt ist aber, dass es in Lincoln City seit 1978 bereits ein Kite-Festival Anfang Oktober gibt, seit 1984 ein weiteres im Juni und im März sogar eines in einer Halle. Jährlich gewinnt dieser Sport

neue Freunde, und so verwundert es nicht, wie viele Anbieter von Kites sich schon entlang dem Highway 101 angesiedelt haben.
Inzwischen werden ganze Drachen-Bau-Programme angeboten, insbesondere für Kinder, die an einem Vormittag lernen, wie aus ein paar Stäbchen, einem speziellen Papier, etwas Klebstoff, Leine und jeder Menge bunter Farben ihr ganz persönlicher Drachen entsteht. Bereits vorgefertigte und zugeschnittene Bauteile erleichtern das Werkeln, man muss sich nur für eine der vielen Formen entscheiden und kann dann seine Farben wählen. Solche Workshops absolvieren auch Erwachsene und als besonderer Spaß gilt es, wenn eine ganze Familie miteinander ein fantasievolles Fluggerät baut.
Natürlich kann man auch fertige Drachen kaufen und zunächst einmal staunen, was für abenteuerliche Gebilde sich in den stetig wehenden Wind erheben sollen. Für den Anfänger werden meist dreieckige Formen angeboten, eine Herausforderung stellt in der Kategorie *advanced* aber durchaus der fünfteilige »Prism Nexus 5 Stack«-Drachen dar: Virtuos bringt der Lenker dieses Ungetüm in die Luft, steuert es und lässt es dann auch noch Pirouetten drehen.
Beim Kite Festival im Sommer gibt es neben den Wettbewerben der professionellen Drachenflieger auch die der Hobby-Kiter, dort kann jeder teilnehmen und viel Spaß erleben, besonders wenn sich die eigene Leine mit der der anderen verwickelt. Die Entscheidung, welches Modell man für seine eigenen Versuche wählt, hängt wohl in erster Linie vom Preis ab, von 10 bis 500 $ ist alles zu haben. Während des Sommer-Kite-Festivals im Juni wird zudem Unterricht angeboten. Aber auch Zuschauen von den Klippen aus ist ein grandioses Erlebnis.

www.salishan.com. Das 200-Zimmer-Hotel der gehobenen Klasse liegt direkt am Pazifik und inmitten des von Peter Jacobson entworfenen Golfplatzes. €€€

Termin

Kite Festivals: Ende Juni und Mitte Okt. Vorführungen von Kite-Surfern und Drachenfliegern aus aller Welt, Austragungsort ist die D-River State Wayside, www.oregoncoast.org (> Festivals and Events).

Mittlere Küste

Lincoln City (s. a. S. 253) gilt als nördlichster Ort der **Central Coast.** Die Landschaft wird von hier an rauer und felsiger, die Ausläufer der Coastal Range sind näher am Pazifik und die Zahl der Ortschaften nimmt deutlich ab.

Infos

Central Oregon Coast Association: P. O. Box 2094, Newport, OR 97365, Tel. 800-767-2064, http://visittheoregoncoast.com/region/central-coast.

Von Depoe Bay nach Süden ▶ B 9

Whale Watching Center

Oregon Parks and Recreation Whale Watching Center, 119 SW Highway 101, Tel. 541-765-3407, https://stateparks.oregon.gov/index.cfm?do=park.profile&parkId=183, im Sommer tgl. 10–17 Uhr

Der kleine Ort **Depoe Bay** mit 1100 Einwohnern zieht sich am Highway 101 entlang und hat außer dem **Whale Watching Center** nördlich der Brücke nicht viel zu bieten. Zwischen 1500 und 2000 Grauwale werden dort jährlich gezählt, fast 60 Tiere sollen sich ständig dort vor der Küste aufhalten. Insgesamt ca. 20 000 Grauwale ziehen im Dezember und Januar südwärts und im Frühjahr wieder Richtung Alaska. Im Center lässt sich viel über die gefährdeten Meeressäuger erfahren; die Ranger sind sehr hilfsbereit und haben auf (fast) alle Fragen eine Antwort. Zu den Wanderzeiten der Wale (meist zwischen Weihnachten und Neujahr sowie in der letzten Märzwoche) stehen Freiwillige an designierten Beobachtungspunkten für Erklärungen bereit.

Cape Foulweather

Am **Cape Foulweather** kurz vor **Otter Rock** soll der Entdecker James Cook 1778 geankert haben, weil ein Sturm aufzog. Sturmbeobachtung wird übrigens in vielen Broschüren als eine beliebte Aktivität für den Herbst und Winter angepriesen.

Newport ▸ B 9

Newport hat sich von einer Hafenstadt zu einem liebenswerten Anziehungspunkt für Touristen entwickelt.

Historic Bayfront

Die **Historic Bayfront** am kleinen Hafen in der Yaquina Bay wartet mit einer Vielfalt an Geschäften, Restaurants und Bars auf. Von anspruchsvoller Galerie bis zum eher schmuddelig wirkenden Souvenirgeschäft mit viel Kitsch ist alles vertreten.

Nicht nur auf der berühmten Pier 39 in San Francisco lassen sich Seelöwen häuslich nieder, auch in Newports Hafen braucht man nur dem lauten Gebell zu folgen, bis man ihre bevorzugte Lagerstätte findet. Die Fischfabriken dort locken die Tiere an, allerdings sind es bei Weitem nicht so viele wie in Kalifornien.

Nye Bay Beach

Am **Nye Bay Beach** wird die 10 500-Einwohner-Stadt aufgehübscht, ältere Gebäude werden restauriert und kleine Boutiquen und Galerien ziehen ein.

Yaquina Bay Lighthouse

https://yaquinalights.org/about-yaquina-bay-lighthouse/

Die meisten Orte müssen sich mit einem Leuchtturm begnügen, Newport hat gleich zwei, wobei das im Süden gelegene **Yaquina Bay Lighthouse** (1871) das älteste Bauwerk Newports ist und kostenloses Parken bietet.

Oregon Coast Aquarium

2820 SE Ferry Slip Rd., Tel. 541-867-3474, http://aquarium.org, tgl. im Sommer 9–18, sonst 10–17 Uhr, Erw.22,95 $, Jugendl. 13–17 J. 19,95 $, Kin14,95 $

Das **Oregon Coast Aquarium** beherbergt Seeotter, Robben, Pinguine und interessante Quallen. Man kann inmitten von Haien, Heilbutten und Schildkröten tauchen, eine Tour führt ›hinter die Kulissen‹, wo man einige der Tiere auch berühren darf.

Hatfield Marine Science Center

2030 SE Marine Science Dr., Tel. 541-867-0226, http://hmsc.oregonstate.edu, im Sommer tgl. 10–17, im Winter Do–Mo 10–16 Uhr, Eintritt frei

Im Hatfield Marine Science Center widmen sich Meeresbiologen, Vulkanforscher und Umweltschützer gemeinsam der Erforschung des Meeres. Die Ausstellungen im dortigen Visitor Center beschreiben die Flora und Fauna sowie die Geologie unter Wasser.

Infos

Visitor Center: 555 SW Coast Hwy, Tel. 541-265-8801, Mo–Fr 9–17 Uhr, www.newportchamber.org, http://discovernewport.com.

Übernachten

Für mehrtägige Aufenthalte – **Starfish Point:** 140 NW 48th St., Tel. 541-265-3751, www.starfishpoint.com. Sehr schöne Anlage oben auf der Felsküste, mit Meerblick, großzügige Wohnungen mit Küche sowie Balkon. €€€

Originelles Haus auf dem Kliff – **The Sylvia Beach Hotel:** 267 NW Cliff, Tel. 541-265-5428 oder 888-795-8422, http://sylviabeachhotel.com. 21 Zimmer am Nye Beach in einem renovierten älteren Haus, individuell für Literaturliebhaber eingerichtet. Kein TV, kein Radio oder Telefon. Preis inkl. Frühstück. €€€

Apartments mit Meerblick – **Little Creek Cove:** 3641 NW Oceanview Dr., Tel. 1-800-294-8025 oder 541-265-8587, www.littlecreekcove.com. 30 funktionale Condos, Küche, Gaskamin, Internet. Mind. 2 Nächte. €€€

Essen & Trinken

North-West-Coast-Küche – **Zach's Bistro:** 614 W Olive St. (an der Nye Bay), Tel. 541-265-2929, www.oregonbistro.com, So–Di 8.30–14, Do–Di 16.30–21.30 Uhr Dinner. Lachs um 22 $.

Fischrestaurant – **Local Ocean Seafoods:** 213 SE Bay Blvd., Tel. 541-574-7959, www.loca

locean.net, tgl. 11–21 Uhr. Frischer Fisch und Meeresfrüchte tgl. auf der Speisekarte *(catch of the day)*. Lachs, Heilbutt um 20 $.
Coffeeshop – **Café Stephanie:** 411 NW Coast St., Tel. 541-265-8082, ab 9 Uhr. Gut für Frühstück und Lunch. Blaubeer-Pfannkuchen 4,50 $.

Aktiv

Walbeobachtung – **Marine Discovery Tours:** 345 S W Bay Blvd., Tel. 541-265-6200, www.marinediscovery.com. In Zusammenarbeit mit dem Oregon Coast Aquarium werden täglich Touren zur Beobachtung großer und kleiner Meereslebewesen angeboten. Erw. 38 $.
Tiefseefischen – **Newport Tradewinds:** 653 SW Bay Blvd., Tel. 541-265-2101, www.newporttradewinds.com. 5 Std./70 $.
Radfahren – **Bike Newport:** 150 NW 6th, Tel. 541-265-9917, Mo–Sa 10–18 Uhr, http://bikenewport.com.Leihgebühr 50 $/Tag inkl. Helm.

Cape Perpetua National Scenic Area ▶ B 10

Die höchste Erhebung an der Oregon-Küste ist das inmitten des **Siuslaw National Forest** gelegene **Cape Perpetua.** In 244 m Höhe hat man einen wunderbaren Blick über die Küstenlinie, bei klarer Sicht soll man bis zu 100 km weit sehen können.

Saint Perpetua Trail

www.fs.usda.gov/activity/siuslaw (> Recreation > Hiking > Day Hiking); Nutzung des Gebiets 5 $ pro Tag
In diesem Teil des Siuslaw National Forest sind zahlreiche Wanderwege ausgewiesen, die durch Wald mit Sitkafichten führen. Ein besonders schöner ist der ca. 5 km lange, beim Cape Perpetua Visitor Center beginnende Rundweg **Saint Perpetua Trail.** Er führt u. a. zum höchsten Punkt des Cape, meist durch dichten Wald, wobei er aber immer wieder Ausblicke auf den Pazifik freigibt. Wer die Fahrt mit dem Auto bevorzugt, kann die gut ausgebaute Forest Road 5553 zum Aussichtspunkt nehmen.

Heceta Head Lighthouse

92072 Hwy 101 South Yachats, https://oregonstateparks.org
Auf dem Abschnitt bis Florence erreicht der Highway 101 selten direkt die Küste, oft ist er umrahmt von dichtem Wald und steilen Felsen. Ein schöner Punkt zum Anhalten und Fotografieren ist das **Heceta Head Lighthouse** auf einer Felsnase, im gleichnamigen State Park gelegen.

Infos

Cape Perpetua Visitor Center: ca. 4 km südlich von Yachats, 2400 Hwy 101, Tel. 541-547-3289, www.fs.usda.gov/recarea/siuslaw (> Home > Cape Perpetua Scenic Area > At a Glance), tgl. 10–16, im Sommer tgl. 9.30–16.30 Uhr.

Übernachten

Absolut ungewöhnliche Lage – **B & B Heceta Lighthouse:** 92072 Hwy 101 South Yachats, Reservierungen Tel. 866-547-3696, www.hecetalighthouse.com. Das ehemalige Leuchtturmwärterhaus von 1894 befindet sich in unmittelbarer Nähe zum Leuchtturm und ist heute ein ansprechendes B & B mit 6 Zimmern. €€€

Sea Lion Caves ▶ B 10

91560 Hwy 101 N, Tel. 541-547-3111, www.sealioncaves.com, tgl. 9–17 Uhr, Erw. 16 $, Kin. (5–12 J.) 10 $
Mit einem Fahrstuhl fährt man 63 m hinunter zu den Grotten in den steilen Felsen und kann dort mit etwas Glück große Kolonien von Seelöwen beobachten. Um die Tiere in ihrem natürlichen Umfeld nicht zu stören, gibt es im Innern keine Lampen und Blitzlicht ist verboten, sodass die Eindrücke nicht ganz so spektakulär sein können wie an den Piers in Newport oder San Francisco. Die Basaltsteinhöhlen werden das ganze Jahr über von den Stellerschen Seelöwen (einer Seelöwenart, die nur im Nordpazifik vorkommt) aufgesucht, im Sommer liegen sie mit ihren Jungen jedoch meist außerhalb auf den Felsen davor.

Südküste

Je weiter man nach Süden kommt, desto menschenleerer wird die Küste, dafür reihen sich die National Forests fast nahtlos aneinander. Eine gigantische Dünenlandschaft und riesige mythenumrankte Felsbrocken an den Stränden bilden die markanten Kennzeichen dieses Küstenteils von Florence bis hin zur kalifornischen Grenze bei Brookings.

Florence ▶ B 10

Mitte bis Ende Mai präsentiert sich das kleine Städtchen **Florence** in einer ganz speziellen Pracht: Die Rhododendrenblüte beginnt und mit einem Fest am dritten Wochenende im Wonnemonat feiern die Bewohner den Beginn des Sommers. Die **Old Town** mit ihren vielen Geschäften, Boutiquen und Restaurants ist klein und übersichtlich, die Architektur der meisten Gebäude stammt aus dem frühen 20. Jh. In vielen der alten Ziegel- und Holzhäuser sind kleine Galerien zu finden, vorwiegend lokale Künstler und Kunsthandwerker stellen hier ihre Werke aus. Weil die Oregon Dunes südlich vom Ort beginnen, hat sich eine Reihe von Kettenmotels entlang des Highway 101 angesiedelt, was den Reiz des Ortes leider nicht gerade erhöht.

Infos

Visitor Center: 290 Hwy 101, Tel. 541-997-3128, www.florencechamber.com, Mo–Fr 9–17, im Sommer Sa 10–14, So 11–15 Uhr. Im Besucherzentrum gibt es u. a. Karten für die Oregon Dunes.

Übernachten

Am Rand der Old Town – **River House Inn:** 1202 Bay St., Tel. 1-888-824-2454, www.riverhouseflorence.com. Am Fluss gelegenes 40-Zimmer-Hotel, 22 davon mit Balkon zum Wasser. Mikrowelle, Kühlschrank. €€€

Großzügige Zimmer – **Landmark Inn:** 1551 4th St., am Rand der historischen Innenstadt auf einem Hügel, Tel. 1-800-822-7811, www.landmarkmotel.com. Freundlich geführtes Haus mit 12 geschmackvollen Zimmern, teilweise mit Kitchenette, gutes Preis-Leistungs-Verhältnis. €€€

Direkt am Meer – **Driftwood Shores:** 88416 1st Ave., Tel. 1-800-422-5091 und 541-997-8263, www.driftwoodshores.com. Alle 137 einfach ausgestatteten Zimmer haben Meerblick, viele mit Kitchenette. Indoor-Pool mit Kinderbereich. €€–€€€

Essen & Trinken

Frischer Fisch – **Bridgewater Ocean Fresh Fish House & Zebra Bar:** 1297 Bay St., Tel. 541-997-1133, www.bridgewaterfishhouse.com, Di geschl., sonst tgl. ab 11 Uhr. Im alten Teil der Stadt, amerikanisch gediegen, Muscheln zum Lunch 10 $.

Termin

Rhododendron Festival: Mai, s. links.

Oktoberfest: Anfang Okt. Florence Events Center, 715 Quince St. Von 8 bis 20 Uhr gibt es jede Menge Bratwürste und Sauerkraut zu essen, mit musikalischer Unterhaltung.

Oregon Dunes National Recreation Area ▶ B 10/11

Sie sind vom Highway 101 aus fast nicht zu sehen, die riesigen Sanddünen entlang der Küste von **Florence** bis **Coos Bay.** Immer wieder verdecken Bäume den Blick und bieten zugleich Schutz für die Sandberge und auch die Autofahrer, sonst würde der Sand die Straße bald verschwinden lassen. Man muss schon hineinfahren in das 50 km lange Gebiet, um die bis zu 150 m hohen Sandberge, die kleinen Teiche und Wäldchen dazwischen zu entdecken. Es gibt zahllose Wanderwege, die jeweils von den offiziellen Einfahrtswegen und ihren Parkplätzen abgehen. Für einen kurzen Eindruck empfiehlt sich der **Oregon Dunes Overlook** südlich von Dunes City.

Das Geräusch von Geländefahrzeugen kann durchaus als störend empfunden werden, aber für viele Besucher der Dünen ist das Rasen

Die Oregon Dunes sind bis zu 150 m hoch

über die Sandberge der ultimative Kick. Dieses größte zusammenhängende Dünengebiet von Nordamerika soll vor fast 12 Mio. Jahren entstanden sein, weil hier die Küste wesentlich flacher und weniger felsig verläuft als an den anderen Abschnitten.

Umpqua Lighthouse State Park ▶ B 10

www.oregonstateparks.org (> Visit > Find a Park)

Westlich von Reedsport an der Winchester Bay befinden sich der kleine Park mit dem **Umpqua River Lighthouse and Museum** (www.umpquavalleymuseums.org, Besichtigung im Sommer tgl. 10–16, sonst 10–15 Uhr).

Auf der Landzunge am Leuchtturm ist einer der zehn **Walbeobachtungspunkte** (Umpqua River Whale Watching Station).

Infos

Oregon Dunes National Recreation Area Visitor Center: 855 Highway Ave., Reedsport, Tel. 541-271-6000, www.fs.fed.us/r6/si uslaw. Im Sommer tgl. 8–16.30 Uhr (ebenfalls hilf reich: www.stateparks.com/oregon_dunes.html). Für die Einfahrt in das Dünengebiet ist ein Tagespass erforderlich, der 5 $ kostet.

Übernachten

Camping – **USDA Forest Service:** Tel. 541-750-7000, www.fs.usda.gov/activity/siuslaw (>Recreation > Camping-Cabins), um 20 $. Es gibt ca. 40 Plätze zwischen Florence und North Bend. Sämtliche dieser Plätze haben Toiletten und Trinkwasser, aber nicht alle bieten Möglichkeiten, den Müll zu entsorgen.

Aktiv

... bei Florence:

Geführte Buggy-Touren – **Sandland Adventures:** 85366 Hwy 101, SO, Tel. 541-997-8087, www.sandland.com. 1-stündige Gruppentour 75 $.

Sand Rail Tours – **ATV – All-Terrain-Vehicle-Verleih:** Torex ATV rentals, 83960 Hwy 101, Tel. 541-997-5363, http://torexatvrentals.com, tgl. 9–17 Uhr, ab 60 $/Std.

... in Reedsport (ca. 25 km südl. von Florence):

Spaß & Lernen – **Umpqua Discovery Center:** Umpqua Discovery Center, 409 Riverfront Way, Tel. 541-271-4816, www.umpquadiscoverycenter.com, im Sommer Di–Sa 10.30–16:30, So 12–16 Uhr, Erw. 8 $, Kin. (5–16 J.) 4 $. Bei den Vorträgen geht es um die Geschichte der Meere, viel Wissenswertes wird hier vermittelt.

Coos Bay-North Bend (Coos Bay) ▶ B 11

An der größten geschützten Bucht zwischen Seattle und San Francisco hat sich die Doppelstadt **Coos Bay-North Bend** zu einem industriellen Zentrum mit über 25 000 Einwohnern entwickelt. Der tiefe natürliche Hafen ist der wichtigste Holzumschlagplatz in Oregon; entsprechend viele mit gigantischen Stämmen beladene Trucks bevölkern die Straßen und insbesondere den mitten durch die Stadt führenden Highway 101.

Zwar wird der Anschluss ans Tourismusgeschäft gesucht, aber die Küste ist felsig und es fehlt offenbar auch an Attraktionen. Wenn man das Be- und Entladen der Schiffe beobachten möchte, gibt es einen **Harbor Boardwalk** mit Informationstafeln.

Coos Art Museum

235 Anderson Ave., Coos Bay, Tel. 541-267-3901, www.coosart.org, Di–Fr 10–16, Sa, So 13–16 Uhr, 5 $

Ein kleiner Lichtblick ist für Kunstinteressierte das **Coos Art Museum** mit seinem Schwerpunkt Künstler des amerikanischen Nordwestens.

Ziele in der Umgebung

Einen kleinen Umweg lohnt die **Golden and Silver Falls State Natural Area,** die man über den Coos River Highway erreicht (ca. 39 km nordöstlich). Hier gibt es einige beeindruckende Wasserfälle, die über 30 m tief über Basaltgestein in die Tiefe donnern (www.oregonstateparks.org > Visit > Find a Park).

Der **Sunset Bay State Park** dagegen wartet mit Sandstrand und Campingplätzen auf; er liegt abseits vom Highway 101 kurz hinter dem Fischerdorf Charleston (www.oregonstateparks.org > Visit > Find a Park).

Bandon ▶ B 11

Von Coos Bay nach **Bandon** entfernt sich der Highway 101 wieder von der Küste und führt durch einsame Wälder. Bandon-on-Sea als die erste Ansiedlung nach etwa 40 km ist zwar auch nur ein größeres Straßendorf, weist aber eine kleine **Old Town** an der Mündung des Coquille River auf und hat vor allem einige Hotels direkt auf der Klippe über dem mit Felsbrocken gespickten Strand. Zudem hat sich der Ort einen Namen als ›Cranberry-Hauptstadt‹ von Oregon gemacht, was seit 1946 Mitte September mit einem Fest gefeiert wird (s. rechts).

Nur 3100 Einwohner leben in Bandon, aber in der Urlaubszeit und an den Wochenenden kann es ziemlich voll werden. Vorausbuchungen für Unterkünfte sind daher vom Frühjahr bis Spätsommer auf jeden Fall zu empfehlen.

Im **Dew Valley** liegt geschützt vom Küstenwind der 18-Loch-Golfplatz Bandon Crossings. Das anspruchsvolle Gelände wurde vom ehemaligen Golfprofi Dan Hanson entworfen.

Infos

Chamber of Commerce Visitor Center: 300 Second St., Tel. 541-347-9616, www.bandon.com, tgl. 10–16 Uhr.

Übernachten

Auf der Klippe – **Windermere on the beach:** 3250 Beach Loop Rd., Tel. 541-347-3710, www.windermereonthebeach.com. Das Motel außerhalb von Old Town auf der Klippe besteht aus kleinen Häusern, 8 gelten als *luxury* und 16 als *traditional*. Alle Zimmer bieten Blick aufs Meer. €€€

Essen & Trinken

West-Coast-Küche – **Alloro Wine Bar & Restaurant:** 375 Second St. SE, Tel. 541-347-1850, www.allorowinebar.com, ab 17 Uhr. Sehr gute *West Coast Cuisine* mit italienischen Akzenten. Übers Jahr werden spezielle 3-Gänge-Menüs mit Oregon-Weinen angeboten. Neben dem Essen gibt es wechselnde Kunstausstellungen. Hauptgerichte um 30 $.

Familienfreundlich amerikanisch – **Lord Bennett's Restaurant:** 1695 Beach Loop Dr., Tel. 541-347-3663, www.lordbennetts.com, tgl. Lunch 11–15, Dinner 17–21 Uhr. Preiswerter Fisch, toller Blick aufs Meer. Lachs ab 18 $.

Bäckerei & Deli – **Bandon Baking Co & Deli:** 160 2nd St SW, Tel. 541-347-9440, www.bandonbakingco.com, Di–Sa. 8–16 Uhr, Frühstück und Lunch, Käsecroissants 4 $.

Aktiv

Besichtigung einer Cranberry-Farm – **Faber Farms:** 54980 Morrison Rd., Tel. 1-866-347-1166, www.faberfarms.com. Am besten Mitte September während der Ernte der Cranberrys (Moosbeeren). Dann werden die Felder geflutet, die roten Beeren treiben an der Wasseroberfläche und können so leichter von den Zweigen abgelesen werden.

Golf – **Bandon Crossings Golf Course:** 87530 Dew Valley Ln., Tel. 541-347-3232, www.bandoncrossings.com. Im Sommer 75 $. Es gibt noch zwei weitere Plätze.

Termin

Cranberry-Fest: Anfang/Mitte Sept. Man feiert seit 1946 drei Tage lang mit entsprechenden kulinarischen Angeboten und Verkaufsständen das Fest der Moosbeere, www.faberfarms.com.

Südlich von Bandon ▶ B 12

Südlich von Bandon beginnt der wildeste, ursprünglichste Teil der Oregonküste. Die kleinen Städtchen liegen weit voneinander entfernt und dazwischen finden sich fast nur bewaldete Hügel. Der **Cape Blanco State Park** verfügt über schöne Campingplätze und Wanderwege (www.oregonstateparks.org > Visit > Find a Park). Von den Klippen hat man eine großartige Aussicht auf den Ozean und der dortige Leuchtturm ist schon seit 1870 in Betrieb.

Port Orford hat einen kleinen Hafen und einen *Battle Rock*. An diesem Felsen sollen sich die ersten weißen Siedler mit den einheimischen Indianern im Jahr 1851 einen Kampf geliefert haben, weil die Indianer die Landung des Schiffs »Sea Gull« verhindern wollten.

Infos

Visitor Center: am südlichen Ende des Ortes am Hwy 101 neben dem Battle Rock, Tel. 541-332-8055, https://portorford.org/visitor-center, nur Juni–Aug., Mo–Fr 10–17 Uhr.

Übernachten

... im Cape Blanco State Park:

Campingplätze und Cabins – **Cape Blanco State Park:** Tel. 541-332-6774, Reservierung 800-551-6949, www.stateparks.com (> Find a Park > Oregon > Cape Blanco State Park). €

... in Port Orford:

Gemütliches B & B – **The Compass Rose:** 42497 Gull Rd., Tel. 541-332-7076, www.compassroseportorford.com. 4 unterschiedlich gestaltete Zimmer, alle mit Bad, Internet, Frühstück bei Sonne auf der Terrasse. €€–€€€

Essen & Trinken

Bistro für Lunch – **Crazy Norwegian's Fish & Chips:** 259 Hwy 101, Tel. 541-332-8601. Für eine Lunchpause bestens geeignet, *clam chowder,* eine sämige Muschelsuppe, lohnt sich und die Kuchen sind *homemade.* Um 8 $.

Gold Beach ▶ B 12/13

Den Namen **Gold Beach** hat das lang gezogene Straßendorf nicht etwa vom gelben Sand des Strands, sondern von den Goldfunden im Rogue River. Hier ist eine Aktivität angesagt, die mitunter die Trommelfelle aufs Äußerste strapaziert: mit dem Jetboot den Fluss hinauf- und hinunter rasen. Früher haben Mailboats den Trappern und Holzfällern Post und Lebensmittel in die Wälder gebracht, heute fahren diese landschaftlich wirklich schöne Strecke die schnellen Motorboote mit Touristen.

Aktiv

Jetbootfahren – **Jerry's Rogue Jets:** Rogue River Rd., Tel. 800-451-3645, www.mailboat.com, 64-Mile-Round-Trip, Juli–Ende Aug. 9.30 Uhr, Dauer 4,5 Std., Erw. 75 $ inkl. Lunch.

Brookings ▶ B 12/13

Über die höchste Brücke von Oregon, die **Thomas Creek Bridge** (105 m), gelangt man nach Brookings, der letzten Stadt vor der Grenze nach Kalifornien. Sie ist das Zentrum der amerikanischen Lilienzucht, außerdem wachsen dort besonders viele wilde Azaleen. Am Memorial-Day-Wochenende (Ende Mai) findet in Brookings das **Azalea Festival** statt. Die Region wird übrigens auch als Oregons ›Banana Belt‹ bezeichnet, weil es im Verhältnis zur übrigen Küste etwas wärmer ist. Bananen sucht man allerdings vergeblich.

Infos

Visitor Center am Hafen: 16330 Lower Harbor Rd., Tel. 800-535-9469, www.brookingsharborchamber.com, Mo–Fr 9–17 Uhr.

Übernachten

B & B mit Meerblick – **Lowden's Beachfront B & B:** 14626 Wollam Rd., Tel. 541-469-7045, www.beachfrontbb.com. Direkt an der Mündung des Wincheck River gelegenes Holzhaus, die beiden Zimmer haben Mikrowelle, Kühlschrank und Kamin. €€

Alle Zimmer mit Kitchenette – **Ocean Suites Motel:** 16045 Lower Harbor Rd., Tel. 541-468-4004, www.oceansuitesmotel.com. Ein kleines Motel mit einfachen Zimmern, alle mit Kitchenette. €€–€€€

Essen & Trinken

Brauerei & Bistro/Pub – **Wild River Brewing:** 16279 Hwy 101, Tel. 541-469-7454, www.wildriverbrewing.com. Lunch 11–15, Dinner ab 17 Uhr. Pizza, Sandwiches und Hühnchen, eigenes Bier. Pizza um 13 $.

Termin

Azalea Festival: Am Wochenende vor dem Memorial Day (letzter Mo im Mai). In Brookings, dem Zentrum der Lilienzucht, feiert man alljährlich das Azaleenfest, mit Verkaufsständen einheimischer Vereine, Konzerten u. v. m.

Nordkalifornien

Die Felsküste im Norden des Sonnenstaats ist ein Paradies für Wasservögel, auf Menschen trifft man hier eher selten. Selbst im bevorzugten Touristenziel, den Redwood National and State Parks, sind viele einsame Wanderwege zu finden. Auch in der nördlichen Bergregion am Fuß des mächtigen Mount Shasta kommen Naturliebhaber auf ihre Kosten. Im Süden dagegen lockt das pulsierende San Francisco, vibrierender Großstadtkosmos an der wunderschönen Bay.

Nördliche Küste

Crescent City ▶ B 13

Die nördlichste Stadt Kaliforniens zerstörte 1964 eine enorme Flutwelle, glücklicherweise wurden die Bewohner rechtzeitig gewarnt und evakuiert. Der Tsunami war durch ein Erdbeben vor Anchorage in Alaska ausgelöst worden und traf die kleine Hafenstadt 4000 km südlich in ihrem Kern. Markierungen entlang einer Tour durch Downtown erinnern an die Katastrophe. **Crescent City** präsentiert sich mit moderner Architektur und großzügigen Straßen; der Highway 101 führt am östlichen Stadtrand entlang.

Der Hafen spielt für die Fischerei eine gewisse Rolle, aber Tourismus hat sich hier noch nicht entwickelt. Unweit des Highway 101 befindet sich das **Information Center für die Redwood National and State Parks.** Hier erhält man Broschüren, Karten und jede Menge hilfreiche Tipps und Hinweise für den Besuch der vielen Parks mit den ältesten und höchsten Bäumen der Welt.

Battery Point Lighthouse

www.delnortehistory.org/lighthouse, April–Sept. tgl. 10–16, Okt.–März Sa, So 10–16 Uhr jeweils bei Ebbe, Erw. 3 $, Kin. 1 $

Zu dem auf einer winzigen Insel gelegenen **Battery Point Lighthouse** aus dem Jahr 1856 gelangt man nur bei Ebbe über eine schmale Brücke, die am Ende des Pebble Beach Drive beginnt.

Infos

Crescent City Information Center: 1111 Second St., Tel. 707-465-7335, www.nps. gov/redw, Sommer 9–17 Uhr. Informationen zum Redwood N. P.

Visitor Center: 1001 Front St., Tel. 1-800-343-8300, http://exploredelnorte.com und www.crescentcity.org. Informationen zur Stadt.

Übernachten

Gutes Standardhotel – **Best Western Plus Northwoods Inn:** 655 Hwy 101, Tel. 707-464-9771, www.bestwestern.com. Hotel mit Innenpool. €€

Einfaches Motel – **Curly Redwood Lodge:** 701 Hwy 101, Tel. 707-464-2137, www.curlyredwoodlodge.com. Das Gebäude wurde 1957 aus dem Holz eines einzigen Redwoodbaums gefertigt. €€

Klamath ▶ B 14

Bei dem kleinen Ort Klamath führt ein Abstecher zum **Klamath River Overlook,** einem auf 183 m gelegenen Aussichtspunkt an der steilen Küste, von wo aus man einen fantastischen Blick aufs Meer und die Bucht des einmündenden Flusses hat. Klamath selbst versucht mit vielen Campgrounds und RV-

Parks, **Jetboot-Touren, Angeltrips** (Lachse) oder der **Seilbahn-Tour »Trees of Mystery«** (www.treesofmystery.net) Touristen anzulocken, die von dort aus auch die Redwood National and State Parks erkunden können.

Drive-Thru Tree

67402 Drive Thru Tree Rd., www.drivethrutree.com, Passage 5 $

Der **Drive-Thru-Tree** gehört zu den bekannteren Attraktionen in der Nähe von Klamath. Man kann mit dem Auto durch diesen Baum hindurchfahren. Das ›Tor‹ ist allerdings in den Baum hineingesägt worden.

Infos

Klamath Chamber of Commerce: Tel. 800-200-2335, www.klamathchamber.com.

Übernachten

B & B am Fluss – **Requia Inn:** 451 Requa Rd., Tel. 707-482-1425, www.requainn.com. 12 unterschiedlich dekorierte Zimmer und einen großzügigen Aufenthaltsraum bietet das historische Inn am Klamath River. €€–€€€

Mit Restaurant – **Steelhead Lodge:** 330 Terwer Riffle Rd. Klamath, Tel. 707-482-8145, http://thesteelheadlodge.com. Uriges Motel, Zimmer mit Kitchenette. Großer RV-Platz. €€

Aktiv

Jetboottouren – **Klamath River Jet Boat Tours:** 17635 Hwy 101, Tel. 707-482-7775, www.jetboattours.com. Touren 2 x tgl., 10 und 14 Uhr, Erw. 59 $.

Redwood Empire

▶ B /C 13–15

Das sogenannte **Redwood Empire** umfasst insgesamt drei State Parks und einen Nationalpark, die sich von der Grenze zu Oregon bis nördlich von Eureka erstrecken: den **Jedediah Smith Redwood,** daran anschließend die **Del Norte Coast Redwoods** und die **Prairie Creek Redwoods** sowie den **Redwood National Park.** Die ca. 320 km an Wander- und Kletterwegen darin durchziehen die abwechslungreichste Naturlandschaft, welche die Region zu bieten hat: uralte Redwood-Wälder, immergrüne Mischwälder, Busch- und Marschland an der Küste und sogar Grasebenen am östlichen Rand.

Am faszinierendsten sind natürlich die **Riesen-Sequoias,** die zu den ältesten Lebewesen der Welt gehören. Einst haben diese Bäume, von denen die Riesen-Sequoien bis zu 3200 Jahre und die Küsten-Redwoods bis zu 2000 Jahre alt werden können, den gesamten Küstenbereich von Oregon bis Südkalifornien bedeckt. Das enorm hohe Alter der Bäume wird auf ihre Widerstandsfähigkeit gegenüber Schädlingen zurückgeführt. Das rötliche Holz stößt Insekten ab; deshalb gibt es in diesen Wäldern auch nicht viele Vögel, es herrscht eine eigentümliche, geradezu feierliche Stille.

Mit Ankunft der weißen Siedler begann ein gigantischer Kahlschlag, der fast die gesamten Bestände vernichtet hätte. Um 1900 wollte beispielsweise ein Holzbaron den Baum mit dem größten Umfang in dieser Gegend, den **Big Tree,** fällen lassen, weil er aus seinem Holz einen Tanzboden anzufertigen gedachte. Glücklicherweise waren einige engagierte Bürger von dieser Idee keineswegs begeistert und verhinderten die Aktion. Sie sorgten auch dafür, dass als Zugang zum Big Tree der Newton B. Drury Scenic Parkway angelegt wurde, der parallel zum Highway 101 durch die Prairie Creek Redwoods verläuft. Erst 1968 wurde der Nationalpark eingerichtet und das Holzfällen gestoppt, und so ist trotz der Größe dieser Wälder mit ca. 16 000 ha nur noch ein Bruchteil dessen vorhanden, was einst Heimat der Dinosaurier war.

Die Wälder sind nicht sehr tierreich, daher lohnt ein Stopp an den **Elk Meadows** südlich vom **Prairie Creek Visitor Center** (s. S. 267) umso mehr, als sich dort häufig große Herden von Roosevelt-Hirschen aufhalten. Die riesigen Geweihträger sind auch am Gold Bluffs Beach und an den **Bald Hills** anzutreffen; Vorsicht ist allerdings geboten, da sie bisweilen ganz unvermittelt die Straße überqueren können.

Über 30 m kann der Umfang eines Riesen-Sequoia betragen

WANDERN UNTER BAUMGIGANTEN IM REDWOOD N. P.

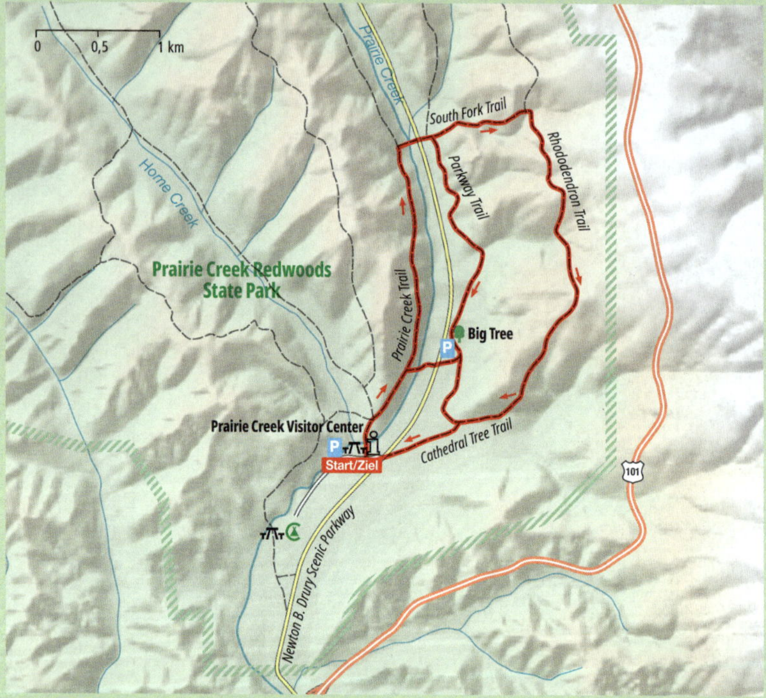

Tour-Infos

Start: Prairie Creek Visitor Center, am südlichen Ende des Newton B. Drury Scenic Parkway.

Länge: 10 km

Dauer: 3–4 Std. Falls nur der kleine Loop gewählt wird max. 1 Std.

Wichtige Informationen: Insgesamt wandert man über einen ziemlich ebenen Weg. Für den Besuch am Big Tree sollte ein wenig Zeit eingeplant werden, um den Giganten zu würdigen. Der vorgeschlagene Rundwanderweg umfasst die Trails Prairie Creek, Foothill, South Fork, Rhododendron und Cathedral Tree. Weitere Informationen sind unter www.nps.gov/redw zu finden. Dort kann man auch die jeweils aktuelle Besucherbroschüre downloaden.

Ein insgesamt ca. 320 km umfassendes Netz an Wanderwegen durchzieht das Redwood Empire im Norden Kaliforniens. Manche Wege führen an der über weite Strecken steilen Küste entlang, andere finden sich im Grasland im Osten, aber die beeindruckendsten sind durch die uralten Wälder der Riesen-Sequioas und Rot-Zedern angelegt. Auch wenn man die Region nur mit dem Auto durchfährt, ein kurzer Hike sollte eingeplant werden, denn nur so lässt sich die Faszination dieser Parks erleben.

Am **Prairie Creek Visitor Center** gibt es genügend Parkplätze, von dort starten zahlreiche Wanderwege.

Der **Prairie Creek Trail** beginnt hinter der Holzbrücke rechts. Seine Besonderheit ist der Wechsel von stattlichen Baumgruppen mit Farnen am Wegesrand und offenen Flächen von Grasland und niedrigerem Gebüsch. Nach ca 2,5 km führt ein Weg rechts ab über den **Parkway** zum **South Fork Trail.** Wenn man nicht viel Zeit hat, geht man dann wieder rechts den Fußweg (Foothill Trail) hinab, der parallel zum Parkway durch den Wald bis hin zum Parkplatz am **Big Tree** angelegt ist. Nicht weit entfernt von diesem imponierend ›dicken‹ Baum findet sich ein Parkplatz, damit auch der eilige Reisende wenigstens einen kurzen Eindruck gewinnen und ein paar Fotos schießen kann. Man kann nun über den Parkway zurück auf den Prairie Creek Trail gehen oder dem Foothill Trail bis zum Visitor Center folgen. Insgesamt ist man auf dieser Route ca. 1 Stunde unterwegs.

Besonders im Frühjahr aber bietet sich eine Verlängerung des Weges bis hin zum **Rhododendron Trail** an. Dazu folgt man dem South Fork leicht aufwärts weiter nach Osten bis hin zur Gabelung, anschließend geht es rechts ab nach Süden. Dieser Weg besticht im Mai/Juni durch die riesigen Wände an Rhododendren, die dann in Rot und Lila leuchten – mitunter eine nette Abwechslung im lichten Wald mit seinen variierenden Grüntönen. Die Ausschilderung zeigt nach ca. 3 km den **Cathedral Tree Trail** an. Wenn man dem Hinweis ca. 1 km nach Norden folgt, gelangt man zum **Big Tree** und kann dann auf dem Prairie Creek Trail zum Visitor Center zurückkehren. Es mag noch größere Giganten in den Redwoods geben, aber nur der Big Tree wurde dem Publikum zugänglich gemacht. Es ist gar nicht so einfach, bis in die Krone bei 90 m Höhe zu blicken.

Infos

Im Internet: www.nps.gov/redw.

An jedem der Zugänge zu den Redwood National and State Parks gibt es ein Visitor Center:

Hiouchi Information Center: Hwy 199, Hiouchi, Tel. 707-458-3294, Mitte Juni–Mitte Sept. 9–17 Uhr.

Jedediah Smith Visitor Center: Hwy 101, Hiouchi, Tel. 707-458-3496, 20. Mai–30. Sept. 9–17 Uhr.

Prairie Creek Visitor Center: am südlichen Ende des Newton B. Drury Scenic Parkway, Tel. 707-488-2171, März–Okt. 9–17 Uhr.

Thomas H. Kuchel Visitor Center: Hwy 101, bei Orick, Tel. 707-465-7765, März–Okt. 9–17, Nov.–Febr. 9–16 Uhr.

Crescent City Information Center: 1111 Second St., Crescent City, Tel. 707-465-7306, tgl. 9–17 Uhr im Sommer.

Arcata ▶ B 15

Manila und Samoa heißen die Strände bei Arcata und Eureka an der weit geschwungenen **Humboldt Bay,** aber ganz so tropisch ist das Klima an den schier endlosen Sandstränden dann doch nicht. Arcata ist eine kleine Universitätsstadt, deren Kern allerdings von viel Gewerbe und Industrie umgeben ist. In Arcata wurde erstmals in den USA eine Mehrheit von Vertretern der »Green Party« in den Stadtrat gewählt, die die Zahl der Kettenrestaurants in der Innenstadt einschränkte.

Samstags ist der zentrale Platz in Downtown, die **Arcata Plaza,** von Marktständen gesäumt: Hier werden neben Obst und Gemüse aus der Region auch Kunsthandwerk, psychedelische Malereien und Batikkleider feilgeboten. Immer noch alternativ angehaucht, macht sich die Stadt für die Durchsetzung eines bemerkenswerten CO_2-Reduktionsprogramms stark und lässt z. B. städtische Gebäude so umbauen, dass mit Ressourcen wie Wasser und Strom energiesparend umgegangen wird. Außerdem hält man Veranstaltungen in Schulen ab und stellt für alle Bürger, insbesondere die Gewerbetreibenden, entsprechendes Infomaterial bereit.

Eureka ▶ B 15

Die kleine Stadt **Eureka** ist stolz darauf, die schönsten und aufwendigsten viktorianischen Holzhäuser der Westküste (natürlich ausgenommen San Francisco) zu haben. In der denkmalgeschützten **Old Town** sind die Straßen gesäumt von Schmuckstücken viktorianischer Baukunst, die sich in verschiedensten Farben präsentieren. Galerien und Boutiquen sowie Restaurants und Hotels sind heute darin zu finden. Das auffälligste Haus, das **Carson Mansion,** gehört allerdings einem privaten Klub, sodass nur von außen zu bewundern ist, was Holzbaron William Carson 1886 von seinen Arbeitern bauen ließ. Das türmchenverzierte grüne Anwesen ist ebenso wie sein rosa Pendant gegenüber von keinem Prospekt Eurekas wegzudenken.

Eureka liegt nicht direkt am Pazifik, sondern ist durch die **Humboldt Bay** vor den Weststürmen im Winter geschützt. Eine lange Brücke führt über die Bay, die dort befindliche Marina und den Fischereihafen auf die lange, schmale **Halbinsel Samoa** (Dunes Recreation Area), wo kilometerlange Sandstrände zum Wandern und Spazierengehen einladen. Die Humboldt Bay ist auch bekannt für ihre Austernzucht, eine der größten Kaliforniens.

Clarke County Historical Museum

240 E St., Tel. 707-443-1947, www.clarkemuseum.org, Di 10–15, Mi–Sa 10–18, So 11–16 Uhr, Eintritt frei, Spende wird erwartet

Der langen Siedlungsgeschichte der Ureinwohner wird mit einer Ausstellung im **Clarke County Historical Museum** gedacht, das in einer ehemaligen Bank aus dem Jahr 1912 untergebracht ist. Natürlich fehlt auch die Dokumentation der Besiedlungsgeschichte Mitte des 19. Jh. nicht, Fotos und Möbel aus viktorianischer Zeit vermitteln anschauliche Eindrücke. Hier ist auch das städtische Besucherzentrum zu finden.

Humboldt Bay Maritime Museum

Samoa Rd., neben dem Restaurant Samoa Cookhouse, Tel. 707-444-9440, www.humboldtbaymaritimemuseum.com, Mi–So 9–16 Uhr, Eintritt frei, Bootstouren ab 20 $

Die nordkalifornische Küste ist extrem abwechslungsreich

Das kleine, aus einer Privatinitiative entstandene **Humboldt Bay Maritime Museum** konzentriert sich auf die Themen Holzhandel und Schiffsbau, zeigt alte Wracks und beleuchtet die Fischereigeschichte in der Region ebenso wie das Leben der dort arbeitenden Menschen, beispielsweise auch jenes der Leuchtturmwärter.

Infos

Humboldt County Convention & Visitors Bureau: 322 First St., Tel. 800-346-3482, www.visitredwoods.com.

Übernachten

Anspruchsvoll – **Carter House Inns:** 301 L St., Tel. 707-444-8062 oder 800-404-1390, www.carterhouse.com. Vier verschiedene Häuser umfasst dieses luxuriöse Hotel im nachgebauten viktorianischen Stil; aufwendig eingerichtete Suiten; es gibt sowohl ein Spa als auch ein Restaurant im Haus. €€€

Historisch mit Flair – **Hydrangea B & B:** 2419 F St., Tel. 707-442-0415, www.hydrangeainn.com. Drei Suiten in einem Haus von 1930, das jedoch modern restauriert wurde. Schöner Garten mit Terrasse. €€€

Viktorianisches Hotel mit Tradition – **Inn at 2nd & C:** 139 Second St., Tel. 707-444-3344, www.historiceaglehouse.com. Das prachtvolle Gebäude von 1886 war schon immer ein Hotel oder Gästehaus mit Restaurant und großem Theatersaal. Auch heute sind die 24 Zimmer noch individuell mit teilweise wertvollen Antiquitäten ausgestattet, dazu moderne Bäder. Viele Events. €€€

Mit Fitnessbereich – **Best Western Plus Bayshore Inn:** 3500 Broadway St., Tel. 866-299-2910, http://book.bestwestern.com. In- und Outdoor-Pool, Frühstück, Kühlschrank, Mikrowelle. €€

Essen & Trinken

Regionale Produkte – **Restaurant 301:** Carter House Inns, 301 L St., http://carterhouse.com. Dinner ab 17 Uhr. Amerikanisch-kontinentale Küche mit Anspruch, kleine Portionen. Gut bestückter Weinkeller. Verwendet werden überwiegend Produkte aus der Region, u. a. Austern, Heilbutt, *Dungeness Crab* sowie Lachs, aber auch Lamm- und Hirschfleisch sowie viel Gemüse. Hauptgerichte 14–30 $.

Familienfreundlich – **Samoa Cookhouse:** 78 Cookhouse Ln., Tel. 707-442-1659, www.samoacookhouse.net. Die letzte Verpflegungsstation für Holzfäller bietet große, deftige Mahlzeiten, tgl. Frühstück, Lunch, Dinner. Burger um 12 $.

Coffeeshop – **Old Town Coffee & Chocolates:** 211 F St., Tel. 707-445-8600, http://oldtowncoffeeeureka.com, tgl. 7–20 Uhr. Nettes Internetcafé für eine Pause beim Sightseeing. Gebäck und Sandwiches um 5 $.

Einkaufen

Ökologische Produkte – **North Coast-Co-op:** 4th Ecke B St., Tel. 707-443-6027, www.northcoastco-op.com, tgl. 6–21 Uhr. Supermarkt für Produkte aus der Region.

Aktiv

Kajak- und Angeltouren – **Humboat Kayak Adventures:** 601 Startare Dr., Woodley Island Marina, Tel. 707-443-5157, www.humboats.com. Wale und andere Tiere beobachten, ca. 4 Std./90 $, Kajakverleih 2 Std./30 $, 4 Std./45 $ (Einer-Kajak).

Ausflüge mit dem Fährschiff – **Humboldt Bay Harbor Cruise:** www.humboldtbaymaritimemuseum.com/madaketcruises. 75-minütige Geschichtstour mit dem letzten Fährschiff, der »Madaket« aus dem Jahr 1910, Do–So, 13, 14.30 und 16 Uhr, Erw. 32 $. Abfahrt F St./Boardwalk.

Von Arcata zum Mount Shasta

Von Eureka aus ist man in etwa 4-5 Stunden auf dem Highway 101 in San Francisco. Eine Alternative ist die Erkundung der beeindruckenden Regionen um den **Mount Shasta** und den **Lassen Volcanic National Park.** Die Vulkane haben wilde und abwechslungsreiche Berglandschaften geprägt, durchzogen von zahlreichen Flüssen und Seen, und der Mensch schuf mit dem **Shasta-Lake-Stausee** das größte künstliche Gewässer Kaliforniens. Nach mehreren Jahren der Trockenheit ist der Wasserspiegel dramatisch gesunken, die Wasserversorgung vieler Gemeinden in der Region ist gefährdet.

Eine der wenigen Querverbindungen von der Küste ins Landesinnere ist der zwar gut ausgebaute, aber extrem kurvige Highway 299 von **Arcata** über **Weaverville** nach **Redding**, dem nördlichsten Zentrum des Sonnenstaates an der Interstate 5.

Auf dem Weg liegt der kleine Ort **Willow Creek.** Hier stößt man im Zentrum auf jemanden, dessen Existenz immer wieder behauptet, aber noch nie bewiesen wurde: Bigfoot. Es handelt sich um einen stark behaarten Waldmenschen, der riesige Fußspuren hinterlässt und meist dann auftaucht, wenn gerade kein Fotoapparat oder Handy zur Hand ist. Rund um Willow Creek gab es schon viele Bigfoot-Sichtungen und der Ort lebt nicht schlecht davon, wie die Bigfoot-Abteilung im China Flat Museum (http://bigfootcountry.net) und Raftingtouren »auf Bigfoots Spuren« zeigen.

Whiskeytown Lake Nat'l Recreation Area ▶ D 15

Auf dem Weg nach Redding über den Hwy 299 fährt man am **Whiskeytown Lake** entlang, einem Stausee in den Klamath Mountains. Über 58 km erstrecken sich die Ufer dieses lang gestreckten Sees, der aus dem Trinity River gespeist wird. 1963 unter J. F. Kennedy entstanden, erinnert die Straße, an der sich das Visitor Center befindet, der JFK Memorial Drive, an den US-Präsidenten.

Im Sommer ist der See ein beliebtes Ziel für Angler und Camper und die Zahl der Motorboote, Segler und Kajaks ist Legion. Mit etwas Glück lässt sich sogar noch Gold in den kleinen Bächen und Flüssen finden, an denen entlang sich abwechslungsreiche Wanderwege schlängeln. Zum Goldwaschen benötigt man allerdings eine Genehmigung, die im Visitor Center erhältlich ist.

Whiskeytown Falls

Der **James K. Carr Trail,** ausgehend von der Crystal Creek Road, führt zu den Whiskeytown Falls, einem fast 70 m hohen Wasserfall, der jahrzehntelang in Vergessenheit geraten war und erst seit 2005 wieder leicht zugänglich ist. Erneut aufgespürt wurde er durch die Auswertung von Luftaufnahmen.

Infos

Whiskeytown Lake Visitor Center: 14412 Hwy 299 & J.F. Kennedy Memorial Dr., Tel. 530-246-1225, www.nps.gov/whis.

Redding ▶ D 15

Auf der Fahrt vom erfrischenden Küstenklima ins Landesinnere wird eins ziemlich schnell deutlich: Die Temperaturen steigen kontinuierlich. Redding gilt als eine der sonnigsten Kleinstädte der USA; mit durchschnittlich 32 °C im Sommer und 321 Sonnentagen. Als Businessstadt hat Redding wenig Touristisches zu bieten, aber als Standort für die Erkundung der Region ist es gut geeignet, denn hier findet sich eine große Auswahl an Hotels.

Turtle Bay Exploration Park

844 Sundial Bridge Dr., Tel. 1-530-243-8850, www.turtlebay.org, März–Okt. Mo–Sa 9–17, So 10–17 Uhr, Gärten 7 Uhr bis Dämmerung, Erw. 16 $ für den ganzen Park mit Museum, nur Park 4 $

Gesehen haben sollte man den **Turtle Bay Exploration Park** und die direkt daneben liegende Sundial Bridge über den Sacramento River (s. u.). Zum Park gehören ein Amphitheater und eine Konzerthalle sowie ein **Museum,** das sich mit den Wintu-Indianern beschäftigt, die vor der Ankunft der weißen Siedler im Sacramento Valley lebten. Anschaulich präsentiert man in den **McConnell Arboretum & Botanical Gardens** die unterschiedliche Flora verschiedener Kontinente und die Parkwege laden zum Spaziergang ein.

Sundial Bridge

Die Sundial Bridge (Sonnenuhr-Brücke), am Eingang zum Turtle Bay Exploration Park verdankt ihren Namen dem 66 m hohen, elegant geschwungenen Pylon, an dem die 213 m lange Stahl- und Glaskonstruktion verankert ist, denn mit seinem Schatten bildet er die größte Sonnenuhr der Welt. Allerdings lässt sich die Zeit nur zwischen 11 und 15 Uhr ablesen. Der spanische Stararchitekt Santiago Calatrava sieht in seiner Brücke eher einen fliegenden Vogel, der das Überwinden von Unglück symbolisiert. Jedenfalls ist die futuristische, im Jahr 2004 errichtete Brücke ein beliebter Treffpunkt. Abends finden sich Jung und Alt zum Plausch dort ein und für Hochzeitspaare ist die Brücke eine feste Fotolocation. Dort beginnen auch einige Wander- und Radwege am Ufer des Sacramento River.

Infos

Redding Visitor Center: 844 Sundial Bridge Dr., Tel. 1-800-874-7562, www.visitredding.com, tgl. 9-17 h.

Übernachten

Zahlreiche Kettenhotels liegen entlang der Interstate 5 bzw. am Hilltop Drive.

Große Zimmer – **Bridgehouse B & B:** 1455 Riverside Dr., Tel. 530-247-7177, www.brid

HAUSBOOTFAHREN AUF DEM SHASTA LAKE

Vom Riesenboot mit 16 Schlafplätzen bis zum kleineren Crownship für sechs Personen wird in den zehn Marinas alles angeboten, worauf man schippern und wohnen kann. Die fast rechteckigen schwimmenden Häuser tuckern eher gemütlich über die von sanften Hügeln umgebene Wasserfläche, man kann sich auf dem Sonnendeck aalen oder im Schatten liegen oder von der Leiter aus bequem zur Abkühlung ins Wasser springen. Eine kurze Einweisung in die Bedienung wird bei der Übergabe in der Marina erteilt, einen Bootsführerschein braucht man hier nicht. Einzige Bedingung: Der/die Bootsführer/in muss über 22 Jahre alt sein.

Obwohl das Angebot sehr groß ist, sollte man für die Hochsaison unbedingt im Voraus buchen. Bei allen Marinas ist das online möglich. Die Mindestmietdauer beträgt meist drei Tage bzw. zwei Nächte, in der Shasta Marina bei Lakehead im Norden ist das Ausleihen nur ab drei Nächten möglich.

Dorado der Hausbootfans: der Shasta Lake

Aber es lohnt sich auch, sich einmal etwas länger auf diese riesige Seelandschaft einzulassen, die Ruhe am Squaw-Creek-Arm oder am McCloud-River-Arm zu genießen und beispielsweise die dort ansässigen Weißkopfseeadler bei ihren majestätischen Flügen zu beobachten. Die Boote sind wie ein Apartment ausgestattet, nur Handtücher, Bettzeug und natürlich Lebensmittel muss man mitbringen.

Bootsvermietung

Houseboating: Tel. 1-888-454-8825, www.houseboating.org. Die ›Cascade‹ hat Platz für 8 Pers., Kostenpunkt 65 $/Pers. und Tag, ab 2 Nächten buchbar, nur Onlinebuchungen möglich.

Packers Bay Marina: 18390 O'Brien Inlet Rd., Lakehead, Tel. 1-800-959-3359, www.shastalake.net. Boot mit Platz für 14 Pers., 85 $/ pro Pers. und Tag.

gehousebb.com. Manche der Möbel hier sind in Kalifornien gefertigt, andere sind Erbstücke der Familie, sechs Zimmer in 2 Häusern. €€€

Funktionale Kette – **Quality Inn:** 2059 Hilltop Dr., Tel. 530-221-6530, www.qualityinn.com/hotel/ca908. Umgeben von Einkaufsmöglichkeiten, Restaurants und anderen Hotels ist das 90-Zimmer-Haus mit einfachen Räumen, Frühstück und Outdoor-Pool. €€

... in Anderson (ca. 20 km südlich):

Modern und ökologisch – **Gaia Shasta Hotel:** 4125 Riverside Place, direkt am Sacramento River, Tel. 877-778-3977 oder 530-365-7077, www.gaiahotelspa.com. Ökologie ist Prinzip in dem Komplex, 122 Zimmer, Restaurant, Pool und Internet. €€€

Essen & Trinken

Italienisch inspiriert – **Café Paradisio:** 1270 Yuba St., Tel. 530-215-3499, www.cafeparadisio.com. Mo–Fr Lunch 11–14 Uhr, Dinner 17–22 Uhr, So u. dienstagabends geschl. Lasagne 14 $, vegetarisches Chili 10 $, New York Steak 19 $.

Einkaufen

Einkaufszentrum – **Mt. Shasta Mall:** Dana Dr., www.mtshastamall.com, Mo–Sa 10–21, So 11–18 Uhr. Bekannte Kaufhäuser wie Macy's, Sears, Old Navy und JC Penney sowie über 80 Einzelhändler sind hier vertreten.

Aktiv

Spielcasino – **Win-River Casino:** Indianisches Spielcasino 10 km südlich von Redding am Hwy 273 gelegen, 2100 Redding Rancheria Rd., Tel. 530-243-3377, www.winriver.com. Mit Hotel (84 Zi, ab $ 99; nur ab 21 J.).

Termin

Redding Rodeo: Mitte Mai. Großes Spektakel am Auditorium Drive, ganz Redding besteht dann nur noch aus Cowboys und -girls, www.reddingrodeo.com.

Shasta Lake ▶ D 15

Der größte künstliche See Kaliforniens ist der nördlich von Redding gelegene **Shasta Lake.** Fast 600 km lang ist seine Uferlinie. Dabei ist er so verzweigt mit vielen Seitenarmen, die wie Fjorde aussehen, dass die Fläche von 12 000 ha gar nicht so gewaltig wirkt. Begrenzt wird der Shasta Lake durch den gleichnamigen Staudamm unweit Shasta Lake City.

Vom Parkplatz in der vorletzten Kurve der Zufahrt (US 151) hat man einen großartigen Blick auf die gewaltige Mauer und den dahinterliegenden Vulkankegel des Mount Shasta. Die hervorragende Infrastruktur der Region, zahlreiche Campgrounds, Motels, Bootsanlege- und Badestellen, Wasserskibasen und Wanderwege machen diese Seelandschaft zu einem sehr beliebten Ausflugsziel.

Bei der Ausfahrt 695 (von der Interstate 5) weisen Schilder den Weg zu jener Stelle, an der eine Fähre Besucher über den See bringt. Dann geht es weiter mit einem Bus bergauf bis zu den Tropfsteinhöhlen der Lake Shasta Caverns.

Lake Shasta Caverns

20359 Shasta Caverns Rd., Tel. 530-238-2341, http://lakeshastacaverns.com, Ende Mai–Anfang Sept. alle 30 Min. 9–16, April, Mai, Sept. stdl. 9–15, Okt.–1. März 10, 12, 14 Uhr, Erw. 28 $, Kin. 3–15 J. 16 $

Die ganzjährig über 15 °C kühle Unterwelt ist durch Pfade und Treppen gut erschlossen und ausgeleuchtet, sodass man die prächtigen, ca. 1 Mio. Jahre alten Tropfsteinformationen z. B. im Cathedral Room und in den anderen sieben Höhlen ausgiebig betrachten kann.

Infos

Shasta Lake Visitor Information: 14225 Holiday Rd. (Ausfahrt 687 von der Interstate 5), Redding, Tel. 530-275-1589, www.shastalake.com/visitorcenters, im Sommer Mi–So 8–16.30 Uhr.

Shasta Dam Visitor Information Center: 16349 Shasta Dam Blvd., Tel. 530-275-1554, www.usbr.gov/mp/ncao. Von hier werden kostenlose, 1-stündige Führungen angeboten, Tel. 530-275-1554, 4 x tgl. ab 9 Uhr.

Übernachten

Rustikal am See – **Bridge Bay Resort:** 10300 Bridge Bay Road, Ausfahrt 690 von der Interstate 5, Tel. 1-800-752-9669, https://bridgebayhouseboats.com. Einfaches Haus an der Marina, Restaurant. €€€

Mount Shasta ▸ D 14

Er ist einfach nicht zu übersehen, der größte von vier Kegeln des **Mount Shasta** nördlich von Redding. Seine sieben Gletscher sind im Abschmelzen begriffen, die seit Jahren anhaltende Trockenheit in Kalifornien macht sich auch in mangelndem Schnee bemerkbar. Mt. Shasta ist ein 4326 m hoher, nicht erloschener Vulkan; im Kraterinnern gibt es noch heiße Schwefelquellen. Wie um alle Vulkane ranken sich auch um den Mount Shasta Legenden, die meist ihren Ursprung bei den Indianern haben.

Außen zeigt er seine kalte Seite, innen brodeln heiße Schwefelquellen: Mount Shasta

Aber bei diesem Berg hat die moderne Fantasie noch einiges hinzugefügt, nachzulesen beispielsweise im Roman »A Dweller on two Planets« (Ein Bewohner zweier Planeten) von Frederick Oliver. Darin beherbergt der Vulkan riesige Hallen in seinem Inneren, die von Nachfahren der Überlebenden des legendären Atlantis geschaffen wurden. Mount Shasta scheint zur Mythenbildung zu inspirieren, jedenfalls zieht er Mystiker, Esoteriker und New-Age-Anhänger geradezu magisch an.

Die Zufahrt ist über den Everitt Memorial Highway, ausgehend vom kleinen Ort **Mount Shasta** an der Interstate 5, recht bequem und führt zu einem Parkplatz auf halber Höhe. Von dort gehen mehrere Wanderwege ab, z. B. der **Avalanche Gulch,** der beliebteste Pfad zur Südseite (www.shastaavalanche.org).

Infos

Mt. Shasta Chamber of Commerce & Visitor Center: 300 Pine St., Mount Shasta, Tel. 530-926-4865, http://visitmtshasta.com.

Aktiv

Bergsteigen – **Shasta Mountain Guides**: P. O. Box 1543, Mount Shasta, CA 96067, Tel. 530-926-3117, http://shastaguides.com. Geführte 4-Tages-Tour zum Gipfel 1295 $/Pers.

Wintersport – Der **Skipark** an der Südflanke bietet 32 Pisten, die längste ist 2,8 km lang. Downtown Office: 104 Siskiyou Ave., Mt. Shasta, Tel. 530-926-8600, www.skipark.com.

Termine

An den steilen Pisten finden von Mai bis Oktober viele Events für **Mountainbiker** statt.

Volcano Mud Run: Mai. Matschlauf im Mt. Shasta Ski Park, http://shastamudrun.com.

Lassen Volcanic National Park ▸ E 15

Östlich von Redding beginnt der **Volcanic Legacy Scenic Byway,** eine Panoramastraße, die mehrere Vulkane im Nordwesten der USA miteinander verbindet (www.volcaniclegacy

byway.org). Am Beginn liegt der Lassen Volcanic National Park mit dem 3187 m hohen **Lassen Peak.** Zwischen 1914 und 1921 war der Vulkan 300-mal aktiv, der größte Ausbruch mit einem Aschepilz von 11 km Höhe fand 1915 statt. Fotos davon finden sich im **Loomis Museum** am Nordausgang des Parks (22. Mai–Mitte Juni Fr–So 9–17, Mitte Juni–Ende Okt. tgl. 9–17 Uhr). 1916 wurde das Gebiet um den Vulkan zum Nationalpark erklärt; aber ganz ruhig ist es immer noch nicht, heiße Quellen und blubbernde Schlammlöcher zeugen von einem aktiven Innenleben. Man kann den Park bequem auf dem Highway 89 durchfahren (Ende Okt.–Ende Mai jedoch gesperrt). Bis zum Parkplatz gegenüber dem Lassen Peak und der *Devastation Area* gelangt man bei gutem Wetter von Redding aus aber auch schon im Mai.

Besonders abwechslungsreich ist ein Rundgang (ca. 2 Std.) um den **Manzanita Lake** am Nordeingang; der Wanderweg bietet üppige Vegetation, viele Wasservögel und eine traumhafte Perspektive auf den Vulkan.

Infos

Headquarter: P. O. Box 100, Mineral, CA 96063, Tel. 530-595-4444, www.nps.gov/lavo. Zufahrten über Hwy 89 von Süden und über Hwy 44 von Osten, Gebühr 30 $ für 7 Tage.

Übernachten

Rustikal und nostalgisch – **Drakesbad Guest Ranch:** Tel. 530-529-1512, http://lassenlodging.com/drakesbad, Anfang Juni–Mitte Okt. Die über 100 Jahre alte Ranch liegt abseits der Parkstraße im Warner Valley auf ca. 1700 m Höhe, einfache Cabins ohne Steckdosen, organisierte Reitausflüge, Massageangebote, heiße Quellen. Ab 630 $ für 2 Pers./2 Nächte., inkl. drei Mahlzeiten, unbedingt sehr frühzeitig buchen.

Lava Beds National Monument ►E 13/14

Unmittelbar vor der Grenze nach Oregon (in der Nähe des kleinen Ortes **Tulelake** am Highway 139) finden sich in diesem 180 km² großen Naturpark an die 700 Lavatunnel, Aschekegel, Geröllwüsten und erstarrte Lavaflüsse. Nach kleineren vulkanischen Ausbrüchen des **Medicine-Lake-Vulkans** und des **Mammoth Crater** im Süden des Monuments entstand eine sehr bizarre Landschaft. Manche Eruptionen liegen erst 1100 Jahre zurück.

Scharfkantig und porös, im Morgen- oder Nachmittagslicht teilweise in bunten Farben, wirken die Felsformationen zunächst unzugänglich. Man muss sich einlassen auf die-

Blubbernde Schlammkessel sind eine der Attraktionen des Lassen Volcanic N. P.

ses karge Land, das jahrhundertelang Heimat der Modoc-Indianer war. Ihre Zeichnungen (Petroglyphen) finden sich auf den steil aufragenden Felsen wie auch in einigen Höhlen. Am **Petroglyh Point** befindet sich die dichteste Konzentration der Zeichnungen in ganz Kalifornien. Viele der Tunnel kann man auf eigene Faust erkunden, Taschenlampen und warme Jacken sowie rutschfeste Schuhe sind allerdings nötig. Im Visitor Center im Park erhält man Karten und Hinweise, dort werden auch geführte Touren angeboten.

Infos

Visitor Center: Hill Road, Tel. 530-667-8113, www.nps.gov/labe, tgl. 8–18 Uhr im Sommer.

Übernachten

Camping – **Indian Well Campground:** Der Platz befindet sich in der Nähe vom Visitor Center, www.nps.gov/labe. Die Ausstattung ist sehr einfach, es gibt nur Toiletten und Trinkwasser. 43 RV- und Trailer-Plätze werden nach dem Prinzip »First come, first served« verteilt. 10 $/Nacht.

San Francisco und Umgebung

Manfred Braunger, Ralf Johnen

▶A 9

Keine Großstadt im amerikanischen Westen kann sich der ungeteilten Gunst ihrer Besucher so sicher sein wie San Francisco. Ein Hauptgrund dafür ist die fantastische Lage am sogenannten Golden Gate, wo die Bucht von San Francisco von der weltberühmten Golden Gate Bridge überspannt wird. Zu den Reizen der Metropole gehört aber auch ihr eher unamerikanischer Charakter mit fast europäisch wirkenden Stadtteilen und Cable Cars.

Wo die Golden Gate Bridge im Norden endet, windet sich eine Serpentinenstraße eine fast baumlose Bergflanke hinauf. Der Blick vom obersten Aussichtspunkt auf das Goldene Tor ist atemberaubend. Vom Pazifik drücken graugrüne Wellenberge unter dem Brückengeflecht aus Trossen und Trägern in die San Francisco Bay. Im Südosten säumt die hellgraue Skyline der Stadt die Bucht, die hinter den beiden Inseln Angel Island und Alcatraz im Dunst verschwindet. Vom Wind zerzauste Nebelbänke treiben plötzlich vom Meer herein und lassen innerhalb von Minuten von der Golden Gate Bridge nur noch die Spitzen der lachsrot getünchten Pontons erkennen. Augenblicke später reißt der Himmel wieder auf und präsentiert die Stadt als in glasklares Sonnenlicht getauchtes Postkartenpanorama.

San Francisco setzt sich aus zum Teil sehr unterschiedlichen Stadtteilen zusammen. Chinatown etwa präsentiert sich mit fernöstlichen Attributen als Schaufenster ins Reich der Mitte; im benachbarten Financial District brach sich mit Wolkenkratzern aus Stahl, Glas und Beton die ›Manhattanisierung‹ Bahn, während die Straßen in North Beach oder in Marina mit erkergeschmückten Fassaden eher an großstadtferne Villenvororte erinnern. Aus der Unterschiedlichkeit ihrer Neighborhoods bezieht die Stadt viel von ihrer Attraktivität – ganz zu schweigen von liberalem Flair und Weltoffenheit der pazifischen Traumstadt.

Geschichte

»The City«, wie die Stadt von ihren Einwohnern genannt wird, wurde 1776 mit dem Aufbau der Missionsstation San Francisco de Asís durch spanische Franziskaner und mit der Errichtung einer kleinen Garnison durch den spanischen Leutnant José Joaquin Moraga gegründet. Dem Flecken wäre wahrscheinlich ein normales Wachstum beschieden gewesen, hätte nicht die Entdeckung von Gold am American River 1848 die Weichen in eine hektische Zukunft gestellt. Der Goldrausch spülte 1849 Zehntausende von Glücksrittern an die Gestade der Bucht von San Francisco. Auch die hohe Politik zeigte sich beeindruckt. Ohne längere Wartezeit nahm der US-Kongress den *Golden State* als Bundesstaat 1850 in die Amerikanische Union auf. Die Auswirkungen auf die Demografie der Stadt waren phänomenal. Von gut 800 Einwohnern im Jahr 1848 stieg die Bevölkerung bis Anfang des 20. Jh. auf 400 000.

Am 18. April 1906 ließ morgens um 5.12 Uhr ein Erdbeben der Stärke 8,2 auf der Richterskala die Halbinsel von San Francisco erzittern. Zwei Minuten lang schwankte die Erde wie ein Schiffsdeck und ließ ganze Häuserzeilen einstürzen. Aus zerfetzten Leitungen entweichendes Gas entzündete sich und fraß sich in rasender Geschwindigkeit durch die größtenteils aus Holz erbauten Viertel. Über die Hälfte aller Einwohner waren über

Nacht ohne Dach über dem Kopf. Die Asche war noch warm, als sich die Menschen an den Wiederaufbau machten.

Nach dem Ersten Weltkrieg veränderte ein Bauboom die Skyline der Stadt, ehe in den Jahren der Weltwirtschaftskrise mit der Oakland Bay Bridge und der Golden Gate Bridge zwei Projekte verwirklicht wurden, mit denen das auf einer Halbinsel liegende San Francisco seine bis dahin entwicklungshemmende geografische Abgeschlossenheit aufbrach. Sowohl nach Norden wie auch nach Osten war damit eine durchgängige Straßenverbindung hergestellt.

In den 1960er- und 1970er-Jahren verwandelte die Hippie-Bewegung die Stadt, ehe AIDS, Erdbebengefahr und wirtschaftliche Probleme für einen vorrübergehenden Niedergang sorgten. Spätestens seit dem Siegeszug von New Economy und Silicon Valley gehört San Francisco wieder zur Elite und steht hoch oben auf der Liste internationaler Traumstädte – allerdings mit einem Damoklesschwert über seiner Skyline: Die soziale Ungleichheit hat nie dagewesene Ausmaße erreicht, einer großen Vielzahl an Millionären stehen Tausende von Obdachlosen gegenüber, und es werden jeden Tag mehr.

Downtown ▶ D 20

Cityplan: S. 283
Das Stadtzentrum von San Francisco erstreckt sich östlich der Van Ness Avenue bis zum Embarcadero und in der Nord-Süd-Ausdehnung von Fisherman's Wharf bis in den Stadtteil South of Market Street.

Union Square 1

Kern dieses Stadtzentrums ist die Gegend um den **Union Square** mit mehreren Theatern, großen Einkaufszentren, renommierten Hotels und lebhaften Straßenzeilen. Während des Bürgerkrieges 1861 bis 1865 versammelten sich auf dem Platz häufig für die Nordstaaten eintretende Demonstranten, wovon der Union Square seinen Namen ableitete. Mit dem **Dewey Monument** erinnert eine 30 m hohe Säule an den Sieg der amerikanischen Pazifikflotte unter Admiral Dewey 1898 in der Schlacht bei Manila während des Spanisch-Amerikanischen Krieges. Der von Palmen bestandene, terrassenförmig angelegte Platz mit zwei Cafés bildet inmitten des Geschäftszentrums eine kleine Oase zum Verschnaufen nach einer kräftezehrenden Besichtigungs- und Shoppingtour durch die Filialen von Macy's, Neiman Marcus, Saks Fifth Avenue, Tiffanys, Apple, Nike und Urban Outfitters.

Hallidie Plaza 2

Wo die Powell Street auf die Market Street trifft, liegt mit der **Hallidie Plaza** ein lebhafter Platz, unter dem sich mehrere Etagen u. a. mit einer U-Bahn-Haltestelle befinden. Auf Straßenebene ist die Wendeplattform der Cable Cars hauptsächlich dann eine Besucherattraktion, wenn die Wagen von Schaffner und Bremser mit vereinten Kräften umgedreht und erneut für eine Fahrt zum Nob Hill bzw. nach Fisherman's Wharf bereit gemacht werden. Der Platz ist nach dem englischen Ingenieur Andrew Hallidie benannt, der 1873 das erste von Stahltrossen gezogene Cable Car vorstellte.

Nob Hill 3

Am leichtesten ist der Aufstieg zum **Nob Hill** mit dem Cable Car ab Hallidie Plaza. Hallidies Cable Car bildete die Voraussetzung für die Umwandlung des 103 m hohen Nob Hill in einen Millionärshügel. In diesem Stadtteil ließen sich Ende des 19. Jh. zeitweise die vier Eisenbahnmagnaten Leland Stanford, Mark Hopkins, Collis P. Huntington und Charles Crocker noble Residenzen erbauen, die dem Erdbeben von 1906 zum Opfer fielen. Das 1907 eröffnete **Fairmont Hotel** 1 war 1945 Schauplatz der Gründung der Vereinten Nationen. Am Rand des Huntington Square reckt die neogotische, der Notre-Dame-Kathedrale in Paris nachempfundene Grace Cathedral ihre Doppeltürme in den Himmel.

DURCH SAN FRANCISCOS REICH DER MITTE

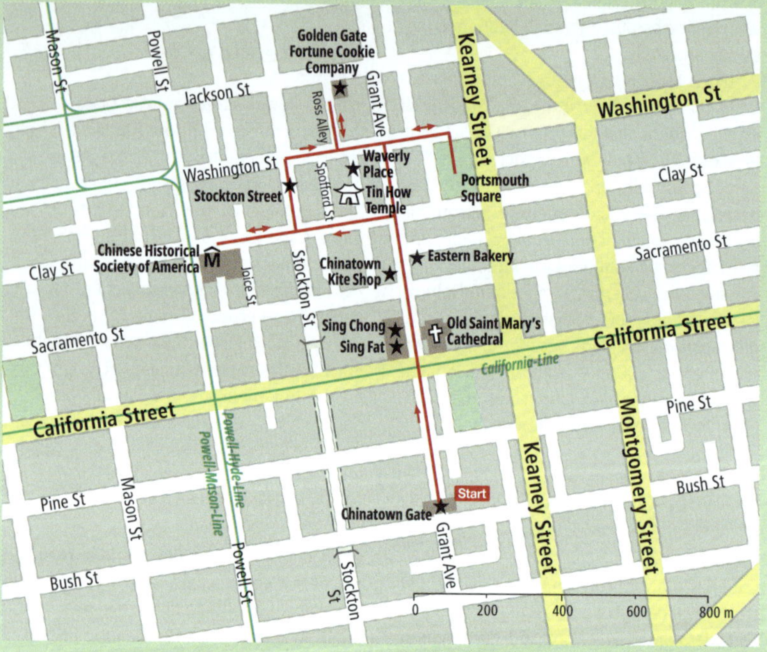

Tour-Infos
Start: Chinatown Gate (Bush St./Grant Ave.)
Länge: ca. 1,5 km
Dauer: zu Fuß 1–2 Std.

Mit **Chinatown** besitzt San Francisco eine der größten und buntesten chinesischen Gemeinden außerhalb Asiens. Zentrale Geschäftsstraße durch diesen Stadtteil ist die am Chinatown Gate beginnende Grant Avenue (s. S. 281). Geht man durch das mit türkisfarbenen Ziegeln gedeckte und von traditionellen Fo-Hunden bewachte, 1970 erbaute Tor taucht man unmittelbar dahinter in das geschäftige Gewusel ein. Es ist eine eigene Welt, weit von der amerikanischen Kultur entfernt, in der es nach fremden Kräutern, Räucherstäbchen, Sandelholz und exotischen Tafelfreuden riecht. Geschäfte und Restaurants säumen die Grant Avenue auf dem Weg zur **Old Saint Mary's Cathedral,** die Mitte des 19. Jh. als erste katholische Kathedrale der Stadt errichtet wurde. Granitblöcke für den Bau wurden von der amerikanischen Ostküste auf dem langen und gefährlichen Seeweg um Kap Hoorn herangeschafft (www.oldsaintmarys.org).

In der Nachbarschaft der Kirche zeugen die mit Türmen ausgestatteten **Sing-Chong-** und **Sing-Fat-Gebäude** vom dekorativen Pagodenstil, der nach dem großen Erdbeben von 1906 in der Chinesengemeinde vom schottischen Architekten Thomas Patterson Ross verwirklicht wurde. Ein hauptsächlich bei Kindern beliebtes Geschäft ist der **Chinatown Kite Shop,** der flugfähige Papier- und Stoffdrachen in allen Formen und Farben verkauft (717 Grant St., Tel. 1-415-989-5182, tgl. 11–17 Uhr).

Wem der Sinn eher nach etwas Nahrhaftem steht, der findet in der seit 1924 bestehenden **Eastern Bakery** süße Spezialitäten aus dem Reich der Mitte wie köstliche Lotus-Mondkuchen.

Die kleine Seitenstraße **Waverly Place** ist für ihre reizenden, mit Balkonen geschmückten Hausfassaden bekannt. Früher trug sie auch den Namen 15 Cent Street, denn ein Haarschnitt war damals für diesen Preis zu haben. Neben Friseurläden hat dort auch der **Tin How Temple** seinen Platz, der älteste, 1852 erbaute chinesische Tempel auf dem Boden der USA, geweiht der Schutzheiligen der Seefahrer. Mit historischen Fotografien und Artefakten gibt die **Chinese Historical Society of America** Auskunft über das Leben chinesischer Einwanderer in den USA (s. S. 282).

Auf der Clay Street kommt man zur Stockton Street, die im Unterschied etwa zur Grant Street nicht durch touristischen Nippes geprägt wird, sondern mit Fleischereien, Obst-, Gemüse- und Fischläden sowie Bäckereien als »Bauch von Chinatown« gilt.

In dieses Ambiente passt die **Golden Gate Fortune Cookie Company,** in der man überwiegend Frauen bei der Herstellung der berühmten Kekse mit auf Papierstreifen gedruckten Sinnsprüchen zusehen kann (56 Ross Alley, www.goldengatefortunecookies.com, 9–18 Uhr).

Der Rundgang durch Chinatown endet auf dem **Portsmouth Square,** auf dem Kapitän John B. Montgomery von der U.S.S. Portsmouth 1846 als erster die US-Flagge hisste.

Chinatown

Am Fuß des Nob Hill dehnt sich gewissermaßen das Gegenstück zum vornehmen Hügelviertel aus. **Chinatown**, das sich hinter dem Löwentor an der Grant Avenue auf Höhe der Bush Street öffnet, bildet eine Stadt in der Stadt – ein zum Teil sympathisch unaufgeräumt wirkendes, exotisches Viertel, in dem wahrscheinlich weit über 100 000 Menschen aus dem Reich der Mitte und anderen Ländern des Fernen Ostens leben. Straßenschilder geben in Englisch und chinesischen Schriftzeichen Auskunft. Straßenlaternen verzichten auf den China-Look ebenso wenig wie Hausfassaden unter geschwungenen Pagodendächern. Windspiele bimmeln vor Läden voller bemalter Fächer, bronzefarbener Buddhas und Taschen mit gestickten Drachenmustern monotone Melodien. In von Küchendunst beschlagenen Schaufenstern von Restaurants und Imbissen warten in Reih und Glied aufgehängte lackierte Enten auf hungrige Gäste.

Kein anderer Teil von San Francisco ist so dicht bevölkert wie die Straßenzüge um die von Transparenten und flatternden Fähnchen überspannte **Grant Avenue.** Früher einmal rein chinesisch, ist das Viertel durch die Zuwanderung von Vietnamesen, Thais, Filipinos, Koreanern und Laoten in den vergangenen Jahrzehnten so stark angewachsen, dass sich sozialer Zündstoff anzuhäufen begann. Entlang der zentralen Grant Street locken dicht aneinander gedrängte Andenkenläden und Restaurants mit farbenfrohen Fassaden. Der Blick in Innenhöfe und versteckte Seitengassen zeigt aber, wie eingepfercht die Einwohner von Chinatown in zum Teil heruntergekommenen Blocks leben. Aus Kräuterläden dringt der fremde Atem Asiens, vermischt mit dem Duft von Räucherstäbchen und den Geruchswolken benachbarter Fischgeschäfte.

Geschichte

Erste Einwanderer aus China erreichten die amerikanische Westküste in den späten 1840er-Jahren. Viele flohen vor Hungersnöten und Opiumkriegen im eigenen Land und hofften auf eine bessere Zukunft in den Goldfeldern von Kalifornien. Eine zweite Einwanderungswelle schwappte in den 1870er-Jahren nach Amerika, als Eisenbahngesellschaften Arbeiter für den Bau der Gleise durch den Kontinent benötigten. Als die Schienenwege fertiggestellt waren, ließen sich viele von ihnen in San Francisco nieder, zum Leidwesen der Einheimischen, die ihre Jobs durch die ›billigeren‹ Asiaten gefährdet sahen. Rassistische Ausschreitungen und ein gesetzlich verhängter Einwandererstopp waren die Folge. Die Chinesen ihrerseits, traditionell in unterschiedliche und nicht selten verfeindete *Tongs* (Geheimgesellschaften) aufgeteilt, begannen ihren Widerstand gegen Diskriminierung und Übergriffe zu organisieren. Aus diesen Bündnissen entwickelten sich auch zahlreiche von Erpressung und Schutzgeldern lebende Gangs.

Chinese Historical Society of America 4

965 Clay St., Tel. 1-415-391-1188, www.chsa.org, Mi–So 11–16 Uhr, Erw. 15 $, Kin. 6–17 J. 10 $

Anschaulich dokumentiert ist die Geschichte von Chinatown bzw. der chinesischen Einwanderung in die USA in der Chinese Historical Society of America mit historischen Fotos, Werkzeug vom Eisenbahnbau und etwa einer von einem chinesischen Restaurantpionier erfundenen Maschine zur Reinigung von Shrimps.

Chinese Cultural Center 5

750 Kearny St., 3. Stock, Tel. 1-415-986-1822, www.c-c-c.org, Di–Fr 9.30–18, Sa, So 11–16 Uhr, 5 $ (empfohlene Spende)

Weniger um Geschichte als vielmehr um Kunst und Kultur geht es in den Ausstellungen im **Chinese Cultural Center.** Vor dem Gebäude auf dem Portmouth Square treffen sich alte und junge Menschen am frühen Morgen zur traditionellen Tai-Chi-Frühgymnastik. Später am Tag brüten Männer im Schatten der Bäume über Schachbrettern.

North Beach

Am östlichen Broadway, wo neonbunte Sexshops und Stripteasebars das Straßenbild bestimmen, beginnt mit **North Beach** einer der ältesten Stadtteile von San Francisco. Ursprünglich eine der besten Wohngegenden, verlor er seine Attraktivität schon in den 1870er-Jahren, als die Cable-Car-Linien andere Viertel zu erschließen begannen. Neben mittel- und südamerikanischen Einwanderern siedelten um den Telegraph Hill in den folgenden Jahrzehnten viele Südeuropäer und ließen allein die italienische Bevölkerung bis 1939 auf 60 000 Menschen anwachsen. Als nach dem Zweiten Weltkrieg viele aus dem eng gewordenen Viertel weggezogen waren, verwandelte sich North Beach in eine Bohème-Kolonie um die sogenannte *Beat Generation*. Exponenten dieser literarischen Richtung waren Jack Kerouac und Allen Ginsberg unter deren Ägide sich North Beach zur Bühne der literarischen Avantgarde entwickelte, deren Hauptphilosophie aus einem Amalgam aus Anti-Bürgerlichkeit und Hoffnungslosigkeit bestand.

Den Literaten ist das **Beat Museum** 6 mit Memorabilien und Zeitdokumenten gewidmet (540 Broadway, Tel. 1-800-537-6822, www.kerouac.com, Do–Mo 10–19, 8 $). Verleger der Beat-Literatur war Lawrence Ferlinghetti, dessen Buchladen **City Lights** 5 (261 Columbus Ave., Tel. 1-415-362-8193, www.citylights.com, tgl. 10–24 Uhr) heute noch als Literatentreff dient. Im **Vesuvio Café** 12 (255 Columbus Ave., Tel. 1-415-362-3370, http://vesuvio.com) saßen Dichter und Denker und diskutierten neue literarische Entwürfe. Wer heute den Besuch dort stilecht gestalten will, bestellt einen mit Brandy, Amaretto und Limonensaft verfeinerten *Bohemian Coffee* oder einen aus Rum, Tequila, Orangen- und Limonensaft gemixten *Jack Kerouac*. Nach dem namengebenden Verfasser des Kultromans »On the Road« (Unterwegs) wurde auch eine Gasse zwischen dem Café und dem benachbarten City Lights benannt.

Hauptverbindung quer durch North Beach ist die im Schachbrettmuster der Straßen diagonal verlaufende **Columbus Avenue.** Sie beginnt im Stadtzentrum vor der **Transamerica Pyramid** (s. S. 289). In der Nachbarschaft erhebt sich die patinagrüne Fassade des zu Anfang des 20. Jh. errichteten **Columbus Tower** 7, der auch **Flatiron Building** genannt wird. Columbus Avenue ist nicht nur eine pulsierende Verkehrsader, sondern auch eine Gourmetmeile mit Restaurants und Spezialitätengeschäften wie der **Liguria Bakery** 6, in der Nachfahren genuesischer Einwanderer immer noch das Fladenbrot *focaccia* in einem originalen Ziegelofen aus dem Jahr 1911 backen (Ecke Stockton und Filbert St., Tel. 1-415-421-3786, Di–Sa 7–12 Uhr).

Um die Mittagszeit bilden sich Warteschlangen vor dem über 100 Jahre alten **Molinari Deli** 7, wo flinke Hände zwischen von

San Francisco: Downtown

(Karte 284–285)

Sehenswert

1 Union Square
2 Hallidie Plaza
3 Nob Hill
4 Chinese Historical Society of America
5 Chinese Cultural Center
6 Beat Museum
7 Columbus Tower
8 Church of St. Peter and St. Paul
9 Coit Tower
10 Lombard Street
11 Ghirardelli Square
12 San Francisco Maritime National Historical Park
13 The Cannery
14 Fisherman's Wharf
15 Madame Tussaud's
16 Pier 39
17 Aquarium of the Bay
18 Alcatraz
19 Transamerica Pyramid
20 Embarcadero Center
21 Salesforce Transit Center
22 Ferry Building
23 Exploratorium
24 James R. Herman Cruise Terminal
25 Yerba Buena Center for the Arts
26 Moscone Convention Center
27 San Francisco Museum of Modern Art (SFMOMA)
28 Museum of the African Diaspora
29 Cartoon Art Museum
30 Contemporary Jewish Museum
31 International Art Museum of America
32 City Hall
33 – 48 s. Cityplan S. 296

Übernachten

1 Fairmont San Francisco
2 Orchard Hotel
3 Parc 55 Hotel
4 Hotel Zoe
5 s. Cityplan S. 296
6 Phoenix Hotel
7 Golden Gate Hotel
8 Buena Vista Motor Inn
9 s. Cityplan S. 296
10 Hotel Mayflower
11 Green Tortoise Guest House

Essen & Trinken

1 Mourad
2 Piperade
3 Thai Spice
4 Souvla
5 Swan Oyster Depot
6 The Stinking Rose
7 Marlowe
8 Zuni Café
9 Suppenküche
10 House of Nan King
11 Vesuvio Café
12 – 19 s. Cityplan S. 296

Einkaufen

1 Crocker Galleria
2 Levis Flagship Store
3 Westfield Centre
4 Amour Vert
5 City Lights
6 Liguria Bakery
7 Molinari Deli
8 s. Cityplan S. 296

Abends & Nachts

1 Louise M. Davies Symphony Hall
2 San Francisco Opera
3 Herbst Theater
4 Gino & Carlo
5 The Saloon
6 Carbon
7 Bix Restaurant
8 s. Cityplan S. 296

Aktiv

1 San Francisco Sightseeing
2 Bay City Bike
3 Blazing Saddles
4 City Kayak
5 s. Cityplan S. 296

San Francisco Bay
0 250 500 750 1000 m
N
Municipal Pier
Historic Ships
Alma
Hercules
Eureka
Balclutha
Eppleton Hall
C.A.Thayer
Aquatic Park
Pier 45
Hyde St Pier
U.S.S. Pampanito World War II Submarine
Fishermen's & Seamen's Chapel
Sea Lions
North Point
Fort Mason
Hyde St & Beach St
Taylor St & Bay St
The Anchorage
Jefferson St
Beach St
North Point St
Bay St
Northpoint Center
Francisco St
Chestnut St
Lombard St
Greenwich St
Filbert St
Union St
Green St
Vallejo St
Broadway
Pacific Ave
Jackson St
Washington St
Clay St
Sacramento St
California St
Pine St
Bush St
Columbus Avenue
Columbus Ave
Van Ness Avenue
Franklin St
Gough St
Polk St
Larkin St
Hyde St
Leavenworth St
Jones St
Taylor St
Mason St
Powell St
Stockton St
Grant Ave
Kearny St
Montgomery St
Sansome St
Battery St
Front St
Davis St
Drumm St
Macondray Ln
Commercial St
Merchant St
Telegraph Hill Blvd
Russian Hill Park
RUSSIAN HILL
TELEGRAPH HILL
NORTH BEACH
CHINATOWN
NOB HILL
FINANCIAL DISTRICT
San Francisco Art Institute
Tattoo Museum
North Beach Playground
Michelangelo Plgd
Washington Square
Powell-Mason-Line
Powell-Hyde-Line
California-Line
Details s. S. 280 Aktiv-Tour Chinatown
Levy Tunnel
Chinese Hospital
Chinatown
Tin-How Temple
San Francisco Cable Car Museum
Grace Episcopal Cathedral
Huntington Park
Masonic Memorial Temple
Chinatown Gateway
Haas-Lilienthal House
California St & Ness Ave
California St & Drumm St
Sidney Walton Park
Golden Gateway Center
Justin Herman Plaza
World Trade Center
Ferry Plaza East
The Embarcadero
Foreign Trade Zone
Embarcadero
Folsom
Promenade
Market St
Beale St
Mission St
Spear St
Steuart St
101
47
43
41
35
33
31
29
27
23
19
17
15
9
7
3
1
2

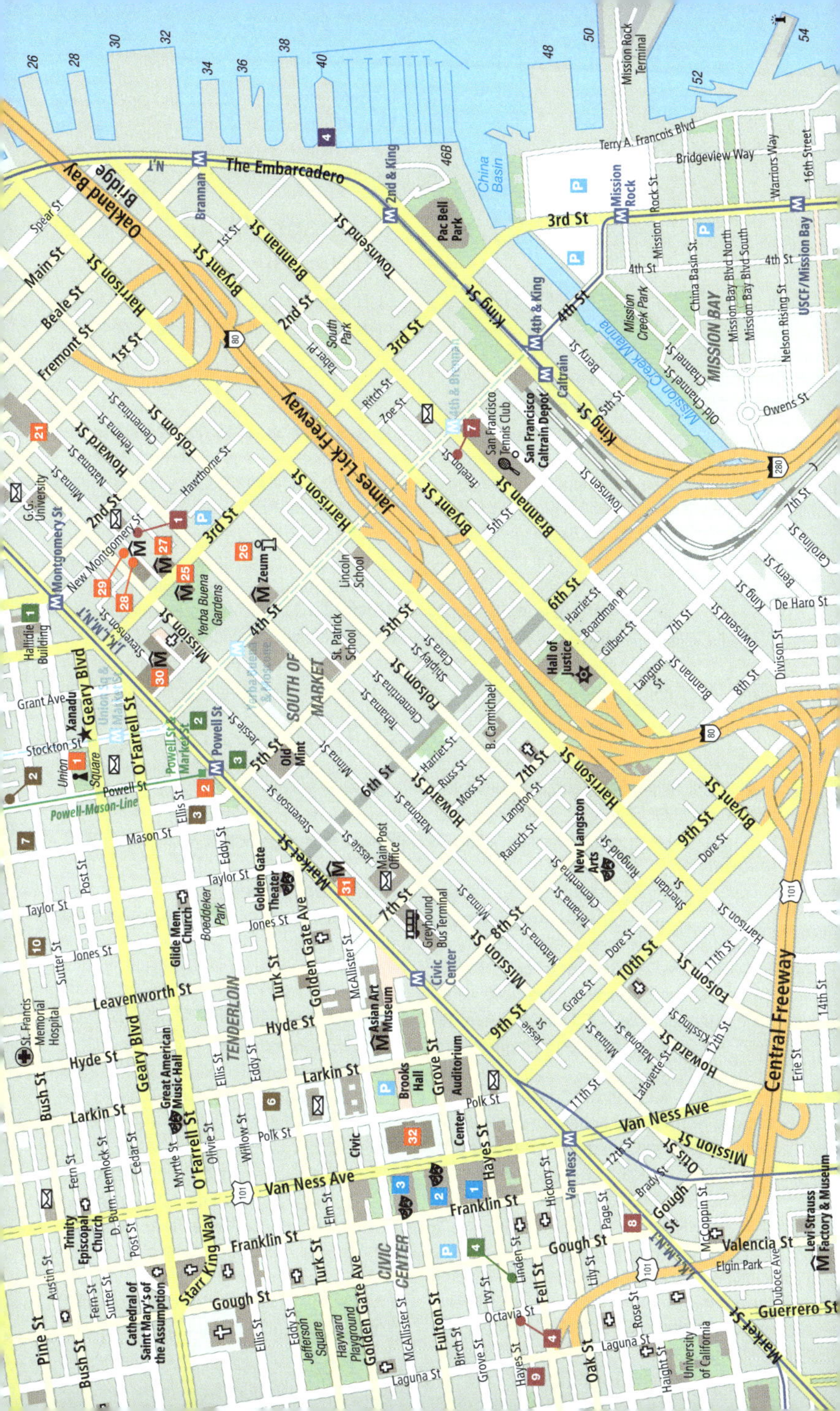

VERBILLIGTER EINTRITT

Der neun aufeinanderfolgende Tage gültige **San Francisco CityPASS** beinhaltet den Eintritt von vier Attraktionen, die man aus einer Liste von sechs auswählt. Die Sache rechnet sich aber nur bei voller Ausschöpfung (de.citypass.com/san-francisco, Erw. 70 $, Kin. 5–11 J. 59 $). Auf der Webseite von **Tix Bay Area** (www.tixbayarea.org) gibt es tagesaktuell vergünstigte Eintrittskarten zu kulturellen Events, die noch nicht ausverkauft sind. Theater- und Konzertinteressierte sollten wissen, dass es hier Tickets für Veranstaltungen am jeweiligen Tag zum halben Preis gibt.

der Decke baumelnden Schinken und Vitrinen voller Köstlichkeiten himmlische Sandwiches zubereiten (373 Columbus Ave., Tel. 1-415-421-2337, www.molinaridelisf.com, Mo–Sa 10–16.30 Uhr).

Delikaten Knoblauchduft verströmt das Traditionsrestaurant **The Stinking Rose** 6, was z. T. auf die Hausspezialität *Forty Clove Garlic Chicken* (29,95 $) zurückgeht, die ihren unnachahmlichen Geschmack 40 Knoblauchzehen verdankt (430 Columbus Ave., Tel. 1-415-781-7673, http://thestinkingrose.com, tgl. 10–22 Uhr).

Auf dem Washington Square im Zentrum von North Beach finden vor der neogotischen Fassade der **Church of St. Peter and St. Paul** 8 häufig Feste und Kulturveranstaltungen statt. Ein Massenaufgebot an Presseleuten stürmte die Kirche, als Baseballlegende Joe DiMaggio in den 1950er-Jahren Marilyn Monroe heiratete. Unter der auf dem Rasen errichteten **Benjamin-Franklin-Statue** wurde 1979 eine Kapsel mit einem Gedicht von Lawrence Ferlinghetti, einem Paar Jeans und einer Flasche Wein als Symbole der damaligen Zeit in den Sockel gemauert. Erst nach Ablauf von 100 Jahren soll der ›Schatz‹ gehoben werden.

Telegraph Hill und Russian Hill

Coit Tower 9

1 Telegraph Hill Blvd., Tel. 1-415-249-0995, tgl. 10–18 Uhr, 8 $

Als Kind war Lillie Hitchcock Coit von Feuerwehrmännern aus einem brennenden Haus gerettet und als 15-jähriges Mädchen zum Maskottchen einer Feuerwehrbrigade erwählt geworden. Im Jahr 1929 stellte sie einen Teil ihres Vermögens für den Bau des runden, 64 m hohen **Coit Tower** auf dem Telegraph Hill zur Verfügung. Im Erdgeschoss des Turms schmücken Malereien aus den 1930er-Jahren die Wände, die durch öffentliche Beschäftigungsprogramme entstanden waren und seinerzeit wegen ihrer linksliberalen Thematik auf massive Kritik stießen. Von der Aussichtsplattform blickt man auf den Financial District, den Russian Hill und Fisherman's Wharf. Vom ›Gipfel‹ des Telegraph Hill führen die Filbert Steps mit über 400 Stufen durch eine reizvolle Hügelflanke mit Gärten und Refugien grüner Papageien bergab Richtung Bucht von San Francisco.

Lombard Street 10

Im Hochsommer wegen Überlastung temporär für Pkw gesperrt

Vom Coit Tower stellt in westlicher Richtung die **Lombard Street** die Verbindung zum Russian Hill her. Sie ist die berühmteste, aber mit 21,3 % nicht steilste Straße im Stadtgebiet von San Francisco. Den Rekord hält die Filbert Street zwischen Leavenworth und Hyde Street mit 31,5 % Steigung. Die Lombard Street ist nur bergab befahrbar und schlängelt sich in engen, mit Ziegeln gepflasterten Kurven durch Vorgärten mit Hecken und Hortensienbüschen. Seitliche Treppen machen sie auch für Fußgänger zugänglich, die hier in Scharen Selfies und andere Erinnerungsfotos für ihre Social-Media-Accounts machen. Vom oberen Ende an der Hyde Street bietet sich ein wunderschöner Blick hinunter nach Fisherman's Wharf und auf die Insel Alcatraz.

Rund um Fisherman's Wharf

Ghirardelli Square 11

900 North Point St., www.ghirardellisq.com

Am unteren Ende der Hyde Street liegt eine Cable-Car-Wendeplattform nur wenige Meter vom **Ghirardelli Square** entfernt. Zwischen 1962 und 1967 wurde die ehemalige Schokoladenfabrik in ein von Innenhöfen und Passagen durchzogenes Einkaufs-, Restaurant- und Unterhaltungszentrum verwandelt.

San Francisco Maritime National Historical Park 12

Am Ende der Hyde St., Tel. 1-415-561-7000, www.nps.gov/safr, tgl. 9.30–17 Uhr, 15 $

In der Nachbarschaft liegen im **San Francisco Maritime National Historical Park** mehrere schwimmende Oldtimer vor Anker. Die Balclutha lief 1883 in Schottland vom Stapel und umsegelte das Kap Hoorn mehr als einmal, ehe sie in Alaska zur Konservenfabrik umfunktioniert wurde. Aus dem aktiven Verkehr gezogen, spielte sie im Abenteuerfilm »Meuterei auf der Bounty« mit. Die etwas jüngere C. A. Thayer von 1895 war das letzte kommerzielle Segelschiff an der Pazifikküste. Als der Schaufelraddampfer Eureka 1890 vom Stapel lief, war er das größte Fährschiff der Welt.

The Cannery 13

2801 Leavenworth St.

Ähnlich wie Ghirardelli Square besitzt auch **The Cannery** eine industrielle Vergangenheit, und zwar als Pfirsichkonservenfabrik. Auf mehreren Etagen verteilen sich Kunstgalerien, Restaurants und kleine Geschäfte. Im Sommer vergeht kein Tag, an dem nicht im Innenhof eine Band oder ein Solist die Gäste unterhält.

Fisherman's Wharf 14

Embarcadero & Powell St., www.fishermans wharf.org

Fisherman's Wharf ist eine der bekanntesten Touristenattraktionen der Stadt – typisch ist diese in Souvenirnippes beinahe versinkende Schaumeile nicht. Millionen Besucher flanieren Jahr für Jahr an den Hafenanlagen vorbei, die größtenteils erst in den 1960er-Jahren entstanden. Bevor das große Touristengeschäft begann, befand sich vor Ort ein reger Fischereihafen, von dem heute nur Teile übrig sind. Statt Fischkutter zerpflügen Ausflugsboote nach Alcatraz die Bucht von San Francisco, und statt zünftiger Seemannskneipen haben sich auf Massentourismus eingestellte Restaurants zwischen Kirmesattraktionen etabliert.

Nur wenige Schritte entfernt verlocken die aus Wachs gefertigten Promis von **Madame Tussaud's** 15 zu einem Besuch (145 Jefferson St., Tel. 1-866-223-4240, www.madametussauds.com/san-francisco/en, So–Do 10–19, Fr, Sa 10–20 Uhr, ab 13 J. 30 $, online 20 $).

Pier 39 16

Nirgendwo sonst stellt sich die Kombination von Kitsch und Kommerz so ausgeprägt zur Schau wie auf **Pier 39.** Um ein Kinderkarussell und eine Bühne für Straßenkünstler haben sich in aus groben Balken gezimmerten Geschäften Schnellimbisse, Pizzerien, Eissalons, Souvenirläden, T-Shirt-Verkäufer und überteuerte Gourmettempel angesiedelt. Dem im Jahr 1978 umgebauten Pier hauchte erst ein Zufall maritime Atmosphäre ein. Schon vor Jahren ließ sich auf den Bootsstegen nebenan eine Seelöwenkolonie nieder, die längst zu den populärsten Besucherattraktionen der Stadt zählt. Warum sich die schwergewichtigen Tiere so spektakulär stadtnah niedergelassen haben und warum ihre Zahl gelegentlich stark schwankt, weiß niemand.

Aquarium of the Bay 17

Pier 39, 2 Beach St., Tel. 1-415-623-53 00, www.aquariumofthebay.org, im Sommer tgl. 9–20 Uhr, sonst kürzer, Erw. 29,75 $, Kin. 4–12 J. 19,75 $

Zwei über 100 m lange Acryltunnel führen im **Aquarium of the Bay** in einem 2,7 Mio. l fassenden Becken durch die Unterwasserwelt der San Francisco Bay und machen Besucher mit den dort heimischen Lebewesen vertraut.

Die Transamerica Pyramid ist ein Blickfang in San Franciscos Zentrum

Garanten für gute Laune sind die munteren Flussotter.

Alcatraz 18

www.nps.gov/alca; Ausflugsschiffe: Alcatraz Cruises, Pier 33, Tel. 415-981-7625, www.alcatrazcruises.com, Erw. 41 $, 5–11 J. 25 $; es werden auch nächtliche Touren angeboten

Im Sommer bilden sich neben Pier 39 an den Anlegestellen der Ausflugsschiffe lange Warteschlangen, weil sich viele Stadtbesucher eine Fahrt auf die Insel Alcatraz nicht entgehen lassen wollen. »The Rock«, wie der prägnante Felsen in der Bucht auch genannt wird, wurde von den Spaniern nach dort lebenden Pelikanen auf den heutigen Namen getauft. 1934 entstand dort die erste offizielle zivile Haftanstalt – vom ersten Tag an kein Knast wie jeder andere. Einzelhaft war die Regel, was manche Kritiker als barbarisch anprangerten. Der offiziellen Version zufolge gelang es keinem einzigen Ausbrecher, von der Insel auf das 2 km entfernte Festland zu fliehen. Das verhinderten nicht nur ausgeklügelte Sicherheitssysteme, sondern auch das eiskalte, von gefährlichen Strömungen durchzogene Wasser in der Bucht.

Auf Alcatraz saßen Amerikas berüchtigtste Kriminelle hinter Schloss und Riegel. Zur Unterweltprominenz gehörte Gangsterboss Al Capone, der während der Prohibition in Chicago sein Unwesen getrieben hatte. Neben ihm zählte Robert Stroud zu den bekanntesten Insassen. Wegen zweifachen Mordes zu lebenslänglicher Einzelhaft verurteilt, züchtete er zum Zeitvertreib Vögel, schrieb ornithologische Fachbücher und widmete sich der Geschichte des Strafvollzugs. Bis heute hält das US-Justizministerium Strouds Manuskript unter Verschluss. Im Alter von 76 Jahren starb der Häftling 1963 hinter Gittern. Ein Happy-End findet die Geschichte nur im Kinofilm mit Burt Lancaster in der Hauptrolle.

Die Geschichte von Alcatraz als berühmtestem Gefängnis Amerikas endete 1963 mit der Schließung u. a. wegen der zu hohen Unterhaltskosten. Seit 1972 verwaltet der National Park Service The Rock und leitet bis zu 4000 Besucher täglich durch Gefangenenzellen und Hochsicherheitstrakte.

Financial District

Als Wall Street des Westens apostrophiert, dehnt sich der Financial District zu Füßen der höchsten Gebäude der Stadt aus. In der **Montgomery Street** entstanden schon Mitte des 19. Jh. erste Banken, als der Goldrausch die Stadt mit Edelmetall versorgte. Den Durchbruch als Finanzzentrum schaffte San Francisco aber erst mit der Entdeckung riesiger Silberlagerstätten in Virginia City (Nevada) einige Jahre später.

Das erste größere Bürogebäude stand lange Zeit dort, wo sich seit 1972 mit der **Transamerica Pyramid** 19 eines der modernen Wahrzeichen der Stadt erhebt. Die hitzigen Diskussionen über das 260 m hohe, mit 3678 Fenstern ausgestattete, futuristisch anmutende Bauwerk sind längst verebbt. 2018 hat der 326 m hohe Salesforce Tower der Pyramide den Rang abgelaufen (www.transamericapyramidcenter.com).

Embarcadero

Embarcadero Center 20

http://embarcaderocenter.com

Der Grund und Boden des Finanzdistrikts wurde im 19. Jh. größtenteils durch Aufschüttung der Bucht gewonnen. Das gilt auch für den Untergrund des Embarcadero Center östlich der Transamerica Pyramid, einen Betonkomplex aus Geschäfts- und Büroräumen, zu dem Hotels, Restaurants und die Justin Herman Plaza mit einer ausladenden Brunnenskulptur des frankokanadischen Bildhauers Armand Vaillancourt gehören.

Salesforce Transit Center 21

425 Mission St. www.salesforcetransitcenter.com

Stadteinwärts vom Rincon Park eröffnete 2018 diese neue Drehscheibe für den Verkehr. Sie dient als Bahnhof mehrerer Busgesellschaften und zweierlei Bahnsysteme: einmal von der CalTrain-Eisenbahn, die via Silicon Valley nach San Jose fährt, andererseits von der noch im Bau befindlichen California High-Speed Rail, die nach ihrer Fertigstellung 2029 San Francisco mit Los Angeles, Anaheim und später auch San Diego verbinden soll. Auf dem Dach des gigantischen Bahnhofs ist der in luftiger Höhe liegende spektakuläre **City Park** ein neues architektonisches Highlight – mit einem Dutzend unterschiedlicher Gärten, Bäumen, Rasenflächen, einem Amphitheater und einem 800 m langen Spazierpfad. Geplant ist eine Gondel zum Mission Disctrict. In der Nachbarschaft entstand mit dem **Salesforce Tower** (326 m) das höchste Gebäude der Stadt.

Ferry Building 22

Mo–Fr 10–18, Sa 9–18, So 11–17 Uhr

Der früher stark frequentierte Fährterminal dient heute als exquisiter Gourmettempel. Schon vor Jahren sind in das Gebäude mit einem der Kathedrale im spanischen Sevilla nachempfundenen Campanile Restaurants mit internationalen Spezialitäten und Delikatessenläden eingezogen. Außerhalb findet regelmäßig ein bunter **Bauernmarkt** (Di, Do 10–14, Sa 8–14 Uhr) und an Wochenenden ein beliebter **Food Market** statt. Weiter südlich zieht sich an der Bucht bis zum **Rincon Park** eine reizvolle Flaniermeile entlang.

Exploratorium 23

Pier 15, Embarcadero, Tel. 1-415-528-4360, www.exploratorium.edu, Di–So 10–17, Do bis 22 Uhr, Mo geschl., Erw. 30 $, Kin. 4–12 J. 20 $

An der Wasserkante hat das Exploratorium einen Standort gefunden und präsentiert interaktive Einrichtungen etwa aus Biologie, Physik und Akustik.

James R. Herman Cruise Terminal 24

www.sfport.com

Am Pier 27 liegt der Terminal für Kreuzfahrtschiffe. Die Stadt will sich damit einen Platz im boomenden Geschäft mit Hochseereisen sichern. Liegen keine Schiffe vor Anker, dient das Gebäude unterschiedlichen Events.

SoMa und Umgebung

Eine ähnlich erfolgreiche kosmetische Operation wie beim Embarcadero machte den sich weiter westlich anschließenden Stadtteil **South of Market Street,** von den Einheimischen **SoMa** genannt, zum Trend- und Avantgardeviertel mit Kunst- und Kulturangeboten sowie Cafés, schicken Weinbars und exquisiten Restaurants. Vor allem die gut verdienenden Angestellten der Tech Companies fühlen sich in den millionenschweren Apartments wohl.

In den 1990er-Jahren eröffnete mit den **Yerba Buena Gardens** ein 87 Mio. $ teurer Komplex, welcher der ethnischen und kulturellen Vielfalt der Bay-Metropole gerecht werden sollte. Grünanlagen mit einem künstlichen Wasserfall, Rasenflächen, einem Martin Luther King Memorial und Pflanzen aus allen Partnerstädten von Abidjan (Elfenbeinküste) bis Shanghai sind nur ein Teil der Naturoase. Dazu gehören neben dem vom japanischen Architekten Fumihiko Maki entworfene Kunst- und Kulturzentrum **Yerba Buena Center for the Arts** 25 mit einem 750 Plätze großen Theater (701 Mission St., Tel. 1-415-978-2700, www.ybca.org) auch das zum Teil unter der Straßenebene liegende Messe- und Kongresszentrum **Moscone Convention Center** 26 (www.moscone.com).

GRATISTAG IN MUSEEN

Zahlreiche Museen können Sie zu bestimmten Zeiten kostenlos besichtigen. **1. Di im Monat:** Conservatory of Flowers, Contemporary Jewish Museum, de Young Museum, Legion of Honor, Museum of Craft and Design, SF Botanical Gardens. **2. Di des Monats sowie tgl. 7.30–9 Uhr:** Asian Art Museum, Oakland Museum of California. **1. Mi im Monat:** Bay Area Discovery Museum. **Mo, Mi, Fr vor 10 Uhr:** Japanese Tea Garden.

San Francisco Museum of Modern Art (SFMOMA) 27

151 Third St., Tel. 1-415-357-4000, www.sfmoma.org, Fr–Di 10–17, Do 10–21 Uhr, Erw. 25 $, Senioren ab 65 J. 22 $, Jugendliche 19–24 J. 19 $, unter 18 J. frei

Herzstück der Kunstszene in SoMa ist das von dem Schweizer Architekten Mario Botta entworfene San Francisco Museum of Modern Art, ein gewaltiger Ziegelbau mit einem abgeschrägten zylindrischen Dachaufsatz im rötlich-weißen Streifenmuster. Die Qualität des Hauses mit seinen abstrakten, expressionistischen sowie postmodernen Sammlungen auf knapp 16 000 m² Ausstellungsfläche hat sich längst herumgesprochen und sorgte bereits unmittelbar nach der Eröffnung im Jahr 1995 für einen Besucheransturm.

Seit der Eröffnung eines futuristischen Erweiterungsbaus im Jahr 2016 kann sich das Museum als umfangreichste Ausstellung moderner Kunst in den USA rühmen. Der Reigen der Künstler reicht von Henri Matisse über Paul Klee, Frank Gehry und Anselm Adams bis zu dem amerikanischen Maler Clyfford Still und dem deutschen Maler und Bildhauer Gerhard Richter.

Museum of the African Diaspora 28

685 Mission St., 1-415-358-7200, www.moadsf.org, Mi–Sa 11–18, So 12–17 Uhr, Erw. 12 $, Kin. 6 $

Das Museum of the African Diaspora feiert auf vielfältige Weise den Beitrag afrikanischer Kulturen zur amerikanischen Gesellschaft und Kultur. Dabei gehen die Ausstellungen auf die afrikanischen Wurzeln des Jazz ebenso ein wie etwa auf die Einflüsse des Sklavenhandels auf die brasilianische Küche. Der Museum Store verkauft hübsches Kunsthandwerk wie Skulpturen, Masken, Schmuck und Textilien.

Kunstrefugium im Hochhausmeer: Mario Bottas Bau für das Museum of Modern Art

Cartoon Art Museum 29

781 Beach St, Tel. 1-415-227-8666, www.cartoonart.org, *tgl. außer Mi 11–17 Uhr, Erw. 10 $, Senioren 6 $, Kinder 6–12 J. 4 $*

Unter den über 7000 Ausstellungsstücken des Museums befinden sich Disney-Animationen, historische Comics des Peanuts-Erfinders Charles Schultz, politische Comics von Bill Mauldin und Lou Grant ebenso wie Comic-Bücher mit Illustrationen berühmter Künstler wie Bob Kane, Jack Kirby und Steve Ditko. Außerdem sind Wechselausstellungen zu sehen.

Contemporary Jewish Museum 30

736 Mission St., Tel. 1-415-655-7800, www.thecjm.org, tgl. außer Mi 11–17, Do bis 20 Uhr, Erw. 16 $, ab 65 J. 14 $, bis 18 J. frei

Das Contemporary Jewish Museum befindet sich in einem umgebauten ehemaligen Umspannwerk. Stararchitekt Daniel Libeskind hinterließ seine unverkennbare Handschrift an für ihn typischen Schrägen, die das Gebäude mit mutigen Akzenten ausstatteten. Zu sehen sind Werke von der Antike bis zur Moderne z. T. von Berühmtheiten wie Chagall und Rodin.

International Art Museum of America 31

1023 Market St., zwischen Taylor St. und Golden Gate Ave., Tel. 1-415-376-6344, www.IAMAsf.org, Di–So 10–17 Uhr, Eintritt frei

Kernstück des International Art Museum of America ist eine permanente Asienabteilung mit Kunstwerken aus China, Skulpturen, Porträts und Landschaftsmalereien von europäischen Künstlern des 18. und 19. Jh. wie Maurice de Vlaminck und Evariste Carpentier. Von der französischen Malerin Rosa Bonheur sind einige Tierbilder zu sehen, für die sie weltweite Anerkennung fand.

Civic Center

Der im Zentrum des Civic Center stehende Kuppelbau der 1915 erbauten **City Hall** 32 ist dem Petersdom in Rom nachempfunden. Lobby und Korridore spiegeln sich in Marmor, während die barock gestalteten Treppen genauso gut in die Geschosse eines französischen Prunkbaus führen könnten. Im Unterschied zum Rathaus strahlt die davor befindliche, von symmetrischen Baumreihen bestandene Plaza eher nüchternes Flair aus. Häufig flattern dort Plastikzelte von Obdachlosen im Wind, was von der enorm ungleichen Verteilung des Wohlstands kündet. Jenseits der Van Ness Avenue reihen sich einige Kultureinrichtungen von Rang aneinander.

Mit einer modernen, gebogenen Fassade macht die **Louise M. Davies Symphony Hall** 1 auf sich aufmerksam, in deren 2400 Plätze großem Auditorium von September bis Mai die Konzerte der San Francisco Symphony stattfinden (201 Van Ness Ave., Tickets Tel. 1-415-864-6000, www.sfsymphony.org).

Die **San Francisco Opera (War Memorial Opera House)** 2 in der Nachbarschaft machte 1945 Weltgeschichte, als dort die Vereinten Nationen gegründet wurden. Sechs Jahre später war das Gebäude Schauplatz der Unterzeichnung des Amerikanisch-Japanischen Friedensvertrags. Heute finden dort die Aufführungen der San Francisco Opera (1923) und des San Francisco Ballet statt (301 Van Ness Ave., s. S. 301).

Das aus dem Jahr 1932 stammende und im Veteran's Building untergebrachte **Herbst Theater** 3 für kleinere Veranstaltungen vervollständigt das kulturelle Triumvirat in der Nachbarschaft des Civic Center. Die acht überdimensionalen Wandgemälde im etwas weniger als 1000 Zuschauer fassenden Theater stammen vom belgischen Künstler Frank Brangwyn, der sie für die Panama-Pacific International Exposition 1915 anfertigte (401 Van Ness Ave., Tel. 1-415-392-2545, www.sfperformances.org). Seit der Renovierung erstrahlt das Theater in neuem Glanz.

Stadtteil Marina ▶ D 20

Cityplan: S. 296

Die vom Russian Hill westwärts führende **Lombard Street** ist in San Francisco wegen der zahlreichen preiswerteren Unterkünfte auch unter dem Namen Motel Row bekannt. Sie zieht sich mitten durch den vornehmen Stadtteil Marina mit hübschen viktorianischen, von Erkern und Türmchen geschmückten Häusern und gepflegten Villen im mediterranen Stil. Neben der Lombard Street ist die parallel verlaufende **Chestnut Street** die Hauptader des Viertels mit einer großen Auswahl von Restaurants und Cafés, Supermärkten und Spezialitätenläden, in denen viele Gerichte auch zum Mitnehmen verkauft werden.

Fort Mason 33

https://fortmason.org

Im Nordosten des Stadtteils entwickelt sich das ehemalige Militärgelände **Fort Mason** seit Jahren zu einem Kulturzentrum u. a. mit interaktiven Installationen und Ausstellungen des Exploratoriums (s. S. 289) unter freiem Himmel.

Palace of Fine Arts 34

3301 Lyon St., http://palaceoffinearts.org

Am westlichen Rand von Marina erhebt sich inmitten einer kleinen Parkanlage der neoklassische **Palace of Fine Arts,** ein mit Säulen, Kolonnaden, Halbreliefs und Statuen reich geschmücktes Überbleibsel der »Panama-Pacific«-Ausstellung von 1915. Der künstlich angelegte Teich vor dem Gebäude bringt es nicht nur bei Hochzeiten häufig in die Timeline von Instagram und Konsorten.

Golden Gate National Recreation Area

Cityplan: S. 296

Vom Jachthafen führt der knapp 6 km lange **Coastal Trail** (s. Aktiv S. 293) als asphaltierter Fußgänger-, Rad- und Joggerpfad direkt am Ufer der Bucht entlang durch die Golden Gate National Recreation Area bis zum zwischen 1853 und 1861 erbauten Fort Point direkt unter der Golden Gate Bridge, wo James Stewart im Hitchcock-Thriller »Vertigo« 1958 seine Filmpartnerin Kim Novak aus dem Wasser rettete.

HIKING AUF DEM COASTAL TRAIL

Tour-Infos

Start: Golden Gate Bridge
Länge: einfach 3,9 km
Dauer: ca. 1–1,5 Std.
Wichtige Hinweise: Der kostenlose Presidi-Go-Shuttlebus (nur Mo–Fr) hält auf seiner Crissy Field Route an der Golden Gate Bridge. Am Ende der Wanderung kann man von der Haltestelle 25th Avenue zunächst zum Presidio Transit Center und von dort dann in die Stadt zurückfahren (www.presidio.gov/transportation-internal).

Das ehemalige Militärgelände **Presidio** 36 wurde in einen Nationalpark umgewandelt, der von der Innenstadt in wenigen Minuten zu erreichen ist. Der reizvolle, einfach zu gehende **California Coastal Trail** windet sich von der Golden Gate Bridge im Norden bis nach Süden an den Rand des Stadtteils Sea Cliffs an der spektakulären Steilküste entlang. Von vielen Stellen hat man wunderbare Ausblicke auf das lachsrote, das Golden Gate überspannende Wahrzeichen der Stadt, den Pazifik und die Berglandschaft in den Marin Headlands. Bevor man vom Transit Center in die Stadt zurückkehrt, kann man dem benachbarten **Walt Disney Family Museum** 38 einen Besuch abstatten, das sich mit den unterschiedlichen Lebensabschnitten des Zeichentrickkünstlers von seiner Frühphase bis zur Gründung der Vergnügungsparks beschäftigt (104 Montgomery St., Tel. 1-415-345-6800, www.waltdisney.com, tgl. außer Di 10–18 Uhr, Erw. 25 $, Sen. 20 $, Kin. 6–17 J. 15 $).

Golden Gate Bridge 35

Die elektronisch erhobene Maut kann über ein Programm der Mietwagenfirma entrichtet werden, bezahlen muss man nur auf dem Weg in die Stadt (Pkw 8,80 $ bei Nummernschilderkennung bzw. 9,40 $ bei Rechnung, http://goldengate.org/tolls/german.php). Fußgängern steht der Gehweg auf der Ostseite der Brücke tgl. 5–21 Uhr gratis zur Verfügung. Radfahrer dürfen die Wege benutzen, wobei die Seite je nach Pendlerstrom variiert; bei Dunkelheit geht es durch ein Sicherheitstor, das von Kameras überwacht wird. Skateboards, (E-)Roller und Roller Blades sind nicht erlaubt

Macht die lachsrote Golden Gate Bridge mit ihren Stahlverstrebungen von Fort Point aus einen fast unheimlichen Eindruck, so zeigt sie sich vom Parkplatz an der südlichen Brückenauffahrt von ihrer Bilderbuchseite. In einer Grünanlage steht die Büste von Chefingenieur Joseph Strauss, nach dessen Plänen das Bauwerk nach viereinhalbjähriger Bauzeit am 28. Mai 1937 eingeweiht wurde. Am Tag zuvor waren über 200 000 Menschen über die Brücke marschiert. Am Tag danach riss die Karawane derer nicht ab, die das Goldene Tor erstmals auf vier Rädern überqueren wollten. Nicht nur der optische Eindruck, sondern auch die technischen Maße sind beeindruckend. Vom einen zum anderen Ende misst die Brücke 2,7 km, wobei sie auf 1280 m Länge zwischen den beiden 227 m hohen Pfeilern ohne Stützen auskommt. Die zusammen mit den Gehwegen 27,5 m breite und 67 m über dem Wasser hängende Fahrbahn wird von

zwei 2,3 km langen Stahltrossen mit einem Durchmesser von fast 1 m gehalten.

Nachdem sich zwischen 1936 und 2007 über 1200 Menschen von der Brücke in den Tod gestürzt hatten, wurde das Bauwerk 2009 endlich mit einem Fangnetz ausgestattet.

Rund 112 000 Fahrzeuge überqueren Tag für Tag das Goldene Tor, wobei die Fahrbahnen je nach Verkehrsaufkommen durch mobile Markierungen verändert werden.

Presidio 36

Presidio Visitor Center, 36 Lincoln Blvd., Tel. 1-415-561-4323, www.presidio.gov, Do–So 10–16 Uhr

Die reizvolle Hügellandschaft mit Wäldchen und Wiesen des **Presidio** südlich der Brücke markiert jene Stelle, wo San Francisco mit dem Bau einer militärischen Befestigung 1776 kurz nach der Gründung der Mission San Francisco de Asis seine Geburtsstunde erlebte. Später war die Anlage von Mexikanern, dann von Amerikanern besetzt. 1994 zog sich das US-Militär von dem 600 ha großen Gelände mit Kavalleriebaracken, einem Militärfriedhof und einem Golfplatz zurück und überließ es dem National Park Service. Viele der über 800 Gebäude sind von gewerblichen Unternehmen angemietet. Filmemacher und Multimilliardär George Lucas (»Star Wars«, »Indiana Jones«) betreibt hier das aus unterschiedlichen Firmenfilialen und Filmstudios bestehende Letterman Digital Arts Center. Das ursprünglich im Presidio geplante Lucas Cultural Arts Museum wird 2023 in Los Angeles eröffnet.

Fort Point 37

Fort Point, Tel. 1-415-556-1693, www.nps.gov/fopo, im Sommer 10–17 Uhr, Eintritt frei

Die ursprünglich mit über 120 Kanonen ausgestattete Militäranlage diente früher einmal dem Schutz der Einfahrt in die Bucht, doch wurde von ihr nie ein Schuss abgefeuert. Heute bietet die meist windige und von hohen Wellen umspülte Stelle einen Blick aus dramatischer Perspektive auf die Golden-Gate-Brücke und das Goldene Tor.

Wahrzeichen von San Francisco und eine der spektakulärsten Brücken der Welt: die Golden Gate Bridge

Walt Disney Family Museum 38

s. Aktiv S. 293

An der Küste

Baker Beach 39

An der Pazifikküste südlich der Golden Gate Bridge setzt sich die Golden Gate National Recreation Area als schmaler Streifen am Pazifiksaum fort. Über den Lincoln Boulevard ist der reizvolle **Baker Beach** mit Top-Aussicht auf die Golden Gate Bridge zu erreichen, ein sehenswerter Sandstrand mit Platz zum Baden und Sonnen.

California Palace of the Legion of Honor 40

34th Ave. & Clement St., Tel. 1-415-750-3600, www.legionofhonor.famsf.org, Di–So 9.30–17.15 Uhr, Erw. 15 $, Kin. bis 17 J. frei, jeden 1. Di im Monat gratis

Der im Beaux-Arts-Stil errichtete und mit einer Säulenfassade ausgestattete **California Palace of the Legion of Honor** beherbergt eine der größten Sammlungen überwiegend europäischer Kunst außerhalb Europas. Das Ticket ist am selben Tag auch für das M. H. de Young-Museum im Golden Gate Park (s. S. 297) gültig.

Cliff House 41

1090 Point Lobos, Tel. 1-415-386-3330, tgl. ab 9 Uhr

Weiter südlich liegen dicht vor der Küste die Seal Rocks, jahrelang Heimat einer Seelöwenkolonie, ehe die Tiere nach Pier 39 umzogen. Vor allem abends lohnt sich der Blick auf die schwarzen Felsen vom **Cliff House,** einem hoch über den Klippen stehenden Gebäudekomplex von 1863, der lange Zeit mehrere Restaurants beherbergte. Die gibt es aktuell nicht mehr, aber aufgrund der fabelhaften Aussicht gehört dieser Ort noch immer zu den attraktivsten Küstenflecken rund um San Francisco. Zuletzt befand sich hier ein Pop-up-Museum.

Großraum San Francisco

Sehenswert

1 – 32 s. Cityplan S. 284
33 Fort Mason
34 Palace of Fine Arts
35 Golden Gate Bridge
36 Presidio
37 Fort Point
38 Walt Disney Family Museum
39 Baker Beach
40 California Palace of the Legion of Honor
41 Cliff House
42 M. H. de Young Memorial Museum
43 California Academy of Sciences
44 S. F. Botanical Garden
45 Japanese Tea Garden
46 Twin Peaks
47 Mission Dolores
48 ›Painted Ladies‹

Übernachten

1 – 4, 6 – 8, 10, 11 s. Cityplan S. 284
5 Monte Cristo
9 Marina Motel

Essen & Trinken

1 – 11 s. Cityplan S. 284
12 Foreign Cinema
13 Magnolia Pub & Brewery
14 Café Flore
15 Cuisine of Nepal
16 Alegrias
17 Red Tavern
18 Han Il Kwan
19 New Eritrea

Einkaufen

1 – 7 s. Cityplan S. 284
8 Buffalo Whole Food

Abends & Nachts

1 – 7 s. Cityplan S. 284
8 The Fillmore

Aktiv

1 – 4 s. Cityplan S. 284
5 Diamond Massage & Wellness Center

Golden Gate Park

Der über 400 ha große Golden Gate Park mit Wiesen, Seen, Rosengärten, Baumschule, Rhododendron-Tal, Kinderspielplätzen, dänischer Windmühle und Büffelkoppel ist eine städtische Institution und die beliebteste grüne Oase in San Francisco. Neben Entspannung

in freier Natur bietet der lang gezogene Park auch reichlich Kultur.

M. H. de Young Memorial Museum 42

50 Hagiwara Tea Garden Dr., Tel. 1-415-750-3600, www.deyoung.famsf.org, Di–So 9.30–17, Fr bis 20.30 Uhr, Erw. 15 $, Kin. bis 17 J. frei

Nachdem das **M. H. de Young Memorial Museum** bei dem Erdbeben im Jahr 1989 schwer beschädigt worden war, entschied man sich für einen dreistöckigen Neubau nach einem Entwurf der Schweizer Architekten Herzog & de Meuron mit einem 44 m hohen Aussichtsturm (Zugang kostenlos) und einem Skulpturengarten, um die unschätzbaren Kunstsammlungen von Masken aus Neuguinea über tibetischen Schmuck bis zu erlesenen Jadesammlungen unterzubringen.

California Academy of Sciences 43

55 Music Concourse Dr., Tel. 1-415-379-8000, www.calacademy.org, Mo–Mi, Fr, Sa 9.30–17, Do 9.30–22, So 11–17 Uhr, Erw. 35,95 $, 12–17 J. 30,95 $

Für die **California Academy of Sciences** entstand ein Gebäude (2008) mit Aquarium, Planetarium und Museum für Naturgeschichte. Entworfen wurde das ›grünste‹ Museum der gesamten USA von Renzo Piano. Das mehr als 12 000 m² große Flachdach ist mit 1,7 Mio. einheimischen Pflanzen bewachsen.

San Francisco Botanical Garden 44

9th Ave. & Lincoln Way, Tel. 1-415-753-7090, www.sfbotanicalgarden.org, Mo–Fr 9–16.30, Sa, So 10–17 Uhr, Erw 10 $, Kin. 5–11 J. 3 $

Ein Paradies für Gartenfreunde ist der **San Francisco Botanical Garden.** Rund 8000 Pflanzenarten der ganzen Welt machen die Anlage zu einer Oase von seltener Strahlkraft.

Japanese Tea Garden 45

7 Hagiwara Tea Garden Dr., Tel. 1-415-752-1171, www.japaneseteagardensf.com, tgl. 9–18 Uhr, Erw. 10 $, ab 65 J. und Kin. 12–17 J. 7 $, Mo, Mi, Fr 9–10 Uhr gratis

Ursprünglich wurde der Garten 1894 als japanisches Dorf für eine internationale Ausstellung angelegt. Später erweiterte man ihn mit einer Brücke, Pagoden, typischen Laternen, Treppen, japanischen Pflanzen, einem Zen-Garten und Koi-Teichen zu einem viel besuchten Kleinod.

Twin Peaks 46

Die früher auf der Halbinsel von San Francisco lebenden Küstenindianer hielten die **Twin Peaks** für ein streitendes Paar, das vom Großen Manitou durch einen Blitzschlag getrennt wurde. Die im 18. Jh. anrückenden Spanier tauften die Anhöhen auf den Namen *Los Pechos de la Chola,* weil sie, wohl unter den Einwirkungen ihrer unfreiwilligen Abstinenz, einen Mädchenbusen zu entdecken glaubten. Mit 278 und 275 m sind die beiden Hügelkuppen annähernd gleich hoch. Der höhere Gipfel mit einem Parkplatz und einer fantastischen Aussicht auf die gesamte Stadt bis an die East Bay ist für viele ein Pflichtstopp in ihrem Besuchsprogramm. Gegen Abend herrscht auf dem Gipfel meist großes Gedränge, sodass hin und wieder keine Autos mehr zugelassen werden.

Mission District

Im Osten der Twin Peaks breitet sich der Mission District aus, den die Spanier 1776 wegen seines sonnigen, meist nebelfreien Klimas als Standort für die **Mission Dolores** (s. unten) auswählten. Kulturell gehört der Stadtteil seit Jahren zu den kreativsten Teilen von San Francisco, hat aber auch unter steigender Kriminalität zu leiden. Zum Teil riesige Wandgemälde zeigen, dass viele Maler in der Tradition des bekannten mexikanischen Künstlers Diego Rivera (1886–1957) stehen, der in der ersten Hälfte der 1930er-Jahre auch in den USA arbeitete. Besonders reich und farbenfroh mit Wandmalereien aus der Zeit seit den 1980er-Jahren ausgestattet sind neben der Valencia Street hauptsächlich die kleinen Nebenstraßen Balmy Alley (www.balmyalley.com) und Clarion Alley. Der Mission District ist nicht nur wegen der Missionsstation ein lohnendes Besichtigungsziel. In den Straßen um die zentrale Mission Street herrscht wegen des hohen Latinoanteils eine Atmosphäre wie in einer südamerikanischen Stadt. Supermärkte kündigen ihre Angebote ebenso auf Spanisch an wie Restaurants und Imbissstände.

Mission Dolores 47

3321 16th St., Tel. 1-415-621-8203, www.missiondolores.org/64, Di–So 10–16 Uhr, Eintritt als Spende nach eigenem Ermessen

Das originale Missionsgebäude mit Säulenfassade und Holzbalkon besteht aus 1,30 m dicken Adobe-Mauern, die als Schutz gegen Niederschläge mit einer Gips-Zement-Mischung überzogen wurden. Wahrscheinlich aufgrund des elastischen Baumaterials hat das Gebäude sämtliche Erdbeben seit 1776 überstanden. Auffällig ist die Decke mit dekorativen Mustern, wie sie von den alten Costanoan-Indianern bei Korbflechtereien verwendet wurden. Ein kleines **Museum** zeigt historische Artefakte und Manuskripte.

Nebenan wurde 1918 eine **Basilika** mit üppigem Stuckdekor um Portal und Türme erbaut. Auf dem **Friedhof** neben der Kirche fanden 5000 Indianer, spanische Soldaten, mexikanische Geistliche und amerikanische Pioniere ihre letzte Ruhestätte.

Nördlich von Mission Dolores sind die **›Painted Ladies‹** 48 am Alamo Square, eine Häuserzeile im viktorianischen Stil, einen Besuch wert.

Infos

San Francisco Visitor Information Center: 749 Howard St., im Moscone Center, Tel. 1-415-391-2000, www.sftravel.com. Weitere Niederlassungen: 170 Farrell St., im Kellergeschoss von Macy's; Fisherman's Wharf, Pier 39, Building B, Level 2.

Übernachten

San Francisco zählt derzeit etwa 34 000 Hotelbetten, wobei der Durchschnittspreis bei 190 $ liegt. Ausschließlich feste Einwohner der Stadt dürfen ihr Eigentum teilweise über Plattformen wie Airbnb vermieten.

Luxus und Komfort – **Fairmont San Francisco** 1 **:** 950 Mason St., Tel. 415-772-5000, www.fairmont.com/san-francisco. Knapp 600 Zimmer großes First-Class-Hotel auf dem Nob Hill. Die exquisite Ausstattung wird schon in der Lobby mit ihrem klassischen Ambiente deutlich; zwei fürstlich dekorierte Restaurants und zwei Lounges, große Zimmer mit allem Komfort. €€€

»Grünes« Hotel – **Orchard Hotel** 2 **:** 665 Bush St., Tel. 1-877-525-7750, www.theorchardhotel.com. Von Singapur inspiriertes Stadthotel mit ausgeprägtem Umweltbewusstsein. Modern eingerichtete Nichtraucherzimmer mit großen Bädern, WLAN-Anschluss und Mobiliar aus balinesischem Holz. €€€

Stylisch eingerichtet – **Parc 55 Hotel** 3 **:** 55 Cyril Magnin St., Tel. 1-415-392-8000, www.parc55hotel.com. Zwei Blocks vom Union Square entfernt gelegenes Hotel mit über 1000 Zimmern und Suiten, 4 Restaurants, Fitnesscenter, Spa mit Massageabteilung, teurer Parkplatz (man parkt besser in einer öffentlichen Garage). €€€

Prima Lage – **Hotel Zoe** 4 **:** 425 N. Point St., Tel. 1-415-561-1100, www.hotelzoesf.com. Boutiquehotel nur Schritte von Fisherman's Wharf entfernt. Italienisches Restaurant im Haus, Gratis-WLAN, Fahrradausleihe, sehr teurer Valet-Parkplatz. €€€

Für Romantiker – **Monte Cristo Inn** 5 **:** 600 Presidio Ave., Tel. 1-415-931-1875, www.bedandbreakfastsf.com. Viktorianisches Anwesen von 1875 mit 18 Zimmern. Holz- und Messingbetten im Stil des 19. Jh., Frühstücksbuffet. €€€

Vergleichsweise günstig – **Phoenix Hotel** 6 **:** 601 Eddy St., Tel. 1-415-776-1380, www.phoenixsf.com. Kleines Hotel mit beheiztem Außenpool, gratis Internetzugang, Frühstück und Parkplatz inklusive. Zum Haus gehört ein Restaurant. Vorsicht vor allem nachts im Stadtteil Tenderloin! €€€

Viktorianischer Stil – **Golden Gate Hotel** 7 **:** 775 Bush St., Tel. 1-415-392-3702, www.goldengatehotel.com. Hotel im Edwardian-Stil in bester Zentrumslage mit 23 charmanten Zimmern, 14 mit eigenem Bad, antikes Mobiliar, Internetanschluss, TV, Telefon und Satelliten-TV. Die Besitzerin spricht deutsch. €€€

Günstige Lage – **Buena Vista Motor Inn** 8 **:** 1599 Lombard St., Tel. 1-415-923-9600, www.buenavistainnsf.com. Älteres, aber ordentliches Motel mit gutem Preis-Leistungs-Verhältnis. Geräumige, klimatisierte Zimmer auf 3 Stockwerken mit Fahrstuhl, Morgenkaffee und Parkplatz gratis. €€€

Spanische Einflüsse – **Marina Motel** 9 **:** 2576 Lombard St., Tel. 1-415-921-3430, www.marinamotel.com. Freundliches Motel mit blumenreichem Innenhof, in guter Lage zu vielen Attraktionen. €€–€€€

Ohne großen Komfort – **Hotel Mayflower** 10 **:** 975 Bush St., Tel. 1-415-673-7010, www.sfmayflowerhotel.com. Nicht sonderlich ruhiges, aber preiswertes Hotel mit geräumigen Zimmern, kleines Frühstück inklusive. Manche Zimmer mit Küchenzeile, Mindestaufenthalt 2 Nächte. €€–€€€

Für Rucksackreisende – **Green Tortoise Guest House** 11 **:** 494 Broadway, Tel. 1-415-834-1000, www.greentortoise.com. Herberge vor allem für junge Leute mit Frühstück, kostenlosem Internetzugang, Sauna, Münzwaschmaschinen und 3 x wöchentlich Abendessen. Es gibt auch Privatzimmer. €–€€

Essen & Trinken

Lust auf internationale Küche? – Marokkanisch – **Mourad 1: **140 New Montgomery St., http://mouradsf.com; Baskisch – **Piperade 2: **1015 Battery St., www.piperade.com; Thailändisch – **Thai Spice 3: **1730 Polk St., thaispiceonpolkstreet.com; Griechisch – **Souvla 4: **517 Hayes St., www.souvla.com.

Leckeres aus dem Meer – **Swan Oyster Depot 5: **1517 Polk St., Tel. 1-415-673-1101, www.swanoysterdepot.us, Mo–Sa 10.30–17.30 Uhr. Seafood auf Japanisch ohne die allgegenwärtigen Sushi. Diese Fischhandlung mit Imbiss ist seit 1912 eine Institution in der Stadt. Hauptgerichte ab 15 $.

Traditionsreich – **The Stinking Rose 6: **s. S. 286.

Kleine Karte – **Marlowe 7: **500 Brannan St., Tel. 1-415-777-1413, www.marlowesf.com, Lunch Mo–Fr 11.30–14.30, Dinner So–Sa 17.30–23 Uhr. Schickes Lokal mit kühlem Interieur. Zu den Spezialitäten zählt der Marlowe Burger mit karamellisierten Zwiebeln, Speck, Käse und Meerrettich-Aioli (17 $). Fleisch-, Geflügel- und Fischgerichte 21–29 $.

Speisen mit Stil – **Zuni Café 8: **1658 Market St., Tel. 1-415-552-2522, www.zunicafe.com, Di–Sa 11.30–23, So 11–23 Uhr. Legendäres Lokal mit Top-Austernbar und Menüs (italienische Küche). Hauptgang 23–34 $.

Deutsche Klassiker – **Suppenküche 9: **525 Laguna St., Tel. 1-415-252-9289, www.suppenkuche.com, tgl. 17–22, So Brunch 10–14.30 Uhr. Nicht nur für heimwehkranke Deutsche werden an groben Holztischen Bratwurst mit Rotkohl, Schnitzel, Frikadellen, Apfelstrudel und Kartoffelpuffer mit Apfelmus serviert. Die Auswahl an Bieren ist imponierend. 20–30 $.

Asiatisches zum Verlieben – **House of Nan King 10: **919 Kearny St., Tel. 1-415-421-1429, www.houseofnankingsf.com, Mo–Fr 11–21, Sa, So 12–21 Uhr. Seit Jahren ein Geheimtipp für Liebhaber der fernöstlichen Küche. Man sollte sich nicht durch das Imbissambiente täuschen lassen. Die Gerichte sind einfallsreich und ganz hervorragend. Was das Team empfiehlt, sollte ruhig bestellt werden. 15–20 $.

Dichtee-Café – **Vesuvio Café 11: **s. S. 282.

Außerhalb des Zentrums (s. Cityplan s. S. 296):

Kino-Restaurant – **Foreign Cinema 12: **2534 Mission St., Tel. 1-415-648-7600, www.foreigncinema.com, tgl. 17–22, Sa, So Brunch 11–14.30 Uhr. Zu Austern aus Neuschottland, Maine, British Columbia oder Kalifornien (45–54 $/Dutzend) bzw. wechselnden Menüs werden im Innenhof des loftähnlichen Restaurants Filme gezeigt. 28–68 $.

Gastro-Pub – **Magnolia Pub & Brewery 13: **1398 Haight St., Tel. 1-415-864-7468, www.magnoliapub.com, Mo–Do 11–22, Fr 11–23, Sa 10–23, So 10–22 Uhr. Der Gastro-Pub ist schwer beliebt, besonders die individuell zusammenstellbaren Vorspeisenplatten. Aus dem Zapfhahn kommen wechselnde Biersorten, die zu akzeptablen Preisen (7 $/Pint) gehandelt werden. Hauptgerichte um 15 $.

Entspannte Atmosphäre – **Café Flore 14: **2298 Market St., Tel. 415-621-8579, http://flore415.com, Mo–Fr 10–22, Sa–So 9–22 Uhr. Für Kaffeehausliebhaber ist das begrünte Lokal mit seiner Atmosphäre ein zweites Wohnzimmer. Neben den guten Backwaren sind auch die kleinen Gerichte und vegetarische Teller empfehlenswert. 6–15 $.

Noch mehr internationale Küche – Nepalesisch – **Cuisine of Nepal 15: **3486b Mission St., www.cuisineofnepal.com; Spanisch – **Alegrias 16: **2018 Lombard St., www.alegriassf.com; Russisch – **Red Tavern 17: **2229 Clement St., http://redtavernsf.com; Koreanisch – **Han Il Kwan 18: **1802 Balboa St.; Eritreisch – **New Eritrea 19: **907 Irving St., http://neweritrearestaurant.com.

Einkaufen

Um den Union Square liegen zahlreiche Kaufhäuser und Fachgeschäfte (www.unionsquareshop.com).

Alles unter einem Dach – **Crocker Galleria 1: **1 Montgomery St., www.unionsquareshop.com/stores/crocker-galleria.html, Mo–Fr 10–18, Sa 10–17 Uhr. Architektonisch ansprechende Shopping Mall unter einem Glasdach im Finanzdistrikt.

High-Tech-Jeans – **Levis Flagship Store 2: **815 Market St., Tel. 1-415-501-0100, Mo–Sa

9–21, So 10–20 Uhr. Der Jeansträgerhimmel schlechthin mit viel Hightech-Schnickschnack auf vier Etagen und vielen in Deutschland nicht erhältlichen Modellen. In einer speziellen Kabine können sich Kunden mit Spezialkameras vermessen lassen, auf der Grundlage der Daten wird ein individuelles Schnittmuster erstellt.

Konsumparadies – **Westfield San Francisco Centre** 3: 865 Market St., http://westfield.com/sanfrancisco, Mo–Sa 10–20.30 Uhr. Eines der größten Shopping Center westlich des Mississippi, in SoMa; Supermärkte, Kinos, Restaurants, Läden und Spa, 8 bzw. 9 Stockwerke.

Körperfreundlich – **Amour Vert** 4: 437 Hayes St., Tel. 1-415-800-8576, https://amourvert.com, Mo–Mi und Sa 11–19, Do, Fr 11–20, So 11–18 Uhr. Damenmode ausschließlich aus organischen Materialien ohne künstliche Farbstoffe.

Literatentreff – **City Lights** 5: s. S. 282.

Italienische Backwaren – **Liguria Bakery** 6: s. S. 283

Allerlei Köstlichkeiten – **Molinari Deli** 7: s. S. 283

Außerhalb des Zentrums (s. Cityplan S. 296):

Bio-Lebensmittel – **Buffalo Whole Food** 8: 598 Castro St., Tel. 415-626-7038, www.buffalowholefoods.com, Mo–Sa 9–22, So 9–21 Uhr. Das auf Bio-Produkte spezialisierte Geschäft verkauft Obst und Gemüse, aber auch Delikatessen, Brot und Gebäck.

Abends & Nachts

Über Veranstaltungen informiert die Seite www.sfstation.com.

Konzerte – **Louise M. Davies Symphony Hall** 1: s. S. 292.

Oper, Ballett, Theater – **San Francisco Opera (War Memorial Opera House)** 2: 301 Van Ness Ave., Tickets Tel. 1-415-864-3330, http://sfopera.com, Saison Sept.–Jan. und Juni–Juli; **San Francisco Ballet:** gleiche Adresse, Tel. 1-415-865-2000, www.sfballet.org, Saison Febr.–Mai und Dez., s. a. S. 292.

Bekannteste Schauspielbühne – **Herbst Theater** 3: 401 Van Ness Ave., www.sfwarmemorial.org/herbst-theatre, s. a.S. 292.

Biertrinkermekka – **Gino & Carlo Cocktail Lounge** 4: 548 Green St, Tel. 1-415-421-0896, www.ginoandcarlo.com. Die populäre Bar geht auf das Jahr 1942 zurück, womit sie zu den ältesten im Stadtteil zählt. Biertrinker wählen unter 15 verschiedenen Sorten.

Blues-Mekka – **The Saloon** 5: 1232 Grant Ave., Tel. 1-415-989-7666, www.sfblues.net/Saloon.html, tgl. 12–1.30 Uhr. Das Blues-Lokal entstand in der Ära des Goldrauschs und besitzt Stammgäste, die aus der damaligen Zeit zu stammen scheinen.

Coole Bar – **Carbon** 6: 383 Bay St., Tel. 1-415-217-8882, http://carbonloungesf.com, tgl. ab 18 Uhr. Gute Cocktails.

Live-Entertainment – **Bix Restaurant** 7: 56 Gold St., Tel. 1-415-433-6300, www.bixrestaurant.com, tgl. ab 17 Uhr. Live-Jazz, amerikanische Küche und gute Cocktails.

Klub-Legende – **The Fillmore** 8: 41805 Geary Blvd., www.livenation.com (> Venues). In den 1960er-Jahren diente dieser Konzertsaal den Granden des Rock'n'Roll. Heute treten handverlesene Künstler von Indie bis New Country vor einem fachkundigen Publikum auf. Tickets je nach Künstler ab 35 $.

Aktiv

Stadtrundfahrten – **San Francisco Sightseeing** 1: Fisherman's Wharf, Pier 41, Tel. 1-415-434 86 87, Reservierungen Tel. 888- 428-6937, www.sanfranciscosightseeing.com. Tages-, Halbtages- und Abendtouren u. a. nach Sausalito, Carmel sowie zum Yosemite National Park.

Radausflüge – **Bay City Bike** 2: 2661 Taylor St., Fisherman's Wharf, Tel. 1-415-346-2453, www.baycitybike.com.

Für Pedaltreter – **Blazing Saddles** 3: 2715 Hyde St., Tel. 1-415-202-8888, www.blazingsaddles.com. Mietstationen für Fahrräder, ab ca. 5 $/Std. bzw. 26 $/Tag.

Entdeckungstouren zu Wasser – **City Kayak** 4: Pier 40, Tel. 1-415-294-1050, www.citykayak.com. Kajakverleih für Touren in der Bucht von San Francisco.

Außerhalb des Zentrums (s. Cityplan S. 296):

Wohlfühlparadies – **Diamond Massage & Wellness Center** 5: 1841 Lombard St., Tel. 1-415-921-1290, www.diamondwellness.

Richtig parken

Stellt man das Auto an einer steilen Straße ab, muss die Lenkung so eingeschlagen werden, dass die Vorderräder am Bordstein blockiert sind und ein Abwärtsrollen dadurch verhindert wird. Parkplätze in Parkhäusern sind teuer (www.sfgov.org).

com, Mo–Fr 10.30–20, Sa–So 10.30–18 Uhr. Professionelles Massage- und Wellnesszentrum.

Termine

Chinese New Year (Feb.): Chinesisches Neujahrsfest mit riesiger Parade in Chinatown (www.chineseparade.com).

San Francisco Carnaval (Ende Mai): Größtes multikulturelles Fest mit Parade im Mission District (www.carnavalsanfrancisco.org).

North Beach Festival (Mitte Juni): Kunterbuntes Kunst- und Kulturfest im Washington Square Park im Stadtteil North Beach mit Musikgruppen, Kunstgewerbeausstellungen und großem kulinarischem Angebot (www.sftourismtips.com/north-beach-festival.html).

San Francisco Pride (Ende Juni): Schwulen- und Lesbenfest mit Musikprogramm und Parade auf der Market Street (www.sfpride.org).

Verkehr

Flugzeug: San Francisco International Air-port (SFO), Tel. 1-650-821-8211, www.flysfo. com, 14 Meilen südlich von Downtown an der U. S. 101, von Frankfurt 12 Std. entfernt, wird von vielen US- und internationalen Gesellschaften angeflogen. Jeder Terminal ist über die automatisierte Bahn AirTrain mit der Flughafenstation der BART (s. r.) verbunden. Die Fahrt in die Stadt kostet 10,15 $ (Tickets u. a. über die App). Taxis und Uber kosten ca. 55 $. Für den SuperShuttle (Tel. 1-800-258-3826) sind je nach Fahrtziel zwischen 12 und 20 $ zu zahlen. Am billigsten kommt man mit dem SamTrans Bus 292 (Fahrzeit 55 Min., 2,25 $) in die Stadt.

Bahn: Amtrak, Tel. 1-800-872-7245. Fernzüge halten in Emeryville am östlichen Ende der Bay Bridge. Von dort verkehren kostenlose Busse zum Salesforce Transit Center (425 Mission St.) mit einem Schalter für Bahntickets. Alternative: Tickets über die Amtrak-App besorgen. Fahrzeiten: nach L.A. je nach Zug 8,5 bis 12 Std., San Diego 12 Std., Las Vegas 12 Std.

Bus: Salesforce Transit Center, 425 Mission St., Tel. 1-415-495-1569 oder 1-800/231-2222, www.greyhound.com. Fahrzeiten: nach Los Angeles 8,45–11 Std.

Fortbewegung in der Stadt:
Für Busse, Straßenbahnen, U-Bahn und Cable Cars ist Muni zuständig (Municipal Railway System, Tel. 1-415-701-2311, www.sfmta.com). Außer Einzelfahrscheinen für Busse, Metro und Straßenbahnen (2,75 $) gibt es verbilligte Fahrscheine für mehrere Tage. Alternativ kann man die Tickets über die wieder aufladbare Karte »Clipper« oder über die App »Muni Mobile« lösen. Cable Car 8 $, Ganztagespass für unbegrenzte Fahrten 24 $.

Das **Metro-Bahnnetz BART** besteht aus mehreren Linien und verbindet San Francisco u. a. mit Oakland, Fremont und Berkeley. Züge Mo–Fr von 4 bis 23.45, Sa ab 6 und So ab 8 Uhr. Fahrscheine an Automaten an jeder Haltestelle, je nach Entfernung ab 2,75 $ (Bay Area Rapid Transit, Tel. 1-415 989-2278, www.bart.gov).

Die **Muni-Busse** fahren in der ganzen Stadt und haben ihren Namen, den Zielort und die Liniennummer vorne angegeben. Haltestellen sind durch Schilder, Bordstein- und Straßenmarkierungen gekennzeichnet.

Die **Muni Metro Streetcars** (Schnellbahnen Linien J, K, L, M und N) fahren in der Innenstadt unterirdisch, in den außerhalb liegenden Gegenden aber auf der Straße. Mit historischen Waggons ist die Muni-Linie F ausgestattet, sie fährt von der Market Street am Embarcadero entlang zur Fisherman's Wharf (2,75 $).

Mit **Paper Passports** kann man unbegrenzt öffentliche Verkehrsmittel benutzen. Gültigkeit 1 Tag (24 $), 3 Tage (36 $) oder 7 Tage (48 $), erhältlich an den Verkaufsstellen der Cable-Car-Wendepunkte (www.sfmta.com).

Fähren der San Francisco Bay Area Water Transit Authority sowie einiger privater Anbieter verbinden die Stadt mit zahlreichen Zielen an der San Francisco Bay. Abfahrt Pier 1 neben dem Ferry Building (www.watertransit.org).

Oregon Cascade Range

Fast parallel zur Küste ziehen sich die Höhenzüge der Cascade Range durch Oregon. Sie sind geprägt von den 17 großen Vulkankegeln, die noch weit bis ins Frühjahr mit ihren Schneekuppen wie Perlen an einer Schnur aufgereiht wirken. Nordwestlich von Klamath Falls und südlich von Eugene liegt ein Gebiet mit besonders spektakulären, bizarren Vulkanlandschaften und einem der schönsten Kraterseen der USA, dem tiefblauen Crater Lake.

Klamath Falls ▶E 13

Vogelliebhaber sollten in der Gegend um die kleine Ortschaft Klamath Falls ein wenig Zeit einplanen: Die im **Klamath Basin** gelegene Seenlandschaft ist Heimat für unzählige Vögel und auch Zwischenstopp für Hunderttausende von Zugvögeln wie Enten, Gänsen und Schwänen. Das Gebiet ist sehr groß, schon der noch in Kalifornien liegende Tule Lake und das Lower Klamath National Wildlife Refuge gehören dazu.

Klamath Falls hat sich zum wirtschaftlichen Zentrum entwickelt, Sägewerke, eine große Klinik und eine kleine Universität sorgen hier für Arbeitsplätze. Es gibt trotz der Namensbezeichnung keine Wasserfälle. Die Stadt mit ihren 20 000 Einwohnern ist ein eher ruhiges Etappenziel auf dem Weg zum berühmten Crater Lake National Park.

Klamath Lake

Mit seinen 365 km² ist der **Klamath Lake** einer der größten Seen des Bundesstaats. Mit seiner riesigen Wasserfläche bietet er u. a. Kranichen und Pelikanen Nahrung und Nistplätze. Einen ersten Eindruck vermittelt der nur 2,5 km lange **Link River Trail,** ein Verbindungsweg zwischen dem Lake Ewauna und dem **Upper Klamath Lake** (Einstieg vom Lakeshore Drive gegenüber Putnam's Point Park). Die hübschen Kappensäger sind dort ebenso in Mengen anzutreffen wie viele verschiedene Arten von Reihern oder Tyrannen *(kingbirds).*

Favell Museum

125 W Main St., Tel. 541-882-9996, http://favellmuseum.org, Di–Sa 10–16 Uhr, Erw. 10 $

Für an indianischer Kunst Interessierte ist ein Besuch des **Favell Museum** lohnenswert. Eine private Sammlung indianischer Artefakte bildete den Grundstock dieses Hauses, heute werden Gegenstände und Werke der Modoc- und der Klamath-Indianer dort gezeigt.

Baldwin Hotel Museum

31 Main St., Tel. 541-883-4207, Besichtigung nur im Rahmen von Führungen, Juni–Sept. Mi–Sa 10–14.30 Uhr, Erw. 6 $

Über die Geschichte des Ortes und der Region kann man sich im stilvoll renovierten **Baldwin Hotel Museum** informieren, einem ehemaligen Kaufhaus. Auf seinen vier Etagen werden neben historischen Fotos auch Antiquitäten gezeigt. Der 4. Stock ist der Fotografin Maud Baldwin gwidmet und präsentiert zahlreiche ihrer Landschaftsaufnahmen aus dem späten 19. und frühen 20. Jh.

Infos

Visitor Center: 205 Riverside Dr., Tel. 541-882-1501, https://discoverklamath.com, Mo–Fr 9–17, Sa 10–14 Uhr.

Übernachten

Große Zimmer – **Best Western Plus Olympic Inn:** 2627 S 6th St., Tel. 541-882-9665, www.bestwestern.com. Zimmer mit Mikrowelle, Kühlschrank, Internet; Pool, Fitnesscenter, Frühstück. €€€

Resort & Spa am Golfplatz – **Running Y Ranch:** 5500 Running Y Rd., Tel. 1-888-850-0275, www.runningy.com. Eigentlich keine Ranch im eigentlichen Sinne, sondern vielmehr eine anspruchsvolle Lodge mit 82 Zimmern, Spa, Fitnesscenter, Ranch Corrals. €€€

Gehobener moderner Standard – **Fairfield Inn & Suites:** 348–398 S 4th St., Tel. 541-205-4800, www.marriott.com. Neues Hotel direkt am See, geräumige Zimmer. €€€

Essen & Trinken

Amerikanische Küche – **Nibbley's:** 2424 Washburn Way, Tel 541-883-2314, www.nibbleys.com. Mo 6-16, Di-Sa 6-21, So 8-14 Uhr, mit Terrasse, Prime Rib ab 22 $.

Gute, gehaltvolle Burger – **Back 40 Café:** 5833 S 6th St., Tel. 541-205-6966, www.facebook.com/back40cafe, Mi–So 7–29 Uhr. Typisch amerikanisches Fast Food, hervorragende Qualität. Burger ab 12 $.

Coffeeshop/Deli – **Daily Bagel:** 636 Main St., Tel. 541-850-0744, http://dailybagelkf.com. Nettes Café, Kuchen, Sandwiches, stets frische Bagels. Um 8 $.

Aktiv

Vogelbeobachtung – **Klamath Wildlife Area Office:** 1850 Miller Island Rd., West Klamath Falls, Tel. 541-883-5732, www.klamathbirdingtrails.com oder www.fws.gov (> National Wildlife Refuges > Oregon).

Wandern – **Auf dem OC & E Woods Line State Trail:** Die ehemalige Eisenbahnstrecke ist in einen fast 37 km langen Trail umgewandelt worden, der im Süden der Stadt an der Kreuzung von Washburne Way und Hwy 140 beginnt: https://oregonstateparks.org.

Termin

Klamath Tribes Restoration Celebration: Die Feiern finden an einem langen Wochenende (Fr–So) im August in Chiloquin, einer Ortschaft ca. 44 km nördlich von Klamath Falls statt. Das Pow Wow ist ein Fest zur Besinnung auf die ursprüngliche Kultur der Indianer, Tänze, Gesang und gemeinsames Trommeln bewahren die uralten Traditionen. Die Feiern haben eine neue Bedeutung hinzugewonnen: Sie werden als Restauration Celebration bezeichnet und sollen dazu beitragen, das kulturelle Erbe und die Geschichte des Volkes bewusster zu machen. Gäste sind willkommen, die die ›Etikette‹ des Pow Wow respektieren. Dazu gehört, Anweisungen zu folgen, keinen Alkohol zu trinken etc. Daten und Veranstaltungen auf www.klama thtribes.org.

Der Crater Lake ist das Ergebnis eines gewaltigen Vulkanausbruchs

Crater Lake National Park ▸ D 12

Karte: S. 307

Volcanic Legacy Scenic Byway

Auch wenn die Zufahrt zum Crater Lake über den Highway 97 die schnellste von Klamath Falls aus ist, einen kleinen Umweg lohnt der **Volcanic Legacy Scenic Byway,** der auf den US 140 und 62 am westlichen Ufer des Upper Klamath Lake entlangführt. Die Landschaft ist abwechslungsreich und Aussichtspunkte verlocken zum Fotografieren.

Die südliche Route ist die meistgenutzte Anfahrt zum See in den Bergen und das ganze Jahr über offen. Der nördliche Eingang am US 138 ist in der Regel von Mitte Oktober bis in den Juni hinein wegen Schnee gesperrt.

Crater Lake

Die Naturattraktion ist auch für durchreisende Touristen ein beliebter Zwischenstopp, und so muss man sich im Sommer auf längere

GUT ZU WISSEN

Im Parkgebiet und in den kleinen Orten am Fuß des Crater Lake National Park gibt es nur im Sommer eine Tankstelle (in Mazama Village). Um den See herum ist die Mobilfunkversorgung eher spärlich, in der Crater Lake Lodge gibt es aber WLAN-Zugang. Verpflegung ist in den Supermärkten von Klamath Falls oder anderen größeren Orte viel preiswerter als im Café des Rim Village oder in der Crater Lake Lodge – für ein Picknick daher besser vorher einkaufen.

Kolonnen von Campern auf der kurvigen Strecke hinauf nach **Rim Village** gefasst machen. Aber der Anblick des fast kreisrunden, tiefblauen Gewässers entschädigt für die Mühen, und der **Rim Drive,** die 50 km lange Rundfahrt um diese ca. 7700 Jahre ›junge‹ Caldera ist ein einmaliges Erlebnis, das man allerdings mit zahlreichen Bikern teilen muss.

Der **Crater Lake** entstand durch den Ausbruch des **Mount Mazama.** Die Eruption, die 62-mal so stark wie die des Mount St. Helen 1980 gewesen sein soll, sprengte die gesa-Spitze weg und ließ den Krater zurück. Ausschließlich Schmelz- und Regenwasser füllt den im Durchmesser 9 km großen See, der zu den saubersten Nordamerikas gehört.

Das kleine **Wizard Island** am Seerand ist ein mit Bäumen bedeckter Vulkankegel, der erst lange nach der Eruption des Mazama gebildet wurde; eine Bootsfahrt dorthin beginnt vom Cleetwood-Cove-Steg aus (s. u.).

Infos

Steel Visitor Center/Park Headquarters: Hwy 62, 5 km südlich vom See, Tel. 541-594-3100, www.nps.gov/crla, April–Okt. 9–17 Uhr, sonst 10–16 Uhr. Gebühr 30 $, 7-Tages-Pass.

Übernachten

Historisches Berghotel – **Crater Lake Lodge:** Rim Village, Tel. 541-830-8700, www.craterlakelodges.com, Mitte/Ende Mai–Mitte Okt. (unbedingt lange vorher buchen oder von unterwegs aus kurzfristig anrufen, manchmal sind Gäste abgesprungen). Das schön restaurierte Berghotel von 1915 liegt einmalig oberhalb des Crater Lake auf 2100 m Höhe. Bemerkenswert ist die Eingangshalle mit einem riesigen Kamin und gemütlichen Sitzecken. Funktionale, teilweise recht große Räume. €€€

Schlichte Holzhütten – **Cabins at Mazama Village:** 10 km südlich von der Lodge, Tel. 888-774-2728, www.craterlakelodges.com (> Lodging > The Cabins at Mazama Village). 40 einfach ausgestattete Holzhäuser. €€

Aktiv

Bootstouren – **Volcano Boat Cruises:** www.craterlakelodges.com (> Activities). Vom Cleetwood-Cove-Steg am Nordostabschnitt des Sees 6 x tgl. (9.35, 10.30, 11.30, 13.30, 14.30, 15.30 Uhr) Bootstouren, Erw. 32 $. Außerdem Touren zur Wizard Island, dort kann man auch aussteigen, Erw. 42 $.

Ashland ▶ D 13

Die kleine Stadt an der Interstate 5 ist in ganz Oregon wegen ihres **Shakespeare-Festivals** bekannt, das jährlich von Februar bis Ende Oktober Tausende von Besuchern anzieht. In diesem langen Zeitraum werden auf drei Bühnen verschiedenste Inszenierungen dargeboten, die zwar den Schwerpunkt Shakespeare haben, aber auch moderne Autoren wie Arthur Miller, Wole Soyinka oder Sarah Ruhl zur Aufführung bringen. In Ashland, das in einer von Holzfabriken und Farmen geprägten Region liegt, hat sich eine ganz eigene, spezifische Atmosphäre von Kultur und Spiritualität entwickelt, die sich auch in den Angeboten der vielen Buchhandlungen und kleinen Kunstläden niedergeschlagen hat. Neben Theater spielt Musik im Ort eine

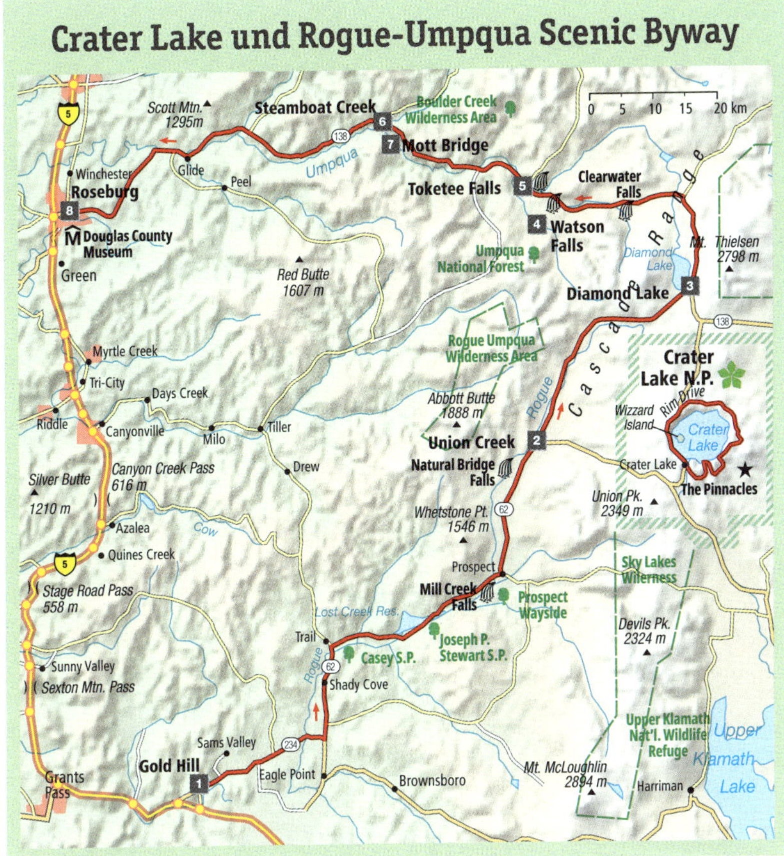

herausragende Rolle. Auf Livekonzerten lokaler Talente kann man hier alle Arten von Jazz, Blues und Bluegrass hören, natürlich auch klassische Kammermusik und Opern.

Infos

Visitor Center: 110 E Main St., Tel. 541-482-3486, https://travelashland.com, Mo–Fr 10–15 Uhr.

Übernachten

Romantische Villa & Gästehäuser – **Winchester Inn:** 35 S 2nd St., Tel. 541-488-1113, www.winchesterinn.com. In den 4 viktorianischen Häusern ist viel Romantik zu finden; mit wunderschönen Gärten fast mitten in der Stadt. €€€

Boutiquehotel mit Garten – **The Palm Motel:** 1065 Siskiyou Blvd., Tel. 541-482-2636, www.palmcottages.com. Einen schönen großen Garten und 13 individuell eingerichtete Räume bietet dieses Hotel im Osten der Stadt. €€€

Essen & Trinken

Familienrestaurant mit Terrasse – **Greenleaf:** 49 N Main St., Tel. 541-482-2808, www.greenleafrestaurant.com, tgl. 8–21 Uhr. Die Küche bietet eine breite Palette an Standardgerichten von Pizza, Pasta, Fish & Chips bis Tofu Satay; inzw. auch glutenfreie, vegane u. Bio-Ge-

ERKUNDUNG DER OREGON CAVES

Tour-Infos

Start: Illinois Valley Visitor Center, 201 Caves Hwy, Cave Junction, Tel. 541-592-5125, www.nps.gov/orca/planyourvisit/discovery-cave-tour.htm

Dauer: 1,5 Std.

Schwierigkeitsgrad: Mehr als 500 Stufen und ein Anstieg von 70 m sind zu bewältigen.

Führungen: Mitte März–Ende Nov., ab 9 Uhr stdl., Erw. 10 $, Kin. unter 16 J. 7 $.

Übernachten: Oregon Caves Chateau, 201 Caves Hwy, Cave Junction, Tel. 541-592-3400, www.chateauoregoncaves.com, Mai–Mitte Okt. (Reservieren!), DZ ab 125 $.

Wichtige Hinweise: Jacken und feste Schuhe sind ratsam. Nur 15 Personen pro Tour.

In der sehr einsamen Gegend in den **Siskiyou Mountains** fast an der kalifornischen Grenze liegen die **Oregon Caves,** ein System von Tropfsteinhöhlen. Es gibt nur zwei Zufahrtswege dorthin: von der Küste aus bei Crescent City über den Highway 199 Richtung Grant Pass oder beim Erkunden der südlichen Cascades ebenfalls über den Highway 199 nach Südwesten.

Die im Jahr 1874 entdeckten Höhlen sind durch den amerikanischen Dichter Joaquin Miller berühmt geworden. Die Tropfsteinhöhlen sind nur auf einer 90-minütigen geführten Tour zu besichtigen; Kinder müssen mindestens 1,07 m groß sein und dürfen nicht getragen werden. Der Weg durch das Tunnelsystem hat eine Länge von etwa 1 km, an einer Stelle muss man sich tief ducken, um die Felsspalte von nur 1 m Höhe durchqueren zu können. In den Höhlen leben auch Fledermäuse, sodass der Einsatz von Blitzlicht beim Fotografieren nicht überall gestattet ist. Als Erinnerung an die frühen Entdecker der Höhlen ist die letzte Tour des Tages jeweils eine *Candlelight Tour*, sodass man die Felsen und ihre bizarren Formen ganz anders als sonst erlebt. Es ist auch im Sommer recht kühl, nur ca. 7 °C, das Tragen warmer Bekleidung ist daher dringend zu empfehlen, ebenso eine Onlinereservierung.

richte. Frühstück, aber auch Lunch und Dinner werden hier serviert. Hauptgerichte 13–20 $.

Termin

Oregon Shakespeare Festival: Febr. bis Ende Okt. Gut acht Monate lang dreht sich in Ashland alles um Theater. Nicht nur Shakespeare, sondern auch moderne Dramatiker finden ihren Weg auf die verschiedenen Bühnen der Stadt, www.osfashland.org, Karten Tel. 541-482-4331, 30–75 $.

Rogue-Umpqua Scenic Byway ▸ C/D 11/12

Karte: S. 307

https://traveloregon.com/things-to-do/trip-ideas/scenic-drives/rogue-umpqua-scenic-byway

Oregon hat neben seinen State Scenic Byways auch zehn National Scenic Byways ausgewiesen, besonders schöne und landschaftlich reizvolle Routen, die meist durch ziemlich unberührte Gegenden führen. Einer der abseits liegenden und nicht sehr stark frequentierten Scenic Byways ist der halbe Loop entlang der beiden Flüsse **Rogue** und **Umpqua River.** Die Strecke auf den Highways 234, 62 und 138 (von Süden aus, von **Medford, Gold Hill**) umfasst insgesamt 266 km und berührt dabei nur wenige kleine Dörfer, zeigt aber atemberaubende Wasserfälle und immer wieder wunderschöne Ausblicke auf die Flüsse.

Von Gold Hill nach Roseburg

Gold Hill und Union Creek

Im Sommer sind jede Menge Wildwasser-Rafter bei **Gold Hill** 1 auf dem Rogue River unterwegs und kämpfen mit den Stromschnellen und Felsen. Ungefähr auf der Hälfte der Strecke kann man im Sommer kurz hinter **Union Creek** 2 auch zum südlichen Eingang des Crater Lake weiterfahren.

Diamond Lake 3

Nur ca. 45 km weiter nördlich an der US 230 liegt der **Diamond Lake,** ein kleinerer See in einem ruhigen, naturbelassenen Erholungsgebiet mit Campgrounds, einer Lodge und Bootsverleihern am Fuß der Vulkankegel von Mount Thielsen und Mount Bailey. Vom See geht die Straße (Hwy 138) weiter am Umpqua River entlang, durch dichte Wälder mit Felsformationen rechts und links.

Watson und Tokeete Falls

Fast 83 m hoch sind die **Watson Falls** 4, sie sind mit dieser Höhe die dritthöchsten Wasserfälle in Oregon. Vom Parkplatz davor hat man einen guten Blick auf das tosende Wasser. Die **Toketee Falls** 5 sind spektakulär: Das Wasser fällt zunächst in ein Becken und stürzt dann erneut rund 20 m in die Tiefe.

Steamboat Creek und Mott Bridge

In der Umgebung von **Steamboat Creek** 6 ist Fliegenfischen die beliebteste Art, um Regenbogenforellen *(steelhead)* zu angeln. Die **Mott Bridge** 7 ca. 37 km vor dem Örtchen **Glide** ist eine sogenannte »Historic Civil Engineering Landmark«, eine 1936 erbaute Eisenbahnbrücke und die einzige ihrer Art, die aus dieser Zeit noch erhalten geblieben ist.

Roseburg 8

Roseburg am Ende der Strecke ist eine recht verschlafene Kleinstadt mit Holzhäusern (19. Jh.).

Infos

... in Medford:

Rogue River National Forest Office: 3040 Biddle Rd., Tel. 541-618-2200 www.fs.fed.us/r6/rogue-siskiyou, Mo–Fr 8–16.30 Uhr.

... in Roseburg:

Visitors & Convention Bureau Roseburg: 410 SE Spruce St., Tel. 541-672-9731, www.visitroseburg.com, Mo–Fr 9–17, im Sommer Sa, So 10–16 Uhr.

Umpqua National Forest Service: 2900 NW Stewart Pkwy, Tel. 541-672-6601, www.fs.fed.us/r6/umpqua, Mo–Fr 8–16.30 Uhr.

Übernachten

... bei Medford:

Standard – **Rodeway Inn:** 901 S Riverside Ave., Tel. 541-776-9194, www.rodewayinn.com. Das Rodeway Inn liegt unweit der Interstate 5 und verfügt über 40 Zimmer. Die Räume sind funktional ausgestattet, Internetzugang und Frühstück sind im Preis enthalten. €€

... in Roseburg:

Solide – **Best Western Garden Villa Inn:** 760 NW Garden Valley Bvd., Tel. 541-672-1601, www.bestwestern.com. Zweckmäßig eingerichtete Zimmer, Kühlschrank, Mikrowelle, Außenpool. Preis inkl. Frühstück. €€€

Aktiv

... in Gold Hill:

River Rafting – **Rogue Rafting Company:** 207 Upper River Rd., Tel. 541-855-7080, www.rogueraftingoregon.com. Whitewater Rafting halber Tag 85 $/Pers.

Central Oregon

Eingebettet zwischen den westlich liegenden Vulkankegeln der Cascades und dem sich östlich anschließenden Halbwüstengebiet ist die Region durch ihre starken Gegensätze geprägt. Im Winter sind **Mount Bachelor** und die **Three Sisters** beliebte und schneereiche **Skigebiete,** aber Frühjahr und Sommer weisen wenig Niederschläge auf und es werden Durchschnittstemperaturen von 26 °C erreicht. Während sich in den Bergen noch große zusammenhängende Waldgebiete und alpine Wiesen finden, ist üppige Vegetation in der Region von Bend, Redmond und Madras nur noch mit viel Bewässerung zu erreichen. Für Kletterer ist das Gebiet um **Redmond** ein beliebtes Ziel, dort finden sich im **Smith Rock State Park** interessante Basaltfelsen für geübte und ungeübte Sportler (www.oregonstateparks.org > Visit > Find a Park)

Central Oregon Welcome Center: 57100 SW Beaver Dr., Building 6, Suite 130, Sunriver, Tel. 800-800-8334, http://visitcentraloregon.com, Mo–Fr 8.30–17.30, Sa 10–16, So 11– 16 Uhr.

Durch den Deschutes National Forest ▶ E 10

Newberry National Volcanic Monument

Lava Lands Visitor Center: 58201 South Hwy 97, Tel. 541-593-2421, www.fs.usda.gov/recarea/deschutes/recarea/?recid=66159, Ende Mai–Anf. Sept. tgl. 9–17 Uhr, Eintritt mit Auto 5 $

Als eines der jüngsten National Monuments wurde 1990 das 20 000 ha große Gebiet um den **Mount Newberry** ausgewiesen. Dieser ist mit ca. 40 km Durchmesser ein besonders großer Schildvulkan, der als noch nicht erloschen gilt. Der Mount Newberry wurde im Zuge mehrerer Ausbrüche abgetragen, seine letzte Eruption ereignete sich vor ca. 1300 Jahren. Dabei entstand der **Big Obsidian Flow,** große Hügel von vulkanischem Glas, das einst die Indianer benutzten, um daraus Pfeilspitzen herzustellen. In der durch den Vulkanausbruch entstandenen Caldera haben sich gleich zwei Seen gebildet: **Paulina Lake** und **East Lake.** Eine kleine Schotterpiste *(gravel road)* führt hinauf zum 1920 m hohen **Paulina Peak,** von dem aus sich schöne Ausblicke auf die Seen eröffnen. Zahreiche Trails durchziehen das Gebiet, besonders spektakulär ist der **Paulina Falls Trail** rund um die 18 m hohen **Paulina-Wasserfälle,** die in einem Halbkreis von Felsen in die Tiefe stürzen.

Übernachten

Volcanic Monument Lava Lands: Es gibt sieben Campgrounds im Park, www.fs.usda.gov/centraloregon (> Special Places > Newberry National Volcanic Monument > Camping & Cabins).

High Desert Museum

59800 South Hwy 97, Bend, Tel. 541-382-4754, www.highdesertmuseum.org, tgl. 9–17 Uhr, Erw. 20 $, Kin. (3–12 J.) 12 $

Kurz vor Bend befindet sich an der US 97 das sehr informative **High Desert Museum,** wo man alles über die Flora und Fauna der Halbwüste erfährt. Ebenso finden sich interessante Ausstellungen über die Ureinwohner und die ersten Siedler, die Holzfäller und Goldsucher. Noch anschaulicher wird das harte Leben der Pioniere durch das original rekonstruierte Gehöft mit Sägemühle oder eine einfache Holzhütte und Indianerzelte, natürlich mit Mitarbeitern in Originalkostümen, die jederzeit auf Fragen reagieren und mehrmals täglich kleine Vorführungen darbieten.

Bend und Umgebung

Wie aus dem Nichts taucht **Bend** nach langer Fahrt auf der US 97 (von Süden) auf, der Ortsrand dicht bestückt mit vielen Einkaufszentren. Die kleine Stadt entwickelt sich immer mehr zum wirtschaftlichen Mittelpunkt von Central Oregon, wobei niedrige Kosten für Bauland und auch für Gehälter eine wichtige Rolle spielen. Fast 100 000 Einwohner wurden bei der letzten Volkszählung ermittelt, und die Ausweitung von Gewerbegebieten wird weiteren Zuzug sichern.

Ein weiterer Vorzug der jungen Stadt (gegründet 1905) ist ihre Lage am Fuß des **Mount Bachelor,** des **Broken Top** und der drei Vulkankegel der **Sisters.** 3157 m ist die South Sister hoch, der Schnee auf den Gipfeln aller Vulkane bleibt meist bis weit in den Sommer liegen und bietet einen wunderbaren Anblick. Mount Bachelor hält eines der größten **Skigebiete** der Cascades bereit: Von November bis in den Mai sind 70 Abfahrten und 12 Lifte für Abfahrten der Skifahrer und Snowboarder geöffnet. Im Sommer locken zahlreiche **Wanderwege** in der Umgebung und für Bergsteiger sind die Sisters eine nicht zu anstrengende Herausforderung.

Die Stadt selbst lohnt sich, um ein bisschen einzukaufen und ein wenig im Drake Park am Deschutes River zu relaxen. In jüngster Zeit hat sich eine ganze Reihe von **Galerien** und **Kunstgewerbeläden** etabliert, die vorwiegend moderne Kunst aus Oregon präsentieren (http://bendgalleries.com).

Ein besonderer Spaß ist ein Picknick auf dem Hausberg der Stadt, dem **Pilot Butte** östlich des die Stadt durchziehenden US 97 (oder Bend Parkway). Er ist zwar nur 150 m hoch, aber die schmale Zugangsstraße windet sich spiralförmig um den Berg und muss mit ambitionierten Joggern und Hundebesitzern geteilt werden. Da Bend ansonsten sehr flach ist, bietet der Vulkan eine wunderbare Rundumsicht weit hinein in die Cascades und das östliche Oregon. Außer ein paar Bänken, um den Blick ins Land zu genießen, gibt es auf dem Pilot Butte allerdings nichts.

Infos

Visitor Center: 750 NW Lava Rd., Suite 160, Bend, Tel. 541-382-8048 oder 877-245-8484, www.visitbend.com, Mo–So 10–16 Uhr, mittags geschlossen.

Übernachten

Luxuriöses Boutiquehotel – **The Oxford Hotel:** 10 NW Minnesota Ave., Tel. 877-440-8436, www.oxfordhotelbend.com. Sehr modern, mit umweltfreundlichen Materialien und Möbeln liegt das 59-Suiten-Haus zentral in der Stadt, mit Kitchenetten. €€€

Die schönste Art der Fortbewegung im Deschutes National Forest: eine Kajaktour

Resort am Fluss & Golfplatz – **The Riverhouse Hotel & Convention Center:** 3075 N Business 97, Tel. 541-389-3111 oder 866-453-4480, www.riverhouse.com. Das anspruchsvolle Hotel mit 220 großzügigen Zimmern liegt am Fluss und an einem Golfplatz (River's Edge Golf Course), drei Restaurants, Spa mit Pool, Tennisplätze, auch Zimmer mit Mikrowelle und Kühlschrank. Preis inkl. Frühstück. €€€

Solide, funktional – **Bend Riverside Rentals:** 1565 NW Wall St., Tel. 541-389-2363, www.bendriversiderentals.com. Direkt am Ufer des Deschutes River gelegen, bietet diese Anlage kleine Wohnungen, Einzelzimmer und Cabins zu moderaten Preisen. Gut für längere Aufenthalte. €€

Essen & Trinken

Steakhouse – **The Blacksmith Restaurant:** 211 NW Greenwood Ave., Tel. 541-318-0588, www.bendblacksmith.com, tgl. ab 16 Uhr. Auf der Speisekarte ist z. B. *Campfire Trout* zu finden. Hauptgerichte 18–30 $.

Preiswert – **Jake's Diner:** 2210 NE Hwy 20, Tel. 541-382-0118, http://jakesdinerbend.com, tgl. ab 8 Uhr. Deftig-amerikanische Gerichte, große Portionen. Burger um 10 $.

Brauereikneipe – **Deschutes Brewery:** 1044 NW Bond St., Tel. 541-382-9242, www.deschutesbrewery.com/visit-us/bend-public-house. Public House der Oregon-Brauerei, tgl. ab 11 Uhr. Deftige Burger, Nachos zum Bier 8–12 $.

Aktiv

Wandern mit Lamas – **Halligan Ranch Llama Adventures:** 9020 South Hwy 97, Redmond, Tel. 541-420-1334. Geführte Tagestour in der Mount Jefferson Wilderness mit Lamas für das Gepäck, ab 2 Pers., 75 $ inklusive Verpflegung.
Kanufahren – **Wanderlust Tours:** Tel. 800-962-2862 oder 541-389-8359, www.wanderlusttours.com.Büro: 61535 South Hwy 97. Halbtagestouren auf einem der High-Cascades-Seen im Kajak, Erw. 75 $.
Ski- und Snowboardfahren – **Mt. Bachelor Ski Resort:** Rental Shop, Tel. 541-382-2442, www.mtbachelor.com. Für 32 $ ist eine Skiausrüstung zu leihen; Snowboard-Schnupperkurs für Anfänger 2 Std./58 $.
Wandern – Auf dem **Mt. Bachelor,** im Sommer kostet der Lift 19 $, tgl. 11–17 Uhr, So ab 15 Uhr nur 14 $.

Sisters ▶ E 10

Unweit von Bend am Highway 20, der in die Bergwelt führt, liegt die kleine Westernstadt Sisters, eine Art lebendiges Museum mit Holzhäusern aus dem frühen 19. Jh. Einige Guest Ranches und kleinere Hotels mit Cabins haben dazu beigetragen, dass der kleine Ort vom Tourismus leben kann. Von hier aus lassen sich gut Ausflüge in den **Deschutes National Forest** mit den vielen Seen westlich des Mount Bachelor oder der Sisters unternehmen. Nur im Sommer geöffnet ist der **Cascade Lakes Scenic Byway,** ein halber Loop von Bend bis nach Sunriver nahe der US 97.

Mitte Juni findet das jährliche **Rodeo** und Anfang September, passend zum Ambiente von Sisters, ein **Folk Festival** statt (s. u.).

Infos

Sisters Chamber of Commerce: 291 E Main St., Tel. 541-549-0251, www.sisterscountry.com.

Übernachten

Ranchurlaub – **Long Hollow Ranch:** 71105 Holmes Rd., Tel. 877-923-1901 oder 541-923-5540, www.lhranch.com. Mahlzeiten, Ausritte, Angeltouren und geführte Wanderungen sind im Übernachtungspreis inbegriffen, kein Fernsehen. B & B mind. 2 Nächte oder 1 Wochenende. €€€

Termine

Rodeo: Anfang Juni. Ticket-Hotline 541-549-0121 oder 1-800-827-7522, www.sistersrodeo.com.
Folk Festival: Anfang Sept. Seit 1995 wird auf verschiedenen Bühnen in Kneipen alter und neuer nordamerikanischer Folk vorgetragen, ganz im Sinne des Westernimages des Örtchens. Infos: Sisters Folk Festival Office, 204 W Adams Ave., Suite 112, Tel. 541-549-4979, https://sistersfolkfestival.org. Tickets zw. 50–150 $.

Östliches Oregon

Östlich der Cascade Range beginnen die Temperaturen deutlich zu steigen und das sanfte Weideland weicht struppigem Gebüsch, wildem Salbei, nackten Hügeln und bizarren Felsformationen. Der größte Teil des Ostens wird vom Columbia-Plateau geprägt. Das Gebiet ist fast so groß wie Frankreich, wurde vor 14–17 Mio. Jahren durch flüssige Lava geschaffen und ist bis heute trockene Halbwüste geblieben.

Journey Through Time Scenic Byway

www.oregon.com/attractions/byways-routes
Von **Biggs** (nahe The Dalles) am Columbia River über Shaniko, Fossil, Kimberly, John Day und Prairie City bis nach Baker City kurz vor der Grenze nach Idaho verläuft der 460 km lange Journey Through Time Scenic Byway. Er ist als »Oregon State Scenic Byway« ausgewiesen, lässt sich doch hier die frühe Geschichte des Bundesstaats hautnah nacherleben und eine Reise durch die Zeit unternehmen. *Ghost towns* und kleine Dörfer versetzen den Besucher in die Zeit des Wilden Westens zurück. Ein Abstecher führt zum berühmten John Day Fossil Beds National Monument, wo man auf zahlreichen Wanderwegen ungewöhnliche Felsformationen und paläontologische Kuriositäten bewundern kann.

Shaniko ▸ F 8

https://traveloregon.com/places-to-go/cities/shaniko
Es leben zwar noch ein paar Familien in diesem Ort, aber eigentlich ist **Shaniko** bekannt als eine von Oregons *ghost towns*. Viele Gebäude wie der Wasserturm, das Rathaus, das Schulhaus oder die Bank sind hergerichtet, daneben stehen alte Autos oder der vergitterte Planwagen für Sträflinge. Es gibt einige Geschäfte, in denen man Souvenirs wie bearbeitete Hufeisen oder Blechtassen kaufen kann.

Fossil und Umgebung ▸ G 8

Auf dem Weg von Antelope nach Fossil auf dem US 218 taucht nach ca. 32 km die sogenannte **Clarno Unit** der **John Day Fossil Beds** (s. S. 316) auf. Die schroffen Felsen der Palisades sind die Kennzeichen dieses Teils des National Monument, vor fast 44 Mio. Jahren entstanden sie durch vulkanische Lavaflüsse. Ein **Picknickplatz** und der 1,2 km lange **Trail of the Fossils** laden zu einer Pause ein.

Nach weiteren 24 km erreicht man das Städtchen **Fossil,** wo man in den *public fossil beds* gegen eine Gebühr von 3 $ selbst zum Paläontologen werden und nach Knochen und Versteinerungen graben kann (hinter der Wheeler High School, Ecke Main und B Street). Seinen Namen verdankt der Ort übrigens dem Fund eines Mammut-Knochens. Es gibt auch ein sehr kleines **Museum** auf der Main Street. Um sich etwas intensiver mit den Ausgrabungen und den Funden zu beschäftigen, ist ein Besuch des ebenfalls recht kleinen **Paleo Lands Institute** (Field Center OPLI, 333 West 4th St., Tel. 541-763-4480, www.oregonpaleolandscenter.com) zu empfehlen. Dort bekommt man zudem Hinweise für Ausflüge und Empfehlungen für den Besuch des John-Day-Tals. Außerdem werden Workshops und Exkursionen auf den Spuren der Millionen Jahre alten Geschichte dieser Region angeboten.

Bhagwan und The Muddy Ranch

Mit ungewöhnlichen Lebensformen sahen sich die Bewohner des Dörfchens Antelope Anfang der 1980er-Jahre konfrontiert, als Sannyasins aus aller Welt in ihrer Nähe die Stadt Rajneeshpuram gründeten und zum Anziehungsort Tausender orange gekleideter Aussteiger ausbauten.

Unweit von Shaniko, nahe dem Dorf Antelope, kauften 1981 Anhänger des indischen Gurus Bhagwan Shree Rajneesh die Big Muddy Ranch (Drehort einiger Westernfilme mit John Wayne) und errichteten den Ashram Rajneeshpuram. Die orange gekleideten Sannyasins kamen aus aller Welt in die entlegene Region, um sich am Aufbau der Infrastruktur für die Gemeinschaft zu beteiligen und ihrer Lebensphilosophie nachgehen zu können.

Ein Problem war, dass die Ranch als landwirtschaftliches Land klassifiziert war und nach den Landnutzungsbestimmungen nur eine kleine Anzahl Häuser enthalten durfte. Dennoch hatte die Stadt bald eine eigene Post, Schule, Feuerwehr, Einkaufszentren, Restaurants und ein öffentliches Transportsystem mit 85 Bussen für ca. 7000 Menschen. Ein Flugplatz (Big Muddy Ranch Airport) mit stadteigenen Flugzeugen stand zur Verfügung und ein riesiger Mandir diente als Meditations- und Versammlungshalle. Außerdem hatten die Sannyasins Häuser in Antelope (etwa 50 Einw.) aufgekauft und dort die Mehrheit im Stadtrat gewonnen. Es kam bald zu Streitigkeiten mit den Behörden über Bauvorschriften sowie zu Anfeindungen seitens der ansässigen Bevölkerung, die auch Morddrohungen gegen den Guru einschlossen. Kommentare der Sprecherin und Sekretärin Bhagwans, Ma Anand Sheela, verstärkten die Spannungen. Rajneesh selbst äußerte sich während dieser Zeit, die in eine ›Phase des Schweigens‹ fiel, nicht. Aufsehen und Kontroversen erregte auch eine Flotte von zeitweise bis zu 93 Rolls-Royce. Die Luxuswagen symbolisierten Bhagwans enthusiastische Befürwortung von innerem wie auch äußerem Reichtum; zudem sollen sie zumindest aus der Perspektive seiner Anhänger auch eine bewusste Spiegelung der amerikanischen Automobil-Besessenheit gewesen sein.

Als die Kommune später Obdachlose aus den ganzen USA in Rajneeshpuram ansiedeln wollte, sah die Bevölkerung darin den Versuch, im Wasco County die politische Mehrheit (über zusätzliche Wählerstimmen) zu erringen. Nach einer schnellen Änderung der Wahlbestimmungen durch die Behörden, die die Registrierung der Obdachlosen als Wähler erschwerte, wurden viele von den Sannyasins einfach in die nächste größere Stadt gefahren und dort abgesetzt. Nach der Verhaftung und Ausweisung ihres geistigen Führers 1985 (offiziell wegen Einwanderungsdelikten) verließen die meisten Anhänger den Ashram, zumal die jahrelangen Kontroversen mit den Behörden und die Konflikte innerhalb des Führungskreises die Bewohner belastet hatten. 1986 wurde das Gelände wieder verkauft, heute betreibt die Organisation Youth Life dort ein christliches Jugendcamp (Young Life Camp, 1 Muddy Rd., Antelope, http://washingtonfamily ranch.younglife.org).

John Day Fossil Beds: natürliches Farbenspiel auf rot-gelben Lavahügeln

Übernachten

... in Fossil:

Ranchig – **Wilson Ranches Retreat B & B:** 16555 Butte Creek Rd., Tel. 541-763-2227, www.wilsonranchesretreat.com. 6 rustikale Zimmer mit Bad, nach dem Frühstück ist Horseback-Riding möglich. €€–€€€

... bei Fossil:

Boutiquehotel – **Hotel Condon:** 202 S Main St., ca. 32 km nördlich von Fossil (Hwy 19), Tel. 541-384-4624, www.hotelcondon.com. Das beste Hotel der Gegend in einem Gebäude von 1920, das komplett renoviert wurde. Moderne Zimmer, Frühstück inkl. €€–€€€

John Day Fossil Beds National Monument ▶ F 8/9

Insgesamt 5665 ha umfasst das Gelände des als John Day Fossil Beds National Monument geschützten Gebiets, zu dem drei Bereiche gehören: **Clarno** (s. S. 314), **Painted Hills** und **Sheep Rock.**

Painted Hills

Die Zufahrt in dieses Gebiet ist nur über die County Road nördlich von Mitchell möglich (von Fossil Hwy 19, dann Hwy 207, an manchen Stellen stehen auch Schilder zum Painted Hills State Park)

Besonders lohnend ist der Besuch der **Painted Hills.** Diese Felsformationen leuchten in ungewöhnlichen Farben wie Hellblau, aber auch in Schichten von Gelb und Rot. Wie sanft gefaltete Tücher wirken die Hügel, die am besten in der Nachmittagssonne zur Geltung kommen. Eine ganze Reihe von Faktoren sorgt dafür, dass die Hills nicht zuwachsen; zum einen die Trockenheit in der Gegend, vor allem aber die Bodenbeschaffenheit. Die Hügel enthalten einen speziellen Lehm, das Bentonit. Dieser Lehm kann sehr viel Wasser aufnehmen und bindet dieses so stark, dass Pflanzenwurzeln es nicht mehr absorbieren können. Daher bläht sich der Boden auf. Trocknet der Lehm wieder, bildet sich eine an Popcorn erinnernde Struktur. Diese fördert die Erosion, was wiederum den Pflanzenbewuchs erschwert und den Painted Hills ihr geradezu samtiges Aussehen verleiht.

Vom Parkplatz aus hat man schon einen guten Ausblick auf die farbigen Felsen, dort startet auch der kurze **Overlook Trail.** Einen ganz anderen Eindruck machen die roten Lavahügel etwas nördlich. Der **Painted Cove Trail** führt auf Holzplanken ganz nah an diesen einzigartigen Gesteinen entlang. Einen Überblick sozusagen aus der Vogelperspektive vermittelt der ca. 2,5 km lange **Carroll Rim Trail,** der auf eine Erhöhung führt.

Sheep Rock Unit

Zufahrt über den Hwy 26 von Mitchell, kurz vor Dayville links auf den Hwy 19 abbiegen

Ein **Visitor Center** findet sich erst im dritten zugänglichen Teil des National Monument, der Sheep Rock Unit. In Sheep Rock ist der **Island in Time Trail** interessant: Er führt zu einer Art Amphitheater aus Stein in der **Blue Basin Area.** Hier hat man entlang des nur 1,6 km langen Wegs zahlreiche Nachbildungen von Fossilien angebracht. Vorher sollte man unbedingt das **Thomas Condon Paleontology Center** aufsuchen, denn dort haben die Archäologen ihre Funde auch für Laien verständlich aufbereitet und dekorativ platziert.

Infos

Thomas Condon Paleontology Center: 32651 Hwy 19, Tel. 541-987-2333, www.nps.gov/joda, tgl. 9–17 Uhr im Sommer, Eintritt frei.

John Day ▶ H 9

Wer war eigentlich John Day? Ein Fluss, ein National Monument und zwei Kleinstädte tragen den Namen eines Mannes, der um 1810 an der Mündung des damaligen Mah-Ha River (heute John Day River) in den Columbia River von Indianern überfallen und aller Habseligkeiten, einschließlich der Kleidung, beraubt worden sein soll. Er wurde gerettet und lebte später in Astoria. Ihm zu Ehren erhielten der Fluss und verschiedene neue Siedlungen seinen Namen. John Day soll aber selbst niemals in der Gegend gewesen sein.

Goldfunde im Canyon Creek lockten im Jahr 1862 die ersten Siedler nach John Day und mit ihnen kamen mehrere Tausend chinesische Immigranten. Einer brachte es als kundiger Heiler und Pflanzenkenner zu einem gewissen Ruhm. Heute leben ca. 2000 Menschen in der damit größten Stadt des Landkreises; Restaurants und einige Motels bieten sich für einen Stopp an.

Kam Wah Chung State Heritage Site

Hwy 26, Tel. 541-575-2800, www.oregonstateparks.org (> Find a park > Kam Wah Chung State Heritage Site), Mai–Okt. tgl. 9–17 Uhr

Das **Kam Wah Chung Museum** ist seit 1973 eine geschützte Historic Site und hat heute den Status einer National Historic Landmark, um die Erinnerung an die kulturellen Einflüsse aus dem asiatischen Raum wachzuhalten. Das Museum präsentiert eine der umfangreichsten Sammlungen von chinesischen Alltagsgegenständen und medizinischen Geräten aus dem späten 19. Jh. Auffällig sind die kleinen Fenster des restaurierten Gebäudes. Der Besitzer Ing Hay ließ diese sowie dicke Stahltüren einbauen, um sich vor den nicht so toleranten Nachbarn zu schützen.

Übernachten

Großzügige Räume – **Best Western John Day Inn:** 315 W Main St., Tel. 541-575-1700, www.bestwestern.com. Pool und Fitnesscenter, Zimmer mit Kühlschrank, Mikrowelle, Internetzugang. Preis inkl. Frühstück. €€€ (ADAC-Ausweis)

Von Prairie City nach Baker City ▶ H/J 9

Das kleine Örtchen **Prairie City** ist keine *ghost town,* immerhin 1100 Menschen leben dort in einer Idylle, die die Westerntradition an jeder Ecke erkennen lässt. Kurz hinter dem

Ortsausgang gibt es den **Conestoga Wagon Viewpoint** direkt am Highway 26, von dem sich ein herrlicher Ausblick auf die Strawberry Mountains bietet.

Der Journey Through Time Scenic Byway verläuft dann durch die **Blue Mountains** und nach dem Dixie Pass geht er weiter auf dem Highway 7 Richtung Baker City. Auf diesem Abschnitt finden sich wieder einige *ghost towns,* weil in den Bergen Gold gefunden wurde und die Menschen weiterzogen, nachdem die Pfründe erschöpft waren.

Das Ende des Scenic Byway wird in **Baker City** erreicht, einer Kleinstadt mit ca. 10 000 Einwohnern, die sich seit einigen Jahren um die Restaurierung des historischen Stadtkerns aus den 1860er-Jahren kümmert. Es gibt eine Reihe von Hotels und im Sommer viele Veranstaltungen mit Bezug zum Oregon Trail und den Zeiten der ersten Siedler.

Infos

Baker City Visitor Center: 490 Campbell St., in der Chamber of Commerce, Tel. 541-523-5855, https://travelbakercounty.com, Mo–Fr 8–17 Uhr.

Übernachten

Nostalgischer Charme – **Geiser Grand Hotel:** Ecke Main St. und Washington St., Tel. 541-523-1889 oder 888-434-7374, www.geisergrand.com. Das restaurierte Nobelhotel aus dem Jahr 1889 wartet mit unterschiedlich dekorierten, meist großen Räumen auf, es gibt zudem ein Restaurant im Haus (s. S. 319). €€–€€€

Gutes Hotel – **Best Western Sunridge Inn:** 1 Sunridge Ln., Tel. 541-523-6444 oder 800-233-2368, www.bestwestern.com. Das solide Kettenhotel bietet geräumige Zimmer sowohl mit Kühlschrank als auch Mikrowelle. €€

In Baker City ist die Westernidylle lebendig – samt Pferdekutsche

Essen & Trinken

Hotelrestaurant mit Flair – **Geiser Grill Restaurant:** im Geiser Grand Hotel (s. S. 318). Lunch 11–14, Dinner 16.30–21 Uhr. *Prime Rib* um 20 $.

Amerikanischer Grill – **Latitude 45 Grille:** 1925 Washington Ave., Tel. 541-406-4545, www.latitude45grille.com, Di–Sa ab 16 Uhr. Burger, Pasta, Sandwiches, Salate, alles mit möglichst lokalen Zutaten. Burger um 15 $.

Nordosten ▶ H/K 7/8

Die schnellste Verbindung von Portland nach Boise in Idaho ist die Interstate 84, die zum Teil auf der Route des Oregon Trail verläuft. Zahlreiche Hinweisschilder erzählen von den beschwerlichen Reisen der frühen Siedler. Ein empfehlenswerter Umweg ist der **Hells Canyon Scenic Byway** (www.hellscanyonbyway.com), der in La Grande beginnt und 335 km durch die **Wallowa Mountains** und die **Eagle Cap Wilderness** nach **Baker City** führt.

Dieser Byway berührt die Ausläufer der **Hells Canyon National Recreation Area.** Dort hat der Snake River den tiefsten Canyon der USA gebildet. Die Zufahrt zum Aussichtspunkt **Heavens Gate,** für einen Blick in die Schlucht des Snake River mit einer Steilkante von 2400 m sollte von **Riggins** in Idaho erfolgen (s. S. 345). Der **Hells Canyon Overlook** dagegen liegt am Scenic Byway, ist also von Baker City zu erreichen (s. S. 318).

Pendleton

Um sich cowboygerecht einzukleiden, ist **Pendleton** genau die richtige Adresse. Hier findet jedes Jahr Mitte September das **Pendleton Round-Up** statt, eine der größten Rodeo-Veranstaltungen der Region. Sich auf wilden Pferden *(broncos)* zu halten oder acht Sekunden auf einem Stier sitzen zu bleiben gehört ebenso zu den Herausforderungen wie das Melken einer nicht gezähmten Kuh oder das Niederringen eines Kalbs aus dem Galopp. Fotos dieser Wettbewerbe, Pokale und sogar ein ausgestopftes Pferd sind in der **Round Up Hall of Fame** zu bewundern (1114 SW Court Ave., Sa 10–16 Uhr, Erw. 5 $, Kin. unter 10 J. 2 $).

Die andere Seite des Wilden Westens ist in Pendleton ebenso zu erleben: Die Stadt rühmt sich, einst die Hochburg des Vergnügens im östlichen Oregon gewesen zu sein. Dazu gehörten 32 Bars, 18 Bordelle und diverse Spielhöllen ebenso wie das Gefängnis und die chinesische Wäscherei. In Pendleton befanden sich die meisten dieser Einrichtungen unter der Erde. Ursprünglich waren die Tunnel wegen des rauen Klimas im Winter als Verbindungen der diversen Geschäfte angelegt worden, aber während der Prohibition waren sie ganz vorzüglich geeignet, Vergnügungen aller Art möglichst unbeobachtet nachgehen zu können. Heute gibt es durch das weitläufige Tunnelsystem geführte Touren und die Geschichten zu den wilden Ereignissen unter der Erde sind noch heute spannendes Highlight der Besichtigung.

Infos

Chamber of Commerce Visitor Center: 501 S Main St., Tel. 541-276-7411, www.travelpendleton.com, Mo–Fr 9–17 Uhr.

Übernachten

Zentral gelegen, komfortabel – **Oxford Suites:** 2400 SW Court Place, Tel. 541-276-6000, www.oxfordsuitespendleton.com. Einige Zimmer mit Kühlschrank und Mikrowelle, moderne Einrichtung, sauber und funktional. Preis inkl. Frühstück. €€€

B & B in historischer Villa – **Pendleton House:** 311 N Main St., Tel. 541-276-8581, www.pendletonhousebnb.com. 6 individuell eingerichtete DZ in schön restaurierter alter Villa. €€€

Essen & Trinken

Traditionsrestaurant & Saloon – **Hamley Saloon:** 8 SE Court, Tel. 541-278-1100, https://hamley.com, Lunch tgl. 11–15, Dinner tgl. ab 17, Saloon ab 16 Uhr. »Traditional Ranch Cookin« wie Hackbraten mit Kartoffelbrei 15 $.

Typisch westamerikanische Kneipe – **Rainbow Café & Lounge:** 209 S Main St., Tel. 541-

276-4120, https://thependletonrainbow.com. Einer der Treffpunkte beim Round-Up, gepflastert mit Andenken an frühere Wettbewerbe. Frühstück ab 6 Uhr. Gute Burger, Sandwiches und Steaks. Um 10 $.

Aktiv

Stadtführung durch das Tunnelsystem – **Pendleton Underground:** 37 S.W. Emigrant Ave., Tel. 541-276-0730, www.pendletonundergroundtours.org. Touren. Mo, Mi–Sa ab 9.30 Uhr, ca. 90 Min., 15 $, unbedingt telefonisch reservieren im Sommer.

Einkaufen

Für Cowboys und -girls – **Red's Clothing Co.:** 233 S Main St., Tel. 541-278-1404. Große Auswahl an Cowboyhüten. **Hamley & Co:** 30 SE Court Ave., Tel. 541-278-1100, https://hamley.com. In dieser ehemaligen Sattlerei gibt es gute Stiefel.

Wolldecken – **Pendleton Wooden Mills:** 1307 SE Court Place (Zip Code 97801), Tel. 541-276-6911, www.pendleton-usa.com. Hier findet man die berühmten Decken mit indianischen Motiven, aber auch Kleidung, Schuhe und Dekoratives; überwiegend original amerikanisch. Ideal auch als Souvenir.

Termin

Rodeo – Pendleton Round-Up: Mitte Sept. 1114 SW Court Ave., in der Hall of Fame, Tel. 541-276-2553, www.pendletonroundup.com. Ab 17 $ pro Abend in der Woche, sonst 23 $.

Joseph

Die Kleinstadt **Joseph** (ca. 1000 Einw.) ist durch den Bildhauer David Manuel bekannt geworden, dessen heroische Bronzegestalten von heldenhaften Siedlern und noblen Indianern die Hauptstraße schmücken. Sie vermitteln einen recht anschaulichen Eindruck von jener Weltsicht, die heute die Verklärung des Wilden Westens betreibt. Originale Gegenstände aus dem Leben der dort früher beheimateten Nez-Percé-Indianer sind im **Manuel Museum** zu finden (400 N Main St., März–Nov. Mo–Sa 9–20, Dez.–Febr. 10–15 Uhr, Eintritt 6 $). Das Highlight im Veranstaltungskalender der Kleinstadt ist das 5-tägige **Chief Joseph Days Rodeo** Ende Juli: Dann füllt sich der Ort mit den *broncos*, den buckelnden Westernpferden, und begeisterten Anhängern der Cowboy-Paraden und des Western-Dancing (s. S. 321).

Infos

Visitor/Discovery Center Joseph: 508 N Main Street, Di-So 10-18 Uhr, http://josephoregon.com.

Übernachten

Gemütliches B & B – **Bronze Antler:** 309 S Main St., Tel. 541-432-0230, www.bronzeantler.com. 4 sehr unterschiedliche Gästezim-

mer, z. T. mit europäischen Möbeln, der größte Raum mit Blick auf die Berge. €€€
Historische Lodge – **Wallowa Lake Lodge:** 60060 Wallowa Lake Hwy, Tel. 541-432-9821, www.wallowalake.com, 8 Cabins ganzjährig, 22 Hotelzimmer. €€€
Mit Blick auf die Berge – **The Mountain View Motel & RV Park:** 83450 Joseph Hwy, Tel. 541-432-2983, www.mtviewmotel-rvpark.com. 6 Zimmer, 3 Hütten. €€

Essen & Trinken

Brauereikneipe – **Embers Brewhouse:** 204 N Main St., Tel. 541-432-2739. Eine der vielen regionalen Mikrobrauereien. Zum Essen gibt es sowohl Pizzen als auch Sandwiches. Calzone-Pizza 6 $.
Coffeeshop/Bistro – **Old Town Café:** 8 S Main St., Tel. 541-432-9898. Gute Sandwiches, Kuchen, Waffeln und Suppen zum Frühstück und Lunch, tgl. 7–14 Uhr. Pfannkuchen ab 4 $.

Einkaufen

Souvenirs aus dem Westen – **Pendleton Wooden Mills:** 1307 SE Court Place, Tel. 541-276-6911, www.pendleton-usa.com (s. auch S. 320).

Termin

Rodeo – Chief Joseph Days: Ende Juli. Harley Tucker Memorial Arena, Tickets über Tel. 541-432-1015, www.chiefjosephdays.com, Erw. 12–18 $ pro Abend (mehr zu Indianerhäuptling Joseph s. S. 171).

Im Frühjahr färben sich die Hänge des nahe Joseph gelegenen Wallowa Lake leuchtend gelb mit den vielen Blüten des Balsamroot, einer kleinen Sonnenblumenart

Bitterroot Range
Boise
Twin Falls

Kapitel 3

Idaho

Viele Amerikaner assoziieren mit Idaho, dem Bundesstaat mit der ungewöhnlichen Form, zuallererst Kartoffeln, dann Ernest Hemingway und das Sun Valley, eines der ältesten Skigebiete der USA. Aber auch Aktivitäten wie der nationale Volkssport Fliegenfischen, Kanufahren, Klettern, Bergsteigen und Abfahrtski sowie seit einiger Zeit Skidofahren werden mit Idaho verknüpft und kennzeichnen die Outdoor-Leidenschaft der knapp 1,8 Mio. Einwohner.

Der schmale Stiel im Norden mit seinen vielen großen und kleinen Seen, Wäldern und alten Bergwerken liegt an der kanadischen Grenze und wird im Westen von Washington und im Osten von Montana begrenzt. Im Norden fanden sich Ende des 19. Jh. reichhaltige Minen. Insbesondere Silber, Gold und Zink wurden dort abgebaut, zum Teil wird heute noch gefördert.

Unzählige Flüsse haben tiefe Schluchten und breite Hochebenen in die Höhenzüge der 3000er-Berge gefräst, die das Zentrum des erst 1890 gegründeten Staates dominieren. Der Süden wird von Oregon, Nevada, Utah und Wyoming umrahmt. Hier herrscht ein meist trockenes Halbwüstenklima. Vom Snake River und einem gigantischen unterirdischen Wasserreservoir versorgt, sind im südlichen Idaho die riesigen Kartoffel- und Getreidefelder zu finden, die das Rückgrat der Wirtschaft dieser dünn besiedelten Region des Nordwestens bilden.

Der Tourismus gewinnt eine immer größere Bedeutung: Idaho verzeichnet mit Stolz die zweithöchsten Übernachtungszahlen im Westen. Dazu beigetragen haben auch die 18 Skigebiete, darunter so bekannte wie Sun Valley, Bogus bei Boise und Schweitzer im Norden. In den Bergen kann es schon im Oktober schneien, während man in der südlichen Halbwüste im November noch picknickt.

Idaho, ein Dorado für Kletterer

Auf einen Blick: Idaho

Sehenswert

Hells Canyon: Der vom Snake River gegrabene Canyon in Idahos Nordwesten ist zwar nicht so bekannt wie der Grand Canyon, aber mit 2400 m toppt er die Schlucht in Arizona als tiefstes Flussbett der USA. Whitewater Rafting und Jetboot-Touren ermöglichen ein spektakuläres Naturerlebnis (s. S. 342)

Craters of the Moon National Monument: Hier sind schon die Astronauten spazieren gegangen und haben ihr schweres Gerät zu Testzwecken durch die unwirtliche, aus tiefschwarzem Vulkangestein geformte Landschaft geschoben (s. S. 376).

Schöne Routen

Von McCall nach Boise: Als Payette River Scenic Byway wird der Highway 55 zwischen der Hauptstadt Boise und dem Ferienort McCall bezeichnet – eine abwechslungsreiche Strecke durch beinahe menschenleere Landschaften am Fluss entlang (s. S. 350).

Von Boise nach Ketchum: Die Höhenzüge der nahezu unberührten Sawtooth Wilderness sind auf zwei Scenic Byways zu erreichen: von Boise aus der Ponderosa Pine bis Stanley, von dort der Sawtooth bis nach Ketchum/Sun Valley (s. S. 362, 365).

Von Hagerman nach Twin Falls: Nicht zu Unrecht trägt der Scenic Byway (Hwy 30) den Namen »Thousand Springs«: Die wasserreiche Landschaft ist unbedingt einen Abstecher von der Interstate 84 wert (s. S. 375).

Meine Tipps

Sandpoint: Am Lake Pend Oreille haben sich viele Maler, Bildhauer und Schmuckdesigner niedergelassen. Zahlreiche Galerien laden zum Stöbern ein (s. S. 330).

Im baskischen Viertel essen: Ungefähr 15 000 Menschen mit baskischen Wurzeln leben in Boise, Idahos Hauptstadt. Einige gute Restaurants vermitteln die Esskultur ihrer Vorfahren (s. S. 359).

Redfish Lodge: Scheinbar mitten im Nichts gibt es ein Feriendorf am Redfish Lake, einem Gletschersee mit vielen schönen Wanderwegen. Hier kann man die Seele baumeln lassen (s. S. 366).

Pow Wow in Fort Hall: Mitte August treffen sich Indianerstämme aus ganz Nordamerika im Reservat der Shoshonen und Bannock-Tribes, um ihre traditionelle Kultur zu feiern (s. S. 383)

Ranchurlaub in Idaho

Fliegenfischen am Silver Creek: Den nationalen Volkssport im Nordwesten können in Idaho auch Anfänger sehr gut ausprobieren, denn die zahllosen Flüsse sind fischreich und flach genug, um im Wasser stehend die Angelrute auszuwerfen (s. S. 370).

Idahos Norden

Sanft dahingleitende Segelschiffe auf dem Lake Coeur d'Alene oder dem Lake Pend Oreille, Männer, die beim Fliegenfischen bis zum Bauch im Fluss stehen, grasende schwarze Rinder auf riesigen Weideflächen und hügelige, bewaldete Höhenzüge: Der Norden Idahos ist mit seiner harmonischen Landschaft die grüne Krone des Landes.

Im Sommer vergnügen sich in Idahos Norden nicht nur die Einheimischen und Nachbarn aus Spokane (in Washington). Die Nummernschilder aus Arizona, Nevada oder Utah zeigen, wie attraktiv die eher gemäßigte Klimazone und die vielen sportlichen Möglichkeiten sind. Die Hochzeit der Bergwerke im Silver Valley ist zwar vorbei, aber auf den Spuren der Minenarbeiter zu wandern kann sehr interessant sein.

Coeur d'Alene ▶ K 4

Direkt am gleichnamigen See liegt **Coeur d'Alene,** das Wirtschaftszentrum des Nordens; es gilt aufgrund dieser Lage, nicht zuletzt durch entsprechende Tourismuskampagnen unterstützt, vielen als eine der attraktivsten Städte im Nordwesten. Das National Geographic Magazine etwa hat den großen See als einen der fünf schönsten der Welt ausgezeichnet. Von Mitte Juni bis Ende September tummeln sich an manchen Wochenenden Tausende Freizeitsportler und Sonnenhungrige im und auf dem 40 km langen und 4 km breiten See. Den französischen Namen verdankt die heute über 50 000 Einwohner zählende Ortschaft kanadischen Trappern, die in dieser Gegend mit den Indianern Handel trieben.

Die Indianer galten als harte Feilscher und so nannten die frankophonen Trapper sie ›Coeur d'Alene‹ – die Hartherzigen. Der Name blieb und die seit 1878 als Stadt anerkannte Ansiedlung profitierte von den reichen Sil-ber-, Gold- und Zinkfunden im östlich angrenzenden Minendistrikt des Silver Valley um Wallace herum. Zwar sind die einstmals ergiebigen Minen heute zum größten Teil erschöpft, aber die Umweltbelastungen durch Blei-, Cadmium- und Zinkrückstände blieben dem See erhalten. Der Coeur d'Alene River hat die Schwermetalle mitgebracht und das Erbe der Bergbauvergangenheit führte schon wiederholt zu Massenfischsterben. So richtig abschrecken lassen sich Angler und Badende davon aber offenkundig nicht und in den offiziellen Prospekten findet man derlei Hinweise natürlich auch nicht.

Orientierung und Planung

Coeur d'Alene ist eine großflächige Stadt, die an der Interstate 90 (Ost-West-Verbindung) und dem Highway 95 (Nord-Süd-Achse) liegt. Die Lage als Verkehrsknotenpunkt und Warenumschlagplatz führte zur Ansiedlung vieler Hotelketten, die überwiegend im Norden an der Auffahrt zur Interstate liegen. Das eigentliche Stadtzentrum befindet sich am Seeufer. Dort gibt es lauschige Parks, verkehrsberuhigte Straßen und direkt oberhalb der Marina das Hochhaus des Coeur d'Alene Resort. Besonders attraktiv ist die Stadt für Golfer, finden sie doch hier gleich acht Plätze. Kein Prospekt vergisst ein Unikum zu zeigen: Zum Coeur d'Alene Resort Golf Course gehört ein Stück Green auf dem Wasser, es wird von den Spielern in einem Boot angefahren.

Auf der Sherman Avenue befinden sich weitere Unterkünfte. In dieser Gegend östlich von der City liegen auch die alten Residenzen, Restaurants und etliche Geschäfte. Schön angelegt wurde ein Boardwalk um die Marina

Direkt am See liegt Coeur d'Alene, im City Park und der ans Wasser angrenzenden Promenade kann man schön bummeln

herum, ein breiter Holzweg mit Bänken fast auf dem See, wo sich am Abend die Leute zu einem Plausch treffen.

Mit seiner guten Infrastruktur ist Coeur d'Alene geeignet als Ausgangspunkt für Touren in den Norden oder auch nach Süden zum Hells Canyon. Ende Juni sollte man den Ort aber besser meiden, denn dann findet der Ironman-Wettbewerb statt, was zur Überfüllung beiträgt und die Hotelpreise nochmals steigen lässt (www.ironman.com/im703-coeur-dalene).

Fort Sherman Museum

1000 W. Garden Ave. (auf dem Campus des North Idaho College), www.nic.edu/history, nur Mai–Sept. geöffnet, Führungen Di–Sa, ca. 1,5 Std., 15 $/Pers., Tickets im Museum of North Idaho (dort auch Eingang)

Um die Geschichte der Ansiedlung nachzuvollziehen, lohnt sich ein Besuch der Fort Sherman Kapelle. Das nach dem Bürgerkriegsgeneral William Sherman benannte Fort sollte dabei helfen, die Konflikte zwischen den Holzfällern, den Bergwerksarbeitern und den Indianern zu schlichten; allerdings lief dies meist auf die Vertreibung der Ureinwohner hinaus. Ein Schaufelraddampfer verhalf 1880 den Soldaten des Forts zu mehr Beweglichkeit und den Minenbesitzern zu sinkenden Transportkosten.

Museum of North Idaho

115 Northwest Blvd., Tel. 208-664-3448, www.museumni.org, nur April–Okt. Di–Sa 11–17 Uhr, Erw. 4 $

Mit großen Modellen aus Kunststoff sind im **Museum of Nord-Idaho** die Bergwerke nachgebaut; den oft harten Alltag der Pioniere verdeutlichen detailgetreu rekonstruierte Wohnräume sowie die Nachbildung eines General Store.

An heißen Sommertagen lädt der Lake Coeur d'Alene zum Baden ein

Infos

Coeur d'Alene Visitor's Bureau: 105 N 1st St., Tel. 1-877-782-9232, http://coeurdalene.org.

Übernachten

Golf-Hotel am See – **The Coeur d'Alene Golf and Spa Resort:** 115 S 2nd St., Tel. 208-765-4000 oder 800-688-5253, www.cdaresort.com. Das teuerste Hotel am Ort überragt mit 20 Stockwerken die Innenstadt und die Marina und bietet so auf der Seeseite wunderbare Ausblicke. Der Fitnessbereich wartet mit Außen- und Innenpool, Sauna, Kneippanlage, Squashhalle und einer Bowlingbahn auf, der Golfplatz liegt ca. 3 km entfernt. Drei verschiedene Restaurants mit unterschiedlichem Preisniveau bieten internationale Küche und *Northwest Cuisine,* vor allem viel frischen Fisch. Die Zimmer sind sehr unterschiedlich in der Größe, die als »Standard« bezeichneten sind eng. €€€

In der Nähe der Interstate – **Best Western Coeur d'Alene Inn:** 506 W Appleway, Tel. 208-765-3200 oder 800-251-7829, www.cdainn.com. Dieses Mittelklasse-Kettenhotel mit Konferenz-Center bietet 122 gut ausgestattete Zimmer mit Kühlschrank, Mikrowel-

le, auch Fitnesscenter, Schwimmbad und ein Restaurant sind vorhanden. Preis inkl. Frühstück. €€€

Üppig dekorierte Zimmer – **Aspen Meadows B & B:** 705 S Zircon Ln., Tel. 208-755-4305. In einem Waldgebiet südlich der Stadt liegt das großzügige Holzhaus mit drei hübsch ausgestatteten Zimmern; in der offenen Wohnküche gibt es ein opulentes Frühstück. €€–€€€

Originelles Dekor – **Flamingo Motel:** 718 Sherman Ave., Tel. 208-664-2159 oder 800-955-2159, www.flamingomotelidaho.com. Lediglich 14 Zimmer hat dieses einstöckige Motel, doch sind diese alle unterschiedlich nach Themen wie »Toskanischer Garten« oder »Paradies für Golfer« eingerichtet. Kühlschrank, Kaffeemaschine und freies Internet in kleinen Zimmern, bei Veranstaltungen im Ort mind. 2 Nächte. €€–€€€

Essen & Trinken

Asiatisch inspirierte Küche – **Satay Bistro:** 2501 N 4th St., Tel. 208-765-2555, www.sataybistro.com, tgl. ab 16 Uhr. Moderne, leichte amerikanische Küche mit asiatischen Inspirationen wie Satay-Spiesse, Ente mit fünf Gewürzen, Hauptgerichte 20–30 $.

Südamerikanische Küche – **Café Carambola:** 610 W Hubbard St., Tel. 208 676-8784, http://cafecarambola.com, tgl. 11–15 Uhr. Das kleine, familienfreundliche Lokal ist wegen seiner guten Küche schnell überfüllt, aber für die Maistaschen *(tamale)* lohnt sich das Warten. Um 8 $.

Original griechisch – **The Olympia:** 301 E Lakeside Ave., Tel. 208-666-9495, tgl. 11–15 Uhr. Gyros 8 $.

Food-Trucks – Im Stadtgebiet sind mittags mehrere fahrbare Küchen unterwegs, gegrilltes Fleisch, Sandwiches und Burger sind preiswert und haben Qualität.

Aktiv

Stadtspaziergang – Im **Tubbs Hill Park** direkt oberhalb des Sees kann man gut spazieren gehen. Die Bäume spenden im Sommer Schatten und einige Aussichtspunkte bieten einen schönen Blick auf den See. Start am großen Parkplatz an der Fond Street.

Wandern – Der **North Idaho Centennial Trail** ist ein 37 km langer, gut ausgebauter Wanderweg, der am City Park entlang nordwestlich bis nach Post Falls führt. Man teilt sich den Weg zwar mit Bikern und Skatern, aber er ist breit genug, damit man sich nicht ins Gehege kommt.

Räder leihen – **Vertical Earth:** 2175 N Main St., Tel. 208-667-5503, www.verticalearth.com. Je nach Fahrradtyp ab 25 $ für halbe Tage, inkl. Helm.

Bootsrundfahrten – **Lake Coeur d'Alene Cruises:** Inc., Tel. 800-365-8338, www.cdare

FERIEN AUF DER RANCH

Mit einer Abfahrt vom Highway 97 kurz vor dem Dorf **Harrison** gelangt man in einer menschenleeren Landschaft auf der Blue Lake Road (ca. 8 km) zur **Red Horse Mountain Ranch.** Es handelt sich hier um eine reine Gäste-Ranch, d. h., es gibt keinerlei Viehbetrieb mehr und es fallen auch keine anderen Farmarbeiten an, vielmehr ist alles auf die Besucher abgestellt.

Reiten steht im Vordergrund auf dieser einsam gelegenen Ranch, es gibt geführte Touren, kleine Rodeos und Gelegenheit zu Ausritten. Die Angebotspalette für sportliche Freizeitgestaltung umfasst darüber hinaus auch Bogenschießen, Jagen, Bootfahren, Angeln und Mountainbiking. Den Gästen stehen rustikal ausgestattete Holzhütten *(cabins)* in verschiedenen Größen zur Verfügung sowie vier Zimmer im Haupthaus. Gern wird die Ranch von Familien mit Kindern aufgesucht.

Übernachten, Aktiv

Reiten – **Red Horse Mountain Ranch:** 11077 E Blue Lake Rd., Tel. 208-689-9110, www.redhorsemountain.com, mind. 1 Woche Aufenthalt, Mai–Juni 2250 $/Pers. Im Preis sind drei Mahlzeiten, Snacks, Getränke sowie Aktivitäten wie Reiten, Bootstouren und Angeln enthalten.

sort.com. Von der Marina am Independence Point starten Schiffe mehrmals tgl. zu 90-minütigen Touren auf dem See, Erw. 20 $.

Wassersport – **Just Add Water Sports (JAWS):** 1701 N 4th St., Tel. 208-765-8333 oder 877-510-JAWS, www.cdajaws.com, Anbieter von Speedboats; Jetski 2 Std./ 1 Pers. 130 $.

Kayak Coeur d'Alene: 307 E Locust Ave., Tel. 208-676-1533 o. 877-676-1533, www.kayakcoeurdalene.com. Leihgebühr für einen halben Tag 40 $.

Einkaufen

Lebensmittel und mehr – **Supermärkte** mit Post und Apotheke liegen am Ostende der Sherman Avenue sowie am Highway 95 entlang zwischen Emma Street und dem nördlichen Vorort Hayden Lake.

Abstecher nach Norden ▸ K/L 3/4

Von Coeur d'Alene aus bietet sich ein Abstecher in den Nordzipfel von Idaho an, der Highway 95 führt über Sandpoint bis zur kanadischen Grenze. Riesige Nadelwälder, große und kleine Seen, schöne Camping- und Angelplätze und einige wenige verschlafene Provinznester kennzeichnen diese Gegend, die überwiegend vom Tourismus und der Holzwirtschaft lebt.

Sandpoint

Leider darf man auf der Brücke (Long Bridge Hwy 95) nicht anhalten, die im Süden von Sandpoint den **Lake Pend Oreille** überquert. Der Blick auf die umliegenden Berge und die im Sonnenlicht schimmernde Wasserfläche des riesigen Sees ist bei der Zufahrt ziemlich spektakulär. Mit einer Länge von 69 km und einer Breite von 9,5 km ist der kristallklare Bergsee der größte See Idahos und einer der tiefsten Nordamerikas. Die Natur als Inspirationsquelle nutzend, haben sich viele Künstler in der Gegend niedergelassen. Maler, Bildhauer und Schmuckdesigner leben in der ca. 8000 Einwohner zählenden Kleinstadt **Sandpoint** am Lake Pend Oreille und beleben die Innenstadt mit zahlreichen **Galerien;** die meisten sind in der Cedar Bridge Mall (auch Cedar Street Bridge Public Market genannt) zu finden (Infos: www.artinsandpoint.org). Die über den Sand Creek führende Holz-

Geführte Ausritte während eines Ranchaufenthalts sind ein Reisehighlight

brücke wurde 1987 restauriert und dabei in eine Einkaufspassage umgewandelt.

Mehr für die leiblichen Genüsse bietet der **Farmers' Market,** ein Zusammenschluss lokaler Bauern, die mittwochs und samstags ihre Produke im Farmin Park Downtown verkaufen (s. S. 333).

Vintage Wheel Museum

218 Cedar St., Tel. 208-263-7173, Mo–Sa, 9.30–17.30, So 11–17 Uhr

Wer sich für Oldtimer interessiert, dessen Herz dürfte im **Vintage Wheel Museum** höher schlagen. Das Museum zeigt eine Sammlung von annähernd 50 Klassikern aus der Zeit von 1905 bis 1958. Neben den alten Fords, Cadillacs und Buicks sind auch dampfgetriebene Stanley Beamer ausgestellt, die in den 1930er-Jahren im Nordwesten verbreitet waren. Statt Benzin wird Holz verfeuert, damit Wasser erhitzt und durch den Dampf eine Turbine angetrieben.

Infos

Greater Sandpoint Visitor Center: 1202 5th Ave., Tel. 208-263-2161 oder 800-800-2106, http://visitsandpoint.com oder www.sandpoint.com.

Übernachten

Mittelklassehotel – **Best Western Edgewater Resort:** 56 Bridge St., Tel. 800-780-7234 oder 208-263-3194, http://bestwesternidaho.com. Neben der Marina und dem City Beach liegt das 54-Zimmer-Hotel. Fitnessraum, Schwimmbad und Restaurant sind vorhanden. €€€

Schlicht und modern – **Hotel Ruby Ponderay:** 477255 Highway 95 North, Tel. 208-263-5383, https://hotelrubysandpoint.com,

Günstig für eine Nacht, mit Pool, Fitness, Frühstück inkl. €€

Einfach und preiswert downtown – **The K2 Inn:** 501 N 4th Ave., Tel. 208-263-3441, über Airbnb zu buchen. Einige Zimmer mit Kitchenette, einfache Ausstattung, frisch renoviert. €€–€€€

Essen & Trinken

Moderne westamerikanische Küche – **Trinity at City Beach:** 58 Bridge St. (am See), Tel. 208-255-7558, www.trinityatcitybeach.com, So–Do 7.30–21, Fr, Sa 7.30–22 Uhr. Hauptgerichte wie Schweinefilet mit Prosciutto, Idaho-Forelle mit Pistazien-Kruste 18 $.

Steaks – **Hydra Restaurant and Steakhouse:** 115 Lake St., Tel. 208-263-7123, www.hydrasteakhouse.net. Mo ab 16, Di–So ab 11 Uhr. Großes Restaurant unweit des Sees, So Brunch, am Wochenende Livemusik. Bekannt für gute Steaks und Burger. *Prime Rib* ca. 20 $.

Einkaufen

Einkaufszentrum – **Bonner Mall:** 300 Bonner Mall Way, Tel. 208-263-4272, https://visitsandpoint.com/activity/bonner-mall. Typisch amerikanische Einkaufswelt mit einfachen Geschäften, auch Outdoor-Ausstatter, Supermarkt (So 12–17 Uhr geöffnet) und Kinocenter. Abfahrt vom Hwy 95 Richtung Schweizer Mountain Resort oder Hope.

Markt – **Farmers Market:** auf dem Farmin Park, Mi 15–17.30, Sa 9–13 Uhr, http://sandpointfarmersmarket.com.

Kunst & Kunsthandwerk – **Cedar Street Bridge Public Market:** www.cedarstreetbridge.com. Hier finden sich zahlreiche kleine Galerien und Kunsthandwerker.

Abends & Nachts

Theater – **Panida Theater:** 300 N 1st Ave., Tel. 208-263-9191, www.panida.org. Seit 1927 wird in diesem Haus im Stil einer spanischen Mission Unterhaltung angeboten, die Palette reicht von Filmfestivals über Livemusik bis zu Theateraufführungen der Highschool.

Im Schweitzer-Mountain-Skigebiet kann man sein Talent auch abseits der Pisten ausprobieren

Aktiv

Bootstouren & Wassersport – **Lake Pend Oreille Cruises:** c/o Tamarack Knoll Enterprises, 303 Pine St., Tel. 208-255-5253, www.lakependoreillecruises.com. In den Sommermonaten, von Ende Juni bis Mitte September, legt der Dampfer Shawnodese Mo–Sa um 13.30 Uhr für eine 2,5-stündige *History Lake Cruise* über den See vom City Beach Dock ab, Erw. 22 $. 13 verschiedene Touren werden im Lauf einer Woche angeboten.

Windbag Marina: City Beach, Tel. 208-263-7811, www.bortas.net/windbag2. Hier werden Segelboote vermietet, 20–60 $, je nach Bootstyp.

Termine

Musik-Festival at Sandpoint: Ende Juli/Anf. Aug. Seit 1983 findet das 10-tägige Festival statt, dann ist die Stadt voll mit Freunden von Livemusik aller Art. Die Bandbreite reicht von Klassik bis Rock, Folk fehlt natürlich nicht. Viele Events finden im Freien statt, die Zuhörer sitzen auf dem Rasen und bringen ihr Picknick mit, www.festivalatsandpoint.com.

Idaho Draft Horse & Mule International: Ende Sept oder Anf. Juli. Die 2-tägige Show auf den Bonner County Fairgrounds mit diversen Pferde- und Maultierdarbietungen lockt zahlreiche Pferdeliebhaber an, achtspännige Kutschen sieht man auch nicht jeden Tag, www.idaho drafthorseshow.com.

Schweitzer Mountain Resort ▶ K 3

www.schweitzer.com

Nur 26 km nordwestlich von Sandpoint liegt das **Wintersportgebiet Schweitzer Mountain Resort,** das sich im Sommer für Wanderungen mit Ausblicken auf den See anbietet. Der Name soll bewusst Assoziationen an die Alpen wecken – eine Maßnahme, die der Förderung des Tourismus dient und als offensive Marketingstrategie bei vielen Nordamerikanern auf positive Resonanz stößt. Im Skidorf sind nicht alle Unterkünfte im Sommer geöffnet, aber die Lifte fahren für die Mountainbiker auch dann. Die lange Skisaison dauert von November bis Ende April, dann sind 92 Trails offen. Für Langlauf stehen 32 km an Wegen zur Verfügung, Rampen für Snowboarder selbstverständlich auch. Auch auf dem Pferderücken lässt sich die Gegend gut erkunden, sieht man doch hier wesentlich mehr als zu Fuß und mit dem Auto lassen sich insbesondere die einsamen Wege nicht befahren.

Aktiv

Reiten – **Mountain Horse Adventures:** 10000 Schweitzer Mountain Rd., Tel. 208-263-8768, www.mountainhorseadventures.com. Tgl. um 9 und 13 Uhr geführte Ausritte durch die wunderschöne Waldlandschaft um das Resort herum, 2,5 Std. kosten 70 $. Helm wird gestellt, man sollte lange Hosen und feste Schuhe tragen.

Bonners Ferry ▶ L 3

Ganz im Norden von Idaho liegt der südliche Teil des **Kootenai-Indianer-Reservats,** der Highway 95 führt hindurch zur kanadischen Grenze. Bonners Ferry ist eine Kleinstadt am Highway, in der allerdings nach dem offiziellen Zensus nur 2,2 % der knapp 2700 Einwohner Indianer sind.

Infos

Visitor Center der Chamber of Commerce: am Hwy 95, Parkplatz geg. vom Kootenai River Inn, Tel. 208-267-5922, nur im Sommer geöffnet, http://bonnersferrycham ber.org.

Übernachten

Solide Kette, Casino & Spa – **Best Western Plus Kootenai River Inn:** 7169 Plaza St., Tel. 800-346-5668 oder 208-267-8511, www.koo tenairiverinn.com. 65 große Räume, mit Kühlschrank, Mikrowelle, Balkon. €€€

Aktiv

Spielcasino – Das Casino des Kootenai River Inn (s. o.) wird gern von Kanadiern besucht, an Wochenenden kommen ganze Familien.

Auf dem Weg ins Silver Valley ▶ K/ L 4

Die Interstate 90 führt direkt von Coeur d'Alene nach Kellogg und Wallace und dann über die Grenze nach Montana. Ein 2- bis 3-stündiger Abstecher auf den Scenic Byways Lake Coeur d'Alene (Hwy 97) und White Pine (ein Teilstück) lohnt sich wegen der abwechslungsreichen Fahrt am See entlang und anschließend durch die Hochebene bis zur alten Missionskirche Cataldo, die wieder direkt neben der Interstate liegt. Der **Lake Coeur d'Alene Scenic Byway** bis südlich von Harrison zeigt die vielen kleinen Buchten des **Lake Coeur d'Alene,** in denen oft winzige Marinas liegen, denn der erste Teil auf dem Hwy 97 verläuft direkt oberhalb des Seeufers.

Ein paar Scheunen und Gehöfte sind auf dem durch Indianerland (www.cdatribe-nsn.gov) führenden Hwy 3 zu sehen, dem nördlichen Teil des **White Pine Scenic Byway.** Er passiert viele kleine Seen und Tümpel, die von Wasservögeln bevölkert sind.

Wolf Lodge Bay und Umgebung

In der Wolf Lodge Bay am Ostufer des Lake Coeur d'Alene überwintert das Wappentier der USA, der Weißkopfseeadler *(bald eagle).* Dort finden die großen Vögel genügend Nahrung, weil in der Bucht die Kokanee-Lachse laichen. Mehrere Beobachtungspunkte für Wildlife Viewing entlang der Bucht (Ausfahrt auf dem Hwy 97) laden zum Verweilen ein – ein wenig Geduld ist aber mitzubringen. Im Sommer ist die Gegend ein guter Spot, um Fischadler zu sehen.

Gut 1 km weiter liegt links der Beginn *(trailhead)* des **Mineral Ridge Trail,** ein etwas mehr als 3 km langer Wanderweg den Berg hinauf. Vom Scenic Viewpoint oben hat man einen fantastischen Blick über die Bucht und gute Chancen, die majestätischen Vögel zu beobachten; ein Fernglas ist empfehlenswert.

Cataldo Mission ▶ L 4

http://parksandrecreation.idaho.gov/parks/coeur-d-alenes-old-mission, Kirche und zugehöriges Interpretive Center: tgl. 9–17 Uhr; man bezahlt eine Gebühr fürs Auto von 7 $

Einsam überragt die Kirche **Cataldo Mission of the Sacred Heart** die sanft geschwungene Hügellandschaft und die Interstate 90, an deren Ausfahrt 39 die kurze Zufahrt liegt. Die Jesuiten haben gemeinsam mit Indianern 1853 dieses Holzgebäude errichtet. Bei dem Bau wurde kein einziger Nagel verwendet, sondern alles ineinandergesteckt und mit Holz verdübelt. Nach griechischem Vorbild umrahmen Säulen den Eingang des Gotteshauses. Das Innere beeindruckt durch die dekorativen Elemente, die noch aus der Ursprungszeit stammen. Selbst der Altar ist aus Holz, wirkt aber wie aus Marmor. Das Wohnhaus und die Kirche sind Kernstücke des State Historic Park – sie sind die ältesten Gebäude in Idaho.

Silver Valley ▶ L 4

Die **Sunshine Mine** im **Silver Valley** kann als amerikanische Legende bezeichnet werden. Zwischen 1884 und der Schließung 2001 förderte die Mine über 360 Mio. Unzen Silber und ist damit unerreicht. Seit den 1880er-Jahren wird in den Bergen um Kellogg, Murray und Wallace gegraben, gesprengt und gehackt, um dem Boden seine Schätze zu entreißen. Gold, Silber, Blei und Zink machten die Minenbesitzer reich und verhalfen den Orten jahrzehntelang zu einer Blüte. Inzwischen ist die Förderung stark rückläufig, doch haben die Menschen mit den verseuchten Böden und dem nicht minder verunreinigten Wasser noch heute das Erbe dieser wirtschaftlichen Entwicklung zu tragen. 1972 ereignete sich dort das größte Minenunglück der USA, ein Denkmal kurz hinter Kellog erinnert daran.

Kellogg und Umgebung

Kellogg hat ein kleines Minenmuseum zu bieten, das **Shoshone County Mining & Smelting Museum** (820 W McKinley Avenue, https://miningandsmeltingmuseum.com, nur im Sommer 10–17 Uhr) und versucht darüber hinaus, mit einer Art Alpenromantik für Touristen ganzjährig attraktiv zu werden.

Am **Kellogg Peak** und am **Silver Mountain** ist ein neues **Skigebiet** entstanden, zu dem eine der längsten Seilbahnen der Welt (fast 5 km) die Gäste in 20 Minuten bringt. Im Sommer sind viele Mountainbiker auf den Pisten unterwegs, was das Wandern mitunter etwas anstrengend machen kann, denn sie nehmen leider nicht immer gebührend Rücksicht.

Übernachten

Mit großem Angebot – **Silver Mountain Resort:** Morning Star Lodge, 610 Bunker Ave., Tel. 877-230-2193, www.silvermt.com. Viele Aktivitäten. €€

Essen & Trinken

Einfach – **Sweet's Café & Lounge:** 310 6th St., Tel. 208-556-4661, tgl. 8–21 Uhr. Zum Lunch gibt es im Restaurant Sandwiches und Burger. Um 8 $.

Aktiv

Seilbahnfahrt und Wandern – **Silver Mountain:** Gondelfahrt im Sommer nur am Wochenende, Fr 14–20, Sa 9.30–17, So 9.30–16 Uhr, Erw. 19 $, Jugendl. (4–17 J.) 15 $.

Ski- und Snowboardfahren – **Silver Mountain Sports:** im Gondola Village, Verleih von Equipment für Erwachsene, Tel. 208-783-1517, www.silvermt.com, 35 $/Tag.

Wallace und Umgebung

Stolz verkünden die Prospekte, dass **Wallace** komplett unter Denkmalschutz und auf der Liste des National Historic Register steht. Damit die Interstate nicht durch das Tal geführt und die alten Häuser abgerissen wurden, setzte sich in den 1970er-Jahren eine Initiative für deren Schutz ein. Allerdings scheint das Geld zu fehlen, um das nun teilweise unter der Schnellstraße liegende Städtchen auch entsprechend herzurichten. Alles wirkt ein wenig vernachlässigt, es fehlt an frischer Farbe und an einladenden Cafés oder Restaurants.

Würden Kutschen statt der Autos durch die Straßen fahren, wäre der Eindruck vom Westen der 1880er-Jahre fast perfekt. Allerdings hatte im August 1910 ein riesiger Waldbrand die meisten Gebäude zerstört oder stark beschädigt, sodass man heute die wiederhergestellten Häuser aus dieser Zeit vor sich hat. In dem von dichten Wäldern umgebenen Tal wurde 1860 Gold gefunden, was die Ansiedlung rasch wachsen ließ. Als sich die Goldvorkommen erschöpften, avancierte Wallace als Ort mit Eisenbahnanschluss zum Warenumschlagplatz für die anderen Minendörfer.

Heute versucht Wallace ebenso wie Kellogg mithilfe von Touristen zu überleben. Im Sommer werden zahlreiche **Besichtigungstouren in die Minen** der Umgebung angeboten (s. S. 337), ein alter Trolleywagen fährt durch die Gegend, und das **Ski- und Wandergebiet** des benachbarten **Lookout-Passes** zieht viele Ausflügler an. Zudem bieten drei kleine **Museen** Anschauungsmaterial aus vergangenen Zeiten.

Northern Pacific Depot Railroad Museum

219 6th St., Tel. 208-752-0111, www.npdepot.org, April–Okt. . 9–17 Uhr, Erw. 3,50 $

Ursprünglich stand das Ziegelgebäude von 1902 auf der Nordseite des Flusses und war der Bahnhof der Stadt. Die Eisenbahnszenen des Films »Heavens Gate« (1980) wurden hier gedreht, Fotos der Filmaufnahmen sind ausgestellt. Zudem finden sich eine Wartehalle und ein Kartenschalter im Stil der vorigen Jahrhundertwende in dem kleinen Museum.

Oasis Bordello Museum

605 Cedar St., Tel. 208-753-0801, April–30. Okt. tgl. 9.30–17.30 Uhr, Erw. 5 $

Illegales Glücksspiel und Prostitution waren in Wallace mehr als 100 Jahre lang üblich; im horizontalen Gewerbe wurde viel Geld verdient und einiges davon soll in die Unterstützung der Schule geflossen sein. Dieser Vergangenheit huldigt das winzige **Oasis Bordello Museum,** zumindest die Dekorationen sind noch originalgetreu.

Wallace District Mining Museum

509 Bank St., Tel. 208-556-1592, www.wallaceminingmuseum.com, Fr–Mo 9–15 Uhr, Erw. 2 $

Das **Wallace District Mining Museum** wiederum mutet zwar mehr wie ein Sammellager alter Werkzeuge an, aber man kann wirklich alte und im Alltag der Minenarbeiter benutzte Werkzeuge entdecken. Ein Film über die damaligen Arbeitsbedingungen rundet diese Ausstellung ab, empfohlen für geduldige, an Details interessierte Besucher.

Hiawatha Bike Trail

Zufahrt nach Roland über die Raney Creek Road, Exit 5 von der Interstate 90 in Montana; von Pearson und von Roland aus gibt es einen Shuttlebus zum Trail; www.ridethehiawatha.com, Gebühr für die Nutzung des Trails, Erw. 10 $, Radverleih ist online zu buchen

Der **Hiawatha Bike Trail** folgt dem ehemaligen Verlauf der Milwaukee-Eisenbahn durch

Gold- und Silberminen machten Wallace einst wohlhabend, heute zehrt das Städtchen von seiner arbeitsintensiven Vergangenheit

die **Bitterroot Mountains.** Gut 24 km sind zwischen den winzigen Ansiedlungen **Roland** und **Pearson** fahrradgerecht ausgebaut worden, dabei führt die Strecke über sieben die tiefen Täler überspannende hölzerne Brücken und durch zehn Tunnel. Vom höher gelegenen Pearson aus ist es eine angenehme Abfahrt mit spektakulären Ausblicken, die den Ausflug auf diesem Trail lohnenswert machen.

Infos

Historic Wallace Chamber of Commerce: 10 River St., Tel. 208-753-7151 oder 800-434-4204, www.wallaceid.fun.

Übernachten

Guter Standard – **Wallace Inn:** 100 Front St., Tel. 208-752-1252, www.thewallaceinn.com. 59 große Zimmer; das Hotel bietet einen Indoor-Pool, einen Fitnessbereich und ein einfaches Restaurant. €€

Aktiv

Minenbesichtigung – **Sierra Silver Mine Tour:** 420 5th St., Tel. 208-752-5151, www.silverminetour.org, Juni–Aug. 10–16 Uhr, alle 30 Min., Erw. 15 $, Kin. 4–16 J. 9 $, die geführte Tour dauert 75 Min. Das Tragen einer Jacke bei der Tour ist sehr zu empfehlen, denn in der Mine ist es kühl.

Skifahren und Wandern – **Lookout Pass Ski and Recreation:** Mullan (an der Interstate 90), Tel. 208-744-1301, www.skilookout.com, Lifttickets ganzer Tag: Mo–Sa 39 $, Kinder/Jugendliche 7–17 J. 28 $, Sa, So 42 $ bzw. 28 $, Kinder bis 6 J. frei; nur bis Mitte April (je nach Schnee). Verleih über Ski School Sports Desk, Tel. 208-744-1301/-15, Skier für Erw. 30 $/Tag.

Seilrutsche – **Silver Streak Zipline Tours:** Büro 523 Cedar St., Tel. 208-556-1690, https://svrgas.com. 3 verschiedene Tourpakete, die längste mit 6 Lines für 115 $, sonst 80 $.

Idahos Mitte

Wilde Flüsse wie Snake, Salmon, Clearwater und Payette River haben tiefe Schluchten in die Ausläufer der Rocky Mountains gegraben, heute bieten sie die abenteuerlichsten Touren für Whitewater-Rafting. Besonders herausfordernd ist der Hells Canyon: Über 2000 m ragen seine steilen Felsen in die Höhe. Die ruhigeren Abschnitte sind Paradiese fürs Fliegenfischen, sanfter eingebettet liegt der malerische Lake Payette.

Nur sehr wenige Straßen führen von Westen nach Osten durch die Mitte Idahos. Die Gebirge der Rocky Mountains sind nach wie vor unzugänglich und damit weitgehend unberührt von jeglicher Zivilisation. Mit den vier ausgewiesenen Wildnisgebieten Hells Canyon, Selway-Bitterroot, Frank Church-River of no Return und Gospel Hump Wilderness bieten die Regionen in der Mitte Idahos über 40 000 km² an unverfälschter Natur mit einer unvergleichlichen Vielfalt an Flora und Fauna.

Die im Auftrag von Präsident Jefferson das Land erkundenden Offiziere Meriwether Lewis und William Clark waren 1806/07 in dieser Wildnis unterwegs und mussten auf ihrer Suche nach einer Nordwest-Passage an den Pazifik immer wieder den gewaltigen Strömen Respekt zollen. Dem sogenannten River of no Return, dem **Salmon River,** wurde mit dem gleichnamigen Film ein Denkmal gesetzt. Seine Stromschnellen sind heute eine Herausforderung für diejenigen, die sich im Schlauchboot aufs Wasser wagen.

Orientierung und Planung

Die tiefste Schlucht Nordamerikas, der **Hells Canyon,** bildet gleichzeitig die Grenze zwischen den Bundesstaaten Washington, Oregon und Idaho. Touristisch ist er allerdings besser von Idaho aus erschlossen, Zufahrten auf dem Snake River erfolgen von Lewiston und Pittsburg Landing in Idaho; man kann aber auch aus dem benachbarten Clarkston auf der Washingtoner Seite des Flusses anreisen.

Die schnellste Verbindung nach Lewiston und zum Hells Canyon ist der Highway 95, der durch die **Palouse-Region** nach Süden führt. Die hügelige Landschaft wird intensiv bebaut, Getreide, Erbsen und Linsen sind hier die wichtigsten Produkte. Landschaftlich interessanter ist der Weg über den Highway 97 am Lake Coeur d'Alene entlang (s. S. 326), dann via den Highway 3 nach St. Maries und anschließend Weiterfahrt auf Highway 3 und Highway 6; Letzterer mündet kurz vor Moscow auf den Highway 95. Diese Strecke wird als **White Pine Scenic Byway** bezeichnet (https://visitidaho.org/> White Pine Scenic Byway). Die Giant White Pine, eine mehr als 400 Jahre alte und 59 m hohe Kiefer, steht am **White Pine Recreation Trail** vor Harvard ein Stück vom Highway 6 entfernt. Sie gehört zu den lichten Kiefernwäldern, die hier als Namensgeber wirkten.

Moscow ▶K 6

Inmitten der nahezu menschenleeren Landschaft wurde 1889 die staatliche Universität von Idaho, die **University of Idaho,** gegründet, inzwischen sind mehr als 40 % der 23 000 Einwohner Studenten. So ist Moscow eine lebendige Mischung aus Farmern und Agrarhändlern, Studierenden und Lehrenden. Insgesamt wirkt die Kleinstadt recht umtriebig, zahlreiche Coffeeshops, Brauereien, Buchhandlungen und kleine Geschäfte zeugen von den Interessen insbesondere auch der vielen Studenten. Die Universität ist zudem der größte Arbeitgeber des Orts.

Ende Februar ist es besonders voll in Moscow, dann findet seit 1967 das **Lionel Hampton International Jazz Festival** statt (s. S. 340). Mit Künstlern wie Jeff Coffin, Lionel Hampton Big Band sowie Aufführungen der Studenten zieht das Festival viele Besucher auch von weit her an.

In den warmen Jahreszeiten laden die vielen City Parks zum Spazierengehen und zu sportlichen Aktivitäten ein, Picknickplätze sind auch reichlich vorhanden, sodass man mit seinem Lunchpaket z. B. im **Mountain View Park** (Mountain View Road) den Soft- oder den Volleyballspielern zusehen kann.

University of Idaho

645 W Pullman Hwy, www.uidaho.edu

Der **Campus** liegt auf einem Hügel im Westen der Stadt und bietet mit seinen vielen verschiedenen architektonischen Stilen – von viktorianisch über neogotisch bis modern – einen interessanten Anblick. Die Universität wurde 1889 gegründet. Neben Gebäuden gibt es auch Bäume zu bewundern, das **Arboretum** und der **Botanical Garden** gehören ebenfalls zur Hochschule. Am North Campus Center kann man Parkscheine bekommen, sonst zahlt man an den Parkuhren, um auf das Unigelände zu gelangen.

Fort Russel Historic District

Der **Fort Russel Historic District,** eine Ansammlung von beeindruckenden Villen aus dem späten 19. Jh., befindet sich im Osten der Stadt. 1871 kamen die ersten Siedler in die Gegend und nannten ihre neue Heimat Hog Heaven, weil hier ihre Hausschweine *(hogs)* mit der Jochblume eine beliebte Nahrung fanden. Schon im Jahr darauf tauschte man diesen wenig ansprechenden Namen gegen Paradise Valley aus, aber der Fama nach soll ein aus Moscow in Pennsylvania stammender Postbote, der auch in Moscow in Iowa gelebt hatte, 1875 den Namen einfach in die offiziellen Unterlagen zur Stadtgründung eingetragen haben. Jedenfalls gibt es in den Annalen der Stadt keinerlei Bezug zur russischen Hauptstadt, doch Witze werden über das Moskau des Westens allerorten in der Stadt gerne gerissen.

McConnel Mansion

110 S Adams St., Tel. 208-882-1004, www.latahcountyhistoricalsociety.org, Di–Sa 13–16 Uhr, Spenden willkommen

Das imposante **McConnel Mansion** in diesem Stadtteil ist ein schönes Beispiel für die Fantasie der damaligen Architekten. 1886 ließ sich der spätere dritte Gouverneur von Idaho William McConnel dieses viktorianisch-neugotische Gebäude errichten, heute ist es ein Museum. Die ehemaligen Wohnräume sind in den unterschiedlichen Stilen der Zeit seit der Erbauung eingerichtet, interessant ist u. a. die Küche aus den 1930er-Jahren.

Infos

Moscow Chamber of Commerce: 411 S Main St., Suite 1, Tel. 208-882-1800, https://visitmiscowid.com, Mo–Fr 9–17 Uhr.

Übernachten

Die wenigen Hotels der Stadt sind auf zwei Gebiete verteilt: Die älteren finden sich entlang der Main Street nahe der Stadtmitte, die neueren Kettenhotels wurden in der Umgebung der Universität entlang der Pullman Road (Hwy 8) errichtet. Reservierungen sind hier in jedem Fall empfehlenswert, denn Veranstaltungen an der Idaho University oder der benachbarten Washington State University in Pullman lassen freie Zimmer rasch schwinden (vorlesungsfreie Zeit Juli–Anfang Sept.).

Moderne Kette – **Fairfield Inn & Suites:** 1000 West Pullman Rd., Tel. 208-882-4600, www.marriott.com/hotels/travel/puwfi-fairfield-inn-and-suites-moscow. Helle, geräumige und modern eingerichtete Zimmer, Haustiere erlaubt. €€

Einfache Kette – **La Quinta Inn:** 185 Warbonnet Dr., Tel. 208-882-5365, www.LQ.com. Kettenhotel mit 84 Zimmern, Internetzugang, Schwimmbad, Fitnessraum und Waschmaschine. Preis inkl. Frühstück. €€

Mittelklassehotel – **Best Western Plus University Inn:** 1516 W Pullman Rd., Tel. 208-882-0550, www.uinnmoscow.com. Das Hotel hat 173 geräumige Zimmer mit Mikrowelle, Kühlschrank, Internetzugang sowie zwei Restaurants. €€

Essen & Trinken

Spanischer Einschlag – **Sangria Grille:** West 2124 Pullman Road (bei der Palouse Mall), Tel. 208-882-2693, www.sangriagrille.com, Mo–Fr 17–22, Sa u. So 12–22 Uhr. Die ganze Palette von Rind bis Fisch wird aufgetischt, frische Zutaten garantiert. Burger um 10 $, Steaks, Lamm, Ribs 15–26 $.

Regionale amerikanische Küche – **Nectar Restaurant & Wine Bar:** 105 W 6th St., Tel. 208-882-5914, www.moscownectar.com, Mo-Sa 16-22 Uhr. Filet Burger 12 $, Hackbraten 18 $.

Italienische Küche – **Gambino's Italian Restaurant**: 308 West 6th St., Tel. 208-882-9000, www.gambinosmoscow.com, Mo–Fr 15–21, So 12–21 Uhr. Die Pizza von 16" (40 cm) schafft man selbst zu zweit kaum; wenn sie dann noch mit Sauerkraut und Hackbällchen belegt ist, wird leicht eine vierköpfige Familie satt. Pizza ab 9 $, Sandwiches, Salate, Pasta 12 $.

Frühstücken – **The Breakfast Club:** 501 S Main St., Tel. 208-882-6481, www.thebreakfastclubmoscow.com, tgl. 7–14 Uhr, an Wochenenden kann es Warteschlangen geben. Opulentes Frühstück, u. a. mit *Stuffed Huckleberry French toast*. Um 5 $.

Einkaufen

Bücher – **Bookpeople of Moscow:** 521 S Main St., Tel. 208-882-7957, www.bookpeopleofmoscow.com, tgl. 9–20 Uhr. Ganz individuelle kleine Buchhandlung zum Stöbern, auf jeden Fall wird man angesprochen und nach seinen Wünschen/Interessen gefragt.

Abends & Nachts

Brauereikneipe – **The Alehouse:** 226 W 6th St., Tel. 208-882-2739, www.moscowalehouse.com, tgl. ab 11 Uhr. Neben einer großen Auswahl an Bieren gibt es auch Hamburger und Sandwiches. Um 8 $.

Termin

Lionel Hampton International Jazz Festival: April. Idaho Ticket Office, Tel. 208-885-7212, Tickets 20–30 $, Vorverkauf ab November, www.uidaho.edu/jazzfest.

Abstecher nach Osten ▸ K/L 6

Elk River

Von Moscow führt der Highway 8 über die Ansiedlungen Troy, Deary, Bovill nach **Elk River** (ca. 82 km). Die kleine Ortschaft beheimatete einst das größte elektrisch betriebene Holzsägewerk, deshalb wurde auch die Eisenbahn dorthin ausgebaut. Heute leben noch knapp 200 Menschen hier, die sich vorwiegend der Jagd und dem Fischfang widmen. Die Gegend ist übrigens bekannt wegen ihrer wild wachsenden Blaubeeren, die von dort in die Städte verkauft werden.

Elk River Backcountry Byway

Entlang der aufgegebenen Eisenbahntrasse ist der **Elk River Backcountry Byway** eine sehr kurvige Straße bis nach Orofino (72 km). Ab und an begegnet man einem anderen Auto, ansonsten sind die Chancen größer, Hirsche, Bergziegen, Bären oder wild lebende Rinder zu treffen. Besonders schön ist die Brücke über das **Dworshak Reservoir.** Es ist eine Strecke abseits von jeglichen Touristenpfaden, über weite Teile so ursprünglich und naturbelassen wie in der Zeit, als die ersten Siedler in dieser Gegend auftauchten (www.visitidaho.org > Elk River Backcountry Byway).

Elk Creek Falls

Nahe **Elk Creek Falls** lebten um 1900 einige Siedler. Heute führt ein Wanderweg auf der ehemaligen Planwagenstraße zu den pittoresken Wasserfällen, die sich dreistufig ihren Weg durch das Lavagestein gesucht haben. Am **North Fork Clearwater River** gibt es einen einfachen Campingplatz und in Elk River eine einfache Lodge.

Übernachten

Einfaches Gästehaus – **Elk River Lodge:** 201 S Main St., Elk River, Tel. 208-826-3299, www.elkriverlodge.org. 7 einfache Zimmer ohne eigenes Bad, Gemeinschaftsküche mit Kühlschrank und Mikrowelle. Daneben gibt es auch Plätze für RVs, ca. 20 $/Tag. €

Lewiston ▶ K 6

Karte: S. 344

Wenn man sich von Norden auf dem Highway 95 der Stadt **Lewiston** **1** nähert und der vielen Kurven auf dem letzten Stück müde ist, sollte unbedingt ein Stopp kurz vor der Abfahrt ins Tal eingelegt werden. Von dem Nebenweg aus hat man einen spektakulären Blick hinunter auf die Stadt und die Einmündung des Clearwater in den Snake River und ganz in der Ferne lässt sich der Einschnitt in die Berge des Hells Canyon erahnen. Lewiston ist eine Industriestadt mit einem wichtigen Binnenhafen, von dem aus Getreide und Holz über den Snake und den Columbia River nach Portland verschifft werden.

Die einzige wirkliche touristische Attraktion der Stadt sind die Jetbootfahrten auf dem Snake River in den Hells Canyon hinein, die vom Lewiston Seaport aus starten. Selbst das kleine Zentrum der Stadt ist nicht sehr einladend und zudem wehen oft die nicht gut riechenden Abgase der Holzfabrik über die Stadt. Lewiston liegt nur 224 m über dem Meeresspiegel und ist damit die tiefste Stelle in ganz Idaho, was zumindest zu milden Wintern beiträgt.

Infos

Beautiful Downtown Lewiston: 301 Main St., Tel. 208-790-1148, http://beautifuldowntownlewiston.com.

Hinweise zu Aktivitäten in der Region: Lewis Clark Valley Chamber of Commerce, 825 6th St., Clarkston, Tel. 509-758-7712, www.lcvalleychamber.org oder https://visitlcvalley.com mit ausführlicheren Tipps.

Übernachten

Für einen kurzen Aufenthalt kann es sich lohnen, ins benachbarte Clarkston (WA) auf der westlichen Seite des Flusses auszuweichen; dort finden sich ein Best Western und ein Quality Inn & Suites Hotel. Ebenfalls eine Alternative zu den wenigen Unterkünften in Lewiston ist das Clearwater River Casino und Resort wenige Kilometer östlich von Lewiston im Reservat der Nez-Percé-Indianer.

Gehobene Kette – **Hells Canyon Grand Hotel:** 621 21st St., Tel. 208-799-1000, www.hellscanyongrandhotel.com. Das Hotel wurde kürzlich modernisiert und bietet jetzt 146 geräumige Zimmer und Suiten an. Mikrowelle, Kühlschrank und Frühstück. €€

Blick auf die Stadt – **Holiday Inn Express:** 2425 Nez Perce Dr., Tel. 208-750-1600, www.hiexpress.com. In der Nähe des einzigen großen und überdachten Einkaufszentrums der Stadt (Lewiston Center Mall, 1810 19th Ave.) liegt das Hotel ein Stück oberhalb der Stadtmitte. 104 Zimmer; Fitnessraum, Innenpool, Waschmaschinen. €€€

... ca. 5 km östl. von Lewiston:

Preiswertes Hotel mit Casino – **Clearwater River Casino und Resort:** 17500 Nez Perce Rd./Hwy 12, Tel. 208-298-1400, http://crcasino.com/lodgehotel. Neben dem 50-Zimmer-Hotel gibt es auch einen Camping- und einen RV-Platz. €–€€

... in Clarkston (ca. 2 km westl. von Lewiston):

Gepflegter Standard – **Quality Inn & Suites Conference Center:** 700 Port Dr., Tel. 509-758-9500, www.qualityinnclarkston.com, nur für Erwachsene ab 19 J., Zimmer mit Mikrowelle, Kühlschrank und Internetzugang ausgestattet; Restaurant, Außenpool und Fitnessbereich. €€€

Solide – **Best Western Plus The Inn at Hells Canyon:** 1395 Bridge St., Tel. 509-295-8215, www.bestwesternwashington.com. Geräumige Zimmer mit Kühlschrank, Mikrowelle, Internetzugang und Außenpool. Preis inkl. Frühstück. €€€

Essen & Trinken

Gut für Steaks & Prime Rib – **Bojack's Broiler Pit:** 311 Main St., Tel. 208-746-9532, Mo–Sa ab 17 Uhr. Einheimische essen hier gern Steaks. Um 15 $. Dazu gehört eine Bar, Eintritt erst ab 21 J.

Aktiv

Bootstouren in den Hells Canyon – **Snake River Adventures:** 4832 Hells Gate Rd., Lewiston (Büro u. Abfahrt), Tel. 208-746-6276 oder 800-262-8874, www.snakeriveradventures.com. In Lewiston an der Hells Gate State Park Marina, 4832 Hells Gate Rd. startet die 9,5-stündige Tour, bei Beamers Heller Bar wird umgestiegen in andere Boote, 206 $/Pers. inkl. Verpflegung. Preiswerter sind jedoch Halbtagestouren ab Lewiston, Erw. 128,75 $/6 Std. Von Pittsburg Landing gibt es eine Jetboottour nach Hat Creek mit sich anschließendem Rafting über 32 km in die Schlucht und zurück, Tagestour mit Verpflegung 226 $ (keine Kinder unter 12 J.). Die Familie betreibt auch die Garden Creek Creek Ranch am Snake River. Alle Touren im Sommer am besten online reservieren.
Riverquest Excursions: 4832 Hells Gate Rd., Tel. 800-589-1129 oder 208-746-8060, www.riveruestexcursions.com. Tagestour 9,5 Std. ab 8 Uhr, Erw. 206 $ inkl. Verpflegung.
Angeln – **Riverquest Excursions:** (Adresse s. o.). Barsch- und Störangeln, Tagesausflug pro Boot 900 $, mind. 4 Pers.

... in Clarkston (WA):

Bootstouren in den Canyon – **Beamers Hells Canyon Tours:** 1451 Bridge St., Tel. 800-522-6966 oder 509-758-4800, www.hellscanyontours.com. Eine Tagestour (8–18 Uhr) kostet inkl. Verpflegung und Getränken pro Person 219 $, eine 5-Std.-Tour für Erw. 135 $. In der Copper Creek Lodge werden rustikale Hütten angeboten, Preis am besten mit Jet-Boots-Tour verknüpfen. Von Beamers Heller Bar starten Bootstouren, außerdem gibt es einen Kajakverleih, ab 43 $/Pers., Ermäßigungen für ADAC-Mitglieder auf alle Touren.

Termin

Rodeo – Lewiston Round-Up: Anf. Sept. 5-tägiges Rodeo mit allem, was dazugehört: Pferde- und Bullenzuritten, Kälbereinfang, Rinder- und Pferdeschau sowie diversen Tanzvorführungen. Lewiston Round-Up Association, 2100 Tammany Creek Rd., Tel. 208-746-6324, https://lewistonroundup.com, Tickets 15–21 $.

Hells Canyon

▶ K 7/8

Karte: S. 344

Immer steiler und enger werden die Felsen rechts und links vom Snake River, je näher man dem **Hells Canyon** von Lewiston oder Clarkston aus kommt. Kaum bewachsen, schimmert das Gestein je nach Tageszeit in unterschiedlichen Gelb-, Rot- oder Brauntönen, nur im Frühjahr setzen Blumen und kleine Sträucher farbige Akzente in die zerklüfteten Felsen. Am Dreiländereck Idaho, Oregon und Washington hat der Snake River die tiefste Schlucht der USA gegraben: Der Hells Canyon ist mit 2436 m tiefer als der Grand Canyon in Arizona. Das Gebiet von der Cache Creek Ranch im Norden bis zum Oxbow Dam im Süden ist als **Hells Canyon National Recreation Area** ausgewiesen und umfasst 2640 km² Fläche, davon sind 870 km² ursprüngliche, teils raue Natur, die als *wilderness* noch mal besonders geschützt werden. Es ist ein Paradies für jeden, der in Ruhe wandern oder reiten möchte, und eine Hochburg des Wildwasser-Raftings; auf fast allen Zuflüssen des Snake River sind im Sommer Touren möglich.

Drei Staudämme am Snake River werden zur Energiegewinnung genutzt. Der **Hells Canyon Dam** liegt als dritter flussabwärts am südlichen Rand des Schutzgebietes, ab dort fließt der Strom als Wildwasser stark mäandernd bis nach Lewiston. Die **Seven Devil Mountains** stehen östlich von der 16 km langen Schlucht, dem eigentlichen Hells Canyon, und prägen das Gebiet mit ihren bis zu

Der Hells Canyon vor der Kulisse der Seven Devils Mountains

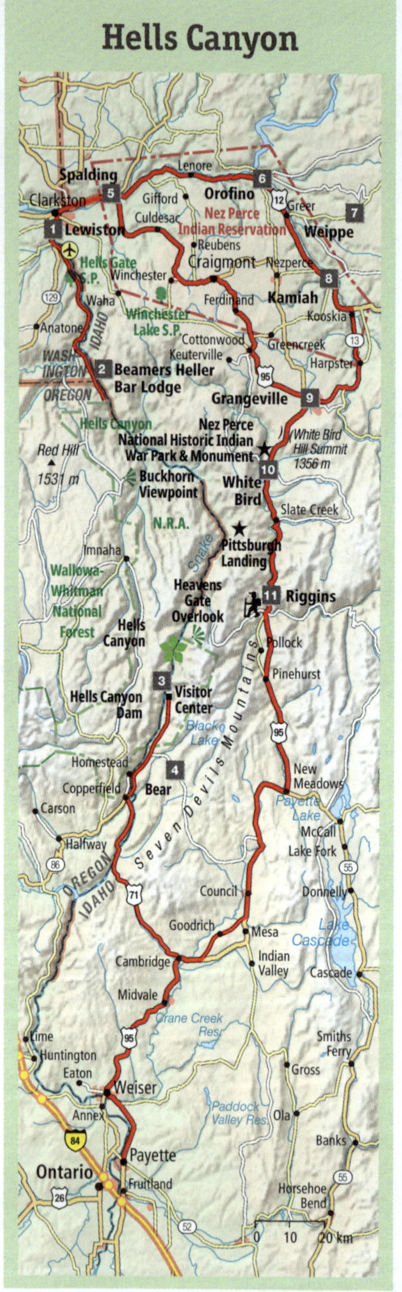

3000 m hohen Gipfeln, die bis weit in den Sommer hinein schneebedeckt bleiben.

Planung

Insgesamt 63 kleinere und größere **Campingplätze** sind auf beiden Seiten der Schlucht ausgewiesen sowie eine noch größere Zahl von **Picknickstellen** und **Aussichtspunkten.** Die Gegend ist touristisch erschlossen, aber nicht so perfekt ausgebaut wie z. B. der Yellowstone N. P. Alles wirkt noch ursprünglicher, manche Wege sind nicht asphaltiert, Schilder sind oft nicht da, wo man sie erwartet.

Das eindrucksvollste Erlebnis für die Besucher sind die Touren mit den flachen **Jetbooten** in und durch den Canyon. Man kann von Lewiston aus starten, dann dauert die Fahrt bis zum Hells Canyon Dam gut sechs Stunden und es sind 274 km zurückzulegen. Kürzer sind die Fahrten vom Dam ab, sie dauern nur drei Stunden und werden um die Mittagszeit angeboten, weil dann die tiefe Schlucht am meisten Licht bekommt.

Der Snake River ist ein sehr wildes Gewässer. Nach den **Rafting**-Schwierigkeitskategorien gehört das Stück zwischen dem Damm und Pittsburg Landing zur Klasse IV. Aber auch **Angler** können hier auf ihre Kosten kommen, denn der Snake oder der in ihn mündende Imnaha River sind fischreiche Gewässer. Zahlreiche Anbieter offerieren kürzere oder längere Ausflüge. **Fliegenfischen** ist auch hier eine sehr beliebte Sportart; daher lassen sich immer wieder bis zum Bauch im Wasser stehende Männer (selten Frauen) beobachten, die nur ab und an die Angelrute oder die im Wasser liegende Schnur bewegen.

Für Reisende mit wenig Zeit ist eine **Fahrt am Ufer des Snake River** zu empfehlen. Von Clarkston führt Hwy 129 nach Asotin, wo die County Road 209 (Snake River Road) beginnt. Sie ist direkt am Fluss entlang gebaut und bietet immer wieder Halteplätze und Aussichtspunkte bis zu **Beamers Heller Bar Lodge** 2 (ca. 46 km). Die Straße ist aber nicht vollständig geteert und die lockeren Steine zwingen stellenweise zum langsamen Fahren.

Hells Canyon Dam ▶K 8

Karte: links

Zum **Hells Canyon Dam** 3 mit einem kleinen Visitor Center (nur im Sommer geöffnet) gelangt man von Lewiston auf folgendem Weg: Highway 95 nach Süden bis Cambridge, dann Highway 71 bis zum Oxbow Dam und dann die Snake River Road bis zum Staudamm, das sind insgesamt 420 km, für die auf zum Teil engen und kurvigen Straßen gut 5 Std. einkalkuliert werden sollten. Für einen Tagesausflug ist es empfehlenswerter, in Boise (s. S. 353) zu übernachten und von dort zu starten, dann sind es ca. 274 km. Die Snake River Road ist auf der östlichen Seite auch als **Hells Canyon Scenic Byway** (www.visitidaho.org > Hells Canyon Scenic Byway) ausgewiesen, eine schmale, zweispurige Straße am Fluss entlang, auf der man immer wieder anhalten und z. B. die Piktogramme und Petroglyphen der Indianer studieren kann. Auf dem Weg nach Cambridge gibt es einige schöne Aussichtspunkte und Einstiege in die zahlreichen Wanderwege in der Recreation Area. Dazu gehört **Pittsburg Landing** am Ende der Forest Road 493 (geht bei White Bird vom Hwy 95 ab).

Hier beginnt der **Snake River National Recreation Trail,** der am Fluss entlang führt; man kann dort campen (28 Plätze, 8 $/ Nacht), reiten und fischen. Zur **Kirkwood Historic Ranch** mit einem kleinen Museum zur Geologie des Canyons gelangt man von Lucile am Highway 95 auf der Straße 242 bis zu einer Stelle, wo man das Auto abstellen kann, dann muss man noch ein Stück laufen, die Ranch liegt am Wasser.

Heavens Gate Overlook ist ein Muss in dieser Gegend: Von hier gibt es einen fantastischen Blick auf die Seven Devil Mountains und in den Canyon hinein. Nur von Juli bis September ist der Zeltplatz dort geöffnet, die Straße 517 von **Riggins** (am Hwy 95) führt hinauf. Für RVs ist dieser Anstieg nicht geeignet, der Weg ist nach der Durchfahrt durch einige Ranchen nicht mehr geteert. Von **Council** (am Hwy 95) kann man im Sommer auch zum **Hells Canyon Park** fahren, die extrem kurvige Forststraße 002 führt über Bear dorthin.

Bei **Bear** 4 geht die 105/112 als ungeteerte Waldstraße ab zum **Black Lake** mit einem kleinen Campingplatz. Dort kann man auch fischen und findet gekennzeichnete Wanderwege. So karg die Berge entlang des Snake River auch aussehen, sie sind doch auch Lebensraum für eine Vielzahl von Tieren. Vom Boot oder den Wegen aus lassen sich immer wieder die weißen Bergziegen oder die mächtigen Widder beim Klettern beobachten.

Man sollte auch mal auf den Boden schauen und möglichst feste Schuhe tragen, denn in dem Gebiet gibt es Klapperschlangen. Im Snake River wiederum sind schon häufiger fast 2 m lange Störe gefangen worden; von einem lauten Jetboot aus wird man sie allerdings kaum zu Gesicht bekommen.

Infos

Hells Canyon Visitor Bureau: 847 Port Way, Clarkston (WA), Nachbarstadt von Lewiston, Tel. 877-774-7248 oder 509-758-7489, http://visitlcvalley.com, Mo-Fr 9-17 Uhr.

Hells Canyon National Recreation Area – Snake River Office: 2535 Riverside Dr., Clarkston (WA), Tel. 509-758-0616, oder das Büro in Riggins, 1339 Hwy 95 S, Tel. 208-628-3916, www.fs.usda.gov/recarea/wallowa-whitman/recarea/?recid=59662.

Internet: Staudämme und Campingplätze in der Nähe: Idaho Power Company, Infos unter www.idahopower.com (> Our Environment > Recreation > Wildlife Habitat).

Aktiv

Bootstouren – Die meisten Touren sind in Lewiston zu buchen, s. S. 342. **Kilgore Adventures:** 3252 Waterfront Drive, White Bird, ca. 140 km südlich von Lewiston, Tel. 208-839-2255, https://killgoreadventures.com. Büro und Motel befinden sich ebenfalls dort. Per Shuttle oder im eigenen Auto geht's zur Abfahrt von Pittsburg Landing. 6-stündige Tour Erw. 189 $.

Angeln – Alle Anbieter der Hells-Canyon-Touren haben auch **Angler-Touren** im Programm. Nicht nur der Snake, sondern auch der Salmon, der Imnaha und der Clearwater River sind sehr fischreich.

Whitewater-Rafting – Noch aufregender als mit dem Jetboot sind Fahrten mit dem Schlauchboot über die Stromschnellen und Felsklippen in den Flüssen der Region. **Beamers Hells Canyon Tours** und **Snake River Adventures** (s. S. 342) bieten Rafting mit erfahrenen Guides an.
Rundflüge – **Salmon River Helicopters:** 1526 Big Salmon Rd., Riggins, Tel. 208-628-3133, https://srhelicopters.com. 70 Min. für 770 $/Pers. Auch buchbar über Killgore.

Northwest Passage Scenic Byway ▶L 7

Karte: S. 344
www.visitidaho.org (> Northwest Passage Scenic Byway)
Anstatt etwas kürzer auf dem Highway 95 Richtung Süden nach Grangeville zu fahren (120 km), lohnt der kleine Umweg auf dem Highway 12 am wunderschönen **Clearwater River** entlang bis Kooskia, um dann auf dem Highway 13 nach Grangeville zu gelangen (161 km). Im teils sehr flachen Gewässer haben sich immer wieder Sandbänke angelagert, die den Reiz dieses mächtigen Stroms erhöhen.

Diese Strecke ist ein Teil des **Northwest Passage Scenic Byway,** auch als **All American Road** bezeichnet, der sich bei Kooskia aufteilt und dessen einer Strang entlang des Lochsa River quer durch die Berge nach Nordosten zum Lolo Pass an der Grenze zu Montana führt (und weiter nach Missoula). Der Byway firmiert ebenso unter dem Namen **Lewis & Clark Highway,** weil er Teil der Geschichte des Landes ist, kennzeichnet er doch jenen Weg, den die Erforscher des Westens, Meriwether Lewis und William Clark, 1805/06 genommen haben.

Die gesamte Region gehörte ebenso wie Teile in Oregon, Washington und Montana zum **Stammland der Nez-Percé-Indianer.** Hier fischten sie in den vielen Flüssen, jagten in den Clearwater Mountains Hirsche und Rehe, bauten in der Prärie bei Grangeville Früchte an und gingen über den Lolo Pass zur Büffeljagd (s. a. S. 180). Die Indianer halfen den ersten Weißen bei deren Erkundung des Landes; ohne die Kanus der Einheimischen, ihr Wissen um Nahrung und verborgene Pfade wäre die Expedition nicht weit gekommen. Auf Lewis und Clark folgten später die ersten Missionare sowie Trapper und Händler, die noch freundschaftlich aufgenommen wurden. Aber die großen Siedlertrecks und Tausende von Gold- und Silbersuchern sorgten für Konflikte, u. a. weil sie den Lebensraum der Indianer für sich beanspruchten. Heute umfasst das Reservat der Nez-Percé-Indianer nur noch einen Bruchteil ihres früheren Lebensraums: Es reicht vom Clearwater River im Norden bis kurz vor Grangeville im Süden, der Highway 12 ist die östliche Grenze und westlich vom Highway 95 ist das Reservatgebiet zu Ende.

Spalding 5

Spalding Visitor Center im National Historic Park, Tel. 208-843-7001, www.nps.gov/nepe, im Sommer tgl. 8–17 Uhr
Ca. 18 km östlich von Lewiston befindet sich am Highway 95 in **Spalding** die Hauptverwaltung des **Nez Perce National Historical Park,** die im Visitor Center eine Ausstellung zur Geschichte dieses Stammes beherbergt. Es gibt auch ein Forschungszentrum mit Bibliothek, das aber nur mit entsprechender Voranmeldung besucht werden kann.

Der Name Spalding leitet sich von einem frühen presbyterianischen Missionar, Henry Harmon Spalding ab, der ab 1836 die Nez Percé missionierte und ihnen den Anbau von Kartoffeln und die nötigen Bewässerungsmethoden beibrachte. Die ehemalige Mission von Father Spalding ist nicht weit vom Visitor Center entfernt, sie kann aber nur von außen besichtigt werden. Daneben befindet sich der Friedhof, u. a. mit den Gräbern von Spalding und seiner Frau.

Orofino 6

Auf dem Weg nach **Orofino** liegt das als Historical Site ausgewiesene **Canoe Camp.** Lewis &

Clark sollen hier zehn Tage gerastet und dann ihre Expedition mit Kanus auf dem Clearwater River fortgesetzt haben. Gut 3000 Menschen leben heute in Orofino, dem Sitz der Bezirksverwaltung für das Clearwater County. Im Sommer kommen recht viele Angler mit ihren Booten hierher, die sowohl im Clearwater River als auch im nördlich des Dworshak-Staudamms aufgestauten North Fork Clearwater River ihren sportlichen Betätigungen nachgehen.

Unterhalb des Staudamms wurde eine Fischzucht angelegt, um ökologischen Schäden der Gewässer und insbesondere der Dezimierung der Fischbestände entgegenzuwirken. Dort züchtet man auch Lachse, denn ihr Weg wurde durch die Mauer unterbrochen. Ein Teil dieser Chinook-Lachse wird hinter dem Bonneville-Damm am Columbia River ausgesetzt, damit die Fische von dort in den Pazifik wandern können (www.fws.gov/dworshak).

Infos

Chamber of Commerce: 217 First St., Tel. 208-476-4335, https://clearwatercountyadventures.com/orofino. Zuständig für die vier Gemeinden Elk River, Pierce, Weippe und Orofino, die gemeinsam an der Vermarktung der Region arbeiten.

Visitor Center Dworshak Dam & Reservoir: Ahsahka, Tel. 208-476-1255, www.facebook.com/dworshakdam. Der sehr einfache Campingground Little Meadow Creek hat sechs Plätze, zur Sicherheit sollte man vorher anrufen.

Übernachten

Direkt am Clearwater River gelegen – **Best Western Plus Lodge at River's Edge:** 615 Main St., Tel. 208-476-9999 oder 800-538-9797, http://book.bestwestern.com. Das Mittelklassehotel hat eine Terrasse am Fluss sowie ein Restaurant, Fitnessraum, Indoorpool, Internetzugang, geräumige Zimmer mit Mikrowelle und Kühlschrank. Preis inkl. Frühstück. €€

Geräumige Zimmer – **Helgeson Hotel & Suites:** 125 Johnson Ave., Tel. 208-476-5729 oder 800-404-5729, www.helgesonhotel.com. Das renovierte Backsteinhaus von 1925 hat 20 Zimmer mit Küchenzeile und Internetzugang. Außenpool. €€

Abstecher zum Gold Rush Historic Byway ► L 6

Karte: S. 344

www.visitidaho.org > Gold Rush Historic Byway), www.pierce-weippechamber.com

Wenn man noch weiter in die Einsamkeit Zentral-Idahos eintauchen möchte, bietet sich ein Abstecher bei Greer auf den **Gold Rush Historic Byway** an (Hwy 11). **Weippe** 7 in einer offenen Hochebene und **Pierce** am Fuß des Clearwater National Forest sind kleine Orte, die überwiegend von den Anglern und Wanderern und im Winter von den Snowmobilfahrern leben. 1860 wurde bei Pierce Gold gefunden, das erste in Idaho. Bis zum Ende der Strecke bei Headquarters sind es zum Teil kurvige 68 km, man sollte gut drei Stunden hin und zurück einkalkulieren.

Kamiah 8

Einst war **Kamiah** das Winterquartier der Nez-Percé-Indianer. Auch die Expedition von Lewis und Clark gelangte 1806 an diesen Ort und wartete hier auf den Frühling bzw. auf zur Fortsetzung ihrer Reise geeignetere Wetterverhältnisse. Heute finden sich in Kamiah einige kleine Motels, die vor allem von Jägern und Anglern genutzt werden. Mitte August werden hier die **Chief Lookingglass Days** veranstaltet, ein großes **Pow Wow** mit Tänzen, Trommeln und Gesang (s. S. 348).

Hinter Kamiah bei **Kooskia** teilt sich die Straße und der Highway 12 (auch Lolo Motorway) führt von hier durch das Tal des Lochsa River zum Lolo Pass und nach Montana. Es ist eine Strecke mit atemberaubenden Aussichten, aber sie ist sehr kurvig und hat kaum Ortschaften zu bieten. Die Expedition von Lewis und Clark hat diesen Weg benutzt; meist ist die Straße bis Juni noch schneebedeckt, hier wird nicht geräumt. Einige sehr einfache Campgrounds liegen an diesem Byway, sonst ist die Gegend ab Lowell menschenleer (www.fs.fed.us/r1/clearwater).

Übernachten

Holzhaus-Motel, Cabins & RV-Park – **Lewis-Clark Resort:** 4243 Hwy 12, Tel. 208-935-2556, www.lewisclarkresort.com. Sehr rustikale 21 Motelzimmer sowie 7 Cabins mit Bad und Kitchenette und 165 RV-Plätze stehen hier im Resort zur Verfügung, außerdem gibt es ein Bistro und Waschmaschinen. €

Termin

Pow Wow – Chief Lookingglass Days: Mitte Aug. Informationen zu allen Aktivitäten und zum Programm über Tel. 208-935-2290 sowie auf Facebook.

Grangeville 9

www.grangevilleidaho.com

Bei der Kleinstadt Grangeville vereint sich der Highway 13 mit dem Highway 95. Das Versorgungszentrum für die Farmer der Region bietet mehrere einfache, kleine Motels und Campgrounds. Von hier aus starten Urlauber zur **Fish Creek Recreation Area** und in die **Gospel Hump Wilderness,** deren höchster Berg, der **Buffalo Hump,** fast 3000 m misst. Unweit der Ortschaft am Tolo Lake sind vor einigen Jahren mehrere Mammut-Skelette gefunden worden, jetzt wird mit dem Bild eines solchen Tiers kräftig Werbung gemacht. Am Ortsrand wurde dafür der **Mammoth Exhibit Eimers Park** aufgebaut. Dort steht die Rekonstruktion eines 4 m hohen und 5 m langen Kolumbianischen Mammuts *(Mammuthus columbi),* des größten Vertreters dieser Art.

Bicentennial Historical Museum

305 N College St., Tel. 208-983-2104, nur Juni–Sept. tgl. 13–17 Uhr

Zu empfehlen ist aber insbesondere ein Besuch des **Bicentennial Historical Museum.** Die Ausstellung zeigt u. a. Kunsthandwerk der Nez-Percé-Indianer, Werkzeuge aus der Minenära und Gebrauchsgegenstände der frühen Siedler.

White Bird und Riggins

Ungefähr auf der Höhe von Grangeville beginnt weiter westwärts die **Hells Canyon National Recreation Area** (s. a. S. 342). Deshalb werden schon von hier aus Touren im Canyon vermittelt, die meist in **Pittsburg Landing** beginnen.

Auch von **White Bird** 10 und **Riggins** 11 aus sind Touren bzw. Buchungen möglich, dort findet man eine Reihe von Anbietern. In beiden Orten wird auch Whitewater-Rafting auf dem **Salmon River** angeboten; hier lohnt eine Unterbrechung der Autofahrt, um einmal in ein Schlauchboot umzusteigen. Generell wird das Rafting in vier Schwierigkeitsklassen unterteilt. Der Salmon River gehört zu den Klassen II und IV und das ist entsprechend aufregend, nass wird man auf jeden Fall. Alle Anbieter empfehlen die Teilnahme an einer mehrtägigen Tour, bei der man im Zelt auf den Sandbänken schläft. Erst dann erlebe man die Schönheiten der Natur in einer Art und Weise, die auch Erholung einschließe.

Infos

White Bird Chamber of Commerce: Canyon House, Tel. 208-839-2777, http://visitwhitebird.com.

Riggins Salmon River Chamber of Commerce: Der Visitor-Information-Stand ist in der Ortsmitte am Hwy 95/Main St., Tel. 208-628-3778.

Essen & Trinken

Westernküche mit Burgern – **Catlemens Restaurant:** 601 Main St., Riggins, Tel. 208-628-3195, ab 8 Uhr. Im Familienrestaurant gibt es außer Burgern auch Salat und guten Kuchen, um 10 $.

Aktiv

Whitewater-Rafting – **Mountain River Outfitters:** 411 N Main St., Riggins, www.idahoriver.com, Tel. 888-547-4837, Halbtagestouren jeweils vormittags u. nachmittags, Erw. 68 $.

Rafting mal gemütlich: Middle Fork auf dem Salmon River

Killgore Adventures (Hells Canyon Jet Boat Trips and Lodging): Tel. 800-469-8757 oder 208-839-2255, Büro und Motel 3252 Waterfront Drive, http://killgoreadventures.com. Die Firma hat ihren Sitz in White Bird nahe am Hwy 95, startet die Touren in den Hells Canyon aber ab Pittsburg Landing. Die 6-stündige Tour kostet für Erw. 189 $. Sie beginnt tgl. April–Okt. um 8.30 Uhr (Wochenende 10 Uhr), inkl. Verpflegung. Killgore-Boote fahren auch auf dem Salmon River, an dem White Bird liegt. **Wapiti River Guides:** 128 N Main St., Tel. 208-628-3523 oder 800-488-9872, www.doryfun.com. 3-stündige Tour Erw. 69 $. Keine verbindlichen Abfahrtszeiten, die Tour beginnt, wenn genug Leute da sind, am besten vorher anrufen.

Payette River Scenic Byway ▶L 9

www.visitidaho.org (> Payette River Scenic Byway)

Bei **New Meadows** gabelt sich die Straße. Man kann nun auf dem Highway 95 über Council, Cambridge (Zufahrten in die Hells Canyon Recreation Area und zum Hells Canyon Dam, s. S. 342), Weiser und Payette zur Interstate 84 und dann nach Boise fahren oder nochmal einen Schlenker einbauen und den grandiosen Payette River Scenic Byway (Hwy 55) für ein längeres Genießen der abwechslungsreichen Landschaft nutzen.

Bei **Meadows** beginnt eine riesige Talebene, die sich bis Smith's Ferry zieht und auf beiden Seiten von hohen Bergen begrenzt ist. Der Payette Lake und der Lake Cascade sowie zahlreiche kleinere Flüsse durchziehen dieses fruchtbare Land, das auch als Heartland von Idaho bezeichnet wird.

McCall und der Payette Lake

McCall ist die größte Ortschaft in dieser Region und durch ihre Lage direkt am **Payette Lake** auch eine der schönsten. In den See hinein ragt eine lang gestreckte Landzunge, der **Ponderosa State Park** (s. unten); er ist schon eine Idylle für sich und bietet zwei Campgrounds und einen RV-Park. Zwar hat McCall nur ca. 3300 Einw., aber im Sommer füllen sich die vielen Ferienhäuser, Apartments, Zeltplätze und der RV-Park, sodass es ein wenig quirliger wird und auf der Hauptstraße am See mitunter zu Stop-and-go-Situationen kommt.

Sportliche Aktivitäten stehen hier hoch im Kurs und so verwundert es nicht, wie viele Anbieter fürs Angeln, Kajaken, Wasserski- und Skidofahren sowie Mountainbiking es in diesem kleinen Ort gibt. Das wichtigste Ereignis von McCall findet allerdings im Winter statt: Der jährliche **Carnival** mit Skulpturen aus Eis und Schnee, heißer Mardi-Grass-Musik und jeder Menge Aktivitäten auf Skiern oder Schlittschuhen lockt Tausende von Besuchern an den See.

Mit dem Ski- und Wandergebiet **Brundage Mountain** und den zahlreichen Loipen dort nicht nur für Skilanglauf. sondern auch für Snowshoeing findet Tourismus in McCall ganzjährig statt.

Ponderosa State Park

Den Ponderosa State Park kann man bis zur Spitze mit dem **Osprey Overlook Point** mit dem Auto befahren, er umfasst immerhin 4 km², die dicht mit *Ponderosa Pines* bepflanzt sind, einer im gesamten Westen Nordamerikas weit verbreiteten Kiefernart.

Der Blick vom hoch gelegenen Endpunkt der Landzunge ist absolut fantastisch. Am besten sind die Lichtverhältnisse vormittags, denn dann bescheint die Sonne das westliche Ufer. Sehr schön liegt der Peninsula Campground direkt am Seeufer; er findet sich unweit des Visitor Information Center am Scenic Drive.

Infos

McCall Visitor Center: 301 E Lake St., Tel. 208-634-7631, https://visitmccall.org.
Private Unterkünfte: www.vacasa.com/usa (>Idaho). Hilfreiches Onlineportal für die Su-

che nach Ferienapartments oder auch Ferienhäusern.

Übernachten

Direkt am See – **Mill Park Condos:** Mill Rd., Brown Park, Tel. 208-634-4151 oder 800-888-7544, www.inidaho.com/official.asp?ID=15. Für eine Gruppe oder längere Aufenthalte sind die am See gelegenen Apartments sehr geeignet, 6 Condos mit 3 Schlafzimmern, Wohnraum, Küche, Bädern und Seeblick sind zu mieten, mind. 2 Nächte. €€€

Zentral gelegen – **Hotel McCall:** 1101 N 3rd St., Tel. 208-634-8105, www.hotelmccall.com. Das älteste Hotel im Ort wurde renoviert und nett hergerichtet, seine 13 Zimmer und 5 Condos sind funktional eingerichtet; es liegt direkt an der Hauptstraße, nur wenige Schritte vom See entfernt – deshalb unbedingt ein Zimmer nach hinten verlangen. Innenpool, Internet und Frühstück. €€–€€€

Holzhäuser mit Westernflair – **Brundage Inn:** 1005 W Lake St., Tel. 208-634-2344, www.brundagevacations.com. Eingerichtet mit rustikalen Möbeln aus Holz, fast alle Zimmer haben eine Küche mit Kühlschrank und Mikrowelle, einige auch einen Kamin. Dazu gehören die **Brundage Bungalows,**

Mit viel Glück sieht man im Ponderosa State Park auch einen Elch

308 W Lake St. Die 8 unterschiedlich großen Cabins sind aufwendig eingerichtet und wie geschaffen, um sich längere Zeit hier aufzuhalten. €€

Essen & Trinken

Authentisches Western-Restaurant – **Lardo's Grill & Saloon:** 600 Lake St., Tel. 208-643-8191, www.lardogrillandsaloon.com. Tgl. ab 11.30 Uhr gibt es hier gute Burger, Salate, Pasta und auch Sandwiches. Lardo Chicken 17 $.

Aktiv

Kanu- und Kajakverleih – **Gravity Sports:** 503 Pine St., Tel. 208-634-8530, www.gravitysportsidaho.com. Hier kann man Kanus und Kajaks mieten, aber auch Mountainbikes; im Shop wird man gern zu den vielen Wanderwegen rund um McCall beraten.

Jetski- und Bootsverleih – **Mile High Marina:** 1300 E Lake St., Tel. 208-634-8605, www.milehighmarina.com. Hier können Jetski und Boote für Wasserski, zum Fischen oder zum Sonnenbaden *(pontoon boats)* gemietet werden. Jetski (2 Pers.) 115 $/2 Std.

Skifahren, Fahrradfahren & Wandern – **Brundage Ski Resort:** Zwischen Meadows und McCall (Hwy 55), Tel. 208-634-4151, www.brundage.com. Im Sommer fährt der Lift am Wochenende (10–17 Uhr - nur Ende Juni - Anf. Juli tgl.) und bringt vorwiegend Mountainbiker auf den 2300 m hohen Gipfel. Auch für **Wanderer** lohnt sich die Auffahrt, um die wunderbare Aussicht zu genießen (Lift: 15 $). In manchen Jahren werden auch Konzerte im Freien veranstaltet, man sollte den aktuellen Eventkalender zurate ziehen. **Fahrradverleih:** Räder kann man sich an der Liftstation leihen, ab 45 $/Tag.

Termin

McCall Winter Carnival: Ende Jan.–Anf. Febr. Heiße Mardi-Grass-Musik, das Erstellen fantasievoller Eisskulpturen und Golfspielen auf Schneeschuhen sind einige der Attraktionen, mit denen man auch im Winter Tausende hierherlockt, https://mccallchamber.org/winter-carnival.

Cascade Lake und Cascade

Gut 27 km misst der Bergsee **Cascade Lake** in der Mitte der Hochebene in seiner Länge, leider führt der Highway 55 nicht am Ufer entlang. Eine Straße gibt es am Westufer, bei **Donelly** geht die US 422 ab. Die Wege ans Wasser sind vom Highway aus nicht leicht zu finden, denn sie führen zunächst meist in Wohngebiete, wo das Ufer nicht ausgeschildert wird. Am besten Einheimische fragen.

Die Main Street durch **Cascade** bietet einige Möglichkeiten, etwas zu essen, hier liegen auch die Motels, ansonsten sind die Häuser dieser Ortschaft weit verstreut, manche gut im Wald versteckt. Der Lakeshore Drive führt durch das Golfgelände kurz am See entlang und mündet südlich von Cascade wieder auf den Highway 55.

Infos

Cascade Chamber of Commerce: Tel. 208-382-3833, 55, 762 S Main St., www.cascadechamber.com. Im Büro erhält man nützliche Hinweise nicht nur auf Übernachtungen, sondern auch auf Restaurants und Aktivitäten.

Den Payette River entlang

Einige Kilometer südlich von Cascade ändert sich die Landschaft vollkommen: Der **Payette River** hat sich durch die hier nun wieder geschlossene Bergregion ein Bett gegraben und windet sich in engen Kehren durch schmale Schluchten. Neben das Gewässer wurden die Straße und eine Trasse für die Eisenbahn gesetzt; vor dem Geschick der Ingenieure muss man noch heute den Hut ziehen. Die Fahrt auf diesem Teilstück des Payette River Scenic Byway erfordert Geduld, doch wird man immer wieder mit spektakulären Szenerien belohnt, die einen Fotostopp oder eine kleine Pause empfehlenswert machen.

Ab **Horseshoe Bend** werden die Berge dann wieder flacher, dort erstreckt sich noch das **Skigebiet Bogus** (s. S. 362). Dann beginnt die Halbwüste, wo sich um die Hauptstadt Boise eine großflächige Wachstumsregion entwickelt hat.

Boise und der Südwesten Idahos

Im Sommer nahezu kahl und trocken, präsentiert die Landschaft im Südwesten von Idaho nur zögerlich ihre Reize. Die Hauptstadt Boise ist von stetig wachsenden Städten umgeben, eine großflächige Region ist dort entstanden. Zur Erholung und zum Skilaufen fahren die Einheimischen aus dem südlichen Idaho gern nach Ketchum ins Sun Valley, wo schon Ernest Hemingway seine Leidenschaft für die Entenjagd entdeckte.

Boise ▶ L 10/11

Ruhe und Gelassenheit kennzeichnen die größte Stadt in Idaho. Freundliche Menschen auf den Straßen und in den Cafés, die den Fremden mitunter sogar grüßen – ganz so, wie es der Grundauffassung der Mormonen entspricht. Angehörige dieser Religion machen nach Angaben der städtischen Daten ungefähr 16 % der Bevölkerung aus, ihre Vertreter haben im Stadtrat seit Jahrzehnten das Sagen.

Es darf angenommen werden, dass die niedrige Kriminalitätsrate in der etwa 223 000 Einwohner zählenden Stadt mit dazu beigetragen hat, namhafte amerikanische Konzerne wie Hewlett Packard (eine Niederlassung), Walmart, Micron Technology und mehr als 20 Callcenter (darunter auch T-Mobile) nach Boise/Meridian zu holen. Der größte Arbeitgeber ist die staatliche Verwaltung, gleich danach rangieren die zahlreichen Schulen, die Boise State University sowie Ableger der University of Idaho (Moscow) und der Idaho State University (Pocatello).

Rund um Boise wachsen weitere Städte, die Grenzen sind inzwischen fließend. Meridian, Nampa und Caldwell entlang der Interstate 84, Middleton, Star, Eagle und Garden City am Boise River bilden ein dicht zusammenhängendes städtisches Ballungsgebiet mit inzwischen mehr als 750 000 Einwohnern. Dabei wirkt die Stadt selbst in Downtown nicht großstädtisch: Die breiten Straßen bieten auch den vielen Fahrradfahrern Platz, die Grundstücke sind verhältnismäßig groß und Hochhäuser sind eher Mangelware. Kein Wunder, dass die Idahoans ihre Hauptstadt beinahe liebevoll »unser größtes Dorf« nennen.

Stadtgeschichte

Le bois (der Wald) oder *la rivière boisée* (der bewaldete Fluss) haben frankokanadische Trapper der Hudson Bay Company das Tal genannt, nachdem sie die karge Fels-, Lava- und Salbeibuschlandschaft der Snake River Plains östlich der heutigen Hauptstadt durchquert hatten. Der Name blieb, auch als 1863 ein Fort der amerikanischen Armee am seichten Flussufer errichtet wurde, um Ordnung zu schaffen in einer Ansiedlung, die rapide wuchs, um den Material- und Lebensmittelbedarf der Goldgräber und Minenarbeiter im ca. 64 km entfernten Idaho City zu bedienen. 1864 wurde Boise Hauptstadt des Idaho Territory und blieb es, als 1890 Idaho zum Bundesstaat avancierte.

Nachdem der Goldrausch vorbei war, blieb Boise lange Zeit ein verschlafenes Nest; erst seit den 1980er-Jahren entwickelte sich die Region und boomte mit der Ansiedlung wichtiger Firmen. Niedrige Steuern und Grundstückspreise, die gute Verkehrsanbindung (der Betrieb der Eisenbahn wurde allerdings im Jahr 1997 aus Kostengründen eingestellt), das ausgeglichene soziale Klima und der hohe Freizeitwert machten die Stadt attraktiv für Investoren.

Downtown

Cityplan: S. 357

Die Innenstadt von Boise ist am einfachsten von der Interstate 84 aus zu erreichen (Ausfahrt 53, Exit Airport). Die Vista Avenue führt nach Norden direkt auf den Central Boulevard und damit auf das Capitol zu. Ein Auto braucht man nicht unbedingt, die Entfernung zwischen dem Capitol und den Parks am Fluss lässt sich bequem zu Fuß zurücklegen, zumal auf den Wegen immer wieder Coffeeshops und kleine Restaurants zum Ausruhen einladen. Zudem ist Autofahren durch die vielen Einbahnstraßen recht umständlich. Busse der Boise Urban Stages fahren in andere Stadtgebiete und die Valley Ride Busse sogar bis Garden City (Tageskarte 6 $).

The Grove 1

Südlich der Main St. zwischen 8th und 9th Street liegt eine große Plaza, **The Grove** genannt, wo sich Touristen und Studenten entspannen, Büromenschen ihren Lunch einnehmen und Kinder im Brunnen planschen. Hier gibt es in einem kleinen Laden auch ein **Visitor Center,** wo man Prospekte, Informationen und Hilfe bei der Quartiersuche erhält. Im Sommer füllt sich jeden Mittwochabend ab 17 Uhr der mit roten Ziegeln gepflasterte Platz mit Musikliebhabern: **Alive After Five** (www.boisethegreat.com/articles/aliveafterfive.php) sorgt mit kleinen Konzerten regionaler Künstler für reges Treiben. Frisches Gemüse und Obst aus der Umgebung sowie Kunsthandwerkliches wird jeden Samstagvormittag beim **Capitol City Public Market** verkauft (s. S. 361). Wie in Portland gibt es auf dem Platz Namenssteine, auf denen sich Förderer verewigen lassen können.

Capitol District

Besichtigung des Capitol nach Voranmeldung: https://legislature.idaho.gov/capitol/tours/

Im Mittelpunkt der Stadt steht das **State Capitol** 2, das Parlamentsgebäude, ein imposanter Bau des aus Connecticut stammenden Architekten John Tourtelloutte und seines deutschstämmigen Partners Charles Hummel. 15 Jahre, von 1905 bis 1920, hat es gedauert, den Kuppelbau mit den weit ausladenden Seitenflügeln in einem der Renaissance nachempfundenen Stil aufzubauen. Am Material hat man damals nicht gespart, Tonnen von Marmor wurden herangeschafft, um in dem Sandsteinbau Wände, Fußböden und Säulen zu verkleiden. Der aus Alaska ist grau, der aus Georgia rot, aus Vermont kommt der grüne Marmor und aus Italien importierte man schwarzen. Die Kuppel ragt 63 m hoch in den Himmel über Boise und wird von einem goldenen Adler, dem amerikanischen Wappentier, gekrönt. Das vor einigen Jahren umfassend renovierte Capitol kann besichtigt werden.

Das State Capitol von Boise steht im Mittelpunkt der prosperierenden Stadt

In unmittelbarer Nähe des Parlaments findet sich das **Joe R. Williams Office Building** mit einer Fensterfront, in der sich das Capitol spiegelt. Im Gebäude hat das Wirtschaftsministerium seinen Sitz und ein Tourismusbüro händigt Informationsbroschüren für den Staat Idaho aus (700 W State St.).

Nur wenige Schritte weiter westlich ist eine ganze Reihe von Kirchen zu entdecken, die entlang der State Route und der angrenzenden Straßen stehen, fast wie Perlen an einer Kette. Eine der imposantesten ist die **First United Methodist Church** (Ecke 11th St. und W Franklin St.), die auch Cathedral of the Rockies genannt wird. 1960 wurde der neugotische Bau eingeweiht, das Besondere im Inneren sind die in Mosaiktechnik gefertigten Glasfenster.

Old Boise Historic District 3

Die Bezeichnung **Old Boise Historic District** ist etwas euphemistisch gewählt. So richtig schöne alte Häuser sind in den Blocks zwischen Main St. und 6th St. eigentlich nicht zu finden, dafür jede Menge Geschäfte, Restaurants und Coffeeshops. Es soll aber an Restaurierungen gearbeitet werden, denn einige Gebäude stammen tatsächlich noch aus den 1860er-Jahren, als die erste Blüte der Stadt zu verzeichnen war.

Basque Museum and Cultural Center 4

611 Grove St., Tel. 1-208-343-2671, www.basquemuseum.com, Di–Fr 10–16, Sa 11–15 Uhr, Erw. 5 $

Das älteste Ziegelgebäude von Boise aus dem Jahr 1864 ist ein Teil des **Basque Museum** und spiegelt ein Stück Stadtgeschichte wider. Erbaut hat es Cyrus Jacobs, ein Kaufmann, der später Bürgermeister wurde. Jose Uberuaga verwandelte es nach seinem Kauf in eine Art Pension für baskische Schafhirten und legte damit den Grundstein für den **Basque Block** an der Grove Street. Eine der größten baskischen Gemeinschaften der USA lebt in Boise. Viele haben dem harten Leben in Nordspanien und Südfrankreich schon Ende des 19. Jh. den Rücken gekehrt; heute zählen sich ca. 15 000 Bewohner der Stadt zu den Basken. Im Museum ist ein Archiv für **Oral History** angelegt worden, zudem gibt es eine umfangreiche Fotosammlung, Musikinstrumente und wechselnde Ausstellungen, die sich mit den Besonderheiten der baskischen Geschichte und Kultur befassen.

Boise

Sehenswert
1 The Grove
2 State Capitol
3 Old Boise Historic District
4 Basque Museum and Cultural Center
5 Boise River Greenbelt
6 Idaho Historical Museum
7 Boise Art Museum
8 Idaho Black History Museum
9 Idaho Botanical Garden
10 Old Idaho Penitentiary
11 The Church of Jesus Christ of Latter-day Saints

Übernachten
1 Residence Inn Boise Central by Marriott
2 Boise Guesthouse
3 Red Lion Hotel
4 The Modern Hotel

Essen & Trinken
1 Cottonwood Grille
2 Leku Ona
3 Fork
4 Bittercreek Alehouse
5 Gernika Basque Pub & Eatery

Einkaufen
1 Basque Market
2 Taters
3 Hyde Park
4 Boise Factory Outlets
5 Chinden Blvd.

Abends & Nachts
1 Mosaic Gallery Bar
2 Pengilly's Saloon

Aktiv
1 Boise Trolley Tours
2 Pierce Park Greens
3 Bogus Basin Ski Resort

Im dazugehörenden **Cultural Center** sowie im **Basque Center** beweisen dies nicht zuletzt die vielen dort gezeigten Tanz- und Musikaufführungen. Man kann dort auch die Sprache und traditionelle baskische Gerichte kochen lernen.

Boise River Greenbelt 5

Am Fluss entlang wurde bis zum Americana Boulevard beidseitig und von dort nur auf der Südseite ein schmaler Streifen als Park ausgewiesen. Die Wanderwege des **Boise River Greenbelt** sind ein beliebtes Ziel von Spaziergängern, Joggern und Radfahrern. Am Ende der 8th St., zwischen Central Blvd. und 9th St., ist das **Idaho Anne Frank Human Rights Memorial** angelegt worden. Nicht nur eine lebensgroße Statue von Anne Frank, sondern auch Figuren von César Chávez (Gewerkschaftsführer, 1927–93) und Polly Bemis (chinesische Pionierin, 1853–1933) sind in diesem Park nebst einem Education Center zu sehen (http://wassmuthcenter.org).

Beim Spazierengehen entlang des Flusses wird man im Sommer jede Menge jauchzender Kinder und Erwachsener beobachten können, die auf Reifenschläuchen oder kleinen Flößen den Fluss hinuntertreiben. Schläuche und Flöße können geliehen werden (S. 362).

Klein und überschaubar und dabei recht abwechslungsreich angelegt ist der **Julia Davis Park** direkt am Boise River südlich der Innenstadt. Eine der ersten Siedlerfamilien hat hier Gemüse angebaut, um damit die Minenstädte im Osten zu versorgen. Im Jahr 1907 schenkten Tom und Julia Davis das Gelände der Stadt. Heute finden sich hier Idahos Historisches Museum, das Boise Art Museum, das Idaho Black History Museum und auch der kleine Zoo.

Idaho Historical Museum 6

610 N Julia Davis Dr., Tel. 208-334-2120, https://history.idaho.gov/museum, Mo–Sa 10–17, So 12–17 Uhr, Erw. 10 $, Kin. 5 $

Das **Idaho Historical Museum** lockt am Eingang des Neubaus mit einer Karikatur der Freiheitsstatue. Die Ausstellungen befassen sich mit der Geschichte Idahos seit prähistorischen Zeiten, interessant ist dabei u. a. die Phase des Goldrauschs. Ein nachgebauter Wildwest-Saloon gibt dem Ganzen ebenso einen authentischen Touch wie das Pioneer Village mit einigen Hütten und zwei Häusern aus den Anfangszeiten der Stadt.

Boise Art Museum 7

670 S Julia Davis Dr., Tel. 208-345-8330, www.boiseartmuseum.org, Di–Sa 10–17, 1. Do im Monat bis 20 Uhr, So 12–17 Uhr, Erw. 6 $

Das **Boise Art Museum** arbeitet an seiner Reputation und versucht mit Ausstellungen zu moderner Kunst attraktiver zu werden. Es konzentriert sich auf die amerikanische Kunst des 20. Jh. und hat eine umfangreiche Sammlung an Fotografien angelegt. Wechselausstellungen unterstützen diese Schwerpunkte.

Idaho Black History Museum 8

508 N Julia Davis Dr., Tel. 208-433-0017, www.ibhm.org, im Sommer Di 10–15, Mi–Do 10–16, Sa 11–16 Uhr, Eintritt frei

Es ist winzig und in der ehemaligen St. Paul Baptist Church untergebracht, das **Black History Museum.** Vielleicht entspricht es dem Bevölkerungsanteil der Afro-Amerikaner von 0,8 % in der Stadt, auch in ganz Idaho leben laut Statistik nur 0,7 % Schwarze. Fotos dokumentieren die Geschichte der hier lebenden Afro-Amerikaner.

Außerhalb der Innenstadt

Idaho Botanical Garden 9

2355 Old Penitentiary Rd., Tel. 1-208-343-8649, http://idahobotanicalgarden.org, März - Ende Okt. tgl. 9-19 Uhr, Erw. 7 $

Der **Idaho Botanical Garden** liegt einen Block westlich vom Gefängnis. Er gehört zur Boise State University und dient vor allem der Forschung. Im Sommer ist für Besucher der **Butterfly/Hummingbird Garden** interessant, ein Freigelände mit Rosen und Orchideen. Donnerstagabends werden im Sommer häufig Konzerte veranstaltet.

Old Idaho Penitentiary 10

2445 Old Penitentiary Rd., Tel. 208-334-2844, https://history.idaho.gov/oldpen, Mai–Anf. Sept. 10–17, sonst 12–17 Uhr, Erw. 6 $

Das ehemalige Staatsgefängnis **Old Idaho Penitentiary** vermittelt eindrucksvoll, wie das harte Leben der einstigen Gefangenen aussah. Zellen, Küche, Appellplatz und der Galgen können besichtigt werden. 1870 erbaut, waren z. B. die sanitären Verhältnisse nie auf den neuesten Stand gebracht worden, was u. a. 1973 zu Aufständen der Insassen führte und danach zur Schließung des Gefängnisses. In den USA ist Old Pen eines von noch drei Gefängnissen aus dieser Zeit und steht unter Denkmalschutz. Berühmte Gefangene beendeten dort ihr Leben, z. B. Lady Bluebeard (Lydia Southard), eine Frau, die ihren vierten Ehemann umbrachte und wegen ihres Bartes und ihrer Kartenspielertricks im Idaho Territory bekannt war.

Boise Idaho Temple

1211 S Cole Rd., www.ldschurchtemples.com/boise

Das außerhalb der Innenstadt liegende Gelände ist zwar weiträumig umzäunt und abgesperrt, aber von der Straße aus lässt sich der gigantische Gebäudekomplex (3300 qm) der Mormonenkirche **The Church of Jesus Christ of Latter-day Saints** 11 durchaus betrachten. Den Engel auf der Spitze kann man schon von der Interstate aus sehen.

Infos

Boise Convention & Visitors Bureau: 1101 W. Font St., Tel. 208-344-7777, https://visitboise.com, Mo–Fr 8.30–17 Uhr.

Downtown Boise Office: 101 S Capitol St., Tel. 208-385-7300, https://downtownboise.org.

Idaho Department of Commerce: 700 W State St., Tel. 208-334-2470, www.visitidaho.org, Mo–Fr 8–17 Uhr.

Übernachten

Die meisten Motels befinden sich in der Nähe des Flughafens und sind relativ preiswert, allerdings braucht man dann ein Auto bis zur Innenstadt. Stadtnäher sind:

Solide Kette – **Residence Inn Boise Central by Marriott** 1 **:** 1401 Lusk Ave., Tel. 208-344-1200, www.marriott.com/hotels/travel/boiid-residence-inn-boise-downtown. Das moderne Haus liegt südlich von Downtown und bietet sich mit seinen 104 Apartments mit Küchen für einen längeren Aufenthalt an, mit Außenpool. €€€

IM BASKISCHEN VIERTEL ESSEN

Mit *ongi etorri* wird der Gast im **baskischen Viertel** von Boise begrüßt, was so viel wie herzlich willkommen heißt. **Leku Ona** 2 (s. S. 361ist eines der Restaurants dort, »guter Platz« bedeutet der baskische Begriff auf Deutsch. Die Stammgäste dieses Lokals wie auch die des **Gernika Basque Pub & Eatery** 5 (s. S. 361) gehören zu den fast 15 000 Einwohnern von Boise, die stolz sind auf ihre nordspanischen bzw. südfranzösischen Wurzeln. Natürlich gibt es in Idahos Hauptstadt auch die in allen Städten der USA üblichen gastronomischen Angebote wie chinesische, italienische, mexikanische und japanische Küche, aber die baskische Küche unterscheidet sich doch in entscheidenden Punkten selbst von der spanischen.

Hier kann man z. B. *makailao bizkaitar erara* probieren, gesalzenen Kabeljau, der gedünstet in einer Fleischsauce zusammen mit Paprika, Zwiebeln und Knoblauch gereicht wird. Ungewöhnlich schmeckt auch *txipirioak bere tintan,* ganze kleine Tintenfische, die in ihrer Tinte gekocht mit grünem Paprika und Kräutern auf weißem Reis ein hübsches Bild abgeben. Der Gernika Basque Pub ist winzig klein, aber gut besucht. Besonders die Rinderzunge in Rotwein und die scharfe Chorizo-Wurst werden hier gern gegessen.

Gleich nebenan befindet sich der **Basque Market** 1 (s. S. 359), wo man Gewürze, Schokolade, Wein, Öle u. a. einkaufen und anschließend lunchen kann, empfehlenswert sind die Sandwiches mit Idiazabal-Käse. Die Speisekarten haben natürlich eine Erläuterung der Gerichte in Englisch, aber am besten lässt man sich das von der Kellnerin erklären, dann läuft einem nämlich schon bei der Beschreibung das Wasser im Mund zusammen. Sobald es warm wird, sitzen die Gäste draußen unter Bäumen und auch neben niedrigen Abgrenzungen aus Blumenkästen, voll mit Geranien, genauso wie in San Sebastian oder Irun.

Modernes Hotel – **The Modern Hotel** 2 **:** 1314 West Grove WSt., Tel. 866-78-6012, 208-424-8244, www.themodernhotel.com. Aus der ehemaligen Travelodge ist dieses von Grund auf renovierte und frisch minimalistisch eingerichtete 39-Zimmer-Haus geworden. Inzwischen sehr beliebt. Die Innenstadt ist bequem zu Fuß erreichbar. €€€

Gehobene Kette – **Red Lion Hotel** 3 **:** 1800 Fairview Ave., Tel. 208-344-7691, www.redlion.com/boise. Das Mittelklasse-Kettenhotel hat 182 geräumige Zimmer mit Internetzugang, Fitnessbereich, Außenpool und Restaurant. €€

B & B in denkmalgeschützter Villa – **Boise Guest House** 4 **:** 614 N 5th Street, Tel. 208-761-6798, http://boiseguesthouse.com. Das Haupthaus aus dem Jahr 1895 ist renoviert und bietet 6 Suiten mit Kitchenette und Bad, dazu gibt es noch 2 weitere kleinere Häuser etwas weiter entfernt. €€–€€€

Essen & Trinken

Bei warmem Wetter lohnt es sich, einfach die 8th St. zwischen Main St. und Jefferson St. entlangzugehen. Ein Lokal neben dem anderen bietet verschiedenste ethnische Küchen und man kann draußen sitzen.

Mormonentempel im südlichen Idaho

Der Bundesstaat Utah gilt gemeinhin als Mormonenstaat, aber auch im benachbarten Idaho finden sich die riesigen Tempelanlagen der »Kirche Jesu Christi der Heiligen der Letzten Tage«, imposante Zeichen einer Konfessionsgruppe mit wachsendem Einfluss auf die Gesellschaft.

In Idaho Falls wurde 1945 der erste Mormonentempel in Idaho eingeweiht. 1984 kam der Tempel in Idahos Hauptstadt Boise hinzu, 2008 die Kirchen in Twin Falls und Rexburg, sowie 2017 eine in Meridian. In Washington gibt es drei, in Oregon zwei und in Kalifornien sieben Tempel. Nach eigenen Angaben hat die Kirche weltweit über 16 Mio. getaufte Mitglieder, davon ca. 50 % in den USA. Aufgrund ihrer regen Missionstätigkeit wächst sie auch weiterhin.

Davon konnten die Gründer nur träumen. Als der Farmerssohn Joseph Smith (1805–44) 1830 in Fayette (New York) die Glaubensgemeinschaft ins Leben rief, fanden die neuen Ideen zwar rasch zahlreiche Anhänger, aber insbesondere die Polygamie war den christlichen Kirchen ein Dorn im Auge und führte zu heftigen Auseinandersetzungen und Anfeindungen. Das noch relativ menschenleere Land bot Ausweichmöglichkeiten und so kam es zu Tempelbauten in Ohio, Missouri und Illinois. Nach dem gewaltsamen Tod von Joseph Smith 1844 führte das neue Oberhaupt Brigham Young (1801–77) viele Mitglieder auf dem großen Mormonenzug nach Westen: Fast 12 000 Menschen sollen sich im Winter 1846 auf den Weg über die Rocky Mountains gemacht haben. Das Gebiet am Great Salt Lake hatte Young als Zufluchtsstätte bestimmt, eine unwirtliche Wüstenlandschaft, die die Mormonen mit großem Arbeitseinsatz durch Bewässerungsgräben in fruchtbares Land verwandelten. Als Motivation diente die Auffassung, dass durch Fleiß erreichter Wohlstand als göttliche Belohnung für Rechtschaffenheit anzusehen sei.

Die Lehre von Joseph Smith ist wesentlich von urchristlichen Grundsätzen geprägt. Sie wird einer »Wiederherstellungsbewegung« innerhalb des Christentums zugerechnet, derer es Anfang des 19. Jh. viele in den Neu-England-Staaten gab. Smith berief sich auf göttliche Offenbarungen, die er direkt von Jesus Christus erhalten habe. Seit seinem Tod wird die Glaubensgemeinschaft angeblich durch fortlaufende Weisungen an Propheten, Apostel und andere Kirchenführer weiterhin von Christus direkt angeleitet. Während die offizielle Mormonenkirche die Polygamie 1890 abgeschafft hat, halten extreme Fundamentalisten an der Vielehe fest. Um in die höchsten Sphären des Himmels zu kommen, muss ein Mann ihrer Vorstellung nach mindestens drei Ehefrauen haben. Immer wieder gibt es bis heute Auseinandersetzungen mit den Justizbehörden darüber. Weltweit bekannt sind die genealogischen Forschungen der Mormonen, deren Archive von vielen Ahnenforschern genutzt werden. Hintergrund dafür ist die Überzeugung, dass Gläubige ihren nicht mormonisch getauften Vorfahren durch die Taufe für Verstorbene die Möglichkeit der Errettung verschaffen können, wenn sie deren Namen und Lebensdaten kennen. Die Tempel können nicht von innen besichtigt werden, in Idaho Falls (s. S. 379) gibt es ein Visitor Center.

Northwest-Küche und Terrasse – **Cottonwood Grille** 1: 913 W River St., Tel. 208-333-9800, www.cottonwoodgrille.com, tgl. ab 11 geöffnet (Lunch), Dinner ab 17 Uhr, So Brunch. Passanten kommen nicht zufällig in dieses moderne Restaurant, denn es befindet sich in einem Bürogebäude. Die wunderbare, selbst an heißen Tagen kühle Terrasse bietet einen schönen Blick auf den Boise River. Von der *Northwest Cuisine* hat sich der Küchenchef zu Kreationen wie Kotelett mit Äpfeln und Zwiebeln auf Calvados-Sauce und Bisonlende an saisonalem Gemüse inspirieren lassen. Happy Hour zu empfehlen. Hauptgerichte Dinner 18–37 $.
Baskisch – **Leku Ona** 2: 117 S 6th St., Tel. 208-345-6665, https://boisebasquefood.com, Lunch 11–14, Dinner ab 17 Uhr. Es gehört auch ein kleines Hotel mit 5 Zimmern dazu, ganz im Stil der »alten Heimat« (€€). Traditionelle baskische Küche, z. B. *Makailao* um 20 $.
Westamerikanische Küche – **Fork** 3: 199 N 8th St., Tel. 208-287-1700, http://boisefork.com, Mo–Fr ab 11.30, Sa, So ab 9.30 Uhr. Bei gutem Wetter kann man auch draußen essen und die reiche Auswahl an Burgern und Sandwiches genießen. Die Northwest Cuisine bietet z. B. Short Ribs, Idaho-Forelle und natürlich Prime Rib – stundenlang auf dem Rost gebraten (14–20 $). Eine nette Idee sind kleine Gerichte zum Teilen und Ausprobieren wie gebratene Shrimps oder Zwiebelringe (aus Walla Walla), 8–10 $.
Brauereirestaurant – **Bittercreek Alehouse** 4: 246 N 8th St., Tel. 208-345-1813, www.bcrfl.com, Mo–Do 11–Mitternacht, Fr, Sa 11–2 Uhr. Besonders die Terrasse lockt viele Gäste an. Große Auswahl an lokalen Bieren und verschiedenste Sandwiches, Burger und Salate, 9–12 $.
Spanisch/baskische Küche – **Gernika Basque Pub & Eatery** 5: 202 S Capitol Blvd., Tel. 208-344-2175, www.bargernika.com, Mo–Fr ab 11, Sa ab 11.30 Uhr. Original baskische Gerichte, spanische Tapas 5–8 $.

Einkaufen

Märkte – **Capitol City Public Market:** Plaza The Grove 1, Sa 9.30–13.30 Uhr. Frische Erzeugnisse aus der Umgebung und Kunsthandwerkliches bilden eine bunte Mischung.
The Basque Market 1: 608 W Grove St., Tel. 208-433-1208, www.thebasquemarket.com, Mo–Sa 10–18 Uhr (s. S. 359).
Idaho-Souvenirs – **Taters** 2: 801 W Main St., Suite 105., Tel. 208-338-1062, www.idahotaters.com, Mo–Fr 10–18, Sa 10–16, So 11–15 Uhr. Hier gibt es jede Menge Souvenirs aus dem Kartoffelstaat Idaho, zum Teil sehr kitschig wie eine Kartoffel als Christbaumkugel, aber auch eine große Auswahl an regional hergestellten Lebensmitteln.
Kleine Geschäfte außerhalb Downtown – Etwa eine halbe Stunde zu Fuß Richtung Norden liegt der **Hyde Park** 3 (1500- und 1600-Block auf der N 13th St., www.northend.org), ein kleines Viertel unter Denkmalschutz, wo sich zahlreiche Bistros, Geschäfte und Boutiquen angesammelt haben.
Outlet – **Boise Factory Outlets** 4: 6806 S Eisenman Rd., Exit 57 von der Interstate 84, Tel. 208-331-5000, www.boisefactoryoutlets.com, Mo–Sa 10–20, So 11–18 Uhr. 15 Geschäfte bieten Sonderpreise auf Markenartikel von Eddie Bauer bis Wrangler.
Supermärkte und Malls – Entlang dem **Chinden Blvd.** 5, der gleichzeitig auch als Hwy 20 und Hwy 26 ausgewiesen ist, finden sich zahlreiche Malls und die großen Supermärkte wie Fred Meyers, Safeway oder Grocery Outlet und Walmart.

Abends & Nachts

Amerikanische Weine und Tapas – **Mosaic Gallery Bar** 1: 500 W Main St., Tel. 208-338-5006, Mo–Fr 11–14.30 und 16–22.30 Uhr. Große Auswahl an amerikanischen Weinen.
Angesagte Kneipe – **Pengilly's Saloon** 2: 513 W Main St., Tel. 208-345-6344, Mo–Sa 15–2 Uhr morgens. Eine Institution in Boise ist dieser große Saloon mit Holztäfelung und kupfernen Kronleuchtern. An Wochenenden oft Livemusik, Kalender auf Facebook.

Aktiv

Stadtrundfahrten – **Boise Trolley Tours** 1: 2288 N Garden St., Tel. 208-433-0849, www.americanheritagetrolleytours.com, tgl. 11 Uhr (Mai–Okt.). Gut eine Stunde dauert die Tour mit Erläuterungen durch die Innenstadt von Boise. Start ist am Joe's Crab Shack Restaurant, Erw. 20 $. Man kann aber auch an anderen Haltepunkten ein- und aussteigen, einen Plan gibt's im Visitor Center.

Golf – **Pierce Park Greens** 2 **:** 5812 Pierce Park Lane, Tel. 208-853-3302, www.pierceparkgreens.com, 9-Loch-Platz, Gebühr 11 $. Die Greens sind nur ungefähr 6 km außerhalb von Boise sehr schön am Fuß der Hügelkette nördlich von Garden City gelegen. Neben etlichen Golfclubs in der Region hat Boise auch noch 5 weitere öffentliche Plätze zu bieten.

Schlauch- und Floßtouren – Vom Ann Morrison Park geht ab 13 Uhr stündlich ein Bus ab, der zum Barber Park im Osten fährt. Dort kann man Schläuche und Flöße mieten (Mi–Fr 11–17, Sa, So 11–18 Uhr) und sich dem nassen Spaß der gut 1,5-stündigen Tour auf dem Fluss entlang des **Boise River Greenbelt** 5 widmen. Allerdings muss es über 26 °C (80 F) warm sein, sonst fährt der Shuttle-Bus nicht und der Verleihstand ist geschlossen.

Wintersport – **Bogus Basin Ski Resort** 3 **:** Sogar abends sind die Pisten geöffnet, *night skiing* mit Blick auf die beleuchteten Städte ist hier möglich. Nur 26 km nördlich erreichen die Berge schon eine Höhe von 2300 m, ideale Bedingungen für ein zwar klein wirkendes, aber über drei Berge verteiltes Skigebiet. Bogus Basin weist 67 Abfahrten auf, die längste davon ist 2,5 km. Für Snowboarder gibt es einen eigenen Park mit Half- und Quarterpipes. **Bogus** wird von allen Städten mit dem Bus angefahren, allerdings nicht im Sommer. Die Wintersaison dauert in der Regel von Dezember bis Ende März, ein Tagespass kostet 50 $ (www.bogusbasin.org). Ganz in der Nähe der Basisstation Pioneer Lodge bietet das Pioneer Inn kleine Apartments, recht einfach in der Ausstattung, aber alle mit Kamin und einige mit *hot tub*. Sie werden auch im Sommer vermietet, dann sind dort viele Mountainbiker unterwegs; allerdings muss man mind. 2 Tage bleiben. Am besten im Voraus online buchen: www.vacasa.com/usa (>Idaho, >Bogus Basin oder >Pioneer Condominiums).

Termine

Idaho Shakespeare Festival: Mitte Juni–Ende Sept. Die Theatersaison dauert in Boise nur von September bis April, im Sommer steht die Stadt ganz im Zeichen von Shakespeare; dann gibt es zahlreiche Aufführungen im Amphitheater (5657 Warm Springs Ave.) außerhalb der Stadt. Festival Office, 520 S 9th St., Tel. 208-429-9908, 208-336-9221, https://idahoshakespeare.org/plays, Karten für Events unter der Woche kosten 36–70 $.

Snake River Stampede (Rodeo): Mitte Juli. Das mehrtägige Rodeo-Spektakel findet im benachbarten Nampa statt, www.snakeriverstampede.com.

Western Idaho Fair: 10 Tage Ende Aug. Die Stadt ähnelt in dieser Zeit einer Zirkusarena, es gibt jede Menge Shows, Paraden, Kirmes und Wettbewerbe wie Traktorfahren, Lamas scheren oder »Wer hat das schönste Schaf?«, www.idahofair.com.

Verkehr

Flüge: Boise Airport, 3201 Airport Way, Tel. 208-383-3110, www.iflyboise.com. Flüge z. B. nach San Francisco, Portland, Seattle und Chicago.

Busse: Greyhound Bus Lines, 1212 W Bannock, Tel. 208-343-3681, www.greyhound.com. Verbindungen z. B. nach Portland, Lewiston und McCall.

Ponderosa Pine Scenic Byway ▶ L/M 10

www.visitidaho.org (> Ponderosa Pine Scenic Byway)

Nach dem Trubel der städtischen Ansiedlungen von **Boise** führt der Highway 21 nach Norden in die Einsamkeit der **Sawtooth Wilderness.** Einst zogen auf dieser Strecke Tausende von Goldsuchern gen Westen. Sie haben in den 1860er-Jahren Idaho City aufgebaut, damals die größte Stadt im Nordwesten. Heute sind nur noch Relikte zu sehen, an den meisten Häusern von damals nagt der Zahn der Zeit und es fehlt das Geld, sie zu restaurieren.

Idaho City und Umgebung

https://visitidaho.org/travel-tips/a-day-trip-to-idaho-city-the-perfect-getaway

In **Idaho City** leben nur noch ca. 500 Menschen, aber die Vermarktung ihrer *ghost town* wie z. B. Virginia City in Montana haben sie (zumindest bis 2022) noch nicht organisiert. Dabei lohnt sich ein Rundgang durch die kleine Stadt durchaus, denn einige Saloons, das Zeitungsbüro, das Gefängnis und die Schmiede, der erste Masonic Temple (eine Loge) von Idaho, das Schulhaus und ein paar winzige Hütten der Minenarbeiter sind noch erhalten. Da sie nicht ›aufgehübscht‹ sind, geben sie einen authentischen Eindruck davon, wie die Bewohner vor mehr als 150 Jahren gelebt haben. Einige Gebäude haben sogar mehrere Brände überstanden und gehören nun zu den ältesten in ganz Idaho.

Das kleine **Boise Basin Museum** zeigt anhand von Gemälden, Fotos, Werkzeugen etc. die Minenarbeit, wie das Gold gewonnen wurde und wie es damals in der Gegend aussah (Montgomery St./Ecke Wall Streets, Tel. 208-392-4550, www.idahocityhf.org).

Eigentlich hat sich seitdem nicht viel geändert, nur die Straße nach Stanley ist neu aus den Bergen geschnitten worden, damit Autos und RVs darauf fahren können. Man braucht Geduld, denn die kurvenreiche Strecke lässt kaum Geschwindigkeit zu. Ab **Lowman,** einem winzigen Straßendorf mit RV-Campground und einigen kleinen Lodges mit Hütten, begleitet ein Arm des Payette River den Reisenden. In der Nähe von Grandjean, einem Ort abseits des Highway 21, hat er seinen Ursprung.

Sawtooth Wilderness

▶ M 10

Nun beginnt die Sawtooth Wilderness, eine unberührte Naturlandschaft mit Wald und vielen kleinen Seen, eines der kleineren Schutzgebiete und mit 878 km² nur so groß wie Berlin. Nach dem **Banner Pass** (kann bei Schnee gesperrt sein, Höhe 2000 m) eröffnen sich allmählich Ausblicke auf die schroffen Gipfel der Wilderness, bis sich die Hochebene um Stanley ausbreitet (Stanley Basin).

Stanley

Dieser Ort hat sich zu einem Paradies für Naturfreunde und Sportler entwickelt. Von hier aus starten die Bergwanderer und Kletterer, Wanderer und Reiter und natürlich auch die Kajakfahrer und Wildwasser-Rafter auf dem Salmon River. Dennoch sollte man sich Stanley nicht wie einen vergleichbaren Ort in Europa vorstellen. Stanleys ca. 100 Einwohner leben weit verstreut auf einer Fläche von etwa 2 km². Das dennoch recht große Angebot an Unterkünften umfasst vor allem Cabins und ein paar kleinere Motels, im Sommer sollte man unbedingt vorher reservieren. Bei Stanley bietet es sich an, eine Wildwasserfahrt auf dem Salmon River zu machen, der unweit im Osten der Wilderness seine Quelle hat.

Bei Stanley treffen drei Scenic Byways aufeinander: **Ponderosa Pine, Salmon River** (s. S. 364) und **Sawtooth** (s. S. 365)

Infos

Im Internet: www.stanleycc.org.

Sawtooth National Recreation Area Visitor Center: 5 N Fork Canyon Rd., Hwy 75, ca. 14 km nördl. von Ketchum, Tel. 208-774-5000, https://visitsunvalley.com/things-to-do/sawtooth-national-recreation-area, im Winter Mo–Fr 8.30–17, im Sommer Mo–Sa 8.30–17 Uhr.

Aktiv

Wildwasser-Rafting und mehr – **The River Company:** Eva Falls Ave. (Hwy 21), Tel. 800-398-0346, www.therivercompany.com. Angeboten werden 3,5- bis 4,5-stündige sowie 5 bis 6 Stunden dauernde Trips zwischen Mitte Mai und Anfang Sept., tgl. 13.30 bzw. auf Anfrage, familienfreundliche Tagestour 95 $/Erw. mit Lunchpaket und Getränken. **Sawtooth Adventure Company:** 710 Ace of Diamonds St., Tel. 1-866-774-4644 oder im Sommer 208-721-8772, http://sawtoothadventure.com, 25. Mai–15. Juli. Der Tagestrip kostet mit Lunch 95 $ /Erw. (ab 13 J.), Mitte Juni bis Mitte August tgl. 10, 12 Uhr, in der übrigen Zeit nur um

In den Bergregionen der Sawtooth Wilderness gibt es jede Menge Seen, die ›Unverfrorene‹ zu einem Bad einladen

12 Uhr. Außerdem Angebote für Flyfishing, Mountainbiking, Klettern und Ausritte sowie Rundflüge.

Wandern und Bergsteigen – **Sawtooth Mountains Guides:** Tel. 208-774-3324, www.sawtoothguides.com. Das ganze Jahr über stehen die Führer zur Verfügung. Sie sind auf Bergsteigen und Klettern sowie im Winter auf Skiausflüge spezialisiert und kennen nach eigenem Bekunden jeden Zacken und jedes Geröll der benachbarten Berge. Geführte Trekkingtour 1/2 Tag, bei 2 Pers. 150 $/Pers.

Salmon River Scenic Byway ▶ M 9/10–N 7

www.visitidaho.org (> Salmon River Scenic Byway)

Dem Flusslauf folgt der Salmon River Scenic Byway ab **Stanley** auf der Querverbindung Hwy 75 nach Nordosten, dann dem Highway 93 nach **Salmon** und zum **Lost Trail Pass** auf der Grenze zu Montana. Die 260 km dieser Strecke führen durch fast menschenlee-

res Land, das zwar einst von Minenarbeitern durchackert wurde, heute jedoch nur noch Spuren dieser Blütezeit aufweist.

Custer Motorway Adventure Road

www.visitidaho.org (> Search > Custer Motorway Adventure Road); Hinweis: Die Straße ist für Campmobile streckenweise nicht geeignet
Wer besonders viel Zeit hat, kann noch mal einen Abstecher vom Salmon River Scenic Byway machen und die Yankee Fork Road/ Custer Motorway Adventure Road von **Sunbeam** bis **Challis** fahren, dort finden sich Relikte der Goldgräberorte Custer und Bonanza. Einige Campgrounds liegen an der 75 km langen unbefestigten Strecke.

Sawtooth Scenic Byway ▶ M 10

www.visitidaho.org (> Sawtooth Scenic Byway)
Der Byway führt von **Stanley** auf dem Highway 75 durch beinahe menschenleere Landschaften via **Ketchum** und **Hailey** bis **Shoshone** im Süden. Auf dem Weg liegt mit dem 2652 m hohen **Galena Summit** einer der höchsten Pässe Nordamerikas.

Redfish Lake

Ein Kleinod unter den wahrlich nicht wenigen schönen Seen von Idaho ist der Redfish Lake, etwas abseits vom Highway 75, ca. 8 km südlich von Stanley. Das Gebiet um den See ist für Camper und Naturliebhaber gut erschlossen: Allein 7 Campingplätze befinden sich an der Zugangsstraße zum See. Die traumhafte Lage des Gletschersees direkt am Fuß der Sawtooth Range mit ihren 3000er-Gipfeln hat schon seit den 1930er-Jahren Erholungsuchende in die Gegend gelockt. Auf dem 8 km langen Gewässer fährt im Sommer sogar eine kleine Fähre ans andere Ufer und es gibt ein Pontonboot, für Ausflugsfahrten.

Aktiv

Reiten – **Mystic Saddle Ranch:** Redfish Lake Corrals, ca. 35 km nördlich von Ketchum auf dem Hwy 75, Tel. 1-888-722-5432, www.mysticsaddleranch.com. Hier werden nicht nur Pferde vermietet, sondern auch Ausritte organisiert, das beste Rezept gegen mögliche Langeweile. Eine der Ganztagestouren geht in die Berge zu anderen Seen, dafür sollte man jedoch eine gewisse Reiterfahrung mitbringen (43 $/Std., Tagesausritt 134 $/Pers.).

DIE SEELE BAUMELN LASSEN IN DER REDFISH LODGE AM REDFISH LAKE

Amerikaner beschreiben so etwas als *rustic*, womit im Fall der **Redfish Lodge** gemeint ist, dass das Gebäude alt, kaum renoviert und ziemlich einfach ausgestattet ist. Tatsächlich wurde das Hotel schon 1929 direkt am Ufer des Sees gebaut und seitdem nur durch Hütten auf dem Gelände drumherum erweitert. Die Lage ist einfach traumhaft. Vor einer der 21 Hütten unter lauschigen Bäumen zu sitzen und auf den ruhigen See mit den Spiegelungen der Berge darin zu blicken, kann der Inbegriff von Urlaub sein.

Im Haupthaus werden 9 einfache Zimmer angeboten, außerdem gibt es noch 11 Zimmer im Motel. Der Standard ist einfach, die gesamte Ausstattung ist nicht zu vergleichen mit den Luxus-Resorts etwa in Montana (Big Sky) – aber dies ist gewollt. Hier zählt an erster Stelle die Natur und dann die vielen Möglichkeiten für sportliche Aktivitäten. Deshalb gibt es weder Fernsehen noch Telefon in den Zimmern und selbst Handys funktionieren nur mit wenigen Anbietern. WLAN ist inzwischen aber installiert. Die Lodge eröffnet erst am Memorial Day (letzter Mo im Mai) und schließt ihre Pforten wieder am letzten Samstag im September.

Ab Juni kommt dann jeden Sonntagnachmittag und Freitagabend **Kultur** an den See, Open-Air-Konzerte lokaler Musiker bringen dann Spaß und Unterhaltung in das Campleben. Es gibt natürlich auch ein Restaurant in der Lodge, man kann dort seine Mahlzeiten einnehmen. Wer selbst kochen oder die frisch gefangenen Fische selbst zubereiten möchte, sollte eine der größeren Hütten nehmen, in denen eine komplette Küche vorhanden ist.

Die Campingplätze und die Lodge sind im Sommer rasch ausgebucht, deshalb ist eine frühe Reservierung ratsam; ab Januar sind Buchungen online möglich. Relativ ruhig ist es Anfang Juni und im späten September, aber auf den vielen Wanderwegen kann man selbst im Hochsommer ziemlich einsam sein.

Übernachten

Einfach – **Redfish Lake Lodge:** P. O. Box 9, 8 km südl. von Stanley rechts ab vom Hwy 75, Tel. im Sommer 208-774-3536, www.redfishlake.com. 21 Cabins, 11 Motelzimmer und 9 Zimmer in der Lodge, Restaurant. Hütten mit Bad, allein stehend oder doppelt, Motelzimmer mit Patio, einige frisch renoviert. €€–€€€

Ketchum und Sun Valley ▶ N 10

Hätte Ernest Hemingway sich nicht in der letzten Phase seines Lebens ein Haus in Ketchum gekauft und sich dort erschossen, der Ort wäre wohl kaum so weit über die Grenzen Nordamerikas bekannt. Dabei waren es Österreicher, die gemeinsam mit einem skibegeisterten Eisenbahnchef damit begannen, das **Wintersportgebiet Sun Valley** neben der einstigen Minenstadt aufzubauen und noch heute wirbt Sun Valley mit seinem alpinen Flair. »Konditorei« steht ganz selbstverständlich am Café, und mit der »Kitzbühel Collection« weist eine Boutique darauf hin, dass die zu verkaufende Kleidung ein gewisses (Preis-) Niveau hat.

Village Sun Valley

Von Anfang an haben die Verantwortlichen für eines der ältesten Wintersportgebiete in den USA auf Exklusivität gesetzt und den Tourimus hier in ebendiese Bahnen zu lenken gewusst. So ließ der frisch gebackene Hotelier Averell Harriman 1936 zur Eröffnung seines Hotels und der ersten Pisten Hollywoodprominenz einfliegen, darunter Gary Grant, Clark Gable und Errol Flynn sowie Ernest Hemingway, der sich schon einen Namen als Schriftsteller gemacht hatte. Sun Valley versuchte sich als das St. Moritz der USA zu positionieren, und die Fotos von Politikern und Schauspielern im altehrwürdigen Sun Valley Lodge belegen den Erfolg. Inzwischen ist das **Village Sun Valley** am Fuß des Bald Mountain gewaltig gewachsen und viele Geschäfte, das Sun Valley Inn, ein Opera House und eine neue offene Konzertbühne zeugen davon, dass hier auch auf Sommergäste gesetzt wird.

Ketchum

Der eigentliche Ort **Ketchum** mit seinen ca. 3500 Einwohnern hat sich ebenfalls ganz dem Tourismus verschrieben: Anspruchsvolle Geschäfte und Restaurants, viele Künstler und Kunsthandwerker prägen den Ort. Auch wenn am Labor Day (1. Mo im Sept.) der Wilde Westen mit Wagenparaden, Schießübungen und Erinnerungen an die Zeit als Minenstadt hochgehalten wird oder im Oktober auf der Hauptstraße Schafe eingefangen werden, die meisten Aktivitäten zielen doch eher auf ein kulturbeflissenes Publikum. Folk-Musik steht seit mehr als 30 Jahren im August auf dem Programm, ein jährliches Zusammentreffen von Autoren und ein Begleitprogramm mit Lesungen (ebenfalls im Aug.) sowie Kammermusikkonzerte (Juli) und ein hochkarätiges Jazzfestival (Okt.) sind gleichermaßen Beispiele dafür, wie sich Ketchum ein eigenes Profil schaffen will.

Infos

Sun Valley Visitor Information Center: 491 Sun Valley Rd., Ketchum, Tel. 208-726-3423 oder 800-634-3347, http://visitsun valley.com.
Sawtooth National Recreation Area Visitor Center: 5 N Fork Canyon Rd., 13 km nördlich von Ketchum, Tel. 208-727-5000 oder 1-800-260-5970, www.fs.usda.gov/sawtooth.
Ketchum Ranger District: 206 Sun Valley Rd., Tel. 2208-622-5371, Website s. Visitor Center, Mo–Sa 8.30–17 (Sommer), Mo–Fr 8.30–17 Uhr (Winter).

Übernachten

Luxus mit Tradition – **Sun Valley Lodge:** 1 Sun Valley Rd., Tel. 800-786-8259, 208-622-2151, www.sunvalley.com/lodging/sun-val ley-lodge. Das große alte Hotel wurde teilweise renoviert, nun gibt es 370 Zimmer und 110 Suiten, außerdem 4 Restaurants, einen Innenpool und alle Annehmlichkeiten eines 4-Sterne-Hotels. Zumindest sollte man einmal zum Lunch hineingehen, allein der Luxus in der Lobby ist beeindruckend. €€€
An der Hauptstraße – **Best Western Plus Kentwood Lodge:** 180 S Main St., Tel. 800-780-7234 oder 208-726-4114, www.bestwes tern.com. Das Mittelklassehotel hat 57 Zimmer, in den Zimmern nach hinten ist es ruhig. Mikrowelle, Kühlschrank, Pool, Fitnesscenter. €€€
Mit alpinem Dekor – **Best Western Tyrolean Lodge:** 260 Cottonwood, Tel. 800-800-7234 oder 208-726-5336, www.bestwestern.com. Dieses einfachere Haus der Kette mit Blick auf die Hausberge liegt am Ortsrand; das Dekor im Frühstückssaal soll noch vom früheren Besitzer, einem Tiroler, stammen. Preis inkl. Frühstück. €€€

Essen & Trinken

Anspruchsvolle amerikanische Küche – **The Grill at Knob Hill:** 960 N Main Street, Tel. 208-726-8010, www.knobhillinn.com/the-grill-at-knob-hill, tgl. ab 4.30 Bar, ab 5.30 Dinner. Das moderne Restaurant gehört zum Knob Hill Inn Hotel, das im Jahr 2013 umfassend renoviert wurde, die Küche ist niveauvoll gehoben und

Ernest Hemingway und das Sun Valley

Havanna, Key West oder Paris werden eher mit dem Namen des Schriftstellers verknüpft als das kleine Ketchum/Sun Valley. Aber dort ist Ernest Hemingway Ski gelaufen, hat im Restaurant Christiana gespeist, ein Haus gekauft und 1961 seinem Leben ein Ende gesetzt. Heute ehrt die Gemeinde den Nobelpreisträger mit einem jährlichen Symposium im Oktober.

In Ketchum und dem angrenzenden Skiort Sun Valley ist Hemingway noch präsent: auf Fotos in der Bildergalerie der altehrwürdigen Sun Valley Lodge, als Namensgeber der örtlichen Grundschule, sein letztes Wohnhaus wird von der Organisation Nature Conservancy verwaltet, seine Bronzebüste blickt auf den Trail Creek, und auch in Restaurants und Bars stößt man in den unterschiedlichen Zusammenhängen noch immer auf den Namen des großen Schriftstellers. Sein Grab auf dem Friedhof von Ketchum ist allerdings nicht leicht zu finden, aber die mannsgroßen liegenden Grabplatten von Ernest und seiner Frau Mary Walsh unterscheiden sich doch von den anderen, kleineren Gräbern. 1936 ist der 1899 in Oak Park (Illinois) geborene Weltenbummler zum ersten Mal zum Wintersport nach Sun Valley gereist: Er war als Berühmtheit Gast der gerade eröffneten Sun Valley Lodge. Alpiner Ski war seit dem Ende der 1920er-Jahre in Mode gekommen, und Hemingways Name sollte, zusammen mit anderen wie Gary Cooper oder Clark Gable, als Zugpferd wohlhabende Wintersportler anlocken. Hemingway ist zwar oft auf Skiern fotografiert worden, aber er bevorzugte die Gegend am Silver Creek, um dort zu fischen und zu jagen, insbesondere die Entenjagd im Frühjahr wurde schnell zu seiner Passion.

Sesshaft wurde der Verfasser heute noch bekannter Romane wie »Der alte Mann und das Meer«, »Wem die Stunde schlägt« oder »Fiesta« aber erst 1959 in Ketchum. Seine vierte und letzte Ehefrau Mary Walsh hinterließ das Haus 1986 der Nature Conservancy, einer weltweit agierenden Umweltschutzorganisation. Normalerweise ist das Anwesen nicht zu besichtigen, aber anlässlich des Hemingway-Symposiums im Oktober wird es für eine exklusive Dinnerparty kurzzeitig geöffnet. Hemingways Enkelinnen wuchsen in Ketchum auf, u. a. Mariel Hemingway; sie führte dort ein Yoga-Studio und schrieb Ratgeber für gesundes Leben. Die Enkelin hat ihren Großvater zwar nie kennengelernt – sie wurde wenige Monate nach seinem Freitod geboren –, ist sich des großen Namens aber durchaus bewusst und hat nichts gegen die Vermarktung des Images für das Sun Valley, wie sie in einem Interview für den Sun Valley Guide 2008 darlegte. Auch von ihrem späteren Wohnsitz in Kalifornien ist sie regelmäßig ins Valley zurückgekehrt. Andererseits achten die Nachkommen sehr genau auf die Verwendung der ›Marke‹ Hemingway. Nicht jede Bar darf sich mit Hemingways Namen schmücken. Den Hemigway als Cocktail beurteilt man offenbar nicht so streng, schließlich ist Rum der Hauptbestandteil und ›Papa‹ war bekannt als Freund des Zuckerrohrschnapses. Lange nach seinem Tod im Jahr 1961 wirkt der Literaturnobelpreisträger noch als Stilikone eines von Abenteuerlust und Unkonventionalität geprägten Lebens.

verwendet nur frische und meist lokale Zutaten wie Forellen und Lamm. Burger 14 $, Wiener Schnitzel (Kalb) 32,50 $.

High level – **Sawtooth Club:** 231 Main St., Tel. 208-726-5233, www.sawtoothclub.com, Mo–Sa ab 16.30 Uhr. 2021 von Tripadvisor als bestes Restaurant der Stadt bewertet. Die Küche bietet ein hohes Niveau an Kochkunst, serviwert wird vor allem amerikanische Küche, z. B. Bio-Huhn von einer namentlich genannten Farm in Colorado für 28 $.

Beliebte Steakkneipe – **Pioneer Saloon:** 308 N Main St., Tel. 208-726-3139, www.pioneersaloon.com, offen ab 16 Uhr. Es ist laut und meist überfüllt, aber das angesagteste Restaurant in Ketchum. Das *Prime Rib* (ab 20 $) ist das Warten wert und die Atmosphäre in der auf *Old West* getrimmten Bar ist locker fröhlich. Steaks ab 15 $, Sandwiches 6–11 $.

Einkaufen

Markt – **Ketchum Farmers Market:** 4th St. zwischen Walnut und East Ave., Anfang Juni bis Anfang Okt. jeweils Di 14–18 Uhr, http://wrfarmersmarket.org/ketchum-market. Lokale Anbieter mit viel frischem Obst sowie Gemüse.

Aktiv

Wandern – Die Wanderwege auf dem **Bald Mountain** sind auch im Sommer mit dem Lift von der River Run Plaza aus zu erreichen. Sun Valley Lift Ticketing, Tel. 208-622-6136, www.sunvalley.com, Erw. 20 $/Tag.

Paragliding – **Fly Sun Valley:** 160 W 4th St., Tel. 208-726-3332, www.flysunvalley.com. Man kann sein eigenes Equipment mitbringen, alles ausleihen oder einen Flug mit einem der erfahrenen Piloten im Tandem mitmachen. Auch Unterricht wird angeboten. Für Informationen über Preise anrufen oder mailen, ab 285 $ für einen Tandemflug.

Termine

Kammermusikkonzerte – Ketch'em Alive: Juli und Aug. Kostenlose Konzerte jeden Dienstagabend ab 18 Uhr im Forest Service Park. Kalender auf Facebook.

Sun Valley Ice Show: Juli bis Anfang Sept. Eisarena hinter der Sun Valley Lodge, Tel. 208-622-2231. Jeden Samstag treten in dieser Zeit Eiskunstläufer und -tänzer auf, die mindestens eine Silbermedaille in ihrer Disziplin gewonnen haben. Tickets 40–100 $.

Sun Valley Music Festival: Ende Juli–Mitte Aug. auf der Freiluftbühne. Klassische Konzerte von einem Orchester bestehend aus Musikern aus allen Teilen der USA, kein Eintritt, www.svmusicfestival.org.

Writers conference: Mitte Juli. An verschiedenen Orten im Sun Valley; das Programm wird z. T. von international renommierten Autoren bestritten. 2022 haben u. a. Heather McGhee, Yascha Mounk, Arthur C. Brooks, Rebecca Donner und Barbara Ascher teilgenommen, Tel. 208-726-5454, www.svwc.com, Tickets ab 35 $ pro Lesung.

Trailing of the Sheep: Wochenende Anf. Okt. Am Sonntag werden unzählige Schafe durch die Hauptstraße von Ketchum getrieben, außerdem gibt es Tanz und Musik. Am Samstag findet im benachbarten Hailey die Sheep Folklife Fair statt, mit vielen Ständen, Vorführungen und Lammbraten (Tel. 208-720-0585, www.trailingofthesheep.org).

Sun Valley Jazz Jamboree: Mitte Okt. An verschiedenen Spielorten in Sun Valley wird ein breites Spektrum von Musikstilen geboten, häufig von Big Bands aus dem ganzen Land, Tel. 1-877-478-5277, www.sunvalleyjazz.com, Tagespass ab 42 $.

Hemingway-Symposium: Mitte Okt. Veranstaltet von der kommunalen Bibliothek werden Werke und Wirkungen beleuchtet, Community Library, Tel. 1-866-549-5783.

Shoshone ▶ N 11

Der Sawtooth Scenic Byway (Hwy 75) ist noch bis **Shoshone** in der Hochebene der Snake River Plains ausgewiesen. Der kleine Ort war einst ein einfacher Eisenbahnhaltepunkt, lange Zeit auch der einzige im Süden Idahos. Die Schienen teilen noch heute die Hauptstraße des Orts, nun aber leben die 1500 Einwohner überwiegend vom Ertrag ihrer Farmen. Interessant anzusehen sind etliche aus Lavagestein gebaute Häuser, eine Technik, die heute niemand mehr beherrscht.

FLIEGENFISCHEN AM SILVER CREEK

Tour-Infos

Start: Silver Creek Outfitters, Ketchum (s. u.)
Anbieter: Silver Creek Outfitters, 500 N Main St., Tel. 1-208-215-7932, http://silver-creek.com. Die erfahrenen Angler vom Angelshop stellen aktuelle Nachrichten zum Fischen ins Netz, bieten Kurse an und organisieren Guides für die verschiedenen Flüsse in Idaho. Für Anfänger ist ein Tageskurs bestens geeignet (125 $/Pers.), allerdings müssen sich mind. drei Teilnehmer finden.
Infos: www.idahoangler.com und http://flyfishidaho.org: Die Websites verschaffen einen guten Überblick über die schier unzähligen Möglichkeiten in ganz Idaho.
Angeln ohne Guide: Wer ohne Guide angeln möchte, benötigt eine entsprechende Lizenz, die es sowohl bei den Parkrangern und im Visitor Center als auch in Outfitter-Geschäften zu kaufen gibt (die Eintageslizenz zum Fischen kostet 15 $, Folgetage jeweils 7 $).

Mit seinem Film »Aus der Mitte entspringt ein Fluss« hat Robert Redford 1992 das im Nordwesten der USA überaus beliebte Fliegenfischen auch in Europa bekannter gemacht. Der Vater zeigt darin seinen beiden Söhnen schon als Kindern, wie man fest im Wasser steht, die lange Angelschnur auswirft und sie im Wasser bewegt.

Immer wieder bemerkt man auf der Fahrt durch Idaho, dass an den Gewässern Menschen stehen, zuweilen bis zum Bauch im Wasser, die mit ruhigen Bewegungen ab und an die lange Angelrute in Bewegung setzen. Wenn man lange genug wartet, sieht man sie auch einen Fisch herausholen. Die Flüsse sind voll mit Barschen *(bass, perch)*, Forellen *(steelhead, rainbow, cutthroat)*, Lachsen *(salmon)* und Welsen *(sturgeon)*, wobei Letztere nach den Gesetzen von Idaho wieder ins Wasser gesetzt werden müssen. Lachse werden vorwiegend von Mai bis Juli gefangen, für die anderen Fischarten läuft die Saison von April bis Oktober.
Statt das Angeln in Eigenregie zu organisieren und selbst eine Lizenz zu besorgen, kann man sich einer geführten Tour anschließen. Die Veranstalter sorgen für die Ausstattung und die Genehmigungen und meist auch für das Vergnügen, selbst als Anfänger einmal eine Forelle an den Haken zu bekommen. Ein schönes Revier ist der Silver Creek nördlich von Ketchum. Im ruhigen Gewässer finden sich vorwiegend »Browns« und »Rainbows«, Jagdsaison ist von Ende Mai bis Ende Februar.
Das Fliegenfischen basiert nicht auf dem Wurfprinzip anderer Angeltechniken. Statt ein Bleigewicht mit Vorfach zu beschleunigen (wie beim Grundangeln) oder das Eigengewicht eines Blinkers zu nutzen (wie beim Spinnfischen), wird hier das Gewicht der Schnur genutzt – eine Technik, die die Guides dem angehenden Fliegenfischer genau zeigen und die meist zu einer lebenslangen Begeisterung für diesen Sport führt.
Für Anfänger ist der schmale Creek besonders geeignet, keine reißende Strömung verbreitet Ungemach, man kann sich vielmehr vollkommen auf die Anweisungen des geduldigen Lehrers von Silver Creek Outfitters konzentrieren.

Shoshone Ice Caves

1561 N. Hwy 75, Tel. 208-886-2058, www.shoshoneicecaves.com, Mai–Sept. 10–17 Uhr (letzte Tour), Erw. 10 $, Kin. 4–12 J. 6 $; unbedingt eine warme Jacke mitbringen
Noch vor dem Ortseingang (ca. 27 km nördlich) befinden sich die Shoshone Ice Caves, höhlenartige, unterirdische Lavaröhren, die auch im Sommer vereist sind. Vor der Erfindung des Kühlschranks sollen hier die Bars von Shoshone ihr Bier gelagert haben, sodass es schön kühl und frisch blieb und dann mit der Eisenbahn in den Ort gebracht wurde. Die Ice Caves sind in Privatbesitz und werden entsprechend mit schaurigen Geschichten, einem kleinen Museum mit Souvenirshop und einer geführten Tour vermarktet.

T-Maze Caves

BLM Shoshone District Office, 400 W F. St., Shoshone, Tel. 208-886-2206; festes Schuhwerk und eine Taschenlampe sind erforderlich
Weniger touristisch erschlossen als die Shoshone Ice Caves sind die T-Maze Caves, die von der Bennett Hills Recreation Management Area verwaltet werden. Eine der 14 Lavaröhren ist zugänglich: Sie gilt als die längste Röhre in ganz Idaho.

Twin Falls ▶ N 12

Am südlichen Ufer des Snake River liegt die mittelgroße Stadt Twin Falls als Mittelpunkt des **Magic Valley.** Der Name erinnert daran, dass hier mithilfe der Bewässerung durch die unterirdischen Wasserreservoire des Snake River die einstige Halbwüste auf geradezu magische Weise zum Leben erweckt und zu fruchtbarem Farmland wurde.

Die annähernd 48 000 Bewohner von **Twin Falls** leben überwiegend von Land- und Viehwirtschaft, nur wenig Industrie hat sich in der Gegend angesiedelt. Der Stuntman Evel Knievel (1938–2007) hat Twin Falls im Jahr 1974 zu etwas Ruhm verholfen, als er versuchte, mit einem raketenbetriebenen Motorrad den 457 m breiten Canyon des Snake River zu ›überfliegen‹. Doch der zu früh geöffnete Fallschirm bremste den Flug und ließ ihn in die

Die eindrucksvollen Shoshone Falls sind 65 m hoch, höher als die Niagara-Fälle

Schlucht stürzen. Knievel überlebte den Sturz mit nur leichten Verletzungen, aber das Fernsehen war dabei und so kam auch Twin Falls in die Schlagzeilen.

Shoshone Falls

https://visitidaho.org/things-to-do/natural-attractions/shoshone-falls, 30. März–Ende Sept. 3 $/Auto

Die **Shoshone Falls** 6 km östlich der Stadt sind mit 65 m sogar höher als die Niagara-Fälle. Die Idaho Power Company nutzt die Fälle zur Energiegewinnung und so beeinträchtigen einige Dämme leider das Naturschauspiel. Es gibt einen Aussichtspunkt südlich der Fälle. Der Abstecher ist vor allem im Frühjahr nach der Schneeschmelze in den Bergen, wenn besonders viel Wasser die Fälle hinunterdonnert, lohnenswert.

Brücke in der Stadt sind. Jedenfalls ist es spannend, einem solchen Sprung mit Fallschirm oder Fluganzug zuzusehen.

Infos

Twin Falls Visitor Center: 2015 Neilsen Point Place, Tel. 208-733-3974 oder 866-894-6325, http://twinfallschamber.com, tgl. 8–17 Uhr.

Übernachten

Geräumige Zimmer – **Best Western Plus Twin Falls Hotel:** 1377 Blue Lakes Blvd., Tel. 208-736-8000, www.bestwestern.com. Das Mittelklassehotel bietet 100 Zimmer, Mikrowelle, Kühlschrank, z. T. haben die Zimmer eine Kitchenette, Internetzugang, Fitnesscenter und Indoorpool. Preis inkl. Frühstück. €€

Mittelklassenkette – **Red Lion Hotel Twin Falls:** 1357 Blue Lakes Blvd., Tel. 208-734-5000, www.redlion.com. Das Mittelklassehotel hat 112 geräumige Zimmer, Internetzugang, darüber hinaus einen Außenpool und ein Restaurant. €€

Aktiv

BASE-Jumping – **Snake River Base Academy:** Tel: 208.420.2602, http://snakeriverbase.com. Das viertägige Vorbereitungstraining findet im Büro von SRBA, 137 Main Ave. East (Theorie), statt. Kurs mit Leihgebühr für den Fallschirm um 1195 $. **Tandem Base:** Perrine Bridge, Tel. 208-546-9873, http://tandembase.com und auf Facebook für Termine. Ein Doppelsprung kostet 399 $, der 2. Sprung nur 250 $. Reservierung ist besonders an Wochenenden dringend erforderlich. Vorher findet eine einstündige Einführung statt.

Perrine Bridge

Eine besondere Attraktion ist die **Perrine Bridge** über den Snake River, die sich in 150 m Höhe über den Canyon spannt. Von dieser Brücke springen professionelle BASE-Jumper in die Tiefe (BASE: Building, Antenna, Span, Earth). Seit 1996 ist das erlaubt und zieht Springer aus der ganzen Welt an, an Wochenenden im Sommer sollen es Hunderte sein, die wegen der

Abstecher von der Interstate 84 ▶ M/N 11 /12

Die Interstate 84 folgt bis Pocatello im Osten von Idaho dem historischen **Oregon Trail:** Hier sind einst die Pioniere am Snake River entlang nach Westen gezogen. Es ist der kürzeste Weg durch den Süden des Bundesstaa-

Vom Wind gestaltet: die Sanddünen im Bruneau Dunes State Park

tes, aber auch hier lohnt ein Abstecher von der Schnellstraße, um einige Naturschauspiele zu erleben. Die Route führt durch karges, mit *Desert Sage* (Beifuß) bedecktes Halbwüstengebiet, das nur dank intensiver Bewässerung fruchtbar gemacht werden kann.

Bruneau Dunes State Park

Der Parkeingang liegt ungefähr 35 km südlich von Mountain Home am Highway 51 neben dem kleinen Ort Bruneau

Eine ungewöhnliche Formation an Sanddünen mitten im Land weist der Bruneau Dunes State Park auf, die höchste misst fast 150 m. Da der Wind zu beinahe gleichen Anteilen von Nord- bzw. Südwest weht, verändern sie ihre Form kaum. Man kann diese Dünen hinaufklettern und von oben in einen Krater blicken, aus dem die sandigen Formationen gewachsen zu sein scheinen. Am Fuß der Dünen sind verschiedene Wanderwege ausgebaut, die zu kleineren Seen und Teichen führen.

Auf dem 19 km2 großen Gelände gibt es auch einen Campground und zwei Hütten (27608 Sand Dunes Rd., Tel. 1-888-922-6743, www.parksandrecreation.idaho.gov/parks/bruneau-dunes).

Thousand Springs Scenic Byway

www.visitidaho.org (> Thousand Springs Scenic Byway)

Bei **Bliss** (Exit 137) beginnt der Highway 30, der vor dem Bau der Interstate die Verkehrsachse von Twin Falls nach Westen war. Durch die Entlastung der Schnellstraße ist die Strecke wesentlich ruhiger geworden und man kann die Naturschönheiten der **Thousand Springs,** die aus der vom Snake River geschliffenen Canyonwand sprudeln, in Ruhe genießen, am besten natürlich im Frühjahr.

Der Abstecher zu den Tausend Quellen ist bis zur Wiederauffahrt auf die Interstate hinter Twin Falls 82 km lang, gute zwei Stunden Fahrt sollte man daher einkalkulieren. Kaum zu glauben, aber in dieser Region existiert sogar **Weinbau.** Eigentlich hat der Umgang mit Reben in Idaho schon seit dem späten 19. Jh. Tradition. Im nördlichen Lewiston bauten französische und deutsche Winzer damals erfolgreich Weinreben an, allerdings brachten die strengen Gesetze der Prohibition das Ganze dann vorerst wieder zum Erliegen. Von den seit den 1970er-Jahren wieder angelegten Weinbergen befinden sich 16 südlich und südöstlich von Boise im Snake River Valley.

An den Abfahrten 120–121 der Interstate 84 liegt **Glenns Ferry,** dort befindet sich **Carmela Vinyards,** ein großes Weingut mit der Möglichkeit zur Besichtigung. Der Winzer Roger Jones produziert preisgekrönte Weine und bietet auf dem Weingut auch einen Golfplatz und Cabins zum Übernachten.

Aktiv

Besichtigung einer Weinkellerei – **Carmela Vinyards:** 1289 W Madison St., Glenns Ferry, Tel. 208-366-2313, www.crossingswinery.com, Weinstube im Sommer tgl. 9–21 Uhr, Kellerei Sa, So 13–17 Uhr, Tour 15 $. Mit zugehörigem RV-Park, Golfplatz und Restaurant.

Hagerman Fossil Beds National Monument

Im Hagerman Valley ist seit 1988 ein National Monument ausgewiesen, das Hagerman Fossil Beds. Es handelt sich dabei um ein 17 km² großes Gelände, das als **Ausgrabungsstätte** von prähistorischen Skeletten bekannt geworden ist und unter Schutz gestellt wurde. Die ersten Ausgrabungen im Gebiet fanden 1929 statt, ein lokaler Rancher hatte Wissenschaftler auf alte Knochen auf seinem Land aufmerksam gemacht. Die Grabungen erbrachten Funde von 140 fossilen Arten, davon 44 Erstfunde und acht Arten, die nur in diesem Gebiet gefunden wurden. Der berühmteste ist das kleine **Hagerman-Pferd,** ein Urpferd aus der Zeit von vor 3,5 Mio Jahren. Schutz ist in diesem Fall so ernst gemeint, dass Besucher das Gebiet nicht allein erwandern dürfen.

Aussichtspunkte

Es werden zwei Aussichtspunkte angeboten, der **Snake River Overlook** und der **Oregon Trail Overlook,** von denen aus man den Fluss, die Steilufer und das kleine Örtchen Hagerman überblicken kann. Fossilien lassen sich im Visitor Center bewundern, im Sommer bieten die Ranger (bei genügend Nachfrage) auch Wanderungen in das Areal an. Man benötigt ein wenig Fantasie, um sich die prähistorische Landschaft vorzustellen, aber die Bilder im Visitor Center helfen dabei.

City of Rocks

Allein stehende Felsdome, manche mehr als 200 m hoch, steilste Überhänge und über 700 ausgewiesene Routen haben die City of Rocks kurz vor der Grenze zu Utah zu einem Mekka für Kletterer werden lassen. Aus aller Welt kommen die Sportler, um sich dort und im **Castle Rock State Park** den Herausforderungen der Felsen zu stellen. Durch dieses Gebiet führten zur Zeit der Besiedlung des Westens die Trecks nach Kalifornien, Namen der Siedler sind heute noch auf Felsen zu finden. Ranger bieten eine geführte Tour durch die Felsenstadt an, sie lassen die mühselige Reise durch das Land lebendig werden. In der näheren Umgebung kann man nicht übernachten – in Oakley, Elba, Conner, Albion und Malta gibt es keine Hotels.

Infos

Visitor Center: 221 N State St., Hagerman, Tel. 208-837-4793, www.nps.gov/hafo, Ende Mai–Ende Sept. tgl. 9–17 Uhr, sonst Do–Mo 9–17 Uhr.

City of Rocks National Reserve: Visitor Center, Tel. 208-824-5901, www.nps.gov/ciro, Mitte April–Mitte Okt. tgl. 8–16.30 Uhr, sonst Mo–Fr 8–16.30 Uhr. Campingplätze können online reserviert werden, Platz ab 13 $. Weitere Campingplätze im benachbarten **Castle Rock State Park:** www.parksandrecreation.idaho.gov/parks/castle-rocks.

Idahos Südosten

Die Snake River Plains bilden ein grandioses Hochplateau, das im Norden von den Ausläufern der Bitterroot Range begrenzt wird. Nur wenige Straßen durchziehen die nahezu menschenleere Region. Vor nicht langer Zeit haben hier gigantische Lavaströme ein Meer aus schwarzen Felsen geschaffen, die bizarre Landschaft der Craters of the Moon. Ganz im Südosten gibt es im Bergland heiße Quellen zu entdecken.

Idaho ist der Kartoffelstaat der USA: Hier werden die Kartoffeln für das ganze Land angebaut. Insbesondere im Südosten des Bundesstaats konzentrieren sich die Felder. Idaho Falls und Pocatello sind in dieser Region die größten Städte, beide leben überwiegend von der Landwirtschaft. Die nahezu menschenleere Gegend nördlich der Städte war lange Zeit dennoch eine der modernsten der USA: Atomic City stand für den Fortschrittsglauben einer Nation und ihrer dazugehörenden Atomreaktoren. Der von ihnen anfallende Müll wurde in der Halbwüste zwischen Arco und Idaho Falls gelagert.

Die bizarre Vulkanlandschaft der Craters of the Moon ist das Ergebnis jahrtausendealter Lavaströme, die vor ca. 15 000 Jahren begannen und erst vor ungefähr 2000 Jahren versiegten. Die Beschaffenheit der Oberfläche ist der des Mondes so ähnlich, dass die ersten Astronauten für ihren Ausflug auf den Erdtrabanten dort trainierten. Auf den Interstates 84 bzw. 86 und 15 lässt sich Idaho schnell durchqueren, wenn man in den Yellowstone National Park oder nach Salt Lake City (Utah) gelangen will. Das hieße aber, eine der ungewöhnlichsten geologischen Formationen zu versäumen, die Idaho zu bieten hat.

Die Fahrt dorthin erfolgt auf dem Highway 20 von Mountain Home (Ausfahrt 95 von der Interstate 84) im Westen oder von Idaho Falls ebenfalls auf dem Highway 20. Die Strecke ist zwar nicht als Scenic Byway ausgewiesen, aber sie ist dennoch interessant, weil sie sich am nördlichen Rand der Snake River Plains an den Ausläufern der Berge entlangzieht und zuweilen Tafelberge wie aus dem Nichts gewachsen in der Hochebene stehen.

✿ Craters of the Moon National Monument

▶ O 11

Als man den Mond noch nicht betreten hatte, schilderte der Geologe Harold Stearns 1923 seinen Eindruck vom riesigen Lavafeld der Gegend folgendermaßen: »Es sieht aus wie die Oberfläche des Mondes, die ich durch mein Teleskop gesehen habe.« Kein Wunder, dass man bei der Namensgebung für das 1924 geschaffene National Monument diesen Eindruck aufgriff. Vor ca. 15 000 Jahren begannen die Lavaströme aus einem Bruch des Great Riff zu fließen. Insgesamt soll es bis vor 2000 Jahren achtmal zu Ausbrüchen gekommen sein. Es ist kein ›richtiger‹ Vulkan in dieser Gegend zu finden, vielmehr brachen lange unterirdische Spalten quer durch die Hochebene des Snake River durch Eruptionen auf und ließen die Lavaströme entweichen.

Scharfkantig und schroff ist das dunkle Lavagestein des Craters of the Moon National Monument

Insgesamt ist eine Fläche von 1000 km^2 als National Monument ausgewiesen. Basaltkegel mit scharfen Kanten erheben sich auf relativ ebenem Grund. Daneben sind Flächen zu sehen, deren Lava so fein poliert ist, dass sie aus der Entfernung wie schwarzer Samt wirken. Ein interessantes Phänomen für die Biologen stellen die sogenannten Kipukas dar. Das sind Stellen, um die die Lava herumgeflossen ist, sodass man die ursprüngliche Vegetation der Gegend erkennen und mit der neuen auf den Lavafeldern entstandenen vergleichen kann.

1969 haben die Astronauten der NASA (Apollo 11) in diesem Gelände für ihre Mondbegehung geübt. Bei wochenlangen Märschen über das spitze Lavagestein wurde vor allem die Haltbarkeit der Raumanzüge getestet und die Kondition der Mondfahrer gesteigert. Die Kraterlandschaft liegt immerhin in einer Höhe von 1800 m und starker Wind ist ein ständiger Begleiter. Im Sommer kann es aber durchaus einmal 40 °C heiß werden.

Vegetation

Die schönste Zeit, um das Monument zu erkunden, ist das späte Frühjahr ab Juni. Dann erfüllen Hunderte verschiedener Wildpflanzen die schwarze Landschaft mit Farben. *Yellow desert parsley,* die leuchtend gelb blühende Wüstenpetersilie, *Red Indian paintbrush* mit strahlend roten Blüten oder grüner Farn beispielsweise verleihen dieser scheinbaren Einöde bunte Farbtupfer, bevor die Sommerhitze sie wieder zum Verschwinden bringt.

Schon im Oktober kann es in diesem Gebiet schneien; da es tagsüber aber oft noch recht warm wird, bleibt die weiße Pracht nur an wenigen Stellen liegen und verschafft durch die starken Kontraste auf dem dunklen Untergrund interessante Eindrücke. Das Sonnenlicht verändert die eintönige Farbe der Lavalandschaft enorm. Besonders morgens und kurz vor Einbruch der Dunkelheit wird deutlich, wie viele Farben selbst die Lavagebilde in sich tragen. Große Teile der Steine sind tief dunkelbraun, aber auch Streifen von Rot durchziehen die Aschekegel. Die Farbe entstand, als die eisenhaltige Lava zu oxidieren begann. Auch die Flechten und Moose leuchten in der Morgen- oder Abendsonne und zusätzlich lassen sich zu diesen Zeiten eher Murmeltiere und die lediglich in Nordamerika vorkommenden Maultierhirsche *(mule deer)* beim Fressen beobachten.

Orientierung und Planung

Für Besucher wurden **Straßen** und einige **Wanderwege** durch das unwegbare Gelände angelegt, diese darf man nicht verlassen, um das sensible ökologische Gleichgewicht nicht zu stören. Die insgesamt 11 km lange Strecke beginnt beim Visitor Center direkt unterhalb des Highway 20 und ist mit sieben Haltepunkten sowie Erläuterungen versehen. Von den Haltepunkten aus gehen die Trails ab, einer führt z. B. vom Punkt 6 zu den **Buffalo Caves** und umrundet den **Broken Top,** einen 1846 m hohen Aschekegel. Die Lavahöhlen dort können nicht betreten werden, aber vom Punkt 7 aus erreicht man ein kleines Gebiet mit mehreren Höhlen *(cave area),* die besichtigt werden können.

Achtung: Zwischen Carey und Arco am Highway 20 (71 km) gibt es weder Tankstellen noch Möglichkeiten, Getränke und Proviant zu kaufen.

Kleidung und Ausrüstung

Zum Wandern sollte man unbedingt feste Schuhe dabeihaben, denn das Lavagestein ist scharfkantig. Auch eine Kopfbedeckung und ein Sonnenschutz sind dringend zu empfehlen. Der Wind bläst winzige Steinpartikel durch die Gegend, dagegen sollte man sich mit langen Hosen und festen Jacken schützen. Um in den Höhlen etwas sehen zu können, ist eine Taschenlampe nötig.

Infos

Visitor Center: 1266 Craters Loop Rd., Arco, Tel. 208-527-1335, www.nps.gov/crmo, ganzjährig geöffnet, Ende Mai–27. Sept. 8–18, sonst 8–16.30 Uhr, Gebühr für das Auto 5 $. In der Nähe des Visitor Center befindet sich ein Campground.

Von Arco nach Idaho Falls ▶ O–Q 10

Arco

Arco liegt am Rand des **Idaho National Laboratory** (bis 2005 hieß es Idaho National Engineering and Environmental Laboratory), eine euphemistische Bezeichnung für ein Gelände, auf dem seit 1949 Atomreaktoren gebaut worden sind. So war Arco auch weltweit die erste Stadt, die ab 1955 durch Strom aus Atomkraft versorgt wurde. Vom Highway 20 aus sind einige Gebäude auf dem immerhin 2300 km² großen, abgesperrten Gebiet zu sehen.

EBR-1

Hwy 20, 29 km südöstlich von Arco, Tel. 208-526-0050, https://inl.gov/experimental-breeder-reactor-i, Besichtigungen Ende Mai bis Anf. Sept., 9–17 Uhr

Für Besucher zugänglich ist **EBR-1** *(Experimental Breeder Reactor)*. Die erste für die Erzeugung von Strom gebaute Atomkraftanlage der Welt war von 1951 bis 1963 in Betrieb und kann im Sommer besichtigt werden. Sie ist seit 1966 ein National Historic Landmark.

Die Konzentration von Atomreaktoren in der Halbwüste fernab von jeglicher Zivilisation war nach dem Zweiten Weltkrieg eine politische Entscheidung. Inzwischen gibt es eine Diskussion über die Wahl des Standorts, weil hier ebenfalls atomarer Müll gelagert wird und die geologische Struktur des Untergrunds Anlass zur Besorgnis gibt. Die Spalten, die für die Lavaströme in den Craters of the Moon verantwortlich sind, verlaufen auch in dieser Region, und es steht zu befürchten, dass erneute Eruptionen katastrophale Folgen hätten. Übrigens werden in den USA die Atommülltransporte aus anderen Landesteilen nicht bekannt gegeben, anders als in Deutschland, wo die Castorbehälter öffentlich ihre Reise antreten.

Idaho Falls

Die viertgrößte Stadt von Idaho weist eine interessante Mischung der Arbeitsbevölkerung auf: Fast 8000 der insgesamt 60 000 Einwohner arbeiten in den Atomanlagen des Idaho National Laboratory, der Rest ist überwiegend mit Handel und der Aufbereitung von landwirtschaftlichen Produkten befasst. Offensichtlich eine lukrative Ergänzung, denn die Stadt und die angrenzenden Ortschaften wachsen und Idaho Falls kann sich Museen, Theater, Orchester und ein großes Baseball-Stadion leisten. Die natürlichen Wasserfälle des Snake River, der mitten durch die Stadt fließt, sind durch eingebaute Staustufen zur Energiegewinnung sehr sanft geworden, geben aber immer noch ein freundliches Gesamtbild ab, wenn die Graugänse in Reih und Glied auf der Stufenkante sitzen.

Ein Grüngürtel entlang des Flusses bietet sich zur Erkundung an; auf seiner Rückseite befinden sich etliche Hotels der amerikanischen Ketten. Für einen Stopp auf dem Weg z. B. zum Yellowstone National Park und zum Grand Teton stehen zahlreiche Unterkünfte bereit. Sie sind in der Regel zudem preiswerter als die in den Parks (Idaho Falls – West Yellowstone 172 km, Idaho Falls – Jackson 142 km, kurvige Strecke). Auf der anderen Seite des Snake schließt sich der **älteste Teil der Stadt** mit einigen Häusern aus dem späten 19. und dem frühen 20. Jh. an.

Geschichte

Die Ursprünge von Idaho Falls begannen mit einer Brücke, der Taylor Bridge, die ein findiger Händler 1865 bauen ließ, weil Goldsucher aus der Gegend von Salt Lake City hier über den Fluss und in die Minen von Zentral-Idaho wollten. Schon 1880 kam die Eisenbahn in die Ansiedlung, die entsprechend wuchs. Zuerst wurde sie übrigens Eagle Rock genannt, weil dort Seeadler nisteten. Aber Landprospektoren, die das Potenzial der Stadt mit dem fruchtbaren Umland und der guten Wasserversorgung erkannten, setzten den Namen Idaho Falls durch.

Die kleinen Staustufen im Snake River durch Idaho Falls sind beliebte Ruheplätze für Graugänse

LDS Temple

Visitor Center des LDS Temple, 1000 Memorial Dr., Tel. 208-523-4504, www.churchofjesuschrist.org/locations/idaho-falls-temple-visitors-center?lang=eng, tgl. 9–21 Uhr

Schon von Weitem ist der riesige weiße Turm mit dem goldenen Engel auf der Spitze zu sehen, der zur **Mormonenkirche** gehört. In deren Besucherzentrum kann man nachvollziehen, wie die Ahnenforschung der Mormonen betrieben wird.

Museum of Idaho

200 N Eastern Ave., Tel. 208-522-1400, www.facebook.com/museumofidaho, Mo, Fr 10–20, Di, Mi, Do, Sa 10–18, So 13–17 Uhr, Erw. 12 $

Da die Stadt für Touristen sonst nicht sonderlich viel zu bieten hat, wird versucht, das **Museum of Idaho** zu einem attraktiven Ziel auszubauen. Es wurde in den letzten Jahren erheblich vergrößert und versucht durch Wanderausstellungen die Aufmerksamkeit der Region auf sich zu ziehen, so wurden u. a. Objekte von der »Titanic« oder die »Bodies« von Gunther von Hagen gezeigt.

Infos

Eastern Idaho/Idaho Falls Convention and Visitors Bureau: 355 River Parkway, Tel. 208-523-1010, 1-866-365-6943, www.visitidahofalls.com, im Sommer Mo–Fr 9–17, Sa 9–15 Uhr.

Übernachten

Entlang des River Parkway/Lindsay Blvd. am Snake River gibt es eine Reihe von Hotels:

Gehobener Standard – **Residence Inn Idaho Falls:** 635 W Broadway, Tel. 208-542-0000, www.marriott.com. Einige Zimmer mit Kitchenette, Pool, Frühstück. €€€

Geräumig – **Le Ritz Hotel and Suites:** 720 Lindsay Blvd., Tel. 800-813-9266 oder 208-528-0880, www.leritzhotel.com. Das moderne Hotel mit 123 Zimmern hat mit dem Namensvetter in Paris nichts gemein. Die Zimmer sind unterschiedlich eingerichtet. Fitnesscenter, Innenpool, *hot tub,* Waschmaschinen, freier Internetzugang, Mikrowelle, Kühlschrank. Preis inkl. Frühstück. €€€

Business-Hotel – **Shilo Inn Suites Hotel:** 780 Lindsay Blvd., Tel. 208-523-0088, www.shiloinns.com. 161 recht große Zimmer, Mikrowelle, Kühlschrank und Internet. €€

Große Zimmer – **Best Western Plus Cotton Tree Inn:** 900 Lindsay Blvd., Tel. 208-523-6000, http://bestwesternidaho.com. 94 Zimmer. Preis inkl. Frühstück. €€

Am Fluss gelegen – **Best Western Driftwood Inn:** 575 River Pkwy, Tel. 208-523-2242, www. bestwestern.com. Viele der 74 Zimmer mit Kitchenette. Außenpool. Preis inkl. Frühstück. €€€

Essen & Trinken

Gehobene amerikanische Küche – **Copper Rill Restaurant:** 415 River Parkway, Tel. 208-529-5800, www.copperrill.com, tgl. 16–21 Uhr. Ein variantenreiches Angebot aus Salaten, Pasta und Fisch – oft Heilbutt oder Shrimps – und Steaks erwartet den Besucher, Reservierung angeraten. Hauptgerichte 18–29 $.

Traditionelle amerikanische Küche – **The Sandpiper Restaurant:** 750 Lindsay Blvd., Tel. 208-524-3344, www.sandpiperidaho.com, im Sommer tgl. ab 16 Uhr. Sandpiper betreibt 2 Restaurants in Idaho, spezialisiert auf Steaks, *Prime Rib* und Fisch; Außenterrasse mit Ausblick auf den Snake River. Hauptgerichte 15–24 $.

Gut für Burger und Steaks – **Snakebite:** 401 Park Ave., Tel. 208-525-2522, www.snakebiterestaurant.com, Mo–Sa 11–13 und ab 17 Uhr. Von der Farm auf den Tisch ist das Motto dieses beliebten kleinen Restaurants, vielseitige Variationen von Burgern, Sandwiches, Salaten, Steaks, Lamm und Lachs. Hauptgerichte um 20 $.

Einkaufen

Einkaufszentrum – **Grand Teton Mall:** 2300 E 17th St., www.grandtetonmall.com. Mo–Sa 10–21, So 12–18 Uhr. Macy's, Sears und Old Navy sind in der größten Mall von Idaho Falls zu finden (65 Geschäfte), also vornehmlich eine Gelegenheit, Kleidung zu kaufen, aber es gibt auch vier Bistros zum Lunchen.

Markt – **Flohmarkt (Flea Market):** 3130 N Yellowstone Hwy, Fr 11–19, Sa 9–19 Uhr ganzjährig. Jede Menge Westernkleidung und Indianerschmuck, Handeln gehört dazu.

Aktiv

Stadtspaziergang – Im **Visitor Center** erhält man einen Prospekt, mit dessen Hilfe sich das kleine Areal zwischen Broadway, Yellowstone Avenue und Memorial Drive leicht erlaufen lässt. 13 historische Gebäude sind ausgewiesen.

Kulturstätte mit Theater – **Willard Arts Center:** 498 A St., Tel. 208-522-5023, www.idahofallsarts.org. Konzerte, Shows und wechselnde Ausstellungen finden in diesem Gebäudekomplex statt, auch Studios für Künstler sind hier zu finden.

Termin

Beer Fest: 1. Wochenende im Juni. Meist sind rund 80 Brauereien vertreten, und natürlich gibt's auch jede Menge zu essen, Sandy Downs Park, 6855 S 15th East, www.northamericanbrewers.org.

Hwy 20 zum Yellowstone Park ▶ Q 10–R 8

Die direkteste Verbindung von **Idaho Falls** zum **Parkeingang in West Yellowstone** ist der Highway 20 (172 km). Ab **Ashton** wird die Gegend nahezu menschenleer, nur einige lang gezogene Straßendörfer wie Island Park oder Macks Inn säumen die Strecke.

Mesa Falls Scenic Byway

Ca. 46 km; www.visitidaho.org (> Mesa Falls Scenic Byway)

Ein gut einstündiger Abstecher auf dem Highway 47 von **Ashton** aus bietet wunderschöne Aussichten auf die vielen Wasserfälle im **Caribou Targhee National Forest,** der höchste misst immerhin 35 m.

Deshalb trägt dieser Abstecher auch den Namen Mesa Falls Scenic Byway. Der höchste Wasserfall, der **Upper Mesa Fall,** ist durch Spazierwege gut erschlossen, ebenso gibt es ein Interpretive Center zur Geologie des Canyons, das in einem Holzhaus von 1916 untergebracht ist.

Auf der Interstate 15 nach Süden ▶ P/Q 11

Blackfoot

Eigentlich könnte man am landwirtschaftlich geprägten Städtchen Blackfoot vorbeirauschen, wäre es nicht die Hauptstadt der Kartoffel und würde es nicht diesen Ruf mit dem sehenswerten **Kartoffelmuseum** unter Beweis stellen.

Idaho Potato Museum

World Potato Expo, 130 NW Main St., Tel. 208-785-2517, https://idahopotatomuseum.com, Sept-Mai. Mo–Sa 9.30–17, Juni-August Mo–Fr 9.30–19 Uhr, Erw 4 $

Neben den üblichen musealen Ausstellungsstücken zur Geschichte der Kartoffel wie landwirtschaftlichem Gerät und Werkzeugen sowie 1600 Jahre alten Gefäßen aus Peru faszinieren der weltgrößte Kartoffelchip (63 cm) und ein Foto von Marilyn Monroe im Kartoffelsack. Jemand hatte behauptet, sie würde selbst in so etwas gut aussehen, und sie zeigte, dass es stimmte. Es gibt jede Menge Anekdoten rund um die Kartoffel zu entdecken, viel über die Nutzung und den Nutzen zu erfahren und vielleicht ein passendes Souvenir zu erwerben wie etwa Bodylotion mit Kartoffelaroma. Im dazugehörendem Café gibt's auch alle Varianten von Kartoffeln, das Brot ist hervorragend. Die üblicherweise süßen Buttertoffees *(fudge)* mit Kartoffelgeschmack sind gewöhnungsbedürftig, probieren sollte man sie dennoch.

Fort Hall Indian Reservation

http://www.sbtribes.com

Die Schnellstraße führt bis kurz vor Pocatello durch das Indianerreservat der Shoshonen- und Bannock-Stämme. In **Fort Hall** ist ihr Verwaltungssitz, dort gibt es auch ein von den Stämmen betriebenes Hotel und ein Casino: www.shobanhotel.com, www.shobangaming.com.

Pow Wow

Anfang oder Mitte August findet in Fort Hall das drei- bis viertägige Shoshone-Bannock Indian Festival statt. Es ist eines der größten Pow Wows in Nordamerika und zieht viele Besucher und Teilnehmer von anderen Stämmen an. Nicht nur traditionelle Tänze und Trommelsessions werden vorgeführt, sondern es gibt auch Ponyrennen und ein Rodeo; viele Kunsthandwerker beleben das Festival.

Termin

Shoshone-Bannock Indian Festival and Rodeo: s.o., Tel. 208-238-3700, http://shobanfestival.com.

Pocatello ▶P 11

Einem Indianerhäuptling hat die Stadt **Pocatello** ihren Namen zu verdanken. Nach erbitterten Auseinandersetzungen mit weißen Siedlern und der Armee wurden die Bannock-Indianer 1865 schließlich in die Knie und ins Reservat gezwungen.

Chief Pocatello soll sich nach der Niederlage für einen Ausgleich zwischen Indianern und Siedlern eingesetzt haben und gab auch sein Einverständnis für den Bau der Eisenbahnlinie durch das Reservat. 1880 wurde mit der *Utah & Northern Railroad* der Startschuss für die Entwicklung einer Stadt gegeben, die rasch zu einem Umschlagplatz von Waren wurde.

Schon 1920 lebten hier über 15 000 Menschen, eine ungewöhnliche Größe für die damalige Zeit, wenn es sich nicht gerade um eine Goldgräberstadt handelte. Pocatello bot all denjenigen, die nicht unter Mormonen leben wollten, eine Alternative, denn die Ausbreitung der Latter-day Saints machte nicht an den Grenzen von Utah halt. Heute ist Pocatello eine Universitätsstadt (Idaho State University) mit ca. 54 000 Einwohnern, hat ein Naturkundemuseum, einen Nachbau des Fort Hall aus den ersten Siedlerzeiten und einen Zoo. Ansonsten wirbt es damit, ein guter Ausgangsort für Erkundungen der südöstlichen Region von Idaho zu sein.

Infos

Pocatello Visitors Bureau: 2695 South 5th Avenue, Tel. 208-233-1525, www.visitpocatello.com.

Übernachten

Es gibt auch in Pocatello alle namhaften amerikanischen Hotelketten. Etwas anderes als Standard bieten:

Ausblick auf die Stadt – **Fairfield Inn & Suites:** 205 Via Venitio Drive., Tel. 208-233-9200, www.marriott.com. Etwas außerhalb der Stadt liegt das neue Hotel der Mariott Gruppe mit 83 geräumigen Zimmern, Pool, Fitnesscenter, Frühstück. €€€

Disneyworld-Fantasien – **The Black Swan Inn:** 746 E Center, Tel. 208-233-3051, www.blackswaninn.com. In diesem Hotel mit 15 Suiten lassen sich amerikanische Fantasiewelten erleben. Die Zimmer sind nach so exotischen Themen wie »Tropical Paradise« oder »Sea Cave« oder »Jungle Falls« ausgestaltet, und zwar in allen Einzelheiten. In Sea Cave z. B. überragt eine gigantische Muschel das runde Bett und Seejungfrauen im Bikini lächeln huldvoll. Jeder Raum ist mit Kamin, Mikrowelle sowie Kühlschrank ausgestattet, Frühstückskorb frei. €€–€€€

Essen & Trinken

Familienrestaurant amerikanisch – **Sandpiper Restaurant:** 1400 Bench Rd., Tel. 208-233-1000, www.sandpiperidaho.com, tgl. 17–21 Uhr. Thunfisch, Krabben (Crab), Hummer und Lachs stehen hier neben Short-Ribs, Lammbraten und Jakobsmuscheln auf der Speisekarte. Großstadtniveau darf man allerdings nicht erwarten. Hauptgerichte 15–20 $.

Kleine west-amerikanische Kette – **Elmer's Restaurant:** 851 S 5th Ave., Tel. 208-232-9114, http://eatatelmers.com, Mo–Sa 6.30–22.30, So nur bis 21 Uhr. Gut für ein Frühstück mit Waf-

Rodeo und Cowboys – Spektakel auf buckelnden Rindern und Pferden

Etwa 700 Veranstaltungen organisiert der Verband der professionellen Rodeoreiter jährlich in den USA. Die großen Rodeos im Westen der USA ziehen Tausende von Besuchern an, die Wettbewerbe sind ein Millionengeschäft mit Stars unter den Cowboys geworden. Sogar Colleges und Highschools veranstalten Rodeos. Überall wo die Tradition des Wilden Westens noch lebendig ist, finden sich Liebhaber des rauen Sports.

Wild buckelnde Pferde und Bullen, Cowboys mit ihren Lassos beim Kälbereinfangen und Kutscher auf schwerfälligen Planwagen beim Rennen der Küchenwagen – Szenen, die in Amerika jeder kennt. Viele junge Leute aus den Viehzuchtregionen der USA und Kanadas wetteifern inzwischen darum, Bester in einer von sechs Disziplinen zu sein, und riskieren dabei oft Kopf und Kragen.

Beim Reiten ohne Sattel, dem *bareback riding,* muss der Reiter mindestens acht Sekunden auf einem bockenden Pferd ohne Sattel sitzen. Dabei darf er sich nur mit einer Hand an einem Gürtel festhalten, während die andere frei in die Luft gestreckt werden muss und weder seinen Körper noch den des Pferdes berühren darf. Bewertet werden die Haltung des Reiters, das Temperament des Pferds und die Zeit, die sich der Gebeutelte auf dem mit allen Vieren in die Höhe springenden Tier halten kann.

Das *saddle bronc riding* unterscheidet sich vom Bareback Riding dadurch, dass sich der Reiter so lange wie möglich auf einem gesattelten Pferd halten muss. Er hält sich an einem Halfterstrick fest, Kandare und Trense werden nicht verwendet. Die buckelnden Pferde *(broncos)* für das *bareback* oder das *saddle bronc riding* sind übrigens keine Wildtiere, sondern eigens für diesen Sport gezüchtet und trainiert. Broncos leben außerhalb der Rodeo-Zeit frei auf großen Weiden und gehören nach Meinung von Pferdekennern zu den glücklicheren ihrer Art.

Beim *steer wrestling,* beim Ringen mit dem Stier, wirft sich ein Mann auf einen etwa 400 Pfund schweren Jungstier und versucht ihn an den Hörnern zu Boden zu ringen.

Einer anderen Herausforderung stellen sich die Bullenreiter beim *bull riding.* Sie bekommen es mit aggressiven Brahmanbullen zu tun, auf denen sie ebenfalls acht Sekunden ausharren müssen, um in die Qualifikation zu kommen. Gefährlich wird es bei dieser Disziplin, wenn der Reiter abgeworfen wird, denn der Bulle greift den am Boden Liegenden sofort an. Dann schreiten bereitstehende Rodeo-Clowns ein, die das Tier von seinem Opfer ablenken sollen.

Das *calf roping* ist ein Geschicklichkeitswettbewerb für Pferd und Reiter. Der Teilnehmer versucht in Rekordzeit, ein fliehendes Kalb mit dem Lasso einzufangen, es niederzuwerfen und an drei Beinen zu fesseln. Die *chuckwagon races* (Küchenwagenrennen) sind das seltsamste Spektakel eines Rodeos. Es handelt sich um Wettrennen mit schwer lenkbaren Planwagen, die zu Viehtriebszeiten mitgeführt wurden, um die Cowboys auf ihren oft langen Wegen mit Essen zu versorgen. Die Anforderungen an die Geschicklichkeit von Kutscher und Pferden sind in diesem Wettbewerb extrem.

Rodeos sind ein Millionengeschäft – aber auch beste Unterhaltung

Rodeos gehören seit dem Ende des 19. Jh. zu den Vergnügungen der ländlichen Bevölkerung und haben somit eine angestammte Tradition im Nordwesten. Ursprünglich ist es ein aus Südamerika stammender Wettbewerb. Das Wort stammt vom spanischen *rodear* ab, was soviel wie ›umrunden‹ bedeutet, und bezeichnet die Tätigkeit, mit der man das Vieh auf einem bestimmten Raum zusammentreibt. Wer nun genau das erste Rodeo veranstaltet hat, darüber streiten sich bis heute die Staaten Texas und Wyoming. Zwischen 1890 und 1910 wurde Rodeo durch zahlreiche Wildwest-Shows bekannt, die durch das Land tourten. Der bekannteste Vertreter war wohl Buffalo Bill Cody, der Anfang des 20. Jh. sogar eine große Europatournee unternahm, mit Stationen in Köln, Hamburg, Wien, London, Rom und weiteren großen europäischen Städten. 1929 wurde dann die Rodeo Association of America gegründet, eine Vereinigung von Viehhändlern beim Rodeo *(stock contractor)*, um einen Rahmen für Regeln rund um das Rodeo, Marketing und Werbung zu schaffen.

Die Teilnehmer organisierten sich erstmals 1936 in der Cowboys Turtle Association, um einheitliche Regeln, bessere Preise und einen fairen, einheitlichen Wettkampf zu erreichen. 1945 wurde die Organisation umbenannt und seit 1975 organisiert die Professional Rodeo Cowboys Association, eine Organisation, die bis heute als PRCA die meisten Rodeos austrägt und ein strenges Regelwerk vorschreibt, die Round-Ups. Übrigens nehmen auch Frauen an den Rodeos teil, sie haben eigene Disziplinen.

Im Gebiet, das dieser Reiseführer abdeckt, finden Rodeo Round-Ups in vielen Orten statt, die aktuellen Veranstaltungen findet man u.a. auf den Websites www.prorodeo.com und www.collegerodeo.com.

feln und Omeletts, zum Lunch gibt es Burger, um 12 $.

Aktiv

Wintersport & Wandern – **Pebble Creek Ski Area:** Abfahrt 57 von der Interstate 15 bei Inkom, Tel. 208-775-4452 oder 877-524-7669, www.pebblecreekskiarea.com. Am Mount Bonneville (Caribou Range) liegt das Skigebiet der Region mit 54 Abfahrten. Die meisten davon gelten als *advanced*. Mit dem Lift kommt man bis auf 2600 m hoch, Skisaison Dez.–April. Die Lifte fahren im Sommer nicht, aber man kann in der einsamen Gegend gut wandern.

Nach Utah und Wyoming ▶Q 11/12

Die Interstate 15 führt durch die Berge der **Bannock Range** und klettert gemächlich bis zum Pass auf 1700 m. Unterhalb der Brücke, die die Schnellstraße nutzt, gibt es einen kleinen Campground. Von dort gelangt man auf sehr wenig benutzten Trails in die **Elkhorn Mountains** und an das **Devil Creek Reservoir,** einen kleineren See, der beliebt bei den örtlichen Anglern ist. **Malad City** verdankt seinen Namen einem französischen Trapper, der das Biberfleisch nicht mochte und als *malade* bezeichnete. Inzwischen ist die Kleinstadt (ca. 2000 Einw.) Verwaltungssitz des Oneida County und hat Burger King und Subway im Angebot. Von Malad City bis nach Salt Lake City (Utah) sind es noch 172 km.

Oregon Trail Bear Lake Scenic Byway

https://visitidaho.org

Bei **McCammon** mündet der Highway 30 auf die Interstate 15. Der Highway ist bis zum **Bear Lake** an der Grenze zu Utah als **Oregon Trail Bear Lake Scenic Byway** ausgewiesen und führt durch hügeliges Gebirgsvorland, immer wieder durchbrochen von weiten Hochebenen, und von Soda Springs bis Montpelier durch den **Caribou Targhee National Forest** am Bear River entlang.

Lava Hot Springs

Der kleine Ort **Lava Hot Springs** lohnt einen Besuch wegen seiner heißen Quellen, die für die Schwimmbäder und *hot tubs* genutzt werden. Auf 43 °C bringt es eine der Quellen, sodass das Wasser sogar gekühlt werden muss. Die Quellen sind reich an Mineralien, allerdings ohne Schwefel, so fehlt der typische Geruch anderer Geysire (ganzjährig geöffnet, www.lavahotsprings.com).

Soda Springs

In **Soda Springs** hat es 1937 eine Bohrcrew auf der Suche nach Wasser geschafft, versehentlich einen Geysir zu öffnen, der nun kontrolliert durch Ventile jede Stunde eruptiert (www.sodachamber.com). In der Gegend gibt es viele natürliche heiße Quellen. Sie versetzten die ersten Siedler, die dem Flusslauf folgend von Montpelier kamen, in Erstaunen.

In Soda Springs kreuzt auch der Highway 34, der als **Pioneer Scenic Byway** nach Freedom am Highway 89 in Wyoming führt. Nach Süden ist dieser Highway die Verbindung nach Salt Lake City und zugleich die kürzeste Strecke zwischen der Mormonenstadt und dem Yellowstone National Park.

Montpelier

NOCTC, 320 N 4th St., Tel. 208-847-3800, www.oregontrailcenter.org, Mai–Sept. So–Do 9–17, Fr, Sa 9–18, Okt. Di–Sa 10–14 Uhr, Living History Tour 12 $

In **Montpelier** soll der legendäre Butch Cassidy 1896 eine Bank ausgeraubt und erfolgreich das Weite gesucht haben, heutzutage geht es in dem von Mormonen gegründeten Städtchen eher geruhsam zu. Seinen französischen Namen verdankt die Ansiedlung übrigens dem Mormonenführer Brigham Young, der aus Vermont stammte, Montpelier ist dort die Hauptstadt.

Park your oxen here lautet ein Spruch am Eingang des **National Oregon/California Trail Center (NOTCT)** am Rand von Montpelier. Dort sollen die Siedler des Oregon Trail Rast gemacht haben auf ihrem beschwerlichen Weg nach Westen. Das Center wartet mit einem computerbetriebenen Planwagen auf, in dem man die Schaukelei und die harten Stöße einer Fahrt auf unplanierten Straßen nachempfinden kann.

Bear Lake

Bis nach St. Charles am **Bear Lake** sind es noch einmal 30 km auf dem Highway 89 nach Westen. Der 310 km² große See liegt bereits gut zur Hälfte in Utah, aber auch in Idaho findet man viele Campgrounds, die dieses Gebiet zu einem Ferienziel für naturverbundene Urlauber machen.

Von Montpelier aus führt der Highway 89 nach Norden direkt über Jackson (Wyoming) in den Grand Teton National Park (s. S. 464).

Infos

Bear Lake Valley Convention & Visitors Bureau: 69 N Paradise Parkway Blvd., A, Garden City, Utah, Tel. 435-946-2197, www.bearlake.org.

Southeast Idaho High Country Tourism: https://idahohighcountry.org. Büro in Lava Hot Springs, Tel. 888-201-1063. Mit vielen Hinweisen zu Aktivitäten, auch Rodeos in der Region. Zudem Campgrounds, Hotels und andere Übernachtungsmöglichkeiten.

Lebendige Geschichte wird mit Planwagen und Tipi entlang des Oregon Trail an vielen Stellen präsentiert

Glacier
National Park
Helena
Bozeman

Kapitel 4

Montanas Westen

Herausragende Regionen im Westen Montanas sind der Glacier National Park und das Yellowstone Country, die nördliche Umgebung des weltberühmten Parks in Wyoming. Aber auch das Gold West Country mit den verlassenen Goldgräberstädten Virginia und Nevada City und der kleinen, aber pulsierenden Hauptstadt Helena bieten reizvolle Ziele in diesem fast menschenleeren Bundesstaat, der sich selbst als Big Sky Country bezeichnet.

Montana ist ein im Verhältnis zu seiner Einwohnerzahl ungeheuer großes Land: Auf einer Fläche von 380 000 km^2 (etwas mehr als die Bundesrepublik) leben knapp über eine Million Menschen, die meisten davon im Großraum Billings. Vieh- und Landwirtschaft sind die wichtigsten Wirtschaftszweige, gefolgt vom Bergbau. In jüngster Zeit spielt im Südosten die Erdölförderung eine bedeutendere Rolle.

Die abwechslungsreichen Landschaften mit ausgedehnten Wäldern, dem riesigen Flathead Lake und dem gemeinsam mit Kanada bewirtschafteten Waterton-Glacier International Peace Park im Norden haben sich zu touristischen Zielen entwickelt. Großstädtisches, hektisches »city life« sucht man hier vergebens, weil es keine Metropolen gibt. Erfolgreiche Menschen werden in dieser Gegend daran gemessen, wie viele Fische sie gefangen oder wie viele Berge sie bestiegen haben; die Natur bestimmt den Rhythmus.

Östlich der Rocky Mountains beginnen die Plains, die schier endlosen, leicht hügeligen Graslandflächen. Kaum zu zählende National Forests kennzeichnen den südlichen Teil des Reisegebiets. Vor mehr als 100 Jahren begaben sich Tausende auf die Suche nach Gold und Silber hierher. Heute locken »ghost towns« wie Virginia City mit ihrem morbiden Charme.

St. Mary Lake im Glacier National Park

Auf einen Blick: Montanas Westen

Sehenswert

Flathead Lake: Mit einer Uferlinie von etwa 290 km ist der im Norden Montanas gelegene See der größte im Westen der USA. Umgeben von fruchtbarem Farmland auf Hügeln ist er ein beliebtes Wassersportrevier (s. S. 398).

Glacier National Park: Er ist Teil eines gemeinsamen Parks mit Kanada, des Waterton-Glacier International Peace Park. Die bedeutenden Gletscher sind aber auf dem Rückzug. Über 200 kleine und acht große Seen sowie die ca. 3000 m hohen, schroffen Gipfel prägen den Charakter dieses 1910 gegründeten Nationalparks (s. S. 402).

Virginia City und Nevada City: In den ehemaligen Goldgräberstädten lässt sich erleben, wie sich das Leben vor mehr als 100 Jahren im Wilden Westen abspielte. Bei *living history events* schlüpfen die Bewohner in historische Kostüme (s. S. 421).

Schöne Routen

Die Going-to-the-Sun Road: Die Strecke ist atemberaubend und die zum Teil kurvige Straße verläuft durch die Mitte der geschützten Bergregion des Glacier National Park, ca. 83 km entlang tiefer Schluchten und vorbei an den schönsten Berghotels (s. S. 405).

Von Bozeman nach West Yellowstone: Der Highway 191 ist als Scenic-Route ausgewiesen und führt durch tief eingeschnittene Schluchten, vorbei am Skigebiet Big Sky, zum westlichen Eingang des Yellowstone Park (s. S. 425).

Meine Tipps

Marmelade aus Hungry Horse: Die beste Marmelade aus wilden Blaubeeren wird in diesem Dorf angeboten, dort heißen die süßen Früchte »Huckleberries« (s. S. 401).

Auf den Spuren der Blackfeet-Indianer: Bei Browning werden Künstler der Blackfeet-Indianer durch die von einer Deutschen geführten Lodgepole-Galerie vertreten. Im Tipi-Dorf kann man indianisch essen (s. S. 407).

Western Dining auf der Last Chance Ranch: Frisches Prime Rib vom Grill, serviert im größten Tipi Montanas, gibt es für die Gäste auf der Ranch bei Helena – ein Western-Feeling der besonderen Art (s. S. 414).

Museum der Dinosaurier in Bozeman: Echte Dino-Skelette zeugen von den Ureinwohnern der Region – außerdem die Geschichte der Besiedlung zum Anfassen (s. S. 424).

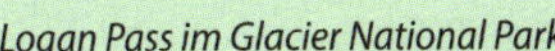
Logan Pass im Glacier National Park

Als Cowboy auf der Cheff Ranch: Einmal wie ein Cowboy fühlen kann man sich auf der Pferde- und Rinderzuchtranch im Flathead Country am Fuß der Rocky Mountains. Hier kann man Aktivferien verbringen und den Westen Amerikas naturnah und rau erleben (s. S. 394).

Wildwasser-Rafting auf dem Gallatin River: Ein meist nasses Vergnügen bietet eine Rafting Tour auf den Whitewater-Flüssen, eine besonders gut organisierte wird auf dem Gallatin River angeboten (s. S. 426).

Wandern im Gallatin National Forest: Die Wanderwege sind anstrengend, aber sie führen durch eine wunderbar abwechslungsreiche Gebirgslandschaft am Fuß des Mount Blackmore nördlich vom Yellowstone National Park (s. S. 428).

Der Norden bis nach Great Falls

Der Glacier National Park in den Rocky Mountains ist sicherlich die spektakulärste Region im Nordwesten von Montana, aber auch das hügelige Vorland um den großen Flathead Lake und das im Osten angrenzende Grasland prägen den vielseitigen Charakter des Landes. Über allem spannt sich der berühmte Big Sky, ein Himmel, der unendlich weit zu sein scheint.

»Forellen leben nicht an hässlichen Plätzen«, lautete ein Werbespruch in einer Broschüre über Montana. Sosehr die bunten Bilder und flotten Marketingaussagen auch oft zu hinterfragen sind, in diesem fluss- und seenreichen Gebiet treffen sie zu. Die Region ist ganz im Westen leicht bewaldet. Darüber hinaus zeugen viele Obstplantagen mit Kirschen und Äpfeln von der Fruchtbarkeit des Bodens. Hier leben in den Feuchtgebieten auch Elche und nicht selten lassen sich Hirsche beim Äsen beobachten. Am Fuß des Gebirges sind im Frühjahr und Sommer oft Bären unterwegs.

Das Reisegebiet wird vom staatlichen Tourismusbüro in drei Gebiete unterteilt: Im Westen liegt das **Glacier Country** (http://glaciermt.com), östlich der Rocky Mountains liegt **Central Montana** (http://centralmontana.com), diese umrahmen den nördlichen Teil von **Southwest Montana** (http://southwestmt.com). Alle Regionen weisen großflächige Reservate der *Native Americans* aus: Im Westen das der Flathead- und im Osten das der Blackfeet-Indianer.

In der größten Stadt des Gebiets, Missoula, gibt es eine Dependance der Montana State University, und die ca. 14 000 Studenten verhelfen dem insgesamt ca. 72 000 Einwohner zählenden Ort zu einem urbanen Flair. Andere kleinere Ortschaften haben zum Teil hübsch restaurierte historische Gebäude, meist ein Museum zur Lewis-&-Clark-Expedition und sind ansonsten gut dafür geeignet, sich mit Utensilien für Outdoor-Aktivitäten wie Fliegenfischen, Reiten, Wandern, Rad- oder Kajakfahren auszustatten.

Missoula ▶ N 5

Die Universitäts- und Einkaufsstadt **Missoula** liegt in einem fruchtbaren, von Bergen umrahmten Tal. Mitunter wird die vom Clark Fork River durchzogene Stadt auch *Garden City* genannt, eine Bezeichnung, die den mit Ahornbäumen bepflanzten Straßen Rechnung trägt. Missoula ist eine relative junge Ansiedlung. Erst ab 1860 kamen die ersten Siedler und Goldsucher, aber schon 1866 wurde der Ort Verwaltungssitz des Bezirks. Der Name leitet sich von der Sprache der Salish-Indianer ab und bedeutet »in der Nähe des kalten, abschreckenden Wassers«. Der Sommer ist mit durchschnittlich knapp 20 °C tatsächlich eher frisch, zudem kann es nachts empfindlich kühl werden. Im Mai und Juni regnet es beinahe täglich und die Temperatur bleibt mit nur 8 °C recht niedrig.

Zentrum

Die lebendige Innenstadt mit vielen Boutiquen, Galerien und Cafés neben Geschäften für Angelausrüstungen lohnt einen Spaziergang, ebenso wie der **River Front Trail,** den man sich allerdings mit den zahlreichen Joggern und Radfahrern teilen muss. Offiziell heißt es, die Stadt habe mehr Fahrräder als Einwohner, zumal die Adventure Cycling Association hier ihren Hauptsitz hat. Jedenfalls gibt es gut ausgebaute Fahrradwege in der flach gelegenen Stadt und das Universitätsgelände ist sogar nur für Räder geöffnet, Autos sind verboten.

Rocky Mountain Elk Foundation Wildlife Visitor Center

5705 Grant Creek Rd., Tel. 406-523-4545, www.rmef.org/ElkCountryVisitorCenter, Mo–Fr 8–18, Sa, So 9–18 Uhr, Spenden sind willkommen

Im **Rocky Mountain Elk Foundation Wildlife Visitor Center** sind jede Menge ausgestopfter Geweihe und Tiwere zu bewundern, außerdem gibt es viele Informationen zu den großen Geweihträgern. Die Stiftung hat schon in vielen Regionen Hirsche wieder angesiedelt, USA-weit hat sie über 155 000 Mitglieder.

Missoula Art Museum

335 N. Pattee St., Tel. 406-728-0447, www.missoulaartmuseum.org, Di–Sa 10–17 Uhr, Spenden erwünscht

Eine der umfangreichsten Sammlungen zeitgenössischer Kunst der *Native Americans* besitzt das **Missoula Art Museum.** Aktuelle künstlerische Aktivitäten in der gesamten Region sind ein weiterer Schwerpunkt. Das Museum präsentiert seine Bestände und dokumentiert sein Engagement insbesondere auch für jüngere Künstler in 20–25 Einzelausstellungen pro Jahr.

Außerhalb der Stadt

Smokejumper Visitor Center

5765 W Broadway St., Tel. 406-329-4934, www.visitmt.com/listings/general/museum/smokejumper-visitor-center.html, Juni-Aug. Mo–Sa 8.30–17 Uhr, Eintritt frei

Neben dem Flughafen liegt das **Smokejumper Visitor Center.** Im Trainingscenter werden Feuerwehrleute ausgebildet, die mit Fallschirmen über abgelegenen brennenden Wäldern abspringen und dort gegen die Flammen kämpfen müssen. Das Museum zeigt neben Fotos von den Einsätzen der Feuerwehrleute aber auch, wie Waldbrände entstehen und warum sie nicht immer gelöscht werden.

Infos

Missoula Convention and Visitors Bureau: 101 East Main St., Tel. 1-800-526-3465 (kostenlos), www.destinationmissoula.orgund zu downtown www.missouladowntown.com.

Übernachten

Luxuriöse Villa – **Gibson Mansion B & B:** 823 39th St., Tel. 406-251-1345, www.gibsonmansion.com. Die viktorianische Villa von 1903 im Süden der Stadt hat vier mit Antiquitäten ausgestattete Räume und einen großen Garten. €€€

Modernisiertes Business-Hotel – **Doubletree by Hilton Hotel Missoula Edgewater:** 100 Madison, Tel. 406-728-3100 oder 800-222-8733, www.hilton.com/en/hotels/rlmv-dt-doubletree-missoula-edgewater. Das moderne Hotel hat eine Front zum Clark Fork River und zudem 171 sehr geräumige Zimmer. €€€

B & B direkt am Fluss – **Goldsmith's Inn:** 809 E Front St., Tel. 406-728-1585 oder 866-666-9945, www.missoulabedandbreakfast.com. Direkt am Fluss in der Stadtmitte befindet sich das stilvolle Haus des ehemaligen Universitätspräsidenten aus dem Jahr 1911 mit 6 unterschiedlich großen Zimmern, einige mit Kamin. €€–€€€

B & B im Wohngebiet – **Blossom's:** 1114 Poplar St., Tel. 406-721-4690, www.blossomsbnb.com. Nördlich der Interstate 90 gelegen, bietet dieses ausgesprochen beliebte Haus von 1910 vier individuell eingerichtete Zimmer. €€–€€€

Ferienwohnungen – **Missoula Vacation Rentals:** 5225 W Broadway St., Suite 21, Tel. 406-721-5300, www.missoulavacationrentals.com. Über die Website konnen mehrere Häuser, Cabins und ein Apartment gemietet werden. Min. 2 Nächte. €€–€€€

Essen & Trinken

Gehobene lokale Küche – **Plonk Missoula:** 322 N Higgins Ave., Tel. 406-926-1791, https://plonkwine.com, tgl. ab 16 Uhr. Möglichst lokale Zutaten lautet die Devise dieses angesagten Lokals, die Speisekarte bleibt daher abwechslungsreich. Zubereitung eher traditionell, leicht asiatische Einflüsse sind spürbar. Lachs mit Quinoa und schwarzen Johannisbeeren 30 $.

Bistro mit italienischer Küche – **The Bridge:** 600 S Higgins, Tel. 406-542-0002, www.bridgepizza.com, tgl. 11–22.30 Uhr. Ein buntes Ge-

ALS COWBOY AUF DER CHEFF RANCH

Tour-Infos

Adresse: Cheff Ranch, 30888 Eagle Pass Trail, Charlo, Tel. 406 644 2557, www.cheffranch.com.

Anfahrt: von Missoula auf dem Hwy 93 Richtung Flathead Lake; nördlich von St. Ignatius führt der Eagle Pass Trail Richtung Osten zur Cheff Ranch in der Mission Mountain Wilderness, ca. 60 km.

Kosten: €€€, über Airbnb buchbar. Die beiden zur Vermietung stehenden Hütten haben eine voll eingerichtete Küche.

Wichtige Hinweise: Ausritt 2 Std. 55 $/Pers., kann auch separat gebucht werden.

Ranchurlaub in seiner authentischsten Form, auf sogenannten *working ranches,* ist meist gleichbedeutend mit harter Arbeit und viel reiten. Heute haben sich einige dieser Ranchen zusätzlich auf Gäste eingestellt. Auf der Cheff Ranch mit einer Größe von 40 km² werden Pferde und Rinder gezüchtet. Hier kann man das Ambiente einer echten Ranch erleben und ein wenig »Wild West Feeling« erleben.

Zweimal am Tag gibt es **Ausritte mit Pferden,** auch Anfängern auf dem Pferd macht ein kurzer Ausritt auf den extrem geduldigen und liebenswürdigen Tieren Spaß. Im benachbarten See kann man schwimmen, aber es gibt auch die Möglichkeit, mit dem **Kanu** zu fahren, zu **kajaken** oder zu **fischen.** Drei herzhafte Mahlzeiten täglich mit viel Fleisch sind für Gäste der Lodge inbegriffen. Es steht den Gästen frei, beim **Melken oder Heuabladen** zu helfen oder auch dabei, die Kühe auf eine andere Weide zu treiben. Abends lockt dann meist ein **Lagerfeuer** mit Barbecue und wilden Geschichten. Die Ranch wird auch gern für Hochzeiten gebucht.

misch an Küchenstilen erfreut sich seit 1971 großer Beliebtheit bei den Einheimischen, direkt neben dem Crystal-Theater-Kino. Paella um 16 $, Pizzen 9–20 $.

Brauereikneipe – **Iron Horse Brew Pub:** 501 N Higgins, Tel. 406-728-8866, www.ironhorsebrewpub.com, So 11–2 Uhr morgens. Uhr. Die Burger sind beeindruckend groß und einige der Biere werden in der hauseigenen Brauerei gebraut, z. B. das *Bayern Dancing Trout Ale.* Burger 11.95–15.95 $.

Bäckerei zum Frühstücken – **Bernice's Bakery:** 190 S 3rd St. W, Tel. 406-728-1358, tgl. 6–20 Uhr, www.bernicesbakerymt.com. Das kleine Café bietet selbst gemachtes Gebäck, insbesondere die mit Cream Cheese gefüllten Croissants sind sehr lecker. Auch Lunch.

Einkaufen

Kunsthandwerkermarkt – Auf der **Pine St.**, jeden Samstag 9–13 Uhr (Mai–Okt.), www.missoulapeoplesmarket.org.

Bekleidung – **Southgate Mall:** am Hwy 93, 2901 Brooks St., www.shopsouthgate.com. Im Südwesten der Stadt gelegen, lohnt sich die Mall für größere Einkäufe, bevor man in menschenleerere Gebiete fährt.

Abends & Nachts

Brauerei und Kneipe mit deutschem Bier – **Bayern Brewing Inc.:** 1507 Montana St., Tel. 406-721-1482, www.bayernbrewery. com, tgl. 10–20 Uhr für Probierraum und Bistro. Bei gutem Wetter kann man auch draußen sitzen. Jürgen Knöller braut seit 1987 ›deutsches‹ Bier und behauptet, im Westen Montanas der Einzige zu sein.

Aktiv

Geschichte – **Historical Museum at Fort Missoula:** 3400 Captain Rawn Way, Tel. 406- 728-3476, www.fortmissoulamuseum.org. Ende Mai–Anf. Sept. Mo–Sa 10–17, So 12–17 Uhr, sonst Di–So 12–17 Uhr, Erw. 4 $. Bei einem Spaziergang durch das Gelände kann man Gebäude aus der Vergangenheit besichtigen oder im Hochsommer an einem der Feste mit historischem Bezug teilnehmen

Radfahren – **Adventure Cycling Association:** 150 E Pine St., Mo–Fr 9–17 Uhr, www.adventurecycling.org. Dort gibt es Karten, geführte Touren und jede Menge Tipps, allerdings keinen Radverleih. **Missoula Bicycle Works:** 708 S Higgins Ave., Tel. 406-721-6525, www.missoulabicycleworks.com. Bei dem Radverleih gibt es das Standardrad für einen halben Tag (20 $) oder für 1 Tag (30 $).

Wandern oder Seilrutsche fahren – **Snowball-Skigebiet:** 20 Min. nördlich von Missoula, www.montanasnowbowl.com. Die Lifte sind im Sommer nur am Wochenende geöffnet, wie auch das Restaurant dort. Neu sind die 4 Zip-Lines (Seilrutschen), die höchste über 300 m. Erw. 35 $ für alle vier.

Abstecher nach Süden

▶N 6/7

Daly Mansion in Hamilton

251 Eastside Hwy, Tel. 406-363-6004, http://dalymansion.org, Juni–Ende Sept., tgl. 9–17 Uhr, Führungen nach Bedarf, Erw. 10 $

In einer gut einstündigen Autofahrt auf dem Highway 93 erreicht man die Kleinstadt **Hamilton,** einen Wohnort von Rentnern und ›Gentleman Ranchern‹. Das Besondere hier ist die riesige Villa Daly Mansion mit 56 Räumen, die nach mehrmaligem Umbau 1910 ihr heutiges Aussehen im *Georgian-Revival*-Stil erhielt. Das zweigeschossige Anwesen gehörte einer schillernden Persönlichkeit, dem Kupferkönig

Marcus Daly (s. S. 418), der es zunächst als Sommerresidenz ausbauen ließ. Daly besaß die Anaconda Copper Mine in Butte, er gründete auch die Kleinstadt Anaconda und betrieb eine politische Kampagne, um diese zur Hauptstadt Montanas zu machen. Nebenbei war der Millionär noch Besitzer eines erfolgreichen Rennstalls und unterhielt eine Pferdezucht auf seiner 89 km² großen Bitterroot Stock Farm. Daly Mansion ist heute in staatlichem Besitz und steht für Besichtigungen offen. Von Hamilton aus geht es weiter in die **Selway-Bitterroot Wilderness**, ein geschütztes, sehr raues Bergland, das sich bis Idaho erstreckt (www.explorethebitterroot.com).

Triple Creek Ranch

www.triplecreekranch.com
Was Luxus im Westen Montanas bedeutet, lässt sich auf der **Triple Creek Ranch** südlich von Darby hautnah nachvollziehen. Mitten im Wald, abseits der wichtigen Verkehrsverbindungen liegt ein sehenswertes Resort für gehobene Ansprüche. Ganz aus Holz sind alle Hütten (die diesen Namen wirklich nicht verdienen), die innen mit gediegenen Möbeln, handgewebten Stoffen und modernsten Badezimmern sowie *hot tubs* auf Balkon oder Terrasse ausgestattet sind. Neben den üblichen Annehmlichkeiten für sportliche Betätigungen gehört auch ein exquisites Restaurant zur ehemaligen Ranch, die Mitglied in der Organisation Relais & Chateaux ist.

Weiter nach Norden ▸N 3–5

Flathead Indian Reservation

Schon kurz hinter Missoula beginnt die Flathead Indian Reservation, ein Gebiet für drei Stämme: die Bitterroot Salish, die Upper Pend Oreille und die Kootenai *(Confederated Salish and Kootenai Tribes)*. Der halbe **Flathead Lake** (s. S. 398) ist Bestandteil des Reservats, das 1855 eingerichtet wurde und eine Fläche von 5000 km² umfasst. Ungefähr 7000 Mitglieder sind bei den Stämmen registriert; sie haben eine gewählte Selbstverwaltung und ihre eigene Jurisdiktion.

Three Chiefs Culture Center

77581 Highway 93, bei St Ignatius, tgl. 9–17 Uhr
Das ehemailige People's Center bei Pablo ist 2020 niedergebrannt, die Stämme hatten hier eine Ausstellung zu ihrer Geschichte und ihren Visionen für die Zukunft aufgebaut. Bei dem Brand wurden leider viele ihrer Artefakte vernichtet. Nun ist man zunächst mit einem Souvenirladen neu am Start, in dem u. a. Bücher, CDs, Schmuck und festliche, mit Glasperlen verzierte Kleidungsstücke verkauft werden. Der erste Schritt, um wieder Interesse an den drei Tribes aufzubauen.

National Bison Range

Haupteingang bei Moiese am Highway 212, 58355 Bison Range Rd., ca. 19 km vom Hwy 93, Tel. 406-644-2211, https://bisonrange.org, tgl. 7–20 Uhr, Visitor Center bis 19 Uhr, 10 $/Auto
Auf dem Weg nach Norden zum Glacier National Park über den Highway 93 lohnt sich kurz hinter Ravali ein Abstecher zur **National Bison Range** mit ihrem ca. 7500 ha großen Freigehege für Büffel (oder Bisons, die Bezeichnungen werden synonym verwendet). Seit 2020 liegt die Verwaltung des Geländes wieder in der Hand der Stämme, sie arbeiten eng mit US Wildlife Service zusammen.

Durch das weite Grasland führt eine etwa 30 km lange Einbahnstraße, für die man mindestens anderthalb Stunden einplanen sollte. Das Personal im Visitor Center weiß, wo sich die Herden gerade befinden; ca. 350 Tiere leben in diesem Gebiet und sie haben sich offenkundig an Autos und Fotografen gewöhnt. Dennoch, darauf weisen die Ranger immer wieder hin, sind diese Tiere unberechenbar und sie können schnell wie ein Pferd laufen: Kommt es tatsächlich einmal zu einer ›Konfrontation‹, zieht man als Mensch immer den Kürzeren.

Als im Jahr 1873 ein Mann namens ›Walking Coyote‹ mit fünf Büffelkälbern in die

Auch auf der Triple Creek Ranch gibt es bockige ›Mitarbeiter‹ …

Gegend kam, waren die einst gigantischen Herden der Prärien bis auf wenige Exemplare ausgerottet. Seine Herde wuchs, aber als immer mehr Siedler das Land bestellen wollten, drohten Konflikte und so wurden die Tiere nach Kanada verkauft. Um die Jahrhundertwende war aber das Bewusstsein gewachsen, dass der Büffel zum amerikanischen Westen gehört, und so wurden mit Unterstützung des Kongresses 1907/08 drei *Bison Reserves* eingerichtet, das National Bison Range ist eines davon.

Inzwischen ist die Art nicht mehr bedroht, es gibt mehr als 350 000 Büffel in Nordamerika, inklusive der vielen gezüchteten Herden in Privatbesitz. Aber die Bison Range bietet mit dem Grasland, dem Bergwald und den Feuchtgebieten an den Creeks auch anderen Tieren einen geschützten Lebensraum. Dazu gehören die weißen Bergziegen, die Dickhornschafe, Hirsche, Gabelantilopen *(pronghorn)*, Kojoten und natürlich auch Braunbären, von den zahlreichen Vogelarten und kleineren Tierarten wie Wiesel und Murmeltieren ganz abgesehen.

Die Tiere werden nicht gefüttert. Manche ziehen im Winter in andere Regionen, aber die Büffel bleiben dort.

St. Ignatius Mission

300 Beartrack Ave., St. Ignatius, Tel. 406-745-2768, https://stignatiusmission.org, Mitte Mai–Mitte Okt. tgl. 9–11, im Winter bis 17 Uhr, Spenden willkommen

Die 1890 aus roten Ziegelsteinen erbaute **St. Ignatius Mission** nördlich von Ravali fällt nicht nur wegen ihrer Farbe und ihrer Größe auf; in der Kirche finden auch nach wie vor Gottesdienste statt, denn sie sind wichtiger Bestandteil des Gemeindelebens. Schon 1820 waren Jesuiten in der Region unterwegs und versuchten, die Ureinwohner mit dem Christentum vertraut zu machen. Für die Menschen der Umgebung bauten sie zunächst eine Schule, dann ein kleines Krankenhaus sowie später eine Säge- und eine Getreidemühle.

Zahlreiche Ranches rund um den Flathead Lake organisieren Reittouren

Ein uriges **Mini-Museum** in einer Holzhütte zeigt einige Exponate aus dieser Zeit. Bemerkenswert sind die noch erhaltenen Wandgemälde des Mönchs Joseph Carignano, der die 58 Bilder in der Kirche dazu nutzte, den Missionierten die Bibel näherzubringen.

Wer sich für indianisches Kunsthandwerk interessiert, sollte der **Flathead Indian Museum and Trading Post** einen Besuch abstatten (1 Museum Ln. am Hwy 93, St. Ignatius, Tel. 406-745-2951). Zu sehen und zu kaufen sind jede Menge Kunsthandwerk wie Taschen, Mokassins, Schmuck und Masken, und auch Landkarten, Bücher und CDs.

Flathead Lake

In fast malerisch zu nennender Umgebung mit sanften Hügeln erstreckt sich der 45 km lange und 24 km breite **Flathead Lake,** einer der

größten Seen westlich des Mississippi. An seiner Südspitze befindet sich das Dorf **Polson,** wo man einkaufen oder auch in einem der meist preiswerten Motels übernachten kann. Die Campgrounds in den sechs zum See gehörenden State Parks sind auf der östlichen Seite zu finden, der KOA-Campingplatz liegt nördlich von Polson und unweit vom Highway 93.

Von Polson aus gelangt man auf der südlichen Seite des Flathead River zum **Kerr-Staudamm,** einem imponierenden halbrunden Betonmauerwerk von 62 m Höhe und 165 m Breite (http://energykeepersinc.com). Wie so viele Staudämme zur Energieerzeugung wurde auch dieser in der Phase des New Deal gebaut, seit 1938 ist die Anlage in Betrieb. Da sie sich inmitten des Indianerreservats befindet, zahlte die Betreibergesellschaft Montana Power Company eine jährliche Pacht in Millionenhöhe an die Stämme. Seit der Übernahme im Jahr 2015 betreiben die Stämme den Staudamm in Eigenregie.

Bigfork

Die »große Gabelung« **Bigfork** ist nur ein kleiner Ort am Nordostende des Flathead Lake, erfreut sich aber großer Beliebtheit bei Wochenendausflüglern und künstlerisch angehauchten Menschen. Golf spielen steht ganz hoch auf der Aktivitätenliste, die 27-Loch-Anlage Eagle Bend gehört zu den besten in Montana. Das **Summer Playhouse** wartet im Sommer mit Theater, Konzerten und Musicals auf, Produktionen wie etwa »Cats«, »Grease« oder »Kiss me Kate« werden für einige Tage oder Wochen eingekauft und sorgen für Spaß und Unterhaltung während des Urlaubs (Tel. 406-837-4886, http://bigforksummerplayhouse.com). Rustikaler geht es bei der Open-Air-Bühne **Riverbend Stage** zu. Dort bringen die Zuschauer ihre Decken und Kissen zum Sitzen selbst mit, wenn sonntagabends die Unterhaltungsshows starten.

Infos

Chamber of Commerce & Visitor's Center: 8155 Hwy 35, Old Town Center, Tel. 406-837-5888, http://bigfork.org, geöffnet Juni–Anf. Sept. Mo–Fr 9–18, Sa 10–17, So 12–16 Uhr, sonst Mo–Fr 10–14 Uhr.

Übernachten

Große Zimmer in funktionalem Haus – **Timbers Motel:** 8540 Hwy 35 south, Tel. 406-837-6200, www.timbersmotel.com. 40 Zimmer, Mikrowelle, Kühlschrank. €€

Motel und Cabins – **Woods Bay Resort:** 14871 Hwy 35, Tel. 406-837-3333, RV-Park und

12 Zimmer, davon 6 Cabins mit Kitchenette. Seinen besonderen Charme bezieht das Haus durch den Seezugang. €€

Essen & Trinken

Moderne amerikanische Küche – **Great Northern Gourmet:** 425 Grand Dr., Tel. 406-837-2715, www.gngmt.com. Tgl. außer Mo 11–18 Uhr. Mehr ein Deli als ein Restaurant, gut für Lunch und Snacks für unterwegs, auch Wein wird verkauft.

Moderne Westernküche – **Schafer's Restaurant:** 279 Eagle Bend Drive, Tel. 406-837-3463, https://dineeaglebend.com, The Grill tgl. 11–21 Uhr, Restaurant Di–Sa 17–21 Uhr. Im Gebäude des Golfklubs. Prime Rib mit Aprikosen-Glasur z. B. 30 $, auch Bison Ribs.

Aktiv

Golf – **Eagle Bend Golf Club:** 279 Eagle Bend Dr., Tel. 406-837-7310, www.eaglebendgolfclub.com. Idyllisch gelegener 18- bzw. 9-Loch-Platz.

Rafting und mehr – **Flathead Raft Co.:** 1503 Hwy 93 S, Tel. 406-883-5838 oder 800-654-4359, www.flatheadraftco.com. Halbtagestouren Erw. 45 $. Auch Kajaken, Boote zum Fischen sowie Ausflüge mit einem indianischen Guide zur Geschichte und Kultur.

Segeltouren & Reiten – **Averill's Flathead Lake Lodge/Ranch:** Tel. 406-837-4391, www.flatheadlakelodge.com (> Adventures). Die Lodge bietet Segelturns mit einem historischen Boot von 1928 an. Auf der Ranch kann man auch Ausritte mit Pferden buchen (und Urlaub machen, Woche ab 4000 $/Pers).

Am Fuß des Glacier Park ▶N 3

Kalispell

Kalispell ist mit seinen inzwischen etwa 22 000 Einwohnern das Business- und Verwaltungszentrum im Norden. Im historischen Innenstadtbereich an der Main Street gibt es einige Einkaufsmöglichkeiten und die gängigen Hotelketten sind hier ebenfalls alle vertreten.

Conrad Mansion National Historic Site Museum

330 Woodland Ave. zwischen 4th und 3th St., Tel. 406-755-2166, www.conradmansion.com, geführte Touren Mitte Juni–Mitte Okt. Di–So stdl. 10–16 Uhr, Erw. 20 $

Das **Conrad Mansion National Historic Site Museum** wird gern als besondere Attraktion empfohlen; diese 26-Zimmer-Villa wurde im Jahr 1895 vom Gründer von Kalispell erbaut, einem erfolgreichen Frachtschiffbesitzer. Neben dem originalen Mobiliar aus der Zeit sind auch historische Kleidungsstücke und das alte Spielzeug ganz interessant.

Infos

Flathead Valley: www.fcvb.org (auch gut für Wetterinformationen).

Kalispell Chamber of Commerce & Visitor Center: 15 Depot Park, Tel. 406-758-2800, www.discoverkalispell.com/visitor-information, Mo–Fr 8–17 Uhr., im So auch Sa.

Übernachten

Funktional restauriertes Haus – **Kalispell Grand Hotel:** 100 Main St., Tel. 1-800-858-7422 oder 406-755-8100, www.kalispellgrand.com. Auch wenn der Bau von außen eher schlicht wirkt, das historische Haus von 1912 überzeugt mit einer gründlichen Innenrenovierung und der gelungenen Ausstattung mit modernen Möbeln. Freies Internet, reichhaltiges Frühstück, nachmittags gibt es selbst gebackene Kuchen. €€€

Aktiv

Bootstouren auf fünf Seen – **Glacier Park Boat Co.:** Kalispell, Tel. 406-257-2426, www.glacierparkboats.com. Die Boat Company bietet Bootsfahrten im Glacier National Park auf den Seen Lake McDonald, St. Mary Lake, Swiftcurrent und Josephine Lake, Two Medicine Lake. So erlebt man vom Wasser aus die Bergwelt, Touren 17–25 $. Die Firma verleiht auch Kajaks, Ruder- und kleine Motorboote, jeweils an den Lodges im Park.

Whitefish

Aus dem ehemaligen Eisenbahnstützpunkt **Whitefish** ist inzwischen ein florierender Touristenort geworden. Sowohl der Glacier National Park als auch das Skigebiet Big Mountain locken im Sommer wie im Winter zahlreiche Gäste an. Wandern, Golf spielen, Rad- und Kanufahren oder auch *Folf* (Frisbee-Golf) stehen im Sommer auf dem Programm; und im Spätherbst verwandelt sich die 5000-Seelen-Gemeinde in ein Schnee-Paradies.

Nicht nur Ski oder Snowboards, sondern Skidoos, Schneeschuhe und Hundeschlitten sind die neuen und alten Fortbewegungsmittel hier am Fuß des Glacier National Parks.

Infos

Whitefish Visitor Bureau: 307 Spokane Ave., Tel. 877-862-3548, www.explorewhitefish.com, Mo–Fr 11–18, Sa 11–15, Juni–Sept. So 14–18 Uhr.

Übernachten

Großzügige Hotelanlage – **Grouse Mountain Lodge:** 2 Fairview Dr., Tel. 406-862-3000 oder 877-862-1505, www.grousemountainlodge.com, ganzjährig. Beliebtes Hotel mit 145 Zimmern und 2 Restaurants; Swimmingpool, Fitnessbereich, Tennisplätze und freier Internetzugang, im Sommer schnell ausgebucht. Mai–Okt. €€€

Rustikales B & B mit Charme – **Hidden Moose Lodge:** 1735 E Lake Shore Dr., Tel. 406-862-6516 oder 888-733-6667, http://hiddenmooselodge.com. Das 2-stöckige Holzhaus bietet 13 individuell eingerichtete Zimmer mit viel Holz und Eisen, jedes mit Zutritt zum Balkon, außerdem Kühlschrank, Internetzugang und Fahrradverleih, Frühstück. Mind. 2 Nächte. €€€

Aktiv

Wandern, Ziplining, Skifahren – **Big Mountain Ski und Summer Resort:** 3808 Big Mountain Rd., ca. 13 km nördl. von Whitefish, Tel. 406-862-2900, http://skiwhitefish.com.

Radfahren – **Glacier Cyclery:** 326 E 2nd St., Whitefish, Tel. 406-862-6446, www.glaciercyclery.com, Räder können geliehen werden bei Tagespreis für Erw. ab 45 $/Tag. **Snow Ghost Outfitters:** im Resort (s. o.), Tel. 406-862-1996. Verleiht Räder ab 46 $.

Columbia Falls und Umgebung

Mit seiner Lage am idyllischen Whitefish Lake und einem ansprechend gestalteten Innenbereich ist Whitefish um einiges attraktiver als das ›Straßendorf‹ Columbia Falls. Hier lohnt es sich aber, zu tanken oder in einem der Supermärkte noch einmal Proviant (insbesondere Wasser) einzukaufen, bevor es dann in den Nationalpark geht.

Big Sky Waterpark

7211 Hwy 2 E, an der Einmündung des Hwy 206, Tel. 406-892-5025, www.bigskywp.com, tgl. 10–22 Uhr, Kin. unter 1,20 m 23 $, sonst 28 $

An besonders heißen Tagen machen Familien mit Kindern gern Halt im **Big Sky Waterpark:** Neben 10 Wasserrutschen gibt es auch einen Minigolfplatz und einen großen Picknickbereich. Richtige Wasserfälle sucht man übrigens vergebens. Der Flathead River fließt eher gemächlich durch den Ort.

Hungry Horse

In Montana heißen wilde Blaubeeren *huckleberries,* und die wachsen in der Region besonders gut. Seit den 1980er-Jahren werden die Früchte in dem kleinen Dorf **Hungry Horse** gesammelt und zu **Marmeladen** und Soßen sowie zu Aromastoffen für Tees, Badezusätze und Kerzen verarbeitet und im **Huckleberry Patch Shop** oder online verkauft. Huckleberry Gummy Bears gehören zu den Favoriten bei Kindern, während Blaubeerkaffee doch eher gewöhnungsbedürftig ist (The Huckleberry Patch, 8868 Hwy 2, Hungry Horse, Tel. 800-527-7340, www.huckleberrypatch.com).

Von Hungry Horse führt Highway 2 nach **West Glacier,** dem Eingang in den Nationalpark und auf die berühmte Straße durch den Park, die **Going-to-the-Sun Road** (s. S. 405).

Aktiv

Bustour – **Red Bus Tour:** Glacier National Park Inc., P. O. Box 2025, Columbia Falls, Tel. 406-892-2525, www.glacierparkinc.com, Reservierung im Sommer online empfehlenswert. 4–9-stündige Touren mit Erläuterungen und Lunch, je nach Ziel 30–80 $.

Glacier National Park ▶ N/O 2/3

Anfahrt s. S. 404, 7-Tage-Ticket für Autos 35 $
Ursprüngliche Wälder, schroffe Berge und spektakuläre Seen sind die landschaftlichen Highlights des amerikanisch-kanadischen Doppelparks. Mit den Gletschern, denen das 1910 zum Nationalpark erhobene Gebiet seinen Namen verdankt, wird allerdings keine Reklame mehr gemacht, denn sie sind auf dem Rückzug. Inzwischen heißt es, der Park sei ein Schaufenster *(showcase)* für schmelzende Gletscher.

Geschichte

1850 gab es auf dem Gebiet des heutigen Parks ca. 150 Gletscher, die Größe der heute noch existierenden Eiszungen beläuft sich auf nur noch etwa ein Drittel des damaligen Umfangs. Aber die Parkverwaltungen des 1932 als **Waterton-Glacier International Peace Park** zu einem »Internationalen Friedenspark« ernannten und 1995 zum Welterbe erklärten Schutzgebiets machten aus der Not eine Tugend und unterstützen Forschungen zum Klimawandel. Auch der heutige Reisende kann die Veränderungen wahrnehmen, z. B. anhand der Fotografien in den großen Lodges und den Besucherzentren, die entlang der **Going-to-the-Sun Road** liegen.

Schon zu Beginn des 20. Jh. baute die Eisenbahngesellschaft *Great Northern Railway* Hotels und Skihütten in die Berge, als National Park war die Region ein Ziel für Reisende geworden. Fotos aus dieser Anfangszeit zeigen auch die vielen Gletscher, die es inzwischen nicht mehr gibt. Die schmelzenden Gletscher sind nicht die einzigen Veränderungen, die die Landschaft nachhaltig prägen. Auch große Waldbrände schlagen immer wieder Schneisen in schier undurchdringlich wirkende Dickichte und lassen plötzlich freie Flächen und damit Durch- und Einblicke entstehen. Der gewaltige Brand von 2003 im Westen des Parks ist nicht eingedämmt worden, die Natur wurde sich selbst überlassen. Für die Regeneration der Wälder sei Feuer unerlässlich, erläutern die Ranger: Manche Baumarten wie die Drehkiefer *(Lodgepole Pine)* benötigen zum Öffnen ihrer Zapfen Hitze von mehr als 45 °C, da kann ein Brand hilfreich sein.

Flora und Fauna

Die Vegetation dieser Bergregion ist zweigeteilt; das eher feuchte, aber gemäßigte Klima auf der Westseite ermöglicht den riesigen Zedern und Hemlocktannen von der Pazifikküste, auch hier zu wachsen. Mitten durch die Rockys verläuft die Wasserscheide des Kontinents. Auf ihrer Ostseite fällt nur sehr wenig Regen, aber entscheidend für die Flora sind die ausdörrenden Chinook-Winde. Hier gedeihen Drehkiefern und Douglas-Tannen am besten, auch Espen und Alpenlärchen bereichern die Vielfalt von immerhin über 1000 Pflanzenarten.

Weiße Bergziegen, Dickhornschafe, Wapitihirsche und auch Elche sind hier zu Hause, ebenso wie Braun- und Schwarzbären, Pumas, Biber und Otter. Besonders an den 13 Campingplätzen im Park wird immer wieder darauf hingewiesen, niemals Tiere zu füttern, keine Essensreste liegen zu lassen und einen respektvollen Abstand zu den Tieren zu halten. Auf dem Durchgangshighway gibt es im Sommer sofort einen Stau, wenn sich ein Rudel Hirsche oder Schneeziegen am Straßenrand zeigt, bei einem Bären kann das leicht zur Hysterie ausarten. Die Tiere haben immer ›Vorfahrt‹, Geduld ist unbedingt gefordert, denn ihr Tempo bestimmt das Vorwärtskommen.

Die Bahnstrecke durch den Glacier N. P. ist ein wichtiger Versorgungsweg

Die beste Zeit für eine Kanutour auf dem Bowman Lake im Glacier National Park ist der Herbst: herrliche Farben – und kaum noch nervige Mosquitos

Orientierung und Planung

Die Zufahrt in die 4000 km² große Wildnis ist begrenzt: Highway 2 mündet in den westlichen Eingang und auf die Durchgangsstraße **Going-to-the-Sun Road** (s. S. 405). Bei **Polebridge** nordwestlich gibt es einen 10 km langen Zufahrtsweg zum **Bowman Lake.** Auf der östlichen Seite liegt der **Two Medicine Lake** mit Campingplätzen, eine Stichstraße führt dorthin. Bei **St. Mary** befindet sich der Osteingang für die Durchfahrt und zum **Many-Gletscher** weiter nördlich kommt man über das Dorf **Babb.** Der **Waterton Park** in Kanada ist über den Chief Mountain International Highway (SR 17) am besten zu erreichen, wenn man aus Montana anreist.

Wichtig: Für Fahrzeuge über 6,4 m ist der mittlere Teil der Going-to-the-Sun Road von Avalanche Creek bis Sun Point gesperrt. Es gibt aber geführte **Bustouren** mit roten historischen 1940er-Jahre-Bussen und einen Linienbus (Einsteigemöglichkeiten: Apgar Visitor Center, Lake McDonald Lodge), der die Going-to-the-Sun Road bis zum Ende in St. Mary fährt. Aussteigen kann man am Logan Pass (sonst gibt es unterwegs keine Haltestelle) und dann später mit einem anderen Bus wieder zurückfahren. Die Going-to-the-Sun Road (s. rechts) ist bei Schneefall (bis Ende Mai möglich) oft am **Logan Pass** gesperrt. Bei der Planung für den Besuch sollte man von daher unbedingt kurz vor der Abfahrt die aktuellen Straßenbedingungen über die Website des Parks, auf der

die möglichen Straßensperrungen tagesaktuell aufgelistet werden, abfragen.

Going-to-the-Sun Road

Die mitten durch den Park führende Straße wurde 1932 aus den Bergen geschlagen und verläuft quasi auf halber Höhe an den Bergkanten entlang. Von Westen kommend, windet sich die relativ schmale Straße langsam bis zum Logan Pass auf 2026 m hinauf. Haltebuchten erlauben immer wieder Ausblicke auf die bewaldeten Anhöhen und schroffen Berggipfel. Weiter nach Osten wird es trockener, die Vegetation ändert sich und die Farben der Felsen variieren von grün bis rot und gelb, spektakuläre Lichtverhältnisse und Wolkenbildungen ergeben sich morgens oder in der Dämmerung.

Infos

Glacier National Park: P. O. Box 128, West Glacier, Montana 59936, Tel. (406) 888-7800, www.nps.gov/glac. Die Visitor Center befinden sich in Apgar (Westseite), am Logan Pass und in St. Mary (Ostseite).

Übernachten

Im Park gibt es eine Reihe von Hotels und Lodges, die aber nur Mai–Mitte/Ende Sept. geöffnet sind. Die nachfolgenden Unterkünfte sind fast alle über die Xanterra Parks & Resorts oder die Glacier Park Inc. zu reservieren, Weiterleitung über www.nps.gov/glac (> Plan Your Visit > Eating and Sleeping).

... am Lake McDonald:

Nahe Westeingang – **Village Inn at Apgar:** in Apgar am Ende des Sees, 36 Zimmer, zum Teil mit Kitchenette. €€–€€€

Im Stil eines Schweizer Chalets – **Lake McDonald Lodge:** direkt an der Going-to-the-Sun Road gelegen. Ursprünglich eine Jagdhütte, ist die Anlage heute mit dem großen Haupthaus, einem Motor Inn und 13 Hütten sowie Restaurants und einem *gift shop* ein erster Rastplatz bei der Durchquerung des National Park. €€–€€€

... unweit des St. Mary Lake:

Großes, rustikales Hotel – **St. Mary Lodge & Resort:** Tel. 406-732-4431 oder 888-778- 6279, www.glacierparkcollection.com/lodging/st-mary-village, wird nicht von Glacier Park Inc. verwaltet. Die Anlage mit 122 Betten liegt vor den Toren des Nationalparks in St. Mary und ist von Mai bis Mitte Oktober sowie über Weihnachten geöffnet. Es gibt zudem Cottages mit Kamin auf dem Gelände und im Sommer werden auch Tipis aufgestellt, zu denen jeweils ein eigenes Badehaus gehört. Restaurants, Geschenkeladen, Tankstelle, Münzwäscherei und ein kleines Casino sind ebenfalls Bestandteil dieser Anlage im Territorium der Blackfeet-Indianer. €€–€€€

Einfaches Haus – **Rising Sun Motor Inn:** an der Going-to-the-Sun Rd. gelegen. Das Haus nahe dem See bietet sowohl 72 Betten im Ho-

AUFREGENDE HIKES

Mit fast 1100 km an Wanderwegen hat der Glacier National Park für jeden Geschmack und jeden Fitnessgrad etwas zu bieten. Am jeweiligen Visitor Center gibt es Wanderkarten und aktuelle Auskünfte zum Wetter, das sich in den Bergen sehr rasch ändern kann. Besonders schön ist der **Hidden Lake Overlook Trail,** ein nur 2,4 km langer Weg vom Logan Pass Visitor Center zum Aussichtspunkt oberhalb des noch bis Juli teilweise mit Eis bedeckten Hidden Lake. Es ist eine relativ ebene Strecke, auf der man sich im Sommer auch nicht allein bewegt.

Nur einen sachten Aufstieg von 150 m bringt der **Avalanche Lake Trail** mit sich, der vom Avalanche Creek an der Going-to-the-Sun Road über ca. 4 km zum gleichnamigen kleinen See führt. Von dort hat man einen guten Blick auf den Sperry Glacier am knapp 3000 m hohen Gunsight Mountain. **Wichtig:** Wanderer, die im Nationalpark übernachten wollen, brauchen dafür eine Backcountry-Camping-Genehmigung.

tel und in Cabins als auch ein Restaurant und ein kleines Geschäft. €€

... im Osten des Parks:

Abseits der Going-to-the-Sun Road – **Many Glacier Hotel:** Das Hotel befindet sich nördlich vom Highway und ist nur über die Straße 464 von Babb auf der Ostseite zu erreichen. Das 1914 errichtete und damit älteste Haus des Parks liegt am Lake Sherburne und bietet 214 Zimmer. €€–€€€

Für Wanderer – **Swiftcurrent Motor Inn:** abseits der Going-to-the-Sun Road. Unweit des Many Glacier Hotel (s. o.) im Wald gelegenes, einfaches Hotel, 3 verschiedene Gebäude bieten unterschiedliche Standards, das Pinetop Motel hat Zimmer mit Bad. €€–€€€

... südöstlich des Parks:

Mit imposanter Lobby – **Glacier Park Lodge & Resort:** Am Hwy 2, am Fuß der Dancing Lady und außerhalb des Nationalparks liegt das anspruchsvolle Resort aus dem Jahr 1912. Mit 161 Zimmern, Restaurant und Golfplatz sowie Swimmingpool. €€–€€€

Aktiv

Geführte Touren – Es gibt unterschiedliche Möglichkeiten, den Glacier National Park zu erkunden: **Mit dem Bus:** Red Bus Tour, Büro in Columbia Falls (s. S. 402). **Bootstouren:** Glacier Park Boat Company (Büro in Kalispell, s. S. 400), Tickets jeweils an den Lodges. **Glacier Wilderness Guides and Montana Raft Company:** 11970 Hwy 2 E, Tel. 406-387-5555, https://glacierguides.com. Diese Firma bietet alle Arten von Aktivitäten an, etwa Wandern, Fischen und Rafting auf dem Flathead River, Halbtagestour Erw. 54 $.

Tour mit Pferden: Swan Mountain Outfitters, Reservierung über 406-387-4405, www.swanmountainoutfitters.com/glacier. An drei Stellen im Glacier National Park stehen Pferde für geführte Touren bereit (Apgar, Lake McDonald Lodge und Many Glacier Hotel), die Vermietung erfolgt auch stunden- oder tageweise. Die Kosten für geführte Touren betragen ab 40 $, für einen Tag 160 $.

Russell Country

Nicht lange nach dem Verlassen des Glacier National Park in Richtung Osten wird die Landschaft in **Central Montana** flacher und karger. Es wachsen keine Bäume mehr, auch Sträucher werden selten, dafür bedecken riesige Flächen an Wüsten-Salbei die sanften Hügel unter dem berühmten *Big Sky* von Montana. Vielleicht wirkt er auch nur so groß, weil wirklich nichts ablenkt von einem Himmel, der sich von Horizont zu Horizont spannt. Da passt der Spruch »Hier kannst du sehen, wer morgen zu Besuch kommt«, denn auf den beinahe schnurgeraden Straßen verstellt kein Hindernis mehr den Blick.

Von **East Glacier** bis **Choteau** gehört der Highway 89 zu einer von der Montana-Tourismusbehörde empfohlenen Route, dem **Montana Scenic Loop.** Er umrundet die **Bob Marshall Wilderness** südlich vom Glacier National Park, insgesamt 645 km (http://centralmontana.com/specialinterest/scenicbyways/montanascenicloop).

Browning ▶O 3

Nur 21 km von East Glacier Park oder 51 km von St. Mary liegt am Highway 89 (auf der Strecke von der kanadischen Grenze nach Great Falls) das Städtchen **Browning,** der Sitz der Selbstverwaltung der **Blackfeet Indian Reservation.** Dieses Reservat ist zwar ca. 600 000 ha groß, aber dort leben nur 8500 Menschen. Das ändert sich radikal am zweiten Wochenende im Juli, wenn in Browning ein lebhaftes Pow Wow stattfindet, zu dem Hunderte von Stammesangehörigen aus ganz Nordamerika zusammenkommen, die **Blackfeet North American Indian Days.**

Das Pow Wow wird seit Jahrhunderten gepflegt und ist auch heute noch von großer Bedeutung für die kulturelle Identität der amerikanischen Ureinwohner. Nach dem Verständnis der Indianer vereint sich der Rhythmus der Trommeln mit dem Herzschlag und ist gleichzeitig die Verbindung zu den Rhythmen der Natur. Er beschwört die Geister der Ahnen und führt die Völker zusammen. Verschiedene Tänze von Männern und Frauen gehören ebenso zum mehrtägigen Fest wie Ehrungen, gemeinsames Essen, Lieder, Gebete sowie das Erzählen von Geschichten und Anekdoten. Die meisten Teilnehmer kommen mit Campern/RVs oder übernachten in eigens dafür aufgestellten Tipis, das kleine Motel in Browning ist sehr einfach und rasch ausgebucht.

Lodgepole Gallery

Highway 89 und Durham Rd., Tel. 406-338-2787, www.blackfeetculturecamp.com, Juni–Sept. tgl. 10–18 Uhr

Zu anderen Zeiten als dem Pow-Wow-Wochenende lohnt sich ein Besuch in der **Lodgepole Gallery** und dem Tipi-Feriendorf (s. u.) kurz vor der Ortseinfahrt. Die Galerie vertritt ausschließlich indianische Künstler und deckt die Bandbreite von kunsthandwerklichen Gegenständen vom Ölgemälde bis zum Glasperlenschmuck ab. Die Managerin und Mitbesitzerin Angelika Harden-Norman stammt übrigens aus Hamburg und kam 1999 nach Browning, deshalb ist die Website auch auf Deutsch verfügbar.

Infos

Browning's Tribal Headquarters: Public Sq., Tel. 406-338-7521, www.blackfeetcountry.com. Hier bekommt man auch Genehmigungen fürs Fliegenfischen.

Übernachten

Downtown an der Hauptstraße – **Western Motel:** 121 Central Ave. E, Tel. 406-338-7572. 15 einfache Zimmer, Mikrowelle und Kühlschrank. €€

Originales Tipi-Erlebnis – **Lodgepole Gallery & Tipi Village:** 3,5 km westlich von Browning, am Hwy 89, Tel. 406-338-2787, www.blackfeetculturecamp.com. Tipi-Feriendorf, Schlafsack ist mitzubringen oder kann geliehen werden. Es werden auch Kunst-Workshops, Ausritte, geführte Wanderungen und Möglichkeiten zum Fischen angeboten. Preis inkl. Verpflegung. €€–€€€

Termin

Blackfeet North American Indian Days: 2. Wochenende im Juli. Abwechlungsreiches Programm mit Musik, Tanz, kulinarischen Angeboten u. v. m. Zudem gibt's noch kleinere Pferderennen und einen Wettbewerb um den besten Hufschmied (Website s. Infos).

Great Falls ▶Q 4

Den Stromschnellen des Missouri östlich der Stadt hat **Great Falls** seinen Namen zu verdanken. Heute ist der Fluss für die Energiegewinnung mehrfach durch Dämme gestaut und so sind die Fälle nur noch bedingt als At-

Der Maler Charles Marion Russell

Viele Amerikaner haben Drucke seiner Bilder an den Wänden. Er war nicht nur malender Chronist seiner Zeit, sondern auch Bildhauer, Schriftsteller und Fürsprecher der Ureinwohner. Russell ist als vielseitiger Künstler mit profundem Wissen über das harte Leben der Cowboys und der Indianer im Bewusstsein der Menschen im Nordwesten der USA verankert.

Der 1864 in St. Louis (Missouri) geborene Sohn einer wohlhabenden Familie wollte unbedingt Cowboy werden und im Wilden Westen leben. Er soll kein guter Schüler gewesen sein und seine Eltern schickten ihn auf die Ranch eines Freundes nach Montana, eigentlich um ihn an Disziplin und das raue Leben zu gewöhnen. Sie erfüllten damit aber seinen größten Traum. Nach einer Zeit des Schafehütens schloss er sich für zwei Jahre dem Jäger Jack Hoover an, anschließend fand er Arbeit als Cowboy.

Elf Jahre war er in diesem Beruf tätig und nutzte in dieser Zeit jede freie Minute zum Zeichnen und Malen. Bald war er unter den anderen Cowboys berühmt, aber nicht für seine Reit- oder Lassokünste, sondern vielmehr für seine detaillierten Zeichnungen und Gemälde. Als Künstler war er Autodidakt. Seine jahrelange Arbeit auf Ranches und als Jäger hat seinen Blick für das harte Leben der Viehtreiber geschärft. Charles Marion Russell war aber auch fasziniert von den Indianern. Er wollte sie und ihr Leben in seinen Bildern festhalten, bevor alles verschwunden sein würde. 1888 verbrachte er einige Zeit in Kanada und lebte dort bei Indianern. Einfühlsam und respektvoll stellte er Alltagssituationen dar, zeichnete Frauen mit Kindern bei der Arbeit oder Krieger bei der Jagd. Russell war der erste Maler, der Indianer nicht als Wilde, sondern als würdige Edelmänner und -frauen der Prärie darstellte. 1896, im Alter von 32 Jahren, heiratete er die erst 18-jährige Nancy Cooper. Mit ihr zog er nach Great Falls und richtete sich dort ein Atelier ein. Sie unterstützte ihn in seiner Arbeit, kümmerte sich in geschickter Weise um die Finanzen und ermöglichte ihm, sich ganz auf die Kunst zu konzentrieren. So konnte er 1911 seine erste Einzelausstellung »The West That Has Passed« in New York eröffnen. Vom Repräsentantenhaus des US-Bundesstaats Montana wurde er beauftragt, ein Gemälde für das State Capitol Building in Helena zu schaffen.

Während eines Besuchs im kanadischen Calgary kaufte der Prinz von Wales ein Bild von Russell, das heute im Buckingham Palace hängt. Das Gemälde wechselte für 10 000 $ seinen Besitzer. Zu dieser Zeit war dies der höchste Preis, der jemals für ein Gemälde eines lebenden amerikanischen Künstlers erzielt wurde. Von nun an zeigte Russell seine Werke im ganzen Land. 1925 wurde ihm zu Ehren eine Sonderausstellung in der Corcoran Gallery of Art in Washington D. C. veranstaltet. Seit 1923 litt Russell an Ischiasschmerzen, was ihn zunehmend bei seiner Arbeit behinderte. Er starb am 25. Oktober 1926 im Alter von 62 Jahren an einem Herzinfarkt in Great Falls. Das ihm gewidmete Museum wurde 1953 eröffnet.

traktion zu bezeichnen. Die Stadt ist mit inzwischen fast 58 000 Einwohnern die drittgrößte in Montana und am Knotenpunkt von der Interstate 15 und den Highways 89 und 87 ein wichtiges Verkehrs- und Handelszentrum östlich der Rocky Mountains. Klein- und mittelständische Industrie sowie ein Luftwaffenstützpunkt, der Flughafen, die Montana State University und das Wasserkraftwerk bilden die Stützpfeiler der Wirtschaft.

Besonders ins Auge fallen in der **Innenstadt** die vielen Kirchen. Jede der überaus zahlreichen Kirchengemeinden hat hier ein eigenes, oft beeindruckend hohes Gebäude vorzuweisen. Der Ort wurde 1883 aus wirtschaftlichen Erwägungen gegründet: Schon damals spielte die Energiegewinnung durch Wasserkraft eine wichtige Rolle und Great Falls wurde zur am schnellsten wachsenden Stadt des Westens.

Die alten Häuser im **Historic District** sind in dieser Stadt nicht so aufwendig gepflegt oder herausgeputzt wie in manchen anderen Orten, z. B. Portland (OR), Eureka (CA) oder Boise (ID), aber beim Spaziergang durch die rechtwinklig angeordneten Straßen lässt sich manches Kleinod entdecken, besonders nördlich der Central Avenue.

Charles M. Russell Museum

400 13th St. N, Tel. 406-727-8787, https://cmrussell.org, tgl. 10–17 Uhr, Erw. 14 $, über 60 J. 11 $

Bekannt ist die Stadt aber wegen des dort eingerichteten **Charles M. Russell Museum** (s. auch S. 408). Diese Institution beherbergt die umfangreichste Sammlung der Gemälde, Zeichnungen und persönlichen Gegenstände des in Nordamerika berühmten Indianer- und Cowboy-Malers. Sein Studio und Blockhaus sind an das Museum angegliedert und können ebenfalls besichtigt werden. Nicht zuletzt die vielen Fotos aus seinem Leben vermitteln einen anschaulichen Eindruck von diesem malenden Chronisten einer damals schon untergehenden Welt. Wechselnde Ausstellungen junger Künstler, oft indianischer Abstammung, ergänzen die umfassende Sammlung. Etwas ungewöhnlich in diesem Zusammenhang mutet die Abteilung der Waffenkollektion mit Brownings an, aber die Kuratorin betont die Bedeutung der Gewehre und Pistolen für die Besiedlung des Westens – damals sei kein Mann unbewaffnet unterwegs gewesen.

Casinos

In fast jedem Hotel in Great Falls gibt es ein Casino, entlang der 10th Avenue finden sich auch separate Glücksspielhallen. Glücksspiel ist in Montana erlaubt, es gibt neben den indianischen auch staatlich konzessionierte Casinos. Besonders an Wochenenden gehört es zum Familienspaß der Landbewohner, sich in einem Hotel einzumieten und mit Black Jack oder am Einarmigen Banditen zu versuchen, die Haushaltskasse aufzubessern.

Lewis and Clark Interpretive Center

4201 Giant Springs Rd., Tel. 406-727-8733, www.fs.usda.gov/main/hlcnf/learning, Mitte Mai–Sept. tgl. 9–18, Okt.–Mitte Mai Di–Sa 9–17, So 12–17 Uhr, Erw. 8 $

Das **Lewis and Clark Interpretive Center** wirkt von außen eher wie eine moderne Fabrik, beinhaltet aber eine höchst interessante und didaktisch gut aufbereitete Darstellung der Expeditionen der beiden berühmten Entdecker, die 1805/06 im Auftrag des amerikanischen Präsidenten den Westen erforschten und einen Monat im Gebiet von Great Falls verbrachten. Die mühselige Reise der Offiziere und ihrer Gefährten wird in diesem Museum anhand von vielen Landkarten, Briefen und Gebrauchsgegenständen aus der Zeit lebendig in Szene gesetzt und auch die für die Pioniere überlebensnotwendige Hilfe der Indianer wird nicht verschwiegen.

Umgebung von Great Falls ▶ Q 4

Giant Springs Heritage State Park

Im **Giant Springs Heritage State Park** liegen Quellen und der kürzeste ›Fluss‹ der Welt, der nur 61 m lange Roe River. 1989 schaffte er

Im Great Falls Lewis and Clark Interpretive Center sind jahrhundertealte bemalte Büffelhäute der Native Americans ausgestellt

es sogar ins Guinness-Buch der Rekorde. Auf dem Gelände befinden sich auch ein Visitor Center und eine Fischzuchtanstalt und man hat einen schönen Ausblick über den Missouri. Noch ein Stück ostwärts gibt es den **Lewis and Clark Scenic Overlook,** von dort sieht man auf den **Rainbow Dam** und das herabstürzende Wasser der Crooked Falls.

Infos

Great Falls Visitor Information Center: 15 Overlook Dr., Tel. 406-771-0885, http://visitgreatfallsmontana.org.

Übernachten

Solide Kette – **Best Western Plus Riverfront Hotel and Suites:** 600 River Dr. S, Tel. 406-761-2600, www.bestwestern.com. Großes Hotel am Fluss mit Pool, Zimmer mit Balkon, Frühstück inkl. €€€

Modernes Business-Hotel – **Crystal Inn Hotel & Suites:** nahe der Interstate 15, 3701 31st St. SW, Tel. 406-727-7788 oder 1-866-727-7788, www.crystalinngreatfalls.com. Hotel mit Indoor-Pool; große Zimmer, alle mit Mikrowelle, Kühlschrank und freiem Internetzugang. Preis inkl. Frühstück. €€

Moderne Hotel-Kette – **Staybridge Suites:** 201 3rd Street, Tel. 406-761-4903, www.ihg.com/hotels/us/en/reservation. Modern und zweckmäßig eingerichtete Zimmer mit Kitchenette für längere Aufenthalte. Preis inkl. Frühstück, WLAN, Fitnesscenter. €€€

Essen & Trinken

Italienisch-amerikanische Kette – **MacKenzie River Pizza Co.:** 500 River Dr. S, Tel. 406-761-0085, www.mackenzieriverpizza.com/eat-great-falls, tgl. 11–21 Uhr. Familienrestaurant, Terrasse mit Ausblick, große Auswahl an Pizzen, aber auch Salate, Sandwiches und Pasta. Hauptgerichte 10–18 $.

Einkaufen

Sportausstattung – **Bighorn Wilderness Equipment:** 206 5th St. S., Tel. 406-453-2841, www.bighornoutdoorspecialists.com. Im Shop werden auch Fahrräder verliehen.

Aktiv

Wandern auf dem River Edge Trail – Einen Ausflug wert ist die ungefähr 15 km lange Strecke des River Edge Trail am südlichen Ufer des Missouri vom **Elk Riverside Park** bis zum **Rainbow Dam.** Oberhalb der **Black Eagle Falls** befindet sich ein Aussichtspunkt, von dem aus man den Damm und das Kraftwerk sowie die menschenleere Landschaft am anderen Ufer sehr gut überblicken kann. Am Trail liegt das Lewis and Clark Interpretive Center (s. S. 409). Die Wege werden von **Recreation Trails, Inc.,** einer Organisation von Ehrenamtlichen, betreut, P. O. Box 553, Tel. 406-788-3313, http://thetrail.org.

First Peoples Buffalo Jump State Park ▶ Q 4

Von Great Falls auf der Interstate 15 Richtung Süden, Ausfahrt Ulm, im Anschluss noch knapp 6 km Richtung Nordosten auf der Ulm-Vaughn Road, http://stateparks.mt.gov/first-peoples-buffalo-jump, Gebühr nur für Autos von außerhalb Montanas 8 $

15 km westlich von Great Falls befindet sich ein 1,5 km langes Kliff, von dem jahrhundertelang die Indianer bei ihrer Jagd die Büffel hinabstürzen ließen. Der kleine **First Peoples Buffalo Jump State Park** hat ein Visitor Center, wo es Beschreibungen der Jagd gibt und einige Wanderwege bis hin zum steilsten Abhang; von dort hat man einen wunderbaren Blick bis zu den Rocky Mountains.

Infos

Visitor Center: 342 Ulm-Vaughn Rd., Tel. 406-866-2217, http://stateparks.mt.gov/first-peoples-buffalo-jump. Mitte April–Ende Sept. tgl. 8–18, sonst Mi–So 10–16 Uhr.

Der Südwesten Montanas

Die von Hochebenen durchbrochenen Berglandschaften der Rocky Mountains verschaffen dem südwestlichen Teil von Montana ganz individuelle, abwechslungsreiche Regionen. Lediglich zwei große Verkehrsadern durchziehen dieses Gebiet: die Interstate 90 von Westen nach Osten und die Interstate 15 von Norden nach Süden. Die Vergangenheit bleibt lebendig in den Geisterstädten Virginia und Nevada City, deren historische Bauten im Sommer viele Touristen bestaunen.

Die südwestliche Region Montanas wurde vom staatlichen Tourismusbüro zum **Gold West Country** gekürt, weil hier im 19. Jh. die meisten Goldfunde gemacht wurden (http://southwestmt.com). Mit ihrer aufwendig restaurierten historischen Innenstadt hat sich die kleine Hauptstadt Helena zu einem attraktiven touristischen Ziel gemausert. Noch spannender finden viele Besucher im Sommer aber das Nachspielen vergangener Siedlerzeiten in den Geisterstädten Virginia und Nevada City. Auf dem Weg zum Yellowstone Park lohnt sich auch ein Halt in Bozeman, einem wachsenden Zentrum mit einem interessanten Dinosauriermuseum. Aber das nachhaltigste Erlebnis für jeden Reisenden ist die Natur, die nahezu menschenleeren Landschaften und ihre schier unendliche Weite. Man sollte sich unbedingt Zeit nehmen, um ihre Vielfalt beim Wandern, Reiten, Fischen oder Kajakfahren zu erleben.

Helena ▸P 6

Goldfunde haben 1864 zur Gründung der kleinen Stadt **Helena** zwischen dem Canyon Ferry Lake und den Big Belt Mountains geführt, Ende des 19. Jh. lebten dort die meisten Millionäre des Wilden Westens. Queen City of the Rockies wurde die Ansiedlung damals genannt, allerdings waren die Goldminen innerhalb von 20 Jahren ausgebeutet. Helena gewann 1889 im Streit um den Hauptstadtrang des neuen Bundesstaates Montana, den die Kupferkönige von Butte und Anaconda erbittert führten (s. S. 418), und konnte sich so als Verwaltungs- und Bankenzentrum etablieren. Heute stehen noch zahlreiche ältere Gebäude im Zentrum der Stadt, dem berühmten **Last Chance Gulch.** Helena hat inzwischen etwas mehr als 31 000 Einwohner und ist Einkaufs- und Verwaltungszentrum für ein Einzugsgebiet von fast 70 000 Menschen, konnte sich dabei aber einen fast gemächlichen, ländlichen Charme bewahren.

Dem sicher bekanntesten Sohn von Helena, Gary Cooper (1901–61), hat man bislang noch kein Denkmal errichtet, aber eine kurze Straße ist nach ihm benannt. Vielleicht liegt es daran, dass seine englische Mutter ihn erst nach England zur Schule und bei Ausbruch des Ersten Weltkriegs nach Bozeman auf die High School schickte. 1924 verließ die Familie die Hauptstadt und zog nach Los Angeles, zum Glück, denn schon ein Jahr später wurde er Schauspieler und drehte im Lauf seiner Karriere über 100 Filme.

Sehenswertes

Kathedrale und Innenstadt

Eindrucksvoll thront auf einer kleinen Anhöhe die **Kathedrale St. Helena** aus dem Jahr 1924, eine im neogotischen Stil gebaute Kirche mit zwei 70 m hohen Türmen. Die sich darunter anschließende **Innenstadt** mit vielen älteren Gebäuden aus den Anfängen ist liebevoll restauriert, teilweise sogar in eine Fußgängerzone umgewandelt und lockt im Sommer zahlreiche Flaneure an. Man kann sich im Visitor Center eine Broschüre für einen Spaziergang holen.

Wohnhaus der Gouverneure

304 N Ewing St., Tel. 406-444-4789, http://mhs.mt.gov, Touren Mai–Ende Sept. Di–Sa stdl. 12–15 Uhr, Okt.–April nur Sa ab 12 Uhr, Erw. 5 $

Auf jeden Fall ist ein Besuch im ehemaligen **Wohnhaus der Gouverneure** von Montana empfehlenswert. Das viktorianische (Queen Anne Style) Haus war von 1913 bis 1959 deren Domizil.

Montana's Museum

225 N Roberts St., Tel. 406-444-2694, https://mhs.mt.gov/Museum/About, Di–Sa 9–17 Uhr, Erw. 5 $

Mit großem Enthusiasmus und bemerkenswertem Resultat haben die Freiwilligen der Montana Historical Society ein Museum aufgebaut: Die Sammlungen umfassen mehr als 50 000 Stücke, darunter Kleidung der Indianer, der Goldsucher, der Gouverneure und eine großartige Kollektion von frühen Schwarz-Weiß-Fotos aus dem Yellowstone Park (Haynes Gallery). Ein ausgestopfter weißer Bison aus dem Gebiet der Bison Range ziert eine Halle, die dem Leben auf dem Land gewidmet ist. Dem Bison wurden magische Kräfte nachgesagt.

Archie Bray Foundation und Spring Meadow Lake

2915 Country Club Ave., Tel. 406-443-3502, www.archiebray.org

Etwas außerhalb von Downtown befindet sich eine Töpferwerkstatt mit Galerie, zu der Künstler aus ganz Montana zu Workshops kommen und in der man auch Ausstellungen besuchen kann. Die **Archie Bray Foundation** ist seit 1951 ein Anziehungsort für Kreative, wo neben ›solidem‹ Kunsthandwerk auch ungewöhnliche Formen und Figuren ihren Weg aus dem Ton finden. Ganzjährig bietet die Stiftung Workshops an, von denen manche nur 1 bis 2 Tage dauern, sodass auch interessierte Reisende daran teilnehmen können. Im Westen liegt der **Spring Meadow Lake State Park** mit einem kleinen See, an dem sich nachmittags Familien zum Sonnenbad und Schwimmen treffen.

Infos

Helena Business Improvement District Office: 225 Cruse Ave., Suite B., Tel. 406-442-4120. Andere Infosites: www.helenamt.com, http://helenachamber.com.

Übernachten

Geräumige Zimmer – **Premier Best Western Helena Great Northern Hotel:** 835 Great Northern Blvd., Tel. 406-457-5500 oder 800-780-7234, www.bestwestern.com. Gutes Standardhotel mit 101 Zimmern, Innenpool, Internetzugang und Restaurant. DZ inkl. Frühstück. €€€

Unweit der Interstate – **Delta Hotels by Marriott Helena Colonial:** 2301 Colonial Dr., Tel. 406-443-2100, www.marriott.com. Gehobenes Kettenhotel, modern ausgestattet, Indoorpool, Restaurant. €€€

Historische Villa in Downtown – **The Sanders Helena's B & B:** 328 N Ewing St., Tel. 406-442-3309, www.sandersbb.com. Elegante Queen-Anne-Villa von 1875, 7 Zimmer mit Antiquitäten. €€–€€€

B & B in Downtown – **Barrister:** 416 N Ewing St., Ecke 9th Ave. und Ewing St., Tel. 406-443-7330, www.facebook.com/barristerbb. 5 individuell ausgestattete Zimmer in einer Villa von 1874 in der Nähe der Kathedrale, alle mit Bad. €€–€€€

Essen & Trinken

Amerikanische Gasthausbrauerei – **Windbag Saloon & Grill:** 19 S Last Chance Gulch, Tel. 406-443-9669, www.windbag406.com, tgl. ab 11 Uhr. In der verkehrsberuhigten Innenstadtzone kann man an schönen Tagen auch draußen essen. Deftige amerikanische Küche, Burger und Chickenwings zum Bier. 15–20 $.

Amerikanisches Fine Dining – **On Broadway:** 106 E Broadway, Tel. 406-443-1929, www.on

WESTERN DINING – ABENDESSEN NACH MONTANA-ART

Ungefähr 13 km außerhalb, südwestlich von Helena mitten im Wald, befindet sich die **Last Chance Ranch.** Besitzer Bruce Anfinson hat sich etwas Besonderes einfallen lassen, um stadtmüden Touristen Natur und Western-Style näherzubringen: ein Abendessen in Montanas größtem Tipi, das Platz für 50 Personen bietet.

Nach telefonischer oder übers Internet erfolgter Anmeldung beginnt die Fahrt am **Parkplatz der Park Avenue** in Helena. Ein Bus bringt die Teilnehmer in den Wald des **Helena National Forest.**

Auf einer Planwagenfahrt von etwa einer Stunde wird dann zunächst einmal die Gegend erkundet und der Appetit auf das rustikale Mahl geweckt. Im Indianerzelt Moose Meadow Tipi stehen Tische für jeweils 10 Personen bereit. Sobald alle Gäste sitzen, werden große Schüsseln mit frischen Salaten aus dem hauseigenen Garten, Kartoffeln, selbst gebackene Brötchen und natürlich *Prime Rib* frisch vom Grill serviert. Als Nachtisch ist der Blaubeer-Käsekuchen *(Huckleberry Cheesecake)* seit Jahren der Renner. Umrahmt wird das Abendessen von Gitarrenklängen und Gesang von Bruce, sodass richtiges Western-Feeling aufkommt.

Bruce gilt als Montanas Botschafter in Sachen Folkmusik und hat vier Alben veröffentlicht. Anfang der 1990er-Jahre ist er sogar einmal beim Deutsch-Amerikanischen Volksfest in Berlin aufgetreten. Zum Abschluss kann man noch am Lagerfeuer gebrauten *cowboy coffee* bekommen, dann bringt der Bus die Gäste zurück nach Helena. Wer bleiben möchte, kann im einfachen Holzhaus ein Zimmer buchen (ab 220 $).

Essen & Trinken

Naturnah – **Last Chance Ranch:** 2884 Grizzly Gulch, Tel. 406-442-2884, http://lastchanceranch.biz, insgesamt 150 $/Pers., nur Juni–Sept, Abholung 301 S Park Ave.

broadwayinhelena.com, tgl. ab 17 Uhr, keine Reservierungen. Möglichst frische und lokale Zutaten sind die Devise der Küche, die sich Anregungen aus Italien, Asien und der Küste holt. Hauptgerichte wie Huhn an Prosciutto mit Pesto 25 $.

Einkaufen

Souvenirs aus Montana – **Leslie's Montana Shop:** 1609 11th Ave., Tel. 406-442-3933 http://lesliesmontanashop.com. Zum Marketing-Prinzip erhoben, sind Produkte made in Montana ein Renner, nicht nur für Touristen und nicht nur für Souvenirs.

Aktiv

Stadtführungen – **Last Chance Tour Train:** Tel. 406-442-1023, http://lctours.com. Eine Stunde mit einer alten Eisenbahn zu den historischen Attraktionen und entlang der alten Gebäude in der Last Chance Gulch. Start ist vor dem Gebäude der Historical Society, 225 N Roberts St., Ecke 6th St., Mitte Mai–Mitte Sept. Mo–Sa ab 11 Uhr, Erw. 9 $.

Bootstour auf dem Missouri – **Gates of the Mountains:** Tel. 1-406-458-5241, www.gatesofthemountains.com. Die Marina befindet sich 32 km nördlich von Helena, I 15, Exit 209. Touren von Ende Mai bis Labor Day

(1. Mo im Sept.), 2 Std., Erw. 16 $. Steil nach oben ragende Felsen prägen den Missouri in diesem Gebiet, dort lassen sich auch einmal Dickhornschafe beim Klettern beobachten. Den Namen **Gates of the Mountains** sollen die Forscher Lewis und Clark in ihren Notizen vermerkt haben. Beim heutigen Holter Dam ändert sich die Landschaft der Plains und beginnt hügelig zu werden.

Termin

Montana Shakespeare Company: Juni–Aug. Verschiedene Spielorte, meist Downtown, 6137 Moondance Rd., Tel. 406-459-4386 (Reservierungen), Tel. 406-431-1154 (Informationen), www.montanas hakespeare.org.

Verkehr

Flüge: Helena Regional Airport, 2850 Skyway Dr., Tel. 406-442-2821, www.helenaairport.com. Flüge von Seattle, Salt Lake City, Denver. **Busse:** Greyhound, 630 N Last Chance Gulch, Tel. 406-442-5860, www.greyhound.com.

Deer Lodge ►P 6

Berühmt wurde **Deer Lodge** 1871 durch das staatliche Gefängnis, das erste seiner Art im Wilden Westen. 1979 wurde der ältere Teil geschlossen und in einen Museumskomplex umgewandelt. Hauptattraktion des Ortes ist inzwischen aber die Grant-Kohrs Ranch, eine unter Denkmalschutz stehende Riesen-Ranch.

Old Montana Prison & Auto Museum

1106 Main St., Tel. 406-846-3111, www.pcmaf.org, März–Dez. tgl. 8–18 Uhr, Automuseum ganzjährig 9-17 Uhr, Eintritt für alle 18 $
Zum privaten Museumskomplex gehören u. a. das **Frontier Montana Museum** mit Gegenständen aus dem Cowboyalltag, das **Powell County Museum** zur lokalen Geschichte, das **Montana Law Enforcement Museum** mit Dokumentationen zu Biografien der Gesetzeshüter und das **Yesterday's Playthings,** eine historische Spielzeug- und Puppensammlung aus Privatbesitz. Das neue Gefängnis liegt ca. 6 km westlich von der kleinen Rancher-Stadt.

Zumindest ungewöhnlich für den Ort ist das ebenfalls zum Museumskomplex gehörende **Montana Automobile Museum.** Mehr als 150 alte Autos aus dem Zeitraum von 1903 bis in die 1970er-Jahre sind hier zu bewundern und lassen das Herz eines jedes Autofans unweigerlich höher schlagen. Auch wenn sie in dem nicht sehr großen Gebäude ziemlich dicht gedrängt stehen und man zudem leider nicht einsteigen kann, beeindrucken die blank gewienerten Exemplare eines Ford Modell T von 1911, eines DeSoto Airflow, eines Chevy Nomad oder eines Mustang Mach I dennoch ob ihrer Größe, und, im Vergleich zu den modernen Autos, durch die ungeheure Vielfalt an Formen, die sich Autohersteller einmal haben einfallen lassen. Sogar das allererste Elektroauto aus dem Jahr 1971 ist dort zu bewundern. Und wer genügend Kleingeld in der Tasche hat, kann auch gleich ein Oldsmobile kaufen.

Grant-Kohrs Ranch

National Historic Site, 266 Warren Lane, Deer Lodge, Exit 184 von der Interstate 90, Visitor Center, Tel. 406-846-2070 ext. 250, www.nps.gov/grko, ganzjährig 9–16.30 Uhr, Eintritt frei
1857 kam der kanadische Trapper John Francis Grant in das fruchtbare und klimatisch ausgeglichene Tal und begann Rinder zu züchten. Bereits 1866 verkaufte er die auf die stattliche Größe von 12 000 ha angewachsene Ranch an den deutsch-dänischen Auswanderer Conrad Kohrs (1835–1920). Kohrs war bereits ein erfolgreicher Rinderhändler, der die Minengesellschaften bzw. deren Arbeiter mit Fleisch versorgte, und er wollte die Ranch für seine eigene Produktion nutzen.

Schwere Unwetter und Tiefsttemperaturen im Winter 1886/87 führten zum Verlust eines großen Teils seiner mehr als 50 000 Tiere umfassenden Herde, und Kohrs sah sich veranlasst, das *open ranching* (die Rinder ganzjährig auf den Weiden zu lassen) zu beenden und neue Formen der Viehwirtschaft zu entwickeln. 1972 wurde die Ranch unter Denkmalschutz gestellt und wird seitdem von der Nationalparkbehörde verwaltet und betrieben. Sie dient als lebendiges Beispiel für die Viehzucht in Montana, gleichzeitig als Museum für die früheren Formen des Ranching und der Lebensbedingungen der Cowboys und Siedler. Vorführungen wie Brandzeichen brennen, Hufeisen schmieden, Pferde einreiten u. v. m. mehr werden auf dem Gelände angeboten, zudem können viele der noch aus den Anfangszeiten erhaltenen Gebäude besichtigt werden. Allerdings gibt es keinen Pferdeverleih oder Pferdeausritte *(horsebackriding)*.

Auf der 6400 km^2 großen Ranch wird nach wie vor gearbeitet, aber es ist nicht vorgesehen, dass Besucher daran teilnehmen.

Übernachten

Einfaches Motel – **Western Big Sky Inn:** 210 N Main St., Tel. 877-342-6099, www.westernbigskyinn.com. Die Zimmer sind schlicht, aber funktional eingerichtet, freies Internet, Mikrowelle, Kühlschrank in jedem Raum. Preis inkl. Frühstück. €

Butte ▶ P 6/7

Ehemals bekannt als *the richest hill on earth,* wartet die ca. 34 000 Einwohner zählende Stadt **Butte** heute mit eher ambivalenten Eindrücken auf. Einst wurden hier Kupfer, Gold und Silber von Bergleuten aus aller Welt gefördert. Mehr als 100 000 Menschen lebten und arbeiteten in dieser rauen Bergregion. 1893 fiel der Preis für Silber ins Bodenlose, aber in Butte konnte auch Kupfer geschürft werden und als man das Edelmetall für die Elektrifizierung der Städte benötigte, wurde der Ausbau vorangetrieben und die Minenbesitzer reich. Zeugen dieser Geschichte sind die noch produzierende Anselmo Mine Yard und das Mineral Museum. Viele Fördertürme stehen auf dem Hügel von Uptown Butte, umgeben von Fabrikgebäuden sowie heruntergekommenen und verlassenen Wohnhäusern.

Butte hatte in seinen guten Zeiten eine Unzahl an Bordellen, wie z. B. das Dumas-Freudenhaus (s. S. 417). Andere Straßenzüge wiederum weisen auf den ehemaligen Reichtum hin, große Bank- und Verwaltungsgebäude zeugen von der vergangenen Pracht. Doch der Putz ist mehr als abgefallen. Butte war bis in die 1930er-Jahre die bestimmende Stadt in Montana, doch mit der Depression fielen auch die Kupferpreise in den Keller und die Produktion wurde binnen weniger Jahre auf ein Minimum heruntergefahren. 1955 versuchten Investoren es noch einmal mit der Förderung aus der gigantischen Berkeley-Grube, aber auch diese wurde 1982 geschlossen.

Die ganze Gegend ist als **National Historic Landmark** ausgewiesen, das Problem mit den Umweltbelastungen durch Arsen und Blei ist dadurch aber noch lange nicht gelöst. Da das Trinkwasser in den 1990er-Jahren stark verunreinigt war, wurden inzwischen Millionen Dollar in die Sanierung der maroden Wasserleitungen gesteckt. Doch Butte bleibt die fragwürdige Ehre, der Ort mit der größten verseuchten Grube im Land zu sein.

Die **Berkeley Open Pit Mine** umfasst fast 4 km^2 Fläche und ist 550 m tief. Heute ist sie mit giftigem Wasser gefüllt, man kann von einer Plattform aus direkt auf den ›See‹ blicken (Continental Dr./Park St., www.pitwatch.org). Kupfer wird heutzutage vorwiegend in Afrika und Südamerika abgebaut, selbst die in Butte gegründete Anaconda Company ist überwiegend in Chile aktiv.

Aber in Butte geben die Menschen nicht auf. Die Handelskammer hat ein Visitor Center am Fuß der Stadt errichtet und ein Neubaugebiet um die technische Hochschule (Montana Tech), eine große Polysilizium-Fabrik und ein Gesundheitszentrum vermitteln einen Eindruck vom Überlebenswillen der Bewohner. Noch deutlicher wird er durch eine Art Wahrzeichen im Osten von Butte, die Madonnenfigur Our Lady of the Rockies (s. S. 417).

Eine kurzzeitige Belebung brachte das Filmteam um Wim Wenders mit sich, der 2004 den Film »Don't come knocking« mit

Sam Shepard und Jessica Lange in der Stadt drehte. Allerdings diente dem berühmten deutschen Regisseur genau die eher triste Atmosphäre der Innenstadt (Uptown) von Butte als Hintergrund für seine Interpretation von Verlorenheit und vergebenen Chancen.

Our Lady of the Rockies

Sechs Jahre haben Freiwillige ab 1979 eine Straße in die Berge gebaut, andere das Geld für die Herstellung der 80 t schweren, 27 m hohen, weißen Granitfigur gesammelt, sodass seit 1985 genau auf der Kontinentalen Wasserscheide 1000 m oberhalb der Stadt die Figur der Muttergottes zur Ehre aller Mütter steht. Sie wird nachts beleuchtet und wirkt dann wie eine Schutzheilige. Auf das in Privatbesitz befindliche Gelände und an den Sockel der Statue gelangt man nur im Rahmen einer geführten Bustour, aber auch von der Butte Plaza Mall aus ist die Lady gut zu sehen.

Dumas Brothel Museum

45 E Mercury, Tel. 406-530-7878, https://dumas-brothel.com, Mai–Ende Aug. tgl. 10–17 Uhr, Erw. 6 $

Das Dumas-Freudenhaus wurde fast 100 Jahre (1890–1982) lang betrieben. Heute ist es, umgewandelt in ein Museum, zu besichtigen, die Möbel sind noch original, in das Flair von damals muss man sich allerdings ein wenig hineindenken.

The Copper Kings Mansion

Siehe Übernachten S. 420

Infos

Butte-Silver Bow Chamber of Commerce Visitor Center: 1000 George St., Tel. 406-723-3177 oder 800-735-6814, www.buttecvb.com und www.buttechambersite.org, Mo–Sa 9–17, im Sommer auch So 9–16 Uhr.

Blick aus einem Fenster auf die ehemalige Minenstadt – mit Pragmatismus wird am Erhalt und an der Weiterentwicklung von Butte gearbeitet

Die Kupferkönige von Butte

Drei Männer haben im späten 19. Jh. das wirtschaftliche und politische Geschehen in Montana maßgeblich bestimmt: William Andrew Clark, Marcus Daly und Fritz Augustus Heinze. Ihr Konkurrenzkampf um Macht und politischen Einfluss führte dazu, dass Helena Hauptstadt des riesigen Staates wurde.

Die Möglichkeiten, die der Westen bot, wenn man zur richtigen Zeit am richtigen Ort war, lassen sich anhand der Biografien der drei Männer exemplarisch nachzeichnen. Sie hatten nichts gemeinsam, außer dem Willen, sich durchzusetzen, und eine gewisse Skrupellosigkeit im Umgang mit den gerade entstehenden Autoritäten und Gesetzen. William Andrew Clark stammte aus Connellsville in Pennsylvania (geb. 1839), hatte eine Ausbildung als Lehrer absolviert, danach Jura studiert und sich im Bürgerkrieg in einem Regiment in Iowa verdingt. 1863 zog er nach Bannack, der damaligen Hauptstadt des Montana Territory, und schaffte sich durch das Goldschürfen den Grundstock für sein späteres Vermögen. Als typischer Kleinunternehmer der Pionierzeit suchte er im Sommer nach Gold, handelte im Winter mit Waren für die Siedler und Minenarbeiter, unterhielt eine Postlinie und gründete 1870 in Deer Lodge eine kleine Bank. Durch zahlungsunfähige Minenbesitzer kam er mit dem Bergbau in Berührung und erwarb erste kleine Minen. 1872 ging er nach Butte und kaufte auch dort mehrere Minen. Damit nicht genug: Er unterhielt dort eine Zeitung, investierte in die Holzwirtschaft und in Farmen und baute eine Eisenbahnlinie von Missoula nach Walla Walla in Washington. Clark gehörte auch zu den Gründern von Las Vegas, weil eine weitere Eisenbahnroute von Salt Lake City nach Los Angeles dort Wasser tanken konnte und sich um dieses Depot nach 1905 eine Ansiedlung zu entwickeln begann. Seine Villa mit 34 Zimmern galt lange als die prächtigste weit und breit, die Baukosten von einer halben Mio. $ sollen der Fama nach gerade einmal einen halben Tagesgewinn aus seinen Geschäften ausgemacht haben. Bald zog es den ehrgeizigen Entrepreneur in die Politik. 1884 wurde er Präsident des Vorbereitungsgremiums für den neuen Bundesstaat Montana. Als er dann auch noch als Senator nach Washington gehen wollte, funkte ihm Marcus Daly dazwischen.

Der Ire Marcus Daly kam im Alter von 15 Jahren 1856 nach New York. Nach den ersten Jahren, in denen er sich mit allen möglichen Jobs über Wasser gehalten hatte, ging er nach Kalifornien, wo er später eine Anstellung in den Silberminen von Virginia City in Nevada erhielt. Der junge Mann war offenbar begabt: Seine nächste Stellung war die eines Vorarbeiters für das Minensyndikat in Salt Lake City. Als Prospektor wurde er 1876 nach Montana geschickt und erwarb eine Silbermine. Einen Teil davon nahm er in seinen eigenen Besitz und bei einem späteren Verkauf hatte er die Grundlagen, um, gemeinsam mit anderen, die Anaconda-Minen westlich von Butte zu erwerben. Die Silbervorkommen in und um Butte waren nach intensivem Abbau im späten 19. Jh. nahezu erschöpft. Dann stieß man auf Kupfer und Daly erkannte das Potenzial dieses Metalls. Thomas Edison hatte gerade die Glühlampe erfunden und für ihre Produktion sowie für die der Telefonkabel brauchte man Kupferdrähte: Ein gigantischer Markt lag vor den Unternehmern. Auch die Kupferschmelze nahm Daly in die Hand und wurde binnen Kurzem zum Millionär, 1895 war die Anaconda-Mine die ergiebigste Kupfermine der Welt. Viele der benötigten Arbeitskräfte ließ Daly aus Irland holen, so erklärt sich auch die heute noch große irische Gemeinde in Butte.

Um die Schmelze herum entstand die Ansiedlung Anaconda (ca. 30 km westlich von Butte) und Daly hatte den Ehrgeiz, seine Stadt zur Hauptstadt des neuen Bundesstaats Montana zu machen.

Das Wohnhaus des Kupferkönigs William Andrew Clark ist heute ein B & B mit Museum (s. S. 420)

Clark dagegen sah Helena als die zukünftige politische Metropole. Dort war Gold gefunden worden und hatte zur Blüte der kleinen Stadt beigetragen. In seiner Funktion als Präsident und mithilfe seiner Zeitung zog er gegen Daly in eine erbitterte Auseinandersetzung darüber, wem die politische Macht im welchem Ort zustehen sollte. Daly verlor gegen seinen starken Kontrahenten. Als Montana im Jahr 1889 endlich zum 41. Bundesstaat der USA erklärt wurde und man Helena zur Hauptstadt machte, bewarb sich Clark um einen Senatorensitz. Daly wiederum konnte Clark nachweisen, dass er die Mitglieder der Montana State Legislative für seine Wahl bestochen hatte, und so musste Clark seinen Traum erst einmal begraben. Erst im Jahr 1901 war er dann erfolgreich und vertrat seinen Staat bis 1907 in Washington.

Nicht verhindern konnte er die juristischen Spitzfindigkeiten von Fritz Augustus Heinze. 1869 als Sohn deutscher Emigranten in New York geboren, studierte er zuerst an der Polytechnischen Hochschule in Brooklyn und anschließend Minenwesen an der Columbia School of Mines. Er kam 1889 nach Butte, als die Claims eigentlich schon verteilt waren, und kaufte kleine Gebiete an den Rändern der ergiebigen Minen. Der Minenfachmann konnte mithilfe findiger Juristen ein Gesetz auf den Weg bringen lassen, nach dem der Nachweis einer Edelmetallader auf einem Claim zum Besitz der gesamten Fläche der Ader führte *(law of the apex)*. Auf dieser Basis wurde er selbst schwer reich, gleichzeitig trugen die juristischen Auseinandersetzungen um die Claims dazu bei, dass viele kleinere Besitzer aufgaben und verkauften.

Auch die beiden Kupferkönige Clark und Daly waren von diesem Gesetz betroffen und sie trennten sich von ihren Minen. Zu guter Letzt gründete Heinze 1902 die United Copper Company. Daly war zu dieser Zeit schon tot, er hatte seine Aktien an der Anaconda bereits zuvor an die Standard Oil Company verkauft. William Clark war sein Senatorenposten wichtiger als die verseuchten Böden und die krank machende Luft in Butte, auch er hatte sein Kupferimperium an Standard Oil abgetreten. Und so trug Heinze mit seinen Ambitionen letztendlich zum Ende einer Ära bei. Bis zum Jahr 1907 amtierte Clark noch als Senator für Montana, dann zog er nach New York, wo er 1925 als einer der 50 reichsten Amerikaner starb. 1906 verkaufte auch Heinze und verließ Butte in Richtung Ostküste, um als Bankier sein Vermögen zu vermehren. Das misslang gründlich. Er kehrte zunächst nach Butte zurück und starb erst 45-jährig 1914 in Saratoga, New York.

Übernachten

Am Stadtrand – **Best Western Plus Butte Plaza Inn:** 2900 Harrison Ave., Tel. 406-494-3500, www.bestwestern.com. Nahe dem Einkaufszentrum liegendes Kettenhotel mit freiem Internetzugang; mit Frühstück; es verfügt über ein Restaurant, einen Fitnessraum und einen Pool. €€€

Britisch wirkende Villa am Stadtrand – **B & B Toad Hall Manor:** 1 Green Ln., Tel. 406-494-2625, www.toadhallmanor.com. Das großzügige, rote Ziegelhaus von 1900 liegt nahe dem Flughafen von Butte in einem großen Park. 4 Zimmer, 3 davon ebenerdig, 1 mit Gartenzugang. €€–€€€

Historisches B & B und Museum – **The Copper Kings Mansion:** 219 W Granite St., Tel. 406-782-7580, http://thecopperkingmansion.com. Das ehemalige Wohnhaus eines der drei Kupferkönige von Butte, William Andrew Clark (erbaut 1888, 34 Zimmer), fungiert tagsüber als **Museum** (Erw. 10 $, Kin. 5 $) und nachts als Bed & Breakfast, die Besichtigung des Gebäudes ist für Hausgäste frei. 5 Zimmer mit originalen Antiquitäten werden vermietet, 3 teilen ein Bad. Das Schlafzimmer von Clark mit Kamin und eigenem Bad ist teurer. €€–€€€

Essen, Abends & Nachts

Original Western Steakhouse and Bar – **Casagranda's Steakhouse,** 801 S. Utah St., Tel. 406-723-4141, http://casagrandassteakhouse.webs.com, tgl. ab 17 Uhr. Ursprünglich mal als Lagerhaus gebaut, bietet das Gebäude den Charme eines alten Saloon mit vielen Balken und Pferdegeschirren. Neben guten Steaks, Burgern und Sandwiches gibt's sogar Shushi, Fischgerichte und Pasta. Steaks ab 18 $.

In einem ehemaligen Banksafe – **Metal Sports Bar & Grill:** 8 W Park St., Tel. 406-782-5534, www.metalssportsbarandgrill.com, So 12–18, Mo–Do 11–20, Fr, Sa 11–21 Uhr. Originelle Restaurant-Bar mit riesiger Speisekarte, vorwiegend amerikanische Küche. Hauptgerichte zum Lunch wie *Chicken Salad* 13 $, auch Burger, Pizzen, Salate. Die Bar ist ein beliebter Treffpunkt für junge Erwachsene.

Aktiv

Stadtführungen – **Historische Spaziergänge:** Old Butte Historical Adventures, Historic Guide Center 117 N Main St., Tel. 406-498-3424, Mai–Sept. tgl. drei Touren, besonders interessant ist die »Underground Tour«, Erw. 15 $, Kin. 5–11 J. 10 $. Im Winter auf Nachfrage.

Our Lady of the Rockies Tour: 3100 Harrison Ave. an der Butte Plaza Mall, Tel. 406-782-1221, www.ourladyoftherockies.net, Juni–Sept. tgl. 11 und 14 Uhr, 2,5-Std.-Bustour, Erw. 18 $

Termine

Montana Folk Festival: Mitte Juli. 3 Tage Musik und Tanz in der ganzen Stadt, http://montanafolkfestival.com. Eintritt frei.

Butte 100 MTB Race: Sa Ende Juli. In den umliegenden Bergen finden drei Rennen statt, 100, 50 und 25 Meilen werden gefahren. Die Teilnehmer steigen meist im Clarion Copper King Hotel, im Conventon Center oder im Comfort Inn ab, www.butte100.com.

An Ri Ra Montana Irish Festival: Anf./Mitte Aug. Auf der Park St., zwischen Main St. und Montana St. Paraden, Konzerte und viel Guinness, www.mtgaelic.org.

Zum Big Hole National-Battlefield ▶ P 7

Ab Butte ca. 137 km, Interstate 15 nach Süden, dann Hwy 43 durch den Beaverhead-Deerlodge National Forest, kein Eintritt

Die Besichtigung des **Schlachtfelds von Big Hole** und der damit verbundene Umweg lohnt sich vor allem für Reisende mit etwas Zeit und entsprechendem Interesse an der Geschichte des Landes. Markiert doch die Schlacht im Jahr 1877, bei der sich die Nez-Percé-Indianer und amerikanische Soldaten unter General Howard gegenüberstanden, den Beginn des endgültigen Kriegs zwischen diesem verfolgten Stamm und der Armee. Das Schlachtfeld ist einer der 38 Orte in vier Bundesstaaten, die zum **Nez Perce National Historic Park** gehören (www.nps.gov/nepe). Am Battlefield gibt es weder Tankstellen noch Einkaufsmöglichkeiten, beides kann man im kleinen **Wisdom,** ca. 18 km östlich des historischen Geländes, erledigen.

Infos

Visitor Center: 16425 Hwy 43 W, Tel. 406-689-3155, www.nps.gov/biho, tgl. 9–17 Uhr, kein Camping. Im Sommer am Wochenende um 10 Uhr geführte Touren mit Rangern, ggf. auch Wochentags.

Übernachten, Essen

Auf dem Weg zum Yellowstone – **Best Western Paradise Inn:** 1650 N Montana Street, Dillon, Tel: 844-454-0957, www.bestwestern.com. 65 Standardzimmer, Kühlschrank, Mikrowelle, Frühstück, Pool, Fitnesscenter, Restaurant im Haus. €€€

Camping- & RV-Platz – **Dillon KOA Campground:** 735 W Park St., Tel. 406-683-2749, https://koa.com/campgrounds/dillon. Auch Cabins bis 5 Pers., Pool, Fahrradverleih. €–€€

Virginia City und Nevada City ▸Q 8

Von Butte gelangt man auf der Interstate 90 östlich bis Three Forks und dann sehr bequem über den Highway 287 oder 191 nach West Yellowstone, dem Eingang zum Yellowstone National Park auf der westlichen Seite. Auch der nördliche Eingang bei Gardiner bzw. Mammoth Hot Springs ist von Livingston aus über den Highway 89 schnell zu erreichen. Aber der Umweg oder Abstecher zu den beiden berühmtesten **Geisterstädten** von Montana lohnt sich: Beide Orte sind komplett in Museen umgewandelt worden, in denen man aber alles anfassen darf und einen ziemlich guten Eindruck vom Leben der ersten Siedler und Goldsucher bekommt.

Virginia City

Es ist heute schwer vorstellbar, aber kurz nach den ersten Goldfunden 1863 lebten im Tal von **Virginia City** bereits über 10 000 Menschen, alle beseelt und getrieben von dem Gedanken, ganz schnell reich zu werden. Der Goldrausch kam so plötzlich, dass es noch eine Weile dauern sollte, bis auch Recht und Ordnung einkehrten; mehr als 190 Morde wurden in der Anfangszeit gezählt und dann erst stellte sich heraus, dass der Sheriff der Anführer der Banditen gewesen war. Solche und ähnliche Geschichten werden heute noch gern erzählt im kleinen **Country Museum** oder im **Frontier House Museum,** das für die gleichnamige Fernsehserie als Kulisse diente. Die ergiebigen Goldfunde haben übrigens dazu beigetragen, dass sich der amerikanische Kongress sehr rasch zur Gründung des Montana Territory entschloss, also eines unabhängigen Gebiets; bis 1864 hatte Montana noch zu Idaho gehört.

Die neue Verwaltung verlegte ihre Hauptstadt erst nach Bannack, später nach Virginia City, aber 1875 wurde schließlich Helena die Ehre zuteil, das diesen Status 1889 bei der Gründung des Bundesstaates Montana als 41. der USA (s. auch S. 418) behielt. Da 1864 auch in Helena Gold gefunden worden war, zogen viele Glücksritter in den Norden und die Bevölkerung von Virginia City sank binnen Kurzem auf wenige Hundert. Hier leben heute nur noch ca. 150 Menschen, aber der Ort hat über 100 alte Gebäude aufzuweisen.

Nevada City

Mitte Mai–Mitte Sept. 7 Uhr bis Sonnenuntergang, am Wochenende Erw. 10 $, sonst 8 $

In **Nevada City** endete einst die Eisenbahn. Dort sind nur 14 Häuser erhalten geblieben, die anderen wurden aus verschiedenen Teilen Montanas hierhergebracht und so ist Nevada City nur noch ein reines Museumsdorf. Doch die ca. 70 000 Besucher jährlich, die insbesondere im Sommer in die "Stadt" strömen, bringen genügend Trubel und auch Geld, damit die Mitglieder der Montana Heritage Commission die Vergangenheit am Leben erhalten können.

Im »lebenden Museum« von Nevada City bewohnen Menschen in originalen Kostümen die alten Häuser, arbeiten und gehen ihrem

Vergnügen nach, möglichst genau wie in den Anfangszeiten. Staub wirbelt auf, wenn die Postkutsche ankommt, und der Hufschmied beschlägt die Pferde mit altem Werkzeug. Allerdings fehlen die Schießereien; Pistolenduelle gehören dort schließlich schon lange nicht mehr zum Alltag, auch wenn man in Montana ab 14 Jahren eine geladene Waffe offen tragen darf.

Infos

Virginia City Depot Visitors Information: 300 W Wallace St., Tel. 406-843-5247, http://virginiacitymt.com, Mai–Sept. tgl. 10–17 Uhr. Auch die Website http://virginiacity.com ist hilfreich für das Finden einer Übernachtungsmöglichkeit.

Übernachten

Abseits vom Trubel – **B & B Just an Experience:** 1570 Montana Hwy 287, Nevada City, Tel. 406-843-5402 oder 866-664-0424, www.justanexperience.com. Das rustikale B & B bietet einen einfachen Standard. Hütten mit Küche, in der Kühlschrank und Mikrowelle vorhanden sind; TV, Internetzugang sowie *hot tub*. €€–€€€

Übernachten wie in alten Zeiten – **Nevada City Hotel and Cabins:** 305 W Wallace St., Nevada City, Tel. 406-843-5377, www.alder

Nevada City – das Geisterstadtflair des verlassenen Städtchens ist ein Erlebnis

gulchaccommodations.com. Im Haupthaus gibt es 12 Zimmer, darunter 2 viktorianisch möblierte Suiten, alle mit eigenem Bad. Außerdem 17 einfache Hütten. Kein Fernseher. €€

Schlafen wie vor 100 Jahren – **Fairweather Inn:** in Virginia City, gehört zum Nevada City Hotel (s. o.), Mitte Mai–Mitte Sept. Eher schlichte Zimmer, davon 11 mit eigenem Bad. €€

Essen & Trinken

Rustikal – **Alder Steakhouse:** 14 km nördlich von Virginia City am Hwy 287, Tel. 406-842-5159, tgl. 16–12 Uhr. Das außerhalb gelegene Familienrestaurant hat Billardtische und Spielautomaten. Deftige Burger um 10 $.

Familienrestaurant – **Bob's Place:** 304 Wallace Street, Virginia City, Tel. 406-843-5293. Hausgemachte Pizza, Sandwiches und Salate zu zivilen Preisen, außerdem wird Eiscreme vom Nachbarn angeboten. Pizza ab 8 $.

Einkaufen

Souvenirs & Lebensmittel – **Metropolitan Market:** 213 West Wallace, Tel. 406-843-5227, Mai–Okt. 9–16 Uhr. Im Markt befindet sich auch die City Bakery (keine Sitzplätze) mit sehr leckerem Gebäck.

Aktiv

Panoramatour mit der Dampflok – Die historische **Dampflok Baldwin** von 1910 fährt seit vielen Jahren als Attraktion zwischen Nevada und Virginia City hin und her; zwischen 10 und 17 Uhr jeweils zur vollen Stunde ab Virginia City, zur halben ab Nevada, Erw. 8 $ (www.virginiacity.com/#activities), aber nicht bei Regen!

Termine

Während der Saison zwischen Ende Mai und Anfang Sept. ist beinahe täglich etwas los in den beiden Orten. Am beliebtesten sind die *Living-history*-Veranstaltungen an den Wochenenden, die meist unter einem speziellen Thema stehen. Infos über Montana Heritage Commission, Tel. 800-829-2969, www.virginiacity.com.

Sommer-Theater im Opera House: 338 W Wallace St., Tel. 406-843-5314 oder 800-829-2969, www.virginiacityplayers.com. Bereits seit 1949 wird in diesem historischen Gebäude gespielt, in den letzten Jahren wurden meist vergnügliche Shows präsentiert.

Bozeman ▶R 7

Das nördlich des Yellowstone National Park (s. S. 440) gelegene Gebiet bezeichnet die Tourismusbehörde von Montana als **Yellowstone Country.** Es umfasst die Städte Bozeman und Livingston, das Skigebiet Big Sky, den westlichen und die beiden nördlichen Zugänge zum berühmten Nationalpark (http://visityellowstonecountry.com).

Nicht nur die günstige Lage am Fuß des über 3000 m hohen **Mount Blackmore** macht **Bozeman** zu einem attraktiven Wohnort, sondern auch die boomende Wirtschaft mit vielen mittleren und kleinen Unternehmen. Die **Montana State University** hat in der mittlerweile 42 000 Einwohner zählenden großflächigen Stadt einen Campus, aber der größte Arbeitgeber ist das **Big Sky Ski & Summer Resort,** eine Stunde südlich gelegen.

Das ausgeprägte Bewusstsein für die Geschichte der 1864 gegründeten Ansiedlung bewahrt die historische **Main Street,** ihre roten Ziegelhäuser sind inzwischen mit anspruchsvollen Galerien, Boutiquen und Bistros bestückt. Lobenswert sind die Tafeln zur Geschichte, die an vielen Gebäuden angebracht sind und die sich bei einem Stadtbummel studieren lassen. In Downtown gibt es sonst neben dem **Emerson Cultural Center** (111 S Grand Ave., www.theemerson.org) mit einer Unmenge kleiner Galerien und dem **Gallatin History Museum** im ehemaligen Gefängnis der Stadt von 1911 (317 W Main St., Tel. 406-522-8122, www.gallatinhistorymuseum.org, Sommer Mo–Sa 10–17, Winter Di–Sa 10–16 Uhr, Erw. 3 $) nicht sehr viel zu besichtigen.

Noch ist man in dieser Kleinstadt außerhalb der Saison nicht so richtig auf Touristen eingestellt, die vielen Hotels unweit der Interstate 90 sind mehr an Businessleute und am Wochenende an Familien aus der Umgebung gewöhnt. Interessierte Fragen nach der Herkunft lassen immer wieder rege Gespräche entstehen, Überseetouristen sind noch eher selten und wecken die Neugier.

Museum of the Rockies

600 W Kagy Blvd., Tel. 406-994-3466, www.museumoftherockies.org, tgl. 9–17 Uhr, Erw. 18 $, Kin. (5–17 J.) 12 $

Um zum weit über die Grenzen Bozemans hinaus bekannten Museum of the Rockies zu gelangen, benötigt man das Auto. Eines der größten Tyrannosaurus-Rex-Skelette ist hier zu besichtigen, es wurde in den 1980er-Jahren in Montana ausgegraben. Ein Zufall hatte die Ehefrau eines Anglers über ein paar Knochen stolpern lassen. Aber die nachgebildeten ausgestorbenen Riesen und Echsen sind nicht das Einzige, was einen Besuch dieses Museums lohneswert macht. Die Räume von Siedlerhäusern, Planwagen und frühe Autos lassen die Vergangenheit lebendig werden, didaktisch gute Hinweistafeln füllen die Lücken des nicht Sichtbaren.

Im Sommer ist ein altes Farmhaus auf dem Museumsgelände der Mittelpunkt für *living history*. Ehrenamtliche Mitarbeiter führen in historischen Kostümen durch das Haus, backen im alten Herd Kuchen, waschen Wäsche auf dem Rubbelbrett oder arbeiten im Garten. Wechselausstellungen ergänzen das Konzept dieses großen Museums, das im Verbund mit anderen Museen preiswerte Eintrittskarten anbietet und das für manchen Reisenden einen Eckpfeiler bei der Erkundung des Westens darstellt.

Infos

Bozeman Convention & Visitors Bureau: 2000 Commerce Way, Tel. 406-586-5421, www.bozemancvb.com, Mo–Fr 9–17 Uhr.

Übernachten

Geräumige Zimmer – **Best Western Plus Grantree Inn:** 1325 N 7th Ave., Tel. 406-587-5261, www.bwpbozeman.com. Solides Kettenhotel, 120 Zimmer, Restaurant, Innenpool, Fitnessraum, Internetzugang und Waschmaschinen. €€€

Historische Villa mit viel Plüsch – **Voss Inn B & B:** 319 S. Willson St., Tel. 406-587-0982, www.bozeman-vossinn.com. Nicht weit vom Museum of the Rockies liegt diese viktorianische Villa von 1883 mit 6 Gästezimmern, die teilweise sehr farbenfrohe Dekorationen und Wandbemalungen aufweisen. Wieder modern sind die alten Badewannen auf Füßen. Nur das dunkelgrüne Zimmer »Robert's Roost« hat einen Balkon; Internetzugang, hübscher Garten und großes Frühstück mit Omelett. €€–€€€

Essen & Trinken

Trendlokal Downtown – **Naked Noodle:** 27 S Wilson Avenue, Tel. 406-585-4501, www.nakednoodle.com, tgl. 11–21 Uhr. Jede Möglichkeit Nudeln (Pasta) zuzubereiten, wird in diesem Bistro angeboten. Egal ob italienisch oder thai, japanisch oder mit Obst, Gemüse oder Salat, auch Buddha Bowls sind zu haben, um 10–15 $.

Beliebter Grill im Einkaufszentrum – **Bay Bar & Grille:** 2825 W Main St. (in der Gallatin Valley Mall), Tel. 406-587-0484, www.thebaybarandgrille.com, tgl. ab 10 Uhr. Gute Steaks und Burger, auch Fisch, Pasta, Sandwiches und Salate. Burger um 10 $.

Deftige amerikanische Steaks – **Ted's Montana Grill:** 105 W. Main St. im historischen Baxter Hotel, Tel. 406-587-6000, www.tedsmontanagrill.com, So–Do 11–22, Fr–Sa 11–23, So 11–21 Uhr. Der Medienunternehmer Ted Turner hat diese Kette gegründet; sie bietet amerikanisches Standardessen wie Burger, Steaks und Hühnchen zu annehmbaren Preisen. Außerdem betont sie ihr Umweltbewusstsein, alles ist frisch. Zum Lunch Gerichte 8–12 $.

Einkaufen

Einkaufszentrum für Kleidung – **Gallatin Valley Mall:** 2800 W Main St., www.gallatinvalleymall.com. Am westlichen Stadtrand lohnt die Mall mit ihren insgesamt 65 Geschäften den Besuch, gibt es doch in der Umgebung keine anderen Einkaufsmöglichkeiten mehr, es sei denn, man ist bereit, die Touristenpreise im und um den Yellowstone Park zu zahlen.

Handgearbeitete Stiefel in vielen Variationen – **Schnee's Boots & Shoes:** 121 W Main St., Tel. 406-587-0981, www.schnees.com. In diesem Geschäft werden z. T. handgemachte Jagd- und Wanderstiefel hergestellt und verkauft, sie sehen nicht immer ›hübsch‹ aus, halten aber ewig. Natürlich gibt es auch klassische Westernboots, z. B. aus Bisonleder, um 500 $, preiswertere Schuhe und Stiefel um 200 $.

Aktiv

Angeln – **Montana Troutfitters Shop:** 1716 W Main St., Tel. 406-587-4707 oder 800-646-7847, https://troutfitters.com. Hier kann man Angler-Equipment ausleihen oder auch einen geführten Tagestrip zu einem der Flüsse in der Nähe buchen, z. B. 2 Pers. mit Verpflegung für 495 $.

Wandern und Skifahren – **Bridger Bowl:** 26 km nördlich von Bozeman am Hwy 86, Tel. 406-556-5730, https://bridgerbowl.com. Im Sommer fahren keine Lifte, aber rund um das **Deer Park Chalet** und die **Jim Bridger Base Lodge** liegt eine abwechslungsreiche, voralpine Landschaft mit schönen Wanderwegen. Lifttickets in der Skisaison (Nov.–April) Erw. 54 $ Tag, Kin. 6–12 J. 19 $. Im Bridger Bowl Rental Shop wird Equipment verliehen, 35 $ für Skier.

Auf dem Hwy 191 zum Yellowstone N. P. ▶ Q 7/8

Westlich von Bozeman führt der Highway 191 durch die hügelige Landschaft des **Gallatin National Forest** zur westlichen Einfahrt in den berühmten Nationalpark.

Die Strecke ist als **Scenic Route** ausgewiesen, und tatsächlich lohnt es sich, für die gut 145 km mehr als 2 Std. Fahrzeit einzuplanen. Kurz hinter dem Gallatin Gateway beginnt das enge Tal des **Gallatin River.** Der Fluss schlängelt sich am Fuß der meist über 2000 m hohen Bergspitzen der Rockys bis nach Big Sky.

Danach wird es wieder flacher, und auf der Fahrt entlang dem mäandernden Fluss begrenzen nur sanfte Hügel den Blick. Die menschenleere Landschaft wird mitunter belebt von grasenden Rinderherden oder Hirschen – und wenn man Glück hat, sogar Elchen. Im Fluss stehen immer wieder einmal Angler bis zur Brust im Wasser und bewegen ihre Fliegen; in gehörigem Abstand akzeptieren sie Zuschauer.

Auf dem Highway 191, ca. 22 km südlich von Bozeman, liegt das **Gallatin Gateway Inn.** Wegen Verschuldung musste das Hotel 2013 verkauft werden; seit 2015 sind dort Mitarbeiter vom Skigebiet Big Sky (s. S. 427) untergebracht. Da es ein »Historic Inn of America« ist, könnte sich jedoch wieder ein Hotelbetreiber finden. Die schöne, modern

WILDWASSER-RAFTING AUF DEM GALLATIN RIVER

Tour-Infos

Start: tgl. im Sommer 9, 9.30, 12.30, 13.30, 16 Uhr Treffen im Shop in Bozeman. Dann beginnt die etwa halbstündige erste Einweisung und die Verteilung der Westen, Helme und Paddel.

Dauer: mit Vorbereitung, Fahrt zum Gallatin River und Rückkehr insgesamt 4 Stunden.

Anbieter: Geyser Whitewater Expeditions, 46651 Gallatin Rd., Gallatin Gateway, Tel. 1-800-914-9031 oder 406-995-4989, www.raftmontana.com. Direkt am Hwy 191 Richtung West Yellowstone, ca. 60 km südlich von Bozeman bei Big Sky Village. Alle drei Halbtagestouren Erw. 68 $.

Wichtige Hinweise: Der Upper Whitewater Trip ist auch für Anfänger geeignet, die Stromschnellen sind nach Klassen II/III eingeordnet. Die Veranstalter nehmen allerdings keine Kinder unter sechs Jahren und keine Schwangeren mit. Bei kühleren Temperaturen empfiehlt sich das Ausleihen von Wet-Suit und Handschuhen. Feste Schuhe, die auch nass werden können, sollte man dabeihaben.

An jedem Fluss in den Bergregionen von Idaho, Montana und Oregon wird River-Rafting angeboten, da fällt die Auswahl schwer. Eher die Ausnahme sind Anbieter wie Wapiti Guides in Riggins, die auf Interessenten warten und erst losfahren, wenn das Boot voll ist. In der Regel gibt es Treff- bzw. Abfahrtszeiten, sodass sich die Planung und Entscheidung für einen Fluss und einen Tour-Guide im Vorfeld anbieten.

Auf dem Weg zum westlichen Eingang des Yellowstone Park liegt ungefähr in der Mitte zwischen Bozeman und West Yellowstone das Hauptquartier einer Outdoor-Company, die vom Horseback Riding über Klettern und Ziplining alles an sommerlichen Aktivitäten anbietet, eingeschlossen Raften auf dem Gallatin River. Wenn man morgens in **Bozeman** startet, eine kurze Besichtigung des Big Sky Village einschiebt, dann ist die Tour mittags eine willkommene Abwechslung und man schafft es noch, bis zum Abend ins Hotel nach West Yellowstone (oder in den Park) zu gelangen. Allerdings ist es mittags auch am wärmsten, so ist diese Tageszeit sehr beliebt und eine vorherige Reservierung empfehlenswert.

Nach einer ersten **Einführung** mit Sicherheitshinweisen und der Überprüfung der Kleidung geht es mit einem kleinen Bus zur Abfahrtsstelle flussabwärts. In die **Schlauchboote** passen jeweils sechs Personen, der Guide teilt die Gruppen ein. Nun wird nochmals über das Festhalten, das richtige Halten des Paddels und die Kommandos gesprochen. Der Bootsführer muss sicher sein, dass alle die **Anweisungen** verstehen und auch umsetzen können. Zeit zum Nachfragen bleibt bei einer Stromschnelle an einem Felsen nicht; wenn man nichts versteht, am besten gar nichts tun, lautet die Devise. Der Trip auf dem wirklich schnell dahinjagenden Gallatin dauert ca zwei Stunden, dann ist man total durchnässt, der Magen hat sich mehrfach in verschiedene Richtungen bewegt. Aber auch der Ehrgeiz ist erwacht, auf keinen Fall den Bootsrand verlassen zu müssen und entweder ins Wasser zu fallen oder sich auf den Boden des Schlauchboots zu retten. Tatsächlich ist die Tour ein Heidenspaß. Es ist aufregend, zum Teil anstrengend, ungewohnte Bewegungen setzen fast vergessene Muskelpartien in Aktion, aber zu guter Letzt ist der Trip viel zu schnell vorbei.

Die erfahrenen Guides von Geyser haben den Ruf, nicht nur freundlich und geduldig zu sein, sondern insbesondere der Sicherheit den absoluten Vorrang zu geben. Vielleicht war das ein Aspekt für die Auswahl, jedenfalls ist im Sommer 2009 auch Michelle Obama mit ihren Töchtern hier gepaddelt.

restaurierte Unterkunft wurde 1927 von der St.-Paul-Railway-Gesellschaft aus Chicago gebaut, um den Passagieren auf dem Weg zum Yellowstone Park ein Quartier anbieten zu können. Zumindest von außen kann man es besichtigen.

Big Sky

Eingebettet in Bergwiesen, umgeben von Waldland und am Fuß des fast 4000 m hohen Lone Mountain inmitten der Madison Range liegen das Dorf und das dazugehörende **Skigebiet Big Sky.** Erst in den 1970er-Jahren aufgebaut, hat sich dieses Areal zum Wintersportgebiet der Betuchten entwickelt. Der Yellowstone Club für Reiche wurde dort ins Leben gerufen und man muss am Big Sky ein Grundstück oder Haus besitzen, um dort Mitglied werden zu können. Big Sky besteht aus drei Dörfern: Eins befindet sich zwischen dem Highway 191 und dem Gallatin River, das andere, Meadow Village, umgibt den Golfplatz und das dritte ist das Ski-Resort Big Sky, 14 km westlich vom Highway 191. In Big Sky leben ca. 1200 Menschen, im Winter wächst die Bevölkerung aber auf das Zehnfache an, doch ist der Ort damit immer noch nicht überfüllt. Das 14 km^2 große Skigebiet bietet für jeden Schwierigkeitsgrad etwas, genügend Lifte sind vorhanden. Im Sommer finden zahlreiche Veranstaltungen statt, Livemusik-Gigs oder Golfwettbewerbe wechseln sich mit Brauereifesten und Kunstausstellungen ab.

Infos

Big Sky Ski & Summer Resort: 1 Lone Mountain Trail, Tel. 800-548-4486, http://bigskyresort.com. Alle Hotels im Dorf sind über diese Website zu finden, weitere Informationen gibt es unter http://bigskychamber.com.

WANDERN IM GALLATIN NATIONAL FOREST

Tour-Infos

Die Wanderung empfiehlt sich als Unterbrechung auf dem Weg von Livingston (s. S. 431) in den nördlichen Teil des Yellowstone National Park.

Start: am Ende der Hyalite Creek Road. Diese geht von der Big Creek Road ab und diese wiederum ca. 6 km südlich von Meriman kurz vor der Emigrant Rest Area vom Hwy 89. Diese Straßen sind nicht geteert, sondern Waldwege. Bis zum Ende der Hyalite Creek Road sind es ab dem Hwy 89 ca. 7 km, ca. 30 Min. Fahrt.
Dauer: je nach Kondition ca. 5–6 Std.
Länge: 18 km
Weitere Informationen: Gallatin National Forest, Bozeman Ranger District, 3710 Fallon St., Bozeman, Tel. 406-522-2520 oder 406-587-6701, www.fs.fed.us/r1/gallatin.
Büro in Livingston für den Yellowstone District: Ranger Ron Archuleta, 5242 Hwy 89 S, Tel. 406-222-1892, Mo–Fr 8–17 Uhr.
Wichtige Hinweise: Unbedingt ausreichend Flüssigkeit/Trinkbares einpacken. Es gibt keine Mülleimer, jeglicher Abfall muss wieder mitgenommen werden. Die Wetterbedingungen können sich rasch ändern, deshalb kurz vor dem Aufbruch die Vorhersagen prüfen.

Nördlich vom Yellowstone National Park liegt das knapp 730 ha große Waldgebiet des **Gallatin National Forest** mit einer Unzahl an ausgewiesenen *hiking trails* und vielen kleinen, einfachen Campgrounds. Dichter Wald wechselt sich mit offenen Lichtungen ab, dann sind felsige Vorsprünge zu überwinden.

Immer wieder gibt es atemberaubende Ausblicke auf die schneebedeckten Gipfel der Rocky Mountains.
Eine interessante und abwechslungsreiche Wanderung bietet der **Hyalite Creek Trail** zum **Hyalite Lake.** 610 Höhenmeter gilt es auf der Strecke zu überwinden, aber der Weg ist gut ausgebaut, die Tour ist in knapp 6 Std. zu schaffen. Die zahlreichen kleinen Wasserfälle – insgesamt sind es elf – laden immer wieder zu Pausen ein und **Fotomotive** bieten sich reichlich bei den teilweise grandiosen Aussichten. Proviant sollte man dabeihaben, ebenso ausreichend Trinkbares, ein **Picknick** auf einer Felskante oberhalb eines Baches kann sehr romantisch sein. Der kleine Hyalite-See liegt auf 2700 m Höhe und ist von schroffen, steilen Felskanten hufeisenförmig umschlossen, aber in der warmen Sonne Ende August kann man gut rasten und Kraft für den Abstieg durch den kühleren Wald sammeln.
Auf den Wanderwegen im Gebiet zwischen dem Gallatin und dem Yellowstone River ist man selbst im Sommer ziemlich allein und kann die abwechslungsreiche Gebirgslandschaft am Fuß des **Mount Blackmore** in vollen Zügen genießen.

Übernachten

Mitten im Dorf – **Village Center:** 50 Big Sky Rd., Tel. 800-548-4486. Das Hotel gehört zu den wenigen Unterkünften im Dorf selber, die halbwegs bezahlbar sind. 30 komfortable Suiten und Apartments, Swimmingpool und Spa. €€€

Western-Erlebnis mit Aktivitäten – **320 Guest Ranch:** Hwy 191 (205 Buffalo Horn Creek), Tel. 406-995-4283, www.320ranch.com. Angeboten werden den Gästen nicht nur Übernachtungsmöglichkeiten in Hütten, sondern auch alle Outdoor-Aktivitäten wie Reiten, Wandern und Fischen ebenso wie ein Billardraum, Lagerfeuerromantik und Western-Tänze (mit Unterricht), ca. 50 unterschiedliche Hütten, 12 davon direkt am Fluss. Von Cabins/Chalets bis zu Suiten. Mind. 3 Nächte. €€€

Solider Standard – **River Rock Lodge:** 3080 Pine Dr., im Meadow Village, Tel. 800-995-4455 oder 406-995-4455, www.riverrocklodging.com. 29 gute und geschmackvoll gestaltete Standardzimmer mit Kühlschrank in einer gemütlichen Lodge. €€€

Anspruchsvoll, im Western-Stil – **Rainbow Ranch:** 42950 Gallatin Rd., 10 km südlich von der Abzweigung nach Big Sky, Tel. 406-995-4132 oder 800-937-4132, www.rainbowranchbigsky.com. 3 sehr großzügige Hütten, zum Teich oder Fluss hin gelegen, alle mit Kamin, insgesamt 21 komfortable Zimmer, anspruchsvolles Restaurant. €€€

Aktiv

Reiten & mehr – **Jake's Horses & Outfitting:** Hwy 191, 5 km südlich vom Big Sky Resort, 200 Beaver Creek Rd., Gallatin Gateway, Tel. 406-995-4630, www.jakeshorses.com. 2 Tage auf dem Pferderücken, mit Zelt und Verpflegung (3 Mahlzeiten), für 2 Pers. 1700 $; 1 Std. 50 $, 4 Std. 100 $. Jake und Katie Grimm bieten auch Tagesausflüge zum Angeln u. Jagen.

River Rafting – **Geyser Whitewater Expeditions:** s. S. 426.

Skifahren – Big Sky hat 150 **ausgewiesene Abfahrten** auf 3 Bergen, die Saison dauert in der Regel vin Ende Nov.–Mitte April. Lifttickets Erw. 78 $/Tag, Kin. unter 10 J. frei. In der Snowcrest Lodge (Hauptstation) wird Ski- und Snowboard-Equipment ausgeliehen, ca. 50 $.

West Yellowstone

Am westlichen Eingang zum Nationalpark findet sich eine Reihe Hotel- und Motelketten, die einen Preisvergleich zu den Unterkünften im Park lohnen. Leider gibt es kein Kombiticket mehr für Yellowstone und Grand Teton, die Gebühr von 35 $ muss für jeden der Nationalparks gesondert bezahlt werden. Das Ticket ist jeweils sieben Tage gültig, sodass sich ein mehrtägiger Aufenthalt durchaus rechnet. In West Yellowstone bieten mehrere Hotels und kleinere Firmen organisierte Touren in die Parks an, im Winter Fahrten mit Snowmobiles.

Infos

West Yellowstone Chamber of Commerce: 30 Yellowstone Ave., Tel. 406-646-7701, www.destinationyellowstone.com.

www.yellowstoneparknet.com: Reservierungen von Hotels, RV-Plätzen, Aktivitäten und ganze Urlaubspakete.

Übernachten

Verlässliche Kette – **Best Western Weston Inn:** 103 Gibbon Ave., Tel. 406-646-7373, www.bestwestern.com. Alle Zimmer mit Mikrowelle, Kühlschrank, WLAN. Preis inkl. Frühstück. €€€

Solider Standard – **Crosswinds Inn:** 201 Firehole Ave., Tel. 406-646-9557, https://crosswindsinn.com. Mit 70 Zimmern, Innenpool, Fitnesscenter, Mikrowelle und Kühlschrank im Zimmer, Waschmaschinen. Preis inkl. Frühstück. €€€

Gehoben, mit geräumigen Zimmern – **Holiday Inn West Yellowstone:** 315 Yellowstone Ave., Tel. 406-646-7365, www.ihg.com/holidayinn/hotels/us/en/west-yellowstone/wysmt/hoteldetail. Das moderne Kettenhotel hat 123 Zimmer. Alle mit Mikrowelle, Kühlschrank, Internet und Sofaecke; außerdem Indoor-Pool, Restaurant und Angebote

»RUSTIC ELEGANCE« IN EXKLUSIVEN RANCHES

Südwest-Montana hat sich zum Refugium für Betuchte entwickelt, die Mountain Sky Guest Ranch (Emigrant) oder die Triple Creek Ranch (bei Darby) stehen für einen Trend: mal ein paar Tage weg von der Hektik der Städte und den Anforderungen des Business. Den Wohlhabenden bieten diese Luxus-Ranches erlesenes Interieur, hervorragende Restaurants und eine breite Palette an Aktivitäten. Reiten, Angeln, Kanufahrten und alle Arten von Wintersport – in diesen Herbergen wird jedem Wunsch entsprochen. Dafür sind dann auch Preise von 1000 bis 4000 $ pro Woche und Person zu zahlen. Von außen wirken die Ranches auf den ersten Blick gar nicht so anspruchsvoll. In der Regel sind es Holzhäuser aus dicken Stämmen, manche schon verwittert. Erst beim Eintritt in die Eingangshalle oder ins Restaurant wird deutlich, was die Amerikaner unter *rustic elegance* verstehen: schwere Ledermöbel, Orientteppiche, Granitkamine und viele ausgestopfte Tiere schaffen eine ganz eigene »Western«-Atmosphäre. Nur auf einen Kaffee kann man meist nicht mal eben hineingehen, aber einen Blick auf das Gelände oder in den Eingang werfen und einfach nach einem guten Angebot fragen.

Gehobenes Wildwest-Life – **Kleine Auswahl:** Die **Lone Mountain Ranch** (750 Ranch Rd., www.lonemountainranch.com) ist 10 km vom Big Sky Resort entfernt. Es gibt 23 Holzhäuser und 7 Zimmer im Hauptgebäude. Südöstlich von Livingston liegt die **63 Ranch** (Off Bruffey Lane, www.sixtythree.com). Auf dieser Arbeitsranch wurden 12 bequeme Hütten mit Möbeln aus Baumstämmen eingerichtet. Im Vergleich zur **Mountain Sky Guest Ranch** (Big Creek Road, Emigrant, www.mtnsky.com) ist sie recht einfach. Seit 1929 sind bei Mountain Sky Hütten/Häuser zu mieten, inzwischen sind es 30, die bis zu 80 Gästen Platz bieten. Der hohe Standard dieser Hotel-Ranch hat Maßstäbe gesetzt.

für Snowmobile-Fahrten in den Yellowstone Park. €€€

Aktiv

Bustour in den Yellowstone Park – **Buffalo Bus Tours:** 415 Yellowstone Ave., Tel. 800-426-7669, www.yellowstonevacations.com. Um 8 Uhr fahren die gelben Busse tgl. zum Old Faithful und den Grand (Lower) Loop; Mo, Mi, Fr den kleinen Rundweg nach Mammoth Hot Springs. Preise ohne Parkeintritt und Essen.

Auf dem Hwy 89 zum Yellowstone N. P. ▶ R 7/8

Livingston

Nur 43 km weiter östlich von Bozeman an der Interstate 90 befindet sich die kleine Stadt **Livingston,** die sich zu einem touristischen und kulturellen Mittelpunkt entwickelt hat. Ursprünglich 1882 als Stützpunkt für die Northern Pacific Railway errichtet, hat Livingston heute immer noch über 400 intakte Gebäude aus dieser Zeit und steht als Ganzes im National Register of Historic Places.

Robert Redford verhalf Livingston 1991/1992 kurz zu etwas Glanz, als sein Film »The River runs Through it« (Aus der Mitte entspringt ein Fluss) dort und in Bozeman gedreht wurde, obwohl die Geschichte von Norman McLean in Missoula spielt. John Bailey, der den von seinem Vater gegründeten **Dan Bailey's Fly Shop** führt, hat den Schauspielern, darunter Brad Pitt, Unterricht im Fliegenfischen gegeben, schließlich handelt es sich dabei um eine Sportart, die eigentlich jahrelange Übung erfordert (s. S. 370).

In der ca. 7300 Einwohner zählenden Kleinstadt haben sich zahlreiche Künstler angesiedelt, die in den mehr als ein Dutzend Galerien ausstellen. Hier finden sich allerdings weniger typische Touristensouvenirs wie Gemälde mit Hirschen oder Büffeln, sondern eher individuelle Ausdrucksformen dessen, was die Kunstschaffenden in ihrer Beschäftigung mit der sie umgebenden Natur empfinden.

Anfang August versammeln sich Musiker, überwiegend Banjo-, »Fiddler« und Gitarrenspieler in Livingston, um an drei Tagen die Stadt mit ihrem musikalischen Können zu erfreuen. Zu diesem seit den 1970er-Jahren existierenden **Bluegrass** und **Old Time Fiddler's Picnic** im traditionellen Stil kommen überwiegend Spieler aus Montana, das Publikum schätzt insbesondere auch die gemütlich-intime Atmosphäre des Festivals.

Livingston Depot Center

200 W Park St., Tel. 406-222-2300, www.livingstondepot.org, Mitte Mai–Anf. Sept. Mo–Sa 10–17, So 13–17 Uhr, Erw. 5 $

Die Bedeutung der Eisenbahn für die Entwicklung des Nationalparks lässt sich im **Livingston Depot Center** nachvollziehen. Das ansprechend restaurierte Gebäude aus dem Jahr 1902 beherbergt heute eine Art Eisenbahnmuseum mit Fotos und Videos über die Eisenbahnen in den Rocky Mountains. Nach der Saison ist das Center zwar geöffnet, dient dann aber mehr als ein Gemeinschaftszentrum des Dorfs.

Infos

Visitor Information Center: 303 E Park St., Tel. 406-222-0850, https://visitlivingstonmt.com. Dort bekommt man einen Prospekt zu den historischen Gebäuden. Eine hilfreiche Website mit Infos zu Unterkünften, Aktivitäten usw. ist auch www.visitlivingston.org.

Übernachten

B & B in viktorianischem Holzhaus – **Elliott Guest House:** 311 East Callender St., Tel. 406-220-2939, www.elliottmontana.com. 3 ruhige Zimmer, nur 1 Bad, unweit von Downtown. Im Sommer mind. 3 Nächte. €€€

Downtown, ansprechend restauriert – **The Murray Hotel:** 201 W Park St., Tel. 406-222-1350, www.murrayhotel.com. Seit dem Jahr 1904 ist das 25-Zimmer-Hotel in Betrieb, zum Teil antike Möbel geben jedem Raum einen eigenen Charakter; sogar der Fahrstuhl aus jener Zeit funktioniert noch. In fast allen

Livingston wirkt auf den ersten Blick zwar etwas verschlafen, doch es gibt eine lebendige Kneipenszene und im Sommer mehrere Musikfestivals

Reiseführern empfohlen, deshalb unbedingt rechtzeitig reservieren. €€–€€€

Mit Pool – **Yellowstone Pioneer Lodge:** 1515 W Park St., Tel. 406-222-6110, www.yellowstonepioneerlodge.com. 90 große Zimmer, Kühlschrank, Mikrowelle, Internetzugang und Restaurant. €€€

Essen & Trinken

Angesagtes Steakhaus – **Montanas Rib & Chop House:** 305 E. Park St., Tel. 406-222-9200, www.ribandchophouse.com, tgl. ab 11 Uhr geöffnet. Im Heimatland der Rinderzucht sollte man eigentlich überall gutes Fleisch erwarten dürfen, aber bei dieser kleinen Kette

ist die Qualität besonders hoch, das ausgezeichnete *Angus Beef* sorgt dafür, dass sich sogar Feinschmecker aus Bozeman hierher nach Downtown begeben. *Handcut Ribeye* 23 $.
Traditionsreiches Familienrestaurant – **The Stockman Bar and Café:** 118 N Main St., Tel. 406-222-8455. Handfeste Portionen, viel Fleisch und Fritten. Hauptgerichte zum Dinner 15–23 $.

Aktiv

Fliegenfischen und Angeln – **Dan Bailey's Fly Shop:** 209 West Park St., Tel. 406-222-1673, www.dan-bailey.com. Fliegenfischen kann man bei Dan lernen und buchen. Tagestour für 2 Angler inkl. Verpflegung und Lizenzen 500 $. **George Anderson's Yellowstone Angler:** 5256 Hwy 89 S, Tel. 406-222-7130, www.yellowstoneangler.com. Tagestour für 2 Angler mit Verpflegung und Lizenzen 500 $.

Termine

Galerie-Spaziergänge: Juni–Anfang Sept. An 4 oder 5 Freitagabenden sind alle Galerien (auch Schmuck und Kunsthandwerk) in Livingston von 17.30 bis 20.30 Uhr zum Reinschnuppern und Stöbern geöffnet, Termine unter www.visitlivingston.org/art-walks.
Round-Up Rodeo: Wochenende um den 4. Juli *(Independence Day)*. Das seit 1924 stattfindende Rodeo ist das Highlight des Jahres und lässt die Stadt und ihre touristische Infrastruktur aus allen Nähten platzen. Park County Fairgrounds, Tel. 406-222-3199, http://livingstonroundup.com, Eintritt ab16 $.
Fiddlers Picnic: Anf. Aug. Bluegrass, Country und Western. Keine Bühnenkonzerte, sondern ein Zusammentreffen vieler Musiker, die in immer wieder neuen Gruppierungen gemeinsam Musik machen. Rund 500 Teilnehmer und Gäste sind dabei. (5230 Hwy 89 S, auf der Mercier Ranch, www.fiddlerspicnic.blogspot.com).

Am Emigrant Peek

Am Fuß des über 3000 m hohen **Emigrant Peek** und oberhalb des grandiosen Yellowstone River fanden Goldsucher vor mehr als 100 Jahren heiße Quellen.

Schon um 1900 eröffnete in **Pray** das Chico Warm Springs Hotel und bot Reisenden die Annehmlichkeiten des mineralischen heißen Wassers. Heute ist das Chico Hot Springs and Day Spa ein hochwertiges Hotel mit 86 Zimmern sowie 16 Cottages und einem Convention Center für Tagungen und Familienfeiern.

Übernachten, Essen

Etwas abseits vom Hwy 89 – **Chico Hot Springs Resort & Day Spa:** Old Chico Rd., Pray, Tel. 406-333-4933, www.chicohotsprings.com. Historisches Resort am Fuß der Berge. Zwei Pools mit Temperaturen von fast 39 °C sind täglich von 7 bis 23 Uhr geöffnet – selbst an kalten Tagen ist es ein Vergnügen, sich darin zu aalen. Im Haupthaus gibt es 48 Zimmer, davon aber nur 13 mit einem eigenen Bad. Zur Main Lodge gehören ein Dining-Room, Percie's Poolside Grille, wo man den Lunch einnehmen kann, und der Chico Saloon mit Livemusik an Wochenenden. €€

Gardiner

Am Nordeingang zum Yellowstone National Park hat sich die kleine 850-Seelen-Gemeinde **Gardiner** darauf spezialisiert, Besuchern des Parks Quartiere und Ausrüstung, aber auch Aktivitäten wie organisierte Touren anzubieten. Zudem befindet sich das große Yellowstone Heritage and Research Center in Gardiner (s. u.). Kleinere Hotels (Inns) und nur wenige Ketten sind in Gardiner zu finden, zudem drei B & Bs. Vorwiegend werden Cabins für einen längeren Aufenthalt gemietet. Von diesem Standort aus lassen sich gut Tagesausflüge in den Yellowstone Park machen. Nur der Gardiner-Eingang wird das ganze Jahr über offen gehalten.

Roosevelt Arch

In Gardiner steht als Eingang zum Yellowstone Park jener Triumphbogen, dessen Grundstein Theodore Roosevelt, der 26. Präsident der USA, 1903 selbst legte und der nach ihm benannt ist: Roosevelt Arch. Die Inschrift lautet: »For the Benefit and Enjoyment of the People«.

Yellowstone Heritage and Research Center

HRC, 200 Old Yellowstone Trail, Tel. 307-344-2664, www.nps.gov/yell/learn/historyculture/collections.htm, Führungen für Touristen nur Ende Mai–Anf. Sept. Di und Do 10 Uhr

Eine umfangreiche Sammlung von mehr als 90 000 Fotografien, rund 20 000 Büchern und Manuskripten sowie über 35 000 archäologischen Artefakten lockt nicht nur Touristen, sondern auch Wissenschaftler aus der ganzen Welt an.

Infos

Gardiner Chamber Of Commerce: 216 Park St., Tel. 406-848-7971, www.visitgardinermt.com, Mo–Fr 9–17 Uhr.

Willkommen im Yellowstone National Park!

Übernachten

Schlichter Standard – **The Roosevelt Hotel:** 1014 Scott St. West, Tel. 406-848-5130, https://yellowstonehotelbooking.com. Bezahlbar und deshalb schnell ausgebucht, Frühstück inkl. €€€

Blick auf den Fluss – **Yellowstone River Motel:** 14 Park St., Tel. 406-848-7303, www.yellowstonerivermotel.com. Funktionale Zimmer, BBQ-Grills und Picknicktische vorhanden. €€–€€€

Aktiv

Wildwasser-Rafting – **Flying Pig Adventure Company:** 511 Scott St., Tel. 888-792-9193, www.flyingpigrafting.com, Erw. 2–3 Std. 42 $, für den ganzen Tag 87 $. Sie bieten auch Reiten sowie Yellowstone-Touren an.

Montana Whitewater: 603 Scott St., Tel. 800-799-4465, www.montanawhitewater.com. Neben Rafting ist auch Ziplining im Angebot, Classic Tour 2 Std. 59 $. Halber Tag Whitewater 41 $, Tagestour 80 $.

Madison
Yellowstone National Park
Grand Teton National Park

Kapitel 5

Wyomings Nordwesten

Die Landschaften im Nordwesten des Bundesstaats Wyoming werden vollkommen von den beiden Nationalparks Yellowstone und Grand Teton geprägt. Ziel der Gründung des Yellowstone National Park war zunächst das sozialpolitische Anliegen, »einen öffentlichen Park oder Vergnügungspark zur Wohltat und zum Vergnügen der Menschen« zu schaffen.

Und die Besucher kommen in Scharen, ca. 3 bis 4 Mio. sind es jedes Jahr, und inzwischen wird unter den Rangern diskutiert, ob im Sommer der Zugang nicht reglementiert werden sollte. Die Belastung der empfindlichen Ökosysteme durch die Autoabgase und Besucher, die sich nicht an die Regeln im Umgang mit den Tieren und der Natur halten, lässt sie diese Bedenken äußern. Aber gegen die Faszination Yellowstone werden sie es schwer haben. Gut 50 % sämtlicher weltweit existierenden heißen Quellen liegen im Yellowstone-Gebiet, es sind etwa 10 000. Die Landschaft ist so einzigartig, die Geysire und heißen Quellen liegen in einigen Regionen so dicht beieinander, die Schlammvulkane sind so ungewöhnlich und die Farbenpracht in der Grand Prismatic Spring ist immer wieder so spektakulär, dass der Besuch dieses Parks ein absolutes Muss ist.

Dabei gerät der kleinere Grand Teton leicht aus dem Blick, zu Unrecht, denn die Hochebene östlich der immer schneebedeckten Gipfel der Teton Range ist landschaftlich reizvoll. In den wunderschönen Seen Jenny und Jackson Lake spiegeln sich eindrucksvoll die 4000er, und im Moose Village hat man weitaus größere Chancen als im Yellowstone, Elche beim Äsen zu beobachten. Nicht nur Banker aus aller Welt zieht es im Sommer in die Touristenhochburg Jackson am Rand des Grand Teton, hier wird der Western-Lifestyle hochgehalten.

Die Elche im Grand Teton National Park sind am besten morgens zu beobachten

Auf einen Blick: Wyomings Nordwesten

Sehenswert

Grand Canyon of the Yellowstone: Die bis zu 370 m tiefe Schlucht des Yellowstone River und dessen Wasserfälle bieten spektakuläre Anblicke und das Gestein des Canyons besticht durch rot- und ockerfarbene Felsschichten (s. S. 454).

Jenny Lake: Die schneebedeckten Gipfel der Teton Range im Grand Teton National Park scheinen direkt aus dem glasklaren Bergsee aufzusteigen, die Spiegelungen im tiefblauen Wasser verdoppeln das Bild (s. S. 469).

Rendezvous Mountain: Von Teton Village im Süden des Grand Teton National Park führt eine Seilbahn auf den Gipfel des Rendezvous Mountain (3185 m). Von dort kann man an klaren Tagen die Gipfel der Teton Range, das Snake Valley und den Jackson Lake sehen (s. S. 473).

Schöne Routen

Lower Grand Loop von Madison nach Old Faithful: Rechts und links von der Straße im Geyser Country dampft und blubbert es aus unzähligen heißen Quellen, zudem sind die farbenprächtigsten Geysire von hier zu erreichen (s. S. 445).

Upper Grand Loop: Der obere Teil des wie eine Acht geformten Grand Loop führt u. a. zu den spektakulären weißen Terrassen von Mammoth Hot Springs und zu den Roaring Mountains (s. S. 458).

Meine Tipps

Grand Prismatic Spring: Den größten Geysir im Yellowstone National Park sollte man keinesfalls versäumen. Mit seinen Farben von Blau bis Orange ist er auch einer der schönsten (s. S. 445).

Old Faithful Inn: Im Blockhaus von 1903/04 sind die gewagte Holzkonstruktion im Innern und der 6 m hohe Steinkamin eine Stippvisite wert (s. S. 448).

Picknicken am De Lacy Creek: Obwohl sich im Sommer die Touristen an manchen Attraktionen im Yellowstone National Park drängen, sind Picknickplätze wie dieser Oasen der Ruhe (s. S. 449).

Elche beobachten am Snake River: Von der Nebenstraße am Rand des Grand Teton National Park hat man morgens oft einen guten Ausblick auf die scheinbar behäbigen Riesen am Ufer (s. S. 472).

MONTANA
Mammoth Hot Springs
Upper Grand Loop
Grand Canyon of the Yellowstone
West Yellowstone
Madison
Picknicken am De Lacy Creek
Lower Grand Loop von Madison nach Old Faithful
Grand Prismatic Spring
Old Faithful Inn
Yellowstone Lake
Hiken am Yellowstone Lake
IDAHO
WYOMING
Jackson Lake
Elche beobachten am Snake River
Jenny Lake
Rendezvous Mountain
Teton Village

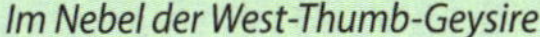

Im Nebel der West-Thumb-Geysire

Hiken am Yellowstone Lake: Mit seinen unterschiedlichen Landschaften bietet der Yellowstone National Park viele Gelegenheiten für kurze oder längere Wanderungen. Nicht zu anstrengende und für den Tagesbesucher geeignete Strecken finden sich am Yellowstone Lake. Ein relativ leichter Wanderweg führt zu einer **natürlichen Brücke** aus Vulkangestein. Der Wanderweg zum **Storm Point** hat das Ufer des Sees zum Ziel, wo eine große Murmeltierkolonie zu Hause ist. Beim Hiken durch das **Pelican Valley** wird eine Region heißer Quellen durchquert. Bei allen besteht die Möglichkeit, auf Bären zu treffen (s. S. 452).

Yellowstone National Park

Der Yellowstone National Park im Nordwesten des Bundesstaats Wyoming ist das Symbol schlechthin für das amerikanische Verständnis von Naturverbundenheit. Schließlich ist das fast 9000 km² große Gebiet schon seit 1872 ein Nationalpark, damit der erste weltweit. Der Park lässt sich als eine Art Gesamtkunstwerk sehen: eine gelungene Mischung aus wilden, ursprünglichen Landschaften, einer großen Zahl selten gewordener Tiere und einer einmaligen Dichte heißer Quellen und Geysire.

Der Nationalpark lässt sich in fünf Zonen *(countries)* einteilen. Das **Mammoth Country** liegt im Nordwesten des Parks und ist vor allem von den thermalen Quellen und den Kalkterrassen bei Mammoth Hot Springs geprägt. Hier können oft Wapiti-Herden beobachtet werden. Das **Roosevelt Country** im Nordosten ist bekannt für die Pionier-Romantik, die beispielsweise auf einem alten Indianerpfad, dem Bannock Trail, erkundet werden kann. In dieser hügeligen Landschaft finden sich viele Wildtiere wie Hirsche und Bisons. Der Osten des Parks, das **Canyon Country,** wird durch den 370 m tiefen Grand Canyon of the Yellowstone mit seinen Wasserfällen und durch das Hayden Valley mit seinen großen Bisonherden bestimmt.

Das **Lake Country** im Südosten mit verschiedenen Seen wie dem Yellowstone Lake bietet Fischen, Greifvögeln, Elchen und Bären eine Heimat. Der Südwesten ist das Gebiet mit den meisten Geysiren und heißen Quellen des Parks, darunter der Old Faithful und der Steamboat-Geysir. Es wird entsprechend **Geyser Country** genannt.

Planung und Orientierung

Der Park hat fünf Eingänge, an denen die **Eintrittsgebühr** von 30 $ (für ein Vier-Sitzer-Auto) entrichtet werden muss. Der Pass ist sieben Tage gültig. Um auch den Grand Teton besuchen zu können, lohnt sich der Kauf eines **2-Park-Passes** für 50 $. Der Nordeingang befindet sich bei Gardiner am Highway 89 südlich von Livingston, westlich wird der Park durch West Yellowstone erreicht, dort münden der Highway 20 von Idaho Falls (Idaho) sowie der Highway 191 von Bozeman bzw. der Highway 287, der von Helena südwärts an Virginia City vorbeiführt. Von Süden kommend, durchquert man zuerst den Grand Teton Park. Der Highway trägt ab Moran am Jackson Lake praktischerweise gleich alle drei Nummern: 89, 191 und 287. Von Cody in Wyoming führt der Highway 14 (auch 16 und 20) zum östlichen Eingang und der nordöstliche wird von Billings (Montana) über den Highway 212 angefahren. Weitere Informationen s. S. 443.

Heiße Quellen

Der Nationalpark besteht im Wesentlichen aus einem gigantischen vulkanischen Hochplateau, dessen tiefste Stelle das **Caldera Basin** bildet, das die Seen Yellowstone, Shoshone und Lewis Lake sowie die Hot Springs entlang dem Firehole River umfasst. In der Caldera befanden sich nach Erkenntnissen der Geologen mehrere große Vulkane, deren Kegel bei Eruptionen vor mehr als 100 000 Jahren weggesprengt wurden. In den heißen Quellen wie den Geysiren, Pools oder Schlammlöchern *(mud pot)* und den Fumarolen (Dampffontänen) zeigt sich die Hitze, die im Erdinneren herrscht. Durch das poröse Lavagestein kann

Regenwasser schnell in größere Tiefen versickern, dann wird es in dem verzweigten System aus Rissen und Spalten durch die darunterliegende Magmakammer erhitzt und steigt dadurch wieder nach oben.

Über 300 aktive Geysire, etwa zwei Drittel aller weltweit existierenden, befinden sich im Yellowstone National Park. Der berühmteste ist der Old Faithful, der in beständiger Regelmäßigkeit eine bis zu 60 m hohe, kochend heiße Fontäne in die Luft bläst.

Anders funktioniert es bei den *mud pots:* Grundwasser speist eine Quelle, ein großer Teil davon verdampft, das restliche Wasser steigt zusammen mit überhitztem Wasserdampf und vulkanischen Gasen an einer Stelle zur Oberfläche auf, wo der Boden reich an vulkanischer Asche, Ton oder anderen feinen Partikeln ist, die sich mit Wasser zu Schlamm vermischen. Schlammtöpfe stellen somit besondere Erscheinungsformen der *Solfataren* dar und sind Anzeichen für eine geringe, abklingende vulkanische Tätigkeit (Postvulkanismus). Fumarolen entstehen, wenn sich in der Tiefe nur wenig Wasser befindet. Durch den fehlenden Druck wird das Wasser vor seinem Austritt vollständig in Dampf umgewandelt.

Fumarolen werden durch die Temperatur und Art der Gase, die aus ihnen austreten, klassifiziert. Die Temperaturen der Gase liegen zwischen 200 und 800 °C. Die meisten Fumarolen bestehen zwar aus reinem Wasserdampf, oft treten aber auch andere vulkanische Gase aus, die sich teilweise an der Austrittsstelle abscheiden. Durch Oxidation und wärmeliebende Bakterien entsteht so die für Fumarolen charakteristische bunte Färbung.

Tierwelt

Der Park ist Rückzugsgebiet für selten gewordene Tierarten, z. B. Gabelantilopen *(pronghorns)*. In den tiefer gelegenen Gebieten von Yellowstone sind Maultierhirsche *(mule deer)*, Pumas *(cougar)* und Rotluchse *(bobcat)* heimisch, in den höheren Lagen Dickhornschafe *(bighorn sheep)* und Schneeziegen *(mountain goat)*. Wapitis finden sich vor allem in der Region um Mammoth Hot Springs. Weitere **Säugetiere** des Parks sind Elche *(moose)*, Schwarzbären *(black bear)*, mindestens acht Fledermausarten *(bat)* und im Hinterland Grizzlybären, Wölfe und Kojoten, aber auch Streifenhörnchen *(chipmunk)*, Grauhörnchen *(squirrels)*, Silberdachse *(badger)*, Biber *(beaver)*, Murmeltiere *(marmot)*, Stachelschweine *(porcupine)* und Bisamratten *(muskrat)*.

Von den 18 **Fischarten** des Parks sind besonders die Yellowstone-Cutthroat-Forellen bei Anglern begehrt. Diese Fische werden allerdings allmählich von den eingeführten, nicht heimischen Seeforellen verdrängt.

Offiziell registriert wurden 318 **Vogelarten.** Zu den häufig vorkommenden Vögeln zählen hier u. a. die Zimtente, die Breitschwanzelfe (eine Kolibriart), der Rotnackensaftlecker (eine Spechtart), Meisen- und Diademhäher, Elstern, Nashornpelikane, Ohrenscharben, Spatelenten, Bartkäuze und Kanadakraniche. Mit etwas Glück sieht man Weißkopfseeadler, Habichte, Felsengebirgshühner und Kiefernsaftlecker. Von den seltener vorkommenden Vögeln sind Eistaucher, Kragenente, Fischadler, Wanderfalken und Trompeterschwäne zu erwähnen. In den vom Feuer heimgesuchten Waldgebieten bieten sich häufig gute Gelegenheiten, Fichten- und Schwarzrückenspechte zu beobachten.

In den 1970er-Jahren gewöhnten sich **Bären** an die Touristen und fraßen Abfälle und das, was ihnen Menschen zu fressen gaben. Aufklärende Merkblätter und ein rigoroses Fütterungsverbot halten die Bären inzwischen erfolgreich von den Camping- und Picknickplät-

Straßensperrungen

In der Zeit von Ende November bis Ende April sind nur die beiden nördlichen Eingänge bei Gardiner (von Livingston) und Silver Gate/ Cooke City (von Billings) geöffnet. Auch im Sommer können immer wieder Straßen gesperrt sein. Deshalb vor Fahrtantritt unbedingt die Website des Parks zurate ziehen (s. S. 443) oder unter Tel. 307-344-7381 nachfragen.

zen fern und schützen sie so vor Abhängigkeit von diesen Nahrungsquellen und damit vor dem sicheren Tod, denn »a fed bear is a dead bear«. Angriffe von Bären auf Menschen sind eher selten, denn Bären meiden die Nähe des Menschen. Lediglich wenn ein Tier bedrängt wird oder Junge bei sich hat, kann es zu gefährlichen Begegnungen kommen. 91 m (100 yd) Abstand sind vorgeschrieben, damit sich Meister Petz nicht bedrängt fühlt. Über 1000 Tiere umfasst inzwischen der Bestand an Braun- und Schwarzbären, deshalb sind sie von der Liste der gefährdeten Arten gestrichen.

Die **Wölfe** wurden im Park jahrelang gejagt und in den 1930er-Jahren ganz ausgerottet. Als direkte Folge geriet das natürliche Gleichgewicht der Tierwelt durcheinander. Deshalb wurden 1995 14 kanadische Wölfe angesiedelt und unter Schutz gestellt. Mittlerweile haben sich die Yellowstone-Wölfe mit eingewanderten Wölfen aus Kanada vermischt und ihre Population hat sich auf rund 100 Tiere vermehrt, die sicher in den Parkgrenzen leben. Schon 2008 wurden die Yellowstone-Wölfe von der Liste der gefährdeten Arten gestrichen und die Verwaltung der Wolf-Population ging vom US Fish & Wildlife Service an die drei angrenzenden US-Bundesstaaten Wyoming, Montana und Idaho über. In diesen drei Staaten gibt es offiziellen Zählungen zufolge inzwischen über 1500 der flinken Jäger.

Die meisten Unfälle mit Wildtieren passieren mit **Bisons.** Viele Besucher verkennen, dass auch sie Wildtiere sind, und unterschätzen die Möglichkeiten der Riesen. Bisons sind unberechenbar und können sehr rasch auf über 50 km/h beschleunigen und diese Geschwindigkeit über einen längeren Zeitraum

Eigentlich sollte man als Besucher des Nationalparks einen Abstand von mindestens 23 m zu den Bisons einhalten

aufrechterhalten. Bei einer respektvollen Entfernung von mindestens 23 m (25 yd) aber lassen sich die gewaltigen Huftiere nicht aus der Ruhe bringen, sie sind die vielen Fotografen gewöhnt. Einen Hinweis auf die Stimmung eines Bisons gibt sein Schwanz. Wenn er aufrecht steht oder wie ein Fragezeichen gekrümmt ist, sollte man das Weite suchen, dann ist das Tier aufgeregt. Die Zahl der Tiere schwankt von Jahr zu Jahr, bei der letzten Zählung 2021 waren es 5450. Erklärtes Ziel des Parks ist es, nicht weniger als 2300 Bisons Lebensraum zu bieten.

Infos

Visitor Services des National Park Service: P. O. Box 168, Yellowstone N. P., WY 82190-0168, Tel. 307-344-7381, www.nps.gov/yell.

Visitor Centers im Nationalpark: Nicht alle Besucherzentren verfügen über eine eigene Website. Alle Stationen werden aber auf www.nps.gov/yell/planyourvisit/visitorcenters.htm gelistet.

Film zur Einstimmung

Zur Einstimmung auf eine Reise in den berühmten Park empfiehlt sich die dreiteilige BBC-Dokumentation »Yellowstone – Legendäre Wildnis«, 2009 (als Blu-Ray und DVD erhältlich) oder eine der Reportagen von National Geographic auf YouTube.

Yellowstone Forever: Seit 1933 unterstützt der Verein die Aktivitäten des Nationalparks und sammelt u. a. auch Geld. Er hat eine Bibliothek zum Park aufgebaut und bietet Exkursionen und Seminare an. Tel. 406-848-2847, www.yellowstoneassociation.org. Viele Shops in den Besucherzentren im Park, der älteste befindet sich im Madison Museum (s. S. 445).

Übernachten

Günstige Übernachtungen wie auch organisierte Tourangebote für Sommer und Winter gibt es besonders in West Yellowstone, Montana (s. S. 429). Alle **Lodges und Cabins** im Park werden von Yellowstone National Park Lodges verwaltet und können direkt über deren Website www.yellowstonenationalparklodges.com gebucht werden, Tel. 866-439-7375. Auch für fünf der insgesamt zwölf **Campingplätze/RV-Parks** ist die private Firma zuständig. Die anderen Campingplätze werden nach der Reihenfolge der ankommenden Besucher vergeben und unterstehen der Parkverwaltung.

Trotz der relativ hohen Preise für die Hotels und Hütten im Park sind diese sehr früh im Jahr bereits ausgebucht. Es lohnt sich, möglichst früh zu reservieren oder kurzfristig beim Reservierungsbüro der Verwaltungsfirma anzurufen: Tel. 307-344-7311.

Aktiv

Geführte Touren zu Fuß oder per Bus – Bevor man eine Reise zum Yellowstone Park antritt, sollte man sich über seine Ziele und die verfügbare Zeit im Klaren sein. Ganz praktisch und weniger stressig als mit dem eigenen Auto

EMPFEHLUNGEN FÜR EINE BÄRENBEGEGNUNG

Mit aufregenden Fotos von Bären wird intensiv geworben, aber was sollte man beachten, wenn man beim Wandern durch die Wildnis wirklich einmal auf einen trifft? Bären sind Raubtiere, selbst wenn sie auf Bildern noch so niedlich dargestellt sind. Auch die alles fressenden **Schwarzbären** reagieren völlig unvorhersehbar, wenn ein **Muttertier** mit seinen Jungen unterwegs ist und sich oder den Nachwuchs bedroht fühlt. Gerade auf etwas einsameren Wegen kann es passieren, dass man unversehens auf einen Bären stößt, der im Unterholz sitzt und Beeren verzehrt oder auf Nahrungssuche über eine Lichtung streift.
Folgende **Empfehlungen** geben die Ranger: Machen Sie sich groß! Bären greifen selten ein größeres Tier an, deshalb sollte man stehen bleiben und die Arme über den Kopf erheben. Mehrere Personen stellen sich am besten dicht nebeneinander, dann wirken sie kompakter. Falls doch ein Angriff erfolgt, legt man sich flach auf den Boden mit dem Kopf nach unten und schützt den Nacken mit den Händen. Wenn sich der Bär nicht mehr belästigt fühlt, wird er sich zurückziehen. Mit dem Aufstehen wartet man am besten, bis er wirklich weg ist. Auf keinen Fall sollte man schreiend weglaufen, das kann das Tier provozieren; Bären können sehr schnell laufen.
Um eine direkte Begegnung zu vermeiden, wird geraten, während der Wanderung möglichst laut zu sein, zu singen oder sich zu unterhalten. Manche Wanderer befestigen Glöckchen an ihrer Kleidung, andere nehmen Pfeifen mit und benutzen sie ab und an. Abendwanderungen werden nicht empfohlen. Dann sind die Tiere unterwegs und suchen sich Schlafstätten und der Wanderer hat den zusätzlichen Nachteil, sie nur schlecht sehen zu können. Man sollte mindestens zu zweit unterwegs sein. In den Parks abseits der großen Straßen gibt es keinen Handyempfang, sodass man auch keine Hilfe herbeitelefonieren kann.
Besucher sollten **niemals Abfall** in der Natur liegen lassen und ein Picknick nicht zu lange ausdehnen, um keine Bären anzulocken. Falls ein Tier gesichtet wird, sollte man versuchen, einen Mindestabstand von 100 m einzuhalten, sich ggf. langsam zurückzuziehen und dann erst zu fotografieren.
Um auf den **Backcountry Trails** zu wandern, wo man die besten Chancen hat, Bären zu treffen, benötigt der Besucher eine **Genehmigung** aus dem Visitor Center oder von der Ranger Station. Die **Ranger informieren** die Hiker über verschiedene mögliche Routen im vorgesehenen Gebiet. Man sucht sich eine nicht zu überlaufene aus und vereinbart mit dem Ranger einen Zeitpunkt, zu dem man zurück sein will. Damit behalten die **Ranger die Übersicht,** wie viele Leute unterwegs sind, und kontrollieren, ob die Wanderer heil zurückgekehrt sind. Falls nicht, wird eine Suchaktion gestartet. Jede Begegnung mit einem Bären muss den Rangern gemeldet werden.

Infos

Hinweise unter www.nps.gov/yell/planyourvisit/bearsafety.htm. Bären-Spray wird dabei sehr empfohlen, am besten einmal vorher üben. Die Mitnahme im Flugzeug ist verboten.

ist eine Fahrt mit einem Bus. Es gibt mehrere Anbieter für **Yellowstone-in-a-Day-Touren,** deren Fahrer auf die Tiere und Besonderheiten aufmerksam machen. Natürlich wird auch immer wieder angehalten, um zu den Aussichtspunkten zu gehen. In die Vergangenheit zurückversetzt fühlen kann man sich mit dem **Historic Yellow Bus:** Mehrere Busse aus den 1940er-Jahren sind restauriert worden und bieten themenspezifische Touren wie etwa die beliebte »Picture Perfect Photo Safari« an (www.yellowstonenationalparklodges.com > Things-to-do > Summer-things-to-do > Adventures-on-land > Picture-perfect-photo-safari).

Eine andere vielversprechende Möglichkeit, die vielfältigen Attraktionen des Parks kennenzulernen, ist die Teilnahme an einer geführten **Tour der Parkranger**. Sie kennen sich am besten aus, wissen, wo welche Tiere gerade sind und können auf Pflanzen oder kleinere ungewöhnliche Tiere aufmerksam machen, die man als ›Laie‹ glatt übersehen würde. Die Anmeldung erfolgt am besten in einem der Visitor Center, die Programme stehen in der Parkzeitung.

Ebenso bieten die Mitglieder der **Yellowstone Forever** Privatführungen an. Sie bringen die Gäste zu den schönsten Trails und zeigen Aussichtspunkte, von denen aus Tiere zu beobachten sind (s. S. 443).

Süd-Rundweg – Lower Grand Loop ▸ R 8/9

Karte: S. 455
Am Ausgang von **West Yellowstone** **1** liegt der **Westeingang in den Nationalpark.** Dort bezahlt man die Parkgebühr und erhält die Parkzeitung sowie Hinweise zu den Straßenverhältnissen. Die Straße führt am **Madison River** **2** entlang, auf den Grasflächen dahinter äsen oft Bisons und Hirsche (die Straße ist Anf. Nov.–Ende April gesperrt).

Auffällig sind schon auf diesem Teilstück von 23 km bis zum Beginn der Rundstrecke bei Madison die großen Flächen junger Bäume. Dicht an dicht stehen sie in fast gleicher Höhe und wirken wie ein kürzlich aufgeforsteter Wald. Die Ranger belehren den Besucher aber eines Besseren: Der verheerende Brand von 1988 vernichtete hier im Westen einen Großteil des alten Baumbestandes, fast 10 000 Feuerwehrleute waren damals im Einsatz. Auf dem verbrannten Boden hat sich bereits nach kürzester Zeit neue Vegetation entwickelt, denn beispielsweise die Drehkiefer *(Lodgepole Pine)* braucht zum Öffnen einer ihrer beiden Zapfenarten Hitze von mehr als 45 °C, da kann ein Brand hilfreich sein. Die offizielle Haltung der staatlichen Parkbehörde zu Bränden ist seit den 1960er-Jahren dahingehend geändert worden, dass Feuer und Waldbrände als ein naturgegebener Prozess angesehen werden, den die Flora für ihre Regeneration benötigt. Deshalb gibt es in jedem Park einen Feuer-Management-Plan, um Schutzzonen zu legen, Übergriffe auf Häuser und Hotels zu verhindern und auch gezielt Feuer ins Unterholz zu legen, damit Tiere und Bäume genug Platz zum Leben haben (www.nps.gov/fire). Die *Pines* wachsen schnell, die Schäden von 1988 sind nicht mehr zu sehen. Nach kleineren Waldbränden wird die Natur sich selbst überlassen.

In Madison teilt sich die Straße. Nach rechts geht es ins **Geyser Country,** nach links hoch zum **Canyon Village** und zum nördlichen Rundweg. Am Campingplatz an der Weggabelung befindet sich das **Madison Museum** mit der Junior Ranger Station.

Von Madison nach Old Faithful

Gleich nach der Abzweigung kann man schon auf eine kleine Nebenstrecke fahren, den **Firehole Canyon Drive,** die Einbahnstraße tangiert die 26 m hohen **Firehole Falls** am inneren Rand der Vulkan-Caldera. Der **Fountain Flat Drive** ist ein Radwanderweg durch den Fairy Creek zur **Grand Prismatic Spring** **3**, der auch von Mountainbikern gern genutzt wird. An dieser heißen Quelle ist das **Midway Geyser Basin** erreicht. Die Quelle ist mit 113 m Durchmesser und einer Tiefe von 37 m die größte im Park und wegen ihres

Farbspektrums von Tiefblau über Grün und Gelb bis hin zu Orange an den Rändern auch eine der schönsten.

Es lohnt sich, zurück auf den Loop zu gehen, denn vor Grand Prismatic liegen rechts von der Straße die **Fountain Paint Pots** und links am Firehole Lake Drive der **Great Fountain Geyser** **4**. Besonders an kühleren Tagen wirkt es hier wie in einer Waschküche, es dampft und sprüht aus vielen Spalten und kleinen Löchern. 30 bis 60 m hohe Fontänen jagt Great Fountain zweimal am Tag in die Luft, Millionen Tropfen glitzern dann wie Diamanten im Sonnenlicht. Die Fountain Paint Pots sind über einen hölzernen Steg begehbar und hier begegnet man wieder den ungewöhnlichen Farben, für die die Schlammlöcher und Quellen im Park berühmt sind: blau, türkis, pink oder rötlich schimmert das Wasser bzw. der blubbernde Schlamm.

Für Angler aus der Umgebung sind der Firehole und der Madison River die Paradiese der Region, denn sie sind nicht so überlaufen wie der Yellowstone River und ihre Bestände an verschiedenen Forellenarten (*brown, brook* und *rainbow*) sind noch recht üppig. Unmittelbar am Rand des Upper Geyser Basin mit Old Faithful liegt das **Biscuit Basin** **5**. Geysire, die schwefelhaltiges Wasser ausstoßen, und der jedes Jahr zur Schneeschmelze stark anschwellende Little Firehole River haben die hier aus Lava und Sandstein bestehenden Felsen so geformt, dass sie marmorierten Keksen ähneln.

Der **Black Opal Pool** oder der **Sapphire Pool** inmitten dieser ›Kekse‹ sind ungewöhnlich tiefe Löcher, deren Wasser dunkelblau bis schwarz schimmert. Wenn sanfte Dampfschwaden über dem Wasser aufziehen, könnte man glatt in Versuchung geraten, zum Baden in einen der Pools zu steigen, was natürlich strengstens verboten ist.

Old Faithful

Nach dem berühmtesten Geysir von Yellowstone ist das ganze kleine Village im **Upper Geyser Basin** benannt. Hier finden sich auch ein großes **Visitor Center** und zwei Übernachtungsmöglichkeiten. Zudem gibt es eine Tankstelle, eine Post, eine medizinische Ambulanz und zwei Cafeterias. Der **Old Faithful Geyser** **6** (der alte Treue) eruptiert mit schöner Regelmäßigkeit alle 70–90 Min. Dann finden sich Unmengen von Besuchern rund um den Geysir ein, um das spektakuläre Schauspiel zu genießen. Nicht immer schießen seine Fontänen bis auf 60 m hoch, aber bei niedrigerem Wasserausstoß dauert die Eruption meist etwas länger. Old Faithful gehört zu den düsenartigen Geysiren, die einen schmalen Wasserstrahl haben; bei ihm hält er zwischen 1,5 und 5 Minuten an und verspritzt zwischen 14 000 und 32 000 l Wasser.

Grand Prismatic Spring: ein Sinnenspektakel, hervorgerufen durch Bakterien

Zwischen 1983 und 1994 führten Forscher verschiedene Messungen im Schlot des Old Faithful durch: In 22 m Tiefe maßen sie eine Wassertemperatur von 118 °C. Die heißeste gemessene Temperatur betrug 129 °C, die Temperatur im Erdinneren unterhalb des Geysirs schwankt um bis zu 15 °C. Wenn man Glück hat, bricht sich das Sonnenlicht in den Wassertropfen und ein Regenbogen wird sichtbar, aber um die besten Plätze zum Fotografieren wird im Sommer hart gekämpft, und so lohnt es sich, für schöne Fotos rechtzeitig an Ort und Stelle zu sein. Old Faithful kommt am besten in der Nachmittagssonne zur Geltung.

Die meisten Besucher fotografieren von der Südseite aus. Eine andere, nicht minder interessante Perspektive bietet sich östlich des Geysirs, insbesondere wenn bei Sonnenuntergang die Strahlen direkt hinter der Wassersäule eingefangen werden können. Wenn es rund um Old Faithful gar zu voll ist, sollte man einige Hundert Meter nach Nordosten wandern; der Wanderweg führt zum **Observation Point.** Dieser Aussichtpunkt erhebt sich nochmals 76 m über das Gebiet und bietet einen guten Blick auf den Geysir. Insgesamt gibt es in diesem Upper Geyser Basin mit einem Umfang von 2,6 km² ca. 140 Geysire in allen Größen.

Lange Zeit war der **Morning Glory Pool** ein weiteres Highlight in der Nähe von Old Faithful, die wunderschönen Farben lockten zahlreiche Besucher an, die Tonnen von Münzen, Hölzern, Müll oder anderen Gegenständen in die heiße Quelle geworfen haben. Die Folgen waren Verstopfung der Öffnung, damit Beeinträchtigung der Wasserzirkulation und letztlich der thermalen Energie. In den letzten Jahren ist auch die Temperatur der Quelle gesunken, sodass sich die die leuchtenden Farben bildenden Bakterien mehr ins Innere zurückgezogen haben. Wohl auch zum Schutz des Pools ist er aus vielen Karten inzwischen verschwunden. Der Weg dorthin führt von Old Faithful vorbei am **Grand Geyser.** Dieser verdient seinen Namen zu Recht, ungefähr alle 7 bis 15 Std. schießt das heiße Wasser ca. 60 m in die Höhe, die Eruptionen dauern bis zu 12 Min. Im Old Faithful Visitor Center erhält man eine Liste mit den Zeiten.

Ein anderer sehr eindrucksvoller Geysir ist **Castle Geyser,** der noch einen umfangreichen Kegel aufweist und alle 10 bis 12 Std. seine Fontänen Richtung Himmel schickt. Zwar erreichen sie nur ca. 27 m, dafür dauern die Entladungen aber oft mehr als 20 Min. und anschließend gibt es noch eine lautstark rumorende Dampfphase.

Am westlichen Rand des Old Faithful Village ist das **Black Sand Basin** 7 ausgewiesen, inmitten einer sanft hügeligen Landschaft befinden sich einige wunderschöne und farbenprächtige Pools wie der **Emerald** und der **Sunset Lake.**

Besonders bizarr wirkt der von abgestorbenen Baumstümpfen umgebene **Opalescent Pool,** der einen blauen Schimmer in der Landschaft bildet. Wie riesige weiße Zahnstocher ragen die toten Bäume aus dem rötlichen Untergrund und zeugen von der zerstörerischen Kraft der lebendigen Quellen.

Infos

Old Faithful Visitor Education Center: Tel. 307-545-2750, www.nps.gov/yell/planyourvisit/oldfaithfulvec.htm, Ende Mai–Ende Sept. tgl. 8–20, sonst 9–17 Uhr.

Übernachten

Historische Sehenswürdigkeit – **Old Faithful Inn:** Tel. 866-439-7375, www.yellowstonenationalparklodges.com (Lodging > Summer Lodges), Anf. Mai–Mitte Okt. Das gewaltige Blockhaus aus den Jahren 1903/04 ist schon selbst eine Sehenswürdigkeit, deshalb werden auch geführte Touren durch das ehrwürdige Gebäude angeboten. Immerhin ist das Inn das erste Grandhotel in einem Nationalpark. Überwältigend ist der Anblick der gewagten Holzkonstruktion, die von Experten als architektonische Meisterleistung beurteilt wird. Treppenaufgänge führen fast bis zur Spitze der über 23 m hohen Decke und ein 6 m hoher Steinkamin beherrscht die imposante Eingangshalle. Vom Außenbalkon des Hauses hat man außerdem einen guten Blick auf Old Faithful. Dort kann man auch einen Nachmittagstee einnehmen. Nebenan befinden sich schlichte Holzhütten, manche mit Blick auf den Geysir. Die Preise variieren sehr stark, selbst innerhalb einer Woche, unter 200 $ ist auch online nichts zu bekommen. €€€

Das neueste Hotel im National Park – **Old Faithful Snow Lodge & Cabins:** Tel. 307-344-7311 oder 866-439-7375, www.yellowstonenationalparklodges.com (> Lodging > Summer Lodges), Mai–Mitte Okt., Mitte Dez.–Mitte März. Mit dem großen Haus versucht man dem wachsenden Bedarf an Hotelbetten gerecht zu werden. €€€

Essen & Trinken

Deftige Küche – **Old Faithful Inn Dining Room:** im Hotel Old Faithful Inn (s. links), Tel. 307-344-7311, Anf. Mai–Ende Okt. Steaks, Fisch und Huhn werden hier serviert. Zum Dinner ab 17 Uhr ist eine Reservierung erforderlich. Hauptgerichte 15–30 $.

Von Bison bis Lachs – **Old Faithful Snow Lodge Restaurant:** Tel. 307-344-7311, https://www.yellowstonenationalparklodges.com/restaurant/old-faithful-snow-lodge-obsidian-dining-room, geschlossen Mitte Okt.–Mitte Dez. und Mitte März–Mitte Mai, keine Reservierung im Sommer möglich. Hauptgerichte 15–30 $.

Gegen den kleinen Hunger – **Old Faithful Lodge Cafeteria:** Tel. 307-344-7311, Mitte

Eine Institution: Die Old Faithful Lodge muss man gesehen haben

Mai–Mitte Sept. Pizzas, Burger und Sandwiches. Um 10 $.

Gut für zwischendurch – **Geyser Grill, in der Old Faithful Snow Lodge:** Tel. 307-344-7311, Ende Mai–Anf. Okt. Burger und Sandwiches. Um 10 $.

Von Old Faithful nach Grant Village

Auf den 27 km von Old Faithful nach West Thumb am Yellowstone Lake überquert man gleich zweimal die **Continental Divide,** die nordamerikanische Hauptwasserscheide. Dabei handelt es sich um die Gratlinie, die den Wasserabfluss in den Pazifik und in den Atlantik trennt. Der Yellowstone und der Madison River fließen von hier aus in den Atlantik, während der Snake River von hier seinen 1674 km langen Weg zum Columbia River beginnt. Die kurvige Strecke ist von hohen Bäumen umgeben, sodass man selbst vom Picknickplatz am **Craig Pass** (2518 m) oder am Rastplatz **De Lacy Creek** keinen Ausblick auf den südlich gelegenen Shoshone Lake hat.

Am gleichnamigen Rastplatz kreuzt der **De Lacy Creek Trail** die Straße: Nach Norden führt er über knapp 10 km ohne große Steigungen zu den beiden kleinen **De Lacy Lakes.**

Bergabwärts geht es südlich ca. 9 km immer am Creek entlang zum **Shoshone Lake,** dem zweitgrößten See im Park. Eine Wanderung vom Parkplatz zum See hinunter und um ihn herum ist auf dem dafür vorgesehenen Trail möglich. Die Strecke ist ein ca. 20 km langer Rundweg an der Waldkante entlang und durch offene Wiesen.

Beim West Thumb Geyser Basin teilt sich die Grand Loop Road: Links geht der Rundweg weiter und nach rechts (Süden) führt die Strecke zum Grand Teton National Park. Direkt am Ufer des Yellowstone Lake liegt das überschaubare Gebiet der **West-Thumb-Geysire** 8, durch das man einen kurzen Spaziergang auf dem befestigten Holzweg machen kann. Der **Fishing Cone** hat lange Zeit einen besonderen Reiz auf Besucher ausgeübt: Angler holten sich frische Forellen aus dem See, hielten sie kurz am Haken in die heiße Quelle und hatten einen gut gekochten Fisch. Der Spaß ist allerdings schon seit Langem verboten, denn es ist zu gefährlich und außerdem ungesund. Von Juni bis Mitte September ist dort ein kleiner Informationskiosk geöffnet, der von der Yellowstone Association betrieben wird.

Das nächste Visitor Center befindet sich in **Grant Village.** Dort gibt es auch eine große Lodge sowie einen Campground mit 400 Plätzen. Im sogenannten Amphitheater am Seeufer halten Ranger jeden Abend gegen 19 Uhr Vorträge über Vulkanismus, Geysire oder die Flora und Fauna im Park (nur Mitte Juni–Mitte Sept.). In Grant Village gibt es eine Tankstelle, ein Post Office und auch einen General Store.

Infos

Visitor Center in Grant Village: Tel. 307-344-2650, Mitte Mai–Ende Sept. tgl. 8–19 Uhr. Infos zu Wanderungen; regelmäßig Vorführung eines Films über den Waldbrand von 1988.

Übernachten

Einfache und funktionale Zimmer – **Bear Lodge:** Reservierung unter www.yellowstonenationalparklodges.com/lodgings/hotel/grant-vil lage, geöffnet Ende Mai–Ende Sept., 300 Betten. €€€

Yellowstone Lake

Der Yellowstone Lake ist mit 354 km² der größte See des Nationalparks und der größte natürliche Bergsee Nordamerikas. In seiner Nord-Süd-Ausdehnung misst er maximal 32 km, in der von Osten nach Westen 22 km. Der See ist ziemlich kalt. Selbst im August steigt die obere Wassertemperatur nur auf durchschnittlich 16 °C. Baden ist zwar nicht verboten, aber den meisten Menschen sind solche niedrigen Temperaturen doch zu frisch.

Die im See vorkommende Forellenart *cutthroat trout* hat den Wissenschaftlern Rätsel aufgegeben: Eigentlich stammt dieser Fisch aus dem Pazifik, der Yellowstone River mündet aber in den Atlantik. Wie gelangte er also in diesen See? Eine Hypothese besagt, dass ein Abfluss aus dem See einst über den Snake River erfolgte und so die Tiere die kontinentale Wasserscheide überwinden konnten. Die Seeforelle bedroht heute den Bestand an *cutthroat trout.* Diese wurde vor einigen Jahrzehnten im See angesiedelt und hat sich prächtig entwickelt. Im Winter ist der See komplett zugefroren. Allerdings ist das Betreten nicht erlaubt, weil die Eisdicke zu stark variiert. Vom See aus lassen sich diverse **Trails** unterschiedlicher Länge unternehmen (s. S. 452).

Orte am Nordufer des Yellowstone Lake

Am nördlichen Ende des Yellowstone Lake reihen sich drei kleine ›Orte‹ aneinander, die zahlreiche Unterkünfte sowie Möglichkeiten für Bootsfahrten und Angeln bieten.

In **Bridge Bay** befindet sich eine kleine Ranger Station und wiederum ein Amphitheater, wo die Ranger abends im Sommer gegen 19 Uhr naturkundliche Vorträge halten. Rechts von der Straße wurde mit 425 Plätzen der größte Campground des Parks angelegt. Ungefähr 1,5 km davon entfernt gibt es eine durch Erosion des Felsens entstandene natürliche Brücke über den Creek (Natural Bridge; s. S. 453).

Lake Village besteht eigentlich nur aus dem riesigen Lake Yellowstone Hotel, einem vierstöckigen Hotelkomplex nebst einer großen Anlage von Hütten sowie dem Lake Lodge und Cabins, einer Poststelle und dem Park Hospital.

Fishing Bridge wartet mit einem Visitor Center, einer Tankstelle und einem weiteren Amphitheater auf, einem Platz mit Holzbänken, wo die Ranger im Sommer abends Vorträge halten.

Infos

Fishing Bridge Visitor Center: East Entrance Rd., Tel. 307-344-2450, Mitte Mai–Mitte Sept. tgl. 8–19 Uhr. Das alte Blockhaus von 1931 gilt als historisches Wahrzeichen. Im Innern finden sich didaktisch gut aufbereitete Ausstellungen zu den Vögeln der Umgebung und den Fischen im Yellowstone Lake. Hier erhält man Hinweise und Karten für Wanderungen in der Umgebung.

Übernachten

Direkt am See und mit Grandezza – **Lake Yellowstone Hotel & Cabins:** Reservierungen unter Tel. 307-344-7311 oder www.yellowstonenationalparklodges.com (> Lodging > Summer Lodges), Mitte Mai–Okt. Es ist das älteste Haus im Park und wurde bereits 1891 errichtet. Zum 100-jährigen Bestehen ist es komplett renoviert worden. Besonders schön sind die Zimmer zum See hin, weil sie Morgensonne bekommen. Die 102 gelben Cabins von 1920 sind einfach, aber geräumig, manche als Duplex, viele stehen aber allein. Abends kann es schon einmal passieren, dass ein paar Bisons vorbeikommen oder im ›Vorgarten‹ zu grasen beginnen. €€€

Western-Feeling unweit des Sees – **Lake Lodge Cabins:** Reservierung unter Tel. 307-344-7311, Mitte Juni–Mitte Sept. Die Lodge liegt ein wenig näher am Waldrand und besteht aus einem Blockhaus mit Cafeteria (6.30–21.30 Uhr) und einfacheren Hütten. Buchungen für die nächste Sommersaison ab Herbst möglich. €€€

Essen & Trinken

Gehobene amerikanische Küche und Seeblick – **Lake Yellowstone Hotel Restaurant:** im Lake Yellowstone Hotel (s. S. 451), Tel. 307-344-7311, Reservierungen sind für den Dining Room unbedingt erforderlich. Im eleganten Restaurant im Hotel hat man einen wunderbaren Blick über den See, während man ein Steak oder ein *Buffalo Prime Rib* verspeist. Gehobene Küche und ebensolche Preise. Um 30 $.

Aktiv

Bootstouren – **Yellowstone Lake Scenic Cruises:** mit der Lake Queen II, ab Bridge Bay Marina, Tel. 307-344-7311, www.yellowstonenationalparklodges.com (> Things to do > Summer Activities > Adventures on Water), Juni–Sept. tgl., Erw. 18 $.

Angeln – **Guided Fishing/Sightseeing Charter Boat Tours:** ab Bridge Bay Marina, Tel. 866-439-7375, Fahrplan und Rates unter: www.yellowstonenationalparklodges.com (> Things to do > Summer Activities > Adventures on Water), tgl. Juni–Sept., 2 Std./190$ für das Boot (1–6 Pers., Preis wird aufgeteilt).

Vom Yellowstone Lake nach Canyon Village

Zwischen Lake Village und Fishing Bridge gabelt sich die Straße erneut. Nach Osten führt sie zum dortigen Eingang (geschl. 1. Nov.– 30. April) und weiter nach Cody. Nach Norden geht es weiter auf dem Grand Loop, immer am **Yellowstone River** entlang. Diese Strecke gehört zu den schönsten im Park. Es gibt weite, offene Wiesen, auf denen Bisons und Hirsche grasen. Etwas entfernt von der Straße erheben sich sanfte Hügel, die von Ponderosakiefern und Ahornbäumen bedeckt sind. Im Frühjahr schwillt der Fluss gewaltig an: Die Schmelzwasser aus den Bergen lassen ihn zu einem mächtigen Strom werden.

Drei kurz hintereinanderliegende Picknickplätze sind ein Zeichen dafür, dass hier schöne Ausblicke zu genießen sind und einige Wanderwege beginnen. Einer führt zum **Mud Vulcano 9**, einem Hügel mit einer Vielzahl von heißen Schlammquellen. Ein breiter Holzsteg ist durch das unwegsame Gelände angelegt, den man auf keinen Fall verlassen darf, weil der Boden trügerisch sicher zu sein scheint, oft aber nur eine dünne Kruste die thermalen Aktivitäten darunter verbirgt.

Dragon's Mouth und die **Black Dragon's Caldron** sind hier die Attraktionen: Das Loch im Felsen mit seinen rhythmischen Bewegungen und Dampfausstößen macht seinem Namen Drachenmaul alle Ehre. Der Schlamm aus dem Black Dragon's Caldron hat 1948 die ganze Umgebung verwüstet, dabei sämtliche Bäume entwurzelt und den Boden bedeckt. 1978 gab es mehrere kleine Erdbeben und der Hügel veränderte erneut seine Form und Vegetation.

Die im Innern der Quellen gebildete Schwefelsäure ist übrigens verantwortlich für den Schlamm, denn beim Aufstieg des kochenden Wassers zersetzt sie das Gestein. Das Blubbern des Schlamms mag auf den ersten Blick recht harmlos aussehen, aber manchmal schießt eine Fontäne doch etwas höher, daher sollte man besser Abstand halten.

HIKEN AM YELLOWSTONE LAKE

Tour-Infos

Schwierigkeitsgrad: einfach, Pelican Valley Trail mit kleinen Anhöhen.

Start: Parkplatz der Bridge Bay Marina am Yellowstone Lake, neben der Einfahrt zum Campingplatz.

Länge: Natural Bridge Trail ca. 5 km, Storm Trail ca. 4 km, Pelican Valley Trail ca. 11 km.

Ausrüstung: feste Schuhe.

Dauer: je nach Pausen und Kondition Natural Bridge Trail 1–2 Std., Storm Trail ca. 1 Std., Pelican Valley Trail ca. 4–5 Std.

Wichtige Hinweise: Am besten vor Beginn der Wanderungen in der Ranger Station an der Bridge Bay nachfragen, ob die Wege offen sind. Denn es gibt einige Einschränkungen bei der Begehbarkeit, da die Trails der Bären wegen manchmal gesperrt sind.

Natural Bridge Trail

Einer der vielen Wasserläufe im Park hat sich durch das Vulkangestein ein ganz besonderes Bett geschaffen: Nicht weit vom Yellowstone Lake entfernt ist eine Öffnung entstanden, deren oberer Teil wie eine Brücke wirkt. Dorthin zu wandern ist nicht besonders anstrengend.
Zunächst geht es durch lichten **Nadelwald,** dann ist der Trail auf einem **Forstweg** ausgewiesen und über einige Stufen, die sich etwas steiler und serpentinenartig um den Felsen winden, ist die **Natural Bridge** erreicht. Das ungewöhnliche Gebilde darf allerdings nicht betreten werden. Der Trail führt oberhalb der Brücke hinunter zum Creek, der durch eine schmale Schlucht durchquert wird. Entlang der Felskante – von der man immer wieder gute Fernsicht auf den dichten Wald hat – marschiert es sich mit festen Schuhen besser als in offenen Sandalen, und dann bietet die *service road* wieder die Sicherheit, dass die **Bridge Bay** in ca. 2 km erreicht sein wird.
Diesen Trail nutzen auch Radfahrer und Mountainbiker, gegenseitige Rücksichtnahme ist von daher erwünscht.

Storm Trail

Von der East Entrance Road am Indian Pond biegt man links ab, ca. 5 km östlich des Fishing Bridge Visitor Center (von dort kommend rechts abbiegen). Der Wanderweg beginnt im offenen Wiesengelände und bietet schöne Ausblicke auf den kleinen **Indian Pond** und den **Yellowstone Lake.** Nach dem Pond biegt der Weg rechts ab in den Kiefernwald, nach ca. 1 km wird der **Storm Point** erreicht. Storm Point macht seinem Namen besonders nachmittags alle Ehre, dann bläst der Wind meist kräftig über den weiten See. Hier lebt eine große Kolonie von Murmeltieren, die sich zwischen den großen Steinen am Ufer gut verstecken können.
Im Winter und manchmal bis Anfang Juni ist der Yellowstone Lake zugefroren. Das mag auf einer Höhe von fast 2400 m nicht verwunderlich erscheinen, aber der Grund des Sees ist mit Geysiren, heißen Quellen und Fumarolen bedeckt. In der sich anschließenden Mary Bay (nach Osten) sind am Boden schon 122 °C gemessen worden.
Anschließend geht es wieder durch den Wald zurück zum Indian Pond. Hier finden sich morgens und abends gern Elche zum Äsen ein.

Pelican Valley Trail

Man nimmt die Ausfahrt von der East Entrance Road gegenüber vom Indian Pond, ca. 5,8 km östlich vom **Fishing Bridge Visitor Center** (von dort kommend links abbiegen).
Dieser Teil des Yellowstone Parks ist Bärenland, deshalb ist es hier ratsam, möglichst in Gruppen und mit viel Krach durch die Natur zu gehen (s. auch S. 444). Der Trail ist erst ab etwa 4. Juli geöffnet. Man darf den gekennzeichneten Weg auf den ersten 4 km nicht verlassen.
Er beginnt am Ende der Schotterstraße und führt zunächst durch das Grasland. Einige kleine **Brücken** sind über die Bäche gebaut worden; es wandert sich sehr bequem und mit etwas Glück sieht man Bisons beim Grasen. Nach einem kurzen Waldstück geht es etwas aufwärts, von diesem »**Overlook**« blickt man auf den **Pelikan Creek** und sieht in der Ferne die Absaroka Mountains.
Geologisch interessant ist der nächste Abschnitt, wo sich der Weg leicht nach Osten bewegt. Dort liegt eine Zone mit hydrothermalen Aktivitäten, das heißt, es dampft aus schmalen Spalten und die Erdschicht über den heißen Quellen ist extrem dünn: Hier darf man auf gar keinen Fall den Pfad verlassen. In nördlicher Richtung folgt dann bald ein schmaler **Bach** und kurz vor dem Ende des Trails gibt es ein überhängendes **Kliff** im Creek, dort kann man picknicken (Müll mitnehmen!) und den Ausblick auf den Pelican Creek genießen. Man sollte nun den Rückweg antreten, der Trail darf nach 17 Uhr nicht mehr gewandert werden.

Manche *mud pots* und die umliegende Vegetation warten mit bunten Farben auf. Diese entstehen durch Bakterien, die sich in dem warmen Klima durchaus wohl fühlen. Die thermophilen Mikroben werden seit einigen Jahren erforscht, sowohl von Medizinern als auch von Evolutionsbiologen.

Direkt unterhalb der Straße stößt man auf die **Sulphur Caldron,** den Schwefelkessel. Der Geruch nach faulen Eiern ist hier sehr intensiv und weckt Erinnerungen an Geschichten vom Teufel. Anschließend beginnt das **Hayden Valley,** nach Angaben der Ranger das beste Gebiet, um Kojoten, große Bisonherden und im Frühjahr und Frühsommer auch Grizzlys beobachten zu können.

Grand Canyon of the Yellowstone

Den ockerfarbenen Felsen im Grand Canyon of the Yellowstone haben sowohl der Fluss als auch der National Park ihren Namen zu verdanken. Beinahe unvermittelt erhebt sich kurz vor Canyon Village ein Bergmassiv, durch das der Yellowstone River Richtung Nordosten eine fast 32 km lange und bis zu 360 m tiefe Schlucht gegraben hat, den Grand Canyon.

Über die geologischen Ursprünge dieses Einschnitts sind sich die Forscher nicht ganz einig, aber er soll nicht durch einen Gletscher entstanden sein, sondern durch Erosion. Manche Geologen vermuten, dass einst die ganze Caldera mit Wasser gefüllt war, bis die Fluten langsam diese Schneise in das Gestein erodiert haben. Die Mengen an Besuchern mögen diese Ursprünge weniger interessieren. Sie strömen auf dem **South Rim Drive** zum **Artist Point,** um – möglichst morgens – die wunderbaren Farbspiele auf dem Wasserfall **Lower Falls** zu fotografieren. Gut 94 m stürzt das Wasser tosend in die Tiefe und bietet mit den farbigen Felsen und dem lockeren Baumbestand an den Rändern immer wieder interessante Fotomotive.

Man kann auch zu Fuß die Schlucht erkunden, von der Chittenden Bridge am South Rim Drive beginnt der **South Rim Trail.** Er führt zunächst zu den **Upper Falls** (33 m hoch) und dann ca. 2,5 km weiter bis zum Artist Point. Der Weg ist nicht sehr steil, gut ausgebaut und befindet sich ein Stück oberhalb des Wassers. Eine andere Möglichkeit ist es, das Auto am Parkplatz zum **Uncle Tom's Trail** stehen zu lassen und auf den South Rim Trail zu gehen. Der Uncle Tom's Trail ist sehr steil. Man steigt 700 zum Teil feuchte Stufen hinunter zum Fuß des Wasserfalls. Von der Hauptstraße, der Grand Loop Road, zweigt ein kurzer Weg zum Parkplatz oberhalb der Upper Falls ab. Der weitere Zugang zum Aussichtspunkt ist zwar kurz, aber ziemlich steil.

Auf der Nordseite des Canyons ist der **North Rim Drive** als Einbahnstraße von Süden nach Norden ausgewiesen. Oberhalb der Lower Falls gibt es einen Aussichtspunkt, der vom ersten Parkplatz auf dem **Brink of Lower Falls Trail** zu erreichen ist. Vom zweiten Parkplatz aus gelangt man zum **Red Rock Point** und zum **Lookout Point,** der dritte schließlich bietet den Zugang zum **Grand View.**

Dieser Aussichtspunkt ist der Beginn für den **North Rim Trail,** der zum **Inspiration Point** führt, wo man ebenfalls einen großartigen Überblick über den Canyon genießt. Der Weg ist nur knapp 3 km lang und ziemlich eben. Da man auch mit dem Auto dorthin fahren kann, ist er allerdings im Sommer genauso überfüllt wie Artist Point.

Der **Yellowstone River** ist übrigens der letzte große nicht regulierte Strom der USA außerhalb Alaskas. An der Gabelung zum nördlichen Rundweg kann man wieder übernachten, entweder im Yellowstone's Canyon Lodge & Cabins oder auf dem Campground von **Canyon Village** mit 250 Plätzen. Zudem finden sich im ›Dorf‹ ein Visitor Education Center, eine Tankstelle, ein General Store und ein Amphitheater für den abendlichen Naturkundevortrag der Ranger.

Infos

Canyon Visitor Education Center: Tel. 307-344-2550, www.nps.gov/yell/planyourvisit/canyonvc.htm, Ende Mai–Anf. Sept. tgl. 8–20, Sept. 8–18 Uhr, 1.–16. Okt. 9–17 Uhr. Ein Film über die geologischen Aktivitäten läuft permanent im Center.

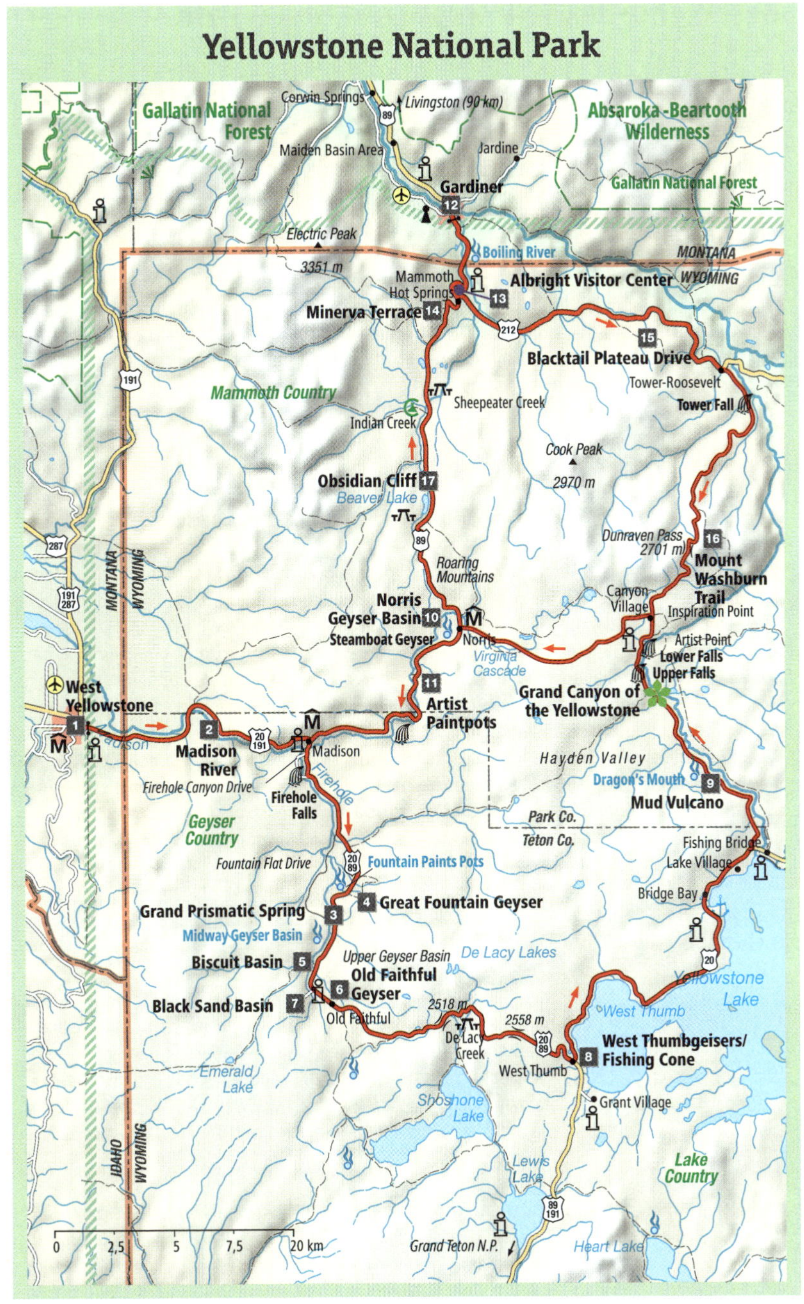
Yellowstone National Park
Gallatin National Forest
Corwin Springs
Livingston (90 km)
Absaroka-Beartooth Wilderness
Maiden Basin Area
Jardine
Gardiner
12
Gallatin National Forest
Electric Peak
3351 m
Boiling River
MONTANA
WYOMING
Mammoth Hot Springs
Albright Visitor Center
13
Minerva Terrace
14
212
15
Blacktail Plateau Drive
Tower-Roosevelt
Tower Fall
Mammoth Country
Sheepeater Creek
Indian Creek
Cook Peak
2970 m
Obsidian Cliff
17
Beaver Lake
Dunraven Pass
2701 m
16
Mount Washburn Trail
Roaring Mountains
Canyon Village
Inspiration Point
Norris Geyser Basin
10
Steamboat Geyser
Norris
Virginia Cascade
Artist Point
Lower Falls
Upper Falls
11
Artist Paintpots
Grand Canyon of the Yellowstone
West Yellowstone
1
2
Madison River
Madison
Firehole Canyon Drive
Firehole Falls
Firehole
Hayden Valley
Dragon's Mouth
9
Mud Vulcano
Park Co.
Teton Co.
Geyser Country
Fountain Flat Drive
Fountain Paints Pots
Fishing Bridge
Lake Village
Bridge Bay
Grand Prismatic Spring
3
4
Great Fountain Geyser
Midway Geyser Basin
Biscuit Basin
5
Upper Geyser Basin
De Lacy Lakes
Old Faithful Geyser
6
Black Sand Basin
7
Old Faithful
2518 m
2558 m
De Lacy Creek
Yellowstone Lake
West Thumb
West Thumbgeisers/ Fishing Cone
8
West Thumb
Grant Village
Emerald Lake
Shoshone Lake
Lewis Lake
Lake Country
IDAHO
WYOMING
MONTANA
WYOMING
Grand Teton N.P.
Heart Lake
0
2,5
5
7,5
20 km

Geschichte des Yellowstone National Park

Der älteste Nationalpark der Welt verdankt seine Existenz frühen Umweltschützern und den ersten Touristen, die, aus dem dicht besiedelten Osten der USA kommend, nach der Ursprünglichkeit des Wilden Westens suchten. Das Konzept ist aufgegangen und die Idee einer Schutzzone für Tiere und Pflanzen hat weltweit Nachahmer gefunden.

Archäologen sind sich sicher, dass im Parkgebiet schon vor ca. 11 000 Jahren Menschen lebten. Funde von Werkzeugen, Wanderpfaden und Knochen weisen die Existenz für 9500 Jahre zurück nach. Vor ca. 5000 Jahren haben die Indianer mit dem Abbau von Obsidian begonnen und mit dem glasartigen, scharfkantigen Gestein regen Handel getrieben. Kurz vor Mammoth Hot Springs liegt das Obsidian Cliff aus schwarzem Vulkangestein. Es war ein hervorragendes Material, um daraus Pfeilspitzen und Messer zu schnitzen. Zur Zeit der Entdeckung der Gegend durch die Weißen zu Beginn des 19. Jh. lebten Shoshonen in dieser Region. Sie ernährten sich vorwiegend von Schaffleisch und wurden deshalb Sheepeaters genannt.

Der erste Weiße, der von den heißen Quellen im Yellowstone-Gebiet berichtete, war der Fallensteller und Kundschafter John Colter. 1807 war er, wie wahrscheinlich andere Trapper vor ihm, über den späteren Grand Teton National Park in das Yellowstone-Gebiet vorgedrungen. Seinen Schilderungen von den hydrothermalen Erscheinungen wurde wenig Glauben geschenkt. Ähnlich erging es in den darauffolgenden 50 Jahren allen Trappern, die von heißen Quellen erzählten. Erst Anfang der 1860er-Jahre fand sich ein Landvermesser, der die Geschichten ernst nahm: Der General und ehemalige Kongressabgeordnete Henry D. Washburn, der mit der Vermessung Montanas beauftragt worden war, unternahm 1870 zusammen mit dem Schriftsteller Nathaniel P. Langford und dem Armee-Leutnant Gustavus C. Doane eine Expedition. Dieser Erkundungstrupp gab dem Tower Fall (bei Tower-Roosevelt), dem Mount Washburn und dem Old Faithful jeweils den Namen. Ein Jahr später erkundete der Geologe Ferdinand V. Hayden mit seiner Forschergruppe das heutige Parkgebiet. Tief beeindruckt vom Erlebten, waren sich die Teilnehmer beider Gruppen einig, dass ein Gebiet von so außerordentlicher Schönheit und geologischer Besonderheit nicht durch wirtschaftliche Nutzung zerstört werden dürfe. Inzwischen waren die weißen Siedler weit nach Westen vorgerückt und hatten außer den Indianern auch viele Tiere und Pflanzen verdrängt. Die Rocky Mountains waren das letzte Rückzugsgebiet, und so forderten frühe Umweltschützer ein geschütztes Gebiet für Tiere und Pflanzen.

Die Berichte und Bilder von den Expeditionen in die Yellowstone-Region mit ihren ungefähr 10 000 heißen Quellen, darunter 3000 Geysiren, beeindruckten die Parlamentarier in Washington D. C. so sehr, dass sie ein Gesetz erließen, um das Yellowstone-Gebiet für immer vor Goldsuchern, Siedlern und Trappern zu schützen. Am 1. März 1872 unterschrieb Präsident Ulysses S. Grant das Gesetz und gründete damit den ersten Nationalpark der Welt. Nicht unter Schutz gestellt wurden die Tiere des Parks, denn die Jagd spielte in der Frühzeit des Tourismus eine wichtige Rolle. Erst seit 1883 gilt für die meisten Tiere ein Jagdverbot.

Im gleichen Jahr erschloss die Northern Pacific Railroad den Yellowstone National Park durch Stationen in Livingston und Gardiner nördlich des Parks. Zur Eröffnung der neuen Linie lud die Eisenbahngesellschaft 365 Journalisten und Prominente, unter ihnen der ehemalige US-Präsident und Parkgründer Ulysses S. Grant, zu einer kostenlosen Fahrt zum Yellowstone ein. NPR nannte

Präsident Roosevelt schaut sich den Geysir Old Faithful im Yellowstone National Park an (1937)

die neue Linie »The Wonderland Route« und vermarktete den Park im Stil der damals berühmten Wildwest-Show von Buffalo Bill. 1955 wurde die Strecke stillgelegt. Zunächst oblag die Verwaltung des Parks Zivilisten, u. a. Philetus Walter Norris, nach dem das Norris Geyser Basin benannt ist. Drei weitere Superintendenten folgten, die jedoch der Zerstörung der natürlichen Ressourcen im Park nicht Einhalt gebieten konnten. Deshalb wurde die Leitung des Parks 1886 der US-Armee anvertraut; mit dem National Park Protective Act schuf man 1894 die gesetzliche Basis für den Schutz. Im Fort Yellowstone bei der heutigen Ortschaft Mammoth Hot Springs waren die Truppen stationiert. Die Armee erlaubte auch 1915 den Autoverkehr. Erst 1916 bzw. 1918 übernahm der neu gegründete National Park Service die Verantwortung.

Bis zum Beginn des Zweiten Weltkriegs stieg die Besucherzahl kontinuierlich bis auf 581 000 Besucher pro Jahr (1941) an. Sie sank dann auf 85 000 (1944) und nahm nach dem Krieg erneut stark zu. 1965 überschritt die Zahl erstmals die Zwei-Millionen-Grenze, heute sind es knapp 3 Mio. 1976 erhielt der Yellowstone National Park den Status eines Internationalen Biosphärenreservats und 1978 wurde er von der UNESCO zum Welterbe erhoben. Seit einiger Zeit wird das Thema Umweltschutz neu definiert: Climate Change Response Program nennt die Parkverwaltung die Bemühungen um die Verbesserung der CO_2-Bilanz. Eine wichtige Rolle spielen Müllvermeidung und Recycling. So wird zum Bau oder zur Reparatur der Wege künstliches Holz aus recyceltem Plastik benutzt. Auch die vielen Tausend Propangasbehälter aus den Campgrounds werden gesammelt, um daraus neue Materialien zu produzieren. Ihre Autos betanken die Ranger mit Biodiesel oder einer Ethanolmischung. Das 2010 eröffnete Old Faithful Visitor Education Center ist nach den Standards von LEED (Leadership in Energy and Environmental Design, www.usgbc.org/leed), einem auf Gebäude ausgerichteten Umweltprogramm, zertifiziert – als erstes Haus in den Nationalparks der USA.

Übernachten, Essen

Schlicht und funktional – **Canyon Lodge & Cabins:** 1 Grand Loop Rd., Tel. 307-344-7901, www.yellowstonenationalparklodges.com (> Lodging > Summer Lodges). Die beiden Häuser sind von Ende Mai bis Mitte Sept. geöffnet, die Cabins nur bis Ende August. Die Lodge besteht aus zwei neuen Häusern mit je 40 Zimmern und 530 einfachen Hütten, alle mit neuem eigenem Bad; ohne TV, Internet oder Radio. Zudem gibt es ein Restaurant, eine Cafeteria und einen Deli-Shop in der Lodge. €€€

Aktiv

Ausritte – **Yellowstone National Park Lodges:** Von Canyon Village aus werden 1- und 2-stündige geführte Ausritte am Cascade Creek entlang angeboten. Dabei ist der Grand Canyon allerdings nicht zu sehen. Für Erw. betragen die Kosten für 1 Std. 50 $. In der Lodge kann man sich anmelden.

Von Canyon Village nach Norris

Dieses 19 km lange Teilstück des Grand Loop hat außer der **Virginia Cascade,** einem 18 m hohen Wasserfall des Gibbon River, nicht viel zu bieten. Er ist über einen 5 km langen Seitenweg der Hauptstraße zu erreichen. Das **Norris Geyser Basin** 10 jedoch ist ein weiterer Höhepunkt eines Yellowstone-Park-Besuchs. Diese Region ist die älteste, heißeste und aktivste des Parks. Die geothermalen Aktivitäten dort verändern die Landschaft beständig, Geysire hören auf zu sprudeln und neue entstehen. Bei einer Bohrung sind in einer Tiefe von 326 m einmal 237 °C gemessen worden. Das kochende Wasser im Norris Basin ist stark säurehaltig. Dies ist ebenfalls eine Besonderheit des Gebiets, das nur auf den dafür vorgesehenen Holzstegen durchwandert werden darf.

Whirligig Geyser, Whale's Mountain und **Emerald Spring** sind farbige Kleinode. Wegen zu gefährlicher Eruptionen wird der Weg durch das lebendig und gleichzeitig tot wirkende Norris Basin manchmal geschlossen. Es lohnt sich daher, vor einem Besuch dort in der Informationsstation am Parkplatz nachzufragen.

Nicht versäumen sollte man den **Steamboat Geyser** am östlichen Rand des Beckens; seine Fontäne kann bis zu 90 m hoch aufsteigen. Leider ist es nicht vorherzusagen, wann die Eruption so hoch wird. Oft sind es doch nur bis zu 12 m, dann aber gefolgt von lang anhaltenden Dampfschwaden.

Im Gebäude der **Informationsstation** am Parkplatz ist auch das **Norris Geyser Basin Museum** untergebracht. Dort lassen sich die verschiedenen Erscheinungsformen der heißen Quellen und ihre Ursprünge studieren (Ende Mai–Anf. Okt. tgl. 10–17 Uhr).

Von Norris nach Madison

Unbedingt sehenswert ist der **Artists' Paintpots** 11 auf diesem 23 km langen Teilstück des Lower Grand Loop. Die verschiedenen Farben der Blasen werfenden oder kleine Fontänen bildenden Schlammlöcher, die Tümpel und die Dampf ablassenden heißen Quellen mit ihrem rot, gelb oder bräunlich schimmernden Wasser gaben diesem kleinen Areal seinen Namen. Je nach Tageslicht verändern sich die Farben und bieten immer wieder andere Fotomotive.

Nord-Rundweg – Upper Grand Loop ▸ R 8

Karte: S. 455

Der **Nordeingang** in den Yellowstone National Park befindet sich bei **Gardiner** 12. Dieser Ort liegt noch in Montana. Nach 8 km auf dem Highway 89 wird der 45. Breitengrad erreicht, der auch die Grenze zu Wyoming markiert. Ein Schild auf dem Parkplatz weist darauf hin. Unweit des Parkplatzes gibt es eine große heiße Quelle, den **Boiling River,** in der man tagsüber baden kann.

Die Wasserfälle der Lower Falls im Grand Canyon of the Yellowstone

PICKNICKEN IM FREIEN UND BESUCH VOM PICKNICK-BIRD

Trotz der Massen an Besuchern im Yellowstone National Park sind die meisten der rund 50 **Picknickplätze,** die hier angelegt wurden, relativ wenig frequentiert. Sie bieten Tische und Bänke, sodass man seine eigene Verpflegung mitbringen und dort gemütlich verzehren kann. Natürlich muss alles an Resten und Müll wieder eingepackt und mitgenommen werden, damit die Wildtiere nicht in Versuchung geführt werden.

Ein Parkbewohner hat allerdings gelernt, dass die Besucher interessantes Futter mitbringen: Der kleine Blauhäher *(blue jay)* macht sich völlig ungeniert auf dem Tisch breit und stibitzt, was immer er kriegen kann. Manchmal versuchen es diese Vögel sogar mit Mundraub und picken in das Sandwich, wenn man es sich gerade einverleiben will. Die Ranger kennen das Problem, sie nennen diese Vögel inzwischen *picknick birds.*

Lautes Schimpfen und energisches Wedeln mit einem Tuch hilft zumindest eine Weile, die mitunter doch recht aufdringlichen Tiere zu vertreiben. Füttern ist allerdings verboten, damit nicht noch mehr dieser klugen Piepmatze angelockt werden.

Besonders schöne Picknickplätze sind diejenigen am **Firehole River,** knapp 5 km südlich von Madison. Dort gibt es 12 Tische, eine Toilette und die Chance, Hirsche am Flussufer zu beobachten. Häufig sind Gruppen von Bisons auf den **Gibbon Meadows** zu sehen; der Platz 5 km südlich von Norris hat neun Tische und auch eine Toilette. Aus weiterer Entfernung lassen sich Hirsche und Bisons auch von den drei Plätzen entlang des Graslands von **Fishing Bridge** nach **Canyon Village** gut sichten. Manchmal entscheidet sich ein Bison auch, über den Picknickplatz zu wandern. Dann ist es sicherer, das Essen stehen zu lassen und das Auto aufzusuchen. Es gibt keine Wasseranschlüsse an den Plätzen und Grillen mit Kohle ist nur an den Feuerstellen mit Rost erlaubt, an allen anderen mit dem selbst mitgebrachten Gasgrill.

Infos

Die Parkverwaltung veröffentlicht jedes Jahr einen **»Bird-Report«,** zu finden unter www.nps.gov/yell/naturescience/birdreports.htm (neben Statistiken gibt es auch Fotos und persönliche Beobachtungen).

Mammoth Hot Springs

Kurz hinter dem ganzjährig geöffneten Nordeingang liegt das Dorf der heißen Quellen. Ihr Wasser ergießt sich über terrassenförmige Felsen am Westrand des Orts. Hier befinden sich das Hauptquartier der Parkranger sowie das große **Albright Visitor Center** **13**. Auch der Campingplatz, der General Store und die medizinische Ambulanz sind ganzjährig geöffnet. Das Mammoth Hot Springs Hotel nebst Restaurant ist von Mai bis Oktober und Mitte Dezember bis Anfang März offen, aber das Bistro Terrace Grill und die Tankstelle werden nur von Anfang Mai bis Anfang Oktober betrieben.

Dauernde Veränderungen sind ein Merkmal dieser bizarren Terrassenlandschaft aus Wasser und Travertingestein. Die Farben wechseln wie die Richtungen, die sich das mineralhaltige

Wasser sucht. Wie bei einer lebendigen Skulptur fasziniert der Wandel, man kann nie sicher sein, wie sich die Stufen am nächsten Tag präsentieren werden. Täglich bis zu 2 t Kalk werden hier abgelagert und man kann den Terrassen beim Wachsen beinahe zusehen. Oder sie verändern ihre Farbe, wie die **New Blue Springs,** die inzwischen auch weiß sind.

Minerva Terrace 14 ist zum Teil ausgetrocknet, deshalb findet kaum noch eine Veränderung statt und das weiße Kalkgestein der Stufen leuchtet wie überirdisch in der Sonne. Über Holzstege und angelegte Wege lässt sich dieses Areal gut erkunden. Den besten Überblick hat man vom **Overlook** aus; für Fotos ist der Nachmittag am besten. Die Terrassen leuchten besonders intensiv, wenn die Sonne von Westen darauf scheint. Beachten sollte man unbedingt die Helligkeit, die die weißen Kalkfelsen schon von sich aus produzieren. (Ein Polarisationsfilter kann hilfreich sein, um die Reflexionen des Wassers zu reduzieren.)

32 Jahre lang waren die Kavallerie-Soldaten der Armee für die Verwaltung des Parks zuständig, **Fort Yellowstone** war ihr Quartier und Ausgangsposten. Heute befinden sich in den unter Denkmalschutz stehenden Gebäuden die verschiedenen Abteilungen der Parkaufsicht. Im Visitor Center erhält man eine Karte mit Erläuterungen und kann durch das Gelände wandern. Es gab sogar ein Gefängnis, allerdings nicht für die Soldaten, sondern für die Wilderer, die trotz des Jagdverbots Bisons und Hirsche schossen.

Infos

Albright Visitor Center: Tel. 307-344-2263, www.nps.gov/yell/planyourvisit/albright-visitor-center.htm, ganzjährig 9–17 Uhr, im Sommer länger. Es gibt eine Dauerausstellung zur Besiedlung des Parks und einen permanent laufenden, informativen Film über die Aufgabe des Nationalparks.

Übernachten, Essen

Großzügige Anlage – **Mammoth Hot Springs Hotel und Cabins:** Tel. 307-344-7456, www.yellowstonenationalparklodges.com (> Lodging > Summer Lodges). Im Haus gibt es ein Restaurant und eine Snackbar, außerdem können Aktivitäten wie Reiten und Skilaufen gebucht werden. Am Abend streifen oft riesige, meist friedliche Wapitihirsche um die Hütten, in der Brunft (Herbst) sind sie aber unberechenbar. Es gibt 97 kleinere Zimmer sowie 115 Hütten, nicht alle mit eigenem Bad und ohne TV, Radio oder Internet. Das im Jahr 1937 gebaute Haus wurde 2015 restauriert. Nach den Überflutungen im Sommer 2022 musste es geschlossen werden, die Wiedereröffnung ist für 2023 geplant.

Aktiv

Wandern auf dem Bunsen Peak Trail – Der **Bunsen Peak** ist 2610 m hoch und bietet einen wunderbaren Panoramablick bis ins Yellowstone Valley. Der Einstieg *(trailhead)* zu diesem Pfad ist 8 km südlich von Mammoth Hot Springs an der Straße nach Norris, gegenüber vom Glen-Creek-Einstieg. Die nur wenig anstrengende Wanderung ist ca. 7 km lang, Dauer ca. 2–3 Std., festes Schuhwerk ist zu empfehlen.

Wintersport – Geführte Touren mit dem **Snowmobil:** Reservierung Tel. 866-439-7375, www.yellowstonenationalparklodges.com (> Things to do > Winter Activities). Die beinahe ganztägigen Touren starten morgens um 8 Uhr, Sa, So, Di u. Do geht es zum Old Faithful und Mo u. Mi nach Canyon Village. 2 Pers. 347 $.

Reiten – Im Mammoth Hot Springs Hotel können geführte **Ausritte** gebucht werden, www.yellowstonenationalparklodges.com (> Things to do > Summer Activities > Wild West Adventures), 1- und 2-stündige Ausritte, Erw. ab 50 $.

Vorträge der Ranger – **Amphitheater am Campground:** Abends um 21.30 Uhr halten die Ranger Vorträge über den Nationalpark und über die hier lebenden Tiere (nur im Sommer ab 15. Juni).

Von Mammoth Hot Springs nach Tower-Roosevelt

Diese Straße ist die einzige, die für Autos ganzjährig offen ist. Sie führt weiter zum nordöstlichen Eingang in den Park bei Silver Gate/Cooke City. Auf halbem Weg nach

Minerva Terrace: stufenförmige Kaskaden aus Kalk

Tower-Roosevelt beginnt eine zusätzliche Einbahnstraße, der **Blacktail Plateau Drive** 15. Dieser Weg führt durch eine Hochebene mit alpinen Wiesen, auf denen sich viele Hirsche und Rehe, mitunter auch Bären aufhalten, ist also gut zur Tierbeobachtung vom Auto aus geeignet. **Tower-Roosevelt** verdankt seinen Namen dem 26. Präsidenten der USA Theodore Roosevelt (1858–1919), der bei einem seiner Besuche im Park im einstigen Feuerwachturm übernachtete. An der Abzweigung nach Süden gibt es eine Ranger Station, einen General Store und eine Tankstelle.

Übernachten

Schlicht & rustikal à la Old West Spirit – **Roosevelt Lodge und Cabins:** Tel. 307-344-7901, www.yellowstonenationalparklodges.com (> Lodging > Summer Lodges). Die 89 Hütten liegen mitten im Wald und sind sehr schlicht gehalten. Hier kann man ursprünglichen *Old West Spirit* erleben, was meist einen sehr einfachen Standard bedeutet. Einige der Cabins sind mit Duschen ausgestattet worden, für die Gäste der anderen steht ein Badehaus bereit. Die Lodge ist bei Familien und Anglern beliebt. €€€

Aktiv

Reiten – Von der **Roosevelt Lodge** werden Ausritte angeboten, Infos unter www.yellowstonenationalparklodges.com (> Things to do > Summer Activities > Wild West Adventures), Erw. ab 50 $.

Von Tower-Roosevelt nach Canyon Village

Bergig und dicht bewaldet ist diese ca. 29 km lange Strecke Richtung Süden. Nach gut 3 km stößt man auf den **Tower Fall,** einen Wasserfall inmitten von spitz aufragenden vulkanischen Felsen. Dort ist auch ein kleiner Campground (nur 30 Plätze), der von der Parkverwaltung betrieben wird, also nicht im Voraus reserviert werden kann.

Auf dem **Mount Washburn Trail** 16 zu wandern bedeutet, an der Spitze dieses 3122 m hohen Bergs einen fantastischen Blick über die gesamte Region zu bekommen. Deshalb ist der Trail auch einer der beliebtesten Wanderwege, zumal der Aufstieg von der Chittenden Road Parking Area nur ca. 10 km lang (hin und zurück) und nicht sehr anstrengend ist (Parkplatz in der Mitte der Straße von Tower Fall nach **Canyon Village,** ca. 14 km von der Abzweigung entfernt). Es existiert noch ein zweiter Trail, der vom Dunraven-Pass-Parkplatz weiter südlich aus startet und genauso lang ist wie der nördliche. Im unteren Teil beider Wanderwege bekommt man häufig die flinken Dickhornschafe mit ihrem mächtigen Gehörn zu sehen.

Von Norris nach Mammoth Hot Springs

Die 34 km lange Strecke führt am Fuß der **Gallatin Range** entlang, deren 3000er-Gipfel meist das ganze Jahr über schneebedeckt sind. Allerdings ist sie in der Zeit von Anfang November bis Ende April gesperrt. **Roaring Mountains** ist ein Areal nördlich von **Norris** genannt worden, das nur sehr wenig Vegetation aufweist, dafür aber umso mehr Dampfquellen (Fumarolen). Der Boden ist extrem sauer, deshalb wächst dort fast nichts. Man kann das Gelände lediglich von der Straße einsehen; es ist verboten, hindurchzuwandern. Aber das Areal wird oft von Bären durchwandert. Hier gibt es also gute Chancen, einen vor die Linse zu bekommen. Gegenüber vom **Beaver Lake** befindet sich das **Obsidian Cliff** 17. Dort haben die Ureinwohner schon vor 5000 Jahren das schwarze, glasartige Gestein ausgebrochen und daraus Pfeilspitzen und Messer hergestellt. Am **Indian Creek,** gegenüber dem **Sheepeater Cliff,** gibt es einen weiteren Campground mit 75 Plätzen, der von der Parkverwaltung betrieben wird.

Grand Teton National Park

Vom großen Bruder Yellowstone Park dominiert, wird der kleine Grand Teton oft vernachlässigt. Zu Unrecht, denn die Hochebene östlich der Teton Range ist ein Kleinod mit ganz eigener Prägung. Die artenreiche alpine Flora, die tiefe Schlucht des Snake River, die riesigen Herden an Wapitihirschen im Elk Refuge und die lebhaften Wintersportorte Jackson und Teton Village bieten eine interessante Mischung.

Er ist wesentlich kleiner und hat keine heißen Quellen zu bieten, dafür wartet der südlich vom Yellowstone National Park gelegene Grand Teton National Park mit spektakulären Landschaften auf. Die beiden wunderschönen Bergseen **Jenny Lake** und **Jackson Lake** am Fuß der schneebedeckten Gipfel sind allein schon eine Reise wert, auch wenn sie nur zwei der über 100 Seen in diesem Park sind. In großen Schleifen durchzieht der **Snake River** das **Hochplateau von Jackson Hole** und von dem großartigen Panorama der über 3000 m hohen Gipfel der **Teton Range,** dem südlichen Teil der **Rocky Mountains,** sind nicht nur Fotografen immer wieder tief beeindruckt. Der Namensgeber für den Park, der **Grand Teton,** ist sogar herausfordernde 4197 m hoch.

Auch wenn der Park mit ca. 1250 km² fast 7,5-mal in den berühmten Bruder passt, in der Hauptreisezeit im Juli und August kommen doch bis zu 2,5 Mio. Besucher in das Gebiet und bevölkern die zahlreichen Wander- und Reitwege. Grand Teton ist auch ein beliebtes Ziel für Bergwanderer und Kletterer und im Winter eine ideale Region zum Skilaufen und Snowboarden.

Bisons, Bären und Elche nehmen Grenzen nicht zur Kenntnis, sie wandern dorthin, wo es für sie die beste Nahrung gibt. Die beiden Schutzgebiete bilden eine ökologische Einheit, die Tierwelt unterscheidet sich daher nicht. Am Südrand des Parks wurde ein 101 km² großes Gebiet als **National Elk Refuge** ausgewiesen. Dort lassen sich Tausende dieser mächtigen Geweihträger vor allem im Herbst und Winter gut beobachten.

Geschichte

Das wachsende Bewusstsein für die bedrohte Natur und Landschaft der Rocky Mountains machte nicht beim Yellowstone Park halt. Auf der Grundlage des Forest Reserve Act von 1891 errichtete Präsident Grover Cleveland 1897 die Teton Forest Reserve. 1908 entstand daraus der Teton National Forest und diese Waldgebiete schützten bereits einige Teile der Hochebene Jackson Hole. Das 1929 zum National Park deklarierte Gebiet umfasste zunächst nur die Bergkette der Teton Range und sechs Gletscherseen an deren Fuß. Der Unternehmer und Philanthrop John D. Rockefeller II (1884–1960) besuchte 1924 das Tal erstmals und entschied sich, private Grundstücke zum Zweck des Naturschutzes zu erwerben und darüber hinaus auch die Parkidee zu unterstützen. Er gründete die Snake River Land Company und kaufte im Lauf der nächsten 20 Jahre etwa 142 km² Land.

Unterschiedliche Interessengruppen verhinderten zunächst die Erweiterung des Nationalparks, sodass Präsident Franklin Delano Roosevelt 1943 wenigstens das Jackson Hole National Monument einrichten ließ. Erst 1949 konnte Rockefeller fast 133 km² von seinem Besitz an die Bundesregierung der USA übergeben und 1950 verabschiedete der

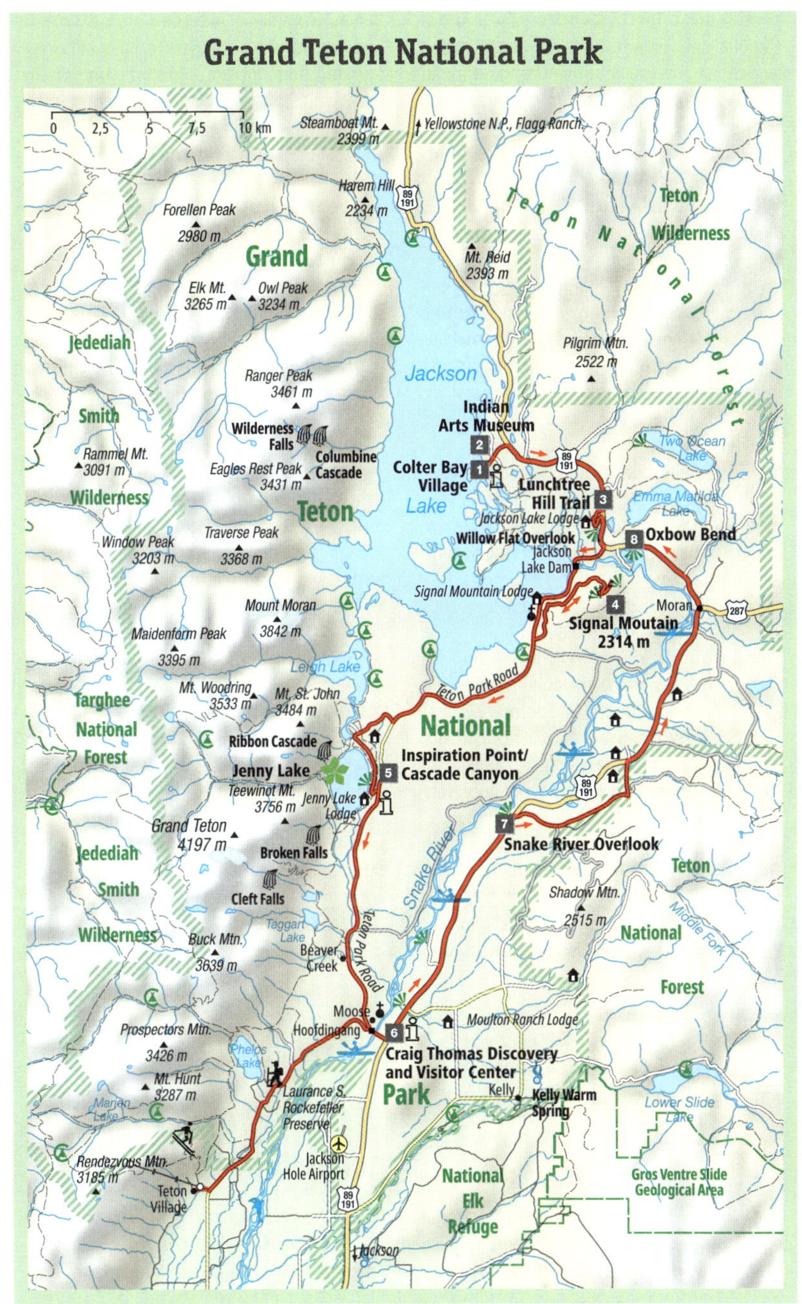
Grand Teton National Park
0
2,5
5
7,5
10 km
Steamboat Mt. 2399 m
Yellowstone N.P., Flagg Ranch
Harem Hill 2234 m
Forellen Peak 2980 m
Grand
Teton
National
Park
Mt. Reid 2393 m
Teton National Forest
Teton Wilderness
Elk Mt. 3265 m
Owl Peak 3234 m
Jedediah Smith Wilderness
Pilgrim Mtn. 2522 m
Ranger Peak 3461 m
Jackson Lake
Indian Arts Museum
Wilderness Falls
Rammel Mt. 3091 m
Columbine Cascade
Eagles Rest Peak 3431 m
Colter Bay Village
Two Ocean Lake
Lunchtree Hill Trail
Emma Matilda Lake
Jackson Lake Lodge
Oxbow Bend
Willow Flat Overlook
Window Peak 3203 m
Traverse Peak 3368 m
Jackson Lake Dam
Signal Mountain Lodge
Moran
Mount Moran 3842 m
Signal Moutain 2314 m
Maidenform Peak 3395 m
Leigh Lake
Teton Park Road
Mt. Woodring 3533 m
Mt. St. John 3484 m
Targhee National Forest
Ribbon Cascade
Inspiration Point/ Cascade Canyon
Jenny Lake
Teewinot Mt. 3756 m
Jenny Lake Lodge
Grand Teton 4197 m
Snake River Overlook
Broken Falls
Snake River
Teton National Forest
Cleft Falls
Shadow Mtn. 2515 m
Middle Fork
Taggart Lake
Buck Mtn. 3639 m
Beaver Creek
Moose
Hoofdingang
Moulton Ranch Lodge
Prospectors Mtn. 3426 m
Craig Thomas Discovery and Visitor Center
Phelps Lake
Mt. Hunt 3287 m
Laurance S. Rockefeller Preserve
Kelly
Kelly Warm Spring
Lower Slide Lake
Marion Lake
Rendezvous Mtn. 3185 m
Jackson Hole Airport
National Elk Refuge
Gros Ventre Slide Geological Area
Teton Village
Jackson
89 191
287
1
2
3
4
5
6
7
8

Kongress das Gesetz, das den Park und das National Monument inklusive der Rockefeller-Schenkung zum heutigen Grand Teton National Park vereinigte. Zur Erinnerung an den Mäzen wurde Highway 89 im Jahr 1972 in **Rockefeller (Memorial) Parkway** umbenannt.

Planung und Orientierung

Es gibt drei **Zugänge** in das geschützte Gebiet: Von Norden gelangt man aus dem Yellowstone Park über den Highway 89 hinein, von Osten über den Highway 26 aus **Dubois** und von Süden auf dem Highway 89 (auch als Hwy 191 aufgeführt) aus **Jackson.** Um mit dem Auto in den Nationalpark fahren zu können, muss man an einem der Eingänge eine **Eintrittsgebühr** von 35 $ entrichten; der Pass ist 7 Tage gültig. Fußgänger zahlen nur 15 $. Das zentrale **Visitor Center** befindet sich bei Moose und ist von April bis Ende Oktober geöffnet, die beiden anderen am Jenny Lake und am Jackson Lake schließen bereits im September. Die Teton Park Road an den Seen entlang ist im Winter geschlossen. Es gibt sechs **Campgrounds** im Park. Nicht alle sind für Camper/RVs geeignet, manche erlauben nur Zelte. Vier **Lodges** bieten im Sommer Zimmer in Cabins bzw. einem Hotel an. Sie sind frühzeitig ausgebucht, sodass sich die Quartiersuche in Jackson oder in Teton Village anbietet.

Infos

Grand Teton National Park: P. O. Drawer 170, Moose, WY 83012-0170, Tel. 307-739-3300, www.nps.gov/grte. Der Park ist ganzjährig geöffnet, das Visitor Center nur von April bis Ende Oktober.

Zum Grand Teton National Park ▸ R 9/10

Flagg Ranch

Von Norden, aus dem Yellowstone National Park kommend (die Straße ist Anfang Nov. bis Mitte Mai gesperrt), stößt man nach kurzer Fahrt hinter dem Eingangstor auf die Flagg Ranch, eine kleine Ansiedlung im Wald mit privater Infostelle, Tankstelle, Reitstall, Restaurant, Campingplatz (175 Plätze) und einem Resort mit 92 Cabins. Das Resort gehört noch nicht zum National Park, man kann dort aber Touren in beide Parks arrangieren.

Übernachten, Aktiv

Wohnen & Campen im Wald – **Headwaters Lodge & Cabins at Flagg Ranch:** Tel. 307-543-2861 für Reservierungen im Sommer, sonst 1-800-443-2311, www.gtlc.com/lodges/headwaters-lodge-at-flagg-ranch, 15. Mai–15. Okt., 15. Dez.–15. März. Die Holzhütten sind funktional ausgestattet und schlicht, alle mit Bad, einer eigenen kleinen Terrasse *(patio)* und Kaffeemaschine. Das Flagg Ranch Resort verwaltet auch den **Campingplatz,** deshalb kann man sich dort vorab einen Platz reservieren (RV-Platz für 2 Erw./50 $). Zwischen Anfang Juni und Anfang Sept. werden dort auch zahlreiche Aktivitäten wie Paddeln, Kajakfahren, Whitewater Rafting oder Fischen angeboten. Darüber hinaus kann man Ausritte buchen und natürlich an geführten Touren in beiden Parks teilnehmen. Reservierungen: Tel. 307-543-3100 (online nicht möglich). €€€

Campen – **Campground am Lizard Creek:** Direkt am Ufer des Jackson Lake befindet sich der Campground mit 60 Plätzen, die meisten davon unter den Fichten des dicht bewaldeten Ufers. Der Platz wird von der Signal Mountain Lodge verwaltet, keine Reservierungen vorab, www.signalmountainlodge.com, Anf. Mai–Mitte Okt. €

Vom Jackson Lake zum Jenny Lake ▸ R 9/10

Karte: S. 465

Colter Bay Village 1

Besonders morgens ist es schön, das Teilstück bis zur **Colter Bay** zu fahren, wenn die ersten Sonnenstrahlen das Wasser des 103 km² großen **Jackson Lake** erfassen und zum Glitzern

Wanderpause im Angesicht eines Riesen: Der Grand Teton ist mit 4198 m der höchste Berg in den westlichen Rocky Mountains

bringen. Drei Picknickplätze sind dort ausgewiesen, von wo aus man viele Wasservögel und sogar Weißkopfseeadler *(bald eagle)* beobachten kann. Das Ufer des Jackson Lake ist in seiner Mitte wild zerklüftet. Viele kleine und kleinste Inseln und Buchten bilden eine eigene Landschaft und sind ein Dorado zum Kajaken, Bootfahren und sogar zum Windsurfen und Segeln.

Das **Colter Bay Village** ist ein Feriendorf. Es ist großflächig unter Bäumen angelegt und besteht aus 166 Cabins, einer Tankstelle, dem Campground mit 350 Plätzen sowie dem RV-Park (112 Stellplätze). Außerdem gehören ein Reitstall, zwei Restaurants, ein General Store und eine idyllisch gelegene Marina dazu, wo auch Boote geliehen werden können.

Indian Arts Museum 2

Adresse und Öffnungszeiten s. rechts

Das **Colter Bay Visitor Center** beherbergt ein Indian Arts Museum mit einer kleinen Sammlung von kunsthandwerklichen und Gebrauchsgegenständen. Besonders schön sind die Bänder, Schärpen und Taschen mit Glasperlen anzusehen, und es ist interessant, bei den Mokassins die Unterschiede der Verzierungen bei den verschiedenen Stämmen herauszufinden. Waffen, Kleidung, Spielzeug und Musikinstrumente ergänzen die Sammlung. Indianische Kunsthandwerker zeigen den Besuchern mehrmals täglich ihr Können und fertigen beispielsweise Mokassins oder Körbe an. Die Ranger des Centers halten im Sommer jeden Tag informative Vorträge über die Tiere, speziell über die Bären und die vielfältige Vegetation.

Infos

Colter Bay Visitor Center & Indian Arts Museum: Tel. 307-739-3594, www.nps.gov/grte/planyourvisit, tgl. Anf. Mai–Anf. Juni 8–17, Juni–Anf. Sept. 8–19, Sept.–Anf. Okt. 8–17 Uhr.

Übernachten

Feriendorf – **Colter Bay Village:** buchbar über die Grand Teton Lodge Company, Tel. 800-628-9988 (Reservierungen) oder 307-543-2811, P. O. Box 250, Moran, WY 83013, www.gtlc.com/lodges/colter-bay-village,166 Cabins, Campground mit 350 Plätzen RV-Park (112 Stellplätze). Wer kein Zelt dabei hat, aber gern das Campinggefühl erleben möchte, sollte eine Tent Cabin mieten. Mit ihren Holzwänden und einem Dach aus Zelttuch ist sie ein witziges Mittelding zwischen Zelt und Hütte; keine Dusche, einige mit WC. Die anderen einfach ausgestatteten Hütten mit einem Raum (Cabins, fast alle mit WC/Dusche) sind Mitte Mai–Ende Sept. zu mieten. €€–€€€

Aktiv

Bootstouren, Kanu und Kajak – **Trips** auf dem See und auf dem Snake River können vor Ort an der Marina gebucht werden sowie online: www.gtlc.com/activities/kayak-canoe-motor boat-rentals. Rennboote, Kanus und Kajaks verleiht auch die **Signal Mountain Lodge** (s. S. 468), 1 Std. Rennboot 69 $, Kanu 20 $ (Tel. 307-543-2831, www.signalmountainlodge.com/lodge-services/boat-rentals.

Jackson Lake Lodge

In einem Bogen führt die Straße ziemlich weit entfernt vom See zur **Jackson Lake Lodge,** einem Resort, das nicht nur Touristen zur Verfügung steht, sondern auch als Konferenz- bzw. Veranstaltungseinrichtung genutzt wird. Ende August treffen sich hier die wichtigsten Notenbanker und Ökonomen der Welt zu einer jährlichen Konferenz.

Einer der am wenigsten anstrengenden Wanderwege im Park ist der **Lunchtree Hill Trail** **3**. Er beginnt an der Lodge und führt auf etwa 1 km zum **Willow Flat Overlook.** Dabei durchquert man feuchte Wiesen mit kleinen Teichen und kann Vögel und mit etwas Glück auch Elche beobachten.

Übernachten, Aktiv

Umweltfreundliches Resort – **Jackson Lake Lodge:** Tel. 307-543-3100 (für Reservierungen), www.gtlc.com/lodges/jackson-lake-

ÖKOLOGISCH VORBILDLICH

Bemerkenswert an der **Signal Mountain Lodge,** zu der ein Hotel und Cabins gehören (insgesamt 79 Zimmer), sind die auffälligen Müllbehälter vor dem Haupthaus. Hier wird nach Glas, Plastik und Restmüll getrennt, ein (noch) eher seltener Anblick in Nordamerika. Die Lodge ist seit 2004 Mitglied der Environmental Protection Agency (EPA, www.epa.gov) und beteiligt sich an deren Programm *Environmental Performance Track*. Neben Abfalltrennung und -reduzierung hat man sich dort auch Energiesparen, Recycling und das Einkaufen ›grüner‹ Produkte auf die Fahnen geschrieben. Ein aus Abfällen zusammengebasteltes Tier im Eingangsbereich der Lodge symbolisiert diese Bemühungen und führt gleichzeitig vor Augen, was die ›zivilisierten‹ Besucher so alles liegen lassen.
Die Cabins bestehen aus drei bis vier getrennten ›Wohnungen‹, jeweils mit eigenem Bad, und liegen zum Teil unweit des Sees, zum Teil im beginnenden Wald. Es gibt auch einzeln stehende Bungalows mit Kitchenette, wahlweise mit einem oder zwei Zimmern.

Signal Mountain Lodge: Tel. 307-543-2831, www.signalmountainlodge.com, Anf. Mai–Mitte Okt. €€€

lodge, Mitte Mai–Anf. Okt. Im Haupthaus stehen 37 komfortable Zimmer zur Verfügung, in den benachbarten Häusern weitere 348. Reiten, Bootfahren und Angeln sind nur über die Lodge buchbar. €€€

Essen & Trinken

Gehobene Westernküche – **Restaurant Mural Room:** in der Jackson Lake Lodge, Tel. 307-543-3463, Lunch 11.30–13.30, Dinner 17.30–21 Uhr. An den Wänden beeindrucken großflächige Gemälde des naiven indianischen Malers Carl Roter. Das Beste an diesem Raum ist allerdings der Ausblick: Eine verglaste Wand erlaubt den Blick bis auf den See und das sich dahinter erhebende Gebirgspanorama. Küche mit Zutaten aus der Region. Hauptgerichte wie Bison, Lachs und Lamm 20–40 $.
Leichte Gerichte & Snacks – **Pioneer Grill:** in der Jackson Lake Lodge, 6–22.30 Uhr, 8–15 $.

Teton Park Road

An der Jackson Lake Junction gabelt sich die Straße: Der Rockefeller Parkway führt östlich des Snake River durch das weite Hochplateau von Jackson Hole und die Teton Park Road bewegt sich weiter am Jackson und am Jenny Lake entlang zum **Haupteingang bei Moose** im Süden. Letztere ist allerdings im Winter gesperrt, ebenso sind die an den Seen liegenden Lodges geschlossen.

Der Weg verläuft am Fuß des **Signal Mountain** durch eine Landschaft mit viel Laubwald, die immer wieder von weiten Flächen mit Salbei, Ginster und allen Arten von alpinen Wildblumen durchbrochen ist. Zum Greifen nah wirken die schneebedeckten Gipfel der Tetons im Westen, sie sind das imposante Kennzeichen dieses Parks. Nochmals toppen lässt sich die Aussicht vom **Gipfel des Signal Mountain** 4 (2355 m); eine Nebenstraße führt dort hinauf (nicht für RVs geeignet).

Übernachten

Umweltfreundliches Hotel und Cabins – **Signal Mountain Lodge:** s. Tipp S. 468.

Essen & Trinken

Solide Westernküche – **Peaks Restaurant in der Signal Mountain Lodge:** Tel. für Reservierungen 307-543-2831, ab 17 Uhr. Hauptgerichte wie Bison, Forelle und Biogeflügel 20–30 $. **Trapper Grill in Signal Mountain Lodge:** 6–21 Uhr, Sandwiches, Burger, Salate und Pizza 6–15 $.

Jenny Lake

Der kleine **Jenny Lake** ist von dichten Bäumen umstanden und entfaltet als tiefblaues und kristallklares Gewässer, in dem sich die schneebedeckten Gipfel des Mount St. John (3484 m) und des Teewinot Mountain (3756 m) spiegeln, seinen ganz eigenen Reiz. Seinen Namen bekam er zu Ehren der indianischen Eherau von Beaver Dick Leigh, der 1872 Landvermesser durch das Gebiet leitete. Der benachbarte See ist nach ihm benannt.

Eine kleine Fähre bringt Gäste im Sommer vom Visitor Center zum gegenüberliegenden **Inspiration Point** bzw. **Cascade Canyon** 5. Dort beginnt einer der beliebtesten Wanderwege des Grand Teton National Park, der **Cascade Canyon Trail.** Oberhalb des Sees, auf dem Weg zum Visitor Center, liegt der **Jenny Lake Overlook.** Mindestens ein Fotostopp ist hier ein Muss, denn die Lücke zwischen den Bäumen bietet einen fantastischen Blick über den See und die Berge.

Infos

Jenny Lake Visitor Center: Tel. 307-739-3392, Mitte Mai–Anf. Juni 8–17, Juni–Anf. Sept. 8–19 Uhr, dann bis Mitte Sept. nur bis 17 Uhr.

Übernachten, Essen

Rustikal & luxuriös – **Jenny Lake Lodge:** Reservierungen Tel. 307-543-3100, www.gtlc.com/lodges/jenny-lake-lodge. Von außen eher schlicht und rustikal, sind die Cabins die teuersten Unterkünfte des Parks, sie liegen aber nicht am See. Selbst die älteren der 37 Hütten haben ein gekacheltes Bad, alle sind mit bequemen Möbeln und Teppichen ausgestattet. Die Cabins sind ein Jahr im Voraus buchbar. Zur Lodge gehört ein **Restaurant.** Zum

Dinner dort sollte ›Mann‹ ein Jackett anziehen, die anspruchsvolle *Rocky Mountain Cuisine* des Chefkochs mit Bison und frischem Fasan wird in einem eleganten Western-Ambiente serviert. Ein fünfgängiges Menu und ein fürstliches Frühstück sind im Übernachtungspreis enthalten. €€€

Aktiv

Wandern – Am Visitor Center beginnt der herrliche **Jenny Lake Trail.** Er ist ca. 11 km lang und umrundet den See. Man hat kaum Steigungen zu überwinden, sollte aber feste Schuhe dabeihaben wegen der teilweise lockeren Steine auf dem Pfad. Morgens besteht die Möglichkeit, Elche auf ihrem Weg zur Tränke zu beobachten. Mehr durch offenes Gelände führt der **Taggart Lake Trail,** der 1,5 km südlich vom See direkt an der Straße beginnt. Nach 2,5 km erreicht man den gleichnamigen kleinen See, dessen Ufer begehbar ist. Auch hier äsen Elche und genießen die Ruhe, weil verhältnismäßig wenig los ist. Insgesamt beträgt die Wegstecke 6,5 km und ist wenig anstrengend.

Bergsteigen – **EXUM Mountain Guides:** South Jenny Lake – P. O. Box 56, Moose, WY 83012, Tel. 307-733-2297, www.exumguides.com. Die vom National Geographic Adventure Magazine ausgezeichnete Bergsteigerschule hat am südlichen Ende des Jenny Lake ein ›Büro‹. Dort beginnen alle geführten Touren in die aufregende Bergwelt der Teton Range. Seit 1929 sind die Bergsteiger von EXUM mit Gästen unterwegs, keiner kennt die Aufstiege so gut wie sie. Leichte Tagestour bei 4 Pers. pro Teilnehmer 250 $, je 300 $ zu zweit.

Von Moose nach Norden ► R 10

Karte: S. 465

In unmittelbarer Nähe des **Craig Thomas Discovery and Visitor Center** 6 bei Moose führt der **Rockefeller Parkway** (Hwy 191; s. a. S. 466) östlich vom Snake River nach Norden, sodass man auf diesem Weg den Loop durch den Grand Teton National Park vollenden und zurück in den Yellowstone National Park fahren kann (Alternativen: ein Abstecher nach Teton Village, s. S. 472, oder die Weiterfahrt nach Süden in die pulsierende Westernkleinstadt Jackson, s. S. 474). Im Westen ragen die majestätischen Gipfel der Teton Range auf und vom mitten durch das Hochtal angelegten Parkway sind sie immer im Blick.

Einfach mal drauflospaddeln, das geht auf dem Jenny Lake im Grand Teton National Park

Neben der Straße hat der **Snake River** sein tiefes Flussbett gegraben und windet sich in kleinen und großen Mäandern durch die Ebene. Vorwiegend Salbei und nur kleine Sträucher und Bäume lassen das Land recht karg erscheinen, nur im Frühjahr, wenn es viel regnet, wachsen Bergblumen und alpine Gräser.

Einige Aussichtspunkte wie der **Blacktail Ponds Overlook** oder der Parkplatz am Ende der **Schwabacher Road** ebenso wie der **Snake River Overlook** 7 können zum Fotografieren genutzt werden.

Infos

Craig Thomas Discovery und Visitor Center: 800 m westlich von der Kreuzung auf den Parkway, Tel. 307-739-3399, Anf. April–Ende Okt., im Sommer 8–19, sonst 9–17 Uhr. Interessante Ausstellung zur Geschichte des Tals, des Parks und der Geologie der Berge; mit gut sortiertem Buchladen und Post.

Oxbow Bend 8

Kurz vor der Einmündung in die Jackson Lake Junction, wo der Loop durch den Grand Teton National Park vollendet wird, gibt es noch einen schönen Aussichtspunkt, den **Oxbow Bend.** An dieser Stelle hat sich der Snake River verbreitert, wirkt fast wie ein kleiner See, in dem sich die umliegenden Berge spiegeln. Weiße Pelikane verbringen hier das Frühjahr und Graureiher nisten am malerischen Ufer.

Vom **Oxbow Bend Turnout** aus startet ein **Wanderweg** zu den Seen Emma Matilda und Two Ocean. Der **Emma Matilda Lake** ist nach 14 km umrundet, der weiter nördlich liegende **Two Ocean Lake** nach 10 km. Der

Trail ist nicht sehr anstrengend, und es lohnt sich auch, nur ein kurzes Stück zu gehen, weil durch den lichten Wald immer wieder schöne Ausblicke zu genießen sind.

Übernachten, Aktiv

Andere Erlebnisse als die Sport- und Wellnesshotels in Teton Village (s. S. 472) vermitteln die Ranches im National Park, zumal einige schon seit Generationen in Familienbesitz sind und sich hier eine Art von Gastfreundschaft entwickelt hat, die auch Touristen von weither den Zugang leicht macht.

Private Ferienanlage – **Dornans, Moose:** Tel. 307-733-2415, ext. -300, www.dornans.com. Eigentlich keine Ranch mehr, sondern ein Ferienbetrieb mit 8 Cabins für 2 und 4 für 4 Pers. Mit Kajak- und Kanuschule am Snake River, Lebensmittelladen, zwei Restaurants und einem Weinkeller. Allerdings stammen die edlen Tropfen meist aus Kalifornien, die Familie hat seit den 1930er-Jahren Kontakte dorthin. €€€

Rustikale Cabins mit Geschichte – **Moulton Ranch Cabins, Mormon Row:** Tel. 307-733-3749, www.moultonranchcabins.com, Mitte Mai–Anf. Sept. Ranch mit langer Tradition, die als Gästehäuser genutzten Gebäude dienten früher als Kornspeicher oder Schlafstatt für die Ranchmitarbeiter und haben einen wunderbaren Blick auf die Berge. Insgesamt gibt es 5 Cabins unterschiedlicher Größe (einige mit Kitchenette). 2019 wurde die Ranch an den Nationalpark verkauft und befindet sich aktuell im Umbau, mit einer Wiedereröffnung ist 2023 zu rechnen. €€€

Essen & Trinken

Große Portionen – **Moose Chuckwagon:** auf der Spur Ranch (s. o.), Anf. Juni–Anf. Sept. So–Do tgl. 6–21, Fr, Sa nur bis 15 Uhr. Deftige Westernküche, etwa *Chuckwagon dinner* (mit viel Fleisch vom Grill, Salat, Brot, Kartoffeln und Bohnen) 14 $.

Aktiv

Verleih von Bikes, Kanus, Kajaks und Stehpaddel-Boarden – **Spur Ranch:** Tel. 307-733-3307, www.dornans.com.

Abstecher nach Teton Village

Zwischen der Moose Entrance Station und dem Craig Thomas Visitor Center geht eine schmale Straße nach Westen ab, die Moose Wilson Road. Bis zum Parkplatz oberhalb der **Laurence S. Rockefeller Preserve** genießt man einen guten Blick auf den Snake River, der mit vielen kleinsten Inselchen gar nicht wie ein Fluss, sondern eher wie ein schmaler See wirkt und die Wiesen am Ufer immer wieder überflutet. **Elche** lassen sich hier gut beobachten. Sie finden sich besonders morgens und abends zum Äsen ein, allerdings braucht man wegen der Entfernung ein Fernglas.

Ein Wanderweg führt auf der anderen Seite zum **Phelps Lake,** der in 2,5 km leicht umrundet ist. Vogelliebhaber kommen hier auf ihre Kosten: Im lichten Mischwald aus Espen und Koniferen sind z. B. die nur in Nordamerika vorkommenden Kieferntangare zu sehen, mit etwas Glück findet man auch Kolibris.

Vom Phelps Lake bis kurz vor Teton Village ist die Moose Wilson Road nicht geteert und weist zum Teil Schlaglöcher auf. Mitunter wird sie kurzfristig für Reparaturen gesperrt. Der Einstieg zum **Granite Canyon Trail** befindet sich ungefähr auf der Hälfte dieses ungeteerten Stücks, und es gibt nur einen sehr kleinen Parkplatz. Der Wanderweg führt zum kleinen **Marion Lake** und ist insgesamt fast 34 km lang; dabei ist ein Höhenunterschied von rund 900 m zu überwinden. Für diesen Weg sollte man ca. 10 bis 12 Std. einkalkulieren. Er ist zwar recht anstrengend, aber auch abwechslungsreich, und der See liegteindrucksvoll inmitten von subalpinen Wiesen.

Teton Village ▶ R 10

Schnee fällt sicher ab Oktober, und so ist am Fuß des Skigebiets **Jackson Hole Mountain Resort** ein alpines ›Dorf‹ im Wachsen, das vorwiegend als Wintersportort genutzte Teton Village. Große Hotels im Blockhausstil und mit Wandmalereien wie in Österreich oder der Schweiz und einige Geschäfte bilden den Kern des Orts, der sich um die Liftstation entwickelt hat. Aber nicht nur im Winter ist ein Ausflug mit der Aerial Tramway auf den **Rendezvous Mountain** (3185 m) lohnenswert: Die Aussicht auf Jackson Hole und die Bergwelt ist schwer zu toppen.

Das Skigebiet oberhalb von Teton Village gilt seit 40 Jahren als eines der besten in den USA. Fast 10 km^2 umfasst das Terrain zwischen Rendezvous Mountain und Apres Vous Mountain und hat allein über 100 namentlich gekennzeichnete Abfahrten. Mehr als 50 % des Geländes sind als ›schwarze‹ Abfahrten ausgewiesen, hier sind Skifahrer und Snowboarder unterwegs, die die Herausforderung lieben.

Aber auch im Sommer kann man in den Bergen unterwegs sein, die Loipen haben sich dann in Wanderwege verwandelt. Abgesehen von den vielfältigen sportlichen Aktivitäten, denen man von Teton Village aus nachgehen kann, wird ab 1. Juli auch kulturell etwas geboten: das hochkarätig besetzte **Grand Teton Music Festival** (s. rechts). Die vollständig aus Holz gebaute Festivalhalle bietet 685 Plätze.

Infos

Teton Village at Jackson Hole Mountain Resort: 3395 W Village Dr., Tel. 307-733-2292, www.jacksonholenet.com/teton_village_wyoming.

Übernachten

In dem prosperierenden Wintersportort finden sich recht teure Hotels, die aber bei längeren Aufenthalten vor allem im Frühjahr und Herbst preislich interessante Pakete anbieten.

Alpine Gemütlichkeit – **Alpenhof Lodge:** 3255 W McAllister Dr., Tel. 307-733-3242 oder 800-732-3244, www.alpenhoflodge.com. Die 42 Zimmer sind ländlich-stilvoll mit handgearbeiteten bayerischen Möbeln ausgestattetet, einige haben einen Kamin oder einen Balkon. €€€

Western-Eleganz mit Komfort – **Snake River Lodge & Spa:** 7710 Granite Loop Rd., Tel. 855-342-4712, www.snakeriverlodge.com. Das großzügige 200-Zimmer-Hotel bietet eine Mischung aus rustikalen Möbeln, Holzverkleidungen, gigantischen Steinkaminen und ausgestopften Tierköpfen an den Wänden. Dazu gibt es Marmorbäder und gemütliche Sessel in sehr unterschiedlich großen Zimmern. Badelandschaft, Spa-Bereich, gehobenes Restaurant, am besten ein 2- bis 4-tägiges Paket buchen. €€€

Essen & Trinken

Mit Western-Style-Küche – **Mangy Moose Restaurant & Saloon:** 3295 W McCollister St., Tel. 307-733-4913, http://mangymoose.com. Zum Mangy Moose gehören das Rocky Mountain Oyster (7–20 Uhr) für Frühstück und Snacks, der Saloon für nachmittags bis Mitternacht und das Restaurant (17–22 Uhr). Angesagter Treffpunkt insbesondere auch der Sportler. Hauptgerichte wie Bison-Hackbraten oder Geflügelkuchen um 15 $.

Aktiv

Radverleih – **Wildernest Sports:** Mountainside Mall, Tel. 307-733-4297. **Teton Village Sports:** Crystal Springs Lodge, 3285 West McCollister Dr., Tel. 307-733-2181, Erw. 40 $/Tag.

Ski- und Snowboardfahren – Im Skigebiet **Jackson Hole Mountain Resort,** Tel. 1-307-733-2292, www.jacksonhole.com. **Jackson Hole Nordic Center:** Teton Village, Tel. 307-733-2292 oder 800-450-0477, Skier für Erw. halbtags ab 25 $; Verleih von Equipment.

Termin

Grand Teton Music Festival: Juli–Mitte Aug., Tel. 307-733-3050, www.gtmf.org, Tickets Tel. 307-733-1128, um 25 $. Für das Festival wird jedes Jahr aus Musikern, die aus ganz Nordamerika stammen, ein Orchester zusammengestellt. Eingeladen werden nationale und internationale Künstler. Programm und Besetzung der klassischen Konzerte spiegeln den hohen Anspruch der Veranstalter wider – ein Genuss für Klassikfans. Das Festival wird von Sir Donald Runnicles geleitet, zurzeit Generalmusikdirektor der Deutschen Oper Berlin.

Von Moose nach Jackson (Hwy 89) ▸R 10

National Elk Refuge

www.fws.gov/refuge/national_elk_refuge

Direkt am südöstlichen Rand des Grand Teton National Park befindet sich das National Elk Refuge, ein Schutzgebiet für Wapitihirsche. Sie ziehen sich im Winter aus den Höhenlagen der Rocky Mountains auf die Hochebene von Jackson Hole zurück, wo sie selbst im tiefen Schnee noch Nahrung finden. Bis zu 7000 Tiere finden sich ab Oktober/November in diesem ca. 101 km^2 großen Gebiet ein. Vom Jackson Visitor Center aus werden Schlittenfahrten in das National Refuge angeboten, aber auch im Frühjahr und Herbst sind die mächtigen Geweihträger vom gegenüberliegenden Parkplatz des National Museum of Wildlife Art mit einem guten Fernglas auszumachen. Straßen gibt es in diesem Gelände nicht.

National Museum of Wildlife Art

2820 Rungius Rd. (eine Stichstraße, geht vom Hwy 191 ab), Jackson Hole, Tel. 800-313-9553 oder 307-733-5771, www.wildlifeart.org, Mai-Okt. tgl. 9-17 Uhr, Erw. 14 $, Kin. 5–18 J. 6 $

Schon das Gebäude ist ungewöhnlich: Aus Steinen mit der gleichen Farbe wie die umgebenden Felsen, ist das Museum of Wildlife Art oberhalb des Parkway fast nicht zu sehen, so tief ist es in den Hang eingebaut. Bronzefiguren von Hirschen und Kojoten markieren die Einfahrt zu dieser ungewöhnlichen Sammlung von Tiermalerei und Skulpturen. Über 5000 Kunstwerke sind hier seit 1987 zusammengetragen worden, darunter kleine Bilder von Charles M. Russell und Georgia O'Keeffe.

Das in der Geschichte des Nordwesten der USA bedeutsame Verhältnis zwischen Mensch und Bison wird in einer kleinen Sammlung von 200 Arbeiten thematisiert. Schon diese Bilder und Figuren sind den Abstecher wert. Wechselnde Ausstellungen, oft auch mit Fotografien, ergänzen das moderne Museumskonzept. Zum Museum gehört auch ein Restaurant.

Jackson

Vielleicht stimmt es ja, wenn die Einheimischen erzählen, dass es früher viel gemütlicher zuging in der Kleinstadt Jackson. Aber wenn ein Ort so ausschließlich auf Tourismus setzt wie die 10 000-Einwohner-Gemeinde am südlichen Rand des Grand Teton National Park, dann muss man sich über dauernd verstopfte Straßen oder ausgebuchte Hotels nicht wundern. Jede Menge Anbieter für sommerliche Outdoor-Aktivitäten offerieren hier ihre Dienste und im Winter ist die **Snow King Mountain Ski Area** beliebtes Ziel für Wintersportler. Seit John D. Rockefeller sich in Jackson Hole engagierte, haben sich etliche New Yorker Banker in diesem Nest ein Domizil zugelegt. Mit Stetson und Cowboystiefeln sind sie auf den ersten Blick dann kaum von den einheimischen Rancharbeitern zu unterscheiden.

Die Innenstadt bietet eine – für die Größe der Stadt – ungewöhnliche Dichte an recht hochpreisigen Boutiquen, Juwelieren, Galerien und anderen Geschäften, die um den **Town Square** herum angesiedelt ist. Viele Restaurants und Bars sorgen für ein angeregtes Nachtleben, Livemusik spielt dabei eine wichtige Rolle.

Jackson Hole Museum

225 N Cache St., Tel. 307-733-2414, http://jacksonholehistory.org, Ende Mai–Anf. Sept. Di–Sa 10–17 Uhr, Erw. 5 $

Für Geschichtsinteressierte ist im Sommer das Jackson Hole Museum ein Ziel. Die History Society sammelt seit 1958 Artefakte aus dem Leben der früheren Bewohner, auch der Indianer, und stellt sie höchst anschaulich mit lehrreichen Erläuterungen aus.

Infos

Jackson Hole and Greater Yellowstone Visitor Center: 532 North Cache, Tel. 307-733-5771, www.jacksonholechamber.com. Ganzjährig geöffnet, tgl. 9–17, im Sommer 8–19 Uhr, viele Angebote zu Veranstaltungen und Programmen mit den Rangern, z. B. Schlittenfahrten ins National Elk Refuge oder Bustouren in die Nationalparks.

Übernachten

Es gibt viele Möglichkeiten, online ein Bett in Jackson und Umgebung zu reservieren: **Central Reservations,** Tel. 800-329-9205, www.jacksonhole.net. **Jackson Hole Resort Lodging,** Tel. 888-838-6606, www.jacksonholewy.com; **Mountain Property Management,** www.vacasa.com/usa/Jackson-Hole.

Historisch, mit traditionellem Flair – **Wort Hotel:** 50 N Glenwood St., Tel. 307-733-2190 oder 800-322-2727, www.worthotel.com. Sozusagen das ›Wahrzeichen‹ von Jackson ist dieses traditionelle Haus von 1941, inzwischen komplett renoviert und mit 60 komfortablen Zimmern/Suiten ausgestattet. Möbel im regionalen *Western Style* sowie in warmen Farben gestrichene Wände und Decken schaffen eine gemütliche Atmosphäre. 2 Restaurants, die Silver Dollar Bar, Fitnessstudio, Internetzugang. €€€

Solide Kette – **Lodge at Jackson Hole:** 80 Scott Lane, Tel. 800-458-3866, www.lodgeatjh.com. Das dreistöckige Holzhaus bietet 154 Mini-Suiten mit gutem Standard, Kühlschrank, Mikrowelle, Internetzugang, manche Zimmer mit Gaskamin, Innen- und Außenpool, Restaurant, Sauna. €€€

Am Waldrand – **Snow King Resort Hotel:** E Snow King Ave., Tel. 307-733-5200 oder 800-522-5464, www.snowking.com. 204 komfortable Zimmer und einige Condos, zudem zwei Pools, Spa, Restaurants sowie Pakete für den Wintersport, ganzjährig geöffnet. €€€

Einfaches, aber geschmackvolles Motel – **Antler Inn:** 43 W Pearl St., Tel. 307-733-2535 oder 800-522-2406, www.townsquareinns.com. Das 110-Zimmer-Haus ist eines von 7 Inns in Jackson und hat einen einfachen Standard. Manche Zimmer haben einen Kamin, alle verfügen über Kühlschrank, Mikrowelle, Internet. €€€

Preisgünstige Blockhütten – **Cowboy Village Resort**, 120 S Flat Creek Dr., Tel. 307-733-3121 oder 800-962-4988, www.townsquareinns.com. 82 einfache, aber funktionale Cabins in verschiedenen Größen, alle mit Bad. Zu dem Unternehmen gehören noch vier weitere Unterkünfte im Ort: 49er Inn and Suites, Elk Country Inn, Town Square Inns. €€€

Essen & Trinken

Mit viel Fleisch – **Bubba's BBQ Restaurant:** 100 Flat Creek Dr., Tel. 307-733-2288, www.bubbasjh.com, im Sommer tgl. 6.30–22 Uhr, Frühstück, Lunch und Dinner. Wie ein alter Westernsaloon eingerichtet ist dieses Restaurant in der Stadtmitte, die Steaks, *Spare* und *Prime Ribs* sind gigantisch. Steak um 20 $.

Gut für ein üppiges Frühstück – **The Bunnery:** 130 N Cache St., Tel. 307-733-5474, http://bunnery.com, 7–21 Uhr. Frühstück mit Omelette und selbst gebackenen Kuchen. Dinner nur im Sommer; mit Terrasse. Sehr empfehlenswert auch für Lunch. *Bunnery Burrito* 8 $.

Aktiv

Whitewater Rafting – **Jackson Hole Whitewater:** 650 W Broadway Ave., Tel. 800-700-7238., www.jhww.com. Trips auf dem Snake River, 3–4 Std. Erw. 82 $.

Skifahren und Wandern – **Snow King Mountain Ski Area:** E Snow King Ave., Tel. 307-733-5200 oder 800-522-5464, https://snowkingmountain.com. 3 Sessellifte bedienen das 1,6 km2 große Skigebiet auf 2300 m Höhe. Überwiegend anspruchsvolle Abfahrten, auch abends zu befahren, Tagespass 90 $. Die Sessellifte fahren auch im Sommer, die Top-Station liegt auf 2380 m Höhe.

Termine

Old West Days: Ende Mai. Ein dreitägiges Fest mit Markt, Ausstellungen, viel Musik, kleineren Rodeos und Darstellern in historischen Kostümen, www.jacksonholechamber.com (> Old West Days).

Shoot out: im Sommer. Jeden Abend (außer sonntags) wird gegen 18 Uhr auf dem Town Square wild geballert, der Wilde Westen wird beschworen, ohne Waffe geht schließlich ein echter Mann aus Wyoming gar nicht erst aus dem Haus. Ohrstöpsel können hilfreich sein, www.jacksonholenet.com (> Entertainment > Local Events).

Jackson Hole Fall Arts Festival: Mitte Sept. Galeriebesichtigungen, Workshops, Lesungen, Livemusik und ein buntes Potpourri an Veranstaltungen an 10 Tagen, www.jacksonholechamber.com (> Fall Arts Festival).

Kulinarisches Lexikon

Im Restaurant

Ich möchte einen Tisch reservieren.	*I would like to book a table.*
Bitte warten Sie, bis Ihnen ein Tisch zugewiesen wird.	*Please wait to be seated.*
Essen nach Belieben zum Einheitspreis	*all you can eat*
Die Speisekarte, bitte.	*The menu, please.*
Weinkarte	*wine list*
Die Rechnung, bitte.	*My check, please.*
Vorspeise	*appetizer*
Suppe	*soup*
Hauptgericht	*main course*
Nachspeise	*dessert*
Beilagen	*trimmings*
Tagesgericht	*meal of the day*
Gedeck	*cover*
Messer	*knife*
Gabel	*fork*
Löffel	*spoon*
Glas	*glass*
Flasche	*bottle*
Salz/Pfeffer	*salt/pepper*
Zucker/Süßstoff	*sugar/sweetener*
Kellner/Kellnerin	*waiter/waitress*

Zubereitung/Spezialitäten

boiled egg	hart gekochtes Ei
broiled	gegrillt
burrito	mit Hack, Bohnen u. a. gefüllteTortilla
caesar's salad	Salat mit Anchovis-filets und Parmesan
chef salad	Eissalat mit Schinken
chili relleno	mit Käse gefüllte Pfefferschoten
cole slaw	Kohl-Karotten-Salat
deep fried	frittiert (meist paniert)
eggs (sunny side up/ over easy)	Spiegeleier (Eigelb nach oben/beid-seitig gebraten)
enchiladas	gerollte Tortillas mit Chili und Fleisch
farci/-e	gefüllt
fried	in Fett gebacken, oft paniert
guacamole	Avocadopaste
onion rings	frittierte Zwiebelringe
rare/medium rare	blutig/rosa
scrambled eggs	Rühreier
stuffed	gefüllt
well done	durch

Fisch und Meeresfrüchte

bass	Barsch
clam chowder	Venusmuschelsuppe
crab	Krebs/Krabbe
dungeness crab	
flounder	Flunder
gilthead	Dorade
haddock	Schellfisch
halibut	Heilbutt
gamba	Garnele
lobster	Hummer
lox	gebeizter Lachs
mussel	Miesmuschel
oyster	Auster
prawn	Riesengarnele
razor clams	amerikanische-Schwertmuschel
salmon	Lachs
scallop	Jakobsmuschel
shellfish	Schalentiere
shrimp	Krabbe
sole	Seezunge
swordfish	Schwertfisch
trout	Forelle
tuna	Thunfisch

Fleisch und Geflügel

bacon	Frühstücksspeck
beef	Rindfleisch
chicken	Hähnchen
drumstick	Hähnchenkeule
duck	Ente
ground beef	Hackfleisch vom Rind
ham	Schinken
meatloaf	Hackbraten
porc chop	Schweinekotelett

prime rib	saftige Rinderbraten-scheibe
rabbit	Kaninchen
roast goose	Gänsebraten
sausage	Würstchen
spare ribs	Rippchen
turkey	Truthahn
veal	Kalbfleisch
venison	Reh bzw. Hirsch
wild boar	Wildschwein

Gemüse und Beilagen

asparagus	Spargel, meist grüner
bean	Bohne
cabbage	Kohl
carrot	Karotte
cauliflower	Blumenkohl
cilantro	Koriander (als Kraut)
cucumber	Gurke
eggplant	Aubergine
french fries	Pommes frites
garlic	Knoblauch
hash browns	Bratkartoffeln
lentil	Linse
lettuce	Kopfsalat
mushroom	Pilz
onion	Zwiebel
pepper	Paprikaschote
peas	Erbsen
potatoe	Kartoffel
pickle	Essiggurke
radish	Radieschen
snow peas	Zuckererbsen
squash/pumpkin	Kürbis
sweet corn	Mais
yam	Süßkartoffel

Obst

apple	Apfel
apricot	Aprikose
blackberry	Brombeere
cantaloup	Zuckermelone
cherry	Kirsche
fig	Feige
grape	Weintraube
lemon	Zitrone
melon	Honigmelone
orange	Orange
peach	Pfirsich
pear	Birne
pineapple	Ananas
plum	Pflaume
rasberry	Himbeere
rhubarb	Rhabarber
strawberry	Erdbeere

Käse

cheddar	kräftiger Käse
cottage cheese	Hüttenkäse
goat's cheese	Ziegenkäse
curd	Quark

Nachspeisen und Gebäck

brownie	Schokoplätzchen
cinnamon roll	Zimtschnecke
french toast	Toast in Ei gebacken
maple sirup	Ahornsirup
muffin	Rührteiggebäck
pancake	Pfannkuchen
pastries	Gebäck
sundae	Eisbecher
waffle	Waffel
whipped cream	Schlagsahne

Getränke

beer (on tap/draught)	Bier (vom Fass)
decaffeinated coffee	koffeinfreier Kaffee
lemonade	Limonade
icecube	Eiswürfel
iced tea	gekühlter Tee
juice	Saft
light beer	alkoholarmes Bier
liquor	Spirituosen
mineral water	Mineralwasser
red/white wine	Rot-/Weißwein
root beer	dunkle Limonade
soda water	Selterswasser
sparkling wine	Sekt
water from tab	Leitungswasser

Sprachführer

Allgemeines

guten Morgen	good morning
guten Tag	good afternoon
guten Abend	good evening
auf Wiedersehen	good bye
Entschuldigung	excuse me
hallo/grüß dich	hello
bitte	you're welcome/ please
danke	thank you
ja/nein	yes/no
Wie bitte?	Pardon?
Wann?	When?
Wie?	How?

Unterwegs

Haltestelle	stop
Bus	bus
Auto	car
Ausfahrt/-gang	exit
Tankstelle	gas station
Benzin	gasoline
rechts	right
links	left
geradeaus	straight ahead/ straight on
Auskunft	information
Telefon	telephone
Postamt	post office
Bahnhof	railroad station
Flughafen	airport
Stadtplan	city map
alle Richtungen	all directions
Einbahnstraße	one-way street
Eingang	entrance
geöffnet	open
geschlossen	closed
Kirche	church
Museum	museum
Strand	beach
Brücke	bridge
Platz	place/square
Schnellstraße	expressway
Autobahn	highway
einspurige Straße	single track road

Zeit

3 Uhr (morgens)	3 a.m.
15 Uhr (nachmittags)	3 p.m.
Stunde	hour
Tag/Woche	day/week
Monat	month
Jahr	year
heute	today
gestern	yesterday
morgen	tomorrow
morgens	in the morning
mittags	at noon time
abends	in the evening
früh	early
spät	late
Montag	Monday
Dienstag	Tuesday
Mittwoch	Wednesday
Donnerstag	Thursday
Freitag	Friday
Samstag	Saturday
Sonntag	Sunday
Feiertag	public holiday
Winter	winter
Frühling	spring
Sommer	summer
Herbst	fall

Notfall

Hilfe!	Help!
Polizei	police
Arzt	doctor
Zahnarzt	dentist
Apotheke	pharmacy
Krankenhaus	hospital
Unfall	accident
Schmerzen	pain
Panne	breakdown
Rettungswagen	ambulance
Notfall	emergency

Übernachten

Hotel	hotel
Pension	guesthouse
Einzelzimmer	single room

Doppelzimmer	double room
mit zwei Betten	with two beds
mit/ohne Bad	with/without bathroom
mit WC	ensuite
Toilette	toilet
Dusche	shower
mit Frühstück	with breakfast
Halbpension	half board
Gepäck	baggage
Rechnung	bill

Einkaufen

Geschäft	shop
Markt	market
Kreditkarte	credit card
Geld	money
Geldautomat	cash machine
Bäckerei	bakery
Lebensmittel	foodstuffs
teuer	expensive
billig	cheap
Größe	size
bezahlen	to pay

Zahlen

1	one
2	two
3	three
4	four
5	five
6	six
7	seven
8	eight
9	nine
10	ten
11	eleven
12	twelve
13	thirteen
14	fourteen
15	fifteen
16	sixteen
17	seventeen
18	eighteen
19	nineteen
20	twenty
21	twenty-one
30	thirty
40	fourty
50	fifty
60	sixty
70	seventy
80	eighty
90	ninety
100	one hundred
150	one hundred and fifty
1000	a thousand

Die wichtigsten Sätze

Allgemeines

Sprechen Sie Deutsch?	*Do you speak German?*
Ich verstehe nicht.	*I do not understand.*
Ich spreche kein Englisch.	*I do not speak English.*
Ich heiße …	*My name is …*
Wie heißt du/ heißen Sie?	*What's your name?*
Wie geht's?	*How are you?*
Danke, gut.	*Thanks, fine.*
Wie viel Uhr ist es?	*What's the time?*
Bis bald (später).	*See you soon (later).*

Unterwegs

Wie komme ich zu/nach …?	*How do I get to …?*
Wo ist bitte …	*Sorry, where is …?*
Könnten Sie mir bitte … zeigen?	*Could you please show me …?*

Notfall

Können Sie mir bitte helfen?	*Could you please help me?*
Ich brauche einen Arzt.	*I need a doctor.*
Hier tut es weh.	*Here I feel pain.*

Übernachten

Haben Sie ein freies Zimmer?	*Do you have any vacancies?*
Wie viel kostet das Zimmer pro Nacht?	*How much is a room per night?*
Ich habe ein Zimmer bestellt.	*I have booked a room.*

Einkaufen

Wie viel kostet …?	*How much is …?*
Ich brauche …	*I need …*
Wann öffnet/ schließt …?	*When does … open/close …?*

Register

Register

Register

Register

Abbildungsnachweis/Impressum

Abbildungsnachweis

akg-images, Berlin: S. 243 (North Wind Picture Archives)

AWL-Images, Whitchurch (GB): Titelbild (Danita Delimont Stock)

Daniel M. Schwab, Freiburg: S. 197

DuMont Bildarchiv, Ostfildern: S. 268/269, 276/277, 288 (Christian Heeb); 325, 331, 422/423, 462/463 (Holger Leue); 17, 134, 184/185 (Peter Frischmuth); 110 (Rainer Hackenberg); 32, 212/213 (Rolf Hicker)

f1-online, Frankfurt a. M.: S. 274 (Pritz)

Glow Images, München: S. 426 (Stock Connection)

Huber-Images, Garmisch-Partenkirchen: S. 13 (Giovanni Simeone)

iStock.com, Calgary (CA): S. 192/193 (Aolin Chen); 380/381 (Danamallard51); 84 o. re. (Jordan Siemens); 140 (MarkMalleson); 82 (RyanJLane)

laif, Köln: S. 152 (Cavan Images/Alasdair Turner); 322 (Cavan Images/Jared Alden); 349 (Cavan Images/Justin Bailie); 364/365 (Cavan Images/Matt Andrew); 351 (Cavan Images/Melissa Shelby); 312/313 (Cavan Images/Regula Heeb-Zweifel); Umschlagklappe vorn, 240/241, 467 (Cavan Images/Rob Hammer); 320/321 (CCOPhotostock/David M. Cobb); 9, 91, 304/305 (Christian Heeb); 41 (eyevine/Dave Walsh); 49 (hemis.fr/Philippe Renault); 74 o., 385 (Le Figaro Magazine/Eric Martin); 143 (Loop Images/John Greim); 230 (Malte Jaeger); 122 (Polaris/Stuart Isett); 94, 417 (Redux/NYT/Janie Osborne); 327 (Redux/NYT/LEAH NASH); 130 (robertharding/Frank Fell); 404/405 (robertharding/Jordan Banks); 61, 203 (Thomas Linkel) Lookphotos, München: S. 74 M. li. (age fotostock); 84 u. (Cavan Images); 387 (Christian Heeb)

Manfred Braunger, Freiburg: S. 294

MATO, Hamburg: S. 291 (Gabriele Croppi); 419 (Guido Cozzi)

Mauritius Images, Mittenwald: S. 167 (ACE); 391, 403 (age fotostock/Alan Majchrowicz); 253 (age fotostock/Brian Jannsen); 74 M. re. (age fotostock/J.D. Dallet); 272 (age fotostock/Walter Bibikow); 104 (Alamy); 398/399 (Alamy/Ami Vitale); 328/329, 332, 397 (Alamy/Cavan Images); 180 (Alamy/Chuck Pefley); 449 (Alamy/David Buzzard); 55, 67 u. (Alamy/David R. Frazier Photolibrary, Inc.); 360 (Alamy/David Ryan); 470 (Alamy/Dmac); 236 (Alamy/George Ostertag); 259, 432/433 (Alamy/Greg Vaughn); 374 (Alamy/Images By T.O.K.); 245 (Alamy/Larry Geddis); 171, 318, 343 (Alamy/Leon Werdinger); 408 (Alamy/Niday Picture Library); 370 (Alamy/Outdoors); 308 (Alamy/REDA &CO srl); 186/187 (Alamy/Septemberlegs); 172 (Alamy/Spring Images); 51, Umschlagrückseite u. (Alamy/Stéphane Groleau); 23 (Alamy/Stock Connection Blue); 74 u. (Alamy/Whit Richardson); 410/411 (Alamy/Witold Skrypczak); 388 (Culutura/Mike Tittel); 182 (Danita Delimont/Brent Bergherm); 109 (Danita Delimont/Chuck Haney); 251 (Destinations/Craig Tuttle); 176/177 (Destinations/Kevin G. Smith); 377 (imagebroker/Gerhard Zwerger-Schoner); 336/337 (John Warburton-Lee/Regula Heeb-Zweifel); 87 (Tetra Images/Noah Clayton); 34 (Westend61); 159 (Westend61/Fotofeeling); 204/205 (Westend61/Kerstin Bittner)

picture-alliance, Frankfurt a. M.: S. 38 (blickwinkel/F. Bagyi); 164 (Denkou Images); 315 (Dieter Klar); 63, 368 (dpa); 457 (Everett Collection); 30 (United Archives)

Roland Gerth, Thal (CH): S. 28/29, 316, 372/373, 439

Shutterstock.com, Amsterdam (NL): S. 150/151 (1tomm); 394 (acceptphoto); 354/355 (Ah-Xiong); 214 (Andrew S); 120/121, Umschlagrückseite M. (Andrew Zarivny); 222 (Atmosphere1); 446/447 (Berzina); 103 (Bonita R. Cheshier); 119 (Carlos Gandiaga); 459 (Cavan-Images); 265 (davidhoffmann photography); 162 (Dmitri Kotchetov); 145 (Edmund Lowe Photography); 67 M. (Geoffrey Kuchera); 436 (Jen DeVos); Umschlagrückseite o. (Karin Hildebrand Lau); 234 (LGPhotographix); 254 (Michael Warwick); 84 o. li. (msgtsmithret); 207 (Ric Jacyno); 67 o. (S.Borisov); 442/443 (Tiffany Noel Videography); 70 (Tom Reichner); 125 (Y. W); 434/435 (Zack Frank)

Susanne Satzer, Vancouver (CA): S. 11, 79

Kartografie

© DuMont Reiseverlag, Ostfildern

Umschlagfotos: Titelbild: Wanderer am Mount Baker in den North Cascades, Washington; Umschlagklappe vorn: Fliegenfischen im Gros Ventre River, als Kulisse die Grand Teton Mountains, Wyoming; Umschlagrückseite oben: Highway 101

Hinweis: Autorin und Verlag haben alle Informationen mit größtmöglicher Sorgfalt geprüft. Gleichwohl sind Fehler nicht vollständig auszuschließen. Alle Angaben erfolgen ohne Gewähr. Bitte schreiben Sie uns! Über Ihre Rückmeldung zum Buch und über Verbesserungsvorschläge freuen sich Autorin und Verlag:
DuMont Reiseverlag, Postfach 3151, 73751 Ostfildern, E-Mail: info@dumontreise.de

5., aktualisierte Auflage 2023

Autorin: Susanne Satzer
Lektorat: Erika E. Schmitz, Oliver Fülling
Grafisches Konzept: Groschwitz/Tempel, Hamburg
Printed in Czech Republik